Adalbert Podlech
Abaelard und Heloisa
oder
Die Theologie der Liebe

Adalbert Podlech
ABAELARD UND HELOISA
oder Die Theologie der Liebe

Piper
München Zürich

ISBN 3-492-03245-1
© R. Piper GmbH & Co. KG, München 1990
Gesetzt aus der Aldus Antiqua
Gesamtherstellung: Clausen & Bosse, Leck
Printed in Germany

*Für Hilfe und Unterstützung danke ich Ute Edel, Wasilia Fotiadou,
Carsten Mink, Alexander Podlech und
besonders Ingeborg Reichel, die
mir die Arbeit der Textgestaltung abnahm.*

*Ich widme dieses Buch Wasilia, ohne sie wäre es nicht geschrieben
worden*

Inhaltsverzeichnis

Der Anfang der Wissenschaft

ZWEITER TEIL: Von der Logik zur Lust

Der Aufstieg

Die Höhe

Der Sturz

DRITTER TEIL: Aus der Verzweiflung zur Liebe

Saint-Denis, der Intellektuelle als Mönch im Königskloster

Der Paraklet, Freiraum der Lehre

Saint-Gildas, die Flucht ans Ende der Welt

Prolog:
Die Sublimierung
des Verstandes in Liebe

Der folgende Text des Prologs war Martin Gregor-Dellin
zum 60. Geburtstag zugeeignet.
Er bleibe seinem Gedächtnis gewidmet.

Abaelard ist der erste geschichtlich greifbare Intellektuelle Europas. Er hat als einzelner gedacht und gehandelt, nicht im Schutz von Institutionen. Die Wirkung des rationalen Arguments hat er überschätzt und die Beharrlichkeit bestehender Interessen unterschätzt. Er war ein Mensch des Verstandes und seine Leidenschaft die Logik. Er betrieb sie besessen fast und nicht allein der Wissenschaft wegen. Sie war ihm Mittel zu zeigen, daß keiner ihm gleich sei. Mit 22 Jahren beschließt er, von Lehrern nichts mehr lernen zu können und eine eigene Schule zu gründen. Sein Erfolg trifft die Lehrer dreifach: Sie halten seinen Argumenten nicht stand, sie verlieren ihre Schüler an den Außenseiter, und dieser überschüttet sie zu alledem mit Hohn. So werden aus Gegnern Feinde. Und Gegner braucht Abaelard, um seine Einzigkeit immer neu zu beweisen. Der erstgeborene Sohn eines Ritters zieht umher – *peripateticus palatinus* wird er genannt – und sucht sich die Gegner, wie ein Ritter die Turnierpartner sich sucht. Ruhm (*gloria*) ist sein Verlangen. Seine Lanzenstiche des Wortes treffen nicht nur, sie verletzen und sollen verletzen. Der Erfolg jedoch gibt ihm recht. Von keinem Turnierplatz tritt er ruhmlos ab. Die Kunde des Ruhms (*fama*) läuft durch die Welt. Seine Gegner bezichtigt er des Neides (*invidia*). Mit 35 Jahren hat er das zu seiner Zeit Höchste erreicht, die Leitung der Domschule in Paris. Seine Konkurrenten hat er hinter sich gelassen, verbittert, erledigt, ja zerbrochen. Ohne ein Gespür für die Macht der Institutionen ahnt er nicht, daß sich in ihrem Schutz einige rächen werden.

Bis zu diesem Zeitpunkt hat Abaelard noch nicht gezeigt, daß er Menschen begegnen könnte, sie verstehen, sie nehmen, sie gar lieben könnte. Als er fast vierzigjährig und situiert bemerkt, daß es noch einen Turnierplatz gibt, der ihm fremd blieb, ist er der Überzeugung, daß keine Frau ihm widerstehen wird. Kühl, wie er meint, beschließt er, mit einem Mindestmaß an äußerem Aufwand und persönlichem Einsatz sich eine Geliebte zu nehmen, eine neunzehnjährige Schülerin zu verführen. Ahnungslos betritt er eine neue Welt.

Unvermittelt trifft ihn die Lust des weiblichen Körpers. Sie zerreißt von einem Tag auf den anderen die Fesseln der Disziplin, der ein mittelalterlicher Kleriker unterworfen war, der alles auf die wissenschaftliche Karriere setzte. Nie mehr will er diese Lust verlieren, und er ist bereit, Stellung und Karriere zu riskieren. Aber so aus jeder ihm bis zu diesem Zeitpunkt selbstverständlichen Ordnung gerissen, trifft ihn ebenso unvermittelt ein Zweites: die Liebe. Die Leidenschaft dieser Frau, zuerst ein auswechselbarer Körper nur, die Bedingungslosigkeit ihrer Liebe zu ihm, die Größe, mit der sie zu allem steht, was sie mit sich geschehen läßt und was sie tut, die Erfahrung, daß ein Geist ihm ebenbürtig ist: Heloisa durchbricht die narzistische Vereinsamung Abaelards.

Nicht lange hat er Zeit, die neue Fähigkeit einzuüben, einem Menschen Mensch zu sein. Nach wenigen Monaten schon trifft ihn die erste Katastrophe. Er wird kastriert: eine Familienrache für die verführte Frau. Der Fähigkeit zur Lust für immer beraubt, nun endgültig aus allen seiner Zeit vorstellbaren Ordnungen geworfen, ohne die Gegenwart des geliebten Menschen droht die Gefahr, Aufgebrochenes für immer zu verschütten. Eine Abfolge von Katastrophen gliedert hinfort sein Leben. Der Verschnittene flüchtet in ein Kloster und überwirft sich mit dem Konvent: Der Individualist widersteht der üblichen Ordnung. Er beginnt Vorlesungen in Theologie, und ein Konzil zwingt ihn, diskussionslos sein Vorlesungsmanuskript zu verbrennen: die wissenschaftliche Rache lächerlich gemachter Mitschüler von einst. Er gründet den Parakleten als freie Hochschule in der Einöde und bricht unter Verfolgungswahn zusammen: Die Vorstellung, als Wissenschaftler der einzige zu sein, und die Unfähigkeit, Umwelt wirklich zu sehen, lassen ihn bedrohlich alles auf sich beziehen. Er nimmt die Wahl zum Abt eines bretonischen Klosters an und scheitert an der Inkongruenz zwischen seiner Spiritualität und der feudalmännlichen Klosterwelt: Ein Mordversuch seiner Mönche macht ihn zum heimatlosen Flüchtling. Und als er schließlich an die Stätte seines ersten Wirkens zurückkehrt, auf den Genovefa-Berg in Paris, und die akademische Jugend ihm nochmals Erfolge schenkt, da tritt Bernhard von Clairvaux gegen ihn auf, der mächtigste Kirchenmann seiner Zeit, läßt ihn auf dem Konzil von Sens verurteilen und erwirkt vom Papst, seiner Kreatur, den Spruch ewigen Schweigens.

Diese Katastrophen treffen Abaelard jeweils doppelt. Außen sind sie immer wieder ein Abbruch mühsam erkämpfter Möglichkeiten, in einer neuen Umwelt zu leben. Innen sind sie ein Scheitern des eigenen Geltungsanspruchs. In der Abfolge dieser Katastrophen ist alles Bleibende von Heloisa bestimmt. Er schenkt ihr und ihren Nonnen den Parakleten, bewahrt sie so vor Heimatlosigkeit und gibt der beginnenden mittelalterlichen Frauenbewegung Regel und Deutung; er durchzieht für Heloisa seinen Stolz überwindend bettelnd die Ile-de-France zum Gespött der Leute; er entwickelt eine neue Theologie der Liebe, er denkt, schreibt, dichtet und komponiert für sie; er formuliert mit ihr eine neue Ethik, als Gewissensethik für das Mittelalter revolutionär, Heloisa die Selbstachtung ihrer nie verleugneten Liebe ermöglichend und den Menschen der

Zeit den Widerstand gegen das moralische Diktat der Kirche; er hält mit Heloisa den Kampf um ihre Seele aus, die sie ganz ihm schenkt und die er deswegen vor Gott verloren fürchtet, er als ihr Geliebter Grund der möglichen Verdammnis, er als ihr Mann, der sie ins Kloster zwang, er als ihr Abt und Seelenführer vor Gott verantwortlich für ihr Heil; sie ist nach der Verurteilung von Sens der einzige Mensch, vor dem sich zu rechtfertigen ihn drängt: sie und er, zwei Menschen, die nicht mehr durch gesellschaftliche Rollen verbunden sind, sondern die einander *consortes* geworden sind, Teilhaber *eines* Geschicks und somit verbunden durch ihre Existenz, Menschliches in der Gestalt historischer Individuen, wie es Heloisa in der Anrede ihres ersten Briefes in der Benennung und Aufhebung der Rollen beschreibt, bis nur noch zwei Namen zwei Menschen nennen: »An ihren Herrn oder vielmehr Vater, ihren Mann oder vielmehr Bruder, seine Dienerin oder vielmehr Tochter, seine Frau oder vielmehr Schwester, an Abaelard Heloisa.«

Erst in der Abfolge von Katastrophen und in der Bindung dieses Paares, in der er für sie Gott ist in dem bedrohlichen Sinn, den diese Erfahrung für Gläubige des 12. Jahrhunderts hat, und sie der einzige Mensch seines Lebens, der ihm als Mensch, als unverwechselbarer und einziger begegnet, wird Abaelards Fähigkeit entbunden, etwas zu tun nicht zum eigenen Ruhm und in der Zerstörung anderer, Liebe zu erfahren und zu geben und aus dieser Liebe zu dichten und zu singen und eine neue Theologie der Liebe zu denken. Heloisa hat den Verstand des Intellektuellen Abaelard in die Liebe sublimiert, ihm Menschsein ermöglicht und das Christentum wieder vom Menschen her erfahrbar gemacht.

Erster Teil:
Die Zeit, der Raum
und die Kräfte

Die Bretagne

In gallischer Zeit wohnten südlich der Loire-Mündung die Piktonen. Die Römer brachten den Weinbau und die Glasherstellung, und oberhalb des Zusammenflusses der Sevre und der Sanguèse, an der Straße vom heutigen Nantes, dem Portus Namnetus, nach Limonum, dem heutigen Poitiers, baute ein Römer ein Landhaus und gab ihm – Ironie oder Heimweh – den Namen des augustäischen Kaiserpalastes auf einem der sieben Hügel Roms: »Palatinum«. Bis ins hohe Mittelalter wurde der Ort so genannt, bis er über »Palacium«, »Palais« den heutigen Namen erhielt: »Le Pallet«. Karl der Große wies das Gebiet zur Grafschaft Poitiers, zu dessen Bistum es auch gehörte. In mehrfacher Hinsicht aber war es Grenzland. Von Osten her reichte der Einfluß der Bretagne. Seit dem 5. Jahrhundert war die Armorika – das Meerland – von dem keltischen Stamm der Briten bewohnt, die vor den Angeln und Sachsen aus der römischen Provinz Britannien über das Meer geflohen waren und diesem Land seinen Namen gaben: Klein-Britannien im Gegensatz zu Groß-Britannien, das erst später nach den Invasoren England genannt wurde. Diese Kelten widersetzten sich der fränkischen Eroberung. Nur kurze Zeit gehörte die Bretagne zum merowingischen Herrschaftsbereich. Etwa seit dem Jahr 630 war sie unabhängig, und auch Karl dem Großen gelang die endgültige Eroberung nicht. Die Grenze zum Frankenland verlief etwa entlang einer Linie vom Golf von Morbihahn westlich an Rennes vorbei zum Mont Saint-Michel. Dieser Linie entsprach auch die Sprachgrenze zwischen dem Keltischen und dem Gallo-Romanischen. Der selbsternannte Herzog Nominoë, im Jahre 831 durch Ludwig den Frommen mit der Grafschaft Vannes belehnt, einigte die Bretagne und führte sie endgültig in die Unabhängigkeit. Sein Sohn Erispoë besiegte Karl den Kahlen, und dieser bestätigte ihm im Jahre 851 den Königstitel und den Besitz der Grafschaften Rennes und Nantes und die Herrschaft Retz an der Atlantikküste südlich der Loire. So wurde Le Pallet bretonisch. Die Herzöge der Bretagne befestigten den Grenzort an der wichtigen Straße, die inzwischen zur Pilgerstraße nach Santiago de Compostela für die Pilger aus England, der Normandie und der Bretagne geworden war. Erst später wurde das benachbarte Clisson die Grenzstadt mit einer mächtigen Befestigung, deren Ausbauten noch heute die Stadt überragen. Die Gerichtsbarkeit der heutigen Orte Monnières, Mouzilon und Vallet wurde zusammengefaßt und dem Burgvogt von Le Pallet übertragen, der sich Herr (*seigneur*) von Palatium nannte. Nur wenige sind aus der Zeit vom 10. bis 12. Jahrhundert mit Namen bekannt, einer war Seigneur Daniel, der Herr des Burgmannen Berengar, der seinen ältesten Sohn Peter nannte, uns heute als Abaelard bekannt.

Noch in einer anderen Hinsicht war das Gebiet Grenzland, nämlich sprachlich. Die nördliche Sprachgrenze, die das Gallo-Romanische vom Keltischen trennte, wurde schon genannt. Im frühen Hochmittelalter verlief aber auch wenige Meilen südlich von Le Pallet, beginnend beim heutigen Bourgneuf-en-Retz am Atlantik bis östlich bei Bourges eine Sprachgrenze, nämlich diejenige, die das spätere Französische vom Provençalischen trennte, eine Sprachgrenze, die sich im Verlauf des Hochmittelalters immer weiter nach Süden verschob. So erreichte das Französische zur Zeit Abaelards an der Mündung der Loire den Atlantik zwischen dem Keltischen und dem Provençalischen nur in einem schmalen Korridor.

Der Ort Le Pallet war von einer Mauer umgeben und von Burgleuten, Händlern, Glasschmelzern und Weinbauern bewohnt. Ein Priorat Saint-Étienne-du-Pallet war im 10. Jahrhundert gegründet worden und nun eine Station auf dem Pilgerweg. In seiner Schule konnten die Jungen etwas Religion, Gesang, Lesen, Schreiben und Rechnen lernen. Latein lernten in der Regel nur die Schüler, die später Mönche oder Kleriker werden wollten oder sollten. Die durchziehenden Händler und Pilger berichteten den Bewohnern, was in der Welt vorging. Lebhafter, als es heute dort zugeht, muß man sich das Leben schon vorstellen im Burgort, dennoch gleichmäßiger und spannungsreicher.

In diesem Ort wurde dem Burgmannen Berengar und seiner Frau Lucia im Jahre 1079 der älteste Sohn Petrus geboren. Berengar stammte aus dem Süden, aus der Grafschaft Poitou, hatte also vielleicht in seiner Jugend Provençalisch gesprochen. Lucia stammte aus dem Norden, aus der Gallo-Romanisch sprechenden Bretagne. Abaelard hatte wenigstens drei Geschwister, Rudolf, Dagobert und Dionysia. Petrus, der erst später den Beinamen Abaelardus erhielt, berichtet von seinem Vater, daß er vor seinem Ritterdienst ein wenig studiert hatte und den Wissenschaften zugetan war. So ließ er alle seine Söhne etwas lernen, ehe sie Ritter werden sollten. Da Petrus sein ältester und der bevorzugte Sohn war, erhielt er eine besonders gute Ausbildung. Lesen und Schreiben lernte er vielleicht schon im Priorat Saint-Étienne. Doch dann wurde er wandernder Scholar, und das Studium fesselte ihn so, daß ihn die Aussicht, Siege auf dem Gebiet der Wissenschaften zu erringen, mehr lockte, als an seines Vaters Stelle Ritterdienste für den Herrn des Pallet zu leisten. »Im Studium der Wissenschaften« – so schreibt er in seiner Lebensgeschichte – »machte ich Fortschritte um so rascher und leichter, je mehr ich mit Feuereifer an ihnen hing, und schließlich ward meine Liebe zu ihnen so groß, daß ich die Ehre (*gloria*) des Rittertums aufgab, Erbe und Erstgeburtsrecht meinen Brüdern übertrug und den Hof des Kriegsgottes Mars verließ, um in der Fürsorge der Weisheitsgöttin Minerva zu wachsen.«

Bretagne und Normandie, Brücken zwischen Frankreich und England

Frankreich – Gallia – und England – Britannia – gab es im frühen Hochmittelalter als politische Einheiten noch nicht. Für diese Zeit sind diese Ausdrücke nur Namen für Räume, geographische Namen wie heute Deutschland, nicht Namen für Herrschaftsgebiete. Räume waren gegliedert nicht nur durch Herrschaften, sondern auch und vor allem durch Sprachen, Handel, kirchliche Beziehungen. Verkehr ist die Realität dieser Beziehungen. Für die Menschen des frühen Hochmittelalters war Verkehr zu Wasser leichter als der Verkehr zu Lande. Ströme, überschaubare Meere trennten Räume nicht, sondern verbanden sie. England und Irland waren durch die Nordsee mit Skandinavien und Norddeutschland, durch den Kanal mit Frankreich verbunden. Wessex und Kent in Südengland von Cornwalles im Westen bis Canterbury im Osten und die Bretagne und die Normandie in Nordwestfrankreich waren die Brückenköpfe dieser Verbindung.

Zuerst muß von der Normandie die Rede sein, denn ihr beherrschender Einfluß bestimmte auch die Gebiete der Bretagne. Die Zeitspanne zwischen den Jahren 800 und 1050 nennt man die Wikinger-Zeit. In immer neuen Angriffszügen, Angriffswellen, Beutezügen und Handelszügen griffen die Bewohner Norwegens und Dänemarks unter den Namen Wikinger, Dänen und Normannen in die Räume aus, über die Ostsee und die Wolga mit Angriffen bis ins Kaspische Meer und auf Handelswegen bis Bagdad und Basra; über den Dnjepr und das Schwarze Meer bis Byzanz und auf Handelswegen über Kiew und Krakau bis Prag und die

Donau aufwärts bis Bayern; über das Nordmeer nach Island, über die Nordsee nach England und Irland; durch den Kanal, über den Atlantik und durch das Mittelmeer nach Nord- und Westfrankreich und Spanien bis Toulouse, Pamplona und Santiago de Compostela, Arles, Narbonne und die Rhônemündung. Für die Karolinger besonders verheerend war, daß sie seit der Mitte des 9. Jahrhunderts in den Flußmündungen der Seine und Loire, bis Rouen und auf Noirmoutier feste Plätze anlegten, Basen für die Angriffe ins Land und Handelsplätze für die Zwischenzeit. Paris war zwischen den Jahren 845 und 886 ständiges Angriffsziel. Der Versuch, die Seine-Wikinger aus Frankreich zu vertreiben, mißlang. So schloß der Karolinger Karl der Einfältige im Jahre 911 mit dem Normannenfürsten Rollo (†927) einen Vertrag, wies den Eindringlingen das Land, das nach ihnen Normandie heißt, als festen Wohnsitz und Lehen zu und verpflichtete sie zur Verteidigung dieses Landes und damit des Hinterlandes der Ile-de-France. Die Normannen ließen sich taufen, und zur Besiegelung des Bündnisses heiratete Rollo, der den Titel Herzog annahm, die Schwester Karls des Einfältigen, Gisela. Nach wenigen Generationen schon hatten die Seine-Normannen ihre Sprache aufgegeben und sprachen Gallo-Romanisch, das werdende Französisch.

Im Jahre 1066 griff der Herzog der Normandie, Wilhelm (1035–1087), ein unehelicher Nachkomme Rollos und seither »der Eroberer« genannt, auf England über. Die große Insel war wie Irland von Kelten bewohnt, von den Römern mit Ausnahme des heutigen Schottland erobert und nach dem Namen der Einwohner »Britannien« genannt worden. Als die Westgoten unter Alarich in Italien einfallen und Rom erobern, werden um das Jahr 410 die römischen Legionen aus der Provinz Britannien abgezogen. In das Herrschaftsvakuum strömen über die Nordsee die Angeln und Sachsen nach Britannien. Vor ihnen fliehen keltische Briten auf das Festland in die Armorika, so der Bretagne den Namen gebend. Erst nach dem Jahr 815 vereinigt König Egbert von Wessex die zahlreichen einzelnen angelsächsischen Herrschaften zu einem Reich, für das der Name Anglien, England, aufkommt. Die Inselwelt war geteilt: Irland und der Westen des heutigen Schottland waren das Reich der Scoten, das übrige Schottland das Reich der Pikten, der Osten der großen Insel nördlich von Glasgow über Wales bis Cornwall war das Reich der Briten. In diesen Gebieten wurde Keltisch gesprochen. In der Mitte und im Süden der Insel, im Königreich England, wurde Germanisch gesprochen.

In diese Welt brach Herzog Wilhelm ein. Er beschuldigte den gerade zum König erhobenen Harald des Meineides und versprach der römischen Kurie größeren Einfluß in England. Durch Vermittlung Hildebrands, des späteren Papstes Gregors VII., erwirkte er die Exkommunikation König Haralds durch Papst Alexander II. und die Verleihung der Fahne Sankt Peters. So zu einem heiligen Krieg legitimiert, setzte Wilhelm mit seinen Normannen und französischen Rittern aus Flandern, der Picardie und der Bretagne über den Kanal. In der Schlacht von Hastings am 14. Oktober 1066 verlor König Harald sein Leben, sein Geschlecht das Königtum und sein Volk die Freiheit. Es war der größte politische, soziale und wirtschaftliche Umsturz, den ein Volk im Mittelalter erlebte. Der überlebende angelsächsische Adel emigrierte seiner Güter beraubt und seiner politischen Stellung verlustig nach Schottland, Flandern und Byzanz oder versank in die Bedeutungslosigkeit. Die englischen Bauern, die zum großen Teil noch frei gewesen waren, wurden hörig. Die englische Sprache wurde ein Dialekt der Unterschicht, die englische Literatur hörte auf zu bestehen. »Zweihundert Jahre lang gab es keine Geschichte des englischen Volkes mehr, sondern nur die einer fremden Regierung in England« (W. Kienast).

In England errichteten die normannischen Könige einen straff zentralistisch organisierten Feudalstaat, Grundlage ihrer Finanzkraft und Militärmacht. Für über 100 Jahre blieb aber Frankreich die kulturelle Grundlage ihrer Herrschaft. Mathilde, die Enkelin Wilhelms des Eroberers, heiratete nach der Witwenschaft ihrer kinderlosen Ehe mit Kaiser Heinrich V. im Jahre 1129 Gottfried Plantagenet – *plant genêt*, weil er sich einen Ginsterzweig auf die Mütze zu stecken pflegte –, Graf von Anjou (1029–1151), der im Jahre 1144 auch mit dem Herzogtum Normandie belehnt wurde. In den Wirren, die unter den Nachkommen Wilhelms des Eroberers ausbrachen, gelang es Mathilde, sich als Königin zu behaupten. So war die Bretagne zur Zeit Abaelards im Osten und im Süden von Gebieten umgeben, in denen nicht der französische König herrschte, sondern der englische. Der englische König herrschte wirklich, der französische versuchte es noch. Im Jahr 1154 wird der Sohn Mathildens, Heinrich II. Plantagenet (1054–1189), Graf von Anjou, Herzog der Normandie und seit dem Jahre 1152 durch seine Heirat mit Eleonore Herzog von Guyenne, englischer König, Gründer des Hauses Anjou-Plantagenet. Wenn in dieser Zeit vom englischen König die Rede ist, muß man sich vergegenwärtigen, daß er die meiste Zeit auf dem Kontinent residierte und daß große kulturelle Leistungen dieser Zeit, die geographisch heute Frankreich zugerechnet werden, Leistungen des Hauses Anjou-Plantagenet sind. Ein Tagesritt zu Pferd, und man gelangte von einem Herrschaftsgebiet in ein anderes, von einem Kulturkreis in einen anderen. War die Normandie beim Übergang vom 11. zum 12. Jahrhundert ein Brennpunkt europäischer Politik, die Geschichte Englands und Frankreichs gleicherweise bestimmend, kirchlich und kulturell lebendig, so lag die Bretagne abseits der Entwicklung, aber auch sie eine Brücke nach Großbritannien. War es die Normandie zum kulturell und politisch wichtigen Osten, dem ehemaligen Reich der Angelsachsen, so die Bretagne zum Keltisch sprechenden Westen. Sprachlich geteilt, von riesigen Wäldern bedeckt, ohne bedeutende Städte in ihrem Innern, war das Urteil Abaelards sicher zutreffend: »Die Mönche dort waren für ihre Schändlichkeit bekannt, die Bevölkerung rauh und schwer zu lenken.« In der Keltisch sprechenden Nieder-Bretagne gab es Städte und Klöster nur an der Küste. Im Innern hatten sich aus nur wenigen Häusern bestehende Dörfer mühsam als Siedlungen in die Wälder vorgearbeitet. In der Gallo-Romanisch sprechenden Hoch-Bretagne war die einzige Stadt Rennes, im Wechsel mit Vannes und Nantes Sitz der Herzöge.

Schon Herzog Rollo hatte Teile der Bretagne unter normannische Herrschaft gebracht, und unter seinem Enkel Richard I. Langbein stand während der Jahre 952 bis 990 die ganze Bretagne unter normannischer Hoheit. Erst seit dem Jahre 990 konnte sich der Graf von Rennes, Conan I., der Schiefe, unangefochten behaupten, und sein Sohn Gottfried (992–1008) nannte sich wieder Herzog der Bretagne. Der französische König hat diesen Titel nie anerkannt, aber bis in die Bretagne reichte seine Macht nicht. Gottfrieds Enkel Conan II. (1062–1066) starb kinderlos, und so beerbte ihn seine Schwester Harvoise. Diese hatte Noël, den Neffen des Grafen von Nantes, Budic (1004–1038), geheiratet, dessen Schwester Judith mit dem Grafen von Cornwalles, Alan Canhiart, verheiratet war. So erbte Noël im Jahre 1050 die Grafschaft Nantes, im Jahre 1053 die Grafschaft Cornwalles und im Jahre 1066 das Herzogtum Bretagne. Unbestritten beherrschte er als Noël I. (1066–1084) nur die Gallo-Romanisch sprechende Hoch-Bretagne mit Nantes als Zentrum seiner Herrschaft. Unter diesem Herzog ist Abaelard geboren.

Das intellektuelle Leben in der Bretagne war während der Jugendzeit Abaelards unter den Geistlichen ärmlich, unter den Laien auch des hohen Adels trostlos. Erst Ermengard von Anjou, die Schwester des Königs von Jerusalem und Gemahlin des nächsten Herzogs, Alan Fergent (1084–1112), versuchte Bildung an den herzoglichen Hof zu bringen und das Gefälle zwischen dem kulturell blühenden Hof in Angers, der Residenz der Grafen von Anjou, und dem zurückgebliebenen Nantes zu verringern. »Der Fall des Vaters Abaelards, der fähig war, seine Kinder selbst zu unterrichten, war eine Ausnahme« (N. Y. Tonnerre). Vielleicht hat er seine Jugend in der Grafschaft Poitou, dem Herkunftsland seiner Väter und somit dem Ausstrahlungsgebiet Aquitaniens verbracht.

Franzien

Chaos, Frömmigkeit und Kreuzzug – das Frankreich Philipps des Ersten

Die Römer hatten Gallien ihre Sprache, ihre Kultur, das Christentum gebracht. Fast vier Jahrhunderte hatte die *pax Romana* Frieden und Wohlstand garantiert. Dann brach die Völkerwanderung auch über Gallien herein. Erst die Hunnen, dann die Burgunder, die Goten, die Sweben, die Vandalen. Und schließlich besiegte der Franke Chlodwig aus dem Hause der Merowinger im Jahre 486 den Statthalter Roms, Syagrius, und begründete das Frankenreich. Der militärischen Tat folgte eine politische, seine Taufe. Die Legende berichtet, eine Taube vom Himmel habe dem Bischof von Reims, Remigius, eine Ampulle Öl gebracht, mit dem der König gesalbt wurde gleich David (2. Sam. 5,3). Schon hier am Beginn keimte die Vorstellung, die durch die Jahrhunderte wuchs, daß der französische König und damit Frankreich seine Herrschaft der besonderen Gnade Gottes verdanke. Das Wachstum aber geschah langsam. Streit, Zerfall, Verrat wechselten mit Siegen, die Geschichte machten, was selten ist, so der Sieg Karl Martells über die Araber zwischen Tours und Poitiers im Jahre 732. Wie sähe Europa heute aus, wenn in Paris eine Alhambra stünde wie in Granada?

Den nächsten Schritt tat Karl, genannt der Große. Der reitende König Karl aus dem Hause der Karolinger einte Räume und Völker politisch und geistig zur neuen Größe Europas. Von den Pyrenäen bis zur Elbe, von der Eider bis zu den Abbruzzen erstreckte er seine Herrschaft und weiter noch seinen Einfluß bis zum Ebro im Westen, der Oder und Pannonien im Osten und Dalmatien und Benevent im Süden. Als Sieger-König Vollstrecker des göttlichen Auftrags, Reich und Kirche zu bauen, dachten und verwirklichten er und seine Räte die erste europäische Herrschaftsidee. Die Kaiserkrone aus der Hand des Papstes einte sinnfällig Herrschaft und Idee. Der Beiname »der Große« bezeugte den Respekt auch der Unterworfenen. Sein Reich jedoch zerfiel rasch und vollständig, und nur die Rückbesinnung auf seine Idee stiftete für die Späteren die politische und rechtliche Kontinuität über den Zusammenbruch hinweg. Die mehrere Generationen währenden Angriffe aus allen Richtungen zer-

28

störten jede zentrale Herrschaft. Der Angriffsraum der Sarazenen umfaßte vom Mittelmeer her Italien und Südfrankreich bis Lyon; der Angriffsraum der Wikinger oder Normannen von der Nordsee her Norddeutschland und Nord-, Mittel- und Südfrankreich; und der Angriffsraum der Ungarn vom Osten fast ganz Deutschland, Mittelfrankreich und Norditalien. Das Ergebnis war ein Chaos, das erst langsam von lokalen Herrschern gebändigt wurde, bis in Deutschland König Heinrich I. und Kaiser Otto der Große ein neues Reich schufen. Ihre Legitimation zur Herrschaft waren ihre einigenden Siege, wie es der Hofchronist Widukind von Korvei in seiner Sachsengeschichte berichtete, besonders die Siege über die Ungarn an Unstrut (933) und Lech (955).

In Gallien, in Frankreich, war es noch nicht so weit. Im damaligen Sprachgebrauch war Franzien nur das Gebiet der Ile-de-France. Das ganze 11. Jahrhundert währte noch das Chaos, das der Zusammenbruch des Karolingerreiches unter den Anstürmen von Sarazenen, Ungarn und Normannen hinterließ. Alle Gewalten lösten sich auf, und die Titel Herzog, Markgraf, Graf sagten nicht mehr als die Macht, die jemand hatte. Wer eine Burg bauen konnte, wer anderen Gehorsam aufzwang, war Herr, niemandem untertan, es sei denn, der andere besiegte ihn. Wenn es eine Zeit gegeben hat, in der man vom Krieg aller gegen alle sprechen konnte, dann im Frankreich der Zeit nach dem Zusammenbruch des Reiches Karls des Großen. Wibert (1053–1124), Abt von Nogent-sous-Coucy, Verfasser einer Selbstbiographie und der »Gesta dei per Francos«, die dem ersten Kreuzzug die ideologische Einordnung in die Geschichte Frankreichs gab – »Taten Gottes vollbracht durch die Franzosen« – schildert einen solchen Herrn, der außer dem Teufel niemanden fürchtet, Thomas von Marle. Suger von Saint-Denis nennt ihn den rasenden Wolf. Er kannte nur zwei Leidenschaften, Siege gegen Männer und das Erbeuten von Frauen. Die Strategie der Zeit: Die Bauern der Feinde hängen und verstümmeln, ihre Ernte vernichten und die Dörfer verbrennen. Abt Wibert nennt diese Kriege »unsinnige Kriege«. Thomas von Marle überfiel Klöster, brandschatzte Städte und verhöhnte den König. Er folterte, verstümmelte, schnitt Gefangenen mit eigener Hand die Kehle durch und hing andere an ihren Hoden auf, bis diese rissen. Die Strafe an Abaelard war noch human gemessen an solchen Vorbildern. Doch in dieser Zeit, die keine Ordnung der Welt kannte, wuchs der Einfluß der Kirche. Sie allein hatte eine Ordnung, die erhalten blieb: die Hierarchie; sie allein hatte eine Botschaft, nach der Menschen sich sehnten: den Frieden; sie allein hatte durch die Macht über die Seelen die Macht, langsam den Krieg zum Frieden zu wenden. Getragen von der Sehnsucht des Volkes, unterstützt von Adeligen, die die Botschaft der Kirche hörten, und gefördert durch die Androhung ewiger Höllenstrafen wuchs im Frankreich des 11. Jahrhunderts der Gedanke des Gottesfriedens. Bestimmte Personen und Orte (*pax*) und bestimmte Zeiten (*treuga Dei*) wurden unter ein Friedensgebot gestellt. Verbrechen an diesen Orten – wie Kirchen, Klöstern, Friedhöfen –, an diesen Personen – wie Geistlichen, Ackerbauern, Reisenden und Frauen – und zu diesen Zeiten – wie der Karwoche, dem Zeitraum von Mittwochabend bis Montagfrüh und an den kirchlichen Festen – verfielen der irreversiblen Exkommunikation. Der König war fern und machtlos, aber in der Sehnsucht des Volkes war er der Friedensbringer, der Herrscher, der den Frieden der Kirche vollstrecken sollte. So überdauerte die Idee vom König der Franken als Wille Gottes, als Same gelegt in der Legende von der Taufe Chlodwigs und verwirklicht erstmals in der Herrschaft Karls des Großen, die Zeiten der Ohnmacht, bis sie dann im 12. Jahrhundert politisch-religiöse Wirklichkeit wurde.

Der letzte Karolinger-König war kinderlos gestorben, und Hugo Capet, der Kapuzenmann, wurde im Jahre 987 zum König geweiht, Begründer einer neuen Dynastie. Er stammte aus dem Geschlecht der Grafen von Paris. Seine Macht reichte nicht weiter als an die Grenzen der Krondomäne, von Compiègne im Norden bis Orléans im Süden, von Dreux im Westen bis Melun im Osten. Im 11. Jahrhundert begannen sich die großen Territorien zu festigen. Straff organisiert war die Normandie, deren Herzog Wilhelm (1035–1087) sich im Jahre 1054 der französischen Oberhoheit auch formal entzog und im Jahre 1066 den Angriff auf England wagte und so König wurde, Herr diesseits und jenseits des Kanals. Es folgten die Grafschaft Flandern, jahrhundertelang die Grenze zum Deutschen Reich und mit dem französischen König in Fehde, und die Grafschaft Anjou. Am gefährlichsten wurden dem König aber die Herren der Champagne. Graf Theobald der Ränkevolle (†978) vereinte neben zahlreichen anderen Herrschaften die Grafschaften Blois, Chartres, Troyes und Provins und umklammerte so die königliche Krondomäne. Zu Abaelards Zeiten und ihm zugetan war als Herr der Champagne der mächtige Graf Theobald IV., Bruder König Stefans von England und Schwiegervater der Könige Ludwig VII. von Frankreich und Heinrich II. von England. Weitab von den immerwährenden Kriegen, Fehden und Intrigen des Nordens herrschten im Süden die Herzöge von Aquitanien oder der Guyenne, wie das Gebiet damals genannt wurde. Zu ihrem Herrschaftsgebiet gehörten die Grafschaften Poitou, Auvergne, Limousin und Perigord und das Herzogtum Gascogne. So herrschten sie vom Atlantik bis in die Cevennen und von den Pyrenäen bis zur Loire. Aquitanien war reich, kultiviert, sprach eine eigene Sprache und sah auf das barbarische Franzien, das Frankreich der Ile-de-France, voll Verachtung herab.

Als Berengar Burgmann des Herren vom Pallet war, hatte die Macht des französischen Königs ihren Tiefstand erreicht. Philipp I. (1060–1108) wurde von Robert dem Friesen besiegt, und als er Robert, den Sohn Wilhelms des Eroberers, gegen den Vater unterstützte, fiel der englische König in sein Land ein, und nur der Tod dieses Königs verhinderte, daß Paris eingenommen wurde. Unmöglich machte er sich, als er seine Ehefrau Bertha, die Tochter des Grafen Florenz von Flandern, verstieß und Bertrada von Montfort, die Ehefrau des Grafen Fulko IV. von Anjou, entführte und sie zu seiner Geliebten und im Jahre 1082 zu seiner Ehefrau machte. Jetzt traten der Papst, die Bischöfe und die Großen des Reiches gegen ihn auf. Auf dem Konzil von Clermont im Jahre 1095, als Papst Urban II. die Ritter des Abendlandes auf französischem Boden zum Kreuzzug und zur Eroberung Jerusalems aufrief, wurde der König von Frankreich exkommuniziert und so aus der großen Bewegung, die Europa ergriff, ausgeschlossen. Plündernd, mordend, Hymnen singend zogen die Haufen jetzt in den Orient, Pöbel, Reisige, Ritter, die den Schauplatz ihrer Fehden und Raubzüge verlegten. Die militärischen Siege errangen kleine Gruppen unter dem Oberbefehl des hohen Adels Europas: Gottfried, Graf von Bouillon und Herzog von Niederlothringen, und sein Bruder Balduin, Hugo, Graf von Vermandois, der Bruder des französischen Königs, Robert, Herzog der Normandie und Sohn des englischen Königs, Bohemud, Sohn des Herzogs von Apulien, und Tankred, sein Vetter und natürlicher Schwiegersohn des französischen Königs, Ehemann seiner unehelichen Tochter. Wie ein Ventil aus dem Kessel den Druck entläßt, entließ der Kreuzzug aus Frankreich den Überdruck, den fehlende Ordnung und zahlenmäßige Zunahme im Adel erzeugt hatte. Geistiges war gewachsen in den Klöstern, weltlicher Druck war gewichen, und ein König brachte Frieden durch Herrschaft: der Sohn Philipps I., König Ludwig VI., der Dicke (1108–1137).

Als Hugo Capet im Jahre 987 König wird, ist er nahezu machtlos. Nur über die Gebiete, in denen er selbst Grafenrechte ausübte, erstreckte sich seine Herrschaft. Dies war kein geschlossenes Territorium um Paris, es waren verstreute Gebiete um Compiègne, Attigny an der Aisne und im Seine-Tal die Gebiete von Dreux, Argenteuil, Saint-Denis und die Grafschaften Senlis, Orléans und Étampes. Selbst die Grafschaften Paris und Melun waren ausgeliehen und fielen erst später an den König zurück. Zwischen diese Gebiete eingelagert waren Lehen, die der König an Untervasallen ausgegeben hatte, die sich aber immer wieder seiner Herrschaft entzogen. Mühsam erkämpften sich die Könige Heinrich I. (1031–1060), Philipp I. (1060–1108) und Ludwig VI. (1108–1137) die Herrschaft über die Ile-de-France, ein Kampf, der erst unter Ludwig VI. abgeschlossen war. Unter Philipp I. bestand die Krondomäne aus einem schmalen Landstreifen, der sich von Compiègne über Paris und Orléans bis Bourges erstreckte mit der Exklave Dreux im Westen und den Gebieten der Abtei Corbie in der Grafschaft Artois und der Bischofsstadt Sens, die der König mit dem Abt von Corbie und dem Erzbischof von Sens teilen mußte.

Seit dem Jahre 1098 war der Thronfolger des Reiches Ludwig VI., genannt der Dicke, Mitregent. Sein Ziel war die Wiedergewinnung der königlichen Macht. Klug beschränkte er sich. Die großen Lehnsfürstentümer überließ er sich selbst. Er hatte keine Chance, sie sich untertänig zu machen. Er konzentrierte sich darauf, im Bereich seiner Hausmacht wieder Herr im Hause zu werden, in der königlichen Krondomäne der Ile-de-France. Dies war schwer genug. Fast jeden der Herren, an Unabhängigkeit und Selbstherrlichkeit seit über zwei Jahrhunderten gewöhnt, mußte er niederringen. Dabei stützte er sich jeweils auf die Familien, die im Kampfe mit denen lagen, die es gerade niederzuringen galt. Ein jahrzehntelanger täglicher Krieg war die Folge und ein ständiger Wechsel der einflußreichen Familien am Hof. Abt Suger von Saint-Denis hat uns diese Kämpfe in seiner Lebensbeschreibung des Königs anschaulich geschildert. Ihre Grausamkeit ist nur unserer Phantasie zugänglich.

Der verworrenen Lage des Königs entsprach die verworrene Lage der Kirche. Papst Gregor VII. hatte die Losung ausgegeben, kein weltlicher Herr dürfe in die Besetzung geistlicher Stellen eingreifen, keinen Bischof und keinen Abt ernennen. Dies aber war seit Jahrhunderten üblich und eine der Grundlagen königlicher Macht. Für das Mittelalter muß man sich immer in Erinnerung rufen, daß Bischöfe und Äbte nicht nur geistliche Würdenträger waren – »Diener der Kirche« –, sondern auch weltliche Herren – »Große des Landes«. Ein lange währender Kampf war die Folge, der den Namen »Investiturstreit« erhielt, da sein Gegenstand das Recht zur Einsetzung, zur Investitur der kirchlichen Würdenträger war. Am erbittertsten wurde der Kampf in Deutschland unter den Kaisern Heinrich IV. (1056–1106) und Heinrich V. (1106–1125) geführt, der erst im Jahre 1122 durch das Wormser Konkordat geschlichtet wurde. Während die Investitur für den deutschen Kaiser eine politische Überlebensfrage war, spielte sie für den französischen König nur eine Rolle neben anderen. Nur weniger als ein Fünftel der 75 französischen Bischöfe erhielt die Temporalien, die weltliche Macht aus der Hand des Königs. Viele von ihnen lagen ähnlich wie die knapp 40 Königsklöster außerhalb der Krondomäne, waren also eher Vorposten des Königs im feindlichen Land als Gegenspieler um die Macht. Diese Bischöfe und Äbte fürchteten die Übergriffe der Großen umher mehr als die Hoheit des Königs.

Der Kampf um diese Reformen äußerte sich in Frankreich nicht in kriegerischen Handlungen, nicht im weltanschaulichen Ringen zwischen Papsttum und Kaisertum, sondern im Kampf um die Personen, und war so von gleicher Struktur wie der Kampf um die königliche Machtergreifung und mit ihm vielfältig verquickt.

Der alte königliche Rat, in dem die Kronvasallen mit dem König über die Geschicke des Reiches berieten, hatte praktisch aufgehört zu existieren. Der Ladung vor das Hofgericht oder zum Heeresaufgebot gehorchten die Kronvasallen wie die Herzöge von Guyenne, Burgund oder der Normandie nicht mehr oder nur, wenn es zu ihrem Vorteil war. Die Regierung war übergegangen auf die Hofbeamten und die persönlichen Räte des Königs. Der wichtigste Hofbeamte war der Kanzler. Er führte das königliche Siegel und vertrat – zusammen mit dem Seneschall und dem Mundschenken – den König im königlichen Gericht. Er war Leiter der königlichen Kapelle, die die zahlreichen Kleriker bildeten, die als Notare die Urkunden ausfertigten. So war auch er Geistlicher, was damals nicht hieß, daß er die höheren Weihen empfangen haben mußte, also Priester war. Der Seneschall war der Leiter des Kriegswesens und Vorgesetzter der *prévôts*, der örtlichen Gerichte und Behörden. Der Kämmerer war der Verwalter des Palastes und der Finanzen. Der Mundschenk verwaltete die königlichen Weinberge und der *connétable* die Reiterei.

In der Besetzung dieser Ämter zeigte sich der Einfluß der Familien, die unter sich und mit dem König um die Macht kämpften. Drei Familien waren es, die zu Abaelards Zeiten in unentwegtem Kampf um Einfluß am

Hof lagen, die Familien Garlande, Rochefort und Tour de Senlis. Ihre Besitztümer lagen in der Ile-de-France, waren also Gebiete, über die der König seine Herrschaft zu erstrecken versuchte. Um eine Familie zu beherrschen, mußte er sich mit den anderen verbünden. Die Stammburg Rochefort lag südwestlich von Paris in der Nähe von Rambouillet, weitere Besitztümer lagen wie in einer Kette von La Ferté-Alaise über Rochefort-en-Yveline, Chevreuse bis Châteaufort und versperrten die Straßen von Paris nach Chartres und Orléans. Das Kloster Morigny bei Étampes, eine Stiftung der Rochefort, war der geistliche Mittelpunkt. Die Familie Garlande besaß die Burg Livry südlich von Melun und zahlreiche Häuser in Paris. Sie war in ihrer Lebensweise städtisch, ähnlich wie die Familie Senlis, die sogar Läden und Werkstätten in Paris besaß.

Paris war das natürliche Zentrum des Seine-Beckens, der Ile-de-France. Die größere der Seine-Inseln, die Ile de la Cité, war der Zufluchtsort des gallischen Stammes der Parisier, den sie *lutuhezi*, Wasserwohnung, nannten, von den Römern nach der Eroberung Lutetia genannt. Mittelpunkt der militärischen Verwaltung und eines ausgedehnten Handelsnetzes wurde Paris unter römischer Verwaltung bald sehr wohlhabend. Mehrere Kaiser hielten sich dort auf, und Constantius Chlorus (293–306) baute auf dem linken Seine-Ufer einen Palast. Noch heute sind die Ruinen der römischen Bauten zu sehen. Im Jahre 486 eroberte der fränkische König Chlodwig Paris und machte es zur Hauptstadt des Frankenreiches. Karl der Große, der seine Residenz nach Aachen verlegt hatte, unterstellte es den Grafen von Paris. Der Zusammenbruch des Karolinger-Reiches war für die Stadt verheerend. Immer wieder zogen die Normannen in den Jahren zwischen 841 und 861 vor Paris, und in der 2. Hälfte des 9. Jahrhunderts grassierten grausame Hungersnöte. Unter der Führung des Grafen Odo von Paris, des Großonkels des späteren Königs Hugo Capet, mußte Paris in den Jahren 885/86 eine 13 Monate lange Belagerung durchstehen. Erst zu Lebzeiten Abaelards verschwanden die Trümmer der Normannenzerstörungen aus dem Stadtbild.

Hugo Capet erklärte zwar im Jahre 987 Paris zur Hauptstadt seines Reiches, aber das besagte nicht viel. Wichtiger war die innere Ordnung, die er der Stadt gab. Ein königlicher *prévôt* übte die Gerichtsbarkeit, die Polizeigewalt und die Steuerhoheit aus, ein *prévôt* der Kaufmannschaft verwaltete die städtischen Einnahmen und die öffentlichen Gebäude, wachte über die städtischen Freiheiten und den Seine-Handel und übte die Kontrolle über die sechs Körperschaften der Kaufleute aus. Der Adel unterstand dem König unmittelbar, wußte sich aber seiner Hoheit weiterhin zu entziehen, und die Geistlichen und die Studenten unterstanden der Gerichtsbarkeit des Bischofs oder des Domkapitels. Als Abaelard um das Jahr 1100 nach Paris kam, fand er eine triste Stadt vor, in der ihn nur die bischöfliche Schule interessieren konnte. Aber Ludwig der Dicke war seit dem Jahre 1097 Mitregent, und er begann zielstrebig, die königliche Macht auszubauen, und als er im Jahre 1137 starb, war aus Paris die politische, ökonomische und geistige Hauptstadt Frankreichs geworden.

Kern der Stadt um das Jahr 1100 war noch immer die Ile de la Cité. Durch drei Holzbrücken war sie mit den beiden Ufern der Seine verbunden und mit einer Mauer umgeben. Im äußersten Westen und Osten der Insel war das Gebiet sumpfig und unbewohnbar. Von den übrigen sumpfigen Inseln in der Seine ist heute nur Saint-Louis übriggeblieben. Die Ile de la Cité gliederte sich in drei Teile. Im Westen, dem Gebiet jenseits des heutigen Boulevard du Palais, im Mittelalter Rue Barilleri genannt, lag das Palais Royal, eine der königlichen Residenzen. Im Osten, jenseits der heutigen Rue d'Arcole, lag die alte merowingische Kathedrale Notre-Dame, im Süden der Bischofspalast und im Norden der Domherrenhof. Die Bevölkerung mußte sich mit dem Gebiet zwischen dem königlichen und dem kirchlichen Territorium begnügen und diese Enge noch mit weiteren Kirchen und Klöstern teilen. Die Achse der Insel bildete seit römischer Zeit der Cardo, im Mittelalter Juiverie und Rue de la Lontère, heute Rue de la Cité genannt. Im Norden lag der alte Grand Pont, heute Pont-Notre-Dame genannt, der die Stadt mit Saint-Denis, Rouen und Reims verband, im Süden der Petit Pont, über den die Heerstraße nach Orléans führte. Am Grand Pont lagen die Klosterkirche Saint-Denis-de-la-Chartres und die Pfarrkirche Saint-Symphorien, in der Mitte der Straße die Synagoge und am Petit Pont die Klosterkirche Saint-Germain-le-Vieux. Auf den Brücken befanden sich wie meist im Mittelalter Wohnungen und Läden. Eng war es in diesen Städten. Eine große Fläche nahm zudem das Priorat Saint-Eloi ein, und ein halbes Dutzend weiterer Kirchen drängte sich auf der nur etwa acht Hektar großen bebauten Fläche zwischen Palast und Bischofssitz. 400 bis 500 Feuerstellen werden damals im Zentrum der Insel gewesen sein, was einer Bevölkerung von etwa 2500 Seelen entsprach. Zählt man die Geistlichen, die Mönche und die Besatzung der königlichen Burg hinzu, so kommt man auf etwa 3000 Bewohner.

Der alte Hafen der Pariser Kaufleute und Schiffer, der Port Saint-Landri, lag auf der nördlichen Seite der Ile de la Cité, ungefähr in der

Höhe der heutigen Rue Colombe. Aber Hafen und Stadt waren gegen Ende des 11. Jahrhunderts zu klein geworden, und so siedelten die Kaufleute auf dem rechten Seine-Ufer im Schutz der dort befestigten Klöster und Marktflecken. Im Westen lag der Bourg Saint-Germain-l'Auxerrois, im Osten der Bourg du Monceau Saint-Gervais et de la Grève, im Norden, an der Rue Saint-Martin, das zum Cluniazenser-Verband gehörende Priorat Saint-Martin-des-Champs. Der wichtigste Marktflecken war der Bourg du Monceau Saint-Gervais, gelegen etwa zwischen den heutigen Straßen Rue de la Tacherie im Westen, der Rue de Rivoli im Norden und der Rue de Barris im Osten. Dort, wo heute das Rathaus steht, zog sich vom neuen Hafen die Place de la Grève hinauf, der Strandplatz. Wie die alten Straßennamen zeigen, hatten sich um die Häuser der Kaufleute die Handwerkerzünfte angesiedelt. Der Bourg du Monceau Saint-Gervais war ein befestigtes Lehen der Grafen von Melun, die somit den Hafen la Grève und den Seine-Übergang des Grand Pont beherrschten. Das sollte zu Abaelards Zeiten noch eine Rolle spielen.

Das linke Seine-Ufer steigt vom Petit Pont zu einem Hügel über eine Distanz von einem knappen Kilometer sanft an. Heute ist der Hügel, vom Pantheon gekrönt, nur noch zu sehen, wenn man vom Boulevard Saint-Michel durch die Rue Soufflot hinaufgeht. Als Abaelard nach Paris kam, war das linke Seine-Ufer nur spärlich bebaut, Hütten und Häuser an den großen römischen Heerstraßen nach Chartres, Orléans und Sens, die durch das Trümmerfeld der römischen Paläste, Thermen und Villen führten. Zwischen den Ruinen und den neuen Häusern und Kirchen lagen Weinberge, schon damals wie noch heute *clos* genannt, ummauerte oder eingezäunte Flächen. Zwei große Abteien lagen dort im freien Feld. Saint-Germain-des-Près wurde im 8. Jahrhundert gegründet, mehrmals durch die Normannen geplündert und erhielt in den Jahren zwischen 990 und 1021 seine Kirche, die noch heute existiert. Die andere Abtei lag auf dem genannten Hügel, den die Pariser damals Mont-Geneviève, Genovefa-Berg, nannten. Sie war der hl. Genovefa gewidmet, der Patronin der Stadt. Als im Jahre 451 König Attila mit seinem Hunnenheer Paris bedrohte, soll die Nonne den Herrscher zur Umkehr bewogen haben. Über ihrem Grab baute König Chlodwig eine Kirche, die zum Kloster Sainte-Geneviève wurde. König Ludwig XV. ließ Ende des 18. Jahrhunderts eine neue Kirche bauen, die im Jahre 1790 vollendet wurde und schon ein Jahr später von der konstituierenden Versammlung der Französischen Revolution »den sterblichen Hüllen der großen Männer der Epoche der Freiheit Frankreichs« geweiht wurde, das heutige Pantheon. Die alte Kirche und das Kloster wurden abgerissen, sie standen etwa dort, wo sich heute die Place Sainte-Geneviève befindet. So war Paris zu Abaelards Zeiten eine Sammlung von Siedlungen, gebunden an Klöster und Kirchen rund um den Kern der Ile de la Cité, »das schlagende Herz« (M. Fumagalli) aber war der Domherrenhof. Erinnern wir uns: Die Insel war dreigeteilt, von Westen nach Osten der Bereich der Königsburg, die Stadt der Bürger und der Bereich der Kirche. Dieser letzte Bereich war wieder dreigeteilt, von Süden nach Norden. In der Mitte, etwa dort, wo sich heute die gotische Kathedrale Notre-Dame erhebt, standen damals zwei kleinere alte Kirchen. Saint-Étienne, von König Childebert I. (511–558) errichtet, war seit dem großen Normanneneinfall fast nur noch eine Ruine, und als Bischof Sully im Jahre 1163 mit dem gotischen Neubau von Notre-Dame begann, wurde sie abgerissen, zusammen mit ihr auch die alte Bischofskirche Notre-Dame aus dem 5. oder 6. Jahrhundert, die nach einem Brand im Jahre 857 wiederaufgebaut worden war. Südlich dieser beiden Kirchen befand sich der Palast des Bischofs und an der Seine ein kleiner Hafen, der Port la Évêque. Nördlich der beiden Kirchen erstreckte sich von der Ostspitze der Insel bis zum Seine-Ufer und westlich bis etwa zur heutigen Rue Colombe der Domherrenhof, le cloître, wie die Pariser noch heute jenes Gebiet nennen. Es war die ummauerte Stadt des Domkapitels. Das Domkapitel ist eine an jeder Bischofskirche bestehende geistliche Körperschaft, deren Aufgabe in der feierlichen Gestaltung des Gottesdienstes an der Bischofskirche besteht und der Unterstützung des Bischofs in der Verwaltung seiner Diözese. Nach dem Vorbild des hl. Augustinus und den Vorschriften der Aachener Synode vom Jahre 816 sollten die Geistlichen an der Bischofskirche nach den Regeln – canones, daher der Name »Kanoniker« – gemeinsam leben. Zur Zeit Abaelards war dieser Brauch aufgegeben worden und das gemeinsame Kapitelvermögen in einzelne Pfründen aufgeteilt, so daß es so viele Domherren gab wie Pfründen und jeder in einem eigenen Haus mit einem eigenen Haushalt wohnte. Da die Pfründen Adeligen vorbehalten waren, besetzten die großen Familien die Kapitel. Zu Abaelards Zeit gab es in Paris 15 Domherren: den Dekan, den Kantor, den Kanzler, drei Archidiakone und je drei Kanoniker, die Priester, Diakone und Subdiakone waren. Hinzu kamen noch drei Akolythen. Der Domscholastikus, der Leiter der Domschule, wird um diese Zeit in den Quellen nicht als Kanoniker aufgeführt, ein Umstand, der es erschwert, Abaelards Rechtsstellung als Leiter der Domschule zu bestimmen.

Das Jahrhundert der Mönche

Das Kloster

Kirche war im frühen Mittelalter zweierlei. Sie war eine Organisation, deren Strukturen aus dem römischen Staats- und Verwaltungsrecht entnommen waren. Anerkannt war um diese Zeit, wenn auch hinsichtlich des Umfangs der Herrschaftsbefugnisse nicht unumstritten, der Papst als Herr der Kirche. Den Kirchenprovinzen stand der Erzbischof vor, und die Bistümer leiteten die Bischöfe. Die lokalen Einheiten bildeten die Pfarreien. Flächendeckend territorial gegliedert und sich damit deutlich unterscheidend von der auf persönlichen Beziehungen aufbauenden feudalen Herrschaft im weltlichen Bereich, überspannte diese Organisation ganz Europa. Für die Menschen war sie weitgehend nur diese Organisation. Geistiges Leben lebte in den Klöstern. Selten hat es in der Geschichte eine Institution gegeben, die gleichzeitig so viele gesellschaftliche Bedürfnisse befriedigte wie das mittelalterliche Kloster. Sicher stand in der Idee immer an erster Stelle das gemeinsame Leben der in der Liebe geeinten, persönlich armen, dem Abt gehorsamen Brüder (Regel des hl. Augustinus, 1. Kap.), das Kloster als Schule für den Dienst des Herrn (Regel des hl. Benedikt, Vorwort). Grundlage aller anderen gesellschaftlichen Funktionen war die Ausgestaltung des Klosters als einer vollkommenen Gemeinschaft, die alle Bedürfnisse landwirtschaftlicher, handwerklicher, künstlerischer und schriftstellerischer Art aus sich selbst heraus befriedigen und auf dieser Grundlage ein geistiges Leben führen konnte. War die Zielsetzung jedes einzelnen Klosters durch die Regel auf Gott hingeordnet, konnten bei den einzelnen Brüdern andere Zwecke lebensgestaltend werden. Klöster wurden so Orte landwirtschaftlichen Fortschritts, handwerklicher Ausbildung, intensiver Gesundheitspflege, künstlerischer Gestaltung, der Bewahrung literarischen Erbes, Stätten geistiger Auseinandersetzung. Ursprünglich gab es im Abendland nach der ersten Regel des hl. Augustinus (um 397) weitere Regeln und somit mehrere Formen monastischen Lebens. Eine der wichtigsten war die des hl. Benedikt von Nursia (um 480 – um 560). Zum Vater des abendländischen Mönchtums wurde Benedikt von Nursia durch die Kirchenpolitik der Karolinger. Persönlich unterstützt durch die Kaiser Karl den Großen und Ludwig den Frommen und rechtlich abgesichert durch die Beschlüsse mehrerer Reichssynoden, erreichte Abt Benedikt von Aniane (um 750–821), daß alle Mönchsklöster im Frankenreich nach der Regel Benedikts lebten. Nur für Priester-Gemeinschaften galt neben ihr noch die Regel Augustins. Das Werk Benedikts von Aniane war die erste rechtlich angeordnete abendländische Klosterreform. Die durch die Regeln gestiftete Ordnung ging von einer völligen Autonomie des geistigen Lebens in den Klöstern aus. Sie erfuhr eine grundlegende Änderung, als die Klöster in den im Verlauf der Völkerwanderung von den Germanen besetzten Gebieten in die adelige Herrschaftsstruktur dieser Reiche aufgenommen wurden. Klöster, Feudalklöster, sind jetzt Zentren der Verwaltung, Versorgungseinrichtungen für Adelige, deren Dienste im weltlichen Bereich nicht benötigt werden. Sie dienen ebenso als Alterssitze von Königinnen, Internierungsplätze für gestürzte Könige, Zwangsaufenthalte für geistige Rebellen, Gefängnisse für Menschen, deren Stand oder öffentliche Stellung es gleicherweise verbot, sie hinzurichten oder in einem Kerker verschmachten zu lassen. Zunehmend wurden sie auch ganz einfach Zufluchtsorte für Menschen, die Ruhe suchten und Geborgenheit.

Die Eingliederung der Klöster in die Herrschaftsstruktur des Frankenreiches hatte eine außerordentliche geistig-kulturelle Fruchtbarkeit zur Folge. Die Klöster der Karolinger-Zeit, und nur die Klöster, waren die Zentren geistig-kulturellen-politischen Lebens. Damit ging aber eine stete Gefährdung dieser Lebensform einher. Es war nicht anzunehmen, daß alle Menschen, die jetzt mehr oder weniger freiwillig, häufig schon als Kinder oder auch gegen ihren Willen Mönche oder Nonnen wurden, das spirituelle Leben nach der Regel zu leben willens oder auch nur fähig waren. Je stärker die Klöster seit der Merowinger-Zeit in die Herrschaftsordnung des Reichsverbandes eingegliedert wurden, je reicher Könige und die Großen des Reiches die Klöster deswegen ausstatteten, um so mehr waren die weltlichen Herrscher gezwungen, in das Leben der Klöster einzugreifen. Sie setzten Äbte ein und ab, ordneten die Klosterzucht, übertrugen den Klöstern Rechte wie die Gerichtsbarkeit und mußten die Ausübung dieser Rechte durch einen Vogt wiederum kontrollieren lassen.

Hinzu kam ein Weiteres, ja Entscheidendes. Die Klöster hatten sich der Gesellschaftsordnung des Adels angeglichen. Es bestand nahezu eine Strukturidentität zwischen den reichen Feudalklöstern und den reichen

Adelsfamilien. Jeder einzelne Mönch war persönlich arm, das heißt, er hatte kein Vermögen, über das er verfügen und über dessen Nutzung zu eigenem Gebrauch er frei entscheiden konnte. Das Kloster aber war reich, manchmal sogar unvorstellbar reich. Und oft oder deswegen war es mächtig, sehr mächtig. In dieser Lage befand sich aber auch jeder nachgeborene Sohn einer Adelsfamilie. Auch er hatte kein Vermögen, über das er frei verfügen, das er beliebig nutzen konnte. Eingeschränkt standen diese Rechte nur dem Inhaber des Lehens zu, dem Erben. Die Familie aber war reich, reich und deswegen mächtig. Und noch ein Weiteres verband den jungen nachgeborenen Adeligen mit dem Mönch. Auch er konnte nicht heiraten, eine Familie gründen. Das konnte nur der Erbe, der Herr, der Seigneur. Der Unterschied bestand nur darin, daß der Mönch diese Lage zu bejahen gelobt hatte, während der nachgeborene Adelige sie zu verändern suchen konnte durch den Erwerb eines eigenen Lehens, durch Gewalt gegen seine Brüder oder durch Abenteuer in den Kreuzzügen. Viele zogen es in dieser Situation vor, Mönch zu werden. Manchen war die Abtswürde greifbarer als ein fremdes Lehen. Sexualität war in Grenzen beherrschbar, die Liebe zu einer Frau als individuelle Erfüllung im frühen Hochmittelalter noch keine gesellschaftlich anerkannte Lebensform (Arno Borst). Feudalklöster waren auf den Willen gegründete Familien, die Adelssippen auf Blut gegründete, beide reich und mächtig. Der Name *familia*, für Klöster und Sippen gleichermaßen gebraucht, bezeichnete Großverbände, nicht die auf Intimität gegründeten Gemeinschaften der Neuzeit.

Cluny

Dies alles war der Klosterzucht nicht dienlich. Klosterreform wurde mit der Umwandlung der monastischen Stätten spirituellen, abgeschiedenen und enthaltsamen Lebens in feudale Reichsklöster eine immerwährende Aufgabe. Die Klosterreform des Abendlandes ist mit dem Namen Cluny verbunden.

Diese wirksamste geistige Institution des frühen Hochmittelalters entstand aus dem Chaos des zusammenbrechenden Karolinger-Reiches. Stifter war Wilhelm der Fromme, Herzog von Aquitanien (886 – 918), Markgraf von Gothien – dem heutigen Hinterland von Narbonne – und Graf der Auvergne und von Bourges. Er besaß große Ländereien und politischen Einfluß auch im Süden des Herzogtums Burgund, insbesondere in der Grafschaft Mâcon. Dort schenkte er am 11. September des Jahres 910 einen alten fränkischen Gutshof aus dem Besitz der Karolinger namens Cluny dem Abt Berno von Beaume zur Gründung des Klosters Peter und Paul. Cluny lag somit noch im französischen Lehensbereich, jedoch nur wenige Meilen von der Saône entfernt, die damals die Grenze zum Königreich Arelat (Burgund) bildete, das eines der drei Königreiche des deutschen Kaiserreiches werden sollte. Aber die Macht der französischen Könige reichte schon damals nicht mehr bis an die Grenzen ihres Reiches. Die letzten Sprosse der Karolinger und Gegenkönige aus dem Hause der späteren Kapetinger wechselten einander auf dem Thron ab, und die großen Herzogtümer Aquitanien, Gascogne und Burgund wurden Faustpfänder im blutigen Spiel. In dieser territorialen und politischen Gemengelage wird Wilhelm zum Stifter des Klosters Peter und Paul. Kaum jemanden würde diese Klosterstiftung heute noch interessieren, hätte Wilhelm nicht eine ganz außerordentliche Stiftungsurkunde aufgesetzt und hätten nicht fünf große Äbte über zwei Jahrhunderte hinweg aus der Rechtslage dieser Stiftungsurkunde heraus Cluny an die Spitze kirchlicher Geltung in Europa geführt. Die Stiftungsurkunde wurde ausgefertigt in Bourges, dem damaligen kirchlichen Vorort Aquitaniens. Sie stellte Cluny außerhalb jeder damals üblichen Rechtsbeziehung. Keine rechtliche Gewalt sollte vom Tage der Stiftung an in Cluny Rechtsakte setzen dürfen. Ausdrücklich werden der König, der Bischof, der Graf und die Stifterfamilie genannt. Auch der Papst sollte nicht Herr des Klosters sein, sondern sein Beschützer. »Die Stiftung tritt in ein unwahrscheinliches Vacuum von Freiheit, sie wird gleichsam extra mundum« (K. Hallinger). Diesen kirchenrechtlichen Privilegien, die die Päpste bestätigten und erweiterten, fügte der deutsche König Heinrich I. (919–936) ein weiteres Privileg hinzu, das der Regel des hl. Benedikt widersprach und die Gründung eines Ordens ermöglichte: Cluny durfte sich andere Klöster unterstellen. Auch dieses königliche Privileg wird durch die Päpste bestätigt. Auf dieser rechtlichen Grundlage hat Cluny eine beispiellose Reform- und Expansionsbewegung eingeleitet. Cluny erhielt das Recht, jeden Mönch aufzunehmen, dessen Kloster eine Reform ablehnte, und jedes Kloster seinem Verband anzugliedern, das selbst oder dessen Eigenkirchenherr die Reform einführen wollten. Schließlich wurden die Privilegien auf alle Klöster ausgedehnt, die zum Verband gehörten, so daß ein vom Großabt von Cluny streng zentralistisch geleiteter Mönchsstaat entstand. In der Blütezeit unter Abt Hugo (1048–1109) gehörten etwa 1500 Abteien, Priorate oder kleinere Einsiedeleien in flexiblen Rechtsformen zum Orden der Cluniazenser. Parallel zur äußeren Wirksamkeit, oder besser, ihr vorgeordnet und sie bedingend, läuft die Entwicklung einer eigenen Klosterkonzeption, deren Verwirklichung die Reform dienen soll. Mönchtum ist Heimkehr in den Urzustand der noch nicht gefallenen Menschheit. Durch die Abkehr von der durch die Sünde bestimmten Welt, arbeiten die Mönche an der Wiederherstellung der verlorenen Ordnung des Paradieses. Anders gewendet ist das Mönchtum die Vorwegnahme des Zukünftigen, das Kloster ein Ort des Himmels auf Erden, das Leben der Mönche eine Teilnahme am Schweigen der Ewigkeit und ihre Liturgie Beginn himmlischer Seligkeit. Bei Petrus Venerabilis heißt es:

Ihr seht die Gemeinschaft der Mönche, die gleich den himmlischen Heerscharen vor Gottes Angesicht stehen... und außer den anderen Übungen heiliger Kraft Tag und Nacht Gottes Lob singen.

Während der Blütezeit Clunys und nicht ohne den Einfluß seiner Ideen hatte sich Europa verändert. Frankreich war mit einem Netz geistiger Zentren überzogen, und der religiös-geistige Einfluß dieser Zentren begann den französischen Adel zu ergreifen, langsam erst und dann immer prägender. Die Durchbrechung der territorial abgegrenzten Bischofsgewalt durch den Orden der Cluniazenser unter Anlehnung an das Papsttum hatte dessen Zentralisationsbestrebungen gestärkt. Die Ablehnung jedes weltlichen Eingriffs in das Klosterleben hatte eine Bewegung in Gang gesetzt, die unter der Losung der *libertas ecclesiae*, der Freiheit der Kirche, jeden laikalen Einfluß auf das kirchliche Leben ablehnte und schließlich zum Investiturstreit führte, in dessen Verlauf die vom Papst geleitete Priesterkirche den Vorrang vor jeder weltlichen Obrigkeit forderte. Und schließlich hatte Papst Urban II., ein ehemaliger Mönch aus Cluny, im Jahre 1095 auf dem Konzil zu Clermont zum Kreuzzug aufgerufen, in dessen Verlauf im Jahre 1099 Jerusalem erobert wurde. In diesem Klima legte am 30. September 1088 Abt Hugo den Grundstein zum Bau der größten Kirche des christlichen Mittelalters: Cluny III. Fünfschiffig mit einem dreifachen Kapellenkranz, zwei Querhäusern mit zusammen zehn Apsiden, acht Türmen und einer Vorkirche maß sie in der Länge 125 m und in der Höhe 187 m. Das Verhältnis der Breite des Mittelschiffs zur Höhe betrug 1:3 und war somit das gleiche wie beim Kölner Dom, womit Cluny III die Innenproportionen gotischer Kathedralen vorweggenommen hat. Erst der im Jahre 1506 begonnene Petersdom des Bramantes wird Cluny III an Größe übertreffen. Dieser Bau war keine

Kirche der Mönche mehr, sondern steingewordener Ausdruck der Herrschaft der Priesterkirche über die Laienwelt im Zeichen des Investiturstreites und des Kreuzzuges, so wie der gleichzeitige Bau des Speyerer Domes die geistig-politische Behauptung des Imperiums gegenüber diesem kirchlichen Anspruch darstellte. Schon den Zeitgenossen erschien der Bau als Frevel, und der Einsturz einiger Teile des Mittelschiffes im Jahre 1125 als Gottesgericht. Den schärfsten Angriff auf die Idee und Wirklichkeit Clunys zu Lebzeiten Abaelards hatte kurz zuvor Bernhard von Clairvaux geführt, der von einer »unermeßlichen Höhe«, »unmäßigen Länge« und »überflüssigen Weite« dieser Kirche sprach. Abaelard wird am Ende seines Lebens neben dem residierenden Abt Petrus Venerabilis in Prozessionen durch diese Kirche schreiten und im Chor an den prunkvollen Liturgien Clunys teilnehmen. Demütig und äußerlich gelassen ordnete er sich Regeln unter, die nie die seinen waren; was er aber über Cluny dachte, erfahren wir nicht.

Cîteaux

Während der Jugend Abaelards war dem Cluniazenser-Orden und seiner Europa geistig prägenden Kraft eine Konkurrenz entstanden, der Zisterzienser-Orden. Dieser Orden, einer der kulturell produktivsten Kräfte des 12. Jahrhunderts, ist das Werk Bernhards von Clairvaux (1090–1153). Als Sohn eines burgundischen Adeligen geboren, tritt er im Jahre 1112 in das von Abt Robert von Molesme 1098 gegründete Kloster von Cîteaux ein, zu einem Zeitpunkt, als diese Gründung einzugehen drohte. Der Zisterzienser-Orden wollte die Regeln des hl. Benedikt wörtlich und rigoros durchsetzen, ohne die gesellschaftlichen Bindungen an den Hochadel der Zeit aufzugeben. Hatte der Cluniazenser-Orden das *laborare* des benediktinischen *ora et labora*, »bete und arbeite!« durch das Studium der Wissenschaften und der Ausübung der Künste ersetzt, sollten jetzt alle Mönche wieder körperlich arbeiten. Die wichtigsten Änderungen gegenüber der Cluniazenser-Ordnung bestanden in der Herabsetzung der Kost auf ein absolutes Minimum, wobei der Speise noch jeder Wohlgeschmack genommen wurde, dem Verbot angenehmer Kleidung, der Vorschrift einer harten Lagerstatt, wozu auch der eigene Sarg diente, der körperlichen Arbeit, insbesondere Feldarbeit bei der Urbarmachung unwirtlicher Gebiete und einem täglichen gemeinsamen Stundengebet von sechs Stunden. Bereits im Jahre 1115 gründete Bernhard von

Cîteaux aus das Kloster·Clairvaux, dessen Abt er bis zu seinem Tode blieb. Die Abtsweihe erhielt er von Wilhelm von Champeaux, der damals Bischof von Châlons-sur-Marne war, dem ersten Gegner Abaelards. Unter ihm wird das Kloster reich, ohne daß sich das Leben der Mönche geändert hätte. Um das Jahr 1150 umfaßt es etwa 700 Mönche. Es war damit nur Cluny vergleichbar und das größte Kloster des Jahrhunderts. Zu seinen Lebzeiten wurden von Clairvaux aus 68 Tochterklöster gegründet. Typisch für den Zisterzienser-Orden war das Prinzip der Filiation. Immer wenn die Anzahl der Mönche und die ökonomische Grundlage es gestatteten, wurde von einem Kloster aus ein Tochterkloster gegründet. Ein Beispiel einer Filiationskette, die nach Deutschland reicht, soll dies verdeutlichen. Von Cîteaux aus, dem Mutterkloster, wurden vier Töchter gegründet, La Ferté, Pontigny, Clairvaux und Morimond, alle in Burgund gelegen. Im Jahre 1125 wurde von Morimond aus Altenkamp am Niederrhein gegründet, 1129 wiederum von dort Walkenried im Herzogtum Sachsen. 1132 wird Pforta an der Saale ins Leben gerufen, 1150 Leubus an der Oder, 1222 Heinrichsau und 1295 Grüssau, die beiden letzten Klöster ebenfalls in Schlesien. Um 1130 konnte Bernhard schreiben: »Die Welt ist voller Mönche.«

Innerhalb des durch die Ordensregel gegebenen Rahmens hat Bernhard eine neue Klosterkonzeption formuliert. War für Cluny das Kloster ein Ort des Himmels in dieser Welt, so ist es für Bernhard eine Schule der Liebe. Ist ein Cluniazenser-Kloster ein Ort in dieser Welt, an dem eine Gemeinschaft von Menschen als Gemeinschaft Geistiges darstellt, bewirkt und ist, ist ein Zisterzienser-Kloster eine Entfaltungsmöglichkeit für die innere spirituelle Entwicklung jedes einzelnen Mönches. In drei Schritten soll der Mönch zur vollkommenen Liebe geführt werden. Im ersten Schritt tötet er die falsche Liebe zu irdischen Personen oder Dingen durch die Askese ab. Damit verbunden ist die Einsicht in die Ungleichheit des Menschen gegenüber Gott, die Einübung der Demut, die Aufgabe der Selbstbestimmung und die Entwicklung des gemeinschaftlichen Willens, der *voluntas communis*. So vorbereitet kann im zweiten Schritt die Reinigung des Mönches durch die jetzt wirksame Gottesliebe erfolgen. Im dritten Schritt schließlich erfolgt eine ekstatische Vereinigung der Seele mit Gott, der *raptus*. Der Eindruck, den die Zisterzienser während der ersten Hälfte des 12. Jahrhunderts in Frankreich hinterließen, war ungeheuer. Weiße Mönche bauten weiße Kirchen in einer einfachen, klaren Proportion und lebten in ihren Klöstern in innerer und äußerer Reinheit in der Vereinigung mit Gott. Weiß erschienen diese

44

Mönche im Gegensatz zu den schwarzen Mönchen der unreformierten oder durch Cluny reformierten Klöster, weil sie ungefärbte Wollkleider trugen. Weiß war die Architektur durch den neu verbauten Kalkstein. Sehen wir heute die Zisterzienser-Architektur in Frankreich als graues, mit Moos oder Schimmelpilz überzogenes Gemäuer, so müssen wir unsere ganze Phantasie aufwenden, um uns das strahlende Bauwerk in seinem Entstehungsglanz vorzustellen, Gebäude, deren einziger Schmuck in ihren klaren Proportionen bestand, ein eigener Stil in der Überwindung der Cluniazenser-Romanik am Vorabend der Gotik. Reinheit außen: Klares, lebendiges Wasser mußte die Klosteranlage durchfließen, und vor dem Refektorium, dem Speisesaal, stand der Brunnen im Kreuzgang, um den hygienischen Bedürfnissen zu genügen, denn die äußere Reinheit sollte Ausdruck der inneren Reinheit des Menschen sein. Allgemein galt, was Gottfried von Auxerre über Bernhard von Clairvaux sagte: »Er liebte die Armut, doch nie den Schmutz.« Reinheit innen: Menschen in äußerster persönlicher Armut, erfüllt mit der Liebe Gottes.

Die Trennung von Kirche und Volk

Die päpstliche Zentralisation

Roma, caput totius mundi, »Rom, Haupt der ganzen Welt«, das war der Ehrentitel für eine Stadt, von der aus sich in einem für die europäisch-vorderasiatisch-afrikanische Welt beispiellosen Expansionsdrang das Imperium Romanum, *das* Weltreich der bisherigen Geschichte ausgedehnt hatte, das die Welt – wie es seine Bürger nur zu gerne glaubten – befriedet hatte, in dessen Frieden, der *pax Romana,* der Erlöser der Welt geboren wurde und Er seine Kirche gründete und in dessen Hauptstadt *der* Apostel als Bischof seinen Sitz nahm, dem Er die Schlüssel seines Reiches übergeben hatte (Matth. 16,19): *Roma, caput totius mundi et ecclesiae universalis,* »Rom, das Haupt der ganzen Welt und der umfassenden Kirche«. Die Wirklichkeit sah anders aus. Das kirchliche Leben vollzog sich im Osten. Der Kaiser hatte seinen Sitz von Rom nach Konstantinopel verlegt, und den großen Städten des Ostens standen die Patriarchen vor, Konstantinopel, Antiochien, Jerusalem und Alexandrien. Alle ökumenischen Konzilien des ersten Jahrtausends fanden im Osten statt, vier in der Hauptstadt Konstantinopel. Mühsam erreichte der Bischof von Rom, daß Kaiser Valentinian III. im Jahre 445 durch kaiserliches Edikt mit Gesetzeskraft das Patriarchat des Westens begründete und dem römischen Bischof dadurch die Möglichkeit gab, die Bischöfe Galliens mit Hilfe staatlicher Gewalt seiner Botmäßigkeit zu unterwerfen. Jetzt wird Rom, von Hieronymus noch »verhaßte Stadt« und von Augustinus »zweites Babylon« genannt, die heilige Stadt, *urbs sacra.* Aber sein Einfluß stieg und fiel mit den geschichtlichen Abläufen. Für ganze Jahrhunderte fiel Rom als Ordnungsmacht Europas aus. Dies änderte sich langsam, aber stetig im frühen Hochmittelalter und wurde als unumkehrbare Tendenz durchgesetzt von Papst Gregor VII. (1073–1085), der in seinem »Dictatus papae« (1075) festgestellt hatte, daß allein der Papst Bischöfe ein- und absetzen kann, neue Gesetze erlassen und die Organisation der Kirche ordnen und ändern darf, daß er jeden Menschen, auch Kaiser und Könige richten und daß er von niemandem gerichtet werden darf.

Indem der Papst seine Herrschaft – *regimen* – über die Kirche aufrichtete und die Kirche die Ordnung der Gesellschaft bestimmte, war Neues in der Geschichte geschehen. Es war damit die Möglichkeit, die schließlich auch Wirklichkeit wurde, und die Macht zur autoritativen Entscheidung über Gut und Böse gegeben. Ein Beispiel, das für Abaelards Leben und Lehre und für die ganze Entwicklung Europas wichtig wurde, soll dies verdeutlichen: das Verhältnis der Menschen zu ihrem Körper, zur Sexualität, zu der Beziehung von Mann und Frau und zur Ordnung von Ehe und Familie. Die Leibfeindlichkeit war keine neue Lehre des Christentums, ja im Kampf gegen Gnosis und Manichäismus behauptete das Christentum noch einen Rest Hochachtung vor der ganzen, auch der körperlichen Schöpfung Gottes. Das Judentum kannte keine Leibfeindlichkeit, und die Stellen des Neuen Testaments, die dies nahelegen, sind entweder erst später leibfeindlich interpretiert worden oder bereits von der leibfeindlichen Umwelt, besonders der Gnosis, beeinflußt. Für die Kirchenväter sind zwei Quellenbereiche entscheidend geworden. Zum einen haben Autoren der philosophischen Strömung der Stoa leib- und lustfeindliche Lehren vertreten. So stammen von Lucius Annaeus Seneca (†65) die für die Ehemoral des Mittelalters verhängnisvollen Sätze:

Jede Liebe zur Frau eines anderen ist schändlich. Schändlich ist es aber auch, die eigene über das Maß zu lieben. Der Weise läßt bei der Liebe zu seiner Frau die Vernunft walten, nicht die Leidenschaft. Er widersteht dem Ansturm der Leidenschaften und läßt sich nicht ungestüm zur körperlichen Vereinigung hinreißen. Nichts ist verderblicher, als seine Frau wie eine Ehebrecherin zu lieben.

Die sexuelle Enthaltsamkeit selbst in der Ehe vertraten auch antike Ärzte. Von den Kirchenvätern immer wieder zitiert wurde der Leibarzt Kaiser Mark Aurels, Claudius Galenos (†70), und der Leibarzt Kaiser Hadrians, Soranos von Ephesos (2. Jh.). Diese philosophisch oder medizinisch begründeten Lehren über Eindämmung und Verachtung leiblicher Lust konnten Menschen der damaligen Zeit übernehmen, ablehnen oder auch einfach übersehen. Es ist anzunehmen, daß die Mehrzahl der Menschen nicht nach den Lehren des Seneca, Galenos oder Soranos lebten. Das änderte sich, als in den Auseinandersetzungen mit Gnosis und Manichäismus die Kirchenväter, von Hieronymus, Augustinus bis Papst Gregor I., diese Lehren übernahmen und sie als verbindliches kirchliches Gebot ausgaben. Die christliche Kirche ist die erste Großorganisation der Weltgeschichte, die durch autoritative Entscheidung Verhaltensmuster der Menschen änderte, moralisches Verhalten in rechtsförmigen Verfahren erzwang. Zuerst war die Sanktion innerweltlich nur die Kirchenbuße und die Androhung jenseitiger ewiger Strafen. Dann aber, zentralisiert durch die Entscheidungsgewalt des Papstes, folgten zwangsweise durchgesetzte körperliche Strafen bis hin zum Tod durch Verbrennen oder Ertränken. Europa hatte die Organisation zur Unterdrückung der Gewissen erfunden. Abaelard wird für viele Jahrhunderte der letzte sein, der hiergegen wissenschaftlich protestiert.

Aber nicht nur die Entscheidungsgewalt über die Moral und das moralische Verhalten beanspruchte der Papst, sondern auch die über die Politik und das politische Verhalten. In einem Schreiben an die Erzbischöfe und Bischöfe in Frankreich aus dem Jahre 1074 ruft Papst Gregor VII. den Bischöfen die trostlose Lage Frankreichs in Erinnerung:

Nun aber sind sie von allen schrecklichen Übeln wie von einer seuchenartigen Krankheit befallen und begehen oft verabscheuungswürdige Taten, vielfach ohne daß sie jemand hindert; sie achten weder auf Menschliches noch Göttliches; Meineide, Gotteslästerungen, Unzucht zu begehen, sich gegenseitig zu verraten, halten sie für nichts, und, was unmenschlich ist, Bürger, Verwandte, Brüder und sonstige nehmen die anderen aus Habgier gefangen, entwinden alle ihre Güter und lassen sie ihr Leben in äußerstem Elend beenden; Pilger und solche, die zu den Stufen der Apostel gehen oder von dort zurückkehren, führen sie, wie es jedem vorteilhaft erscheint, in Gefangenschaft, werfen sie in Kerker, unterziehen sie ärgeren Foltern als irgendein Heide und verlangen von ihnen oft mehr für die Freilassung, als sie haben. All dieser Dinge Haupt und Ursache ist auf Einflüsterung des Teufels hin Euer König, der nicht als König, sondern als Tyrann zu bezeichnen ist.

Er befiehlt den Bischöfen, gegen den König vorzugehen, droht im Verweigerungsfalle dem ganzen Land das Interdikt an, also die Einstellung aller gottesdienstlichen Handlungen, und allen Bischöfen die Absetzung und beendet seine Drohung mit den Worten:

Falls der König durch solche geistlichen Strafen nicht wieder zur Besinnung kommen will, dann soll es – so ist unser Wille – niemandem verborgen oder zweifelhaft sein, daß wir auf alle Weise versuchen werden, die Königsherrschaft über Frankreich mit Gottes Hilfe seinem Besitz zu entreißen.

Innerhalb weniger Generationen war der Papst zum Richter Europas geworden. Er richtete in letzter oder einziger Instanz über die Priester- und Bischofsweihen, die Abts- und Bischofswahlen, die Vermögensstreitigkeiten von Bistümern, Gemeinden und Klöstern, über alle Delikte von

Geistlichen, über Ehe- und Familiensachen besonders der Adeligen, über Erbsachen, die Mitgift und das Witwengut, die Auslegung und Gültigkeit von Eiden und damit über die Gültigkeit der meisten Rechtsgeschäfte der damaligen Zeit. Die täglichen Konflikte der Menschen, besonders der Adeligen und des städtischen Bürgertums, wurden so in letzter Instanz von einer Autorität entschieden, an die damals zwar geglaubt, die angenommen, ja von den Menschen verehrt wurde, räumlich aber und in der Vorstellung unerreichbar weit entfernt war. Heute, da uns alle Städte in Sekundenschnelle erreichbar sind, in Bildern vergegenwärtigt werden, fällt es schwer, sich vorzustellen, was für einen Bewohner der Ile-de-France der Papst in Rom war. Nur die Kirche hatte ein funktionierendes Informationssystem. Indem Rom immer mehr Entscheidungen über die wichtigen Dinge Europas an sich zog, wurde das tägliche Leben um so häufiger von einer unvorstellbaren, unerreichbaren Macht bestimmt. Der Papst war eine konkrete Person, Rom aber undurchschaubare Macht. Undurchschaubare Macht erzeugt Angst, Angst selektiert Negatives. Und so werden tägliches Gespräch, ständige literarische Darstellung nicht die Leistungen Roms für die Rechtskultur, sondern die finanzielle Korruption. Als Abaelard sich nach Rom wenden will, weil er das bischöfliche Urteil gegen den Anstifter der Kastration zu milde findet, schreibt ihm ein befreundeter Prior:

Hast Du nie etwas von der Geldgier und Lasterhaftigkeit Roms gehört? Wer kann aus eigenem Reichtum den Schlund der Unzucht füllen?... Dein Vermögen, es mag mäßig sein oder nicht, reicht zum Besuch des Papstes nicht aus. ... Wer immer in unseren Zeiten sich an den Päpstlichen Stuhl wendet ohne das Gewicht des Geldes, wird seinen Fall verlieren und sich bestürzt und verworfen abwenden. ... Dein Vermögen, es mag groß oder klein sein, wird zur Verfolgung Deiner Sachen beim Päpstlichen Stuhl unter gar keinen Umständen ausreichen.

Rom war das erste Herrschaftszentrum Europas, das die Geldwirtschaft systematisch organisierte. Noch heute sind Finanzmärkte den Menschen undurchsichtig, unheimlich. Als im 12. Jahrhundert Geld – und nicht etwa Gold – zum ersten Mal eine immer rascher immer wichtigere Rolle zu spielen begann, antworteten Prediger und Massen mit der Forderung nach Armut, mit der Anklage gegen Rom. Gerechtigkeit gegen Geld widersprach der Rechtsüberzeugung Europas. Geld – *nummus* – wird in der noch weitgehend von der Naturalwirtschaft bestimmten Gesellschaft Europas zum Mammon, und so beginnt die Benediktbeurer Handschrift »Carmina Burana« mit dem Gedicht:

Manus ferens munera...
Hand, die was zu bieten hat,
macht die Frömmigkeit zum Hohn;
Mammon weiß sich immer Rat,
Mammon auf dem Friedensthron;
Mammon macht das Krumme grad,
Mammon ist der Kriege Lohn.
    Gilt doch den Prälaten,
    Geld für gute Taten,
    und die Richter raten,
    nur für Golddukaten.
       ...
Vor der Kurie gewinnt
den Prozeß, wer freudig schenkt,
aber wenn kein Goldstrom rinnt,
wird der Codrus aufgehängt.
Das Gesetz zum Netz man spinnt,
füttert damit schmachgelenkt
    unsre Ablative,
    wir doch, als Passive,
    werden die Dative
    ihrer Genitive.

Die Armutsbewegung – Protest von unten

Die Zisterzienser waren nicht nur eine innermönchische Reaktion auf die Hypertrophie Clunys, sondern auch eine Antwort auf die zur Ketzerbewegung ausufernde Armutsbewegung des 12. Jahrhunderts. Die Reformideen Clunys waren vom Adel aufgenommen worden. Auch andere Reformzentren wie Gorze in Lothringen und Hirsau im Schwarzwald verbreiteten dieselben Gedanken. Die Massen, die sich zu formieren begannen, wurden jedoch nicht erreicht. Die gärende Unruhe städtischer Proletariate und ihre Kritik an der feudalen Reichskirche hatte Papst Gregor VII. (1073 – 1085) im Investiturstreit für seine Zwecke benützt und Hoffnungen geweckt, die das Papsttum einzulösen nicht bereit war. Die Kreuzzugspredigten in ganz Europa infolge des Aufrufs Papst Urbans II. erweckten enthusiastische Endzeiterwartungen. Aber während die mönchische Reformbewegung abebbte oder in strenger Feudalgebundenheit sich von bäuerlichen und städtischen Bewegungen abschloß, je mehr der Kampf Roms um die Freiheit der Kirche sich auf juristische Gebiete verlagerte und im Wormser Konkordat des Jahres 1122 mit einem die religiösen Massen gleichgültig lassenden Kompromiß endete, um so häufiger traten Ketzer auf. Gesellschaftliche Grundlage dieser Entwicklung war ein sprunghaftes Anwachsen der Zahl völlig entwurzelter Menschen, Armer und Prostituierter aus allen Schichten der Bevölkerung, in erster Linie aber der Bauern, die nicht mehr in der Lage waren, vom Ertrag ihrer Felder die Abgaben zu leisten und ihre Familie zu ernähren. Die Zeit der Jahre 1095 bis 1144 war eine lange Hungerperiode mit immer neuen Wellen der Not, die über fast ganz Europa liefen. Hunger, Seuchen, Entwurzelung waren die Folge. Gleichzeitig erlebten die Menschen zum ersten Mal in Europa fassungslos, daß mit dem Hunger spekuliert werden konnte, daß Händler durch die Not anderer Menschen reich wurden, daß Ernten aufgehäuft und nicht zum Essen ausgegeben, sondern mit Gewinn in reiche Gegenden abtransportiert wurden. Die Gegensätze in der Gesellschaft erreichten einen ersten Höhepunkt. Kreise des Adels, der hohen Geistlichkeit und des städtischen Handelskapitals lebten in einem bis dahin unbekannten Luxus, der durch die Einfuhr von Seide, Gewürzen, Obst (Datteln, Feigen, Rosinen), Zucker und anderen Luxusgütern aus dem Orient äußerlich sichtbar wurde, während die Zahl der völlig Besitzlosen stetig anwuchs. »Gedankenlosem Zynismus und wohl überlegter Gewalttätigkeit stand eine wahre Blüte des religiösen Denkens gegenüber« (M. Mollat). Dieser soziale Druck traf die Kirche unvorbereitet, die noch mit unreformierten Feudalklöstern kämpfte, Bischöfe als Amtswalter hatte, die mehr für das Wohlergehen ihrer Familien sorgten als für die Armen, deren Anwalt sie sein sollten, und die keine Seelsorge als systematische Glaubensunterweisung der Gläubigen kannte. In dieser Situation begannen Menschen die Lehre des Evangeliums über die Armut wörtlich zu nehmen und sie gegen die Kirche zu wenden. Diese antwortete darauf mit dem Ketzervorwurf. Dabei definierte nicht nur die Kirche, wer Ketzer ist, sondern in gleicher Weise enthüllten die Ketzer damit, was Kirche ist. Ketzer ist niemand aus sich, sondern Ketzer wird der, dessen Lebensform oder Wahrheit die Kirche in ihr nicht gelten läßt. Die Grundforderung der Ketzerbewegung des 12. Jahrhunderts war die Forderung der Armut der Kirche, ihre methodische Eigenart gegenüber den Gläubigen der etablierten Kirche der persönliche Zugriff auf die Bibel ohne Vermittlung kirchlicher Autoritäten und die Antwort der Kirche die Ablehnung der Ketzer in Unwahrhaftigkeit: Die Lehre wird verurteilt, damit die Kirche ihr Leben nicht ändern muß. Abaelard wird gegen Ende seines Lebens die Motive dieser Armutsbewegung und ihre Kritik an der Kirche in sein Denken und Leben aufnehmen. Kennzeichnend für diese

Jahre ist der Umstand, daß neben offensichtlichen Ketzerbewegungen neue Formen religiösen Lebens entstanden, die von vornherein nicht der einen oder anderen Seite zuzuordnen war. Einer der ersten Ketzer, den die Kirche ausschloß und den die Volksmenge verbrannte, war Petrus von Bruys († um 1126). Er war Priester und brachte die Ideen der Gregorianischen Kirchenreform ins Volk. Getragen und getrieben von den Massen und sie selbst formierend, radikalisierte er seine Ideen, bis er die Hierarchie, die Sakramente, die Fürbitten für die Verstorbenen und die Verehrung Gottes in Kirchengebäuden ablehnte. Als Wanderprediger zog er in Südfrankreich umher und predigte die reine Geistkirche, Urbild fast aller späterer Ketzereien. Ganz im Innern ist auch Abaelard überzeugt, daß die sichtbare Kirche, der er sich immer unterwarf, so verdorben ist, daß nur noch der Heilige Geist unmittelbar in den Herzen der Gläubigen wirkend Heil bewahren kann. Ein anderer Wanderprediger, den die Kirche ausschloß, war der Mönch Heinrich. Nach einer Predigt Bernhards von Clairvaux im Jahre 1145 wurde er ergriffen und verschwand spurlos. Nur durch eigenes tugendhaftes Leben, so lehrte er, sei das Heil zu erwerben, in diesem Punkt einer Meinung mit Abaelard, und die Praxis der Mitgift sei verwerflich, in diesem Punkt einer Ansicht mit Heloisa. Auch er lehnte wie Petrus von Bruys die Sakramente und das Priestertum als Vermittler von Heilsgütern ab, forderte seine Anhänger zur Nächstenliebe und Armut auf, Prostituierte sollten geheiratet werden, und jede Mitgift bei der Eheschließung wurde untersagt, da sie die Armen von der Ehe ausschloß.

Die Armutsbewegung mit dem extremen Flügel der Ketzerbewegung war aber nicht auf das einfache Volk beschränkt. Als Bernhard von Clairvaux im Jahre 1145 in Verfeil bei Toulouse gegen die Ketzerei predigen wollte, verließen zuerst die Adeligen und Vornehmen das Gotteshaus, und das einfache Volk lief ihnen nach. Als Bernhard auf der Straße zu predigen versuchte, gingen die Vornehmen in ihre Häuser, während das einfache Volk ihn nicht verstehen konnte. Sie sprachen Provençalisch, nicht Französisch, sie sprachen die Sprache der Untertanen, nicht die Sprache der Herren. Bernhard, ein Sproß des Hochadels und Abt eines Adelsklosters – die Kirche erreichte die Massen der Entwurzelten nicht.

Dies versuchten die Wanderprediger, die an der Verbindung zur Amtskirche festhalten und von denen einige zu Ordensgründern werden. Zu ihnen gehören Bernhard von Tiron (um 1046–1117), der im Jahre 1114 in Tiron in der Picardie das Kloster zum Heiligen Erlöser gründete, eine Kongregation, die nach 20 Jahren 60 Klöster zählte, Robert von Arbrissel (um 1055–1117), der im Jahre 1100 das Kloster Fontevrault als Doppel-(Frauen- und Männer-)Kloster gründete, eine Form, mit der sich Abaelard eingehend auseinandergesetzt hat, und Vitalis von Savigny (um 1065–1122). Dieser gründete im Jahre 1112 in Savigny-Vieux in der Normandie ein Kloster, dessen Reform 31 Abteien in Frankreich und England annahmen, wobei interessant ist, daß 13 Tochterklöster von Savigny sich im Jahre 1147 dem Zisterzienser-Orden anschlossen. Vitalis wird uns im Zusammenhang mit Heloisas Aufenthalt in Argenteuil wieder begegnen. Schließlich muß auch Norbert von Xanten (um 1085 – 1134) zu den Wanderpredigern gerechnet werden, der durch kirchlichen Druck genötigt wurde, im Jahre 1120 das Kloster Prémontré bei Laon zu gründen. Der Prämonstratenser-Orden ist ein Kleriker-Orden, der die Augustiner-Regel zur Grundlage hat. Zweck des Ordens war die Verbindung seelsorgerischer Tätigkeit mit der mönchischen Selbstheiligung der Kleriker. Als im Jahre 1137 in Prémontré das erste Generalkapitel stattfand, zählten zum Orden bereits mehr als 120 Stifte mit etwa 12000 Mitgliedern. Auf dem Konzil von Soissons im Jahre 1121 gehörte Norbert von Xanten zu den Gegnern Abaelards.

Robert von Arbrissel ist der einzige Wanderprediger und Klostergründer der Armutsbewegung, dessen Wirken auf Abaelard Einfluß hatte. In seinen Briefen und Schriften erwähnt er ihn mehrmals, und seine Doppelklosterkonzeption, also die eines einheitlich geleiteten Klosters für Mönche und Nonnen, hat Abaelard veranlaßt, seine eigene monastische Gründung als Doppelkloster zu entwerfen und dafür eine theologische Grundlegung zu leisten, die einzige, die das Mittelalter hervorgebracht hat. Robert von Arbrissel stammt wie Abaelard aus der Bretagne. Sein Vater und sein Großvater waren Priester – der Zölibat hatte sich noch nicht durchgesetzt. Er hatte in Paris studiert und wie Abaelard Anselm von Laon gehört. Nachdem er als Gehilfe des Bischofs Marbod von Rennes vergeblich versucht hatte, den verwilderten Klerus zu reformieren, zieht er sich in die Einsiedlerkolonie im Wald von Craon zurück, etwa auf halbem Weg zwischen Laval und Angers. Dort lebte er mit einigen Gefährten buchstäblich von Wasser, Rinde, Beeren, Pilzen und wildem Honig. Dieser Rückzug in den Wald ist eine typische Lebensform der Wanderprediger. Der Wald war für das Mittelalter eine menschenfeindliche Umgebung. Unheimlich, gefährlich, das *uitgard* der Germanen, voller wilder Tiere, Teufel und Gespenster. Der Wald, der damals noch riesige Flächen bedeckte und mit unseren heutigen Wäldern keine Ähnlichkeit hatte, wurde zum Asyl der entwurzelten Armen, denen die ummauerten

Städte und die grundherrlich geschützten Dörfer verschlossen waren. Arme standen immer draußen, draußen vor dem Stadttor, draußen vor der Klosterpforte, draußen vor dem Burgtor. Immer waren sie unterwegs, ohne Ziel, ohne Hoffnung, oft hausten sie im Wald ohne Sinn, ohne menschliche Erfüllung, ein Warten auf den Tod. Im Wald waren sie vor der Verfolgung sicher, die sie aus der Gesellschaft ausschloß, denn da sie stehlen mußten, um leben zu können, drohte ihnen die Strafe des Verlustes von Gliedern oder des Lebens. Die Wanderprediger ziehen ihnen nach, in Armut, auf den Straßen, in den Wald. Sie leben ein Leben gleich dem ihren, aber mit einer Aufgabe, einem Ziel, einem Sinn. Nie zuvor und nie danach haben Geistliche sich mit dem Leben derer, an die sich ihre Seelsorge richtete, so identifiziert. Erst die Arbeiterpriester, kurze Episode der Kirchengeschichte wie die Wanderprediger selbst, sind ihnen vergleichbar. Bei allen Wanderpredigern in Frankreich zeigt sich der Rhythmus der Wanderung: Predigt in Städten, Dörfern und auf Straßen, Rückzug in den Wald und Zusammenleben im kleinen Kreis gleichgesinnter Eremiten. Als ein kirchlicher Anlaß im Jahre 1096 Robert von Arbrissel nach Angers führt, überträgt ihm der dort weilende Papst Urban II. das Amt eines Predigers. Nun durchzieht Robert die Lande und predigt Buße, Kampf gegen die Simonie, gegen unwürdige Priester, gegen die Übelstände der Kirche. Einer seiner Gegner beklagt, daß Robert die Sünden der hohen wie der niederen Geistlichkeit nicht nur in ihrer Gegenwart, sondern auch in ihrer Abwesenheit schonungslos vor dem Volke aufdecke. Die Geistlichen beklagen sich, daß Robert sie in seiner Predigt verurteile und sie moralisch wie materiell schädige. Robert hatte einen bis dahin ungekannten Zulauf. Hunderte begleiteten ihn, mehrere Tausend lebten bei seinem Tod im Jahre 1117 in seinen Klöstern. Er nahm alle auf, besonders die Frauen. Ein Chronist berichtet, »daß bei ihm Frauen zusammenkamen, Arme und Adelige, Witwen und Jungfrauen, Alte und Junge, Dirnen und Strichjungen«. Er wies »keine Armen und Gebrechlichen, keine in Blutschande Lebenden, keine Kebsweiber, keine Aussätzigen und keine Zügellosen zurück«. In den Berichten über die Tätigkeit Roberts zeigt sich sehr deutlich die Existenz eines Proletariats, einer völlig entwurzelten Schicht auch von Frauen. Um ihnen eine Zuflucht zu geben, gründete er um das Jahr 1100 das Kloster Fontevrault. Es lag in der Grafschaft Anjou, nahe an der Grenze zum Herzogtum Aquitanien, nicht weit entfernt von Abaelards Geburtsort. Von Anfang an war es als Doppelkloster gegründet und hatte Abteilungen für Frauen, für Männer, für Kranke und für Aussätzige. An der Spitze von

Fontevrault und der Kongregation, die beim Tode Roberts im ganzen Westen Frankreichs und in England verbreitet war, stand als Äbtissin eine Frau, unerhört für seine Zeit. In diesem Punkt war Abaelard konservativer als Robert. Erstaunlich ist, daß neben den Huren und Aussätzigen – und beides ist ganz wörtlich zu nehmen – Frauen des höchsten Adels in Fontevrault eintraten. Ermengard, die Herzogin der Bretagne, wird dort Nonne. Bertrada, Gräfin von Montfort und Mätresse und Ehefrau des Königs Philipp I. von Frankreich, und schließlich Philippia, die zweite Gemahlin Wilhelms IX. von Aquitanien (1037–1127), die etwa um das Jahr 1115 ihren Mann verließ, weil dieser sie öffentlich mit der Gräfin von Chatellerault hintergangen hatte. Sie wurde zusammen mit ihrer Tochter Audémond in Fontevrault Nonne, wie es schon zuvor die erste Frau Wilhelms, Irmgard, versucht hatte, die aber von den Bischöfen gezwungen wurde, zu ihrem zweiten Mann, dem Grafen von Nantes, zurückzukehren.

Die Liebeslyrik – Protest von oben

Wilhelm, Graf von Poitiers und Herzog von Aquitanien, war der erste Troubadour Frankreichs, ein Mann von ungeheurer Lebenslust und tiefer Melancholie. Man kann verstehen, daß seine Frauen eines Tages ins Kloster flüchteten wie heute Frauen ins Frauenhaus. Seine Erbenkelin Eleonore von Aquitanien (1137–1204), die zuerst mit dem französischen König Ludwig VII. und dann mit dem englischen König Heinrich Plantagenet verheiratet war und diesem Südfrankreich als Morgengabe brachte, starb in Fontevrault. Mit ihr sind dort begraben König Heinrich, Richard Löwenherz und die Gemahlin des englischen Königs Johann Ohneland. Aus Wut darüber, daß seine Frauen vor ihm im Kloster Zuflucht suchten, gründete Wilhelm an der Grenze seines Reiches gegenüber von Fontevrault in Niort eine Kurtisanen-Abtei, um die Stiftung Roberts zu verhöhnen. Als Troubadour hat er zwölf Lieder hinterlassen, von denen die ersten fünf der spirituellen Liebe der Kirche die sexuelle Erotik entgegenstellen. Diese Lieder, formal in den Rhythmen der Kirchenhymnen gedichtet, richten sich gegen die Klosterregel Roberts von Arbrissel, sind ein Protest gegen den Einbruch des Kirchenmannes in seinen Lebensbereich und eine Verhöhnung der kirchlichen Liturgie. Das berühmte 6. Lied ist der erste existentialistische Text des Abendlandes. Zum ersten Mal im Mittelalter blickt ein Mensch ohne religiöse Angst in sein Inneres und entdeckt – nichts.

Farai un vers di dreyt rien...
Ich werde ein Gedicht machen über rein nichts,
Es wird nichts darin sein, weder von mir noch von anderen,
Weder von Liebe, noch von Jugend,
Denn es fiel mir grad eben ein, als ich träumend saß,
Zu Pferd.

Wilhelm kommt dann doch im weiteren Fortgang des Gedichtes auf die geliebte Frau zu sprechen, jedoch:

Ich habe eine Freundin, aber ich weiß nicht, wie sie in sich selber ist,
Fürwahr, ich hab sie nie gesehen,
Sie macht mir weder Freude noch Kummer,
Und das macht mir nichts,
Denn kein Fremdes laß ich in mir wohnen.

Schließlich verbindet die letzte Strophe das Thema des Nichts mit dem der Frau:

Ich hab das Lied gemacht, über ich weiß nicht was,
Ich werde es dem schicken,
Der es ihr bringen läßt nach Anjou,
Einer, der mir ihres leeren Schreins
Schlüssel dafür gibt.

Dieser Schluß erinnert an das älteste anonyme deutsche Liebeslied, das als Ende eines lateinischen Liebesbriefes einer Nonne an einen Kleriker erhalten ist, Stil und Inhalt erinnern an die beiden ersten Briefe Heloisas an Abaelard. Dieses Liebeslied lautet:

Dû bist mîn, ich bin dîn:
Des solt dû gewis sîn.
Dû bist beslozzen
In mînem herzen:
Verlorn ist das sluzzelîn:
Dû muost och immer darinne sîn.

Jetzt ist der Schrein des Herzens leer, Liebe eine Illusion. Das Gedicht über das Nichts ist nicht Unterpfand der Liebe, sondern Tausch gegen das leere Herz der Freundin.

Nur ein Mann mit der Machtfülle Wilhelms von Aquitanien konnte kirchlich ungestraft die von der Kirche verwaltete Ordnung durch sein Leben verneinen und diese Verneinung in Liedern feiern. Der Protest von unten gegen die Ordnung der Kirche lebte davon, daß diese Bewegung christlicher sein wollte, als es die Kirche war. Der Protest von oben, den Adeligen, kämpfte den Raum frei für das Weltliche: Es gibt Dinge für den Menschen, die ihm wichtig sind und die er so leben will, wie er es will. Wilhelm war ein Mann, und sein Protest war das Verbot an die Kirchenmänner, ihn in seiner Männerwelt zu stören. Heloisa ist die erste uns greifbare Frau des Mittelalters, die ihr Leben nach ihrem Gewissen und nicht nach den Regeln der Umwelt lebte. Der Protest von unten war durch die materielle Lage bestimmt, durch Hunger, Entwurzelung, Todesangst. Der Protest von oben ist durch Individuen bestimmt, ist subjektives Erleben, Ausleben persönlicher Bedürfnisse. Beides zusammen wird die treibende Kraft der Entwicklung Europas.

Der Anfang der Wissenschaft

Der junge Petrus begab sich von der Burg seines Vaters aus auf Wanderschaft, um zu lernen. Lesen und Schreiben konnte er vermutlich schon. Wie alt er war, wissen wir nicht. Nun suchte er sich Schulen. Eine Schule war im frühen Mittelalter die Stätte *eines* Lehrers. Buchstäblich saß man zu seinen Füßen, hörte, was er vorlas, und versuchte es zu behalten oder mitzuschreiben. Gewiß, in allen Klöstern und am Sitz aller Bischöfe konnte man lernen: Latein, Singen, Berechnen der Feiertage und vielleicht einige Wahrheiten aus der Schrift und den Kirchenvätern. Eine Schule, die Schüler anzog, entstand aber erst, wenn ein Lehrer sich über dieses Niveau erhob, und sie behielt ihren Ruf nur solange, wie der Lehrer sie trug.

Erste Schulen gab es in Europa seit der Zeit Karls des Großen. Es ist erstaunlich, wie dieser Mann in dem vorhandenen Chaos Ordnung durch Siege erzwang, die Siege in die Heilsgeschichte einordnete und Männer an sich zog, die all dies bedachten und weitergeben sollten. Seine Pfalz zu Aachen, das Kloster Fleury – das heutige Saint-Benoît-sur-Loire – und das Kloster Saint-Martin in Tours waren Schulen, in denen die antike Überlieferung gesichert wurde und bis hin zur Vorstellung, das ganze Reich mit einem Netz von Schulen zu überziehen, Volksschulen sozusagen. Jahrhunderte zehrten von dem, was um Karl in einer Generation gedacht und geordnet wurde.

Grundlage des Unterrichts waren seit der Spätantike die *artes liberales*, die sieben freien Künste. Der volle Unterricht begann mit dem *trivium*, den drei sprachlichen Fächern Grammatik, Dialektik und Rhetorik, und setzte sich fort mit dem *quadrivium*, den mathematisch-realen Fächern Arithmetik, Geometrie, Musik und Astronomie. Nicht an allen Schulen wurden alle Fächer gleichgewichtig behandelt. Für die Disziplin, die seit Abaelard Theologie hieß, damals Weisheit Gottes, Lehre des Göttlichen oder Philosophie genannt, gab es überhaupt noch keine feste Regelung. An den Schulen hieß dieses Fach einfach *scriptura* – »Schriftauslegung«.

Am Anfang europäischer Bildung standen die Klöster. Über die eigentliche Klosterbildung hinaus wirkten sie, wenn sie nicht nur in der inneren Schule ihren eigenen Nachwuchs ausbildeten, die Novizen, sondern eine öffentliche Schule einrichteten, die äußere Schule. Nicht alle Klöster taten dies. Der Gallener Klosterplan, ein Bauplan für ein Ideal-Kloster aus der Zeit um das Jahr 820 sieht im Innern des Klaustrums die Novizenschule vor und an der Nordseite eine geräumige äußere Schule, für die zwölf Zimmer und zwei große Säle im Innern vorgesehen sind. Der Schulvorsteher dieser äußeren Schule hat eine eigene Wohnung, die an die Nordwand der Kirche angebaut ist, und ein eigenes Büro. Schreibstube und Bibliothek liegen zwischen beiden Schulen.

Die Zulassung externer Schüler war die eine Bedingung für die Entwicklung der europäischen Bildung, die andere war der Anspruch, mehr leisten zu wollen als die Überlieferung des Überkommenen. Der Elementarunterricht wandelte sich zum Studium Generale. Verbunden damit war eine Änderung der Disziplin, die schon den Zeitgenossen auffiel. Die *pueri*, die Knaben der inneren und der äußeren Schule, wurden für jeden Fehler grausam gezüchtigt. Die Darstellungen der Zeit zeigen den *grammaticus*, den Lehrer, mit der Rute als seinem Emblem. »Tag und Nacht schlagen wir mit der Rute und ohne Unterlaß bereitet sie Schmerzen«, berichtet ein Abt Anselm von Canterbury, der diesen hierfür tadelt. Grammatik läßt sich einbleuen – das Wort hat eine lange Tradition –, nicht aber die Dialektik als Grundlage der Wissenschaft. Und so sagt der Prämonstratenser-Abt Philipp von Harvengt (†1183) in seiner Schrift »De institutione clericorum« von der neuen Studentengeneration, daß sie »frei ist von der Angst schulischer Unterwürfigkeit und dem Zwang der magisterlichen Zuchtrute«. Es beginnt die Zeit der studentischen Freiheit, aus Freude zu lernen, was und wann man will. Diese zweite Bedingung realisiert sich in *einem* Zeitraum und *einer* Gegend. Das Hinauswachsen der europäischen Schulen aus der Enge klösterlicher Zucht, deren Konsequenz die Gründung der europäischen Universität ist, vollzieht sich im 11. Jahrhundert in Nordfrankreich. Die südliche Linie dieser Schulen mit neuer Bedeutung bilden die Städte Angers, Le Mans, Tours und Orléans, vorgelagert ist Poitiers, Lüttich markiert den nördlichsten Punkt, und das Zentrum bilden Chartres, Le Bec, Paris, Laon und Reims. Die Schulen des Deutschen Reiches fallen zurück, Burgund, Zentrum monastischen Lebens, gründet keine, und der Süden Frankreichs, kulturell dem Norden überlegen, kennt Schulen vergleichbarer Art, die ersten in Montpellier und Toulouse, erst in späterer Zeit. Die Region dieser Schulen bildet den Lebensraum Abaelards.

Zur Jugendzeit Abaelards war die berühmteste Klosterschule Le Bec unweit von Rouen in der Normandie. Im Jahre 1043 ist sie von Lanfranc von Pavia (um 1005 – 1089) gegründet worden. Lanfranc war zuvor Lehrer der freien Künste und der Rechtswissenschaft in Pavia, trat in das Kloster Bec ein und wurde dort Prior, also Stellvertreter des Abtes, und Lehrer. Seine bedeutendsten Schüler waren Anselm von Canterbury und Ivo von Chartres. In Bec lehrte Lanfranc Theologie und kanonisches Recht. Er unterstützte die Eroberung Englands durch seinen Herzog Wilhelm und starb als Erzbischof von Canterbury. Sein politisches Werk war die Verschmelzung der englischen Kirche mit dem normannisch-französischen Geistesleben. Als Lanfranc im Jahre 1063 aus dem Kloster ausschied, wurde sein Schüler Anselm von Canterbury (1033/34–1109) sein Nachfolger, wie er in Norditalien, in Aosta, geboren und wie er als Erzbischof von Canterbury gestorben. Vor Abaelard war er der bedeutendste Theologe des Abendlandes. Bereits seine erste Schrift, das im Jahre 1076 fertiggestellte »Monologion«, war revolutionär, versuchte er doch nichts anderes, als gestützt allein auf die Vernunft – *sola ratione* – die Gesamtheit der Glaubenswahrheiten zu begründen. Ein doppeltes Ziel verfolgte er so: Die Ungläubigen sollen durch die Vernunft zum Glauben und die Gläubigen zur Einsicht gelangen. In einer dreifachen Stufung nähert sich der Mensch Gott, durch den Glauben, durch die Einsicht in den Glauben und durch die Schau. Einsicht ist das Ziel des Glaubens und der Wissenschaft: *credo ut intelligam*, ich glaube, damit ich erkenne. Das bis dahin unerhörte Programm, das unerfüllbare Programm, das die spätere Theologie in seinen wichtigsten Punkten zurückgenommen hat, erregte bei den Zeitgenossen keinen Anstoß. Das viel bescheidenere Programm des Abaelard stieß auf einhellige Ablehnung konservativer Kreise. Vermutlich haben die Zeitgenossen den in kontemplative Mystik eingebetteten Rationalismus gar nicht verstanden. Anselm war zu neu, um verstanden zu werden, Abaelard zu neu, um unbeanstandet zu bleiben.

Domschulen

Lebten die Klosterschulen vom Lehrcharisma jeweiliger Mönche oder Äbte, so hatten die Domschulen eine festere Ordnung. Die Aachener Kanonikerregel aus dem Jahre 816 bestimmte, daß jeder Bischof einen geeigneten Kanoniker zum Unterricht der ihm zur Erziehung überwiesenen Knaben bestellen sollte. Um die Wende vom 11. zum 12. Jahrhundert wurde der Domscholaster oder Leiter der Domschule ein Pfründeninhaber des Domkapitels. Natürlich erwuchs aus dieser Einrichtung nicht überall und zu jeder Zeit eine Schule, die zu nennen oder zu besuchen sich lohnte.

Zur Jugendzeit Abaelards und in seinem Umkreis sind mehrere Domschulen zu nennen. Eine der ältesten war die Domschule in Reims, ihr Begründer der berühmte Gerbert von Aurillac (um 940/950–1003), der spätere Papst Silvester II. Geboren in der Auvergne betrieb er in der Spanischen Mark mathematische, naturwissenschaftliche und astronomische Studien, somit einer der ersten, die dem Abendland arabische Gelehrsamkeit vermittelten. Auf Fürsprache Kaiser Ottos des Großen hin wurde er Domscholastiker in Reims. In Magdeburg erstaunte er die Geistlichen durch den Gebrauch eines Fernrohrs und den Bau einer Beobachtungsstation für die Gestirne. In einer berühmt gewordenen Disputation in Ravenna in Gegenwart Kaiser Ottos II. im Jahre 981 mit Otric von Magdeburg entwickelte er ein System der Wissenschaft. Befürworter Hugo Capets im Kampf um die Königswürde wurde er zum Dank mit der Reimser Erzbischofswürde belohnt. Nachdem er zahlreiche andere hohe Ämter bekleidet hatte, wurde er der erste französische Papst. Aber Abts-, Erzbischofs- und Papstwürde bewahrten den vielseitigen Gelehrten seiner Zeit nicht vor dem Vorwurf der Zeitgenossen und Nachfahren, ein Hexenmeister zu sein. Das Abendland war für Wissenschaft noch nicht reif. In den Jahren 1057–1083 wirkte Bruno (1030/35–1101), der spätere Stifter des Kartäuser-Ordens, mit Unterbrechungen als Leiter der Domschule in Reims. Sein bedeutendster Schüler dort war Odo von Châtillon, der später Großprior von Cluny und als Urban II. (1088–1099) Papst wurde.

An Alter stand Reims die Domschule Saint-Maurice in Angers nicht nach. Schon im Jahre 1010 wurde sie alt genannt. In der Jugendzeit Abaelards hatte sie hintereinander drei bedeutende Lehrer. Im Jahre 1067 wurde Marbod (um 1035–1123) ihr Leiter. Als dieser im Jahre 1096 Bischof von Rennes wurde, wo wir ihm als Förderer Roberts von Arbrissel schon begegnet sind, wurde Gottfried von Babion sein Nachfolger. Sein Mitarbeiter war Ulger von Anjou (†1152), der ihm im Jahre 1113 folgte, bis er im Jahre 1125 Bischof von Anjou wurde. Schriftauslegung, Rhetorik und Logik waren die Gebiete, die in Angers gelehrt wurden.

Eine Sonderstellung unter allen Schulen der damaligen Zeit nahm die Domschule von Chartres ein. Gegründet wurde sie durch Fulbert von

Chartres (um 969? – 1028), einem Schüler Gerberts von Aurillac. Dessen Würdigung mathematischer und naturwissenschaftlicher Erkenntnisse für die Theologie hatte er übernommen und dadurch eine Schultradition begründet, die Chartres über eineinhalb Jahrhunderte unverwechselbar und einflußreich machte. Zur Zeit Abaelards wirkte an der Schule ein Brüderpaar, gleich Abaelard aus der Bretagne stammend. Bernhard von Chartres (†1124/30) wurde im Jahr 1119 Kanzler der Schule, sein jüngerer Bruder Theoderich von Chartres im Jahre 1121 Magister und 1142 Leiter der Schule. Theoderich – in der Literatur oft Thierry von Chartres genannt – taucht mehrmals an der Seite Abaelards auf, einmal als Bundesgenosse, einmal als fairer Gegner.

Die Schule von Chartres war durch viererlei ausgezeichnet, durch das umfassende Studium antiker Autoren, durch die Betonung von Mathematik und Naturwissenschaft, durch eine neue, über Augustinus hinausgehende Aufnahme platonischen Gedankenguts und das gleichzeitige Studium der Logik des Aristoteles. Auf der Grundlage von Teilen des platonischen Dialogs »Timaios« und der Kommentare hierzu von Chalcidius und Macrobius schuf die Schule von Chartres erstmals eine christliche Kosmologie auf mathematischer Grundlage. Mathematik ist das Bindeglied zwischen Gott und der Welt. Die Strukturen der Harmonie und der Melodie sind seit Ewigkeit im Logos gedacht, der zweiten Person der Gottheit, und im Schöpfungsakt der Welt eingeschaffen. Gott hat die Welt geschaffen nach »Maß«, »Zahl« und »Gewicht« (Weish.11,20), nach geometrischen und musikalischen Proportionen. Das Studium der Mathematik gestattet es, hinter der Schöpfung den *fabricator mundi*, den göttlichen Künstler, aufzuspüren. Bis in die Dreifaltigkeit hinein werden die Proportionen der vollkommenen Figuren und Körper verfolgt. Die Gleichheit der drei Personen stellt sich im gleichseitigen Dreieck dar und die Beziehung zwischen Vater und Sohn im Quadrat. Wie die Zahlen aus der Eins geht die Welt aus Gott hervor. Der Heilige Geist durchwirkt als *anima mundi*, als Weltseele, die Schöpfung, sie ordnend, belebend und begnadend.

Paris

Schließlich ist die Schule Notre-Dame in Paris zu nennen. Schon während der Jugendzeit Abaelards eine der wichtigsten Stätten intellektuellen Lebens, nahm sie während des 12. Jahrhunderts an Bedeutung zu, um dann um die Jahrhundertwende durch Zusammenschluß mit den freien Magistern, von denen einer der ersten Abaelard war, in der Pariser Universität aufzugehen, Mutter des akademischen und wissenschaftlichen Lebens Europas.

Über die geistige Entwicklung der Domschule vor der Zeit Abaelards wissen wir wenig, nur, daß sie schon berühmt war. Ende des 11. Jahrhunderts hatte dort der Elsässer Manegold von Lautenbach (um 1045 – nach 1103) als Wanderlehrer gelehrt. Um das Jahr 1085 hat Manegold, der später Prior im Augustiner-Chorherrenstift Marbach im Elsaß wurde, eine Streitschrift verfaßt, die in seltener methodischer Geschlossenheit die Lehre der heidnischen Philosophen, auf die sich die zeitgenössischen Dialektiker stützten, ausschließlich mit Zitaten aus der Heiligen Schrift bekämpft. Die abgelehnten Lehren finden sich zum Teil wörtlich bei Abaelard wieder. Auffällig ist, daß Manegold keinerlei literarische Spuren hinterlassen hat. Eine einleuchtende Erklärung hierfür ist, daß Manegold, der in Paris Dialektik gelehrt und seine Lehre dem Umkreis von Chartres und den Dialektikschulen entlang der Loire entnommen hat, sich während der Auseinandersetzungen des Investiturstreits von einem Dialektiker zum Antidialektiker gewandelt und dann in seiner Schrift seine eigenen früheren Lehren bekämpft hat. Seine Schüler, mit denen Abaelard in Beziehung gestanden haben muß, haben den Renegaten totgeschwiegen, und seinen neuen geistigen Weggefährten, etwa Ruppert von Deutz, Gerhoh von Reichersberg oder Bernhard von Clairvaux galt der Proselyt als überspannt.

Um die Jahrhundertwende bestimmte Wilhelm von Champeaux (um 1070–1122) das akademische Leben von Paris. Ehe er im Jahre 1095 Leiter der Domschule in Paris wurde, hatte er bei Anselm von Laon gehört, der seinerseits Schüler des berühmten Anselm von Canterbury war. Vielleicht war er auch Schüler Manegolds von Lautenbach. Im Jahre 1103 wurde er Archidiakon des Domkapitels von Paris und einer der politisch einflußreichsten Männer des Bistums. Von den Zeitgenossen hoch geschätzt, war er wissenschaftlich ein Zauderer. Weder hat er das Programm seines geistigen Großvaters Anselm von Canterbury übernommen, durch Versenkung in die Glaubenswahrheiten vorbereitet, mit der Kraft des menschlichen Geistes die Gedanken Gottes zu verleiblichen, noch hat er den Mut der Dialektiker, systematisch die Regeln der Logik auf die Darstellung der heiligen Lehre anzuwenden. Er lehnt die Dialektik nicht ab, aber er erkennt auch nicht, daß die überlieferten Autoritäten kein widerspruchsfreies Lehrgebäude der Theologie gestatten. Wird eine aufgeworfene Frage, eine *quaestio*, zu schwierig, entzieht er sich der Antwort. Wendungen wie »Gott wird uns antworten, wann er will«, »Hierüber überlasse ich die Entscheidung Gott« oder »Was hierüber die Wahrheit ist, kann ich endgültig nicht sagen«, durchziehen seine Schriften. Die Lust des Fragens, sicher durch die Studenten an ihn herangetragen, macht sich in seinen Schriften schon bemerkbar. Immer neue Themen werden angeschnitten, fallengelassen, im neuen Versuch systematisch gegliedert, aber die Lust an der eigenen Meinung, der Stolz auf die Leistung des eigenen Denkens fehlen. Wilhelm ist eine Gestalt des Überganges. Intellektuell redlich bis zur Preisgabe einer Lehre unter den Angriffen eines Schülers, ist er dem Andrang des Neuen nicht gewachsen. Als Abaelard auftritt, Paris zur Entscheidung zwingt, bricht Wilhelms Welt zusammen. Seine Texte sind folgenlos geblieben.

Zweiter Teil:
Von der Logik
zur Lust

Der Aufstieg

Studium und Lehre der Logik

Das geistige Leben im Mittelalter kannte innerhalb Europas keine Grenzen. Lebensstationen Gerberts von Aurillac waren die Auvergne, Spanien, Nordfrankreich, Deutschland, Oberitalien, Rom, Anselms von Canterbury die Lombardei, die Normandie und England. Das Lateinische als die überall verstandene und die für Diplomatie und Wissenschaft allein geeignete Sprache löste Heimat von der Geographie und band sie an Institutionen wie Klöster oder Bistümer. Verglichen mit seinen Zeitgenossen lebte Abaelard in einem engen Raum. Zeit seines Lebens blieb er der Bretagne und der Ile-de-France verhaftet, und als er sich am Ende seines Lebens zur Wanderung nach Rom aufmachte, gelangte er nicht über Burgund hinaus, seiner letzten Station. Das Erregende seines Lebens spielte sich in ihm ab, nicht um ihn.

Sein erster Lehrer war Johannes Roscelinus von Compiègne (um 1050 – nach 1120). Dieser lehrte gegen Ende des Jahrhunderts in Locmine in der Bretagne, einem alten Kloster – locus monachorum – nördlich der Herzogstadt Vannes, einem Ort, der in den Darstellungen Abaelards oft mit Loches am Indres verwechselt wird, einer Stätte späterer Wirksamkeit Roscelins. Dieser war ein unsteter Geist gleich Abaelard und lehrte im Laufe seines Lebens in Compiègne, Besançon, Loches und Tours. Wegen seiner extremen logischen Lehren, die er auf die Lehre von der Dreifaltigkeit anwandte mit der Folgerung, daß in Gott die drei Personen auch drei Substanzen seien, wurde er im Jahre 1090 von einer Synode in Soissons verurteilt. Er wich nach England aus, weilte kurz in Rom und kehrte dann in die Bretagne zurück. Als er den Bischof von Chartres, Ivo, bittet, an seiner Domschule lehren zu dürfen, lehnt dieser ab. Er habe nicht widerrufen und denen, für die er ein Beispiel des Irrtums gewesen sei, kein Beispiel der Einsicht gegeben. Da später gegen Abaelard dieselben Vorwürfe erhoben wurden, übergeht Abaelard in seiner Lebensgeschichte diese Station seiner Wanderschaft. Roscelinus wird ihn später unfein darauf hinweisen. Zeit seines Lebens wird es Abaelard anhängen, daß er Schüler eines Irrlehrers war, ihm, der sich als niemandes Schüler verstand.

Die Logik hatte es Abaelard angetan. »Da ich von allen Lehren der Philosophie die Geisteswaffen der Dialektik am meisten schätzte, gab ich die anderen Waffen auf, um hinfort Siegeslorbeeren nicht im Kampf der Waffen, sondern im Streit der Argumente zu erringen. Diskutierend durchwanderte ich die Lande, wo ich von jener Kunst etwas lernen konnte, und so wurde ich ein Wanderphilosoph.« Schon an dieser ersten Stelle, an der er in seiner Lebensgeschichte von der Wissenschaft spricht, wird deutlich, daß er sein Verhältnis zu Lehrern und Kollegen in den Vorstellungen des ritterlichen Kampfes erfährt. Stolz nennt er sich Peripatetiker – Umherwandernder – nach den Schülern des Aristoteles, und so erhielt er später den Namen, der die Schule des Aristoteles mit seinem Heimatort verband: *peripateticus palatinus*. Die weiteren Stationen dieser Wanderschaft kennen wir nicht genau. Vermutlich wandte er sich von Loches nach Angers, wo er wahrscheinlich Ulger von Anjou hörte, vielleicht aber auch noch Gottfried von Babion oder den greisen, sein Alter wieder in Angers verbringenden Marbod. Ebenso unsicher ist, ob und wen er in Chartres hörte. Nach einer alten Überlieferung aus dem Schülerkreis Abaelards soll er bei Theoderich gehört haben, da seine Grundausbildung im *quadrivium*, also auch in Mathematik, sehr mangelhaft war. Abaelard bestätigt später selbst diesen Mangel. Heimlich soll er Theoderich gehört haben, da er zu dieser Zeit schon selbst Logik lehrte. Der Einfluß der Schule von Chartres in Abaelards Schriften ist deutlich. Mit ihr teilt er die Vorliebe für antike Autoren, den humanistischen, allen asketischen Übertreibungen abgeneigten Grundzug seiner Auffassung vom Christentum, und mit ihr teilt er die Hochschätzung Platons. Die alte, aber anonyme Überlieferung berichtet auch, daß Peter von Magister Theoderich den Namen erhielt, unter dem er berühmt wurde, Abaelardus.

Eines Tages, um die Jahrhundertwende, zieht es ihn nach Paris, den Ort, wie er schreibt, an dem seit langem die Wissenschaft der Dialektik gepflegt wurde. Diesmal nennt Abaelard seinen Lehrer, und jetzt beginnt das Spiel oder der Kampf: Er bleibt Sieger. Abaelard war damals etwas über 20 Jahre alt. Leiter der Domschule von Paris war Wilhelm von Champeaux. Abaelard hörte Wilhelm nicht lange. Zuerst beeindruckte der junge, scharfsinnige und redegewandte Student den Lehrer, als aber Abaelard Wilhelm in der Disputation immer häufiger in Schwierigkeiten brachte, entzog ihm der Lehrer sein Wohlwollen, und die Empörung der übrigen Studenten gegen den Neuling brach offen aus. »Hier lag« – so Abaelards eigene Deutung – »der Ursprung meiner Leidensgeschichte, und je berühmter ich wurde, um so mehr wurde der Neid der anderen angestachelt.« Wie ein doppeltes Leitmotiv durchzieht es sein Leben und seine Autobiographie, der eigene Ruhm (*gloria*) und der fremde Neid (*invidia*). Eine übersteigerte Selbstdeutung hinderte den scharfsinnigen Mann, seine eigene Stellung in den geistigen Kämpfen der Zeit je richtig zu deuten. Von den politischen Kämpfen spricht er nicht.

Paris, die Stadt der Wissenschaft, hatte Abaelard nichts zu bieten. Hinter dem Hochmut, mit dem er beschließt, von Lehrern nichts mehr lernen zu können, verbirgt sich die Enttäuschung. Es gehört zum Lebensgeschick Abaelards, daß er nie auf einen ebenbürtigen Gegner stieß, nie eine Grenze seiner Fähigkeit erfahren hat. Schüler zog er an. In immer größeren Kreisen erregte sein Ruf Aufsehen, Anziehung, Ablehnung. Er aber blieb allein, im Mittelpunkt des geistigen Lebens Europas, verehrt, aber einsam, einsam bis auf das eine Mal, das sein Leben verändert.

Er beschloß, selbst die Leitung einer Schule zu übernehmen, das *regimen scholarum*. Abaelard wird Magister, Lehrer, aus einem eigenen inneren Antrieb. Kein anderer Magister hat ihm den Unterricht in seiner Schule übertragen, kein Bischof hat ihn eingesetzt und kein Abt. Abaelard lehrt, weil es ihn drängt zu lehren. Lehrer zu sein, Magister, ist ihm kein Beruf, keine Stellung, die man annimmt und wieder aufgibt, weil vielleicht Höheres ruft, sondern sein Leben, ihm von Gott aufgetragen, und niemand kann ihm dies rauben. Und wenn ihn am Ende seines Lebens der Papst zum ewigen Schweigen verurteilt und ihm damit die Schüler nimmt, dann tritt der Magister Petrus ein in die Welt der Magister durch die Zeiten, deren Glied er ist durch sein eigenes Wesen und nicht einen Akt der Kirche. Was die Kirche ihm nicht gegeben hat, kann sie ihm nicht nehmen. Glauben war Abaelards inneres Leben, kirchliche Institutionen blieben ihm immer fremd und äußerlich.

Paris kommt als Schulort nicht in Frage. Die Macht eines Archidiakons, des Zweiten nach dem Bischof und ihn an Einfluß oft überragend, können wir heute nur schwer erahnen. So wich Abaelard aus nach Melun. Melun war Sitz einer Grafschaft und seit Anfang des 11. Jahrhunderts Bestandteil der königlichen Krondomäne. Abaelard hebt dies ausdrücklich hervor: Melun ist *sedes regia*, königliche Residenz. Alles Wichtige, das Abaelard tut, verläuft außerhalb der herkömmlichen Ordnung. Der älteste Sohn eines Ritters wird Wissenschaftler, nicht Erbe seines Vaters, er wird nicht Magister in einer Schule, sondern durch eine Schule. Und es ist keine mit einer kirchlichen Institution, einem Kloster oder einer Domkirche verbundene Schule, sondern eine weltliche Schule im Schutz des Königs. Verständlich, daß der Archidiakon von Paris und Leiter der Domschule interveniert. Seine Macht ist groß, sein Arm ist lang, sein Ruf ist hervorragend. Aber offensichtlich hatte der mächtige Kirchenherr nicht nur Freunde. »Einige Große des Landes (*potentes terrae*) waren seine Feinde, und so konnte ich meinen Plan verwirklichen, und weil Wilhelm seinen Neid nun offen zeigte, war die Stimmung für mich.« Abaelards Schule hatte Zulauf. »Der erste Schlachtdienst in meiner Schule machte mich weithin bekannt und begann nicht nur den Ruf meiner ehemaligen Mitschüler, sondern auch den ihres Lehrers auszulöschen.« Um seinem Ziel Paris näher zu sein, verlegte er seine Schule nach Corbeil, dessen Grafschaft von König Ludwig VI. soeben zum Krongut gemacht worden war. Auch Corbeil war Königsstadt, Sitz der Königin. Eine mehrjährige Krankheit jedoch beendete diese erste Runde. Er kehrte nach Le Pallet zurück. »Während ich einige Jahre fern von Franzien weilte, wurde ich heftig von denen vermißt, die von der Logik aufgewühlt waren.«

Als Abaelard um das Jahr 1109 nach Paris zurückkehrte, hatte sich die Schullandschaft geändert. Wilhelm von Champeaux hatte gerade das Archidiakonat niedergelegt und sich auf dem linken Seine-Ufer bei einem Kirchlein des hl. Victor von Marseille niedergelassen. Offensichtlich lebte er eine kurze Zeit lang als Eremit. Abaelard verdächtigt ihn der Frömmelei, um leichter Bischof werden zu können. Als die Schüler zu ihm strömten, gründete Wilhelm an diesem Platz im Jahre 1113 ein Chorherren-Stift. Die daraus hervorgehende Schule wurde unter seinen Nachfolgern weltberühmt. Heute deutet nur noch die Rue Saint-Victor in der Nähe des Boulevard Saint-Germain auf den Standort dieser Abtei hin, auch sie ein Opfer der Französischen Revolution. In dieser Abtei nahm Wilhelm seine Vorlesungen wieder auf, und Abaelard wurde sein Hörer in Rhetorik. Welchen Eindruck die Vorlesungen Wilhelms bei seinen Studenten machte, können wir dem Brief eines deutschen Hörers entnehmen:

Der allergelehrteste Mann unseres Jahrhunderts, soweit ich das beurteilen kann, in allen Fächern! Wenn wir ihn vortragen hören, dann ist es uns, als spräche nicht ein Mensch zu uns, sondern ein Engel vom Himmel. Die anmutige Form in der Sprache und seine Gedankentiefe geht über unser Erwarten von einem Menschen weit hinaus. ... Vergangene Ostern ist er bei einem ganz armen Kirchlein eingetreten und lehrt uns jetzt unentgeltlich, nur um Gott zu dienen, und die Schüler kommen von überall her.

Abaelards Urteil wird völlig anders lauten.

Jetzt begann ein Kampf zwischen überkommener und neuer Wissenschaft, zwischen Kontemplation und Methode, zwischem dem etablierten Schulhaupt und dem nachdrängenden jungen. Es war ein Kampf ohne Sieg, der aber Opfer forderte und die Pariser akademische Landschaft veränderte und die Gründung der Universität zwei Generationen später vorbereitete. Institutioneller Schauplatz des Kampfes waren die Schulen in und um Paris, geistiger Schauplatz der Universalienstreit. Vom politischen Hintergrund ist bei Abaelard nicht die Rede. Er wird uns später beschäftigen. Wilhelm war Realist. Er vertrat die Lehre, die von Platon und über Plotin und Augustinus dem Mittelalter überliefert worden war, daß die eigentliche Realität nicht den räumlich-zeitlich erfahrbaren Dingen dieser Welt zukomme, den individuellen und zufälligen Vorkommnissen, sondern den Ideen oder Wesenheiten der Dinge, nach denen Gott sie geschaffen habe. Uns Heutigen entweder ein nicht entscheidbares metaphysisches Problem oder ein mathematisches der Mengenlehre, galt es im Anschluß an Boetius dem Mittelalter als das Hauptproblem der Logik. Abaelard hatte bei seinem Lehrer Roscelin die gegenteilige Lehre gehört, daß die Allgemeinbegriffe nur ein Wortlaut seien ohne jede eigene Wirklichkeit. Abaelard selbst vertrat eine mittlere Linie und griff von ihr aus Wilhelm in öffentlichen Disputen scharf an. »Ich zwang ihn mit meinen Argumenten, seine alte Ansicht zu verändern, ja aufzugeben.« Das Ergebnis war Halbheit, die Hörer wollten den Realisten Wilhelm, den Wortführer der überkommenen Lehre hören oder den Neuerer, Abaelard. Ein an Abaelard angepaßter Wilhelm von Champeaux war nicht interessant. Ob Abaelard es sich einmal überlegt hat, daß für einen Professor Größe dazu gehört, auf die Einwände eines Schülers hin seine Meinung öffentlich zu ändern? Wilhelm las jedenfalls von jetzt ab vor einem leeren Hörsaal und gab seine Logikvorlesung ganz auf. Abaelards Ansichten erschienen so den Studenten gefestigt, und die gesamte Hörerschaft lief ihm zu. Der von Abaelard namentlich nicht erwähnte Nachfolger Wilhelms als Leiter der Domschule, zu dessen Lehrtätigkeit nach damaliger akademischer Praxis alle Wissensgebiete der Philosophie und der Theologie gehörten, übertrug ihm die logischen Vorlesungen. Der Name des Nachfolgers war Gilbert, und er wird im Leben Abaelards noch eine wichtige Rolle spielen. So wurde Abaelard Regent der logischen Studien an der Schule Notre-Dame. Zum ersten Mal las er in dem ehrwürdigen Raum im Domherrenhof, zusammen mit dem Leiter der Domschule, in jenem Hörsaal, »in dem zuvor sein und mein Lehrer seine Lehrerfolge gefeiert hatte«. Lange dauerte der

Triumph nicht. »Wie unser Lehrer vor Neid zerging, vor Schmerz glühte, ist nur schwer zu sagen. « Gegen Abaelard hatte Wilhelm keine Handhabe, aber seinen Nachfolger Gilbert mit Anschuldigungen vom Lehrstuhl zu vertreiben, reichte der Einfluß des früheren Archidiakons noch immer aus. Ein neuer Leiter der Domschule kam, ein Gegner Abaelards, und dieser verlegte seine Schule wieder nach Melun. Sein »Ansehen wuchs mit dem Neid«, und unbefangen wendet Abaelard den Vers des Ovid auf sich an:

> Großen nahet der Neid,
> Und der Wind umbrauset den Gipfel.

Nicht nur sieht er sich groß, sondern auch den Gegner klein. »Fast alle seine Schüler zweifelten an seiner (Wilhelms) Frömmigkeit und zischelten über seine Bekehrung, da er, obgleich Mönch, von der Stadt nicht lassen konnte, und so zog er mit einigen seiner Klosterbrüder und seiner Schule in eine kleine Siedlung der weiteren Umgebung von Paris.«

Kaum hatte Wilhelm Paris verlassen, kehrte Abaelard aus Melun zurück und läßt sich auf dem Genovefa-Berg im Schutze der Abtei nieder, ein Schritt, der bis heute das Quartier latin in Paris prägt. Jetzt beginnt der Schlußkampf um das akademische Paris. Abaelard und seine Gegner beschreiben ihn in der Sprache des Krieges: »Da aber Wilhelm den Ort des Streites (den Domherrenhof) von meinem Rivalen hatte besetzen lassen, schlug ich das Lager meiner Schule auf dem Genovefa-Berg auf, gleichsam um den zu belagern, der unseren Ort besetzt hatte.« Daß der Domherrenhof und seine Schule Abaelard gehört, ist schon selbstverständlich. »Als Wilhelm das hörte, kehrte er unverschämterweise zurück zusammen mit den Schülern und Klosterbrüdern, die er gleichsam als Truppen dem Kloster zuführte, aus dem er desertiert war, um es von unserer Belagerung zu ersetzen. Er wollte seinen Nachfolger retten, aber er versetzte ihm den Todesstoß. Hatte dieser vorher immerhin einige Hörer, da seine Priscian-Vorlesung ganz gut gewesen sein soll, so liefen ihm jetzt alle Hörer fort, und er mußte seine Vorlesungen einstellen. Verbittert gab er die akademische Karriere auf und ging ins Kloster.«

Es muß hoch hergegangen sein. Abaelard disputierte mit Wilhelm und seine Schüler mit dessen Schülern. Krieg war ausgebrochen, *bellum*. Und wieder zitiert Abaelard Ovid:

... wenn Ihr etwa das
Schicksal dieses Kampfes erforscht,
nicht ward ich geschlagen von jenem.

Aber es gibt auch einen Kampfbericht aus dem anderen Lager, und natürlich verlagern sich die Siege. Ein junger Mann, Gosvin, ficht für Wilhelm. Später wird er Kanoniker und Magister am Domherrenkapitel in Douai in Flandern, Prior in Saint-Médard in Soissons, Bischof von Cambrai und Arras und Abt im Kloster Auchin bei Douai. Eines Tages wird er Kerkermeister Abaelards sein. Eine anonyme Vita aus diesem Kloster, wo Gosvin als Heiliger verehrt wurde, gibt einen Lagebericht aus diesem Streit.

Damals scharte Magister Petrus Abaelardus viele Schüler um sich und hielt im Klaustrum des Klosters Sainte-Geneviève öffentliche Vorlesungen, die zwar gefällig im Inhalt und scharfsinnig in der Form waren, ihn aber als Erfinder von bisher Unerhörtem und Verteidiger von Neuerungen zeigte. Indem er seine Ansicht zu begründen versuchte, verwarf er Bewährtes. So setzte er sich dem Haß derer aus, die gesunden Verstandes waren, und wie er seine Hand gegen alle ausstreckte, so bewaffneten sich alle gegen ihn.

Von Joscelin von Vierzy, dem späteren Bischof von Soissons, wird das Wortspiel überliefert, daß Abaelard weniger ein Diskussionsredner als vielmehr ein Spötter sei – disputatorem non esse sed cavillatorem –, er mehr als Spaßmacher aufträte denn als Lehrer – plus vices agere joculatoris quam doctoris. Joscelin warnt Gosvin, aber dieser schlägt die Warnungen in den Wind, »überlegt nicht, daß er Anfänger und kaum Jüngling ist, daß der Magister (Abaelard) ein äußerst kriegerischer und siegesgewohnter Mann ist, vielmehr steigt er mit einigen Gefährten den Genovefa-Berg hinauf, da er wie David den Kampf mit Goliath sucht«. Eingehend wird dann die Auseinandersetzung geschildert, die ein Bericht aus der Zeit der Studentenunruhen der sechziger oder siebziger Jahre unseres Jahrhunderts sein könnte. Gosvin und seine Kommilitonen dringen in den Hörsaal Abaelards ein, sie veranstalteten ein ›Go-in‹. Abaelard herrscht Gosvin an: »Schweige, wage nicht meine Vorlesung zu stören!« Jener, der »nicht gekommen war zu schweigen«, besteht auf der Diskussion. Die Studenten ergreifen Partei für Gosvin – hatte nicht Abaelard mit seinen Studenten ein ähnliches ›Go-in‹ bei Wilhelm veranstaltet? – und eine Diskussion kommt mühsam zustande. Als Gosvin dann vom Berg herabsteigt, in den Domherrenhof, bricht dort Jubel aus über die mutige Tat.

73

Der Kampf bricht ohne Entscheidung ab. Abaelards Vater Berengar war inzwischen in ein Kloster eingetreten, und seine Mutter Lucia wollte ihrem Ehemann folgen. So mußte Abaelard zur Regelung dringender Familienangelegenheiten in die Bretagne reisen. Er wohnte der Aufnahme der Mutter ins Kloster bei und kehrte dann in die Ile-de-France zurück, allerdings nicht nach Paris, sondern nach Laon. Wilhelm von Champeaux wurde im Jahre 1113 Bischof von Châlons-sur-Marne geworden und hatte Paris endgültig verlassen. Er starb im Jahre 1121.

War durch seine Lehrtätigkeit auf dem Genovefa-Berg für Abaelard selbst noch nicht viel gewonnen, so hatte er doch eine Tradition begründet, die zur Gründung der Universität führte. Abaelard war der erste freie Magister, der unter der Schirmherrschaft des Abtes von Sainte-Geneviève Vorlesungen hielt. Weitere stießen hinzu, und als Abaelard in den dreißiger Jahren des 12. Jahrhunderts erneut auf dem Genovefa-Berg lehrte, war bereits ein ganzes Magister-Kollegium entstanden, der Kern dessen, was später die philosophische Fakultät der Universität Paris wurde.

Dialektik, die Herausforderung der Tradition

Der uns unbekannte Verfasser der Vita Gosvins hat uns das Stichwort des Dramas geliefert, das die Streitigkeiten ehrgeiziger, selbstüberheblicher oder gar eingebildeter Gelehrter der persönlichen Sphäre enthebt: die Neuheit. In Wilhelm und Abaelard treffen zwei Individuen zu Beginn des 12. Jahrhunderts in Paris aufeinander, die zwei Lebensstile, zwei Denkstile, zwei Kulturstadien vertreten. Lebensstile: Die Lehrer der Tradition waren Mönche oder Mitglieder eines Domkapitels, eingebunden in die kirchliche Ämterhierarchie. Abaelard war Wanderphilosoph, der dort lehrte, wo Schüler ihm die Lehre ermöglichten. Denkstile: Die Lehrer der Tradition vertieften sich in die Glaubenslehren und versuchten sie darzustellen, sie waren Grund ihres Denkens und Fesseln seiner Reichweite. Abaelard wollte wissen, was richtig ist, gab seine Meinung auf, wenn Gründe für eine andere sprachen. Kulturstadien: Die Lehrer der Tradition überschritten den Kreis des Denkens nicht, den die Kirchenväter der Antike gezogen hatten. Abaelard beginnt Wissenschaft in einer Weise, die sich von Generation zu Generation, von Jahrhundert zu Jahrhundert wandelt, aber in der Wandlung bestehen bleibt und in die Wissenschaft der Gegenwart mündet. Von Johannes Chrysostomos oder Aurelius Augustinus, von Agobard von Lyon oder Anselm von Canterbury führt kein Weg zur heutigen Wissenschaft. Von Abaelard führt dieser Weg über die Früh-, Hoch- und Spätscholastik, die Cartesianer und Empiristen, die Aufklärer und das 19. Jahrhundert bis in die Gegenwart. Einfallstor der Moderne – ein Lieblingswort der Autoren des 12. Jahrhunderts, die ihrerseits von den Lehrern der Tradition als Neuerer abqualifiziert wurden – war die Logik. Logik und Grammatik hatte man in Europa schon lange betrieben. Besonders irische Geistliche der Karolinger-Zeit wie Sedulius Scottus (2. Hälfte des 9. Jh.s) pflegten solche Studien. Neu war die systematische Erfassung aller in Europa bekannten Logik-Texte zur Antike, und neu war die Anwendung der so zur Disziplin der Dialektik heranwachsenden Logik auf die Geheimnisse des Glaubens. Und es gab Glaubenslehren, auf die sie zu übertragen die Lehrer der Tradition fürchten mußten: das Geheimnis der Dreieinigkeit, des einen Gottes in drei Personen; das Geheimnis der Schöpfung, einer Welt aus dem Nichts geschaffen, mit der Zeit beginnend, geschaffen von Gott, der keine Zeit kennt, und da unwandelbar in sich ruhend, keine Beziehung zu dieser Welt hat; das Geheimnis der Geburt Jesu aus dem Heiligen Geist und einer Jungfrau; das Geheimnis des Menschensohnes, wahrer Gott und wahrer Mensch, zeitlos und ewig und zeitlich und sterbend in einer Person; das Geheimnis des Abendmahles, des Fleisches und Blutes des Gottessohnes in der Gestalt von Brot und Wein; das Geheimnis der Erbsünde, der schuldhaften Tat der Stammeltern, als Schuld oder Strafe zugerechnet allen Menschen, Schuldige und Unschuldige gleicherweise bedrohend mit ewiger Höllenpein. Eine gärende Unruhe bricht im 12. Jahrhundert aus, und aus drei Quellen speist sich die Infragestellung des Überkommenen. Innerkirchlich brechen die Irrlehren auf, Strömungen von Menschen, die die Lehren und Lebensregeln der Kirche verneinen. Von außen wird in den Kreuzzügen der Islam als kulturell überlegen erfahren und damit die Ausschließlichkeit des Christentums aufgebrochen. Und schließlich bemächtigt sich die Wissenschaft der kirchlichen Lehren und setzt einen Veränderungsprozeß erst der einzelnen Lehren, dann der Denkstile und schließlich der Welterfahrung in Gang, der den Lehrern der Tradition unheimlich erscheinen mußte.

Zu Abaelards Zeiten entzündete sich der Streit zwischen den Lehrern der Tradition und den Neuerern an einer Frage, die uns Heutigen fast unverständlich erscheint, die aber die Philosophie bis in die Neuzeit bewegt hat. Zu dieser Zeit hatten sich die Neuerer durchgesetzt und unsere tägliche Erfahrung ebenso geprägt wie die wissenschaftliche Begriffsbildung, bis der Streit um die Jahrhundertwende, in der Mathematik in der Auseinandersetzung um die Mengenlehre, neu auflebte. Die Anhänger der Tradition hießen Realisten, die Neuerer Nominalisten.

Das Problem war uralt. Es entstammt dem Bedürfnis der Menschen, in der Vielfalt des Wechsels, in dem Chaos des Erfahrbaren Dauer, Verläßlichkeit, Ordnung zu finden. Schon Heraklit von Ephesos (5. Jh. v. Chr.) hatte für die Welt der Sinne den Satz aufgestellt »Alles fließt« – *panta rhei* und den Logos als das den Fluß und Wechsel der Dinge ordnende ewige Gesetz bezeichnet. Platon ging in seiner Ideenlehre weiter und sah in den ewigen Ideen das wahre Sein, von dem die räumlich-zeitlichen Dinge nur in Materie gebannte, fast unwirkliche Abbilder seien, wirklich nur kraft ihrer Teilhabe am Sein der Ideen. Diese platonische Ideenlehre hat Augustinus durch den Neuplatonismus mit der christlichen Lehre der Dreifaltigkeit und der Schöpfung verbunden. Gott Vater erkennt im Sohn, dem Logos des Johannes-Evangeliums, sich und alles. Die Schöpfergedanken Gottes, die Ideen, sind ewig, unveränderlich und seiend im Logos. Nach ihnen ist die Welt geschaffen, und Welt ist nur, insofern sie teilhat am Sein, das in Gott und ewig ist. Realisten heißen die Lehrer der Tradition, die die Allgemeinbegriffe – der Mensch, die Röte, die Gerechtigkeit – mit den Ideen in Gott identifizieren und ihnen die eigentliche Realität zusprechen, den Dingen der Welt nur kraft ihrer Teilhabe an den Ideen.

Der erste Philosoph des Mittelalters, der diese Lehre bestritten hat, war Abaelards Lehrer Roscelin von Compiègne. Seine Schriften sind verloren, so daß seine Lehre nur bruchstückhaft durch Berichte überliefert ist. Anselm von Canterbury schreibt, daß Roscelin die Allgemeinbegriffe nur für den Hauch des Wortes gehalten habe. Die ewigen Schöpfergedanken nur ein Wort, ein *nomen*, die Lehre hatte den Namen Nominalismus und den Abscheu, den sie verdiente – Roscelin wurde verurteilt.

War Wilhelm von Champeaux ein Realist und Roscelin von Compiègne, wenn auch vielleicht nur in der Darstellung seiner Gegner, ein extremer Nominalist, so versuchte Abaelard eine mittlere Linie zu finden. Beschäftigte sich die Logik für die Dialektiker seiner Zeit mit den Dingen der Welt, wenn auch in der Form der Sprache, so ist die Dialektik für Abaelard die Lehre darüber, wie man zwischen richtigen und falschen Argumenten unterscheidet, also zwischen Wahrheit und Falschheit. Dabei kommt es darauf an, die Bedeutung der Worte zu klären, ihre *significatio*. Die durch Worte bezeichneten Allgemeinbegriffe sind nicht die Realität, aber auch nicht nur ein gesprochenes Wort, sondern die Bedeutung des Gesprochenen. Zusammen mit anderen Logikern seiner Zeit, wozu auch Anselm von Canterbury vor ihm und Gilbert von Poitiers (um 1080–1154) gehören, begründete Abaelard die Sprachlogik, und seine Begabung, Wortbedeutungen zu analysieren und zu trennen und Widersprüche in den Wortverwendungen der anderen zu entdecken, machten ihn zum gefürchteten Gegner in den damals so beliebten Diskussionen.

Studium und Lehre der Theologie

Erkannte Abaelard, daß die Beschränkung auf die Dialektik ihm den Zugang zur Leitung einer der bedeutenden Schulen auf Dauer verschloß, hatte ihn der Fortgang Wilhelms von Champeaux seines Gegners beraubt oder hatte ihn der Entschluß seiner Eltern, der Welt zu entsagen, tiefer ergriffen, als er es zugab? Wir wissen es nicht. Wir wissen nur, daß er aus der Bretagne nicht nach Paris zurückkehrte, sondern nach Laon. In dieser Stadt hatten sich im Jahre 1111 die Bürger gegen den Bischof als Stadtherrn aufgelehnt, ein Aufstand, den König Ludwig VI. blutig niederschlug. Als Abaelard im Jahre 1113 nach Laon kam, war die Stadt noch immer von diesem Ereignis bestimmt. An der Domschule bestand seit dem 11. Jahrhundert eine Theologen-Schule, die jedoch in ihrem Anfang nur lokale Bedeutung hatte. Jetzt aber wurde sie geleitet von Anselm von Laon (um 1050–1117), der von seinem Bruder Radulph von Laon (†1131/33) unterstützt wurde. Kirchenrechtlich war Anselm Kanzler und Dekan des Domkapitels in Laon, Archidiakon und Leiter der Domschule. Er benützte diese Machtstellung für die kirchliche Reform. Arm geboren, starb er arm, nachdem er kurz zuvor das Bischofsamt für sich ausgeschlagen hatte. Er war einer der bedeutendsten Theologen seiner Zeit. Abaelard sagt von ihm, daß er damals, aufgrund seiner frühen Erfolge, als die höchste Autorität in der Theologie galt. Schüler des Anselm von Canterbury, galt ihm die *ratio* als Argument neben der *auctoritas* der Kirchenväter, wobei die *auctoritas* der *ratio* jedoch nie untergeordnet wurde. Zwei Leistungen zeichnen seine Schule aus. Zum einen bezieht Anselm die in den Sentenzen gesammelten Zitate der Kirchenväter auf die Heilige Schrift, die er in Vorlesungen Wort für Wort, Zeile für Zeile glossiert. So entsteht in der Literaturgattung der *glossa interlinearis* eine enge Verbindung der Theologie der Kirchenväter mit der zeitgenössischen Schriftauslegung. Zum andern wurde in seiner Schule die Disputation in der Form der *quaestio* entwickelt, die die gesamte Methodik der entstehenden Scholastik bestimmte. Die voll entwickelte Quaestio wirft eine Frage (*quaestio*) auf, ein Problem würden wir heute sagen, formuliert eine Ansicht und führt die Gründe für diese Ansicht auf. Anschließend wird die Gegenansicht formuliert und werden für diese die Gründe aufgeführt. Die *determinatio* entscheidet dann die Streitfrage und löst zuletzt die Schwierigkeiten auf, mit der die Lösung behaftet ist. Eine Streitfrage zu determinieren, ein Problem zu lösen, im Schulunterricht mit Gründen zu entscheiden, wurde das Privileg der Magister. Ihre Assistenten, die Bakkalaurien, trugen in der Disputation kontrovers die Gründe für die Ansicht und Gegenansicht vor, und der Magister entschied. Lebendig muß es in Laon zugegangen sein. Anselm war etwas über 60 Jahre alt und Abaelard knapp 35, als letzterer Ende des Jahres 1113 in Laon auftauchte.

Abaelard hörte Anselm einige Male, und dann war sein Urteil gefällt: ein alter Mann, der von seinen früheren Erfolgen lebte. Im Bilde schildert er seinen Eindruck: »So war er, ein Baum, mit reicher Krone, staunenswert schön aus der Ferne, betrachtet aber aus der Nähe konnte auch das sorgsamste Auge keine Frucht erblicken. Und wie ich nun von seinem Baum die Früchte pflücken wollte, da wurde mir klar: Er war der Feigenbaum, den der Herr verflucht hat, oder die alte Eiche, mit der Lukan seinen Pompejus vergleicht: ›... ein Schatten einstigen Glanzes steht er noch.‹« Was Abaelard gesucht hat und was er nicht fand, das war die Interpretation der Heiligen Schrift aus ihrem Wortsinn, Interpretation durch Klärung der Wortbedeutungen des Textes. Daß er dies suchte und nicht fand, zeigt sein Urteil über Anselm: »Der Wortgebrauch (*usus*) war bewundernswürdig, der Sinn (*sensus*) armselig, ihre Argumentationskraft (*ratio*) leer.« Abaelard stellte den Besuch der Vorlesungen ein.

Dies jedoch erzeugte Unwillen bei den Kommilitonen. Abaelard war sicher einer der ältesten Hörer und von Paris her bekannt und berüchtigt – Wilhelm von Champeaux war ja ein Schüler Anselms, und dieser hatte sicher erfahren, wie Abaelard mit jenem umgegangen war – und sein Fortbleiben eine Demonstration. Eines Tages übten die Studenten und Assistenten ohne den Lehrer die Zusammenstellung von Argumentenreihen für und gegen eine Lehrmeinung; »Proseminar zur Einübung der Disputation in der Form der Quaestio« würde man das heute nennen, *collatio sententiarum* nannte man das damals. Einer der Kommilitonen stellte eine Fangfrage: Was hältst Du vom Studium der Heiligen Schrift? Alle wußten, daß Abaelard bisher nur die Logik betrieben hatte und die Vorlesung über die Schriftauslegung nicht mehr besuchte. Abaelard antwortete schwülstig, sie sei sicher bedeutsam zur Erkenntnis dessen, was zum Heile notwendig ist, aber – so fügte er gleich hinzu – er verstehe nicht, warum die Schriftausleger sich nicht mit dem Text und der Glosse begnügten. Höhnisches Gelächter antwortete ihm. Ob er es denn besser könne? Er sagte ja, überließ ihnen die Auswahl des auszulegenden Textes und setzte den nächsten Tag als Termin der Vorlesung an. Sie wählten eine dunkle Stelle des dunkelsten Propheten: Ezechiel. Natürlich war das eine Trotzreaktion Abaelards, natürlich war es Überheblichkeit. Dem Greis, wie er Anselm nur nennt, hatte er Genie (*ingenium*) abgesprochen und ihm die Routine (*usus*) gelassen. Er, so antwortete er jetzt, pflege nicht auf Routine zu vertrauen, sondern auf sein Genie. Aber methodisch steht hinter dieser Reaktion Abaelards etwas anderes. Er ist überzeugt, daß das Wissen der Dialektik, die Beherrschung der Methode der Sprachanalyse unmittelbar auf jeden Text anwendbar ist. Was ein Satz der Heiligen Schrift sagt, muß klärbar sein ohne Kenntnis all der Väter-Stellen, der Sentenzen, die sich schon mit dem Satz beschäftigt hatten. Abaelard hat im Gegensatz zu allen anderen großen Theologen seiner Zeit ein – so würden wir heute sagen – demokratisches Schrift- und Theologieverständnis. Das Heil, das alle angeht, muß im Text von allen verstehbar sein. Die Heilige Schrift ist für alle da, nicht nur für die Magister der Theologie.

Abaelard beginnt seine Vorlesung. Nur einige Neugierige sind gekommen. »Aber diese erste Stunde fesselte alle Hörer; voller Begeisterung drangen sie darauf, ich möchte in der begonnenen Art die Auslegung fortsetzen. Das sprach sich herum, und wer die erste Vorlesung versäumt hatte, beeilte sich, zur zweiten und dritten zu kommen, und alle bemühten sich, die Nachschrift meiner Vorlesung zu erhalten.« Es kam, wie es kommen mußte. Der Kanzler des Kapitels und Leiter der Domschule, Anselm von Laon, verbot dem Erstsemester die Vorlesung in den Räumen der Domschule. Theologie war nicht Philosophie. Theologie wurde im Auftrag des Bischofs, der Kirche gelehrt, und der Magister hatte für den ordnungsgemäßen Verlauf des Lehrbetriebes zu sorgen. Daß er bei seiner fehlenden Ausbildung in Irrtum verfallen könnte, war für Abaelard nur ein vorgeschobener Grund. Wieder kann er nur den Neid des Greises entdecken und die Intrige seiner beiden Mitarbeiter, Alberichs von Reims und Lotulfs des Lombarden. »Ihre Einbildung war ebenso groß wie ihre Feindseligkeit gegen mich.« Sieben Jahre später werden sie seine Ankläger vor dem Ketzerkonzil sein. Jetzt stellt Abaelard wie in Paris fest, »die Rücksichtslosigkeit des Verfahrens gegen mich war für mich ehrenvoll, und auch die Verfolgung steigerte meinen Ruhm«.

79

Seit einigen Jahren schon hatte vor der Ankunft Abaelards in Laon dort ein Sohn vornehmer Eltern aus Lüttich studiert, Wilhelm. Rasch schloß er Freundschaft mit dem über zehn Jahre älteren Abaelard, und in Freundschaft wurde er sein Schüler. Kurz nachdem Abaelard Laon überstürzt verlassen hatte, noch im Jahre 1113, gab Wilhelm sein weltliches Leben auf, trat in das Kloster Saint-Niçaise in Reims ein und brach mit der Dialektik. Neben Bernhard von Clairvaux und mit ihm immer enger verbunden, wurde er der große Mystiker des 12. Jahrhunderts. Was er aber in Laon gelernt hatte, auch bei Abaelard gelernt hatte, die Hochschätzung antiker Autoren, den methodisch kontrollierbaren Umgang mit den sich widersprechenden Kirchenvätern und die Achtung der Vernunft, auch wenn der Glaube das Höhere ist, all das gab er nicht auf, wenn er, im Jahre 1119 schon zum Abt von Saint-Thierry in Reims gewählt, seine theologischen Werke schrieb. Wilhelm von Saint-Thierry, wie er in der Kirchengeschichte genannt wird, hat den Lebensweg Abaelards aus der sich ständig vergrößernden Ferne verfolgt, und eines späten Tages wird er Abaelards Leben die vorletzte Wendung geben.

Die Höhe

Leiter der Domschule in Paris

Abaelard kehrt nach einigen Tagen nach Paris zurück. Er weiß, daß er das Spiel mit einer eigenen Schule der Theologie in Laon nicht spielen kann. Was er jahrelang im Kampf erstrebt hat, fällt ihm in Paris jetzt einfach zu. »Die Schule dort war mir ja seit langem bestimmt und angetragen, aber ich hatte anfangs noch einmal weichen müssen. « Wie in sein Eigenes kehrt er zurück und ergreift Besitz. Er ist Leiter der Domschule im Domherrenhof auf der Ile de la Cité im Herzen von Paris. Er hat die höchste akademische Stellung seiner Zeit inne, lehrt Philosophie und Theologie. Offenbar hat in Paris keiner Anstoß genommen an dem Streit mit dem ehrwürdigen Magister der Theologie, an dessen Vorlesungsverbot. Wer sich für ihn eingesetzt hat, sagt er uns nicht. Auch seine genaue Stellung ist uns unbekannt. Kleriker und Kanoniker nennt ihn Heloisa später. Aber das sagt nicht viel. Kleriker ist jeder, der die Tonsur erhalten hat und der kirchlichen Gerichtsbarkeit untersteht. Jeder Student einer Domschule ist Kleriker. Geistlicher, Priester war Abaelard damals sicher nicht, denn sonst wäre seine Eheschließung mit Heloisa unmöglich gewesen. Auch Domherr, Mitglied des Domkapitels von Notre-Dame in Paris, muß er nicht gewesen sein. Andererseits schließt die fehlende Priesterweihe nicht aus, daß er Domscholastikus und als solcher Mitglied des Domkapitels war. Aus anderen Quellen wissen oder vermuten wir, daß er Kanoniker in Sens, Tours und möglicherweise in Chartres war. Das alles scheint für Abaelard nicht wichtig gewesen zu sein. Er lehrt, und eine der ersten Vorlesungen führt sein in Laon verbotenes Kolleg über den Propheten Ezechiel fort. Abaelard hat es immer verstanden, Salz in die Wunden seiner Feinde zu streuen. »Die Vorlesung fand Beifall« – so schreibt er einem Freund – »und es hieß, ich zeige dieselbe hohe Begabung in der Theologie wie in der Philosophie. Vom Hörensagen her müßtest Du es ja wissen, lieber Freund, wie ich mir in beiden Fächern Mühe gab und wie die Hörsäle sich füllten und wie meine Einnahmen aus dem Kolleggeld sich erhöhten und mein Ruhm anstieg. «

Abaelard hat nicht übertrieben. Er machte Paris zum akademischen

Mittelpunkt Europas. Sein mündlicher Vortrag muß eine bis dahin unge-
kannte Wirkung auf junge Leute ausgeübt haben, die nun von überall
herbeiströmten, um ihn zu hören. Erstmals in Europa manifestierte sich
der Wunsch nach zweckfreier Bildung, das Bestreben zu lernen und zu
wissen unabhängig von Stand oder Beruf, als eine Bewegung, die immer
mehr junge Menschen ergriff. Fulko, Prior im Kloster von Deuil nördlich
von Paris, schildert diese von Abaelard entfesselte Bewegung:

Rom schickte Dir seine Schüler zum Studium, Rom, das einst seinen Hörern das
Wissen aller Wissenschaften vermittelte, zeigte so, indem es Dir seine Schüler
schickte, daß Dein Wissen sein Wissen überragte. Wer immer zu Dir wollte, ihn
konnten nicht die Größe der Entfernung, nicht die Höhe der Gebirge, nicht die
Tiefe der Täler, nicht die Schwierigkeiten und die Gefahren der Reise und selbst
nicht die Räuber davon abhalten. Die Scharen junger Engländer, die das Meer
überquerten, schreckte nicht der Aufruhr der schrecklichen Wogen, wenn sie auf
den Ruf Deines Namens hin alle Gefahren verachteten und zu Dir strömten. Die
entfernte Bretagne schickte Dir ihre Ungebildeten zur Bildung, die Bewohner von
Anjou dienten Dir mit ihrer gezähmten Wildheit, die Bewohner aus Poitou und
der Gascogne, die Iberer, die Normannen, die Flamen, die Deutschen und die
Schweden verzehrten sich im Eifer, Deinen Ruhm zu mehren und zu verbreiten.
Ich übergehe die Bewohner der Stadt Paris und der näheren und weiteren Umgebung, die nach Deinen Vorlesungen dürsteten, und es gab keine Wissenschaft, die
sie nicht bei Dir fanden. Durch den Glanz Deines Genies, die Süße Deiner Rede,
die Gewandtheit Deines Vortrags und den Scharfsinn Deiner Gelehrsamkeit an-
gezogen eilten sie zur klarsten Quelle der Philosophie.

Konnte Fulko den nicht enden wollenden Zustrom zur Schule im Domherrenhof bei seinen Besuchen in Paris selbst erleben, so wußte der
Mönch Teulfus, der Verfasser der Chronik des Klosters Morigny bei
Étampes, vielleicht davon nur vom Hörensagen, wenn er später dem Bericht über einen Besuch Abaelards in seinem Kloster hinzufügte: »Er war
Leiter der berühmtesten Schulen, zu denen die Studenten aus fast der
ganzen Latein sprechenden Welt zusammenströmten.« Eine Studenten-
bewegung hatte Europa ergriffen. So wie man aufbrach zur Wallfahrt
nach Jerusalem, nach Rom, nach Santiago de Compostela, nach Chartres,
so brach man auf zum Studium – nach Paris in den Domherrenhof. Eine
neue Welt entstand, die akademische Welt der Studenten, der Magister,
der Gelehrten. Wissenschaft begann eine Macht zu werden. . . .

Wissenschaft begann eine Macht zu werden. Dies aber war ein langer Weg. Jetzt hatten die Macht andere: der König, Bischöfe, die großen Familien. Sie spielten ununterbrochen das Spiel der Macht. Die Stellung, die einer bekleidete, sein Amt, seine Position, seine Rolle, die er übernommen, die er ererbt hatte, all das bedeutete im frühen Hochmittelalter wenig, wenn der Betreffende die Chancen dieser Stellung nicht Wirklichkeit werden ließ, *potentia* als Möglichkeit nicht in die *potentia* der Macht verwandelte. Herr war nur, wer sich andere unterwarf.

Aus dem Bericht Abaelards erfahren wir nichts von diesem Spiel der Macht, erst recht nicht, daß er meist nur eine Figur darin war. Nur eine Stelle, die bereits zitiert wurde, deutet das Spiel an. Der Leiter der Domschule und Archidiakon von Notre-Dame, Wilhelm von Champeaux, hatte unter den Großen des Landes Feinde, und diese unterstützten Abaelard bei seiner Schulgründung in Melun. Tatsächlich war Abaelards Geschichte seit seinem ersten Eintreffen in Paris verwoben mit den lokalen Intrigen und der hohen Politik, und dies sollte so bleiben bis ans Ende seines Lebens. »Auf langen Strecken sind die Kämpfe Abaelards mit Wilhelm von Champeaux, den Bischöfen von Paris und den Äbten von Saint-Denis nichts anderes als Reflexe« der Kämpfe, »die sich auf höchster Ebene zwischen den Geistlichen und dem königlichen Hof abspielten« (R. H. Bautier).

Die entscheidende Rolle spielte die Familie Garlande. Gilbert I. von Garlande war in den Jahren 1099–1101 Seneschall. Er hatte fünf Söhne, die nach seinem Tode 1101 nacheinander und nebeneinander höchste Hofämter bekleideten. Als Seneschall folgte dem Vater zunächst Anseau, der dieses Amt mit kurzer Unterbrechung bis zu seinem Tod im Jahre 1118 innehatte. Sein Nachfolger wurde sein Bruder Wilhelm. Gilbert II. war außer in der Zeit von 1108 bis 1127 Mundschenk. Die wichtigste Person aber war Stephan von Garlande, königlicher Kaplan und seit 1102 oder 1103 Archidiakon im Kapitel Notre-Dame in Paris.

Als Abaelard um das Jahr 1100 nach Paris kommt, war hier gerade ein Kampf ausgebrochen, der sich über eine ganze Generation hinzieht und in den Abaelard in allen Phasen seines Lebens verwickelt war. Als 1101 der Bischofssitz von Beauvais frei wird, wählt das Domkapitel nach den Regeln der Reformer den Propst des Kanoniker-Stifts Saint-Quentain in Beauvais, Galon, zum Bischof. Der König Philipp I. widerspricht, schwört, daß er Galon nie dulden werde, und verlangt das Episkopat für seinen Vertrauten, den königlichen Kaplan Stephan von Garlande. Dieser wird auch gewählt, muß aber im Jahre 1104 zurücktreten, weil er sich gegen den Bischof Ivo von Chartres nicht durchsetzen kann, der die Reformpartei des französischen Episkopats gegen den König vertritt. In einem Brief an Papst Paschalis II. (1099–1102) nennt Ivo Stephan »nicht einmal Subdiakon, einen ungebildeten Menschen, einen Spieler und Schürzenjäger, der früher einmal wegen öffentlichen Ehebruchs vom Erzbischof von Lyon exkommuniziert worden sei«. Der König ernennt Stephan im Jahre 1106 zum Kanzler im königlichen Rat. Das Archidiakonat an der Domkirche Notre-Dame in Paris behält Stephan bei. Seit dem Jahre 1103 war dort auch Archidiakon Wilhelm von Champeaux, Freund Ivos von Chartres und später Bernhards von Clairvaux. Er wird zum großen Gegenspieler Stephans. Der dritte Archidiakon, Vulgrin, spielte keine politische Rolle.

Abaelard, dessen Gegensatz zu Wilhelm von Champeaux sicher im Wissenschaftlichen wurzelte, fand sogleich die Unterstützung Stephans. Jede Schwächung des Gegners war ihm recht, die wissenschaftliche Richtung ziemlich gleichgültig. Vielleicht hat Stephan aber auch bald gespürt, daß Abaelard die Reformer reformieren wollte. Die Reformer Gregors VII. wollten Macht für die Kirche, Herrschaft, ein *regimen*. Somit waren sie Gegner des Königs. Abaelard wollte je länger, desto deutlicher eine arme Kirche, eine Geistkirche, ohne Macht in und von dieser Welt. Ein solcher Reformer konnte der Partei des Königs nur nützlich sein.

Als Abaelard im Jahre 1102 aus Paris weichen muß, zieht er sich an den königlichen Hof nach Melun zurück. Der wichtigste der von Abaelard in seiner Leidensgeschichte erwähnten, aber nicht namentlich genannten Großen des Landes, die ihm gegen Wilhelm von Champeaux beistehen, ist Stephan von Garlande. Während seines Aufenthaltes in Melun tritt jedoch in Paris ein Wechsel ein. Bischof von Paris war Wilhelm von Montfort, Bruder Bertradas von Montfort, die der König entführt und zu seiner Frau gemacht hatte. Im Jahre 1102 stirbt Bischof Wilhelm auf dem Kreuzzug ins Heilige Land. Das Kapitel kann sich auf den Nachfolger nicht einigen, und zwei Jahre ist der Sitz vakant. Dann entscheidet sich die Mehrheit des Kapitels gegen den Widerstand Stephans für den gewählten Bischof von Beauvais, Galon. Jetzt gibt der König nach, ein Wechsel seiner Politik steht bevor. Seneschall wird Guy der Rote, Seigneur von Rochefort, und Stephan fällt in Ungnade. Guy zwingt den König, den Thronfolger Ludwig mit seiner Tochter Lucienne zu verloben, obwohl diese noch nicht im heiratsfähigen Alter ist. Ohne die Unterstützung Stephans kann sich Abaelard in Melun nicht mehr halten, und er weicht nach Corbeille aus. Er gibt an, näher bei Paris sein zu wollen, um Gelegenheit zur Diskussion zu haben. Tatsächlich war ihm Paris verschlossen, und der Graf von Corbeille, Eudes, opponiert gegen den Sturz der Familie Garlande. Als der König den Widerstand des Grafen bricht, zieht sich Abaelard in die Bretagne zurück, aus gesundheitlichen Gründen, wie er angibt, tatsächlich, weil er der Macht des Archidiakons Wilhelm ungeschützt ausgesetzt ist. Drei Jahre hält er sich fern vom Machtzentrum des französischen Königs auf, genau die drei Jahre der Machtlosigkeit Stephans.

Die neue Wende geht von Rom aus. Papst Urban II. hatte auf dem Kreuzzugskonzil in Clermont im Jahre 1095 den französischen König als Ehebrecher exkommuniziert. Er durfte an dem großen Aufbruch der Christenheit nicht teilnehmen. Der König gab nach, trennte sich von Bertrada und söhnte sich mit der Kirche aus. Aber nicht lange und er nahm Bertrada wieder zu sich. Die Größe einer Liebe zeigt sich in dem, was man ihr zu opfern bereit ist. Philipp setzte für das Zusammensein mit Bertrada seine Machtpositionen aufs Spiel. Papst Paschalis II. (1099–1118) schloß jedoch »vor der trotzigen Schwäche des alternden Herrschers die Augen« (W. Kienast). Wie im Persönlichen verfuhr der Papst auch im Grundsätzlichen. Der König verzichtete zwar auf die Investitur von Bischöfen mit Ring und Stab, die Wahl aber fand in der Regel in seiner Gegenwart statt, und der Gewählte leistete ihm für seine weltliche Stellung den Treueid. Ivo, Bischof von Chartres und der bedeutendste Kirchenrechtler seiner Zeit, hatte die Theorie dazu geliefert. Er war Reformer aus Überzeugung, aber unterstützte auch die Macht des Königs gegen die unbotmäßigen Großen des Landes. Diese waren der Kirche gefährlicher als der König, und nur dieser konnte sie im Zaume halten. Der Grund für das Nachgeben des Papstes war, daß er Bundesgenossen brauchte gegen den deutschen Kaiser, der sich den Reformideen Roms konsequent und auf ideologischer Grundlage widersetzte. Im Jahre 1107 reist Papst Paschalis nach Frankreich und empfängt in Saint-Denis Kniefall und Huldigung des Königs und des Thronfolgers. Dieser neue Bund von Papst und französischem König, dem legendären Bündnis zwischen dem Vater Karls des Großen, Pippin, und Papst Stephan II. auf dem Hoftag in Ponthion im Jahre 753 nachgebildet, hatte sofort innenpolitische Konsequenzen. Der Thronfolger löst seine Verlobung mit Lucienne von Rochefort, Stephan von Garlande wird Kanzler, sein Bruder Anseau wieder Seneschall, und Abaelard kehrt nach Paris zurück. Das entmachtete

Haus Rochefort erhebt sich gegen den König, die von Garlande schlagen den Aufstand nieder. Abt Adam von Saint-Denis – in der Tradition dieses Klosters mit dem Haus Senlis verbündet – wird angeklagt, und Wilhelm von Champeaux verliert das Archidiakonat. Sein Nachfolger als Archidiakon und Leiter der Domschule wird der bisherige Kanzler des Domkapitels, Gilbert, und dieser Gilbert ist der Ungenannte, der Abaelard zum *regens* (Leiter) der logischen Studien berief. Nur wenige Tage jedoch dauert das Glück. Wilhelm, der sich nach Saint-Victor zurückgezogen hat, verbündet sich mit Bischof Galon, und Gilbert muß aufgeben. Abaelard geht wieder ins Exil nach Melun. Dort residiert der König, während sich der Graf von Melun, Galeran II., der Stadt Paris bemächtigt. Dies gelingt ihm um so leichter, als er Herr des Hügels Sainte-Geneviève und des Hafens Grève ist. Die Bürger der Stadt jedoch vertreiben den Grafen und befreien so den König aus der peinlichen Lage, nicht zwischen seinen Residenzen Paris und Melun wechseln zu können. Galeran II. verliert seine Herrschaft über Sainte-Geneviève, und Stephan von Garlande erhält zu seinen Ämtern noch das Amt des Dekans des Klosters Sainte-Geneviève vor den Toren der Stadt. Dieser hatte in den Klöstern, die keinen Prior als Vertreter des Abtes hatten – Dekanats- anstatt Prioratsverfassung –, die Aufgabe, die Disziplin im Kloster aufrechtzuerhalten. Stephan erwirbt vom König das Privileg, daß alle Mönche einschließlich des Dekans als einzigen Gerichtsstand das Kapitel des eigenen Klosters haben, dem als Gericht der König oder sein dazu befugter Vertreter vorsitzt: der Kanzler des Königs – also Stephan selbst –, der Seneschall – also sein Bruder Anseau – oder der Mundschenk. Dieser wird im Jahre darauf Gilbert von Garlande heißen. Stephan von Garlande hatte sich somit der Gerichtsbarkeit des Bischofs von Paris, seines Gegners, entzogen. Im sicheren Schutz dieser Großen des Landes rang Abaelard Wilhelm und seine Schüler jetzt intellektuell nieder, nachdem er politisch bereits durch die Familie Garlande entmachtet war. Im Jahre 1113 gab Wilhelm auf, übernahm das Bischofsamt in Châlons-sur-Marne und zog sich endgültig aus dem politischen und intellektuellen Leben zurück. Im Jahre 1121 ist er gestorben.

Der Klan des Königs baut seine Macht weiter aus. Paris ist vorbereitet. Als Bischof Galon im Februar 1116 stirbt, wählt das Kapitel Gilbert zu seinem Nachfolger, jenen Gilbert, der als Kanzler des Kapitels Abaelard zum Regenten der logischen Studien gemacht hatte. Jetzt ernennt der neue Bischof Abaelard zum Leiter der Domschule von Notre-Dame in Paris. Kanzler des Domkapitels seit dem Jahre 1112 und jetzt Archidiakon als Nachfolger Gilberts ist Theobald der Notar, ein enger Vertrauter Stephans von Garlande. Er trägt die Berufung Abaelards zum Leiter der Domschule mit. In der Sprache der Professoren-Berufungen von heute: Seine Qualifikation in Philosophie ist unbestritten, in der Theologie gibt er zu Hoffnungen Anlaß, die er auch nicht enttäuscht; seine Berufung aber verdankt er der Parteinahme für die Partei des Königs gegen die der Reformer. Allerdings war ihm die Hierarchie der Kirche immer suspekt. Seinen Vorstellungen entsprach die ganze zeitgenössische Ordnung der reich gewordenen Kirche nicht, gleichgültig, ob der König über sie regierte oder der Papst.

Vorweggreifend noch ein unerhörtes Ereignis. Als im Jahre 1118 Anseau von Garlande in der Schlacht für den König fällt, folgt ihm als Seneschall sein Bruder Wilhelm. Als dieser im Jahre 1120 stirbt, ernennt der König den Kanzler der königlichen Verwaltung, den Archidiakon von Paris und Dekan von Sainte-Geneviève, Stephan von Garlande, zum Seneschall von Frankreich. »Durch seinen Rat wird ganz Frankreich regiert«, berichtet von ihm der Mönch Teulfus in den Annalen von Morigny. Ein Geistlicher wird Oberkommandierender der königlichen Armee. Die Familie Garlande besetzt somit drei der fünf wichtigsten Ämter des Königreiches, alle Gerichtsfunktionen des Reiches sind in ihrer Hand, und an ihr vorbei kann im Herzen von Frankreich auch keine kirchliche Entscheidung getroffen werden. Stephan ist Archidiakon oder Dekan außer an den Kapiteln Notre-Dame und Sainte-Geneviève in Paris noch an Sainte-Croix und Saint-Avit in Orléans und Kanoniker in Étampes. Wütend schreibt Bernhard von Clairvaux im Jahre 1127 an Suger von Saint-Denis, inzwischen einer der engsten Berater des Königs:

Ich frage Dich, wer ist dieses Monstrum, der Kleriker und Krieger zugleich zu sein scheint und keines ist. Gleicherweise ist es Mißbrauch beider Ämter, wenn der Diakon für den Diener des königlichen Tisches gehalten wird oder des Königs Seneschall sich in die Mysterien des Altares drängt. Wer wundert sich nicht, wer ist nicht entsetzt, wenn ein und dieselbe Person bewaffnet das bewaffnete Heer führt und mit Albe und Stola bekleidet in der Mitte der Kirche das Evangelium singt.

Der Brief Bernhards wird den Anfang vom Ende der Garlandes bedeuten. Um die Jahreswende 1127/28 werden Stephan von Garlande und die ganze Familie gestürzt. Abt Suger – der Gegner Abaelards – ist auf der Höhe seiner Macht. Wenige Jahre später schreibt Abaelard seine Lebensgeschichte. Sie enthält kein böses Wort gegen Suger und deckt die politischen Verwicklungen des Autors mit Wissenschaftsgeschichte und persönlichen Ereignissen zu. Erst beides zusammen ergibt aber ein klares Bild.

Heloisa, ein Mädchen in der akademischen Männerwelt

Die Turnierplätze des Geistes waren durchlaufen. Abaelard hatte auf allen gesiegt. Er war Leiter der Domschule in Paris, lebte im Zentrum der Macht. Nun »lähmte die weltliche Ruhe seinen Geist«. Abaelard kann nicht ohne Kampf leben. Da entdeckt er, daß es noch einen Turnierplatz gibt, den er bisher nicht betreten hat, daß es noch einen Kampf gibt, den er noch nicht gekämpft hat, den Kampf um eine Frau. Und selbstsicher, wie Abaelard vor jedem Kampf war, sagte er von sich selbst: »Am Gelingen zweifelte ich keinen Augenblick, war ich doch berühmt und jugendlich anmutig vor anderen und brauchte von keiner Frau eine Abweisung zu fürchten, wenn ich sie meiner Liebe würdigte.« Abaelard war knapp 40 Jahre alt, und so beschloß er, ein junges Mädchen zu verführen.

War es so? Nach Abaelards Schilderung in der Tat. Aber der Bericht ist fast 20 Jahre später geschrieben worden. Abaelard ist kastriert, wurde Mönch, Eremit, Abt und schrieb den Bericht in tiefster Verzweiflung. Eine lange Einleitung schickt er ihm voraus. Gottes Hand leitete alles. Alle Leiden, die er später durchlebte, waren Strafe Gottes und Angebot zur Umkehr, und den Weg der Strafen und der Umkehr will er nach »Tatsachen und dem genauen zeitlichen Ablauf« schildern. Zwei Sünden wirft sich Abaelard vor, Hochmut und Geilheit. Den Hochmut: Er bildet sich ein, der einzige Philosoph der Welt zu sein. Vielleicht fällt von dieser Stelle ein Licht auf die Kälte, mit der er im ganzen Ablauf seines Lebens bis zu diesem Tag seine Überheblichkeit, seine Härte gegenüber den Gegnern, seine Lust an ihren Niederlagen schilderte. Gewiß, Abaelard beschreibt sich selbst, und er weiß, wie er sich darstellt. Während der Abfassungszeit seiner »Leidensgeschichte« und mühsam den Sinn dieser Leidensgeschichte im Heilsplan Gottes suchend, übersteigert er die Züge seines Charakters, die in das Sündenschema passen, Hochmut und Geilheit. Die Geilheit: Er hat als fast Vierzigjähriger eine neunzehnjährige Schülerin verführt. Seine Strafe dafür: Gott »beraubte ihn dessen, durch das er sie übte«, er wurde kastriert. Die Strafe für den Hochmut: Das Werk, dessen er sich besonders rühmte, mußte er auf dem Ketzerkonzil in Soissons ohne die Möglichkeit der Verteidigung mit eigener Hand ins

Feuer werfen. Ganz geht die Deutung seiner Heilsgeschichte allerdings nicht auf, denn da ist ja noch die Frau, die Verführte, die Geliebte, die Geheiratete, die Verlassene. Welchen Sinn gibt Gottes Heilsplan ihrem Leiden? Die Frage wird ein Stachel bleiben bis an Abaelards Ende.

Versuchen wir, aus Abaelards religiöser Sinngebung des Ereignisses, das ihn und jedes weitere Ereignis seines Lebens veränderte, jeden Augenblick, sein Leben selbst durch und durch bestimmte, versuchen wir, aus seinem Bericht den Ablauf herauszulösen.

Er versichert uns, daß er bis dahin keusch gelebt hat. Dirnen mochte er nicht. Für Adelige ließ ihm die Wissenschaft keine Zeit, und den Umgangston bürgerlicher Frauen beherrschte er nicht. Groß war der Kreis der Gelegenheiten im Domherrenhof in Paris ohnehin nicht, und wählerisch war Abaelard auch noch. Für Lehrer waren Schülerinnen noch immer am leichtesten zu haben.

»In der Stadt Paris lebte damals ein Mädchen namens Heloisa, die Nichte eines Domherren Fulbert. ... An Anmut nicht die Letzte, an Bildung aber die Erste.« So führt Abaelard die außerordentlichste Frau seiner Zeit in seine Lebensgeschichte ein, so trat sie in sein Leben. Viel wissen wir nicht über ihre Jugend. Tochter unbekannter Eltern erhielt sie ihre Ausbildung im Kloster Sainte-Marie in Argenteuil, einige Meilen von Paris entfernt. Dort hatte sie Latein gelernt, und sie beherrschte etwas Griechisch und Hebräisch. Der Ruf eines jungen Mädchens, das sich den Wissenschaften widmete, verbreitete sich rasch. 35 Jahre später – Abaelard war gerade gestorben – schrieb Petrus Venerabilis, der Großabt von Cluny – sicher kein Schmeichler und Lobredner – an Heloisa, die Äbtissin des Parakleten:

Ich stand noch im Jünglingsalter und war noch nicht zum jungen Mann gereift, da drang schon Dein Ruhm zu meinen Ohren. Es war noch nicht Deine Frömmigkeit, sondern es war Dein hochgemutes Ringen um die Wissenschaft, das Dich berühmt machte. Ich hörte damals von einer Frau erzählen: Sie hatte sich zwar von den Bindungen dieser Welt noch nicht freimachen können, aber sie setzte – was bei einer Frau selten ist – ihre ganze Kraft ein für die Wissenschaften und die Philosophie.

Seit einiger Zeit nun lebte sie bei ihrem Onkel Fulbert im Domherrenhof, ein Mädchen von etwa 19 Jahren in der klerikalen und akademischen Männerwelt von Paris. Nur wenige Häuser entfernt lag die Domschule, und wenn sie aus ihrem Fenster schaute, sah sie die Studenten, lachend, diskutierend, streitend, und gelegentlich sah sie den Mann, um den sich alles drehte, den Magister Peter Abaelard. Ihr Onkel erzählte ihr, was Abaelard lehrte, und die Besucher des Onkels, hohe Geistliche aus der Stadt und von weiter fern, berichteten von den Kämpfen, die Abaelard mit dem Archidiakon von Paris und jetzigen Bischof von Châlons geführt, und wie er in allen Kämpfen gesiegt hatte. Und Abaelard hatte davon gehört, daß bei seinem Domherrenkollegen, gleich um die Ecke, ein junges Mädchen wohnte, schön wie viele Mädchen, aber einzigartig in ihrer Bildung und ihrer Sehnsucht nach der Philosophie. Und manchmal sah er sie in der Kirche oder in einer der engen Gassen.

Wer hatte zuerst den Wunsch, den anderen zu sehen? Wir wissen es nicht. Abaelard schildert nur den Plan der Verführung. Ihr Onkel ist geizig und wünscht für seine Nichte die beste Ausbildung. So bietet sich Abaelard als Privatlehrer an – denn der Besuch der Vorlesungen ist Frauen noch für Jahrhunderte verboten – und wünscht sich von Fulbert Kost und Logis. Die eigene Haushaltung sei ihm lästig, störe ihn im Studium und sei ihm zu teuer. So kam der Vertrag zustande. Abaelard zog zu Fulbert ins Haus und übernahm den Unterricht der jungen, schönen und berühmten Heloisa.

Abaelard und Heloisa, Verführer und Verführte, Liebender und Liebende

»Erst eine uns das Haus, dann die Lust. ... Offen lagen die Bücher, aber die Worte drängten mehr zur Liebe als zur Lehre, Küsse waren häufiger als die Sentenzen der Kirchenväter, die Hände fanden lieber die Brust als das Buch, und die Liebe versenkte sich mehr in die Augen des anderen als der Unterricht sich in die Bücher. Verdacht sollte nicht aufkommen, und so kamen Schläge, aus Liebe und nicht aus Wut, aus Lust und nicht aus Zorn, Schläge, die alle Genüsse der Salbung übertrafen. Kurz, in unserer Gier genossen wir alle Stufen der Liebe, und was die Liebe sich Ausgefallenes denken konnte, trieben wir. Je weniger wir solche Freuden bisher genossen hatten, um so glühender gaben wir uns ihnen hin – und kein Ekel kam uns an.«

Abaelard, der bisher nur mit dem Kopf gelebt hatte, erfährt in der Lust seinen Körper und durch die Lust des Körpers hindurch einen Menschen. Alle Regeln verlieren ihre Geltung, die seiner Karriere, seines Berufes, seines Standes, der Moral, der Vorsicht. Die Welt schrumpft zusammen auf das, was sich zwischen diesen beiden Menschen abspielt. Wie wenig diese Erfahrung des weiblichen Körpers und damit erstmals seines eigenen für ihn beiläufig, zufällig, überholbar war, zeigt, was er aufzugeben bereit war, um sie zu behalten. In der Lust des Körpers verliert er die Lust an der Wissenschaft. Natürlich war es schon anstrengend, die Nokturnen, die Nachtzeiten, dem Liebesdienst, und die Diurnen, die Tagzeiten, dem Studium zu widmen, wie er in der Sprache der Liturgie formuliert. Die Lust ergreift ihn aber tiefer. Ein Ekel gegen seinen Beruf steigt in ihm auf. »Und je mehr mich die Begierde durchdrang, um so weniger war ich für die Philosophie offen, um so weniger konnte ich für die Schule etwas leisten.« Die Lust stößt Abaelard vom Gipfel seiner Einzigkeit. »Die Vorlesungen sahen mich nachlässig und gleichgültig. Was ich vortrug, war Routine, nicht mehr Genialität.« Hier taucht das Gegensatzpaar wieder auf. Seinen Gegnern hatte er es entgegengeschleudert. Sie lebten aus der Routine, er aus der Genialität. Jetzt hat ihn die Lust auf das Niveau der anderen zurückgeholt.

Aber mögen die Studenten dies bedauern, Abaelard bereut es nicht. Etwas Neues bricht in ihm auf. Die Steigerung seines Seins verlangt nach einem Ausdruck. Nicht mehr ein »Werk für die Schule«, sondern eines für Heloisa, nicht mehr das Erfinden neuer Gedanken, sondern der Ausdruck neuer Gefühle: Der Logiker wird zum Sänger, *carmina amatoria*, Liebeslieder, dichtet und singt er. Und wenn es eines Beweises bedürfte, daß schon damals, in der ersten Ekstase und ehe Gott ihn wegen der Sünde gestraft hatte, aus der Lust die Liebe geworden war, dann ist es der Umstand, daß es Abaelard drängte, seine Liebe hinauszusingen, öffentlich zu dem zu stehen, was er beglückend erfährt, nicht Lehrer, sondern Liebender zu sein. Noch nach vielen Jahren ruft Abaelard einen Freund zum Zeugen dafür an, daß diese Liebeslieder »noch immer und immer wieder von vielen gesungen werden und besonders von denen, denen das Leben gleich Schönes schenkte«. Was Abaelard »mit kalter Überlegung als ein leichtfertiges Abenteuer begonnen hatte, das wurde ihm zum tiefgreifenden Erlebnis und zog ihn auf immer in seinen Bann. Er hatte sich ein bequemes Verhältnis mit einer *filia hospitalis* einrichten wollen; aber Heloisa war nicht die Frau, die man nachher leicht beiseite schieben, die man jemals auch nur vergessen konnte« (B. Schmeidler).

Von Heloisa war bisher wenig die Rede. Was wissen wir von dem jungen Mädchen, der Jungfrau, von Abaelard zur Frau und zum Gespräch der Studenten, der Geistlichen des Domherrenhofes, der Bürger der Stadt Paris gemacht? Auch sie spricht von der Begierde, die Abaelard in ihr geweckt, der Lust, die er ihr geschenkt hat. Aber sie ist überwältigt von der Liebe, die sie erfährt. Philosophisch geschult, wie sie ist, erfährt sie die Größe der Liebe nicht in der Intensität des Gefühls, das irren kann, sondern in der irrtumslos erfahrenen Größe dessen, den sie liebt. In der Regel, so schreibt sie, hält das Band der Ehe nicht nur durch körperliche Treue der Partner, sondern besonders durch die Keuschheit der Seelen, die die Vollkommenheit des Geliebten, die die Liebe immer erstrebt, in heiligem Irrtum, in seliger Selbsttäuschung annimmt. Liebe sieht im Geliebten, in der Geliebten Vollkommenheit, Vollendung, Einzigkeit – meist aber im Irrtum, in der Täuschung, in der steten Gefahr der Enttäuschung und der Alltäglichkeit, des Endes.»Was aber den anderen der Irrtum, verschaffte mir die offenkundige Wahrheit. Was die anderen von ihrem Mann nur meinten, das mußte ich, das mußte die ganze Welt nicht glauben, das wußte ich, das wußte die Welt. Die Wahrheit meiner Liebe zu Dir gründete in ihrer Irrtumslosigkeit. Welcher König oder Philosoph hätte sich in seinem Ruhm Dir vergleichen können? Welche Gegend, welche Stadt, welches Dorf wollte nicht Dich bei sich haben? Wer wollte Dich – ich frage Dich – nicht sehen, wenn Du öffentlich auftratst, und wer reckte nicht den Hals, wer starrte Dir nicht nach, wenn Du abtratest? Welche Ehefrau oder Jungfrau begehrte Dich nicht, wenn Du fern warst, welche war nicht entbrannt, wenn Du da warst? Welche Königin oder Fürstin neidete mir nicht meine Wonne und mein Bett?«

Heloisas Liebe ist nicht intim, sie ist öffentlich, wie ihr Grund und ihr Ziel öffentlich ist: Abaelard. Und darum sind die öffentlich gesungenen Lieder, die ihre Liebe preisen, ihr Ruhm. Sie»verkünden ihn der ganzen Welt. Heloisa klang es Straß' auf Straß' ab und in jedem Haus.«

Halten wir inne und machen uns klar, was hier geschah. Noch gab es im Norden Frankreichs keine weltlichen Lieder, noch nicht, wie in späterer Zeit, Minnesänger, Troubadoure oder Trouvères, die öffentlich einer Frau Lob sangen, die durch ihre Stellung vor Mißdeutung und Mißachtung sicher war. Heloisa war ein Mädchen in der Männerwelt, ohne den Schutz einer Ehe, rechtlich gebunden durch die Munt, die Vormundschaft ihres Onkels, der alles bestimmen konnte und ihr rechtlich keine Freiheit ließ. Und diese Frau nimmt das, was in der Ordnung ihres Lebenskreises Verführung, Unzucht, Schändung der Familienehre war, auf in ihre Liebe und ihr Leben und erfährt in der öffentlichen Spiegelung dieser Liebe ihr Glück. Nicht die Intensität ihres Fühlens, die Aufrichtigkeit ihres Verhaltens macht ihre Liebe in ihren eigenen

Augen groß, sondern allein die Einzigkeit des Geliebten. Heloisa ist herausgetreten aus der Ordnung ihrer Zeit.

Wir wissen nicht, wie lange all das währte. Einige Monate, so schildert es Abaelard. In der kleinen und dichten Welt des Domherrenhofes müssen das Erstaunen der Umgebung, die Enttäuschung der Studenten, die Bestürzung der Freunde und die Schadenfreude der Gegner gewachsen sein mit jedem Tag. Nicht nur die Lieder wanderten von Mund zu Mund, sondern auch der Klatsch, die Anfeindung. »Was so offenlag, konnte kaum übersehen werden, außer von dem einen, um dessen Schande es am meisten ging, dem Onkel des Mädchens. ... Aber auch wenn man es als letzter erfährt, einmal erfährt man es doch, und was alle wissen, bleibt auch dem einen nicht verborgen.« Die Liebenden wurden getrennt. Fulbert stellte seine Nichte unter Hausarrest, und Abaelard mußte ausziehen. Die Schilderung der Situation ist ein rhetorisches Glanzstück des Schriftstellers Abaelard und ins Deutsche nur bedingt zu übersetzen: »Welcher Schmerz des Onkels, als er alles erfuhr! Welcher Schmerz der Liebenden, als sie getrennt wurden! Welche Scham ergriff mich! Welcher Kummer über Heloisas Pein peinigte mich! Welche verzweifelnde Wehmut erfüllte sie angesichts meiner Scham! ... Die Trennung unserer Körper verschmolz unsere Seelen, und die Liebe, der die Möglichkeit entzogen war, flammte unbegrenzt auf.«

Kurz darauf schreibt ihm Heloisa – »außer sich vor Freude« –, daß sie schwanger ist. Abaelard handelt rasch. Nachts, als der Onkel nicht zu Hause ist, entführt er Heloisa und bringt sie in die Bretagne zu seiner Schwester Dionysia. Dort brachte sie einen Jungen zur Welt, der den Namen des Vaters, Petrus, erhielt und den Beinamen Astralabius, Sternengreifer.

Jetzt war die Lage völlig unhaltbar geworden. Abaelard hatte die Familie Heloisas, die uns nur in ihrem Onkel greifbar wird, tödlich beleidigt. Fulbert wurde »vor Schmerz fast wahnsinnig«. Alles war ihm jetzt zuzutrauen, davon ist Abaelard überzeugt. Läßt Fulbert ihn aber umbringen, so ist seine Nichte in der Hand der Verwandtschaft der Rache ausgesetzt. So bleibt nur die Entführung Abaelards. Aber davor sichert er sich. Eine gespannte Angst befällt den Domherrenhof.

Freunde wird es auf beiden Seiten gegeben haben, die die Verhandlungen einleiten. Abaelard stimmt zu, weil er – wie er sagt – die Angst Fulberts nicht mehr erträgt und weil er ein schlechtes Gewissen hat. Er trägt Fulbert vor – der Logiker ist in seinem Bericht immer gegenwärtig –, erstens bitte er um Verzeihung, zweitens dürfe sich der doch nicht über das Vorgefallene wundern, der an sich selbst der Liebe Gewalt erfahren habe; drittens sei alles auch deswegen verständlich, weil gerade die größten Männer der Geschichte seit dem Sündenfall dem Verderben ausgesetzt seien, das von den Frauen ausgehe, und viertens sei er bereit, die Verführte zu heiraten. Allerdings müsse die Heirat geheim bleiben, da sonst sein guter Ruf zerstört werde. Fulbert, der mit solch großzügigem Angebot kaum rechnen konnte – meint Abaelard –, willigt ein, und der Vertrag zwischen der Sippe Fulberts und Abaelard wurde geschlossen und mit Handschlag und Kuß besiegelt. Heloisa wurde nicht gefragt, Fulberts Ruf interessierte Abaelard nicht.

Das Individuum und die Lust oder der Philosoph und die Ehe

Heloisa hatte Zeit, ihre Lage zu überdenken. Wo Abaelards Schwester Dionysia damals wohnte, wissen wir nicht, wahrscheinlich aber im Süden der Bretagne. In Clisson, eine Meile südlich von Le Pallet, soll Heloisa sich als Gast des dortigen Burgherren aufgehalten haben, der ebenfalls ein Lehnsmann des Herzogs der Bretagne war. Dort, gegenüber der Burg jenseits der Sèvre, wird noch heute eine Grotte gezeigt, in die sie sich zurückgezogen haben soll. Wann diese Geschichte entstanden ist, wissen wir nicht, aber eine Kontinuität der Überlieferung gibt es. Der Aufenthalt Heloisas hat Spuren hinterlassen in dem fremden Land. Fernab von aller Zivilisation und Gelehrsamkeit muß schon Abaelard den Menschen der Umgebung fremd, vielleicht unheimlich erschienen sein. Die Tracht der Magister wird man nicht oft gesehen haben, so weit entfernt von den Städten. Gerüchte bilden sich rasch. Und jetzt bringt er – ein Kleriker – eine junge Frau auf die Burg seines Vaters, die ihm unverheiratet einen Sohn gebiert, lesen und schreiben kann und Latein spricht. In dem Land, in dem die Priester der Druiden noch ihre Kulte feiern und das Christentum die Herzen noch nicht erreicht hat, wird Heloisa Priesterin und Zauberin, und ein Lied, ein bretonisches Volkslied, zeugt über die Jahrhunderte hinweg davon, welchen Eindruck der kurze Besuch Heloisas in dem kargen Land gemacht hat, wie Unverstandenes die Gestalt des Unheimlichen annimmt. Ob das Lied auf Heloisa gedichtet wurde oder ob eine andere Frau die Züge Heloisas angenommen hat, wissen wir nicht, die Menschen der Gegend aber sangen von ihr:

Ich war erst zwölf Jahre alt, als ich das Haus meines Vaters verließ, als ich
meinem Kleriker, meinem lieben Abaelard folgte.

Als ich mit meinem geliebten Kleriker nach Nantes ging, sprach ich
wahrlich keine Sprache außer Bretonisch;
In Wahrheit kannte ich fast nichts als meine Gebete, als ich noch ein Kind
im Hause meines Vaters war.

Aber jetzt bin ich gelehrt, sehr gelehrt auf allen Gebieten; ich spreche die
Sprache der Franken, ich spreche Latein, und ich kann lesen und
schreiben;
Ich kann die Heilige Schrift lesen, und ich kann gut schreiben und sprechen
und die Hostie weihen, so gut wie die Geistlichen:
Ich weiß mich vor dem Priester zu schützen, der seine Messe liest, und ich
kann die Spitzen knüpfen, in der Mitte und an den Enden.

Ich weiß, wie man reines Gold in der Asche findet und Silber im Sand, wenn
ich die Möglichkeit dazu habe:
Ich wandle mich in eine schwarze Hündin oder einen Raben, wenn ich es
will, oder in ein Irrlicht oder in einen Drachen;
Ich kenne ein Lied, das die Himmel entzwei bricht und das Meer erzittern
läßt und die Erde beben.

Ich, ja ich, ich weiß alles, was man in dieser Welt wissen kann über das, was
geschehen ist und was geschehen wird.

Der erste Trank, den ich mit meinem geliebten Kleriker braute, wurde aus
dem Auge eines Seerabens und dem Herz einer Kröte gemacht,
Und mit dem Samen des Farns, hundert Klafter tief auf dem Grund des
Brunnens gesammelt, und mit der Wurzel des Goldkrauts, gepflückt auf
der Wiese,
Gepflückt ohne Kopfbedeckung bei Sonnenaufgang, bekleidet nur mit einem
Hemd und barfüßig.

Der erste Versuch, den ich mit meinen Tränken machte, war in den
Kornfeldern des Abtes,
Aus achtzehn Maß Korn, die der Abt gesät hatte, erntete er nur zwei
Handvoll.

Ich habe einen silbernen Kasten im Hause meines Vaters, wer je ihn öffnet,
wird es über alle Maßen bereuen;
In ihm sind drei Nattern, die das Ei eines Drachen ausbrüten; wenn mein
Drache gut gerät, wird es eine große Verzweiflung geben.

Ich nähre sie nicht mit dem Fleisch des Rebhuhns, nicht mit dem Fleisch der
Schnepfe, sondern mit dem heiligen Blut der Unschuldigen.

Den ersten tötete ich auf dem Kirchhof, gerade als er die Taufe erhalten
sollte, zusammen mit dem Priester in seiner Albe.

Als sie ihn zu dem Kreuzweg gebracht hatten, zog ich meine Schuhe aus und
machte mich auf den Weg, ihn auszugraben, ohne Lärm, in meinen
Strümpfen.

Wenn ich auf der Erde bleibe und mein Licht, mein Abaelard mit mir, wenn
wir noch weitere ein, zwei Jahre in dieser Welt bleiben;

Oder zwei oder drei Jahre mehr, mein geliebter Kleriker und ich, dann werden wir diese Welt völlig in die Unordnung stürzen. Paß gut auf, Heloisa, paß gut auf deine Seele auf, wenn dies deine Welt ist, die andere gehört Gott.

Nachdem Abaelard den Vertrag mit Fulbert geschlossen hat, reist er in die Bretagne, um Heloisa nach Paris zu holen, um »seine Geliebte zur Ehefrau zu machen«. Aber Heloisa sagt nein. Sie ist keine Frau, über die Männer einfach durch einen Vertrag verfügen. Vier Argument-Reihen trägt sie vor, und einen Vorschlag hat sie auch. Sie kannte ihren Onkel, und so war ihre erste Angst, daß Abaelard sich täusche, wenn er an eine Versöhnung durch die Eheschließung, und dazu noch eine geheime, glaube. Heloisa hatte noch eine Ahnung von den archaischen Kräften, die eine verletzte Familienehre entfesselt. Später wird sie die Rechte des Individuums verteidigen gegen die Ansprüche der Väter ihren Töchter gegenüber und gegen die der Freier gegenüber den Frauen. Vielleicht hat sie es jetzt schon gegenüber Abaelard getan. Zweitens, so argumentierte sie, bringe ihr die Eheschließung nichts ein: »Welche Ehre (*gloria*) sollte sie sich von einer Ehe versprechen, die ihm – Abaelard – die Ehre nehme und sie beide erniedrige.« Abaelard gehöre der Welt und nicht einer Frau. Drittens sei ein bürgerlicher Hausstand – wörtlich »der Stand des gesellschaftlich anerkannten Geschlechtsverkehrs« – mit solchen Lasten und Mühen verbunden, daß ein Philosoph sich hüten sollte, hieran Kraft, Geld und Zeit zu verschwenden. Das Aufgebot der Tradition, Theophrast, Paulus, Hieronymus, Cicero und Seneca, leitet schließlich über zum Grundsätzlichen. Liebe zur Weisheit, Philosophie, setzte ein Lebensideal voraus, mit dem eine Ehe nicht vereinbar sei. »Philosophie und Theologie verlangen den ganzen Menschen.« Wissenschaft verlange Freiheit von gesellschaftlichen Bindungen, ein Leben in Enthaltsamkeit und Disziplin. Und dann macht sie ihren Vorschlag: »Ihr sei es das Liebste und für mich das Anständigste, wenn sie ›Geliebte‹ heiße statt ›Gattin‹. Die frei schenkende Liebe solle mich an sie binden und nicht die drückende Ehefessel.« Abaelard bot seinen ganzen Scharfsinn auf, um Heloisa umzustimmen – umsonst. Heloisa berief sich auf die Tradition und auf die gemeinsame Überzeugung von der Ordnung eines geistigen Lebens – umsonst. Da appelliert sie an das Lustverlangen Abaelards: Der gleichförmige eheliche Verkehr wird die Lust in Gewohnheit auflösen. »Wir können uns bei einer zeitweiligen Trennung zwar seltener sehen, aber die Freude und Wonne ist dann um so stärker.« Abaelard aber wollte die heimliche Ehe, die Ehe, weil sie allein – so meinte er – ihm Heloisa für alle Zeiten verfügbar machte, aber nur im verborgenen, denn nach außen wollte er unangefochten Geistlicher und Leiter der Domschule bleiben. Abaelard unterschätzte beides, die Stärke der Liebe Heloisas und die Kräfte des Domherrenhofs. Als keine Argumente mehr halfen, berief er sich auf die überkommene Ordnung: Der Mann befahl, und die Frau gehorchte. Abaelard legte Heloisa in seiner Leidensgeschichte ein prophetisches Wort in den Mund. Unter Schluchzen und Stöhnen sagte sie: »Wenn wir denn beide zugrunde gehen sollen, ein Trost bleibt, die Bitterkeit unseres kommenden Elends wird so stark sein wie die Süße unserer verlorenen Liebe.« Und noch in einem irrte Abaelard. Heloisas Gehorsam entsprang nicht der überkommenen Ordnung, in der Frauen Männern gehorchten, sondern ihrer neuen Wertung der Liebe.

Die Ekstase der Lust und der erwachten Liebe endete für Abaelard in der durch einen Vertrag gezähmten Ehe, im verlogenen Schein, in der besitzerhaltenden Unterwerfung der Frau. Verraten war das gemeinsame Ideal des philosophischen Lebens, verraten war die gemeinsame Erfahrung, in der Freude der Lust Glück zu finden. Daß Lust Freude, Glück, daß das »Einswerden im Fleisch« (Gen. 2,24) dies schenken könnte, war Erfahrung der Menschen von Anbeginn, wurde gesungen im Lied der Lieder:

Er hat ins Haus des Weins mich gebracht,
und über mir ist sein Banner, Liebe.
Stärkst mich mit Rosinengepreß',
erquickest mich mit Äpfeln,
denn ich bin krank vor Liebe.
Seine Linke ist mir unterm Haupt,
und seine Rechte kost mich.
Ich beschwöre euch,
Töchter Jerusalems,
bei den Gazellen oder bei den Hinden der Flur:
störet, aufstöret nicht die Liebe,
bis ihr's gefällt...! (Hohelied 2,4–7)
Wie schön und mild bist du,
Liebe, im Genießen!
Dieser Wuchs dein ähnelt der Palme
und deine Brüste den Trauben.
Ich habe zu mir gesprochen:
Ersteigen will ich die Palme,
greifen will ich ihre Rispen,
daß doch deine Brüste seien wie Trauben des Rebstocks
und deines Nasenatems Duft wie von Äpfeln
und dein Gaum' wie der gute Wein

der gradaus in meinen Minner eingeht,
noch im Schlaf macht er die Lippen sich regen. (Hohelied 7,7–10)
Wer gibt dich mir als Bruder,
der meiner Mutter Brüste sog!
Fänd ich dich, ich könnte dich küssen,
und sie dürften mein doch nicht spotten,
ich führte dich,
ich brächte dich
'in meiner Mutter Haus,
du müßtest mich lehren,
mit Würzwein tränkte ich dich,
mit Granatenmost.
Seine Linke mir unterm Haupt,
und seine Rechte kost mich:
Ich beschwöre euch,
Töchter Jerusalems,
störet, aufstöret nicht die Liebe,
bis ihr's gefällt. (Hohelied 8,1–4)
Setzte mich wie ein Siegel
dir auf das Herz,
wie ein Siegelreif dir um den Arm,
denn gewaltsam wie der Tod ist die Liebe,
hart wie das Gruftreich das Eifern, ihre Flitze Feuerflitze,
eine Lohe von Ihm her!
Die vielen Wasser vermögen nicht die Liebe zu löschen,
die Ströme können sie nicht überfluten.
Gäbe ein Mann allen Schatz seines Hauses um die Liebe,
man spottete, spottete sein. (Hohelied 8,6–7)

Der Apostel Paulus, der klagte »Wer befreit mich von meinem todbringenden Leib?« (Röm. 7,24), trennte Lust und Liebe, Fleisch und Geist: »Wer dem Freudenmädchen anhängt, wird ein Fleisch mit ihm« (1. Kor. 7,16–17), und: »Gut ist es für den Menschen, keine Frau zu berühren« (ebd. 7,1). Die Kirchenväter, allen voran Augustinus, die Kirchenmänner, allen voran Papst Gregor der Große, versuchten jahrhundertelang, die Menschen davon zu überzeugen, daß nicht Natürlichkeit, nicht Körperlichkeit, nicht Sinnlichkeit Freude bringen können, sondern nur die Gnade, nur der Geist, nur die Enthaltsamkeit. Augustinus läßt die Ehe lediglich zu, wenn sie der Kinderzeugung dient. »Wenn das nämlich weggenommen wird, sind die Ehemänner schändliche Liebhaber, Ehefrauen sind Huren, Hochzeitsbetten sind Bordelle, und Schwiegerväter sind Zuhälter.« Und an einer anderen Stelle schreibt er von dem männlichen Christen oder dem christlichen Mann und seiner Beziehung zu seiner Frau.»Er liebt an ihr, daß sie Mensch ist, und haßt, daß sie Frau ist.« Papst Gregor formuliert für Jahrhunderte lapidar als kirchliche Lehre:»Die Lust kann nie ohne Sünde sein.« Und in der Regel des hl. Benedikt heißt es:»Der Tod lauert an der Schwelle der Lust« (7. Kap.). Jede Generation, der die neue Ordnung aufgepreßt werden sollte, leistete erbitterten Widerstand. Aber der Widerstand war rein praktisch. Die Menschen lebten der Lust, vor der Ehe, in der Ehe, neben der Ehe, und die kirchlichen Bußbücher zeugen davon. Keiner aber wagte zu sagen, daß dies keine Sünde sei. Keiner wagte den Widerstand mit Argumenten. Allein Abaelard hätte zu seiner Zeit den persönlichen Mut, die geistige Kraft und die individuelle Erfahrung gehabt, die kirchlich verordnete Trennung von Lust und Liebe, von Körper und Geist, von Ekel und Freude in Frage zu stellen. Noch wäre es nicht zu spät gewesen, denn die kirchliche Sexualmoral wurde gepredigt, aber nicht gelebt. Noch war sie im von den Priestern angeleiteten Gewissen der Menschen nicht verinnerlicht. Und Abaelard hatte eine Partnerin, eine Geliebte, eine Frau, die spürte, die erfuhr, daß die kirchliche Ordnung nicht die ihres Lebens war, und die stark genug war, den Kampf um die Freiheit aufzunehmen. Aber für Abaelard war die Zeit zu kurz und die Ordnung zu stark. Im Liebestaumel wissenschaftlich eine neue Moral zu begründen war zu viel verlangt.

Daß es nicht unsere modernen Einstellungen sind, die an Abaelard die Frage stellen, ob die Erfahrung der Liebe in Lust eine Möglichkeit gewesen wäre, zeigt der Fortgang. Natürlich verfestigte sich für Abaelard nach der Kastration und den Mönchsgelübden die Trennung überdeutlich, werden Lust und Liebe getrennt, Teufel und Gott. Aber dennoch wird Abaelard zu dem Thema immer wieder zurückkehren, und seine Gewissensethik und seine Institutionenkritik werden ihn trotz der körperlichen Versehrtheit und trotz der Notwendigkeit ihrer religiösen Sinngebung in der Hinnahme als Strafe für die Sünde zu der Überzeugung führen, daß die körperliche Lust in sich keine Sünde ist, und ganz nah an die Überzeugung, daß sie erlaubt ist, wenn sie in Liebe erfahren wird. Und Heloisa wird immer zu ihrer Liebe stehen, der Erfahrung »der Freuden der höchsten Lust«, und stets wird in ihr »lodern die Sehnsucht nach den Freuden von einst«. Noch nach vielen Jahren wird sie an Abaelard schreiben:»Die Liebesfreuden, die wir zusammen genossen, sie brachten so viel beseligende Süße, ich kann sie nicht verwerfen, ich kann sie kaum aus meinen Gedanken verdrängen. Ich kann gehen, wohin ich will, immer tanzen die lockenden Bilder vor meinen Augen. Mein Schlaf ist nicht einmal sicher vor solchen Trugbildern. Sogar mitten im Hochamt drängen sich diese wollüstigen Phantasiegebilde vor und fangen meine arme, arme Seele so ganz und gar; aus reinem Herzen sollte ich beten, statt dessen verspüre ich die Reizungen meiner Sinnlichkeit.«

Und daß im Umkreis von Abaelard und Heloisa die Geschichte der Gedanken, wenn auch vielleicht schon nicht mehr die Geschichte ihrer Durchsetzung noch offen war, der Weg in die Leibfeindlichkeit der offiziellen Kirchenlehre noch nicht der einzige war, zeigen abweichende Lehren aus dem Umkreis der Schule von Chartres. Der Freund Theoderichs von Chartres, Bernhard Silvestris († nach 1159), ein Dichterphilosoph, lebte und lehrte um die Mitte des 12. Jahrhunderts in Tours. Sein Hauptwerk »De mundi universitate« ist eine Schöpfungsgeschichte der großen Welt, des Makrokosmos, und der kleinen Welt des Menschen, des Mikrokosmos. In dieser Schöpfungsgeschichte tritt uns aber nicht der christliche Schöpfergott entgegen, sondern die antike Natur, Mutter aller Dinge und allen Lebens. Wie die Schule von Chartres von platonischen Vorstellungen ausgehend, gibt er der Natur eine Würde, die der Theologie des Hochmittelalters weitgehend fremd ist. Ihre Schönheit preist er, und ihre Nützlichkeit spürt er auf, »durchdrängte das Ganze mit einem Fruchtbarkeitskult, in dem Religion und Sexualität sich vereinen« (Karl Langosch), und beendet das Werk mit der Darstellung und dem Preis der menschlichen Zeugungsglieder.

> Schließlich endet der Körper im lustvollen Schoß, verborgen in ihm sind die schamvollen Glieder.
> Lustig und wohlig ist ihr Gebrauch, wann immer, wo immer und wie oft sich's geziemt.
> Damit nicht vergehn die Geschlechter und die Familien nicht enden und nicht zurückkehrt ins Chaos die aufgelöste Masse,
> Ward beiden Geschlechtern gewährt, hervorzubringen die Kinder und den Hoden die Kraft der Zeugung.
> Den Tod bekämpfen die Götter mit den Waffen des Bettes, und neu wird Natur und die Nachkommen leben.
> Damit die Irdischen sie nicht überdauern, das Hinfällige aber nicht immer für immer versinke, bestimmten sie jeden einzelnen Menschen zum Tode von Anbeginn.
> Es kämpft aber gegen die Parzen der Penis und knüpft kunstvoll den Faden, den diese durchschnitten.
> Das Blut fließt vom Kopf zu den Nieren und wird so zu dem weißen Samen.
> Es bildet die erneuernde Natur sich den Saft, der durch Zeugung im Schoß zurückruft vergangene Ahnen.

Lebende im Heute schafft die Natur sich so immerdar, fließend und
während und dauernd.

Wann die letzte Chance vertan war, Menschen ihren Leib menschlich
leben zu lassen, läßt sich nicht datieren. Mit der Durchsetzung des kirchlichen Eherechts Ivos von Chartres (†1116), mit dem Ende der Schule
von Chartres um das Jahr 1150 und der Durchsetzung der Idee vom Papst
als oberstem Richter Europas war der Weg festgelegt, der durch Inquisition, Hexenverfolgung, Puritanismus und die bürgerliche Moral des Vik-
torianischen Zeitalters bis in unser Jahrhundert führte. Heloisa und
Abaelard benennen eine Station auf diesem Weg.

Abaelard und Heloisa, Mann und Frau

Astralabius blieb bei Dionysia in der Bretagne, und Abaelard ritt mit
Heloisa, die als Nonne verkleidet war, heimlich nach Paris zurück.
Nimmt man den Text ganz wörtlich, dann hat die Auseinandersetzung
zwischen Abaelard und Heloisa in den letzten Wochen oder Tagen der
Schwangerschaft stattgefunden, und sie warteten Geburt und Kindbett
ab, ehe sie nach Paris zurückkehrten. Für Jahre jedenfalls hat Heloisa ihr
Kind zum letzten Mal gesehen. Die Freuden der Mutter dauerten nur
wenige Wochen. Weder Heloisa noch Abaelard erwähnen ihren Sohn in
ihren Briefen. Kinder spielten als Kinder keine Rolle im Mittelalter.»Von
allen Eigenheiten, in denen sich das Mittelalter von der heutigen Zeit
unterscheidet, ist keine so auffallend wie das fehlende Interesse an Kindern. In künstlerischen, literarischen und dokumentarischen Überliefe-
rungen ist kaum einmal von Kinderliebe die Rede« (B. W. Tuchmann).
Der Sohn des berühmtesten Liebespaares des 12. Jahrhunderts bleibt nahezu verschollen. Wie ertrug der Sohn die Last des berühmten Vaters,
wie seine zweimalige Verurteilung, wie das Odium seiner Verstümmelung? Wir wissen es nicht. Abaelard hat seinem Sohn am Ende seines
Lebens ein Sinngedicht gewidmet und darin offen über sein Verhältnis zu
Heloisa gesprochen. Einer seiner Sätze lautet:

> Nichts Besseres gibt es als eine gute Frau.

»Das ist der schönste Epitaph auf Heloisa« (Ch. de Rémusat). Astralabius
wurde Geistlicher, vielleicht Mönch. Heloisa bat den Großabt von Cluny,
Petrus Venerabilis, nach Abaelards Tod um Verwendung für ihren Sohn.

Genaues wissen wir nicht. Im Jahre 1150 wirkte am Domkapitel in Nantes ein Kanoniker Astralabius, Neffe eines Domherren Porcarius. Mit großer Wahrscheinlichkeit war dies der Sohn der beiden. Von 1162 bis 1165 war ein Astralabius Abt der Zisterzienser-Abtei Altenryf bei Freiburg in der Schweiz. Ob dies der Sohn war, ist unsicher. Er wäre dann kurz nach seiner Mutter gestorben. Bernhard von Clairvaux hätte dann den Sohn seines Gegners Abaelard selbst als Abt ausgesandt. Eine unbestätigte Quelle berichtet von seinem Tod in der Bretagne, es heißt, er sei kurz nach dem Tod seiner Mutter in deren Kloster gestorben, er sei unter dem Namen Wilhelm Abaelard um das Jahr 1152 Subprior in Sainte-Marie in Argenteuil gewesen. Suger von Saint-Denis hätte dann den Sohn seines Gegners Abaelard und der von ihm vertriebenen Heloisa zum Subprior des Klosters seiner Mutter gemacht.

Abaelard und Heloisa kehrten nach Paris zurück, um zu heiraten. Wie sollten sie heiraten? Die heute übliche Trauung gab es damals noch nicht. Bis zum Ende des Mittelalters war die rein weltliche Trauung die Regel. Nur in Nordfrankreich und in England gab es seit dem frühen Hochmittelalter kirchliche Eheschließungen. Üblich war der Vertrag zwischen Brautvater und Bräutigam oder dessen Eltern, der Austausch der Morgengabe, die Übergabe der Braut und der Vollzug der Ehe. Eine Segnung oder Messe am Morgen nach der Hochzeitsnacht schloß sich häufig an. Die frühesten Zeugnisse für eine kirchliche Zeremonie vor der Hochzeitsnacht finden sich für Ehen, die Gefahr liefen, in ihrer Umwelt nicht anerkannt zu werden, weil etwa die Familien nicht ebenbürtig waren, keine Familie vorhanden war oder es an der Morgengabe fehlte, die damals als unerläßlich angesehen wurde und auch kirchenrechtlich gefordert war. Heloisa hat keine Morgengabe erhalten, und später wird sie die Frauen der Prostitution zeihen, die sich um dieser willen verehelichen lassen. Fulbert und Abaelard hatten zwar einen Vertrag geschlossen, aber die Ehe sollte geheim bleiben, die Braut war bereits in der Gewalt des Bräutigams, und dieser war Kleriker und Kanoniker, also in den Augen vieler eheunfähig. Die unübliche kirchliche Trauung sollte also die zahlreichen Irregularitäten dieser Eheschließung überdecken und ihre Ernsthaftigkeit dokumentieren.

Die Heirat fand wenige Tage nach der Ankunft des Paares in Paris statt. In einer der kleinen Kirchen des Domherrenhofes durchwachten Abaelard und Heloisa die Nacht. Am frühen Morgen kamen Fulbert und einige Freunde beider Seiten, und »der Ehebund wurde durch den Ehesegen geschlossen. Sofort darauf gingen wir jeder seiner Wege, und auch später sahen wir uns nur selten, um möglichst viel von dem, was wir taten, geheim zu halten.« Heloisa allerdings berichtet, daß sie nach der Eheschließung sinnliche Freuden durchaus noch genossen. Wie dies geschah, erfahren wir nicht. Heloisa wohnte bei ihrem Onkel, Abaelard wieder, einige Häuser oder Gassen entfernt, im Domherrenhof. Und alle warteten darauf, was geschah.

Abaelard hatte die unerträglich gewordene Situation des öffentlichen Konkubinats im Hause des Onkels der Konkubine und die Todfeindschaften auslösende Situation der Entführung überführt in die aussichtslose Situation, in der die Ehe geschlossen, nach außen aber der Anschein des Konkubinats erzeugt wurde und jedermann im Domherrenhof jeden Schritt der drei, des Leiters der Domschule, des Domherren und der Frau zwischen beiden beobachtete, aus Freundschaft für Abaelard oder für Fulbert, aus Neugier auf das, was kommen würde, aus Vergeltungssucht gegenüber denen, die allen Regeln des Domherrenhofes trotzten.

Der Sturz

Die Kastration

Abaelard setzte für sich die Ordnung der ihn umgebenden Gesellschaft außer Kraft, so wie er es in den späteren Stadien seines Lebens immer wieder tun wird. Aber er erwies sich als unfähig, eine Ordnung zu leben, die zwar neu, zwar unerhört war, aber die Chance hatte, wenigstens von denen anerkannt zu werden, die auch ein Abaelard brauchte, um in der Gesellschaft zu leben. Später wird er eine Ethik des Individuums entwikkeln, in Institutionen zu denken, war er unfähig.

Nach kurzer Zeit muß die Spannung im Domherrenhof unerträglich geworden sein. Abaelard nahm seine Vorlesungen wieder auf. Heloisa wohnte bei ihrem Onkel, und dieser wird immer wieder gefragt worden sein, wie es denn um Heloisa stehe, die in den Augen der Zeitgenossen entehrt, nicht mehr heiratsfähig war. Fulberts Lage war weiterhin unmöglich. Der Domherr im Domherrenhof, Onkel einer Nichte, die der Leiter der Domschule, sein Hausgast, in seinem Haus geschwängert, entführt und zu ihm zurückgebracht hatte, gleichsam abgelegt, zurückgegeben, verstoßen. Und dazu kamen die Gerüchte, daß sich die beiden heimlich trafen, »die Freuden der Sinne genossen«. Nach allen Anschauungen der damaligen Zeit mußte etwas geschehen. Ehre war verletzt worden, dem Onkel die Luft damaligen Lebens genommen, ohne die Leben in der Gesellschaft erstarb. Der Zweikampf war dem Domherrn und dem Kanoniker verboten. Die öffentliche Ehe schien Abaelard unmöglich. So blieb Fulbert nur die Wahrheit: Er und sein Gesinde verbreiteten die Nachricht von der Eheschließung. Abaelard war empört und empfand es als Vertragsbruch; er war unfähig, für die unerträgliche Lage eines andern, in die er diesen gebracht hatte, Verständnis aufzubringen. Heloisa hielt zu Abaelard und stritt alles ab. Jetzt stand der düpierte Domherr noch in der Öffentlichkeit als Lügner da. Mit Drohungen und vielleicht mit Schlägen versuchte er Heloisa gefügig zu machen, die Wahrheit zu gestehen. Heloisa blieb standhaft. Da handelte Abaelard erneut. Wieder entführte er sie aus dem Hause des Onkels und brachte sie in die Abtei Sainte-Marie in Argenteuil. Eigenhändig kleidete er sie ein, nur den Schleier nahm sie nicht, das Zeichen, mit dem der Bischof eine Jungfrau zur Nonne machte. Nach außen hatte Heloisa jetzt den Status einer Novizin. Auch die Regeln dieses Hauses mißachtete Abaelard. Bei einem Besuch an einem Hochfest im Kloster nahm er Heloisa in einer Ecke des Refektoriums auf dem Steinboden. Abaelard wurde würdelos in seinem Verlangen nach Lust. Es wird das letzte Mal gewesen sein, daß er Lust spüren durfte, er und Heloisa eins wurden.

Fulbert war jetzt erledigt. Er mußte die Handlung Abaelards als Versuch ansehen, sich Heloisas vor aller Öffentlichkeit endgültig zu entledigen. Ob ein letzter Versuch der Klärung gemacht wurde, wissen wir nicht. Abaelard jedenfalls lenkte nicht ein, das erlösende Wort sprach er nicht. Der Geistliche, vor dem die Ehe geschlossen war, der kirchenrechtlich Zeuge des Bundes sein sollte, wurde als Zeuge nicht angerufen. Ob der Domherr versucht hat, Bischof Gilbert, das bischöfliche Gericht, das Domkapitel, in dem sie vermutlich beide gemeinsam saßen, einzuschalten, ist nicht bekannt. Ob der Archidiakon von Paris, Stephan von Garlande, einer der mächtigsten Männer im Umkreis des Königs und Gönner Abaelards, diesen ausdrücklich deckte, wissen wir auch nicht. Erkennbar ist nur, daß sich die Institutionen des Domherrenhofes als unfähig erwiesen, das Problem zu lösen. Fulbert war allein gelassen. So schritten er, seine Blutsverwandten und deren Schwägerschaft, wie Abaelard rechtlich jetzt erstmals sehr präzise beschreibt, zum Äußersten. Sie bestachen den Diener Abaelards, und gedungene Gesellen drangen nachts in dessen Wohnung ein und kastrierten ihn.

»Kaum war es Morgen, drängte sich die ganze Stadt vor meinem Haus. Wie sie alle erstarrt waren im Staunen, wie mich ihr Geschrei quälte, die Klagen verrückt machten, das zu schildern ist zu schwer, ja unmöglich. Am meisten peinigten die Kleriker und unter diesen meine Studenten mich mit ihrem Jammern und Heulen. Ihr Mitleid brannte mehr als die Wunde, die Scham schmerzte mehr als der Schnitt, die Schmach schwächte mehr als der Schmerz.« Der Prior Fulko von Deuil schickte Abaelard ein Beileidsschreiben, das den Aufruhr, den die Tat im Domherrenhof, ja in der ganzen Stadt erregt hat, bestätigt. Der Bischof ist bestürzt, der gebildete Kanoniker und die vornehmen Geistlichen nehmen Anteil, und die Bürger der Stadt sind aufgeschreckt wegen der Schande, die die Bluttat über sie brachte. Besonders aber die Frauen von Paris, schreibt Fulko, sind in Tränen aufgelöst, gleichsam als hätte jede einzelne ihren Mann oder Freund durch Kriegslos getötet verloren. »Trauer aller brach auf. . . . Fast die ganze Stadt litt Deinen Schmerz.«

Abaelard war sofort klar, daß dies das Ende seines bisherigen Lebens war. Ob er sofort – wie er schreibt – die Beraubung des Gliedes, mit dem er gesündigt hatte, als Strafe Gottes empfand, kann man bezweifeln. Sein Ruhm, das bisher Wichtigste in seinem Leben, in den er noch stolz als letzten Sieg die Liebe der jungen, schönen, gelehrten Heloisa eingefügt hatte, sein Ruhm war zerstört. »Wie muß die Nachricht dieser Schande auf meine Eltern und Freunde wirken, wie mußte das Bekanntwerden dieses Schimpfes die ganze Welt erfüllen.« Blieb ihm – so fragte er sich – noch ein Weg offen, konnte er noch vor Menschen treten, wenn alle mit dem Finger auf ihn zeigten, wenn alle sich den Mund über ihn zerrissen, wenn er allen ein ungeheuerliches Schaustück war?

Abaelards Diener und einer der von Fulbert gedungenen Täter wurden auf der Flucht ergriffen. Sie wurden entmannt und geblendet und dürften – mittellos und ohne ärztliche Hilfe – diese Strafe kaum lange überlebt haben. Fulbert stritt die Anstiftung zur Tat ab, aber der Bischof verurteilte ihn zum Verlust seiner Domherrenwürde und seines Vermögens. Abaelard genügte dieses Urteil nicht. Wie wir aus dem Briefe Fulkos von Deuil erfahren, beabsichtigte er, gegen das Urteil Berufung an den Papst einzulegen. Noch als Mönch im Kloster Saint-Denis betrieb Abaelard verbissen seinen Kampf gegen Fulbert weiter. Der Domherrenhof kam nicht zur Ruhe. Fulkos Brief sollte Abaelard von seinem Vorhaben abbringen, und dies ist wohl auch gelungen. Drei Argumente führt Fulko an. Das erste, das er mit offensichtlichem Behagen vorführt, ist die Habgiers Roms. Ob man Recht hat oder nicht, in Rom entscheidet das Geld. »Wer immer in unseren Zeiten sich an den Päpstlichen Stuhl wendet ohne das Gewicht des Geldes, wird seinen Fall verlieren und sich bestürzt und verworfen abwenden.... Dein Vermögen, es mag groß oder klein sein, wird zur Verfolgung Deiner Sache beim Päpstlichen Stuhl unter gar keinen Umständen ausreichen.« Fulkos zweites Argument war, Abaelard solle sich nicht lächerlich machen. Gelächter werde er ernten, nicht Gerechtigkeit. Und schließlich solle er bedenken, daß er als Mönch von Saint-Denis, der gegen den Spruch des Bischofs von Paris beim Päpstlichen Stuhl Berufung einlegt, für sich und das Kloster die Feindschaft des Bischofs und des Domkapitels eintauschen werde. Abaelard hat nachgegeben. Neue Kämpfe standen bevor, so mußte der alte beendet werden. Wer war Fulbert?

Die Einsamkeit der Liebenden

Abaelard war körperlich verwundet, verwundet in einer Weise, von der er in einer Zeit, die noch nichts von Hormonen wußte, nichts wissen konnte. Selbst uns fällt es schwer, aus den Berichten und Selbstberichten über sein Leben zu scheiden, was an Aggressivität, Depressivität, Selbstbestätigungs- und Ruhmsucht Abaelards Selbst ist und was Folge der Wunde. Vielleicht verfehlt bereits der Versuch einer solchen Trennung sein Wesen, denn alle Berichte und Selbstberichte sprechen nur von dem oder durch den Abaelard nach der Kastration.

Die erste Reaktion der Scham, der Verzweiflung über Verlorenes, Unwiederbringliches wich der Angst, der Angst aus der Tiefe des Selbst, in dem jeder einzelne Mensch nicht zuerst Mensch ist, sondern Mann oder Frau. Jede Zeit, jede Kultur spricht davon in anderen Worten, in anderen Bildern. Abaelard erfährt dies in der Furcht, im Verlust der Männlichkeit ein von Gott Verworfener zu sein, ein Mensch ohne Wert, ohne Würde. Die harten Urteile des Gesetzes Mose bedrängen ihn. Ein verschnittenes Opfertier ist dem Herrn ein Greuel (3. Mos. 22,24–25), und ein Verschnittener ist ein Ausgestoßener aus der Gemeinde Gottes (5. Mos. 23,2). Der Buchstabe des Gesetzes warf ihn nieder, tötete Zukunft.

Aber gleichzeitig erfuhr Abaelard Neues. Das Gesetz war bedrohlich, aber fremd und äußerlich, Abaelard jedoch erfuhr sich von innen. Es wiederholte sich im Schmerz, was wenig zuvor in der Freude geschah. Während der Liebesnächte mit Heloisa hatte er erlebt, daß die Innenansicht des Glücks und die Außenansicht der Unzucht einander fremd waren, zwei Welten angehörten, die nur in einem Punkt sich berührten, in der Bejahung oder Ablehnung dessen, dem beides zuzurechnen war. Jetzt fühlte er wieder, daß seine eigene Erfahrung des Schmerzes und der Verzweiflung und die Bewertung durch das Gesetz einander fremd waren. Abaelard hatte in dieser Trennung der Welten die Erfahrung gemacht, die ihn zu einer neuen Ethik führten, zur Gewissensethik, der Ablehnung der moralischen Relevanz des Außen und der Konzentration des Guten oder Bösen des Menschen auf das Innen.

Wo war Heloisa für Abaelard? Räumlich war sie fern und blieb sie fern. Kein Wort spricht von einer Verbindung seines und ihres Schmerzes. Heloisa ist für ihn nur noch ein Gegenstand des Besitzwillens anderer; dies nicht zu ermöglichen ist, sein letztes Verlangen. Die Eifersucht, die am Ende jede Liebe zerstört, wird für ihn zur Eifersucht auf alle Männer und zwingt ihn, die begehrte und verlorene Frau einzuschließen, sie, die ihm entrissen ist, allen Männern zu entreißen. Der Weg des Glücks hatte ihn von der Lust zur Liebe geführt, ihm in der Erfahrung des weiblichen Körpers einen Menschen nahe gebracht: Heloisa. Jetzt verlor er mit dem Körper auch Heloisa, den geliebten Menschen, und es blieb wieder übrig die begehrte, aber nun für immer verlorene Frau. Die Verzweiflung läßt Käfigstäbe um ihn wachsen, schloß ihn ab von dem Du, das er verloren wähnte, nicht ahnend, daß es ihm näher war als je. Jahre sollte es dauern, bis Abaelard diesen Käfig durchbrechen konnte, bis er Heloisa wieder begegnete, er sie in sich zulassen, er wieder einem Menschen Mensch sein konnte.

Heloisa hatte alles verloren, was ihr in dieser Welt wichtig war: Abaelard. Sie weilte im Kloster, als die doppelte Katastrophe eintrat: Ihr Mann, ihr Geliebter kastriert und der Anstifter ihr eigener Onkel. Nie mehr wird das Kloster sie entlassen. Jahre später schreibt sie an Abaelard: »Liebster, Du weißt es, alle wissen es, was ich in Dir verloren, wie jammervoll der Sturz war nach dem schwärzesten Verrat, den die Welt kennt, Dich verloren und in Dir mich verloren.« Noch am selben Tag wird die Nachricht Argenteuil erreicht haben. Hiobsbotschaften laufen rasch. Es war wie ein Tod des Geliebten. Mag er sie zur Regelung der Rechts- und Vermögensverhältnisse auch noch ein – oder einigemale besucht haben, mag er ihrer endgültigen Aufnahme ins Kloster beigewohnt haben, eine Aussprache, das gemeinsame Aufarbeiten des im ersten Augenblick für beide Unbegreiflichen fand nicht statt. Abaelard war getroffen in allem, was ihm wichtig war: in seinem Stolz, in seinem Beruf, in seiner Männlichkeit. Der Schock verschloß ihn, und zehn Jahre wird es dauern, bis er den Käfig durchbricht. Für Heloisa, die geistige, lebendige Frau von 20 Jahren hatte es nur ein Gut gegeben: Das Gut seines Geistes und seines Körpers, und – so schreibt sie – »diese Wonne und Freude habe ich verlieren müssen«. Während in Abaelard Heloisa erlischt, eingemauert wird in seelische Wände, wird Abaelard in Heloisa übermächtig. »Meine Liebe schlug um in Wahnsinn.« Offen schreit sie die Not ihres Körpers heraus, noch ungezähmt durch den von der Priesterkirche erzwungenen Zwang der Gesellschaft, der Frauen verbot, diese Not sich einzugestehen oder gar zu zeigen: »In mir drängt das Feuer der Jugend. Ich habe zu viel gekostet von den Freuden aller Freuden, und darum kann das begehrende Fleisch, die hochgepeitschte Lust nicht zur Ruhe kommen.« Könnte sie versuchen, dieser Not Herrin zu werden, wenn Abaelard noch zu ihr stünde, ihr dadurch hülfe, daß sie sich zu ihm bekennen kann, was bisher die Erfüllung ihres Ruhmes war, er ihre Not als Zeichen ihrer Liebe in sich aufnähme? Aber kein Zeichen kommt. Sie kann nicht verstehen, warum Abaelard sie nicht findet, sie nicht einmal sucht. Zehn Jahre wartet sie auf eine Nachricht, einen Brief, einen Besuch. Und in dieser Einsamkeit steigt eine Angst in ihr auf, die Angst der Liebenden um die Liebe des Geliebten. Hat Abaelard sie geliebt oder nur die Lust ihres Körpers gesucht? *Ihre* Hingabe war irrtumslos. Sie war dies nicht, weil ihr Gefühl für ihn sie nicht trügen konnte, und nicht, weil sie seiner Zuneigung zu ihr sicher war. Ihre Liebe war irrtumslos, weil ihr Ziel groß und unbezweifelbar liebenswert war: Abaelard. Mit dem Entgleiten Abaelards wird ihr Leben sinnlos. »Dich verlieren heißt mein eigenes Leben verlieren.« Nicht der Schnitt des Messers hat ihr Abaelard geraubt, sondern die Erfahrung, daß er nicht mehr für sie da war, sie nicht mehr in ihm lebte. Viele Jahre später schreibt sie ihm ihre Anklage ins Gesicht: »Warum bin ich Dir so unwert geworden, wie konntest Du mein so vergessen, daß ich nicht in einer Aussprache neuen Lebensmut fassen oder aus einem Brief Trost schöpfen darf? Gib Antwort, wenn Du eine hast, oder ich muß reden, reden von meinem Verdacht, von aller Welt Verdacht! Was Dich zu mir getrieben, es war wohl mehr Leidenschaft als Freundschaft, mehr wollüstige Gier als echte Liebe. Und nun, die Leidenschaft ist tot, und tot auch alles, was Deiner Leidenschaft den Weg zum Ziel hat bahnen müssen. Diesen Schluß ziehen alle, mein Geliebter, nicht bloß ich, und nicht im geheimen, nein, miteinander sprechen sie davon, nicht im kleinen Kreis, sondern in aller Öffentlichkeit.« In ihrer Verzweiflung wollte sie ihrem Leben ein Ende setzen, aber die Angst vor der Hölle riß sie zurück.

Jedoch Heloisa brach nicht zusammen, erlitt keinen Schock, der Gefühl oder Denken blockierte. Heloisa begehrte auf gegen die Deutung des Geschicks, die ihre Zeit, ihre Umgebung, ihre Äbtissin, ihre Novizenmeisterin, ihr Beichtvater für sie bereit hatten, daß das Ende Folge der Sünde des Anfangs sei. Unglück nach außen zeige die Heillosigkeit des Innen, Heil eines Menschen zeige sich im Sieg. Nein! Ihr und Abaelards Geschick zeigten ihr, daß die Ordnung, von der ihre Zeit, ihre Umgebung ausging, nicht bestand: die Ordnung des *do ut des*, des Gebens um des Nehmens willen, nach der der Mensch Gott diente und Gott ihn belohnte, Gott das Heil und die Gnade gab und der Mensch siegte, nach der das Außen Zeichen des Innen, eine gute Handlung Ausdruck des guten Menschen war und ein Unglück Zeichen des Unheils. Nichts stimmte mehr: Zwei hatten gesündigt, einer war bestraft worden, und beide hatten die Sünde hinter sich gelassen. Da hatte Gott die Ehe auseinandergerissen, nicht aus Bösem war Böses entstanden, sondern aus Gutem. Ihre Umgebung wertete ihre Vereinigung mit Abaelard vor der Ehe als Sünde, für sie selbst war es Hingabe in Liebe. Heloisa blickte in sich und konnte keine Schuld finden. Sie war unschuldig an dem Geschehen, da es ihre Zustimmung nicht fand. Hin und her rissen sie ihre Gefühle, hin und her gingen ihre Gedanken, widerstreitend und widersprüchlich. Aber mit der Zeit löste sich auch Heloisa in der Verarbeitung des Geschehens aus der alten moralischen Ordnung und gewann die Überzeugung, daß Schuld und Sünde nur im Innern des Menschen sind, wenn Stolz, Hochmut, Eigensucht ihn bestimmen. Auch Heloisa hatte die Erfahrung gemacht, die zur Gewissensethik führte.

Abaelard und Heloisa, Mönch und Nonne

Am Ende seiner wissenschaftlichen Karriere, im Zerbrechen seines Stolzes, in der Angst als Verschnittener von Gott verworfen zu sein, flüchtete Abaelard ins Kloster. »So im Zustand verzweifelter Hilflosigkeit trieb mich die Verwirrung der Scham und nicht – ich gestehe es – die innere Umkehr (*conversio*) in das Versteck der klösterlichen Abgeschlossenheit.« Verheiratete konnten im Kloster leben – in einer standesgemäßen Pension sozusagen –, Mönch konnte man als Verheirateter aber nur werden, wenn das Eheband beider durch den gemeinsamen Eintritt ins Kloster aufgelöst wurde. So waren Abaelards Eltern am Ende ihres Lebens gemeinsam ins Kloster eingetreten. Wollte Abaelard Mönch werden, mußte Heloisa also ihrerseits den Schleier nehmen, Nonne werden.

Aber es gab noch einen anderen Grund für Abaelard, Heloisa zu diesem Schritt zu bewegen. Vielleicht hätte man kirchenrechtlich ja sagen können – bei Abaelard ist nichts, wie es üblich ist –, daß das Eheband bereits durch die Verletzung gelöst war und das gegenseitige Recht der Ehepartner auf den Körper des anderen, das ein einseitiges Gelübde der Keuschheit durch einen Ehepartner allein rechtswidrig gemacht hätte, wegen Unmöglichkeit der Erfüllung erloschen war. Dann wäre Heloisa durch Abaelards Mönchsweihe vielleicht sogar rechtlich frei geworden, erneut zu heiraten, Witwe sozusagen bei Lebzeiten des Ehepartners, der aber, obwohl Mönch, kein Mann mehr war. Aber hatte Heloisa nicht gezeigt, daß es ihr auf den Status der Ehe gar nicht ankam? Gab sie sich nicht hin, wenn sie liebte? Und konnte sie nicht wieder lieben, wenn

Abaelard sich im Kloster versteckt hatte? Abaelard ertrug es nicht, Heloisa frei in der Welt zu wissen. Er gestand es – in der Offenheit, die dieses Paar auszeichnet:»Ich gedachte, meine über alles Maß Geliebte für alle Zeit zu behalten.... Ich zog mich von der Welt zurück, aber Du fandest den Weg nicht, der aus der Welt herausführte, mochtest Du nun auf das Zureden Deiner Verwandten oder auf des Fleisches Lockung hören.« Nie kannte Abaelard sie weniger, als in diesen Tagen, nie war er ihrer weniger würdig, als er sie zwang, vor ihm die Gelübde zu sprechen. Heloisa traf es tief:»Als hättest Du an Lots Weib, das rückwärts schaute, denken wollen – erst brachtest Du unserem Gott in mir ein Opfer, ich mußte zuerst den Schleier nehmen und das klösterliche Gelübde ablegen, ehe Du Dich selbst Gott weihen mochtest. Ich will es Dir offen sagen, es tat bitter weh, ich wurde über und über rot vor Scham, daß ich darin so wenig Vertrauen bei Dir fand. Ich wäre doch, weiß Gott, ohne Zaudern auf Dein Geheiß in die Hölle Dir sogar voraus geeilt oder doch nachgestürzt. Ich war doch nicht mehr Herr meines Selbst, in Dir, nur noch in Dir war es und ist es, ist es jetzt mehr als je! Ist mein Selbst nicht bei Dir, so ist es nirgends, und ohne Dich hat es keinen Sinn und kein Wesen.« Aber Heloisas Liebe erlosch nicht in dieser Einsamkeit.

Freiwillig mußte ein Gelübde sein, sollte es Bestand haben. Heloisa aber handelte im bedingungslosen Gehorsam gegenüber Abaelard.»Auf meinen Befehl hin nahm sie freiwillig den Schleier.« – Abaelard, der arme Logiker! Er berichtet weiter:»Ich kann es nicht vergessen: Viele hatten Mitleid mit diesem jugendfrischen Kind und wiesen sie warnend darauf hin, daß sie das klösterliche mönchische Leben in seiner ganzen Schwere als unerträgliche Pein empfinden müßte. Vergebens! Unter Tränen und Schluchzen stieß sie die Klageworte der Cornelia heraus:

Oh, herrlicher Gatte,
Besseren Ehebetts wert! So wuchtig durfte das Schicksal
Treffen ein solches Haupt? Ach mußt' ich darum Dich freien,
Daß Dein Unstern ich würd'?; Doch nun empfange mein Opfer –
Freudig bring' ich es Dir!

Das war ihr Abschiedsgruß an die Welt; mit entschlossenem Schritt trat sie vor den Altar, nahm rasch den vom Bischof geweihten Schleier und legte vor der versammelten Gemeinde das Gelübde ab.«

Oh, herrlicher Gatte,...
nun empfange mein Opfer –
Freudig bring' ich es Dir!

Nicht Gott bringt sie das Opfer ihres Lebens, sondern Abaelard. Hinfort wird in allen Erfahrungen, in denen für einen Gläubigen Gott steht, für Heloisa Abaelard stehen. Indem sie das Gelübde ablegte, es Abaelard gegenüber ablegte, ist dieser für Heloisa Gott geworden. Enger konnte keine Lust, keine irdische Liebe, kein Eheband sie an Abaelard schmieden als sein Befehl, sich Gott zu weihen, und ihr Gehorsam in der Weihe. Ihm hatte sie jetzt alles geschenkt, was sie war, von ihm wird sie hinfort alles erwarten, was nur Gott geben kann. Wie wird Abaelard sie sehen, wenn ihm eines Tages die entsetzliche Gefahr für beide deutlich wird, die Gläubige darin sehen mußten?

Dritter Teil:
Aus der Verzweiflung
zur Liebe

Saint-Denis, der Intellektuelle als Mönch im Königskloster

Resignation

Der Schnitt des Messers beendete die Liebesbeziehung, der Skandal die wissenschaftliche Laufbahn. Frau, Gesundheit, Amt und Vermögen waren verloren. Abaelard stand außerhalb aller seiner Zeit vorstellbaren Ordnungen. Im Mittelalter gab es aber immer einen sozialen Ort, der für Angehörige privilegierter Stände ein Überleben ermöglichte: das Kloster. So wurde auch Abaelard mit etwa 40 Jahren Mönch. Über seinen Eintritt ins Kloster schreibt er: »Wir empfingen also beide gleichzeitig den Ordenshabit, und zwar ich in der Abtei des Heiligen Dionysius. . . . Diese unsere Abtei aber, in die ich mich begeben hatte, war von einem äußerst weltlichen und liederlichen Leben. Ihr Abt, so hoch er über den anderen stand, so war er seinem Leben nach niederträchtig und in seiner Schande bekannt.« Der Leser dieser Zeilen ahnt, daß der Aufenthalt Abaelards in diesem Kloster nicht ohne Spannung sein, ja vielleicht nicht ohne eine Katastrophe enden würde. Und da Abaelard sie etwa zehn Jahre nach seinem Aufenthalt in Saint-Denis verfaßte, darf man vermuten, daß sie geschrieben wurden, um den Leser auf den Ausgang des sich sofort anbahnenden Konflikts vorzubereiten. Jetzt, beim Eintritt in das Kloster, stellen sich zwei Fragen, nämlich, ob es Anzeichen dafür gibt, daß Abaelard nicht nur aus Resignation oder gar Verzweiflung Mönch wurde und warum er dies gerade in dem Kloster Saint-Denis wurde. Dies bedarf insofern einer Klärung, als sein Aufenthalt in Saint-Denis mit einer Katastrophe endete, er aber später selbst zum Begründer einer monastischen Lebensform wurde, die wiederum im völligen Gegensatz zur Lebensform des Königsklosters Saint-Denis stand.

Liest man in seiner Leidensgeschichte die Äußerungen Abaelards über das Kloster, seinen Abt oder seine Mitbrüder und wägt man seine Handlungen, so stellt man verblüfft fest, daß fast jede der berichteten Handlungen einer Vorschrift der Ordensregel widerspricht. So verurteilt er den Abt nicht nur in dem zitierten Satz, der dem Bericht über den Eintritt folgt, sondern im Fortgang des Berichts schreibt er, daß der Abt sogar für Saint-Denis außergewöhnlich sittenlos gewesen sei. Demgegenüber heißt es im 72. Kapitel der Regel, daß die Mönche ihrem Abt in aufrichtiger und demütiger Liebe zugetan sein sollten, und im 3. Kapitel: »Niemand darf sich herausnehmen, mit seinem Abt frech oder außerhalb des Klosters zu streiten.« Von seinen Mitbrüdern schreibt er: »Ich rügte ihre empörende Nichtswürdigkeit offen, ich tat es in scharfen Worten, bald unter vier Augen, bald im Kapitel. Damit fiel ich allen lästig, und sie haßten mich.« Das schon zitierte 72. Kapitel mit der Überschrift »Der gute Eifer, den die Mönche haben sollen« gebietet: »Das ist der Eifer, den die Mönche in glühender Liebe betätigen sollen: Sie sollen einander in gegenseitiger Achtung übertreffen. Sie sollen ihre leiblichen und charakterlichen Schwächen in großer Geduld miteinander ertragen, sie sollen sich in gegenseitigem Gehorsam zu überbieten suchen. Keiner soll den eigenen Vorteil suchen, sondern mehr den des anderen. Sie sollen einander selbstlos die brüderliche Liebe erweisen.« Schließlich ein Gelehrtenstreit, in dem Abaelard seinen Brüdern gegenüber eine Meinung über den Titelheiligen äußert, erst beiläufig und wissenschaftlich, dann ironisch und theologisch und schließlich aufsässig bis zur Flucht aus dem Kloster. Hierzu schreibt das 3. Kapitel der Regel über die Berufung der Brüder zum Rat (*consilium*): »Die Brüder sollen ihren Rat demütig und bescheiden geben und sich nicht herausnehmen, ihre Meinung hartnäckig zu verteidigen. Die Entscheidung liegt vielmehr beim Abt.« Der angedrohten Strafe durch seinen Abt entzieht sich Abaelard durch die Flucht. Demgegenüber heißt es im 7. Kapitel, das die Stufenleiter der Demut schildert: »Auf der vierten Stufe der Demut übt der Mönch den Gehorsam in der Weise, daß er auch bei harten Aufträgen und bei solchen, die ihm zuwider sind, ja sogar bei Kränkungen aller Art still bleibt und bewußt die Geduld bewahrt. Er erträgt das alles, ohne sich entmutigen zu lassen oder wegzulaufen.« Und die Flucht selbst und sein Verlangen, außerhalb des Klosters zu leben, sind ein Bruch des Gelübdes der *stabilitas loci*, das jeder Mönch beim Eintritt in ein Kloster ablegt, des feierlichen Versprechens, das Kloster niemals zu verlassen.

Abaelard gehörte dem Klosterverband in Saint-Denis höchstens vier Jahre an. In diese Zeit fallen aber noch seine Lehrtätigkeit in einem auswärtigen Priorat, die Inhaftierung im Kloster Saint-Médard in Soissons und sein Aufenthalt nach der Flucht im Priorat Saint-Ayoul in Provins. So kommen auf seinen Aufenthalt im Mutterkloster nur einige, durch längere Abwesenheit mehrmals unterbrochene Monate. Nichts deutet darauf hin, daß der ehrgeizige und gebrochene Intellektuelle in dem Kloster Ruhe gefunden hätte und in seiner Ordnung eine von ihm zu bejahende Lebensform. Um so drängender wird dadurch die Frage, warum Abaelard Saint-Denis als Zufluchtsort wählte. Denn angesichts der Erfahrungen in Abaelards späterem Leben und seiner eigenen monastischen Entwicklung war wohl kein Kloster ungeeigneter für Abaelards psychische Situation nach dem doppelten Scheitern der wissenschaftlichen Laufbahn und der Liebesbeziehung zu Heloisa und seiner Verstümmelung als das Königskloster Saint-Denis. Welche anderen Möglichkeiten hätte Abaelard gehabt? Zuerst denkt man an Cluny. Aber das Kloster Peter und Paul unter dem Großabt Pons de Melguiel, der im Jahre 1122 wegen des angeblichen Verdachts wirtschaftlicher Unordnung zurücktreten mußte, das Kloster der Hypertrophie konnte im Jahre 1119 nicht das Kloster seiner Wahl sein. Unter den unüberschaubar vielen Klöstern des Verbandes von Cluny, deren größte 400 Mönche zählten und in deren kleinsten nur wenige Mönche lebten, hätte sich jedoch sicher eines gefunden, das ihm Zuflucht oder vielleicht gar Heimat hätte sein können, aber keines von diesen suchte er für sich aus. Cluny war nicht die erste Station seines Lebens als Mönch, sondern die letzte.

Hat Abaelard je erwogen, Zisterziensermönch zu werden? Wir wissen es nicht. Viel verband ihn mit Bernhard von Clairvaux, eine Verbindung, die erst die Intensität ihres Gegensatzes verständlich macht. Wenn ihm auch die Regel der Zisterzienser weitgehend entgegenkam, so trennte ihn doch eines von dieser Bewegung: die Mystik. Abaelards Christentum war eines für alle Menschen, und seine Klosterregel sollte eine sein, die zu erfüllen jedem Mann und jeder Frau möglich sein sollte. Die ans Inhumane grenzenden asketischen Übertreibungen und die Mystik des Bernhard von Clairvaux waren ihm völlig fremd.

Hat er an ein Kloster der Armutsbewegung gedacht? Sicher kannte er das Werk Roberts von Arbrissel, wahrscheinlich auch dessen Kloster Fontevrault, nicht weit von seiner Heimat, und in vielen Hinsichten dachte er gleich ihm. Für seine Lebensform aber konnte er sich im Jahre 1119 nicht entscheiden. Der Intellektuelle brauchte Schüler um sich, keine Eremiten.

Keine der monastischen Lebensformen, die einer Überzeugung oder einem Bedürfnis Abaelards entsprochen hätte, hat er gewählt. Auch um Paris kamen mehrere Klöster in Frage. In Sainte-Geneviève hatte er Vorlesungen gehalten, Saint-Germain-des-Près war eine angesehene Abtei, und es gab weitere Klöster in der Gegend um diese Stadt. Er wählte jedoch ein Kloster, nur wenige Meilen nördlich von Paris gelegen und nur einige Meilen weiter von Argenteuil. Er entschied sich für das räumlich nächstliegende Kloster und damit das ihm innerlich entfernteste. Kein Wunder, daß schon Zeitgenossen hämisch meinten, er habe die Nähe Heloisas gesucht. Wenn es so wäre, verdient die Sehnsucht Häme? Aber in einem blieb er sich treu, er wählte mit Saint-Denis kein beliebiges Kloster, sondern *das* Kloster Frankreichs: Ort der geistig-politischen Kräfte des aufstrebenden Königtums, Kristallisationspunkt der französischen Nationalidee, Ursprungsort des Stils der neuen französischen Verbindung von Kirche und Königtum, der gotischen Kathedrale. Seine Geschichte reicht bis zu Dionysius zurück, dem ersten Bischof von Lutetia, dem späteren Paris, der in der zweiten Hälfte des 3. Jahrhunderts den Märtyrertod erlitt. Die Überlieferung berichtet, daß er aus Griechenland stammte, von Papst Fabian mit sechs anderen Bischöfen nach Gallien gesandt und auf dem Montmartre enthauptet wurde. Auf dem Friedhof der gallo-römischen Siedlung Catulacus wurde er beigesetzt. Bald schon wurde dieses Grab Wallfahrtsstätte. Im Jahre 475 entstand die erste Kirche. König Dagobert I. (623–639) ließ im Jahre 630 eine neue bauen und siedelte Mönche an. Er wurde in Saint-Denis beigesetzt, und seither ist dieses Kloster die Grablege der französischen Könige. Karl Martel, Pippin der Jüngere, Karl der Kahle und Hugo Capet sind dort begraben. Aachen blieb in Frankreich gegenüber Saint-Denis nur eine Episode. War ursprünglich Martin von Tours (316–387) der Heilige der Franken und sein Grab in seiner Bischofsstadt Tours fränkisches Nationalheiligtum, so trat seit der Karolinger-Zeit der hl. Dionysius an die Stelle des hl. Martin und das Kloster Saint-Denis an die Stelle des Klosters Saint-Martin in Tours. Paris als Residenz des französischen Königs und Saint-Denis als Grabstätte des französischen Nationalheiligen wuchsen zu einer geistig-politischen Einheit zusammen. »Hierher begaben sich die französischen Könige nach ihrer Salbung und Krönung in Reims und legten in der Krypta, am Grabe des Heiligen die Embleme ihrer Macht an den Gräbern ihrer Vorfahren nieder« (G. Duby).

Saint-Denis war nicht nur ein feudales Reichskloster mit einer Struktur aus der Zeit vor der Reform Clunys und des Investiturstreits, sondern *das* Eigenkloster des französischen Königs. Als der Konvent nach dem Tode Abt Adams, der seit dem Jahre 1094 diesem Kloster vorstand, im Jahre 1122 den Jugendgefährten und Freund des Königs, Suger, zum Abt wählte, ohne die Einwilligung des Königs vorher eingeholt zu haben, setzte König Ludwig der Dicke die Boten des Klosters gefangen, die ihm diese Nachricht überbrachten. Die Freundschaft des Gewählten mit dem König ersetzte nicht dessen Einwilligung. Das Kloster war Archiv des Reiches, Stätte der offiziellen Geschichtsschreibung und in gewisser Weise die Kanzlei des Königs. Der König und die Großen des Reiches gingen aus und ein. Der Abt des Klosters gehörte dem königlichen Rat an, und häufig wird dieser in Saint-Denis zusammengetreten sein. Oft ist die Frage erörtert worden, ob das vernichtende Urteil Abaelards zutreffend war oder nicht. Zu den aus der Karolinger-Zeit unreformiert überkommenen Klöstern gehörte es nicht. Abt Majolus von Cluny starb auf dem Weg nach Saint-Denis, um »das erste Kloster Frankreichs« abermals zu reformieren, und sein Nachfolger Odo hat die Reform durchgeführt. Zum Cluniazenser-Orden hat Saint-Denis aber nie gehört. Versteht man unter »sittenlos«, daß die Mönche oder gar der Abt es mit der Enthaltsamkeit nicht ganz ernst nahmen oder gar, wie Abaelard es später in Saint-Gildas erleben wird, mit ihren Kebsweibern und Kindern zusammenlebten, so trifft dieser Vorwurf auf Saint-Denis sicher nicht zu. Aber der Nachfolger Adams, Abt Suger, hebt in seiner Lebensbeschreibung König Ludwigs des Dicken hervor, daß er gleich nach seinem Amtsantritt ohne jedes Aufsehen und ohne Beunruhigung des Konvents das Kloster reformiert habe. Abt Adam hatte eine schlampige Verwaltung des Klostervermögens einreißen lassen. Dies wird es allerdings nicht gewesen sein, was die schroffe Ablehnung Abaelards provozierte. Deutlich wird die Konfliktsituaion durch einen Brief Bernhards von Clairvaux an Abt Suger von Saint-Denis aus dem Jahre 1127, in dem er die Reform des neuen Abtes lobt, aber gleichzeitig beschreibt, was ihm an Saint-Denis ebenfalls mißfiel:

Der Ort ist von altersher ehrwürdig und ausgezeichnet durch königliche Würde. Die Geschäfte des Hofes werden eifrig betrieben und die Höflinge des Königs zuvorkommend bedient. Ohne Zögern und Abstriche wird dem Kaiser gegeben, was des Kaisers ist, aber Gott zu geben, was Gottes ist (Matth.22,21), das wird nicht ähnlich treu und gläubig geleistet. Wir sprechen über das, was wir gehört, nicht aber selbst gesehen haben: Man hört, daß im Klaustrum des Klosters sich immer wieder die Hofleute drängen, die Kaufleute und die Gerichtsparteien, ja daß es sogar den Frauen offensteht. Kann so Himmlisches, Göttliches, Geistiges bedacht werden?

In der existentiellen Ablehnung dieser religiös-politischen Einheit greift Bernhard zu ähnlich starken Ausdrücken wie Abaelard, wenn er das Königskloster Saint-Denis eine »Synagoge des Satans« nennt. »Vielleicht war dies das einzige Thema, über das sich diese beiden Großen, Abaelard und Bernhard, jemals einig waren« (M. Fumagalli).

Der Mönch

Dennoch, in dieses Kloster flüchtete er sich. Die Heilbehandlung der Verstümmelung, die Mitgift für Heloisa beim Eintritt in Argenteuil und der Unterhalt für den Sohn hatten ihn mittellos gemacht, und so nahm ihn das Kloster auf, ohne daß er selbst die übliche Mitgift zahlte. Seine Berühmtheit wog die Mittellosigkeit noch immer auf. Auch die vorgeschriebene Novizenzeit, nach der Regel mindestens ein Jahr, scheint nicht eingehalten worden zu sein. Wann er die Mönchsweihe erhielt, wann er zum Priester geweiht wurde, wissen wir nicht. Über sein Mönchtum verliert er in seinem Bericht nach dem Eintritt kein Wort. Hatte er gestanden, daß die Versehrung seines Leibes ihn in das Kloster getrieben hatte, mehr die Scham als die innere Umkehr, die *conversio*, die von einem Mönch gefordert wurde, so zeigt sich jetzt, daß ihm keine Zeit gelassen wird, den Verlust zu verarbeiten, sich auf das Mönchsein einzulassen, im Kloster Freunde oder wenigstens Ruhe zu finden. Kaum von seiner Wunde genesen, bestürmen die Studenten den Abt und den Geflohenen, er möge wieder lehren; dies aber nicht wie früher, so Abaelards Selbstgespräch, für Geld und Ruhm, sondern aus Gottesliebe, nicht mehr die Reichen, sondern die Armen, nicht mehr die Philosophie als Lehre über die Welt, sondern die Theologie als Weisheit Gottes. Die Bemerkungen über den Zustand der Abtei und die Sittenlosigkeit des Abtes sind wie beiläufig in den Bericht über den Andrang der Studenten und seine Reflexion über die Lehre eingeflochten: Mit diesem ihm anvertrauten Pfund zu wuchern, sei seine Verpflichtung, fast so, als müsse er sich selbst überzeugen, daß die Katastrophe seine Verpflichtung zu lehren nicht aufgehoben habe. Zwei Gründe sucht er sich: die Unmöglichkeit, in einem so verweltlichten Kloster zu leben, und die Notwendigkeit, der inneren göttlichen Berufung zu folgen. Nicht zum Mönch hat ihn Gott bestimmt, sondern zum Lehrer. In der Figur mittelalterlicher Bescheidenheit gab er dem ungestümen Drängen der Studenten, seines Abtes und der anderen Mönche nach, nicht ohne anzudeuten, daß die letzteren froh waren, ihn los zu sein. Er verließ das Mutterkloster und zog in eine zu Saint-Denis gehörende Einsiedelei. Einer alten Überlieferung zufolge war es das Priorat Maisoncelles, einige Meilen nördlich von Provins, wo damals der mächtige Graf Theobald IV. residierte. Dort lehrte er, und der Andrang der Studenten wurde so groß, »daß alle unterzubringen und zu verpflegen nicht möglich war«. Es bot sich das gewohnte Bild: Wo Abaelard sich aufhielt, drängten sich die Schüler um ihn.

Lehrer der Theologie

»Meine eigene Neigung« – so schreibt er in seiner Lebensgeschichte – »ging jetzt, wie es ja auch meiner neuen Berufung angemessen war, auf die Schriftauslegung. Ich gab aber die philosophische Vorlesung nicht ganz auf, da ich auf diesem Feld eingearbeitet war und weil meine Hörer mich gerade um diese Vorlesung bestürmten. Ich machte die philosophische Vorlesung gewissermaßen zum Angelhaken, um die Schüler mit ihrer Liebe zur Philosophie zu ködern und dann für die wahre Weisheit, die Weisheit Gottes, zu gewinnen.... Der Herr war offenkundig in der göttlichen Lehre ebenso mit mir, wie er es in der Profanwissenschaft gewesen, und so fanden meine Vorlesungen in beiden Fächern immer mehr Hörer.« Die beiden Fächer, Philosophie und Theologie in unserem heutigen Sprachgebrauch, bleiben im Denken Abaelards aber nicht getrennt. In den wenigen Monaten, die ruhig zu lehren ihm vergönnt war, geschieht Neues, Aufregendes, Anstößiges. Er selbst beschreibt dies so: »Ich befaßte mich damals zuerst damit, die Grundlagen unseres christlichen Glaubens durch Analogien aus dem Gebiet der menschlichen Vernunft zu erläutern, und verfaßte eine theologische Abhandlung ›Über die göttliche Einheit und Dreifaltigkeit‹ für meine Studenten. Diese begehrten eine verständliche philosophische Beweisführung und wollten Begreifbares hören, nicht bloße Worte. Die vielen Worte, bei denen man sich nichts denken könne, seien überflüssig, man könne erst etwas glauben, wenn man es zuvor begriffen habe.«
Es ist, als wenn die Erinnerung an die Liebesaffaire, an die Schmach der Verstümmelung und die Flucht in das Kloster von ihm gewichen sei.

121

Abaelard ist nur noch Forscher und Lehrer. Schon in der Zeit als Leiter der Domschule in Paris muß ihm ein Problem deutlich geworden sein, das zu formulieren oder gar zu lösen ihn damals die Leidenschaft hinderte. Die Logik – oder im Sprachgebrauch der damaligen Zeit die Dialektik – konnte nur »die Wissenschaft aller Wissenschaften« (Augustinus), die Kunst jedes vernünftigen Denkens und Sprechens sein, wenn dies auch für die Theologie gelten konnte. War Gott auch unbegreiflich, die Dreieinigkeit nur zu glauben, so mußte doch das Sprechen über Gott und die Dreieinigkeit verstehbar sein. Der Glaube lehrte, »daß die Person des Vaters eine andere ist als die Person des Sohnes und eine andere als die Person des Heiligen Geistes und dennoch der Vater und der Sohn und der Heilige Geist eine Gottheit sind.... Ewig ist der Vater, ewig der Sohn, ewig der Heilige Geist und dennoch nicht drei Ewige, sondern ein Ewiger.... Gott Vater, Gott Sohn, Gott Heiliger Geist und dennoch nicht drei Götter, sondern ein Gott« (Glaubensbekenntnis des hl. Athanasius). Abaelard nahm die Arbeit auf sich nachzuweisen, daß auch das Sprechen über Unbegreifliches begreiflich sein kann, ja, wegen der Angriffe der Juden und der Heiden – und das heißt damals der Muslime – auf den Glauben begreiflich sein muß. Bisher waren Unklarheiten der Schrift oder der Glaubensaussagen mit Autoritäten, mit Zitaten der Kirchenväter erläutert worden, und so hatten sich im Laufe der Kirchengeschichte Worte an Worte, Erklärung an Erklärung gereiht, und die Zahl der Ungereimtheiten war ständig größer geworden. Dagegen setzte Abaelard sein neues wissenschaftliches Programm:

Weil die Ungeeignetheit von Argumenten durch die Autorität weder der Heiligen (der Kirchenväter) noch der antiken Philosophen widerlegt werden kann (man beachte die Gleichstellung von Kirchenvätern und heidnischen Philosophen in Dingen des Glaubens), wenn nicht mit menschlichen Vernunftsgründen jenen widerstanden wird, die mit menschlichen Vernunftsgründen daherkommen, entscheiden wir uns dafür, daß den Toren nach ihrer Torheit geantwortet werden muß und ihr Angriff (auf den Glauben) mit *der* Wissenschaft zurückgewiesen werden muß, mit der er vorgetragen wird.

Und diese Wissenschaft, die jeder benötigt, gleichgültig, ob er angreift oder verteidigt, ist die Logik oder Dialektik. Und so ging er daran, die Einwände der Juden und der Muslime, aber auch die zeitgenössischer Autoren gegen die Trinität aufzulisten und jeden einzelnen zu widerlegen. Und weil seine Studenten das Vorgetragene nicht behalten konnten, verfaßte er ein Skriptum, einen theologischen Traktat, eben jenes Buch »Über die göttliche Einheit und Dreifaltigkeit«.

War dies der Inhalt des Werkes, so »Theologia« sein Titel. Diese Wahl des Titels war unerhört. Erst diese Wahl hat der Disziplin, die wir heute »Theologie« nennen, ihren Namen gegeben. Die Zeitgenossen Abaelards sprachen mit der Tradition von »Philosophie« (Weisheitsliebe) oder »göttlicher Wissenschaft« (scientia sacra) oder einfach von »Schriftauslegung« (scriptura). Theologie war die Lehre von den heidnischen Göttern. Abaelard begann jetzt, mit der Dialektik als den Regeln jedes vernünftigen Redens auch von den Göttern oder dem einen Gott die Exklusivität des christlichen Glaubens als Voraussetzung für das Verstehen von Sätzen, die den Glauben formulieren, aufzusprengen. Für die Disziplin, die dies betreibt, wählte er einen Namen, der ebenfalls die Exklusivität christlicher Tradition aufhebt: Theologie, Lehre vom Göttlichen überhaupt. Erst später, auf Angriffe hin, fügte er das Adjektiv hinzu, das den Unterschied zu der heidnischen Lehre kennzeichnet: »Theologia Christiana«, christliche Gotteslehre.

Abaelard war sich sehr genau darüber im klaren, daß die Verständlichkeit der Worte und Sätze, in denen von einer Sache gesprochen wird, nicht identisch ist mit der Verständlichkeit der Sache. Das Geheimnis der Dreieinigkeit, des einen Gottes in drei Personen, wird Menschen immer unverständlich sein. Gegenüber den Hyperdialektikern oder den pseudodialectici, wie er sie nennt, führt er die Autoritäten ins Feld, daß der Inhalt des Glaubens unbegreiflich sei. Aber um glauben zu können, muß der Satz, der den Glauben formuliert, seine Bedeutung verstanden sein, die significatio, die auf Gott und sein Geheimnis weist. Sonst ergäbe sich die Lage, daß der Glaube, die fides quae creditur, völlig beliebig wäre, jedem unverständlich und von jedem individuell auszudeuten. Ein kirchliches Lehramt, Entscheidungen der Konzilien über den Inhalt des Glaubens wären überflüssig, ja sogar sinnlos. Und so macht sich Abaelard an das Geschäft, die Ausdrücke zu verdeutlichen. »Da die menschliche Sprachweise zwar äußerst geeignet ist, Sachverhalte der geschaffenen Welt auszudrücken«, zu sagen, was Gott ist, »Menschen aber nicht gegeben ist, müssen Menschen zu Gleichnissen greifen, zu Bildern.« Jede Aussage über Gott ist nur im übertragenen Sinne wahr, durch Analogie. Da die Wahrheit über Gott nicht in einem Sachverhalt ausgesagt werden kann, muß sie in viele Analogien auseinandergelegt werden, die jede in einer Hinsicht Richtiges sagen, aber wegen ihrer Herkunft aus der geschaffenen Welt auch Unrichtiges. Die Analogien kreisen um das Unendliche, Unaussprechliche, aber sie sagen es nicht aus. »Zuerst ist zu untersuchen« – so beginnt er die Auflösung der Einwände – »ob die Dreiheit der Personen in Gott mehr in Worten oder in der Sache besteht.« Ein Zwischenergebnis:»Die ›Drei‹ wird nach den Eigenschaften der Personen – der Vater ist ungezeugt, der Sohn gezeugt, der Heilige Geist von Vater und Sohn hervorgebracht – und nicht nach der Zahl ausgesagt.« Um dies verständlich zu machen, verwendet Abaelard folgende Analogie: Sokrates sei weise und gerecht, so ist es *ein* Sokrates der Zahl nach, aber es sind zwei Eigenschaften. Der Vergleich macht das Zwischenergebnis deutlich, hinkt aber hinsichtlich der Personen, denn in Gott sind drei Personen bei einer Substanz, in Sokrates eine bei einer Substanz. So folgt eine weitere Analogie, die das Verhältnis der Substanz zur Person behandelt. Ob einen heutigen Leser die Analogien befriedigen oder nicht, ist nicht das Wichtige. Wichtig für Abaelard und die entstehende Wissenschaft der Scholastik ist, daß jedes Wort in der Formulierung der Analogie in seinem Sprachgebrauch geklärt wird oder wenigstens geklärt werden kann und daß die grammatische Struktur aller Sätze den Regeln der Logik gehorcht. Abaelard hat eine Korrektheit der Wissenschaftssprache eingeführt, die auch heute noch nicht überall selbstverständlich ist.

Abaelard leistete in wenigen Monaten intellektuelle Schwerarbeit. Mündlich und schriftlich verbreiteten sich seine Ansichten sofort. Er selbst schreibt darüber:»In beiden Vorlesungen, in Philosophie wie in Theologie, wuchs die Zahl meiner Hörer in dem Maße, in dem die Hörer anderer Lehrer weniger wurden. Dadurch erregte ich professoralen Neid und Haß gegen mich, und meine Gegner schädigten mich, wie immer sie konnten, und erhoben, natürlich hinter meinem Rücken, besonders zwei Vorwürfe: Zum einen sei es mit der Lebensweise von Mönchen unvereinbar, sich mit Büchern weltlichen Inhalts zu beschäftigen, und zum anderen übe ich das Lehramt in den göttlichen Dingen aus, ohne einen Lehrer gehabt zu haben.« Beide Argumente seiner Gegner waren scheinheilig, aber wirksam. Seit der Zeit Alcuins (um 730–804) und Theodulfs von Orléans (um 750–821) wurden die *artes liberales*, die freien Künste wie Grammatik, Rhetorik und Dialektik, an den Schulen gelehrt. Die ersten Schulen, die ein umfassendes Bildungsprogramm entwickelten, waren in Stiften oder Klöstern errichtet worden wie im Stift Saint-Martin in Tours oder im Kloster Fleury, dem heutigen Saint-Benoît-sur-Loire. Erst später kamen Domschulen hinzu, an denen Weltgeistliche lehrten. Abaelard mußte der Vorwurf besonders vorgeschoben erscheinen, hatte doch sein Logik-Lehrer in Paris, Wilhelm von Champeaux, noch als Chorherr in der Abtei von Saint-Victoire Vorlesungen in Rhetorik, Phi-

losophie und Theologie gehalten. Richtig ist aber auch, daß in den monastischen Reformbewegungen, besonders bei den Zisterziensern, ein starker Vorbehalt gegen die Beschäftigung der Mönche mit antiken Autoren
bestand, und Dialektik konnte nicht betrieben werden ohne das Studium
des Aristoteles und des Boetius. Ganz klar und entschieden schreibt
Bernhard von Clairvaux, einen Satz des hl. Hieronymus zitierend:
»Nicht zu lehren, sondern zu trauern ist Aufgabe des Mönchs.« Der
zweite Vorwurf zeigt die Übergangslage von der alten Schultradition
zum entstehenden akademischen Hochschulwesen, das erst mit dem Beginn des 13. Jahrhunderts seine fest gefügten Regeln ausbildete. Eine
anerkannte Ordnung, gleichsam eine Habilitationsordnung, nach der ein
Student die Magister-Würde empfing, gab es zu Lebzeiten Abaelards
noch nicht. Aber man konnte immer von einem Magister angeben, wessen Schüler er war. Dieser konnte natürlich ein ganz unbedeutender sein,
so daß es sich nicht lohnte, ihn zu nennen. In einer Schule aber hatten alle
gelernt. Abaelard ist der erste uns greifbare Autodidakt Europas. In den
theologischen Disziplinen jedenfalls hatte er sein Studium im ersten Se-
mester abgebrochen, indem er begann, selbst zu lehren, und dann Lehrverbot erhielt. Das alles hatte aber keine Rolle gespielt, während er in
Paris als Leiter der Domschule Philosophie und Theologie lehrte. Jetzt,
wo er ohne Auftrag lehrte und nicht mehr als freier Magister wie in
Melun, Corbeil oder auf dem Genovefa-Berg in Paris, auch nicht mehr als
Leiter einer Domschule, aber, obwohl Mönch, auch nicht als Lehrer einer
Klosterschule, sondern als ein Lehrer ohne herkömmlichen Status, jetzt
wird der Vorwurf laut: Wer hat ihn beauftragt, Theologie zu lehren?
Ganz richtig spürte Abaelard, daß seine Gegner mit den beiden Vorwür-
fen darauf abzielten, ihm, wie er schreibt, die Ausübung jeglicher Lehrtätigkeit zu untersagen. Wer waren die anderen Lehrer? Wer waren »die
Bischöfe, Erzbischöfe, Äbte und andere(n) Kirchenleute, die sie immer
und immer wieder aufhetzten«?

*Das Ketzerkonzil von Soissons oder die Hilflosigkeit des Intellektuellen
vor der Macht der Institutionen*

Liest man die Darstellung Abaelards, so erscheint das Ketzerkonzil als die
konsequente, fast vorhersehbare Folge von Leistung und Neid. Tatsächlich aber mußte ihn die Vorladung vor ein Konzil wie ein Schock getroffen haben. Höchstens eineinhalb bis zwei Jahre können zwischen Wie-

deraufnahme der Vorlesungen in Maisoncelles und dem Konzil in Soissons im Jahre 1121 verstrichen sein. Das Vorlesungsmanuskript über die Dreieinigkeit hatte wohl sofort seinen Weg in die Schulen, Paris, Laon, Reims, gefunden. War den Lehrern die Abwanderung der Studenten aufgefallen? Auf das, was bevorstand, hätte Abaelard ein Vorgeplänkel mit seinem früheren Lehrer Roscelin hinweisen können. Dieser muß sehr früh von dem Inhalt der Lehrtätigkeit Abaelards erfahren haben und davon, daß er zwar einerseits die Dialektik gegen die konservative Lehre verteidigte, sich aber andererseits deutlich von seiner nominalistischen Position abhob, ja, daß Abaelard ihn als Pseudodialektiker zu diffamieren versuchte. Roscelin, der damals Kanoniker am Stift Saint-Martin in Tours war, verdächtigte Abaelard gegenüber dem Bischof Gilbert von Paris der Häresie, woraufhin Abaelard vielleicht Roscelin beim Kapitel von Tours anklagte. Da ein Teil der Briefe verlorengegangen ist, läßt sich dieser Gelehrtenstreit nicht mehr aufklären. Schmutzig ist er jedenfalls. Fest steht, daß Abaelard den Bischof von Paris bat, eine Zusammenkunft mit Roscelin zu ermöglichen, damit er vor rechtgläubigen Kirchenleuten seine Lehre gegen Roscelins Angriffe verteidigen könne. Wie scharf damals der Umgangston war, zeigen Abaelards Benennungen Roscelins als »aufgeblasenen alten Feind des katholischen Glaubens« und »Pseudodialektiker gleich wie Pseudochristen«. Die Auseinandersetzung mit Roscelin blieb Episode, Abaelard war noch immer einflußreich, und Roscelin eine Randfigur des kirchlichen Lebens. Eine Disputation mit ihm kam nicht zustande, statt dessen eines Tages die Vorladung zum Konzil von Soissons.

Soissons war Bischofssitz und gehörte zur Kirchenprovinz Reims. In Soissons und Reims, dem Erzbischofssitz, lebten damals vier alte Bekannte Abaelards aus seiner frühen Zeit. Joscelin war Leiter der Domschule in Soissons, und Gosvin, der ihn in den turbulenten Auseinandersetzungen um den Logik-Lehrstuhl in Paris angegriffen und ein ›Go-in‹ in seine Vorlesung inszeniert hatte, war jetzt in Soissons Prior des Klosters Saint-Médard. In Laon, während des kurzen Zwischenspiels seines versuchten Theologie-Studiums, waren Alberich von Reims und Lotulf von Novarra seine Hauptgegner gewesen, die Lieblingsschüler des alten Lehrers Anselm von Laon, von denen er damals gesagt hatte, ihre Einbildung sei ebenso groß gewesen wie ihre Feindseligkeit ihm gegenüber. Jetzt war Alberich Archidiakon in Reims, und gemeinsam leiteten sie die Domschule.

Antreiber des Verfahrens war Alberich, Schüler eines berühmten Lehrers, in dessen Schatten er zeitlebens stand. So wurde er mißtrauisch, unduldsam, aggressiv. Seinen eigenen Schüler, Walter von Mortagne (†1155), einen »maßvollen und abgeklärten Theologen« (M. Grab-mann), der als Bischof von Mortagne auf dem Höhepunkt der Angriffe gegen Abaelard diesem einen fairen und sachlichen Fragenkatalog ge-schickt hatte, vertrieb Alberich aus Reims, da dessen Ruhm seinen zu überstrahlen begann. Ohne nennenswerten literarischen Nachlaß ist er der Nachwelt bekannt geblieben durch ein überschwengliches Gedicht des Primas Hugo von Orléans, eines Vagantendichters, der Alberich ge-gen Abaelard verteidigt. Der Primas hat die konservative Richtung der Reimser Schule, ihre Ablehnung der antiken Autoren, aber auch ihre tiefe Beunruhigung durch die neue theologische Richtung in treffende Verse gebracht:

Reims besitzt die höchste Würde
Schon durch seines Alters Bürde;
Doch was früher ihm beschert,
Wird durch Albrich jetzt vermehrt,
Der's auf höchste Stufe rückt,
Der's mit einer Krone schmückt,
Der's mit Diadem bekränzt.
Durch wieviel auch Reims erglänzt,
Alles ziert es nicht so sehr
Wie der Quell der Gotteslehr',
Quell, der hell und ewig fließt,
Dem nicht Tand, doch Lehr' entfließt,
Keine falschen Argumente,
Sondern Christi Sakramente.
Nicht die Weisheit des Marcian,
Nicht Grammatik des Priscian
Schätzt man hier, nicht die Poeten,
Doch die Tiefe der Propheten;
Nicht liest hier man die Poeten;
Doch Johannes und Propheten;
Nicht gibt's eitles Wissen dort,
Sondern nur der Wahrheit Wort.
Sokrates wird nicht genannt,
Doch ist Trinität bekannt.
Von dem einen Gott man spricht,
Von Timäus, Platon nicht.
Herrscht das Heil'ge auch allein,
Stellt sich doch die Zwietracht ein
In den Schulen und der Streit,
Irrtum und Uneinigkeit;

Der sagt ja, wo der verneint,
Der siegt, der besiegt erscheint,
Der Professor anders meint.
Doch wir lassen uns nicht rauben
Eintracht über einen Glauben,
Einen Herrn und eine Tauf':
Dadurch geht's zu Gott hinauf,
Hier gibt's Frieden, doch nicht Irren,
Eintracht, doch nicht Schisma-Wirren.
So steht unsere Schul' allein,
Dürfte einzigartig sein.

Das Harmoniebedürfnis der sich kontemplativ in den Glauben einfühlenden alten Lehre der Weisheit wird durch Abaelards präzise Fragen und Antworten gestört. Er erscheint als Dieb, der den Gläubigen den Glauben raubt, als Eindringling in den Rat der Weisen, als Lebemann und Schmarotzer:

Ihr, die nach der Lehre schmachtet
Und zu Jesus Christus trachtet,
Die Ihr zu dem Quell gekommen,
Habt Ihr jenen Dieb vernommen?
Hört sich solchen Lebemann
Heiliger Konvent noch an?
Wert, daß Spott und Hohn Dich spritzen,
Wagst Du in dem Kreis zu sitzen?
Ihr, die Salomo gelesen
Und bei Gottes Wort gewesen,
Wollt das Ohr dem Strauchdieb leihen,
Des Verbrechers Hörer sein?
Schuldig muß er Fesseln tragen,
Ward gebrannt und wundgeschlagen.
Das sieht man noch an dem Brandmal,
Des gefangnen Diebes Schandmal.
Ach, wie eitel schwatzt sein Mund.
Wird's nicht an der Narbe kund?
Er soll heim zur Kutte gehen,
Sich mit schwarzer Tracht versehen!
Noch einmal wird er geschunden,
Hält er nicht sein Maul verbunden.
Still jetzt oder fort bewegt
Oder in den Sarg gelegt!

Dieses Gedicht des Primas, als »Lob der Reimser Hohen Schule« bekannt, wurde erst in den Jahren 1132 bis 1136 verfaßt, als Abaelard vermutlich in Reims weilte. Es schildert aber sehr genau die Frontstellung, die bereits auf dem Konzil im Jahre 1121 bestand.

Abaelard wurde aufgefordert, nach Soissons zu kommen und das inkriminierte Buch mitzubringen. Er leistete der Ladung Folge und erschien mit dem Buch und einigen Schülern. Als er in Soissons einzog, sei er beinahe gesteinigt worden, berichtet er. Seine beiden Rivalen Alberich und Lotulf hätten Klerus und Volk aufgehetzt und verbreitet, er lehre die Existenz von drei Göttern. Unglaubwürdig ist die Darstellung nicht, waren doch wenige Jahre zuvor in Soissons der Ketzerei Verdächtige einfach erschlagen worden.

Die Akten des Konzils sind verloren. Die Lebensbeschreibung Norberts von Xanten berichtet, daß das Konzil der Hebung der Kleriker-Sitten diente. Es wurde geleitet durch den damaligen Päpstlichen Legaten für die Provinzen Rouen, Sens und Reims, den Kardinalbischof Kuno von Palestrina. Diesem Mann lagen dogmatische Streitigkeiten völlig fern. Sein Lebensinhalt war die Stärkung der römischen Kurie im Investiturstreit. Unermüdlich bereiste er Frankreich und Deutschland, immer bemüht, in Frankreich die Basis der Auseinandersetzung mit dem deutschen Kaiser Heinrich V. und dem englischen König Heinrich I. zu sichern. Als Abaelard ihm einen Antrittsbesuch machte und ihm das Buch überreichte mit der Bitte um Einsicht und Kritik, gab er es ihm zurück mit dem Hinweis, es besser dem Erzbischof von Reims, Radulf, zu geben. Abaelard hat sicher recht mit seiner Bemerkung, Kuno habe den Streit nicht ganz ernst genommen und ihn auf den Neid der Franzosen – der Ile-de-France – auf die Bretonen zurückgeführt. Nur von wenigen Prälaten steht fest, daß sie Konzilsteilnehmer waren. Selbstverständlich waren alle Suffragane der Reimser Kirchenprovinz anwesend, vermutlich aber auch die Erzbischöfe und Bischöfe der benachbarten Kirchenprovinzen. Auch sie dürften nicht verstanden haben, worum es ging. Als Teilnehmer namentlich bekannt sind der Bischof von Chartres, Gottfried von Lèves, der Gründer des Prämonstratenser-Ordens, Norbert von Xanten, der Abt von Saint-Denis, Adam, und der Abt von Saint-Médard, Gottfried. Daß auch Wilhelm von Saint-Thierry, der Studienfreund aus den Tagen von Laon und sein späterer Ankläger, als Abt des Klosters Saint-Thierry in Reims an dem Konzil teilnahm, ist wahrscheinlich, aber nicht belegt. Aus dem akademischen Bereich waren es die Reimser Magister Alberich und Lotulf und als Begleiter Bischof Gottfrieds Theoderich von

Chartres, der im selben Jahr Magister an der dortigen Domschule geworden war. In den Quellen nicht genannt, aber sicher anwesend war Joscelin von Vierzy, der Kommilitone Gosvins im Streit mit Wilhelm von Champeaux. In wenigen Jahren sollte er Bischof von Soissons sein, jetzt war er Archidiakon und Leiter der dortigen Domschule. Deutlich bildeten sich zwei Parteien heraus, deren Wortführer Gottfried von Chartres und Alberich von Reims waren. Norbert von Xanten wird von Abaelard nicht erwähnt. Später nennen ihn Abaelard und Heloisa zusammen mit Bernhard von Clairvaux »neue Apostel« und gar »Lügenapostel«. Seine Ablehnung Norberts geht sicher auf die Erfahrung beim Konzil von Soissons zurück. Bischof Gottfried setzte sich für Abaelard ein. Ob er ihn von früher her, von einem möglichen Studium in Chartres, kannte, ob er gar Abaelards Schüler war, ist nicht bekannt, wird aber vermutet. Jedenfalls gab es intensive geistige Beziehungen zwischen Abaelard und der Schule von Chartres, und Gottfried gehörte zu den Bischöfen, die um diese Zeit den Klan des Königs um Stephan von Garlande unterstützten. Vielleicht war Gottfried von dieser Gruppe bestimmt worden, Abaelard auf dem Konzil zu verteidigen. Abaelard berichtet von zwei Argumenten, die Gottfried auf dem Konzil vortrug. Zum einen, so führte Gottfried aus, böte »das inkriminierte Buch keinen Anlaß, den Vorwurf offener Ketzerei zu erheben«. Tatsächlich waren Inhalt und Methode des Buches so neu, daß es den Gegnern schwerfiel, eine bestimmte Irrlehre zu formulieren und aus dem Buch nachzuweisen. Nach dem Bericht Ottos von Freising wurde gegenüber Abaelard damals der Vorwurf des Sabellianismus erhoben, wonach die göttliche Einheit nicht aus drei Personen bestehe, sondern nur aus einer, die sich in dreierlei Weise als Vater, Sohn und Geist offenbare. Seinem eigenen Bericht zufolge warf man Abaelard das andere Extrem vor, den Tritheismus, wonach es drei Götter gebe. Liest man das uns erhaltene angefochtene Buch, so findet sich weder die eine noch die andere Irrlehre. Berücksichtigt man, daß die scholastische Ausformung der Trinitätslehre erst am Anfang stand, Unklarheiten und Mehrdeutigkeiten also auf den Stand der Diskussion deuten und nicht auf eine Irrlehre, dann enthält das Werk überhaupt keine dogmatischen Thesen, die die damalige Aufregung verständlich machen. Es war Abaelards Methode, die angegriffen wurde, nicht der Inhalt seiner Theologie. Das aber konnten seine Gegner nicht formulieren, weil erst Abaelard ein Methodenbewußtsein der Theologen geweckt hat. Das zweite Argument Bischof Gottfrieds war ein kirchenrechtliches. Abaelard referiert es folgendermaßen: »Wollt Ihr aber nach dem Kirchenrecht gegen ihn verfahren, so muß ein von ihm aufgestellter Glaubenssatz oder seine Schrift als Ganzes vor dem Konzil öffentlich zur Sprache gebracht werden, man muß ihm Fragen vorlegen und darf ihm seine Verteidigung dagegen nicht beschränken; er muß dann so gründlich widerlegt sein oder freiwillig seinen Irrtum eingestanden haben, daß er den Mund auch nicht ein bißchen mehr auftun kann.«

Während das Konzil tagte, hielt Abaelard täglich vor Sitzungsbeginn öffentliche Vorträge, und »alle, die ihm zuhörten, waren erstaunt über die Verständlichkeit seiner Worte und den Inhalt seiner Lehre«. Die Stimmung schlug um. Abaelard läßt in seinem Bericht die Leute zueinander sagen: »Sehet, nun redet er öffentlich, und niemand widerspricht ihm. Das Konzil, seinetwegen einberufen, wie man hört, geht dem Ende zu. Ob die Richter erkannt haben, daß nicht er irrt, sondern sie irrten?« An dieser Stelle seiner Leidensgeschichte wird ganz deutlich, daß Abaelard sich mit Jesus identifiziert, der vor dem Hohen Rat steht und auf die Frage des Hohepriesters Kajaphas nach seiner Lehre antwortete: »Ich habe öffentlich geredet, . . . in der Synagoge und im Tempel« (Joh. 18,20). Abaelard schließt den Bericht über sein öffentliches Auftreten mit dem Satz: »Und so wurden meine Rivalen immer wütender.«

In den Konzilssitzungen hatte Alberich Schwierigkeiten, in der Stadt veränderte sich die Stimmung zugunsten Abaelards. Er aber wollte die Verurteilung. So machte er mit einigen Schülern als Zeugen eines Tages einen Besuch bei Abaelard, brachte dessen Buch mit und stellte ihm eine verfängliche Frage: Gott habe Gott gezeugt. Da es aber doch nur einen Gott gebe, wie könne Abaelard da bestreiten, daß Gott sich selbst gezeugt habe? Auch diese Szene, die Fangfrage der Gegner im Gericht vor der Verurteilung, erinnert in ihrer Darstellung an die Fragen der Juden vor der Verhaftung und Verurteilung Jesu durch den Hohen Rat (Matth. 21,23; 22,15,23,34,46). Abaelard entgegnete, wenn Alberich wolle, könne er ihm die Gründe nennen. Alberichs Antwort: Nein, kein menschlicher Grund interessiere, sondern allein das Zeugnis von Autoritäten. Nun hatte sich Alberich selbst bloß gestellt, denn, wie Abaelard fortfährt, in dem Eifer, im Buch Belastendes zu finden, hatte er das für ihn allein Wichtige übersehen, das Zitat aus dem 1. Buch »Über die Dreieinigkeit« des hl. Augustinus, mit dem Abaelard seine Meinung belegt hatte. »Alberichs Schüler« – so Abaelards Bericht – »die das alles mit anhörten, wollten ihren Ohren nicht trauen, peinlich berührt.« Hier brach der Gegensatz auf zwischen der entstehenden Wissenschaft und beharrender Kirchenlehre: Gründe (*rationes*) gegen Belegstellen (*aucto-*

ritates). Gründe, das waren für Abaelard keine menschlichen Vernünfte-
leien über Göttliches, sondern Versuche, Wortbedeutungen zu klären,
Verstehen und Verständigung zu ermöglichen. Aber seine Gegner wollten ihre Herrschaft über die Worte nicht an die Wissenschaft abgeben,
nicht auf die Macht verzichten, ihre Bedeutung einseitig, autoritativ fest-
zulegen. Nicht Verständigung war ihr Ziel, die eine gleichberechtigte
Gegenseitigkeit der Gesprächspartner voraussetzt, sondern Aufrechterhaltung und Ausbau der kirchlichen Macht. Sie wollten gegenüber den
neuen Volksbewegungen, die zu Auseinandersetzungen aufforderten,
mit der Definition von Worten einseitig die Wahrheit festlegen. Ketzerkonzilien waren keine Stätten gegenseitigen intellektuellen Austauschs
und damit keine Orte, um Wahrheit zu finden. Dies hatte Abaelard in
Soissons noch nicht gelernt. So mußte er scheitern.

Erfolglos in seinem Versuch, Abaelard in seinen eigenen Worten zu
fangen, mußte sich Alberich wieder den Auseinandersetzungen der Konzilteilnehmer stellen. Eine öffentliche Verhandlung kam für ihn nach
der blamablen Erfahrung nicht in Frage. »Du gibst einen weisen Rat« –
entgegnet er an einem der letzten Tage des Konzils erregt Bischof Gottfried – »wie sollen wir mit dem Wortgewaltigen streiten, dessen Argumenten und Scheinargumenten die ganze Welt nicht standhalten kann.«
Otto von Freising, der vermutlich einige Jahre später in Reims studierte
und dem die ganze Geschichte berichtet wurde, bestätigt diese Angst vor
Abaelard: »Es wurde ihm keine Gelegenheit gegeben, sich zu rechtfertigen, weil seine Gewandtheit im Disputieren von allen gefürchtet wurde.«
20 Jahre später wird sich diese Situation für Abaelard auf dem Ketzerkonzil von Sens wiederholen. Bischof Gottfried machte noch einen letzten
Versuch: Abt Adam solle Abaelard mit in sein Mutterkloster nehmen
und dort alles untersucht werden. Erfreut griff der Päpstliche Legat den
Kompromißvorschlag auf, und die Konzilteilnehmer stimmten zu. Aber
nun hatte Gottfried nicht mit der Empfindlichkeit geistlicher Würdenträger gerechnet. Alberich hielt seinem Erzbischof vor, für ihn sei es eine
Schande, wenn Abaelard seiner Gerichtsgewalt, seiner Jurisdiktion entzogen würde. Erzbischof Radulf der Grüne pflichtete ihm bei und inter-
venierte beim Legaten. Der war die Sache leid, der letzte Tag des Konzils
war gekommen, und er hatte Wichtigeres zu tun. Aber genau in diesem
Augenblick, unter Zeit- und Entscheidungsdruck tauchte noch ein ganz
neues Argument auf, das die Zielsetzung der Kirchenleute enthüllte und
für die neu entstehende Wissenschaft der Theologie tödlich war: Alberich und Radulf hielten dem Vertreter des Papstes vor, daß es zur Verur-

teilung des Buches ausreiche, daß es weder vom Papst noch sonst einer kirchlichen Autorität genehmigt sei – eine Anbiederung an den Statthalter Roms durch den Metropoliten einer Kirchenprovinz und das erste Verlangen nach einem *imprimatur*, der kirchlichen Veröffentlichungs-Erlaubnis.

Hier zeigt sich ein politisches Verhaltensmuster, das man in Umbruchszeiten häufig findet. Verunsicherte Konservative suchen gegen die aktuellen Neuerer Bundesgenossen bei Institutionen, die ihnen für den Tag Recht geben und die dann ihre eigene Ordnung langfristig durchsetzen, die alte, gute Ordnung der Konservativen zynisch auflösen. Nicht Wissenschaftler wie Abaelard haben die altkirchliche Bischofsordnung zerstört, sondern das Papsttum. Nicht die Studenten der Unruhezeit haben die europäische Universität zerstört, sondern die Kultusministerien.

Jetzt willigte der Legat in die Verurteilung ein, die noch am selben Tag erfolgen sollte. Bischof Gottfried unterrichtete Abaelard sofort und versuchte ihn zu beruhigen. Was dann geschah, kann nicht eindringlicher als mit Abaelards eigenen Worten berichtet werden: »Als die Vorladung jetzt erging, leistete ich sogleich Folge und trat vor das Konzil. Ohne weitere Prüfung und ohne Verhandlung zwangen sie mich, mein Buch selbst ins Feuer zu werfen. Während es sich unter allgemeinem Schweigen im Feuer verzehrte, murmelte nur einer meiner Gegner vor sich hin, er habe in dem Buch den Satz festgestellt, Gott der Vater allein sei mächtig. Der Legat verstand die Bemerkung doch und meinte ganz verwundert, einen solchen Irrtum dürfe man nicht einmal einem Kinde zutrauen. Der gemeinsame Glaube bekenne es doch als festen Besitz, daß es drei Allmächtige gebe. Theoderich zitierte daraufhin ironisch den Satz aus dem Glaubensbekenntnis des Heiligen Athanasius ›und dennoch nicht drei Allmächtige, sondern ein Allmächtiger‹. Sein Bischof wies ihn zurecht, er solle schweigen, wie er so den schuldigen Respekt vergessen könne.... Ich erhob mich, um meinen Glauben zu bekennen und zu erläutern und in eigenen Formulierungen meine Gedanken zum Ausdruck zu bringen. Aber meine Gegner riefen, ich solle nur das Glaubensbekenntnis des Heiligen Athanasius aufsagen, was doch jeder kleine Junge ebensogut konnte; und um mir die Ausrede zu benehmen, der Wortlaut sei mir nicht geläufig, ließen sie mir einen Text zum Ablesen bringen. Und ich las die Worte ab, soweit nicht Seufzen, Schluchzen und Weinen meine Stimme erstickte. Das Konzil schloß dann damit, daß ich als überführter Ketzer dem anwesenden Abt von Saint-Médard übergeben und in sein Kloster abtransportiert wurde, als gehe es in ein Gefängnis.«

Seine Gegner hatten ihn verurteilt, sein Abt ließ ihn fallen, der Päpstliche Legat hatte gleichgültige Miene zum bösen Spiel gemacht. Das Verfahren war rechtlich fehlerhaft, und sein Ergebnis war das verbrannte Buch und die Haft. Die Verurteilung einer Lehre oder ein verbranntes Buch galten im frühen Hochmittelalter nicht viel. Berengar von Tours etwa stand im Jahre 1059 wegen seiner Abendmahlslehre in Rom vor dem Päpstlichen Gericht, nahm die Verurteilung seiner Lehre hin, gab eine gewundene Erklärung ab, kehrte auf seinen Bischofssitz nach Frankreich zurück und vertrat seine Lehre weiter, unbehelligt und angesehen. Er stand über dem Spiel. Nicht so Abaelard. Noch zehn Jahre später spricht die Bitterkeit aus ihm: »Ich verglich, was ich früher an meinem Körper leiden mußte, mit meinem jetzigen Geschick, und jedermann hielt mich für einen elenden Menschen. Für gering hielt ich den damaligen Verrat im Vergleich zur jetzigen Ungerechtigkeit, und ich beklage die Zerstörung meines Rufes mehr als die Verstümmelung meines Körpers.« Der sich als der einzig Große wähnte, war in seinem Selbst getroffen. Der Schmerz schlug um in Verzweiflung, die Verzweiflung in Gottverlassenheit: »Gott, Du gerechter Richter, so voll Galle war mein Herz, so voll Bitternis mein Geist, daß ich Wahnsinniger Dich anklagte, ich Wütender Dich angriff und die Wehklage des hl. Antonius in mir wiederholte ›Guter Jesus, wo warst Du?‹« Wieder erlebt Abaelard seine Trostlosigkeit in der Trostlosigkeit des Menschen Jesus, der am Kreuz ausruft: »Gott, mein Gott, warum hast du mich verlassen?« (Math. 27,46).

Mit der Verurteilung seiner Lehre und der Verbrennung seines Buches war die Rache seiner Gegner noch nicht gestillt. Er wurde im Kloster Saint-Médard in Soissons inhaftiert. Warum es der anwesende Abt Adam zuließ, daß einer seiner Mönche in einem fremden Kloster eingeschlossen wurde, wissen wir nicht. Jedenfalls verletzte er seine Pflicht, Abaelards Anwalt zu sein und ihm mit Rat und Tat zur Seite zu stehen. Diesen Beistand schuldete im Mittelalter jeder Herr seinem Mann. Selbst wenn Abaelard den Konzilsteilnehmern nicht die Gewähr geboten hätte, hinfort nach dem Spruch des Konzils und der Lehre der Kirche zu lehren, so hätte zuerst den Abt von Saint-Denis die Verpflichtung getroffen, dies sicherzustellen. Abt Adam nahm die Ehrminderung in Kauf, einen seiner Obhut Anvertrauten im Stich gelassen zu haben. Oder wußte er schon, daß das gegenseitige Band von Schutz und Gehorsam durch Abaelard zerrissen war? Wußte Otto von Freising um eine solche Trennung, als er schrieb, Abaelard sei schon damals aus der Gehorsamspflicht gegenüber dem Abt entlassen?

Abt von Saint-Médard war Gottfried Hirschhals, der spätere Bischof von Châlons-sur-Marne und Freund Bernhards von Clairvaux, Prior jener Gosvin, mit dem Abaelard während seiner ersten Pariser Zeit Auseinandersetzungen hatte. Der Vita Gosvins können wir den Urteilsspruch auf Haft und Schweigen entnehmen. »Es wurden dort hingebracht die Ungebildeten, damit sie erzogen, die Regellosen, damit sie gebessert, die Halsstarrigen, damit sie gebändigt würden. Dort erlangten die Armen Hilfe und die Reichen Rat. ... Magister Peter wurde des Irrtums seiner Lehre überführt und mit der Strafe des Schweigens gebrandmarkt, dort hingebracht, um eingekerkert und gleich dem ungezähmten Nashorn in Zucht gezüchtigt zu werden.« An diese Textstelle anknüpfend wurde oft angenommen, Abaelard sei im Kloster Saint-Médard körperlich mißhandelt worden. Tatsächlich war Saint-Médard außer einem Kloster gleichzeitig Haft-, Irren- und Besserungsanstalt. Was das im früheren Hochmittelalter bedeutet haben kann, ist nur der Phantasie zugänglich. Angesichts des Verhaltens seiner Gegner Alberich und Lotulf war es möglich, daß Abaelard bei der Vorstellung, Gosvin als Häftling ausgeliefert zu sein, in Panik geriet. Dessen Lebensbeschreibung berichtet aber, daß Abaelard in der Klausur und vom Prior Gosvin, »wie es diesem ziemte, im Geiste der Milde aufgenommen wurde«. Könnte dieser Bericht beschönigend sein, so hat doch Abaelards eigene Darstellung Gewicht, wenn auch sie nach der anderen Seite hin einseitig ist: Abaelard ist danach so bedeutend, daß auch ein Gefängniswärter sich nur freuen kann, ihn in seinem Kerker zu haben. »Der Abt von Saint-Médard und seine Mönche glaubten, ich würde dauernd dort bleiben. Sie nahmen mich mit großer Freude auf, behandelten mich mit äußerster Zuvorkommenheit und versuchten mich zu trösten, wenn auch vergeblich.« Lange hat die Haft nicht gedauert, vielleicht nur wenige Tage oder Wochen. Das Verfahren war rechtlich fehlerhaft gewesen, das Urteil auf Haft und Schweigen sicher unverhältnismäßig, und der Päpstliche Legat wie der Abt von Saint-Denis hatten keine gute Figur gemacht. Außerdem hatte Abaelard noch immer einflußreiche Freunde. Der Klan um Stephan von Garlande besaß noch die Macht, und Gottfried von Chartres und Burkhard von Meaux waren die einflußreichen Bischöfe dieses Klans. Jetzt wollte es niemand gewesen sein. Das Urteil wurde aufgehoben, und Abaelard kehrt nach Saint-Denis zurück.

»Dort hatte ich von früher her nur Feinde«, beginnt er den Bericht über den nächsten Lebensabschnitt. Dieser Beginn läßt nichts Gutes ahnen. Und tatsächlich beginnt eine Auseinandersetzung, die an Größe der Gegensätze und Dramatik des Ablaufes seiner letzten Auseinandersetzung, jener mit Bernhard von Clairvaux in Sens, in nichts nachsteht. Später wie auch jetzt versteht Abaelard selbst nicht, worum es geht, und so ist der Kern des Streites seinem Bericht nicht zu entnehmen. Daher sollen zunächst in Kürze die wenigen Fakten und dann anschließend die zusammenfassende Darstellung das Geschehen erhellen.

Abaelard berichtet von einem Gelehrtenstreit um den Patron seines Klosters, der, für heutige Leser völlig unverständlich, zu einem Hochverratsprozeß vor dem Königsgericht, zur Untersuchungshaft Abaelards im eigenen Kloster und schließlich zur Flucht aus dem Kloster führt. Nach einem Abtswechsel in Saint-Denis und nach Intervention der Großen, des Grafen der Champagne, Theobald IV., und des Seneschalls von Frankreich, Stephan von Garlande, bei König Ludwig dem Dicken wird Abaelard aus dem Klosterverband von Saint-Denis entlassen und gründet auf eigenem Land eine neue Hochschule, den Parakleten. Abaelards Interpretation dieser merkwürdigen Vorgänge liegt auf der menschlichen Ebene: Seine Neider ertragen seine Größe nicht. »Da ihr Leben schändlich und ihr Umgang zuchtlos war«, beginnt er den Bericht, »begegneten sie mir mit Mißtrauen, da sie meine Anklagen unerträglich fanden.« Kein Gedanke des Mönchs Abaelard an die Regel des Ordensvaters Benedikt, daß die Brüder ihren Rat demütig und bescheiden geben sollen. Nachdem der Abt das Verfahren vor dem Königsgericht eingeleitet hat, meint Abaelard, dieser habe nur auf die Gelegenheit gewartet, »ihn zu ducken, da er – der Abt – bei seiner ganz außerordentlichen Sittenlosigkeit ihn – Abaelard – ganz besonders fürchtete.« Und als er aus dem Klosterverband entlassen wird unter der Auflage, als Eremit zu leben ohne Erlaubnis, in ein anderes Kloster einzutreten, da kommentiert er hochmütig, »mein Kloster wollte auf den Ruhmbringer, den es an mir hatte, nicht verzichten, deshalb sollte ich mich zwar in irgendeine Einsiedelei zurückziehen, aber nicht in ein anderes Kloster eintreten dürfen«. Dieser Bericht zeigt, wie Menschen Glieder historischer Prozesse sein können, ohne die Größe des eigenen Anteils zu ahnen.

Ein mittelalterliches Kloster war darauf angelegt, ein Kern geistigen Wachstums zu sein, ein Ort, an dem die Überlieferung unter dem Druck neuer Probleme neue Gedanken oder gar neue Lebensformen oder Handlungsmöglichkeiten entwickelte. Nicht jedes Kloster oder nicht jedes Kloster zu jeder Zeit verwirklichte diese Möglichkeit. Saint-Denis zur Zeit Abaelards entsprach dieser Bestimmung wie nur wenige andere Klöster. Oben wurde schon dargestellt, welche Rolle das Kloster für die kapetingische Herrschaftsentfaltung spielte und daß Abaelard gleich Bernhard von Clairvaux darin nur Zerfall, Sittenlosigkeit, Weltlichkeit sah. Aber in dieser Rolle erschöpfte sich die Bedeutung dieses Klosters zu dieser Zeit nicht. Für zwei Entwicklungen war dieses Kloster damals Ort und Zeitpunkt ihrer Entfaltung: für die Idee der gotischen Kathedrale und für die Idee des kapetingischen Königtums, die beide zusammengehörten. Man muß sich vorstellen, wie die Mönche eines solchen Klosters, Abt und Prior, Novizenmeister und Novizen, Magister und Bibliothekare über solche Gedanken meditierten, sprachen, diskutierten, Autoritäten in den Schriften ihrer Bibliothek suchten und Einwände widerlegten; und stellt man sich vor, wie ein sensibler und gebildeter Mensch wie Abaelard sich in eine solche Kommunität geistiger Menschen eingliederte, dabei Gedanken fortentwickelte, die ihm konform waren, und solche kritisch bedachte, die zu ihm im Gegensatz standen. Bedenkt man all dies und liest man Abaelards Urteil über Saint-Denis, über das Kloster, dessen Abt er Gehorsam gelobt, das er zur dauernden Stätte seines weiteren Lebens gewählt hatte, das ihm geistige Heimat sein sollte, dann stellt man verblüfft und es kaum glaubend fest, daß an Abaelard alles vorbeigegangen ist, was in diesem Kloster lebendig war. Mit fast schlafwandlerischer Sicherheit und im Gespür für seine Bedeutung griff er *den* Gedanken heraus und verhöhnte ihn, der ihm am meisten fremd war. Um dies zu verstehen, muß man die Geschichte der drei Männer namens Dionysius kennen, um die sich der Streit drehte und die für die Entstehung der Gotik wie für die Entstehung der kapetingischen Reichsideologie gleicherweise wichtig waren.

Vom ersten Dionysius, dem Dionysios Areopagites, berichtet die Apostelgeschichte (Ap. 17,22–34). Nachdem Paulus in Athen auf dem Areopag die Botschaft von Gott dem Schöpfer aller Dinge und von Christus seinem gestorbenen und auferstandenen Sohn verkündet hatte, heißt es dort: »Als sie nun von einer Auferstehung von den Toten hörten, begannen einige zu spotten, während andere sagten: ›Wir wollen dich hierüber ein andermal hören.‹ So ging Paulus aus ihrer Mitte hinfort, doch schlossen sich ihm einige Männer an und wurden gläubig, unter ihnen auch Dionysios, ein Richter des Areopags.« Eusebius berichtet in seiner Kirchengeschichte, daß Dionysios erster Bischof von Athen war. Über den zeitlich zweiten Dionysius berichtet Gregor von Tours in seiner Frankengeschichte. Er wurde vom Papst Fabian (236–250) Mitte des 3. Jahrhunderts mit sechs anderen Bischöfen nach Gallien gesandt, wurde der erste Bischof von Paris und auf dem Hügel vor den Toren der Stadt, der danach Montmartre heißt, enthauptet. Nach der Legende nahm der Enthauptete seinen Kopf unter den Arm und wanderte nach Norden, bis er an der Stelle zusammenbrach, an der zu seinem Gedenken das Kloster Saint-Denis errichtet wurde. Der dritte Dionysios ist nur als Autor bekannt. Unter dem Namen des (Pseudo-)Dionysios Areopagites ist ein Korpus von Schriften bekannt – »Über die göttlichen Namen«, »Über die himmlische Hierarchie«, »Über die mystische Theologie« und »Über die kirchliche Hierarchie« –, das seit seinem Bekanntwerden dem Apostelschüler zugeschrieben wurde, das aber nicht vor der Mitte des 5. Jahrhunderts entstanden sein kann. Alle Versuche, den Verfasser dieser Schriften mit einem bekannten Theologen zu identifizieren, waren bisher erfolglos. Sehr wahrscheinlich ist nur, daß der Verfasser Syrer war. Die Schriften sind durch neuplatonisches Gedankengut, eine Synthese platonischer Philosophie mit dem Christentum, eine Lichtmetaphysik und eine dichte Mystik gekennzeichnet. Als angebliche Schriften eines Apostelschülers standen sie im christlichen Orient und im lateinischen Mittelalter in hohem, fast kanonischem Ansehen, obwohl ihr Inhalt stets häresieverdächtig war.

Die drei Personen, der Apostelschüler, der Märtyrer und der Mystiker, haben nichts miteinander zu tun. Für das Mittelalter aber war es eine Person. Erst Lorenzo Valla (1406–1558) hat die Legende zerstört, Dionysios Areopagites sei nach Frankreich gekommen und auf dem Montmartre enthauptet worden, und erst der Textkritik des 19. Jahrhunderts gelang der Nachweis, daß der Areopagite auch nicht der Verfasser der unter seinem Namen laufenden Schriften war.

Das Kloster Saint-Denis, über dem Grab des Heiligen erbaut, wurde Mittelpunkt seiner Verehrung, Kristallisationspunkt der von ihm ausgehenden französischen Reichsideologie und Boden für den durch seine Lehre inspirierten neuen Kunststil, die Gotik, alles drei Zeichen, daß Heiligenverehrung im Mittelalter Heiligenpolitik sein konnte, Geistiges weltlich bestimmt und Weltliches bestimmend war.

Als im Jahre 827 der byzantinische Kaiser Michael II. dem Nachfolger im abendländischen Kaisertum, Ludwig dem Frommen, in den Formen eines Staatsaktes eine griechisch geschriebene Prachthandschrift des »Corpus Dionysiacum« überreichen ließ, hatte diese Huldigung nur einen Sinn, wenn bereits damals die Identität der orientalischen Doppelgestalt des Dionysios Areopagites und des syrischen Mystikers mit dem damals zum fränkischen Nationalheiligen aufsteigenden Märtyrerbischof von Paris allgemeine Überzeugung in Ost und West war. Der damalige Abt von Saint-Denis und Erzkaplan der kaiserlichen Kapelle, Hilduin, fertigte daraufhin um das Jahr 832 die erste lateinische Übersetzung an und entwarf in seiner sogenannten dritten Lebensbeschreibung des Heiligen die für Frankreich maßgebliche Legende – Identität der drei Personen, Bischof von Athen und Paris, der Montmartre als Hinrichtungsstätte und die Wanderung des Enthaupteten zur Stelle des späteren Klosters, das so durch ein göttliches Wunder in seiner Lage und Bedeutung vor anderen Klöstern ausgezeichnet war.

Mittelalterliche Klöster mit einer – meist zusammenfallenden – geistigen und politischen Bedeutung waren Kraftzentren gegenströmenden pulsierenden Lebens, in denen sich um einen innersten Kern Ringe legten, Innen und Außen unterscheidend, Osmose ermöglichend, die das Eindringen des Weltlichen in den Kern des Geistigen und das Ausstrahlen des Geistigen in die Umwelt Regeln unterwarfen, Stoff gestaltend, geistigen Stoff zu Texten gleicherweise wie Steine zu Plastiken oder Architektur. Räumlicher Kern war die Krypta unter dem Chor der Abteikirche mit dem Grab des Heiligen, umgeben von den Gräbern der französischen Könige. Geistiger Kern war die überlieferte, bedachte, entwickelte Lehre, Mystik mit Politik verbunden. Außen, das waren die in jedem Kloster üblichen Gedächtnismessen, das war die Organisation der Pilgerströme, die ständig und besonders zur Zeit der Jahrmärkte herandrängten. Das waren besonders in Saint-Denis die Geschäfte der Reichskanzlei, des königlichen Archivs, der Hofhistoriographie, das Innen war nicht ohne das Außen, Geistiges nicht abgehoben von den kleinen und großen Ereignissen der Geschichte, den Nöten und Freuden der Menschen, ihren täglichen Ängsten und Hoffnungen, Außen war nicht ohne die Gegenwart Gottes, seine Macht und Gnade, angerufen im Gottesdienst der Mönche, nicht ohne den Beistand des Heiligen, Zeichen für das Besondere Frankreichs, das herausgehoben war aus den Völkern durch die Gegenwart des Heiligen im Herzen des Landes, belebende Kraft lebendiger Ströme, Menschen einend in einer Idee.

Die Tat des Abtes Suger und der Beginn der kapetingischen Reichsideologie

Eines Tages ergreift die Idee Menschen, gestaltet politisches Leben, ändert die Kräfte Europas. Gallien war beim Regierungsantritt Ludwigs VI. im Jahre 1108 zerfallen und ohnmächtig. Der Bereich effektiver königlicher Herrschaftsausübung beschränkte sich auf den Bereich der Ile-de-France, von Compiègne nach Norden bis Orléans im Süden, von Dreux am Eure im Westen bis Sens im Osten. Die großen Herzöge, von Aquitanien, der Bretagne, der Normandie, hatten dem König noch nie Dienste geleistet, und selbst der Graf der Champagne, Neffe und Bruder englischer Könige, hatte mehr Macht als der mit diesen verfeindete französische König. Seit dem Jahre 1066 war der Herzog der Normandie – rechtlich sein Vasall – König von England, Herr über das durchorganisierteste Lehnsreich des damaligen Europa, der im Jahre 1108 beim Tode König Philipps I. nach der französischen Krone griff. Aber in der Zeit der Verworrenheit wuchs eine Idee. Karl der Große hatte das Reich gemehrt, die Heiden besiegt, die Franken zu den Herren Europas gemacht. Karl war der Kaiser aus der *France dulce*, dem Franzien der Franken, der Ile-de-France, dessen politisch-religiöser Kern Paris-Saint-Denis war. Die Mönche von Saint-Denis bewahrten und bedachten diese Idee, die Dichter besangen sie, in den Herzen der Pilger, die zum Grabe des Heiligen strömten, schlug sie sich nieder, ein Stoff, der nur eines ausgezeichneten Augenblicks bedurfte, eines *kairos*, und eines Mannes, der ihn liturgisch-politisch gestaltete. Der Augenblick kam im Jahre 1124, und der Gestalter war Abt Suger von Saint-Denis. Im Zusammenhang der Auseinandersetzungen zwischen Kaiser und Papst im Verlauf des Investiturstreits verbündete sich Kaiser Heinrich V. (1106–1125) mit dem englischen König Heinrich I. (1100–1135), seinem Schwiegervater, zum Angriff auf Frankreich. Papst Kalixt II. (1119–1124), Sohn des Herzogs von Burgund und zuvor Erzbischof von Vienne, hatte auf französischem Boden während eines Konzils in Reims Kaiser Heinrich exkommuniziert. Damals soll sich der Kaiser geschworen haben, die Entehrung durch die Zerstörung der Stadt zu rächen. Diesem Zangenangriff der beiden mächtigsten Länder Europas hatte Ludwig militärisch nichts entgegenzusetzen, und weil, wie Suger es in seiner Lebensbeschreibung Ludwigs des VI. beschrieb, der hl. Dionysius der besondere Schutzpatron des Königs war und nach Gott der einzige Beschützer des Reiches, eilte er zum Kloster Saint-Denis, damit dieser Heilige »das Reich verteidige, die Person des Königs rette und den Feinden in gewohnter Weise widerstehe«. In dieser Situation gestaltete Suger den Stoff der Überlieferung zur geschichtlich wirkenden Tat. Königlicher Bannerträger war der Graf des Vexin mit der Hauptstadt Mantes an der Seine, westlich von Paris. Herzog Wilhelm der Eroberer hatte im Jahre 1037 das Vexin erobert, der Vater Ludwigs VI. es zurückerobert und seinen Sohn mit der Grafschaft belehnt. Als der Sohn König wurde, war er so sein eigener Bannerträger, eines Banners, von dem das Rolandslied um diese Zeit sang, daß es die *oriflamma* ist, das legendäre Banner Karls des Großen im Kampf gegen die Sarazenen, ein purpurnes Tuch, im Kampf an der Lanze befestigt. Als Ludwig nach Saint-Denis eilte und die Großen des Reiches um sich versammelte, waren die Reliquien des Heiligen und seiner Gefährten auf dem Altar ausgestellt und das purpurne Tuch darüber ausgebreitet. In der Stunde höchster Not übergab Ludwig als sein eigener Bannerträger vor dem Altar der Abteikirche dem Heiligen die *oriflamma*, übergab so dem Heiligen sich und Frankreich und empfing durch die Hände des Abtes »wie aus den Händen seines Herrn« das Reich als Lehen des hl. Dionysius zurück. Vor dem Abt, den Mönchen und den Großen des Reiches bestätigte der König das neue Lehensverhältnis, und der Chronist fügte hinzu, er hätte auch kniend den Lehnseid, das *homagium*, geleistet, wenn dem nicht die königliche Würde entgegen gestanden hätte. Sich zu den Gläubigen wendend, rief der König seine Mannen auf, mit ihm für den Heiligen unter dem Schutze seines Banners zur Verteidigung Frankreichs in die Schlacht zu ziehen. Und zum ersten Mal in der Geschichte Frankreichs nach dem Zerfall des Karolinger-Reiches einte sich Frankreich unter dem Banner Karls des Großen, jetzt des hl. Dionysius. Wie das Rolandslied im Falle der letzten und siegreichen Schlacht gegen die Heiden schildert Suger in seinem Bericht den Zusammenschluß der Kontingente, der der Ile-de-France und der geistlichen Lehen des Königs: Reims und Châlons, Laon und Soissons, Étampes und Paris, Orléans und Saint-Denis. Und dann zählt er die Truppen der Großen auf, die dem König bisher widerstanden hatten, aber nun dem Lehnsmann des hl. Dionysius und damit diesem dienten, der Herzöge von Burgund und Aquitanien, der Grafen von Anjou, Chartres, Flandern und Troyes. Und sofort zeigte sich, daß diese Verbindung von Religion und Weltlichem, von Überlieferung und Gegenwart ganz bestimmte und gewollte Konsequenzen hatte. War der französische König der Nachfolger Karls des Großen und leitete er seine Autorität von der religiösen Sendung her, für die nächst Gott Dionysius stand, dann gebührte dem französischen König die Oberherrschaft in Europa und nicht dem deutschen König, mochte dieser zur Zeit auch den Kaisertitel tragen. Allein Frankreich ist frei, *France l'asolue*, wie das Rolandslied singt vor der Aufzählung der Länder und Reiche, die Karl seiner Herrschaft unterwarf. »Tretet den Deutschen entgegen!«, ruft Ludwig in die Kirche. »Die Deutschen sollen sich nicht ungestraft brüsten, sie hätten Franzien, die Herrin der Länder betreten. Möge sie der Lohn ihrer Frechheit lieber in ihrem Lande ereilen, das oftmals bezwungen, nach fränkischem Recht den Franken untertan ist«, dem Recht der »Franken von Franzien«, wie das Rolandslied singt, der *France dulce*, dem süßen Franzien, der Ile-de-France. Die politische Liturgie Sugers von Saint-Denis verband die Geschichte mit der Gegenwart und das Heimatgefühl der *dulce France* mit dem großen Frankreich und dem Anspruch auf Suprematie in Europa. Das französische Nationalgefühl war erwacht, und erstmals in der Geschichte Europas konnte ein König glauben, das Gefühl eines Volkes in sich zu spüren.

Suger wendete die Königskonzeption aus der Herkunft in die Zukunft. Die Einbindung des Königs in die Herrscherstellung Christi war alt. Das Königsportal von Chartres, unter Bischof Gottfried von Lèves um die Mitte des Jahrhunderts fertiggestellt, zeigt dies in Vollendung. Aber dieser alte Königsmythos ist kosmisch, heilsgeschichtlich, typologisch. Aus dieser Tradition tritt Suger heraus, schafft er eine Königsideologie, die bis zur Französischen Revolution wirksam bleiben kann. Seine Ideologie ist nicht kosmisch, also über Zeiten und Räume verstehbar, sondern nur im Rahmen einer Feudalordnung. Sie ist nicht heilsgeschichtlich, biblisch, sondern geschichtlich, zurückgehend auf eine historische Gestalt, Karl den Großen. Sie ist nicht typologisch, sondern konkret, denn die Lehnsübereignung an den Heiligen ist in einer außergewöhnlichen Situation tatsächlich erfolgt.

Der Erfolg war überraschend und für die Zeitgenossen ein Gottesgericht. Der Kaiser und der englische König sahen von ihrem Vorhaben ab, und Suger unterläßt es nicht anzudeuten, daß der bald darauf erfolgte Tod Kaiser Heinrichs V. die Folge seiner Auflehnung gegen den hl. Dionysius war. In Deutschland hat man die Rede des französischen Königs und seinen Anspruch, Erbe Karls des Großen über ganz Europa zu sein, nicht vergessen. Die Erhebung Karls des Großen in Aachen im Jahre 1165 durch Kaiser Friedrich Barbarossa, seine Heiligsprechung durch den staufischen Gegenpapst Paschalis I. im selben Jahr und die Identifizierung der Krönungsinsignien mit den angeblichen Insignien Karl des Großen auf dem Reichstag in Mainz im Jahre 1184 waren die deutsche Antwort auf den Anspruch des französischen Königs: Karl und die Kaiserwürde gehört den Deutschen.

Die Entlassung Abaelards aus dem Klosterverband

Diese Ereignisse geschahen wenige Jahre nach dem Weggang Abaelards aus Saint-Denis. Aber nur aus ihrer Vorgeschichte und Abfolge wird verständlich, was zwei Jahre vorher geschah: Abaelards fast beiläufige Bemerkung zu einer Einzelheit der Lebensbeschreibung des hl. Dionysius von Abt Hilduin, die fast hysterische Reaktion seiner Mitbrüder, die Anklage vor dem Königsgericht, die Flucht Abaelards und sein Ausscheiden aus dem Klosterverband unter Mitwirkung der Großen des Reiches. Wenn es noch eines Beweises bedurfte, daß die kapetingische Reichsideologie nicht einer plötzlichen Eingebung Abt Sugers im Jahre 1124 entsprang, sondern vielmehr dessen politische Liturgie die situationsbedingte Ausgestaltung einer im inneren Zirkel des Klosters gereiften Idee darstellte, dann die Episode Abaelard.

Ausgangspunkt der Auseinandersetzung war eine beiläufige Einzelheit, ob nämlich Dionysios Areopagites nach der Überlieferung des Eusebius Bischof von Athen oder nach der Überlieferung des Beda Venerabilis Bischof von Korinth war. Abaelard stellte sich gegen Hilduin auf die Seite Bedas und rief Empörung hervor. Die Anklage gegen ihn vor dem Kapitel in Gegenwart Abt Adams lautete, Abaelard raube Frankreich seine besondere Ehre, da er bestreite, Dionysios Areopagites sei der Schutzpatron des Klosters. Die Annalistik des Klosters Saint-Denis und die autobiographischen Schriften Sugers schweigen die Episode Abaelard tot, und so kennen wir den Vorgang nur aus dessen Schilderung. Danach läßt sich nicht feststellen, ob Abaelard wirklich nur den Bischofssitz des Areopagiten in Zweifel gezogen hatte oder, wie die Anklage lautete, die Identität des in der Krypta des Klosters begrabenen Märtyrers mit dem Areopagiten und damit historischer Kritik um Jahrhunderte vorausgriff. Interessant ist jedenfalls, daß zwei Jahre vor der politischen Liturgie Sugers die Identitätsfrage so heikel war, daß jede Berührung des Themas eine nervöse Überreaktion provozierte. Abaelards Verteidigung verharmloste den Streit und erfolgte aus seiner ethischen Überzeugung: Erstens habe er die Identität nicht bestritten, zweitens sei doch nur wichtig, daß der hl. Dionysius von Saint-Denis, wer auch immer das sei, eine herrliche Ehrenkrone bei Gott habe – und die Ehre Frankreichs werde davon doch nicht berührt –, und drittens sei es demgegenüber doch ganz unerheblich, ob der Dionysius von Saint-Denis vom Areopag sei oder von anderswoher. Diese Verteidigung Abaelards verdarb seine Situation vollends. Die Klostergemeinschaft mußte sie als Ironie empfinden. Abt Adam brachte den Fall vor das Königsgericht und stellte Abaelard bis zur Auslieferung an den König unter strengen Arrest. Abaelard, der nicht verstand oder nicht verstehen wollte, welchen Gegenstand das Verfahren hatte, bat um eine Bestrafung nach der Ordensregel, wenn er sich gegen diese vergangen hätte, aber seine Bitte wurde abgeschlagen. Wie wenig er verstand, was im Kern des Klosters tradiert und gedacht wurde, zeigt, daß er den ganzen Vorgang als eine willkommene Gelegenheit des Abtes ansah, sich seiner zu entledigen, da der Abt bei seiner sogar für Saint-Denis ungewöhnlichen Sittenlosigkeit sich vor ihm besonders fürchtete. Diese Überlegung diente ihm als Rechtfertigung für den Bruch seines Ordensgelübdes. Mit Hilfe einiger Studenten floh er aus dem Kloster und begab sich in den Schutz des Herrn der Champagne, des Grafen Theobald des Großen von Troyes und Provins (1102–1152), den er von früher kannte. Sicher hatte er ihn während seines Aufenthaltes im Priorat Maisoncelles kennengelernt, vermutlich aber schon vorher durch Vermittlung Stefans von Garlande. Jetzt suchte er in Provins das Priorat Saint-Ayoul auf, das zur Abtei Montier-la-Celle in Troyes gehörte. Mit dem Prior Radulph war er befreundet.

Nach der Überlieferung von Provins strömten wieder die Studenten aus dem etwa 85 km entfernten Paris herbei. An der Kirche Saint-Ayoul wird noch heute eine Galerie gezeigt, von der herab Abaelard gepredigt haben soll. Von der heute noch existierenden Rue des Près aux Clercs in der Nähe wird berichtet, daß sie ihren Namen von den Studenten (*clercs*) aus Paris, Melun und anderen Städten habe, die dort Abaelard hörten. Lange kann er sich dort aber nicht aufgehalten haben. Eines Tages besuchte Abt Adam den Grafen Theobald geschäftlich in Provins, und Abaelard begab sich mit dem Prior von Saint-Ayoul und unter dem Schutz des Grafen zu seinem Abt. Er bat um Verzeihung und die Erlaubnis, nach der Klosterregel an einem anderen Ort, vielleicht in Provins, zu lehren. Der Abt lehnte die Bitte ab. Wieder gab es für Abaelard nur subjektive, um seine Person kreisende Erklärungen. Daß jeder Mönch bei seinem Eintritt ins Kloster das Gelübde der *stabilitas loci* ablegte, das feierliche Versprechen, das Kloster niemals zu verlassen, kam ihm nicht in den Sinn, wenn er, wie er selbst sagt, sich in die Gedankengänge des Abtes und seiner Berater versetzte. Nein, die Mönche von Saint-Denis rechneten es sich als große Ehre an, daß er sich für sie entschieden hatte, und für sie müsse es daher – so dachte es sich Abaelard – ein schwerer Schimpf sein, wenn er jetzt in ein anderes Kloster einträte. Der Abt handelte nur nach dem Kirchenrecht und drohte Abaelard und dem ihn beherbergenden Prior die Exkommunikation an. Abaelard und sein Freund gerieten in Sorge und Unruhe, aber nach wenigen Tagen, am 13. Februar 1122, starb Abt Adam.

In der kurzen Zeit zwischen der Unterredung in Provins und dem Tode Abt Adams schrieb Abaelard einen Brief:

Seinem geliebten Vater Adam, durch Gottes Gnade Abt des Klosters der glorreichen Märtyrer Dionysius, Rusticus und Eleutherius, deren Leiber dort ruhen, und zugleich seinen geliebten Brüdern und Mitmönchen entbietet Petrus, seinem Stande nach Mönch, seinem Leben nach Sünder, Gnade und Frieden von Gott unserem Vater und von unserem Herrn Jesus Christus, wie der Apostel gesagt hat.

Ist der Briefanfang mit seinem Gruß an den geliebten Vater Abt und die geliebten Mitbrüder vielleicht nur zeitgenössischer Briefstil, so leitet der Weisheitsausspruch schon über zum intellektuellen Spiel, das Abaelard bis an die Grenze der Ironie trieb:

Oft steckt der Irrtum eines einzelnen viele an, und die für das Böse ohnehin anfälligen Menschen werden leichter durch einen zum Irrtum als durch viele zur Wahrheit geführt.

Er benennt dann die beiden Ansichten über den Märtyrer Dionysius und bezeichnet die Quellen, Beda und Hilduin.

Nehmen wir uns die einzelnen Worte vor und überlegen wir, ob sie nicht nur verschieden (*diversa*), sondern auch einander widersprüchlich (*adversa*) sind und miteinander im Gegensatz stehend.

Abaelard wendet seine Methode der Sprachanalyse an, und sicher wird sie die Meinung des Konvents zufriedengestellt und ihn selbst nicht blamiert haben. Um diese Zeit arbeitete er an seinem methodischen Hauptwerk (»Sic et Non« – »Ja und Nein«). Er eröffnet es mit denselben Worten:

Da bei der Fülle der Worte auch die Aussprüche der Heiligen nicht nur verschieden, sondern auch einander widersprüchlich sind, ist es nicht leicht, darüber zu entscheiden.

Die Entscheidung wird durch abwägende Analyse gefällt. Abaelard läßt dabei für die Autoritäten Beda und Hilduin die Gründe, die für den letzteren sprechen, gewichtiger werden und zieht dazu noch eine dritte Autorität, Hieronymus, heran. Beda tut dies keinen Abbruch. Auch Kirchenväter können irren, besonders, wenn sie über Geschichte und nicht über den Glauben schreiben. Vielleicht schrieb er nur, was er vom Hörensagen kannte, vielleicht war Dionysius Bischof von Korinth und Athen, vielleicht hat es zwei Bischöfe Dionysius von Korinth gegeben, und nur einer wurde Missionar in Gallien, vielleicht, vielleicht...

So meine ich (*arbitror*) können wir die ganze Angelegenheit auflösen.... Seid gegrüßt im Herrn Geliebte!

»Der Brief hat etwas unbekümmert Jonglierendes und rechtfertigt nur zu sehr Mißtrauen und Gereiztheit von Abaelards Widersachern, die seine grandiose Geschicklichkeit im Argumentieren fürchteten wie die Pest« (M. Fumagalli). Der Brief hat nichts bewirkt, sein Empfänger lebte nur noch einige Tage.

Schon am 10. März wurde der Nachfolger gewählt, Suger, ein Neffe oder Vetter des verstorbenen Abtes. Die Nachricht von seiner Wahl erreichte ihn in Bitonto in Süditalien, wo er sich in Begleitung des Papstes Kalixt II. befand. Im Laufe des April kehrte er nach Saint-Denis zurück. Die Beschäftigung mit dem Problem Abaelard wird nicht seine erste Amtshandlung gewesen sein. Dieser gewann Bischof Burkhard von Meaux (1120–1134) für sich, und beide sprachen bei Suger vor – vergeblich.

Wieder zeigt sich, wie sehr Abaelard in die Rivalitäten der großen Familien verstrickt war. Bischof Burkhard war der Bruder Milons von Bray, des Vizegrafen von Troyes, der kurz zuvor, im Jahre 1118, von Hugo von Crézy ermordet worden war, dem Bruder Guys von Rochefort. Diesen hatte der König zum Seneschall gemacht, aber er verlor dieses Amt 1108 an Anseau von Garlande. Burkhard gehörte zum Klan der Garlandes, und die Grafen von Troyes standen auf deren Seite. Und so nützte Abaelard seine Beziehungen gänzlich aus. Gegen Suger, seinen Abt und Jugendfreund des Königs, der das Kirchenrecht auf seiner Seite hatte, konnte nur noch einer helfen, der Kanzler des Königs, Stephan von Garlande, damals, im Jahre 1122, zugleich Seneschall von Frankreich und auf dem Höhepunkt seiner Macht. Das Problem Abaelard kam vor den königlichen Rat. War Stephan im Rat des Königs der Macht nach der Erste, so Abt Suger der geistigen Ausstrahlung nach. Die beiden bereinigten das Problem. Die Argumente des Kanzlers erfahren wir nur aus der Feder

Abaelards. Abaelard schreibt ausdrücklich, daß er die Gründe kannte. Von der Regel des hl. Benedikt und den Pflichten eines Mönches ist nicht die Rede. Für Mitglieder des königlichen Rates gelten andere Gründe. Dem Kloster nütze ein widerwilliges Mitglied nichts, lautet die Argumentation, die Lebensauffassung der Kommunität und die Abaelards seien für ein gedeihliches Zusammenleben zu verschieden; wenn man schon im Kloster nicht immer der Regel entsprechend handele und der König dies dulde, dann solle man wenigstens die weltlichen Wünsche des Königs fördern, und das heißt jetzt, Abaelard ziehen zu lassen. An einem Skandal – so wörtlich – war man nicht interessiert. Der Vertrag wurde vorbereitet und in Gegenwart des Königs vor dem königlichen Rat, dem obersten Gericht des Landes, von beiden Seiten ausgefertigt. Abaelard wurde aus dem Klosterverband entlassen, aber auf ein Leben nach der Regel verpflichtet. Da das Kloster sein »Glanzstück« – wie Abaelard von sich ironisch oder vielleicht auch ganz ernsthaft schreibt – niemandem anderen gönnte, durfte er in keinen anderen Klosterverband eintreten, sondern sollte Mönch in einer Einsiedelei werden. Eine neue Kuriosität im Leben Abaelards: der Mönch, persönlich arm und zu Gehorsam und dauerndem Verbleib im Kloster verpflichtet, als sein eigener Herr auf eigenem Grund und Boden. Die Chronik des Klosters Saint-Denis schweigt sich über Abaelard aus.

Abaelard und die Idee der gotischen Kathedrale

Die politische Liturgie des Abtes Suger von Saint-Denis war die erste raum-zeitliche Darstellung der französischen Königsidee, die mit wechselnden Begründungen und Inhalten geglaubt und bekämpft wurde, bis in der Französischen Revolution der Schnitt der Guillotine König, Königtum und Königsidee endete. Ist sinnfällige Gestaltung einer Idee Kunst, so war Sugers Inszenierung Kunst, theatralische Kunst, liturgische Vergegenwärtigung des französischen Königtums als Wille Gottes. Zu diesem Zeitpunkt stand in Saint-Denis eine zweite raum-zeitliche Darstellung dieser Königsidee kurz vor ihrer Verwirklichung, diesmal die architektonische Darstellung, die französische Kathedrale, der Stil der Gotik.

Der Kirchenbau war für das Frühmittelalter die einzige Möglichkeit der baulichen Gestaltung einer Idee. Die Stile der Kirchengebäude auch innerhalb einer Stilrichtung wie der Romanik repräsentierten die einzelnen Ideen des Zusammenlebens einer Gemeinde, einer Kirche. Es gab verschiedene Gemeinden und verschiedene Ideen für sie, Stile der Verwirklichung christlichen Lebens. So verschieden diese Gemeinschaften waren und die Grundlagen der Herrschaft in ihnen, so verschieden waren die Typen romanischer Kirchen. Da gab es die schlichten Pfarrkichen, wie sie noch heute Frankreich überziehen, ebenso wie die kleinen Prioratsoder Klosterkirchen, die zusammen mit den Pfarrkirchen allein in der Provence heute noch in über 200 Baudenkmälern ganz oder teilweise erhalten sind. Da gab es die großen romanischen Kloster- und Stiftskirchen wie Sankt-Aposteln in Köln oder Maria-Laach, und schließlich die Kathedralen, architektonische Umschließungen einer *cathedra*, des Bischofsthrones, in Deutschland meist Dom genannt, und andere herrschaftliche Kirchenbauten. Sie wiederum können ganz verschiedene Herrschaftsideen ausdrücken, je nach ihrem Bauherrn, dessen Wille sie ökonomische Grundlage oder künstlerische Gestalt verdanken. Sie können Ausdruck bischöflicher Autorität sein wie Sankt-Kilian in Würzburg, königlicher Machtentfaltung wie Sankt-Servatius in Quedlinburg oder herzoglicher Herrschaft wie die Stiftskirche Sankt-Blasius und Johannes-der-Täufer in der Burg Dankwarderode Heinrichs des Löwen. Mit der Klosterreform Clunys verbunden ist der Typ der Hirsauer Kirchen, ein Beispiel der ausdrücklichen Ablehnung einer Idee durch ihre Erbauer im Rückgriff auf altkirchliche Formen und dem Willen zum reinen, einfachen Zweckbau. Gerade darin aber verkörpern sie die Idee der Reform, einer Mönchsgemeinde in Armut, Einfachheit, Weltverneinung. Und schließlich gab es die Bauwerke, die steingewordene Dokumentationen einer universalen Herrschaftsidee sind wie der Dom zu Speyer für den imperialen Behauptungswillen des im Investiturstreit um seine ideelle Grundlage kämpfenden Deutschen Reiches oder Cluny III für den Herrschaftsanspruch der Priesterkirche über die Welt. Diese Bauwerke zeugen von einer Durchdringung der europäischen Gesellschaft seit der Karolingerzeit mit christlichen Bildern, Formen, Geboten und Zielen unter der Stilbezeichnung der Romanik, die eine Bauflut bewirkte, die schon den Zeitgenossen auffiel. So schrieb um das Jahr 1050 Raoul Glaber, Mönch von Saint-Bénigne in Dijon:

Ein wenig nach dem Jahr 1000 geschah es, daß die Kirchen der ganzen Welt neu gebaut wurden, vor allem in Italien und Gallien; und obwohl die meisten noch brauchbar waren und es eigentlich nicht nötig hatten, setzte jedes christliche Volk seinen Ehrgeiz darein, das andere durch den Glanz der Neubauten zu übertreffen. Man hätte sagen können, daß die Welt, indem sie ihre alten Kleider abschüttelte, sich mit einem weißen Gewand von Kirchen überzog.

Eines haben alle diese Kirchen gemeinsam, das sie von der folgenden Epoche der Gotik unterscheidet: Sie erzählen. Sie erzählen durch Fresken, die ihre Wände bedecken und von denen nur ganz geringe Reste auf uns gekommen sind wie zum Beispiel in der Pfarrkirche in Linz am Rhein oder dem cluniazensischen Priorat Berzé-la-Ville in Burgund; sie erzählen durch Plastiken, die ihre Portale schmücken, ihre Fenster, ihre Innen- und Außenwände und ihre Dächer, wie an dem Dom in Worms, und sie erzählen besonders durch die Plastik-Zyklen ihrer Kapitelle. Diese Bilder und Plastiken berichten von Gott, seiner Herrschaft und dem Gericht, von der Welt, ihrer Erschaffung und ihrem Ziel, und vom Menschen, seiner Bestimmung im Paradies, seinem Sündenfall, seiner Erlösung oder ewigen Strafe. Das ganze Pandämonium menschlicher Ängste und Hoffnungen wird ausgebreitet, Dämonen, Fratzen, Mißgeburten, von Dämonen Gefolterte, von Teufeln Zerrissene, von Gott Verlassene. Die Romanik war eine Zeit kollektiver Ängste im Bewußtsein der einzelnen, Heil, Erlösung von der Angst, als einzelne nichts leisten zu können, der Priester und ihrer Kirche zu bedürfen, um Hoffnung zu haben. Die romanische Plastik ist steingewordene Angst und Hoffnung zugleich. Bernhard von Clairvaux verbannte diese ganze Geisterschar aus seinen Kirchen und Klöstern, zeigt damit das Ende der Romanik an und läßt an die Stelle der romanischen Plastiken Pflanzenornamente meißeln und Blätter in Glasblei fassen. Gegenüber Cluny, das einst Hauptträger romanischer Architektur in Frankreich gewesen war, wettert er:

Was hat im Angesicht der lesenden Brüder im Klaustrum diese lächerliche Widernatürlichkei zu suchen, diese wunderliche ungestalte Schönheit und schöne Ungestalt? Was dort die unzüchtigen Affen, die wilden Löwen, was die abartigen Kentauren, die Halbmenschen, die gefleckten Tigerhunde? Was die kämpfenden Krieger, die hörnerblasenden Jäger? Unter einem Kopf siehst du mehrere Körper und auf einem Körper mehrere Köpfe. Hier sieht man an Vierfüßlern den Schlangenschwanz, dort an einem Fisch den Kopf eines Vierfüßlers. Hier trägt ein Raubtier ein Pferd, das eine halbe Ziege geschultert hat, dort geht ein gehörntes Untier mit einem Pferde schwanger. Je vielfältiger und je wunderbarer die Verschiedenheit der Formen erscheint, um so lieber würde man im Stein lesen anstatt in den Büchern, um so eher möchte man den Tag verbringen in der Bewunderung der Einzelheiten, anstatt sich in das Gesetz Gottes zu vertiefen. Bei Gott, wenn man sich nicht der Geschmacklosigkeiten schämt, warum fürchtet man nicht das Schuldbuch des Jüngsten Gerichts?

Die Ablehnung des Alten bewirkt noch nichts Neues. Bernhard schuf solches mit dem Stil der frühen Zisterzienser-Kirchen, ideengeschichtlich die Reduktion von Kirche und Klaustrum auf den einfachen Zweckbau, architekturgeschichtlich ein kurzes französisches Zwischenspiel nach der Cluniazenser-Architektur und abgelöst durch den neuen Stil der Gotik. Der neue Stil einer veränderten Religiösität, eines gewandelten gesellschaftlichen Lebens und einer neuen politischen Ordnung zeigte sich eines Tages in einem Bau als Ergebnis langer geistiger Arbeit im Zusammentreffen mit sozialen Veränderungen. Eines Tages, das war der Entschluß Sugers von Saint-Denis, im Jahre 1140 den im Westteil kurz zuvor begonnenen Neubau der Klosterkirche zu unterbrechen und im Osten der Kirche einen neuen Chor zu bauen. Dies war der neue Chor der Abteikirche Saint-Denis, das erste gotische Bauwerk. Die sozialen Veränderungen, das war die europäische Stadtkultur, herangewachsen mit den ökonomischen Veränderungen im Gefolge der Kreuzzüge, das war die Ablösung feudaler Anarchie durch königliche Herrschaft und das war das Ergriffenwerden der Menschen von der Botschaft Jesu, die sie nicht mehr wie zuvor nur als Stamm, als Familie traf, sondern als einzelne, als Individuen. Die geistige Arbeit bestand in der Aneignung und Umgestaltung der neuplatonischen Überlieferung, wie sie nächst dem Werk des hl. Augustinus im »Corpus Dionysiacum« vorlag, tradiert und kommentiert von Johannes Eriugena, fortentwickelt in Schulen wie Chartres und Klöstern wie Saint-Denis. Neuplatonismus war die Deutung der Welt als einer wesenhaften durchlichteten Einheit in Gott und dessen Ausstrahlung bis an den Rand nichtseiender Finsternis. Licht war die Metapher des Seins, ja ursprünglicher und dichter als dieses, weil Gott zwar ungeschaffenes, ewiges, strömendes Licht ist, aber als Sein nur undeutlich faßbar, da er über allem Sein ist, der »überseiend Eine«. Die sich verströmende Fülle Gottes gibt allem Geschaffenen Sein und Wesen, ist Teilhabe am Sein und Licht Gottes, Ausfluß seiner Wahrheit, Güte und Schönheit von den Engeln über Menschen, Tiere, Pflanzen, Kristalle und Erde bis an den Rand der wesenlosen, seinslosen Finsternis. Die Erkenntnis der Menschen ist Teilhabe an diesem Licht, durch das er aufsteigt von der Erkenntnis der Dinge zu Gott. Die Welt ist eine Hierarchie des Lichts und der Erkenntnis. Johannes Eriugena hat es in einem Kommentar zu Dionysios so formuliert:

Jedes Geschaffene, sichtbar oder unsichtbar, ist ein Licht, das durch den Vater der Lichter ins Sein kommt. . . . Denn ich sehe, daß ein jedes gut und schön ist, daß es gemäß der ihm eigenen Analogie existiert, daß es sich nach Art und Gattung von anderen Arten und Gattungen der Dinge unterscheidet, daß es bestimmt ist von seiner Zahl, durch die es eines wird, daß es seine Ordnung nicht überschreitet, daß es seinem Ort zustrebt, nach der Art seines Gewichtes. Während ich solches und ähnliches an diesem Stein wahrnehme, werden sie mir lichter, das heißt sie erleuchten mich. Denn ich beginne darüber nachzudenken, woher der Stein solche Eigenschaften empfangen hat. . .; und unter der Führung der Vernunft werde ich bald über alles hinaus zur Ursache von allen Dingen geführt, die ihnen Ort und Ordnung, Zahl und Gattung und Art, Gutheit und Schönheit und Wesen verleihen mit allen anderen Zuweisungen und Gaben.

Wo Abaelard mit der neuplatonischen Welt in Berührung kam, ist nicht überliefert. Viele Anzeichen deuten auf Chartres. Vielleicht hat er bei Theoderich von Chartres, der ihn auf dem Konzil von Soissons so frei verteidigt hatte, Mathematik studiert, ohne daß er, wie er selbst schreibt, in dieser Disziplin große Fortschritte gemacht hätte. Platon hatte in dem Dialog »Timaios« gelehrt, daß die Welt durch die Weltseele belebt und geordnet würde. Diese durch die Weltseele gestiftete Ordnung ist durch Zahlenverhältnisse bestimmt. Geometrisch sind dies die vollkommenen Proportionen von Quadraten und Würfeln (1:2:4:8 und 1:3:9:27), musikalisch sind es die vollkommenen Proportionen der Akkorde (Oktav 1:2, Quinte 2:3, Quarte 3:4, große Terz 4:5, kleine Terz 5:6). So wird die Weltseele die göttliche Struktur der Welt, die Identität der Harmonie, die in der Stufenleiter der absteigend lichten und seienden Dinge bis an den Rand der Finsternis erhalten bleibt. Abaelard hat mit der Schule von Chartres die Weltseele des Platon, die *anima mundi*, mit dem Heiligen Geist identifiziert, und die Lehre von der Zahl als der Grundlage göttlicher Schöpfungsordnung an den Anfang der Wissenschaft gestellt.

Die Arithmetik, die in allen Verhältnissen der Zahlen besteht, ist Mutter und Lehrmeisterin aller Wissenschaften, da nur von der Unterscheidung der Zahlenverhältnisse die Aufdeckung der Dinge und ihrer Erkenntnis abhängt.

In der Konsonanz göttlicher Harmonie schwingt der Kosmos, und seine Wellen strahlen in die immer tieferen Sphären des Seins aus. Mittelpunkt der Welt und Nabe der Erdscheibe ist Jerusalem und sein Tempel, der Ort, an dem die jenseitige Liebe Gottes gegenwärtig wird, durch den seit dem ersten Pfingstfest aus der allumgreifenden Liebe Gottes die Gnade des Heiligen Geistes in die Kirche fließt. Die Maße der göttlichen Sphärenharmonie bestimmen, wie Abaelard als erster erkannte, die

Maße des salomonischen Tempels, die im 1. Kapitel des Buches der Könige überliefert sind. Das irdische Jerusalem ist Abbild des himmlischen, ist Darstellung der Struktur der Welt, ein Modell des Kosmos. Versuchten die Maler und Bildhauer der romanischen Kirchen die Welt und ihre Heilsgeschichte abzubilden in äußeren Bildern und Figuren, den inneren Gesetzen Gottes immer fremd und unangemessen, besaßen die Baumeister der Gotik nach der Lehre des Pseudo-Dionysios die Erkenntnis der Gesetze, die den himmlischen Sphären gleichermaßen zugrundeliegen wie der sichtbaren Welt der Menschen und die ein Bauwerk im präzisen mathematischen Sinne zum Modell der Welt werden lassen, wenn sie den Bau bestimmen. Ganz nah war Abaelard der Theorie der gotischen Kathedrale gekommen, einige Jahre, ehe Abt Suger dieselbe Erkenntnis hatte. Nicht neue Bauformen und nicht neue Techniken bestimmen die Gotik, sondern die Idee, daß ihre Bauwerke durch Maß und Licht Modelle des Universums sind, Mikrokosmos im Stein wie der Mensch Mikrokosmos im Fleisch. Als Abaelard in Saint-Denis weilte, wo diese Idee der Verwirklichung entgegenreifte und in ihm diese Gedanken keimten, sprang kein Funke über, spürte man weder auf der einen noch auf der anderen Seite, daß das, was die neue Zeit bestimmen sollte, immer deutlicher wurde. Abaelard, der Intellektuelle, faßte die neuen Gedanken in theologische Traktate und mußte unter dem Druck der noch übermächtigen Tradition seine Gedanken aufgeben. Abt Suger, der Mann der Tat, baute im Herzen Frankreichs, am Sitz des französischen Königs, die erste gotische Kathedrale, schrieb darüber ein Werk und verdeutlichte die neuplatonische Grundlage seines Werkes durch Gedichte, deren eines darstellt, wie der Mensch durch die Erkenntnis des Stofflichen, hier eines der goldenen Tore der neuen Kirche, hinaufgeführt wird zur Erkenntnis des ewigen Lichts:

> Wer auch immer die Schönheit dieser Tore zu rühmen sucht,
> Verehre nicht staunend das aufgewendete Gold, sondern die Kraft,
>   die es schuf,
> Das edle Werk leuchtet, edel leuchtend aber
> Soll es die Geister erleuchten, daß sie hingehen
> Durch wahre Lichter zum wahren Licht, das Christus ist,
>   der wahre Eingang.
> Wie sehr das Licht in diesem ist, zeigt das goldene Tor:
> Der stumpfe Geist hebt sich zum Wahren durchs Stoffliche,
> Ehemals versenkt, steht er jetzt auf im Anblick dieses Lichts.

Der Paraklet, Freiraum der Lehre

Der verhinderte Eremit

· Abaelard war rechtlich frei, nur innerlich gebunden durch die Verpflichtung eines geistigen Lebens. Er war noch Mönch, aber nicht mehr Coenobit, also nicht mehr Mitglied des Klosterverbandes, das nach einer Regel in Gehorsam unter einem Abt dient, sondern ein Anachoret oder Eremit, der allein auf sich gestellt ein gottgeweihtes Leben führt. Er war Priester, ohne einem Diözesanverband anzugehören. Er war Herr im mittelalterlichen Sinn, Herr auf eigenem Grund und Boden, vielleicht sogar Herr über Leute. Jedenfalls hatte er, wie sein Schüler Hilarius berichtet, persönliche Diener, *servi*. Das Land, das man ihm geschenkt hatte, lag in einer einsamen und wilden Gegend am Ardusson, einem linken Nebenfluß der Seine, einige Kilometer von Nogent-sur-Seine entfernt und etwa 50 Kilometer von Troyes. Herr war er, Grundherr, und wenn ein Herr auf eigenem Grund und Boden einen Altar errichtete und sich so der Gottheit oder dem Titelheiligen des Altares weihte, dann – so war die bis in die Antike zurückreichende frühmittelalterliche Auffassung – wurden diese Eigentümer des Altares, des Landes, auf dem dieser stand, und der Kirche, die um den Altar herum gebaut wurde. Der Name der Gottheit oder des Titelheiligen war sozusagen die ›Firma‹, unter der über all dies verfügt wurde. Dazu aber war nach wie vor der Herr berechtigt, der den Altar gestiftet hatte. Er war, wie man später sagte, Eigenkirchenherr. Als dieser stellte er die Geistlichen an, verfügte über ihre Einkünfte und genoß den Segen des Gottesdienstes; er trug aber auch die Baulast, hatte für den Unterhalt der Geistlichen zu sorgen und die Sicherheit, den Schutz dieser Stiftung zu gewähren. Abaelard wird später in schwere Gewissenskonflikte stürzen, wenn er sich zur Leistung dieser Pflichten außerstande sieht. Schon Kaiser Justinian hatte bestimmt, daß eine Eigenkirche nur mit Erlaubnis des Ortsbischofs errichtet werden dürfe, zahlreiche fränkische Konzilien hatten diese Bestimmung wiederholt und festgelegt, daß auch eine Eigenkirche von einem Bischof geweiht sein mußte. Die Reformer des Investiturstreites versuchten mit diesen Vorschriften das ganze Eigenkirchenwesen zu überwinden. So weit war es zu Abaelards

153

Zeit zwar noch nicht, aber er holte die Erlaubnis des Bischofs Hatto von Troyes ein, und da regelmäßig Gottesdienst abgehalten wurde, wird der Bischof die Kirche auch geweiht haben. Es wurde ein *oratorium*, eine Kapelle aus Holz, Stroh und Schilf, errichtet. Mit einem befreundeten Geistlichen lebte Abaelard dort als Eremit.

Der Rückzug aus der geordneten Welt der reich und mächtig gewordenen Klöster in die Einsamkeit, den *eremos*, das Leben als Eremit in Armut und Entbehrung in der Verweigerung der Teilhabe an Reichtum und Ausbeutung der Klosterhörigen ist eine Erscheinung, die seit dem 11. Jahrhundert immer weitere Kreise in Italien und Frankreich ergreift.

In glühender Liebe zur Armut und Einsamkeit (*amor paupertatis ac solitudinis*) kehrte er in die Abgeschiedenheit der Eremitage zurück, aus der er durch hinterlistige Gewalt gerissen worden war, und fand so seinen Geist wieder, den er dort zurückgelassen hatte,

heißt es in der Vita des hl. Bernhard von Tiron, nachdem seine Klosterbrüder ihn zwangsweise in sein Mutterkloster zurückgeholt hatten. Seine Geschichte ist ein Beispiel dafür, daß auch andere vom Streit mit ihrem Kloster betroffen waren. »Liebe zur Armut und Einsamkeit« wird Abaelard von jetzt an immer deutlicher bewegen, wird seine Regel für das monastische Leben der Frauen bestimmen. Fast gleicht sein Leben jetzt dem der Wanderprediger, während sie sich in den Wald zurückzogen. Aber für Abaelard ist dies keine Lebensform. Äußere Umstände und innerliche Vorbehalte Abaelards beenden sein Dasein als Eremit. Das Kirchlein mit dem merkwürdigen Heiligen – Ritterssohn, Logiker, Leiter der Domschule, öffentlicher Liebhaber seiner Schülerin, Kastrierter, Mönch des Königsklosters, verurteilter Ketzer, Eremit – liegt zu nahe an den Brennpunkten akademischen Lebens, Chartres, Paris, Reims, um unentdeckt zu bleiben. Und so strömen die Schüler wieder herbei. Abaelard fühlt sich zum Lehrer bestimmt und will der Aufforderung von außen nicht widerstehen.

Sobald die Schüler meinen Aufenthaltsort erfuhren, kamen sie von überall herbei. Sie verließen Städte und Orte, um in der Einöde zu wohnen, anstatt weitläufiger Häuser bauten sie sich ärmliche Hütten, anstatt wohlschmeckender Speisen aßen sie jetzt wilde Kräuter und Schwarzbrot, statt in weichen Betten lagen sie auf Schilf und Stroh, anstatt Tische bauten sie Rasenbänke.

Sie bauten »Hütten am Ardusson« und eine Kapelle aus Steinen und Holz, groß genug, um dem Gottesdienst der eigenartigen Gemeinde und als Hörsaal des Lehrbetriebs zu dienen. Abaelard hatte das Bethaus im Namen der Heiligen Dreieinigkeit begründet und es ihr nach seiner Vollendung geweiht. Ihr war das wissenschaftliche Werk gewidmet, das in Soissons in Flammen aufging, unter ihrem Schutz feierte er jetzt Gottesdienst, durch den Glauben an sie gestärkt hielt er seine Vorlesungen. Und da er sich so nach der Bitternis der letzten Jahre zum ersten Mal getröstet fand, nannte er die Kapelle Tröster, »Paraklet«, »im dankbaren Gedenken daran, daß die tröstende Gnade Gottes an dieser Stätte mich hatte Atem holen lassen, als ich auf meiner Flucht an der Welt verzweifelte«.

Vernunft gegen Herkommen

Immer wieder erstaunt, wie treffsicher Abaelard Handlungen vornimmt, die die Umwelt gegen ihn aufbringen und ihn persönlich isolieren, aber Zukünftiges vorwegnehmen. Dem Gott allen Trostes hatte der Getröstete die Kirche geweiht. »Viele, die davon hörten, vernahmen die Kunde nicht ohne Verwunderung, einige griffen mich darob böswillig an, indem sie sagten, es sei nicht gestattet, dem Heiligen Geist – dem ›Spiritus Paraclitus‹ (Hymnus zu den Laudes von Pfingsten) – allein eine Kirche zu weihen, das sei altes Herkommen.«

Der Name »Paraklet« für eine Kirche war neu, und da Abaelard ihn gegeben hatte, war man dagegen. Wie immer, wenn Abaelard angegriffen wurde, zeigt sich seine geistige Brillanz. Drei Gründe führt er dafür an, den Namen beizubehalten. Erstens, »wer sollte es wagen, den Namen dessen aus dem Giebelfeld zu tilgen, dem das Haus gehört?«, zweitens verwechseln die Angriffe die Eigenschaft der Dreieinigkeit, Tröster der Gläubigen zu sein, mit dem Tröstergeist, und drittens hätte er die Kirche auch dem Heiligen Geist alleine weihen können, da dies vernünftig gewesen wäre und Vernunft über Herkommen geht.

Das erste Argument beginnt eigenkirchenrechtlich. »Als wessen Eigentum darf der Altar mit mehr Recht angesprochen werden als als Eigentum dessen, der geopfert wird.« Der Dreieinigkeit weihte er die Kirche, und wie er ihr ein Buch widmete so auch eine Plastik, eingemeißelt in das Giebelfeld der Kirche. Es gibt viele Darstellungen der Dreieinigkeit in der romanischen Kunst, keiner aber gleicht der Abaelards. Bis zur Französischen Revolution war die Plastik noch erhalten, wenn auch nicht am alten Ort. Aber Jean Mabillon (1632–1707), der Begründer der wissenschaftlichen Diplomatik und Paläographie, hat uns eine Beschreibung hinterlassen, der er vorausschickt, daß sich Abaelard selbst um die Herstellung gekümmert habe:

Die drei Personen waren aus *einem* Stein gemeißelt und als Menschen dargestellt. Der Vater nahm die Mitte ein, bekleidet mit einer langen Robe. Eine Stola lag um seinen Hals, vor der Brust gekreuzt und vom Gürtel gehalten. Um seine Schulter lag ein Mantel, der die beiden anderen Personen bedeckte. An der Spange des Mantels hing ein vergoldetes Band mit den Worten »Mein Sohn bist Du«. Zur Rechten des Vaters stand der Sohn mit der gleichen Robe, aber ohne einen Gürtel. In seinen Händen trug er das Kreuz vor der Brust und an der Rechten ein Band mit den Worten »Mein Vater bist Du«. In der gleichen Weise hielt der Heilige Geist, bekleidet mit der gleichen Robe, seine Hände vor der Brust gekreuzt. Seine Inschrift lautete »Ich bin beider Hauch«. Der Sohn trug eine Dornenkrone, der Heilige Geist eine Olivenkrone, der Vater die Bügelkrone und seine Hand eine Kugel. Das waren die Kaiser-Attribute. Der Sohn und der Heilige Geist schauten zum Vater, der allein Schuhe trug. Die drei Gesichter waren in Form und Schönheit völlig gleich.

»Dieses einzigartige Bild der Dreifaltigkeit« (Ch. de Rémusat) – ein Opfer der Französischen Revolution –, sicher nicht von Abaelard in Stein gehauen, aber von ihm konzipiert und von seiner Theologie inspiriert, zeigt diesen Mann, wie er aus seiner Theologie, die erst wenige Jahre alt ist, Kirche zu gestalten beginnt. Im Giebelfeld, in das gerade in diesen Jahren die Architekten die *majestas Domini* schlagen, den Weltenrichter, umgeben von Engelchören, Aposteln und Gerichteten, findet sich einfach und klar, zisterziensisch fast, Gott dargestellt, dreieinig, der Tröster der Menschen. »Wer wird es wagen, ein Bild dessen aus dem Giebelfeld zu schlagen, dem das Haus gehört?« Das erste Argument beschuldigt seine Gegner des Gottesfrevels.

Dann wird Abaelard scharfsinnig, sprachlogisch. Seine Gegner verwechseln »Paraklet«, Tröster, mit *spiritus paraclitus*, Tröstergeist. »Die Dreieinigkeit und jede einzelne Person in der Dreieinigkeit kann so, wie sie Gott und Helfer heißt, auch Paraklet, Tröster, genannt werden, wie es geschrieben steht beim Apostel ›Gelobt sei der Vater unseres Herrn Jesus Christus, der Vater der Barmherzigkeit und Gott allen Trostes‹ (2. Kor. 1,3–4)«. Also, entgegnet Abaelard seinen Gegnern, ich habe mich ja an das Herkommen gehalten, was wollt Ihr? Ich habe die Kirche nicht einer Person in der Dreieinigkeit geweiht, sondern Gott, der mich getröstet hat. Das zweite Argument beschuldigt seine Gegner der Verwirrung des Sachverhalts.

So verteidigt geht Abaelard zum Angriff über: »Wenn ich aber so gehandelt hätte, wie man es von mir glaubt, so wäre es vielleicht dem Herkommen unbekannt, nicht aber der Vernunft widersprechend.« Die *antiqua consuetudo*, das alte Herkommen, war Regel der Kirche seit altersher. Altes Herkommen war aber auch das Eigenkirchenrecht, die Verfügungsgewalt von Königen und Adeligen über Bischofssitze und Abteien, ja sogar die Priesterehe. Und so verkündete Papst Gregor VII. (1073–1085), Revolutionär auf dem Stuhle Petri, daß »das Herkommen der Vernunft weichen« muß. Hatte aber Gregor, der Papst, sich selbst und nur sich selbst das Recht zugesprochen, *pro temporis necessitate*, »entsprechend den Forderungen der Zeit«, neue Gesetze zu geben, so stellt Abaelard, der Philosoph, das Herkommen generell unter den Vorbehalt der Vernünftigkeit. Es bedarf nicht des Amtscharismas des Papstes, sondern nur der Vernünftigkeit eines vernünftigen Menschen, um erkennen zu können, in welchen Fällen Herkommen vielleicht immer schon unvernünftig war oder vielleicht durch die Änderung der Zeiten unvernünftig geworden ist. Das dritte Argument beruft sich auf die Vernunft des vernünftigen Individuums.

Betrachtet man Namensgebung, Aufregung der Konservativen und Reaktion Abaelards oberflächlich, so könnte man sagen, der Vorfall zeigte die besondere Begabung Abaelards, in nahezu jeder Situation Anstoß zu erregen. Ordnet man ihn in seine Biographie ein und diese in den Ablauf der von ihm mitgeprägten Geschichte, so zeigt sich Grundsätzliches. Der Dreieinigkeit galt sein erstes theologisches Forschungsinteresse, ihr widmet er seine Kirche, da sie nicht nur Forschungsgegenstand ist, sondern seine Lebensmitte, und in diese Kirche fügt er eine Plastik ein, die durch seine Theologie inspiriert war und die Widmung öffentlich und auf Dauer besiegeln sollte. Seine Theologie war inhaltlich traditionell, methodisch aber neuartig. Die Widmung war ihrer Intention nach nur außergewöhnlich, die Namensgebung aber mißverständlich bis aufreizend, und wer nimmt es Abaelard ab, daß er daran nicht gedacht, ja es vielleicht nicht sogar gewollt habe? Die Gestaltung der Plastik war in ihrer Art einmalig, außerhalb jeder ikonographischen Tradition. Konnte die Anwendung seiner Erfahrungen der Sprachlosigkeit auf das Sprechen von der Dreieinigkeit in Maisoncelles noch begrenztem wissenschaftlichem Interesse entspringen, so wird im Parakleten deutlich, wie Abaelards Denken und Handeln seiner eigenen Individualität entsprang, die die Tradition wie die jeweilige persönliche Situation nur als Gelegenheit wahrnahm, sich selbst zu gestalten. Jeder neue Lebensabschnitt wird jetzt neue Gelegenheiten finden, das Neue persönlich prägen, die Methodenlehre, die theologischen Disziplinen, die Ethik, die monastische Lebensform, Dichtung und Gesang, ja schließlich die ganze ihn umgebende Eigentums-, Familien- und Kirchenordnung. All dies gipfelt in der Ablehnung der bisher geltenden Weltdeutung, nach der Menschen Heil nicht finden können in ihrem je einzelnen Verhältnis zu Gott, sondern der Geistlichen, der Kirche bedürfen.

Das Zeitalter des Heiligen Geistes

Ein Gott in drei Personen, ungezeugt der Vater, gezeugt der Sohn, aus beiden ausgehaucht der Heilige Geist. Keine Eigenschaft kommt einer Person zu, die nicht Gott zukommt und somit allen drei Personen. Menschliches Reden aber von dem einen Gott in drei Personen verlangt die Zuschreibung von Eigenschaften zu den einzelnen Personen, die diese uns verständlich, unterscheidbar, in der religiösen Zuwendung zugänglich machen.

So wird mit dem Ausdruck Macht der Vater, mit dem Ausdruck Weisheit der Sohn und mit den Ausdrücken Güte und Liebe der Heilige Geist bezeichnet.

Daß Gott Macht ist, unbegrenzte, unendliche Macht, Allmacht, »kraft deren er alles tun kann, was er will, da nichts ihm widerstehen kann«, das war selbstverständlich. Die Erfahrung von Macht war die tägliche Erfahrung der Menschen: Dem Willen der Herren konnte man nicht widerstehen, und Gott war der unendlich mächtige Herr. Hinzu kommt ein Zweites. Eine Handlung vorzunehmen, etwa ein Feld zu bestellen oder ein Haus zu bauen, setzt Wissen und damit die Beherrschung eines Bereiches voraus, und Gott als der Baumeister der Welt ist allweise, *omnisapiens*, wie Abaelard wortschöpferisch sagt, entsprechend allmächtig, *omnipotens*. Mächtig ist der Herr und wissend. Macht und Wissen aber birgt Gefahr.

Wenn jemand mächtig ist und weise, allwissend, nicht aber zugleich gütig, liebend, dann ist er um so mehr vorbestimmt, Schaden, Unheil zu bringen, je gefahrloser er aufgrund seiner Macht und Schlauheit tun kann, was er will.

Es ist, als wenn Abaelard ein Urteil über die heutige technisierte und militarisierte Weltgesellschaft gefällt hätte, die zwar in jenen, die entscheidungsbefähigt sind, von immenser Machtfülle ist und in dem, was ihnen von der Wissenschaft zur Verfügung gestellt wird, unvorstellbar großes Wissen bereithält, aber ohne Liebe und Güte ist, bestimmt, Schaden und Unheil über die Welt zu bringen. Fortschritt, Vollendung wird so nicht erreicht.

In diesen drei, in der Macht (*potentia*), der wissenden Weisheit (*sapientia*) und der Liebe (*benignitas*) besteht die endgültige Vollendung des Guten.

Das Urteil, das Abaelard fällt, war ein Urteil über seine Zeit, ein Urteil über die Machtverhältnisse in Königreichen und Kirchen und Ausdruck einer Hoffnung auf Kommendes. Mächtig waren die Herren der Welt und wenig wissend, aber am wenigsten liebend und gütig. Mächtig aber waren auch die Herren der Kirche, Äbte, Bischöfe und der Papst, und sie verwalteten das Wissen der Zeit. Aber waren sie gütig, liebten sie ihre Kirchen, ihre Gemeinden? Die Kirche war Richterin geworden, und sie richtete nicht nach Schuld, sondern um der Aufrechterhaltung ihrer Ordnung wegen. Über die Frau, die ihr Kind in der Not aus Liebe tötet – und die Not der Hungerjahre trieb Menschen oft zu solchen Taten, wenn auch nicht immer aus Liebe – urteilt Abaelard:

Habe die Liebe, wie Augustinus sagt, und tu, was Du willst. Wenn die Frau jedoch vor das Gericht des Bischofs kommt, wird sie durch schwere Strafen gebeugt, nicht wegen ihrer Schuld, sondern damit sie selbst und andere Frauen in solchen Fällen in Zukunft vorsichtiger handeln.

Männermacht über Frauen, Kirchenmacht über die Gesellschaft! Abaelard hat die für die Kirche ungeheure Gefahr gesehen, die darin liegt, daß sie beansprucht und durchsetzt, Menschen vor Gott binden und lösen zu können, und daß die kirchlichen Richter dabei »das eigene Interesse oder fremde Gunst verfolgen«.

Dieser richtenden, herrschenden Kirche setzt Abaelard die Kirche des Geistes gegenüber, die Kirche der Liebe, in der »Herrschen Dienen ist«. Der Paraklet wird der Kristallisationspunkt seiner Lehre der geistigen Kirche. Das Zeitalter des Heiligen Geistes bricht an als Hoffnung in den Herzen der Gläubigen, daß nicht Macht und Geld, sondern Liebe und Gnade das Leben der Kirche sind. Bruderschaften in den Städten, Gilden und Innungen, fromme Stiftungen und städtische Einrichtungen werden den Namen des Heiligen Geistes tragen. Und noch in dem Jahrhundert Abaelards wird der Abt des Klosters San Giovanni in Kalabrien, Joachim von Fiore (um 1130–1207), die Geschichte von der Erschaffung der Welt bis zum Jüngsten Gericht trinitarisch in drei Reiche teilen, das Reich des Vaters unter dem Alten Testament, das Reich des Sohnes unter dem

Neuen Testament und das Reich des Heiligen Geistes unter dem ewigen Evangelium. (Off. 14,6). Das Erste Reich ist das der Verheirateten und der Laien, das Zweite Reich das der Geistlichen und das Dritte das der Mönche. Das Reich der sichtbaren Kirche der Geistlichen ist also nur eine Durchgangsstufe, überwunden durch die Hoffnung der Liebe und Armut, und als Franziskus von Assisi (1181/82–1226) in seinem Leben und seinem Orden diese Hoffnung verkörperte, ihre Erfüllung sichtbar werden ließ, lehrten Franziskaner wie Gerard von Borgo San Domino (Mitte des 13. Jh.s) und Peter Johannes Olivi (1248–1298), daß das Dritte Reich angebrochen sei, die herrschaftsausübende Kirche absterben müsse und die strenge Richtung des Franziskaner-Ordens die Ordnung der ganzen Kirche lebe. Diese Hoffnung erstarb auf den Scheiterhaufen des Pöbels und der Inquisition. Das »Dritte Reich« aber blieb Chiffre der Hoffnung, bis die Perversion durch den Nationalsozialismus auch diese Chiffre unbenutzbar machte. Vielleicht war sie aber schon vorher überflüssig geworden. Wer erhofft noch ein Reich der Armut und der Liebe, eine Endzeit des Heiligen Geistes, des Trösters aller Betrübten, wer erhofft noch »die endgültige Vollendung des Guten«?

Das Individuum als Lehrer

Eine eigenartige Siedlung war entstanden: ein Eremit, also ein Mensch, der sich aus allen sozialen und wirtschaftlichen Bindungen an seine Umwelt gelöst hatte, um sich in der Einsamkeit ganz der persönlichen Vervollkommnung und der Vereinigung mit Gott zu widmen, umgeben von Schülern, die von weit her kamen, um Logik und die neue Theologie zu lernen. Ein Kirchlein, einige Hütten, Rasenbänke als Refektorium – konnte so ein Eremit leben, konnte so ein Magister lehren, konnte so neue Erkenntnis wachsen? Abaelard machte es möglich. Er bezog die Studenten in das Eremitendasein ein, machte aus dem Lehren eine Profession, begründete die Methodenlehre der entstehenden Scholastik und begann mit dem Aufbau eines umfassenden Lehrgebäudes der Theologie.

Armut, Einsamkeit macht frei zum Lernen. Die antike, die biblische und die kirchenväterliche Tradition bot Abaelard auf, um zu der Forderung zu gelangen, daß die Studenten keine andere Lust mehr begehren sollten, als die zu lernen: Pythagoras, Platon, die Prophetensöhne des Elisas, Hieronymus. So bauten sich seine Schüler Hütten am Ardusson »und lebten mehr nach der Art von Eremiten als von Studenten«.

Aber die Studenten waren jung, und junge Leute leben nicht immer nach der Regel. Wir wissen wenig über das Leben im Parakleten, aber der Zufall hat uns eine Einzelheit überliefert. Einige Studenten hatten die Regel verletzt, und Abaelards Strafe war hart. Sie mußten aus dem Parakleten ausziehen. Der nächste Flecken, wo sie wohnen konnten, war Quincey, dreieinhalb Kilometer entfernt. So fiel es schwer, zu Fuß zu den Gottesdiensten, Vorlesungen und Diskussionen hin und her zu gelangen. Dabei müssen wir Heutigen uns klarmachen, daß der Vorlesungsbetrieb im Mittelalter *hora prima*, also kurz nach sechs Uhr morgens, begann. Mittag bedeutete wirklich, entgegen unserer Gewohnheit, die Mitte des Tages, um Mitternacht war die Hälfte der Schlafenszeit verstrichen. Hilarius, einer der Ausgeschlossenen, dichtete eine lateinische Elegie mit dem volkssprachlichen Refrain: *Tort a vers nos li mestre* – »Wir haben dem Meister Kummer gemacht«. Man kann sich vorstellen, daß die Studenten das Gedicht im Chor sangen:

> Auf uns Verzweifelte, schau herab, Meister, Magister,
> belebe unsere Hoffnung, die zu schwinden droht,
> denn wir haben dem Meister Kummer gemacht.

Ob Abaelard hart blieb?

Von Abaelard stammt der Bericht: »Meine Armut war so drückend geworden, daß ich die Leitung einer Schule übernahm. Ich hielt mich an das Wort der Heiligen Schrift ›Graben kann ich nicht, zu betteln schäm' ich mich‹ (Luk.16,3). Ich war so gezwungen, meine Zuflucht zu dem Gewerbe (*ars*) zu nehmen, das ich beherrschte, nicht zur Arbeit der Hände, sondern zum Beruf des Redens.« Abaelard übte ein Gewerbe aus, das seinen Mann ernährte. Wieder finden wir hier die Ablösung der aus der Tradition der Kloster- und Domschulen herrührenden Beschäftigung mit Geistigem und das Heraufkommen städtischer Lebensformen. Lebte Abaelard auch in der Einsamkeit, seiner soziologischen Prägung nach war er Städter. *Ars* darf im Mittelalter nicht einfach mit »Kunst« übersetzt werden. Man verstand darunter alles, was ein Mensch ausübt, der etwas gelernt hat, und ihm eine Stellung in der Gesellschaft einräumt, weil er diese Fertigkeit besitzt. Zwei große Gruppen gibt es unter den Ausübenden einer *ars*, die Handwerker, die ein körperliches Werk zu erstellen verstehen, und die Lehrer, die in Anwendung der *artes liberales*, der sieben freien Künste, ein geistiges Werk vollbringen. Beide Gruppen leben davon, werden dafür bezahlt. Und so fährt Abaelard in seinem Bericht fort: »Meine Studenten sprangen freiwillig für mich ein, wo es Not tat, sie brachten Nahrung und Kleider, sie bestellten das Feld und bauten die Häuser. Alles, um was sich sonst der Hausvater sorgen muß, das nahmen sie mir ab, damit mich keine Sorge um das Alltägliche abhielte von meinem Studium.« Abaelard lebte von seinen Studenten, die ihrerseits als Kleriker teilweise von kirchlichen Pfründen ihren Unterhalt bezogen. Sie vergüteten ihn in Naturalien, und er übte einen bezahlten Beruf aus, den des Lehrers.

Ändert man das Wortfeld, um die Situation im Parakleten zu beschreiben, den Blickwinkel, von dem aus man sie sieht und stellt man sich auf den heutigen Standpunkt, so war der Paraklet die erste freie, ausschließlich auf die Lehrautorität eines Individuums gestellte Hochschule Europas. Universitäten gab es ja noch nicht, aber Hohe Schulen darf man Institutionen wie die Klosterschule von Bec oder die Domschulen in Chartres, Reims und Paris schon nennen. Akzeptiert man diesen Ausdruck, dann liegt die Berechtigung, den Parakleten eine Hochschule zu nennen, darin, daß der Lehrbetrieb ähnlich verlief wie in den etablierten Schulen, und daß darüber hinaus der Paraklet an der Spitze der Forschung stand. Das akademische Niveau des Parakleten war unbestreitbar. Was ihn von allen akademischen Institutionen bisher unterschied, war die Autorität, auf der er ruhte. Nicht die Autorität eines Abtes, eines Bischofs oder überhaupt eines Amtes trug ihn, sondern die wissenschaftliche Kompetenz dessen, der vortrug. Und Abaelard trug vor, was er gleichzeitig erdachte. Nie war die Verbindung von Forschung und Lehre enger als am akademischen Ursprung der europäischen Universität, deren Vorstufe der Paraklet war.

Ein Jahrhundert später bildete sich eine Legende über den Andrang der Studenten während jener Zeit im Parakleten und in der Erinnerung daran, daß Abaelard einst Lehrverbot erhalten hatte. Der König soll Abaelard verboten haben, in seinem Land, *in terra sua*, zu lehren. So habe dieser zuerst in der Luft gelehrt, *in aere*, auf einem Baum sitzend, und dann im Wasser, *in aqua*, wobei er in einem Boot auf dem Ardusson gestanden sei. Nur das Feuer, die Hölle, in die die Schüler ihm folgten, fehlt. Der König gab sich geschlagen, und Abaelard durfte lehren wie zuvor.

Wieder war es die Logik-Vorlesung, die die Studenten wie nach Maisoncelles so auch in den Parakleten zog. »Uns alle und von überall her führte
das Fluidum heißer Logik zusammen«, dichtete Hilarius. Er selbst war
Engländer, und so mögen Abaelards Hörer auch im Parakleten aus allen
Ländern Europas gekommen sein. Viele Hundert waren es der Überlieferung nach, im Laufe der etwa fünf Jahre, die Abaelard dort lehrte. Und
wieder zeigt sich eine fast unvorstellbare Schaffenskraft, wobei wir uns
fragen müssen, welche Hilfsmittel Abaelard im Parakleten zu seiner Forschung zur Verfügung standen. Hatte er über die Jahre seit seinem Weggang aus Paris seine persönliche Bibliothek, seine Manuskripte retten
können? Besorgten die Studenten ihm Bücher aus Chartres, Paris,
Reims, schrieben sie Texte ab?, wer besorgte Kerzen, Tinten, Pergament?

Wie alle frühmittelalterlichen Autoren begann Abaelard seine literarische Produktion mit der Kommentierung antiker Autoren. Als er im Parakleten zu lehren begann, hatte er bereits Kommentare verfaßt zu Aristoteles, Porphyrius und Boetius. Aber während seiner Zeit als Leiter der
Domschule in Paris muß er den Entschluß gefaßt habe, eine Darstellung
der Logik zu schreiben, die in der Fragestellung und der literarischen
Gattung völlig selbständig sein sollte, allein geleitet von den sachlichen
Problemen. Ja, Abaelard hatte den Ehrgeiz, selbst eine Autorität der Logik zu werden wie die, die er bisher kommentiert hatte. Er wollte Autor,
nicht nur Kommentator sein. Irgendwann in den turbulenten Jahren
zwischen der Katastrophe der Kastration und der Aufnahme in Saint-
Denis muß er mit der Arbeit begonnen haben, ein erster Versuch, seinem
Leben wieder ein Ziel zu geben. Es entstand das Werk »Dialectica«. Eine
erste Fassung wurde in Einzelteilen bis zum Jahre 1118 fertiggestellt,
eine überarbeitete Version in der Zeit von 1121 bis 1123, und auch noch
später arbeitete er an dem monumentalen Werk, der ersten systematischen Darstellung der Logik im Mittelalter. Es ist unvollendet geblieben,
und der Anfang ist verlorengegangen. Aber auch in dieser Gestalt umfaßt es im heutigen Druck 600 Seiten im Lexikonformat. Der Inhalt ist –
Abaelards ehrgeizige Hoffnung hat sich nicht erfüllt – heute nur noch für
Fachleute interessant, denn dem logischen Genie Abaelard widerfuhr das
Unglück, daß erst gegen Ende seines Lebens das ganze logische Werk des
Aristoteles in Europa bekannt und dadurch alles früher Geschriebene als
überholt angesehen wurde. Da aber hatte Abaelard nicht mehr die Zeit
und die Kraft, sein Werk, sein Jugendwerk, völlig umzuarbeiten.

Die geistige Arbeit, die wachsende Schülerzahl, der Erfolg stärkte Abaelards Selbstbewußtsein. So nimmt er seine Liebesgeschichte mit Heloisa zum Anlaß, den trockenen Stoff der Logik aufzulockern. Unverfängliche Sätze könnten noch die Beispiele für die Wunschform sein »Meine Freundin möge mich küssen« oder »Meine Freundin soll herbeieilen«. Wenn er aber den Beispielsatz bildete »Petrus liebt sein Mädchen«, dann wußte jeder Hörer Bescheid, und wenn der Satz umgekehrt wird »Sein Mädchen liebt den Petrus«, dann werden die Studenten ihr Vergnügen gehabt haben. Souveränität des Lehrers, der wußte, daß jeder seiner Hörer seine Liebesgeschichte kannte und wußte, wie sie endete, oder Überkompensation in der Betonung der Normalität, die für immer verloren war?

Lohnt es sich für uns nicht, seine Logik darzustellen, so um so mehr seine Methodenlehre, durch die er im inhaltlichen Sinne der Vater der Scholastik und damit der europäischen Wissenschaft wurde. Das Problem, auf das sie Antwort geben sollte und das nicht Abaelard als erster erkannt hatte, war durch den Investiturstreit entstanden. In dieser ersten großen, gleichzeitig politischen und geistigen europäischen Auseinandersetzung im 11. Jahrhundert war gestritten worden über solche Fragen wie die, ob das Gemeinwesen von Gott gewollt sei oder eine Folge der Sünde, ob man dem König auch Gehorsam schulde, wenn er sich gegen die Kirche stellt, oder darüber, ob der Papst neue Gesetze geben und Kaiser und Könige absetzen dürfe. In dem Streit, der eine Fülle publizistischer Stellungnahmen hervorbrachte, stellten die Zeitgenossen plötzlich bestürzt fest, daß sich die geistigen und politischen Gegner häufig auf dieselben Bibelstellen und kirchlichen Autoritäten beriefen, sie aber im entgegengesetzten Sinne interpretierten. Dies bewirkte eine immer tiefgreifendere Verunsicherung. Der erste Autor, der die Situation klar formuliert und bereits Regeln über die Auslegung von Texten aufgestellt hatte, war der Kanonist Bernold von Konstanz (um 1054–1125) in seinem um das Jahr 1090 verfaßten Werk »Über das Verbot des Umgangs mit Exkommunizierten, die Versöhnung der Sünder und die Autorität der Konzilien, der Kanones, der Decrete und der päpstlichen Decretalien«. Fortgeführt wurden diese kirchenrechtlichen Überlegungen von Ivo von Chartres (um 1040–1116) und Alger von Lüttich (†1131).

Solche Überlegungen greift Abaelard in seinen Vorlesungen im Parakleten auf. Aber wie immer, wenn er sich eines Problems annimmt, entsteht etwas Neues, Zukunftsweisendes. Während bisher die methodischen Überlegungen auf Rechtsfragen beschränkt blieben, bezieht Abaelard die ganze Philosophie und Theologie in seine Überlegungen ein. Und während ihm aufgeht, daß der gesamte Stoff der Überlieferung von Widersprüchen durchsetzt ist, entsteht ein neues Ethos der Wissenschaft, der methodische Zweifel.

Die geistige Beunruhigung, die die europäische Gesellschaft im Investiturstreit ergriffen hatte, war seither gewachsen. Innerlich und äußerlich verlor die überkommene christliche Lehre an Selbstverständlichkeit. Einerseits stellten die zu Volksbewegungen anschwellenden Umtriebe der Ketzer immer neue Lehren der Amtskirche in Frage, andererseits erfuhren die Christen in den Zwischenkriegszeiten der Kreuzzüge die geistige Überlegenheit des Islam. Beides zusammen erzeugte eine Erregung, die im Laufe des kommenden Jahrhunderts immer stärker werden sollte und im Werk des Thomas von Aquin (um 1225–1274) eine zeitweilige Lösung fand. Abaelards inhaltlichen Versuch einer Antwort stellt sein letztes Werk dar, der »Dialog zwischen einem Philosophen, einem Juden und einem Christen«. Vor allem galt es zunächst, das Problem zu formulieren und eine Methode zur Lösung zu finden. Dem unterzog sich Abaelard im Parakleten, und es entstand ein einmaliges Werk, das der neuen Methode ihren Namen gegeben hat: »Sic et Non«, »Ja und Nein«. »Da bei der Fülle der Worte« – so beginnt er im Vorwort – »auch die Aussprüche selbst der Heiligen nicht nur verschieden, sondern auch einander widersprüchlich zu sein scheinen, ist es nicht leicht, darüber zu entscheiden.« Einige Beispiele dafür sind etwa die Fragen, ob der menschliche Glaube durch die Vernunft bestärkt werde oder nicht (1. Frage), ob das Vorherwissen Gottes Ursache des Laufs der Dinge sei oder nicht (27. Frage), ob Gott Urheber auch des Bösen sei oder nicht (31. Frage), ob jemand nur wissend sündigen könne oder nicht (145. Frage), ob die Strafen der ungetauften Kinder im Hinblick auf die Strafen der übrigen Verdammten leichter seien oder nicht (158. und letzte Frage). Abaelard beantwortet die Fragen nicht, die er anhand der Überlieferung stellt, sondern sammelt lediglich für jede einzelne Belegstellen für eine bejahende und verneinende Antwort. Heute würden wir eine solche Arbeit eine Materialsammlung für Übungen nennen, und so ist sie wohl auch konzipiert worden. Die intellektuelle Arbeit steckt in der Einleitung. In Fortführung der Regeln des Bernold von Konstanz, Ivos von Chartres und Algers von Lüttich stellt Abaelard sechs Regeln auf: Erstens prüfe die Echtheit der Stelle, dann berücksichtige, ob der Autor seine Meinung vielleicht zurückgenommen oder selbst schon geändert hat. Weiterhin unterscheide, ob es sich um eine begründete Aussage oder eine beiläufig geäußerte Meinung handelt und prüfe dann, ob die Autorität Anspruch auf Geltung erhebt oder nicht; fünftens behandle den Gegensatz dialektisch durch Klärung der Wortbedeutungen in den sich widersprechenden Sätzen und zum Schluß stelle alles in einen Zusammenhang mit den anderen Autoritäten. Kern der methodischen Überlegungen ist die fünfte Regel: Abaelard sucht die Lösung des Problems, die *solutio controversiarum*, vornehmlich in der dialektischen Behandlung des Stoffes. Dabei wird zum ersten Mal klar die methodische Regel formuliert, unterschiedliche Wortbedeutungen desselben Ausdrucks zu unterscheiden: »Die Auflösung eines Widerspruchs gelingt meistens leicht, wenn man darstellen kann, daß derselbe Ausdruck (*verbum*) von verschiedenen Autoren mit verschiedenen Bedeutungen (*significationes*) verwendet worden ist.« Voraussetzung dieser methodischen Vorschrift war die abgeschwächt nominalistische Position Abaelards. Für die Realisten durfte es keine verschiedenen Bedeutungen eines Wortes, eines *nomen*, geben, denn das Wort war Zugang zur ewigen, in Gott gedachten Idee. Für die extremen Nominalisten gab es nur die Einzeldinge der Welt, Wissenschaft aber suchte die Gültigkeit des Allgemeinen. Abaelards logische Position ermöglichte die methodische Verwendung der europäischen Wissenschaftssprache: Die Bedeutung der Worte gestattet die Formulierung des Allgemeinen.

Ganz modern mutet uns an diesen Ausführungen an, daß der Weg zur Wahrheit durch den Zweifel führt: »Zweifelnd gelangen wir zur Prüfung, prüfend erfassen wir die Wahrheit.« Die entscheidende Frage war, ob man nach Anwendung aller Regeln, wenn sich ein Widerspruch zwischen zwei Autoritäten als unaufhebbar herausgestellt hatte, von der Ansicht eines Kirchenvaters – der Heiligen oder der Väter – abweichen, sie also eines Irrtums zeihen durfte. Diese Frage hatte schon Johannes Eriugena beunruhigt, und er hatte folgende, vorsichtig in die Zukunft weisende Antwort gegeben, woraufhin er damals schon wegen Geringachtung der kirchlichen Autorität angegriffen worden war:

Uns ziemt es nicht, über die Einsichten der Väter zu urteilen, sondern wir müssen uns fromm und ehrfurchtsvoll an ihre Lehre halten. Aber es ist uns gestattet, das aus ihren Lehren auszuwählen, was den göttlichen Ansprüchen nach dem Ermessen der Vernunft mehr zu entsprechen scheint.

Johannes war überzeugt davon, daß letztendlich die wahre Vernunft mit der wahren Autorität, die Gott ist, nicht in Gegensatz treten kann, da beide eins sind. »Vernunft und Autorität sind Ausfluß der göttlichen

Weisheit.« Inzwischen war die literarische Produktion weitergegangen, und Abaelard spricht von den Werken, »die in einer Unzahl von Büchern enthalten sind«. In dieser Situation »hat der Leser oder der Hörer das freie Urteil darüber, was er annimmt, weil er es für richtig hält, oder was er ablehnt, weil er es für anstößig hält«. Nur die kanonischen Schriften des Alten und Neuen Testaments sind von dieser Freiheit ausgenommen. Was Abaelard hier vertritt und fordert, ist nichts weniger als die Freiheit von Forschung und Lehre in einer kirchlich autoritativ gebundenen Gesellschaft. Diese Ansicht hatte Sprengkraft.

Die Tatsache, daß sich die Autoritäten in der Interpretation der Heiligen Schrift widersprachen, ließ sich für den Dialektiker nicht verbergen. Abaelard blieb aber nicht dabei stehen, dies festzustellen und als Konsequenz daraus zu folgern, daß man dann die Freiheit haben müsse, sich für die Autorität zu entscheiden, für die man die besseren Gründe habe. Für einen Logiker erstaunlich, zeigte er ein historisches Verständnis der Entwicklung theologischer Lehrmeinungen. Jede Zeit hat ihre eigenen theologischen Fragestellungen, und nur auf diese antworten die Väter in ihrer jeweiligen historischen Situation. »Es genügte ihnen, die Probleme zu lösen, die sich ihnen stellten, und die Zweifel der eigenen Zeit zu beheben. Ihren Nachfolgern gaben sie damit ein Beispiel, wie man ähnliche Probleme behandeln muß, wenn sie sich ergeben.« Ist so die geschichtliche Dimension theologischer Fragestellungen eröffnet, so geht Abaelard noch einen Schritt weiter und weitet sie zur heilsgeschichtlichen aus. Das Glaubensgut, wie es durch das Wirken des Heiligen Geistes als Offenbarung den Propheten und Aposteln in Mund und Feder diktiert wurde, übersteigt immer die Einsichtsfähigkeit dieser Werkzeuge Gottes wie die ihrer Hörer und Leser. Immer hat Gott mehr gesagt, als Menschen verstehen können. So hat jede Zeit und jeder Mensch einen je spezifischen Zugang zu den unendlich interpretierbaren Texten der Heiligen Schrift. Mit dem hl. Gregor lehrt Abaelard: »Beim Verstehen der Heiligen Schrift darf man nur zurückweisen, was dem gesunden Glauben widerspricht. Wie aus dem einen Gold die einen Halsketten, andere Ringe und wieder andere Armreifen fertigen, alles als Schmuckstücke, so stellen die Ausleger aus den Sätzen der einen Heiligen Schrift durch immer neue und unerschöpfliche Einsichten gleichsam die verschiedensten Schmuckstücke zusammen, die alle zusammen die Schönheit der himmlischen Braut vermehren.« Damit ist es Abaelard gelungen, »der Theologie einen Sinn zu geben, der sie sowohl von der Exklusivität eines Anselm von Canterbury (1033–1109) wie auch von dem zeitlosen Traditionalismus eines Anselm von Laon (um 1050–1117) befreit« (L. Grane). Der Logiker Abaelard hat die Geschichtlichkeit theologischen Fragens und Antwortens entdeckt. Theologische Auslegung der Heiligen Schrift ist Auslegung im Rahmen einer konkreten geschichtlichen Situation und der Probleme, die sich Menschen in dieser Situation stellten.

Die christliche Theologie und die natürliche Offenbarung an die Heiden

Die *conversio,* die innere Umkehr, die Abaelard beim Eintritt in Saint-Denis ergriffen hatte, war weniger die *conversio* des Klerikers in der Welt zum Mönch, sondern die des Dialektikers und Logikers zum Theologen. Zweifellos, seine einzigartige Begabung unter den Zeitgenossen lag in der Fähigkeit zur Sprachanalyse, zur Logik. Seit seiner Lehrtätigkeit in Maisoncelles wurden ihm Logik und Methodenlehre aber immer mehr zu bloßen Werkzeugen, die Offenbarung Gottes auszulegen und darzulegen, wurde die Philosophie wenn auch nicht zur Magd der Theologie, so doch zu ihrer besten Helferin. Und so beginnt Abaelard im Parakleten neben »Dialectica« und »Sic et Non« sein drittes großes Werk, die »Theologia Christiana«, den ersten mittelalterlichen Versuch einer umfassenden Darstellung der Glaubenslehre aus einem Konzept. Dieser Versuch wird Abaelard zu immer neuen Fassungen seines Werkes und immer neuen Bemühungen des Versuchs führen. Die Erfahrung, daß jede endliche Formulierung der Unendlichkeit göttlicher Gedanken inadäquat bleibt, und die ständigen Angriffe der Umwelt lassen Abaelard seine Texte immer neu überdenken und korrigieren. Abaelard war suchender Forscher, nicht Verkündiger gefundener Wahrheiten.

Zwei Eigenarten der theologischen Konzeption, die im Parakleten entstand, sind es wert, auch für diejenigen heutigen Leser herausgehoben zu werden, die an der reinen Theologiegeschichte nicht interessiert sind, nämlich der Umgang Abaelards mit der antiken Philosophie und sein moralisch begründeter Protest gegen die Lehre, daß nach Gottes Heilsplan diejenigen Menschen, denen die christliche Botschaft unzugänglich blieb oder bleiben wird, vom ewigen Heil ausgeschlossen sein könnten.

Sprengte Abaelard schon mit der Bezeichnung »Theologie« für die wissenschaftliche Behandlung der Glaubenslehre die Exklusivität der sich abschließenden christlichen Welt, so brach er jetzt mit der Exklusivität der Glaubensquellen. Christliche Lehre war, daß erst im Neuen Testament als der vom Heiligen Geist inspirierten Formulierung der Botschaft Jesu die zur Erlangung des Heils erforderliche geoffenbarte Wahrheit Gottes vorliege, während im Alten Testament in Gleichnissen und Bildern auf diese Wahrheit nur hingewiesen werde. Der Kirchenvater Augustinus hatte zwar in einer existenziellen Notsituation erfahren, daß in der Lehre Platons und der Neuplatoniker die ganze christliche Lehre enthalten sei, die der Apostel Johannes im Prolog zu seinem Evangelium formuliert hatte:»Im Anfang war das Wort, und das Wort war bei Gott, und Gott war das Wort, und alles, was geworden ist, ward durch das Wort« (Joh.1,1 und 3). Nichts allerdings hatte er bei den heidnischen Philosophen gefunden von der Menschwerdung Gottes und seinem Opfertod. Hatte schon Augustinus Platon nur durch andere Werke kennengelernt, so kannte das frühe Mittelalter die antike Philosophie weitgehend nur durch Augustinus. Gestützt auf dessen Autorität hatte Abaelard schon in seinem in Soissons verurteilten Traktat unmittelbar auf die antiken Autoren zurückgegriffen und die ihnen zuteil gewordene Offenbarung Gottes der des Alten Testaments gleichberechtigt zur Seite gestellt. Die durch Christus gestiftete Kirche hat zwei gleichberechtigte Wurzeln, Juden und Heiden: Die göttliche Eingebung hat die Dreieinigkeit»den Juden durch die Propheten und den Heiden durch die Philosophen geoffenbart, auf daß beide Völker durch die so erkannte Vollkommenheit des höchsten Gutes zur Verehrung des einen Gottes eingeladen würden«. Durch die Lehrer der Völker, die Philosophen und die Propheten, sind so»zwei Häuser zum einen Körper der Kirche vereinigt worden«. Diese Gleichstellung der Offenbarung an Juden und Heiden führt Abaelard in seinem neuen Werk fort und baut sie zu einer systematischen Methode aus. Neben die nicht-christlichen Zeugnisse für die Schöpfung und Trinität treten die für die Ethik und die Lehre vom Gemeinwesen. Und da die Lehre von der Menschwerdung Gottes heilsnotwendig ist, läßt er die Einschränkung des Augustinus nicht gelten. Bei der Seherin Sibylle findet er die Menschwerdung Gottes, den Opfertod Christi und seine Wiederkunft zum Gericht vorhergesagt. Und was die Dichterin weiß, kann den Philosophen nicht verborgen sein. Über die Propheten, ja über die Evangelisten stellt er die Sibylle»die begnadet war, wie kein Prophet je begnadet war«.

Treibende Kraft dieser Gleichstellung ist für Abaelard die moralische Überzeugung, daß es keine Schuld in der Unkenntnis gibt, eine Überzeugung, die ihn zur Gewissensethik und zur Umbildung des Erbsündedogmas führen wird:

Sünde darf man nur nennen, was nicht ohne Schuld geschehen kann. Gott nicht kennen, ihm nicht glauben oder unrechte Werke tun, kann vielen ohne Schuld geschehen. Wenn einer dem Evangelium oder Christus nicht glaubt, weil beides ihm nicht gepredigt wurde,... welche Schuld kann ihm vorgeworfen werden?... Ich sehe also nicht ein, warum man ein Nicht-Glauben an Christus, also Unglauben, oder alles, was aus hoffnungsloser Unkenntnis geschieht, wie bei kleinen Kindern oder solchen, die keine Kunde erhalten haben, zur Schuld rechnen sollte.

Gottes Angebot des Heils an alle Menschen setzt voraus, daß allen die zum Heil notwendigen Glaubenslehren zugänglich sind. Daß die Mehrheit der Heiden und viele Juden in ihrem Starrsinn die Grundzüge der katholischen Lehre, von Philosophen und Propheten verkündet, nicht annahmen, ist ihre Schuld. Diejenigen aber, die die »Predigt der Philosophen« annahmen, gehören »zum einen Körper der Kirche«.

So deutlich Abaelards Absicht ist, kirchliche Lehre in den Lehren der Philosophen zu finden, so vorsichtig geht er in seiner Interpretation mit diesen Lehren um. Deutlich wird das an der platonischen und neuplatonischen Lehre von der Weltseele, der *anima mundi*. Er bejaht zwar in seinen Schriften immer wieder die Beziehung zwischen der Weltseele und dem Heiligen Geist. Aber mit der oben schon angeführten Ausnahme der neuplatonischen Lehre, daß die durch die Zahlen bestimmte Harmonie der Weltseele die Struktur der Schöpfung sei, vermeidet Abaelard jede kosmische Interpretation der Weltseele, in der er nur Spiegel und Gleichnis des Heiligen Geistes sehen kann. In Anwendung seiner sprachlogischen Lehre legt er auseinander, daß »Geist« der Name für eine Natur ist, »Heiliger Geist« der Name für die dritte Person der Gottheit und »Seele« der Name für die Funktion, etwas zu beleben. Nur in diesem Sinn kann der Heilige Geist mit Recht Weltseele genannt werden, denn mit seiner siebenfachen Gnadengabe belebt er die Gläubigen in der Welt, auf daß sie eine Kirche werden.

Abaelards Arbeitsweise

Bücher waren teuer im Mittelalter und besonders im frühen, ehe die Papierherstellung eine weitere Verbreitung ermöglichte. Von Mönchen in monatelanger Arbeit in Skriptorien auf Pergament geschrieben, stellten sie ein Vermögen dar, unter Umständen gar den Gegenwert zum Jahresertrag eines ganzen Hofes. So wurde schon die Erstfassung eines Werkes, das Autograph, selbst geschrieben oder einem Mitbruder diktiert, sorgfältig bearbeitet. Daß die Mönche und Magister, durch jahre-langes Training und ständige Meditation geübt, die literarische Tradition auswendig kannten, erlaubte ihnen eine Konzentration bei der Arbeit, die heute kaum mehr einem Wissenschaftler gelingt. Abaelard läßt einen Gesprächspartner in seinem zuletzt geschriebenen Dialog ausdrücklich sein eigenes gutes Gedächtnis loben. Wurde ein Werk der Öffentlichkeit übergeben, durch Abschriften vervielfältigt, dann sollte es vollkommen sein, Ausdruck der objektiven Wahrheit, nicht zeitbedingter Einfall. Abaelard scheint der erste Wissenschaftler gewesen zu sein, der ganz anders arbeitete, indem er seine Gedanken ständig weiterentwickelte und immer wieder neu formulierte. Am Ende seines Lebens bekannte er, daß ihm Hören wichtiger sei, als eine Streitfrage zu entscheiden, Lernen so-mit wichtiger als Lehren.

Im Begleitbrief an Heloisa zu den von ihr erbetenen Predigten gestand Abaelard, daß ihm das Schreiben schwer falle. Aus allen Berichten über ihn geht hervor, daß seine Stärke im mündlichen Vortrag, der Disputa-tion, lag. Aus den Textfassungen seiner Werke geht weiterhin hervor, daß er in diesen Disputationen nicht nur recht behalten wollte – das wollte er sicher, und je jünger er war um so starrköpfiger –, sondern, daß er durch sie auch lernte. Abaelard war zeitlebens nicht nur Lehrer, son-dern ebenso ein Lernender.

Diese Besonderheit Abaelards führte zu einer außergewöhnlichen und undurchsichtigen Überlieferung seiner Schriften. Nicht nur die zweima-lige Verurteilung als Ketzer, nicht nur die kirchlich überragende Stellung seines letzten Gegners Bernhard von Clairvaux waren Ursache dafür, daß sein Werk keine unmittelbare Wirkung hatte. »Es ist nicht unfair, Abae-lard selbst für den Mangel an Verbreitung mitverantwortlich zu machen« (N. M. Haering).

Sein erstes uns überliefertes theologisches Werk war der Traktat »Über die göttliche Einheit und Dreifaltigkeit«, in der Wissenschaft nach ihren Anfangsworten »Theologia ›Summi boni‹« genannt. Dieses Werk wurde im Jahre 1121 in Soissons verurteilt. Abaelard mußte es eigenhändig verbrennen, und es galt als verschollen. Erst im Jahre 1891 wurde es aufgefunden und veröffentlicht. Bereits dieses frühe Werk liegt in drei Handschriften und zwei Fassungen vor. Aus diesem Werk hat Abaelard im Parakleten seit dem Jahre 1123 durch Umarbeitung und Erweiterung seine »Theologia Christiana« entwickelt. Dieses Werk liegt in drei Fas-sungen vor. Die erste Fassung wurde in den Jahren 1122 bis 1125 im Parakleten geschrieben. Die zweite Fassung erstellte Abaelard in den Jahren 1133 bis 1135, als er sich auf seine letzte Lehrtätigkeit in Paris auf dem Genovefa-Berg vorbereitete, und die letzte Fassung kurz vor dem Konzil von Sens in den Jahren 1136 bis 1140. Die letzte Ausgestaltung seiner Theologie, wieder aus den früheren Werken heraus entwickelt, ist das Werk, das nach den Anfangsworten »Theologia ›Scholarium‹« genannt wird, von Abaelard und seinen Zeitgenossen häufig einfach »Theologia« genannt, später auch »Introductio in Theologiam«, »Einführung in die Theologie«. Es war das unter seinen Zeitgenossen verbreitetste Werk und stellt die Frucht seiner letzten Pariser Lehrtätigkeit dar. Auch dieses Werk ist in wenigen Jahren ständig überarbeitet worden, nicht zuletzt unter dem Druck der sich häufenden Angriffe. Eine erste, kurze Fassung wurde in den Jahren 1134/35 geschrieben. Hier entwikkelte Gedanken und Formulierungen benutzte Abaelard für die letzte Fassung der »Theologia Christiana«. Aus beiden Werken erstellte er dann, wohl noch im selben Jahr, eine neue Fassung der »Theologia ›Scholarium‹«. Auf eine Kritik Walters von Mortagne hin, der ihn aufforderte, sich stärker auf die Kirchenväter zu stützen, ergänzte er die Schrift. Anschließend überarbeitete er sie gründlich und stellte eine längere Fassung her, indem zahlreiche Passagen seines anderen Werkes, der »Theologia Christiana«, eingearbeitet wurden, diejenige Fassung, die dann Wilhelm von Saint-Thierry und Bernhard von Clairvaux vorlag, als sie ihre Angriffe auf Abaelard vorbereiteten. Diese Fassung ist die aggressivste. Man spürt in den Erweiterungen, daß Abaelard immer häufiger gezwungen war, sich zu verteidigen. Im Jahre 1140, kurz vor dem Konzil von Sens, das die Verurteilung aussprach, trafen sich Bernhard und Abaelard zweimal, und Abaelard versprach, anstößige Stellen zu bereinigen. Dies geschah, verhinderte aber die Verurteilung nicht. Schließlich, in Cluny, nach der Verurteilung und der Aussöhnung mit Bernhard von Clairvaux, wenige Monate vor seinem Tod, überarbeitete er sein Hauptwerk zum letzten Mal. Kein anderer Autor des frühen Mittelalters ist Abaelard in dieser Arbeitsweise vergleichbar.

Auch seine anderen Werke wurden ständig neu bearbeitet. »Sic et Non« liegt in zehn Handschriften vor, und jede Handschrift enthält eine andere Fassung. Selbst der Kommentar zum Sechstagewerk, das »Hexaëmeron«, der nur zum Gebrauch der Nonnen des Parakleten geschrieben war, wurde von Abaelard überarbeitet.

Diese Arbeitsweise des Autors entsprach einer veränderten Erwartungshaltung der entstehenden akademischen Welt. Bisher waren Schüler zu Lehrern wie Anselm von Laon und Wilhelm von Champeaux gegangen, um die Wahrheit zu lernen, die Wahrheit als richtiges Aufnehmen der Worte der Heiligen Schrift oder der Sentenzen, der Lehren der Kirchenväter. Darauf, auf die *scriptura sacra*, und die Sentenzen kam es an, nicht auf die Ansichten der Magister, die sie vortrugen. Abaelard war der erste Magister, zu dem Studenten strömten, weil sie Abaelard hören wollten, seine Meinung. So sagt er selbst von sich, daß er nicht die Wahrheit lehren wolle, sondern seine Meinung sagen. Jetzt erst entstand Theologie als ein wissenschaftliches Lehrgebäude von Aussagen über die Wahrheiten der Heiligen Schrift, als Formulierung einer wissenschaftlich begründeten Meinung. Je älter Abaelard wurde, um so häufiger streute er in seinen Texten ein *ut arbritor*, »wie ich meine« ein. Wissenschaft ist aporetisch und strebt nach Wahrheit, aber in der jeweiligen Fassung immer subjektiv und Ansicht dessen, der sie formuliert. Diese Einsicht stand bereits am Beginn der europäischen Wissenschaft.

Der psychische Zusammenbruch

Die Vorgänge in der Einöde am Ardusson konnten nicht verborgen bleiben. Mochte Abaelard den Parakleten als einsame Zuflucht erleben, den er möglicherweise für mehrere Jahre nicht verließ, die Verbindungen mit der Umwelt müssen intensiv gewesen sein. Hunderte mußten ernährt werden, Studenten den Kontakt zu wissenschaftlichen Zentren aufrechterhalten; neue Studenten kamen, alte gingen und berichteten von dem, was dort geschah, nämlich daß dort der in Soissons verurteilte Ketzer und aus seinem Kloster ausgeschlossene Mönch junge Leute um sich sammele und sie geistig verführe. Der Paraklet war zu einem Zentrum geistiger Auseinandersetzung geworden, das Menschen unwiderstehlich anzog. Dieses Zentrum lag nur gut 100 km von jenem anderen entfernt, gleichsam seinem Antipoden, dem Kloster Clairvaux. Gegensätzlicher konnten geistige Kraftzentren nicht sein: Clairvaux, die Schule Gottes, in der Menschen den eigenen Willen aufgaben bis zur völligen Selbstverleugnung, der Paraklet, getragen von einem nur sich selbst verwirklichenden Individuum, das gegenüber allem Herkommen das Recht für sich in Anspruch nahm, selbst zu entscheiden, was wahr und falsch, was gut und böse ist. So ist es völlig unwahrscheinlich, daß man in Clairvaux nicht aufmerksam wurde, vielleicht noch nicht beunruhigt wie später, denn dafür war das Treiben in der Einöde zu unfaßlich, aber verwundert, irritiert. War es jetzt nicht in erster Linie akademischer Neid wie in Soissons, dann mußte es die Infragestellung der Tradition sein, die ein Handeln herausforderte. Nur – was geschah, wissen wir nicht. Diesmal ist das einzige Zeugnis von Abaelard selbst und liest sich folgendermaßen:

Ich konnte mich an diesem Ort verstecken, aber mein Ruf drang durch die ganze Welt. ... Meine früheren Rivalen vermochten aus sich nicht mehr viel, aber sie hetzten gegen mich neue Apostel auf, denen die Welt Vertrauen schenkte. Der eine rühmte sich, das Leben der regulierten Chorherrn, der andere, das der Mönche reformiert zu haben. So ziehen sie predigend in der Welt umher, nagten an mir, so schamlos sie konnten, und streuten über meinen Glauben und mein Leben eine Zeitlang bei geistlichen und weltlichen Machthabern solche Gerüchte aus, daß sich selbst die nächsten meiner Freunde von mir abwandten, und wenn die frühere Liebe zu mir noch übrigblieb, so verleugneten sie diese auf jede Art aus Furcht vor jenen.

Dieser Text hat der Forschung Probleme aufgegeben. Von einer Verfolgung Abaelards in dieser Zeit ist nichts bekannt. Zu deutlich paßt die Beschreibung auf Norbert von Xanten, der den Orden der Prämonstratenser gegründet und ihm die Augustinus-Regel der regulierten Chorherrn gegeben hatte, und auf Bernhard von Clairvaux, der für die Mönche die strenge Interpretation der Regel des hl. Benedikt vorschrieb. Norbert von Xanten war zwar auf dem Konzil von Soissons unter den Gegnern Abaelards gewesen, aber daß Bernhard oder Norbert um diese Zeit gegen Abaelard vorgegangen seien, ist unbekannt. Auch trifft nicht zu, daß Bernhard damals predigend durch die Lande zog. Dennoch, Abaelards Schilderung nennt zwar keinen Namen, weder die Ankläger noch die geistlichen Würdenträger und weltlichen Machthaber, noch die schwankenden Freunde, aber der Schilderung müssen konkrete Vorgänge zugrunde liegen. Keiner der überprüfbaren Berichte berechtigt uns, Abaelard nicht zu glauben. Und bis zum Zeitpunkt der Abfassung des Berichts war Bernhard genügend in der Welt umhergezogen.

Das Treiben am Ardusson muß Bernhard tief zuwider gewesen sein. Die Eremitage, jede Eremitage, »in der drei oder vier Mönche zusammenleben, ohne Ordnung, ohne Zucht«, nennt er eine »Synagoge Satans«. Und daß diese Mönche umgeben sind von jungen Leuten, Studenten, die kommen und gehen, die schon in der Stadt kaum zu disziplinieren sind und die in der Einöde nur der Leitung des einen Lehrers, Abaelards, unterstehen, keiner kirchlichen Autorität, die Aufsicht ausübt, das alles ist Teufelswerk.

Es gibt noch einen weiteren Hinweis. Um das Jahr 1125 schrieb Hugo von Saint-Victor Bernhard von Clairvaux einen Brief und fragte bei ihm wegen der Lehren eines ungenannten Neuerers an. Bernhard antwortete mit einem Traktat »Über die Taufe und einige andere Probleme«. In diesem Traktat beschreibt Bernhard seine eigene Weise, Theologie zu betreiben, so:

Wir wollen keinen Streit um Worte. Neuerungen der Worte jedoch weisen wir entsprechend der apostolischen Lehre zurück. Wir tragen nur die Lehren der Väter vor, und mit ihren Worten sprechen wir, nicht mit unseren, denn wir sind nicht weiser als die Väter.

Und rhetorisch ruft er aus: »Ich wünsche mit Augustinus zu irren oder zu wissen.« Dies stellt offensichtlich das Gegenkonzept zu Abaelard dar. Über den nicht genannten Autor schreibt Bernhard:

Ich wundere mich aufs höchste, wie jener neue Erfinder neuer Behauptungen Gründe finden kann, die die heiligen Väter Ambrosius und Augustinus schon von sich gewiesen haben.... Er scheint mir eher ein Neugieriger der Neuheiten zu sein als ein Anhänger der Wahrheit (plus novitatis curiosus quam studiosus veritatis).

Es werden im folgenden Lehren angeführt, die sich in zahlreichen Werken Abaelards finden, solchen, die damals entstanden, aber auch in Texten, die nach dieser Zeit geschrieben wurden. Es ist jedoch nicht ausgeschlossen, daß Abaelard auch seine erst später schriftlich veröffentlichten Ansichten bereits im Parakleten mündlich vorgetragen hatte. Es ist auch möglich, daß seine Schüler seine Ansichten schriftlich verbreiteten. Und es ist mehr als wahrscheinlich, daß Bernhard hiervon erfuhr und daß er angesichts der grundsätzlichen Bedrohung der kirchlichen Lehre, die er in Abaelards Vorlesungen sehen mußte, zu reagieren begann. Abaelards Hinweise auf die beiden »neuen Apostel« und ihre Intervention bei kirchlichen Würdenträgern und weltlichen Machthabern sind zu präzise, um sie als Hirngespinste abzutun. Heloisa greift später Abaelards Bericht auf und nennt die beiden sogar »Lügenapostel«. Und eine Enttäuschung über Freunde muß hinzugekommen sein. Von den Aktivitäten Norberts und Bernhards gegen Abaelard wissen wir für die damalige Zeit nichts, ebensowenig wie über die späteren Kontakte zwischen den Abtskollegen bis zur Vorbereitung des Konzils von Sens, die im wesentlichen sachlich verliefen, wenn auch der erregte Unterton in einem Brief Abaelards an Bernhard aus der Zeit Anfang der dreißiger Jahre des Jahrhunderts unverkennbar ist. Dies mag damit zusammenhängen, daß Abaelards Flucht aus dem Parakleten im Jahre 1127 und sein öffentliches Schweigen über mehr als zehn Jahre hinweg Bernhard zu der Überzeugung brachten, das Problem habe sich erledigt. Norbert wurde im Jahre 1126 Erzbischof von Magdeburg und hatte andere Sorgen als die theologischen Eskapaden eines französischen Eremiten. Von Abaelard erhalten wir später noch einen zusätzlichen Hinweis. Er spricht von vier Magistern, die »um ihn herum« von ihren Lehrstühlen herab verhängnisvolle theologische Lehrmeinungen verbreiten, in Franzien – also der Ile-de-France –, in Burgund, in Anjou und in Bourges. Er nennt die Namen nicht, aber mit großer Wahrscheinlichkeit handelt es sich um seinen alten Gegner Alberich von Reims, der im Jahre 1136 Erzbischof von Bourges wurde, um Magister Gilbert von Auxerre, Bretone wie Abaelard und Freund Bernhards von Clairvaux, der 1137 Bischof von London wurde, um Magister Ulger von Anjou, der im Jahre 1126 zum Bischof seiner Heimatstadt aufstieg und vielleicht um Joscelin von Vierzy, der Magister in Bourges war, ehe er 1125 Bischof von Soissons wurde. Während Abaelards Aufenthalt im Parakleten befanden sich alle auf dem Höhepunkt ihrer akademischen Karriere, und alle waren einflußreich, wie die Bischofs-Ämter zeigen, die sie bald danach einnahmen. Abaelard fühlte sich eingekreist – circa nos – durch ihre Lehren, die von seiner abwichen.

Und es gab noch ein weiteres Problem. Abaelard spricht in seiner Leidensgeschichte nicht von der Politik. Das Jahr 1127 aber brachte eine Wende. Vielleicht fühlte sich Abaelard nur als Opfer der – so mußte er es empfinden – Intrigen Bernhards von Clairvaux. In Bernhards Briefwerk folgt auf das an Hugo von Saint-Victor gerichtete Schreiben der schon zitierte Brief an Suger von Saint-Denis gegen den Kanzler des Königs und Seneschall von Frankreich, Stephan von Garlande. Zwischen dem 3. August 1127 und dem 10. Mai 1128 gelingt es Suger, dem engsten Berater König Ludwigs VI., das Haus Garlande, den alten Feind seines Klosters, zu stürzen. Stephan verliert die Ämter des Kanzlers und des Seneschalls, nicht aber das Archidiakonat von Paris, sein Bruder Gilbert muß das Amt des Mundschenken abgeben. Kanzler wird Simon, ein Neffe Sugers, Mundschenk wieder Guy von Tour de Senlis, ein Bruder des Bischofs von Paris, Stephan von Senlis. Das Haus Garlande nimmt die Entmachtung nicht hin und verbündet sich mit dem Hause Montfort. Graf Theobald IV., nach Stephan von Garlande der mächtigste Beschützer Abaelards, tritt gegen den König auf die Seite der Häuser Garlande und Montfort: Die Champagne wird mit Krieg überzogen. Abaelard gerät in Furcht. Ohne den gewohnten Schutz der Großen muß er sich von

Bernhard, Suger und Bischof Stephan geradezu eingekreist gefühlt haben. Ob Abaelard wirklich bedroht war, wissen wir nicht. Von der Politik spricht er nicht. Aber aus seinem Bericht wird deutlich, daß er eine tiefe seelische Krise durchlebte. Er fährt fort: »Gott ist mein Zeuge, immer wenn ich erfuhr, daß Geistliche zu einer Versammlung zusammenkamen, glaubte ich, es geschähe zu meiner Verdammung. Starr wie einer, der den Blitz erwartet, erwartete ich vor ein Konzil oder eine Versammlung geschleppt zu werden wie ein Ketzer oder Heide.« War es das Bewußtsein der Neuartigkeit seiner Lehren und die Ahnung, daß sie auf Dauer gegen ihn gerichtete Reaktionen herausfordern mußten, war es die Erfahrung von Soissons, daß sich die Institutionen seiner bemächtigten und er ihnen hilflos ausgeliefert war? Oder hatte er, der sich als einzigartig erfuhr und dessen Ruf die ganze Welt durchdrang, der aber im Parakleten abgeschnitten war von jedem politisch-kirchlichen Leben um sich her, hatte er den Sinn für die Realitäten verloren oder waren die politischen Realitäten für ihn bedrohlich geworden? Er fühlte sich aus der Gesellschaft seiner Zeit, aus der christlichen Gesellschaft ausgeschlossen. »Oft fiel ich, Gott weiß es, in solche Depressionen, daß ich plante, die christlichen Länder zu verlassen und zu den Heiden zu gehen, um dort in Ruhe aufgrund eines Unterwerfungsvertrages unter den Feinden Christi zu leben. Ich vertraute auf ihre Gunst um so mehr, da sie in mir aufgrund der mir vorgeworfenen Vergehen kaum einen Christen vermuten konnten und sie deswegen um so leichter erwarten durften, ich könne mich ihrer Sekte anschließen.« Jetzt, etwa zehn Jahre nach der Kastration und einige Jahre nach der Verurteilung von Soissons, bricht Abaelard mitten in einer außerordentlich fruchtbaren Schaffensperiode zusammen. Die Studenten allein, ihre Hilfe, ihr intellektuelles Verlangen, ihre Verehrung vermochten ihn nicht mehr zu tragen. Ohne den Schutz der Großen, ohne Vertraute, umstellt von tatsächlichen und eingebildeten Gegnern und ohne Kontakt zu dem einzigen Menschen, dem er vertraute, Heloisa, fühlte er sich wieder aus allen damals in Europa lebbaren Ordnungen geworfen. Die Flucht zu den Heiden war die Metapher dieser Heimatlosigkeit.

Saint-Gildas, die Flucht ans Ende der Welt

Abt aus Verzweiflung

Ein äußeres Geschehen griff in Abaelards innere Entwicklung ein. »In der äußersten Bedrängnis überlegte ich mir, bei den Feinden Christi zu Christus zu flüchten. Da bot sich mir die Gelegenheit, den hinterhältigen Nachstellungen auf eine Weile zu entgehen, wie ich wenigstens glaubte. Aber ich fiel unter Christen und dazu noch Mönche, die grausamer waren und nichtswürdiger als die Heiden.« So beginnt Abaelard den Bericht über den neuen Lebensabschnitt, der ihn zu seiner höchsten kirchlichen Würde führte und in seine tiefste Verzweiflung.

Auf der Halbinsel Rhuys am Golf von Morbihan lag das älteste Kloster der Bretagne. Nach der Überlieferung soll der in Schottland geborene hl. Gildas der Weise (um 500–570), der erste Historiker der Briten, unter König Chilperich I. (561–584) das Kloster gegründet haben. Es galt als das ehrwürdigste Kloster der Bretagne, die Reformbewegung des 11. und 12. Jahrhunderts hatte es jedoch noch nicht erreicht. Um das Jahr 1128 starb Abt Heribert. Mit Zustimmung Herzog Kunos III., des Dicken (1112–1148), wählten die Mönche einstimmig Abaelard zu seinem Nachfolger. Abt Suger von Saint-Denis und der Konvent entbanden ihn von dem Verbot, in ein anderes Kloster einzutreten. Gerne ließen sie ihn aus ihrem Umkreis ziehen. Was die Mönche von Saint-Gildas zu ihrer Wahl bewogen hatte, wissen wir nicht. Sicher war es weder Abaelards Ruf als Wissenschaftler noch sein monastischer Rigorismus, den er in Saint-Denis gezeigt hatte. Vielleicht hatten sie von der Liebesaffaire gehört und waren der Ansicht, ein Mann, der als Kleriker seine Schülerin verführt hatte, gestehe als Abt den Mönchen ihre Frauen zu. Die Annahme der Wahl zeigt die tiefe Verzweiflung Abaelards im Paraklet. Er mußte gewußt oder wenigstens geahnt haben, was ihn erwartete. »So trieb mich der sattsam bekannte Neid der Franken westwärts sozusagen in die Verbannung. ... Gott weiß, daß ich die Wahrheit rede: Ich hätte dem Ruf dahin nie Folge geleistet, wenn ich nicht – koste es, was es wolle – diese schon genannten Verfolgungen hätte loswerden wollen, unter denen ich ohne Atempause zu leiden hatte. Die Gegend war mir fremd, die Mundart unbekannt, und die Mönche dort waren für ihre Schändlichkeit und Unbelehrbarkeit überall verrufen, die Bevölkerung überhaupt rauh und schwer zu lenken. «Abaelard war zwar im Herzogtum Bretagne geboren, in Le Pallet, sein Geburtsort im Süden der Grafschaft Nantes lag aber jenseits der keltischen Sprachgrenze. So kam Abaelard in ein Land, dessen Sprache ihm unbekannt war. »So springt wohl einer in den Abgrund, im blinden Schrecken über das drohend geschwungene Schwert, und läuft dem Tod hier in die Arme, um dem Tod dort für einen Augenblick zu entgehen. Nicht anders entzog ich mich der einen Gefahr und ging wissentlich der anderen entgegen. Im Angesicht der wild brüllenden Meereswogen, am Ende der Welt, als es keine Möglichkeit mehr gab, noch weiter zu fliehen, da drängte sich mir immer wieder das Gebet auf › Von den Grenzen der Erde rufe ich zu Dir, mein Herz voller Angst‹ (Ps. 9,3).« Das Kloster lag unmittelbar an einer Steilküste des Atlantiks, im Osten von weiten Wäldern und Sümpfen der Halbinsel Rhuys umgeben.

Die Klosterkirche hat die Zeit überdauert, und der romanische Chor, kurz vor Abaelards Wahl vollendet, ist der einzige Raum, von dem sich sicher sagen läßt, daß er sich in ihm aufgehalten hat, daß er dort den Chordienst sang, an hohen Festen als Abt das Konventsamt zelebrierte und seinen lasterhaften Mönchen ins Gewissen zu reden versuchte. Noch heute strömt er eine beklemmende Düsternis aus, und daß dies nicht an der Baukunst der damaligen Zeit liegt, sondern an der geistigen Atmosphäre der Gegend, zeigt der Gegensatz zu dem gleichzeitig entstandenen Chor der Abteikirche zu Fontevrault. In der Nähe von Abaelards Geburtsort gelegen, war sie der Mittelpunkt des Lebenswerkes von Robert von Arbrissel, romanischer Ausdruck der neuen gesellschaftlichen Kräfte, wie Saint-Gildas ein Überbleibsel des durch Cluny überwundenen archaischen, verkommenen Mönchtums war.

Fast über Nacht hatte sich Abaelards gesellschaftliche Stellung geändert. Aus dem Mönch ohne Berufung, aus dem verurteilten Ketzer, aus dem gescheiterten Eremiten und Lehrer in der Einöde war der Abt eines der angesehensten Klöster geworden, hatte er die höchste kirchliche Würde des Mittelalters erhalten, die es nach den Erzbischöfen und Bischöfen gab. Abt eines Feudalklosters bedeutete, Herr über Mönche und Land zu sein, über Leute und Einkünfte, und Gleichstellung mit dem hohen Adel. »Vom armen Mönch bin ich aufgestiegen zum Abt, um zu lernen, daß ich um so elender wurde, je bedeutender ich war.«

Was Abaelard vorfand, war ein sittlich und ökonomisch zerrüttetes Kloster. Ein Adeliger der Gegend – Abaelard nennt ihn »Tyrann« – hatte alle laufenden Einkünfte an sich gezogen. »Er saugte die Mönche schlimmer noch aus als seine Schutzjuden.« So lebten die Mönche »aus ihrem eigenen Geldbeutel«, das heißt von der Mitgift, die sie bei ihrem Eintritt ins Kloster eingebracht hatten. Und sie lebten davon »mit ihren Konkubinen, Söhnen und Töchtern«. Abaelard versuchte mit allen Mitteln, eine Reform durchzuführen. Er ermahnte, er predigte, er exkommunizierte, er rief die Unterstützung der benachbarten Bischöfe herbei und einen Legaten des Papstes Innozenz II. Nichts half. Je mehr Abaelard zur Reform drängte, um so aufsässiger wurden die Mönche. Sie lagen ihm in den Ohren wegen ihrer alltäglichen Bedürfnisse, verhöhnten ihn, wenn er das Kloster nicht verwalten konnte, weil er es nicht gelernt hatte oder weil es nichts mehr zu verwalten gab, sie verfolgten ihn mit Giftanschlägen im Refektorium und während der Messe, zwangen ihn schließlich, aus dem Kloster auszuziehen, und dingten überdies noch Mordgesellen. Als er Herzog Kuno in Nantes einen Krankenbesuch machte und bei einem seiner leiblichen Brüder wohnte, bestachen sie einen Bediensteten. Abaelard hatte nichts zu sich genommen, aber ein Klosterbruder in seiner Begleitung starb an der Vergiftung. Zehn qualvoll lange Jahre dauerte das Ringen zwischen dem sensiblen Intellektuellen und den bodenständigen Mönchen aus bretonischem Adel, denen Verwandte, Frauen und Jagd wichtiger waren als Gottesdienst und Klosterzucht. Ein aussichtsloser Kampf. Und zu alledem stürzte er noch vom Pferd, brach sich einen Halswirbel und wurde so zum zweiten Mal ein Behinderter. In einer Predigt, die uns überliefert ist und die er seinem Konvent gehalten hat, stellte er das mönchische Ideal der Wirklichkeit gegenüber und schloß die Predigt mit den Worten: »Unter Tausend Laien findest Du, wenn Du einige Mönche unter sie mischst, die meisten von ihnen als geistlos, fett, trunken vor Begierde und kahlköpfig heraus.« Die Resignation des gescheiterten Abtes!

Der Durchbruch

In dieser körperlichen und seelischen Not, in dieser jahrelangen völligen Verlassenheit wurden die Erinnerungen immer dichter, immer drängender und durchbrachen eines Tages den seelischen Käfig, in dem er eingesperrt war. »Ich überdachte und beklagte, welch unnützes und elendes Leben ich führte, unnütz für mich und unnütz für andere, wie ich früher meine Studenten unterrichtete und ich nun, da ich sie der Mönche wegen

verlassen hatte, weder ihnen noch den Mönchen etwas geben konnte.
...Ich verzweifelte schier,wenn ich daran dachte, was ich verlassen und
was ich angetroffen hatte.« Mit diesen Worten spricht Abaelard den ersten Grund seiner Verzweiflung aus, die intellektuelle Trostlosigkeit
seines Daseins. Hinzu kam ein Zweites, seine Unfähigkeit, der religiösen und kirchenrechtlichen Pflicht zu genügen, den Gottesdienst im Parakleten aufrechtzuerhalten. »Den Parakleten, den Tröster, habe ich
verlassen, in die sichere Verlassenheit habe ich mich gestürzt. Um den
drohenden Schrecken zu entgehen, wählte ich die sichere Gefahr des
Untergangs. Am meisten quälte mich aber, daß ich die geweihte Kapelle
verlassen hatte, ohne dafür sorgen zu können, wie es meine Pflicht war,
daß der Gottesdienst gefeiert werde. Das Besitztum war so arm, daß nicht
einmal ein Geistlicher unterhalten werden konnte.« Ein Drittes können
wir nur ahnen. Abaelard berührt es in seiner Biographie mit keinem
Wort. Wo war für ihn Heloisa? Wo war sie für ihn in Saint-Denis, in
Maisoncelles, in Soissons, im Parakleten, in Saint-Gildas? Räumlich einmal nah, dann weit, weit fort. Wo aber und wer war sie in der Erinnerung? Wie drängten sich dem Verschnittenen die Bilder der Lust auf, wie
erfuhr der Mann die Verzweiflung über Unwiederbringliches, wie der
Mönch die Reue über die Beleidigung Gottes? Und wie dachte Abaelard
an die Heloisa der Gegenwart? Über all das schweigt Abaelard. Aber der
seelische Druck wurde immer stärker, mußte umgesetzt werden, suchte
sich eine Ausdrucksform. Und so wurde Abaelard wieder zum Dichter.
Nicht mehr Liebeslieder dichtete und komponierte er, *carmina amatoria*,
wie in Paris, sondern Klagelieder, *planctus*. »Ich überdachte und klagte.«
Und wieder waren die Lieder für das Mittelalter eine Neuheit. Sechs Klagelieder sind erhalten, und alle haben alttestamentliche, menschlich aussichtslose Situationen zum Gegenstand. Es klagt Abaelard über den
Mord der Söhne Jakobs an dem Schänder und Ehemann seiner Tochter
Dina (1. Mos.34,1–31), es klagt Jakob über seine verlorenen Söhne
(1. Mos.35,16–20; 37,18–35; 42,24,36), es klagen die Töchter Israels
über die Tochter Jephtas des Galaditen, der sie Gott als Opfer bestimmte
(Ri.11,29–40), es klagt Israel über Samson, der sich opferte zu Israels
Rettung (Ri.16,23–31), und es klagt David über seinen Sohn Abner, den
Joab tötet (2. Sam.3,22–39), und über das Ende Sauls und Jonathans.
(2. Sam.1,17–27). In all diesen Liedern verdichtet sich die düstere Stimmung jener Jahre zu ergreifenden Texten, und immer wieder finden sich
Sätze, die zwar von alten Zeiten und anderen Menschen sprechen, die
aber Worte Heloisas oder Abaelards sind, gesprochen aus ihrer Not.

Du
Teil meines Lebens,
Um Willen welcher Sünden und Missetaten
Hat man uns auseinandergerissen?
...
Größeres, als Liebe tut, gibt es nicht.
Weiterleben ist dauerndes Sterben für mich,
Denn eine halbe Seele genügt zum Leben nicht.

So klagt David über Jonathan, oder klagt Heloisa über Abaelard oder Abaelard über Heloisa? Im ersten Lied ist es Abaelard selbst, der das Schicksal Dinas bejammert, die von dem Sohn des Königs entjungfert wurde, der sie liebte und ihr die Ehe anbot. Jakob schloß den Vertrag, der Königssohn heiratete Dina, aber die Brüder konnten die Schmach ihrer Schwester nicht vergessen und ermordeten den Mann ihrer Schwester und mit ihm alle Bewohner seiner Stadt. Und so klagt Heloisa mit den Worten Dinas in einem Lied, das, abweichend von den anderen, Abaelard ausdrücklich sich selbst in den Mund legt, Heloisa aber sprechen läßt:

Die Beute eines unreinen Mannes wurde ich,
Bezaubert vom Spiel des Verderbens.
Wehe mir Elenden,
Die sich selbst verdarb.
...
Die Ekstase der Liebe heiligt die Schuld,
Wem steht das Urteil zu, wer mindert das Vergehen?
Die Jugend, die Leichtigkeit dieses Alters,
Muß der Züchtigung Grenze sein.

Die oben beschriebene Szene, in der Heloisa ihren Schleier als Nonne nimmt und Abaelard in seiner Selbstbiographie ihr Worte des heidnischen Dichters Lukan in den Mund legt, verdichtet er in dem Klagelied über die Tochter des Jephta in zwei Kurzzeilen:

Laß dann die Liebe schweigen,
Und führe mich dem Herren zu.

In beiden Texten ist Abaelard die Bezugsperson. Ihm, nicht Gott, bringt Heloisa das Opfer der Jugend, er führt sie Gott als Nonne zu, nicht ihr eigener Entschluß.

Die Klagelieder zeigen, wie die Verzweiflung der jahrelangen seelischen Einsamkeit Abaelard zu dem Wagnis zwingt, unbestimmt erst noch und ohne sich innerlich wieder auf Heloisa einzulassen, Trauerarbeit zu leisten, Kräfte der Selbstbehauptung gerade aus der Katastrophe zu gewinnen. Im Anschluß an die wiedergegebene Klage über den verlassenen Parakleten schreibt Abaelard:»Allein der wahre Tröster schenkte mir in meiner tiefsten Trostlosigkeit den wahren Trost und sorgte für sein eigenes Haus, wie es Not tat.«Die Sorge für das Haus des Tröstergottes: Abaelard schenkt Heloisa den Parakleten. Der Trost: Gemeinsam gründen sie ein Kloster für Nonnen, entwerfen eine Theologie der Frau und erarbeiten eine neue Ethik. Erst jetzt werden sie ein nicht mehr trennbares Paar, für ihr eigenes Leben und für alle nachkommenden Zeiten: Abaelard und Heloisa, Heloisa und Abaelard.

Die Selbstvergewisserung: Abaelards »Leidensgeschichte«

Abaelard hatte den Durchbruch erreicht, den Durchbruch in der Verabschiedung der alten Strukturen des überkommenen Klosterwesens, den Durchbruch durch die Verzweiflung hin zur Öffnung für Heloisa. Ab jetzt wird er nur noch Lehrer sein, allein auf die Autorität des Individuums gestellt, Lehrer der Frauen und Lehrer der Jugend. Die neue Lebensform, der endgültige Inhalt seines Lebensplanes veranlaßten Abaelard zur Dokumentation des Vergangenen. Er verfaßte eine Autobiographie, die »Historia calamitatum«, die erste geschlossene Autobiographie des Mittelalters.

Tastende Versuche einer Autobiographie finden sich schon in der Generation zuvor. Um das Jahr 1108 hatte ein Engländer, Adelard von Bath (um 1070 – nach 1146), einen »Tractatus de eodem et diversis« geschrieben, »Über das Selbige und das Verschiedene«. In diese philosophische Abhandlung ließ der Autor, Naturwissenschaftler, Kenner der arabischen Literatur und Übersetzer der »Geometrie« des Euklid die Darstellung seines subjektiven Verhältnisses zur zeitgenössischen Wissenschaft einfließen. »Wie und warum wurde ich Philosoph – und nicht etwa Theologe?« könnten wir heute die Fragestellung dieser Schrift nennen. Innerlich Abaelard in vielem verwandt, machte auch der Prior der Großen Karthause, Guigo von Castell (um 1083–1137), Aufzeichnungen über sein Leben. Irgendwann vor dem Jahr 1125 schrieb er Reflexionen und Maximen nieder, Bemerkungen, die er »Meditationen« nannte, aber, den »Selbstbetrachtungen« Kaiser Marc Aurels vergleichbar und durch sie angeregt, nicht zu einer fortlaufenden Erzählung, einer *narratio*, verband, sondern sie in der lockeren Form der Betrachtung beließ.

Im Jahre 1115 entsteht das erste Werk im Mittelalter, das sich selbst als eine Autobiographie darstellt, die Schrift »De vita sua« des Abtes Wibert von Nogent (1064? – 1124). Dieses Werk, dessen Vorbild die »Confessiones« des hl. Augustinus sind, seine »Bekenntnisse«, gibt uns bei allen formalen Mängeln als Autobiographie einen überraschend ehrlichen Einblick in die Psyche eines Mönchs am Anfang des 12. Jahrhunderts. Wiberts Vater starb kurz nach seiner Geburt, und für den jungen Sohn wurde so die Mutter die bestimmende Größe, emotional und moralisch. Als er zwölf Jahre alt war, wurde sie Rekluse im Kloster Saint-Germer-de-Fly in der Nähe von Beauvais. Diesen plötzlichen Entzug von Geborgenheit und Orientierung konnte er nie überwinden. Immer wieder kreisen seine Betrachtungen um seine Mutter, und nur mühsam kann er seine beiden Einstellungen zu diesem Ereignis vereinigen, einerseits ihr Gelübde als fromme Handlung zu verstehen und andererseits ihre Flucht aus seinem Leben zu verurteilen. Ruhelos irrt er umher, »mißbraucht seine verführerische Freiheit«, wie er später schreibt, bis er selbst Mönch in Saint-Germer-de-Fly wird, Geborgenheit und Strenge des Klosters als Ersatz für die Geborgenheit und Anleitung durch die Mutter. Schwierigkeiten mit dem Konvent bleiben nicht aus, auch nicht mit seinen Untergebenen, als er im Jahre 1104 Abt des Klosters Sainte-Marie in Nogent-sous-Couchy wird. Dort schreibt er den Bericht über sein Leben, »die bei weitem ausführlichste und einfühlsamste Autobiographie des 12. Jahrhunderts« (Ch. D. Ferguson). Formal gelingt ihm die Darstellung jedoch nicht. Die Ursache seiner Schwierigkeiten, die Gründe des Scheiterns seiner klösterlichen Bemühungen kann er nicht zum Leitfaden der Darstellung machen, da sie ihm selbst in der Reflexion unzugänglich sind. So zerfällt sie und mündet in die Beschreibung zeitgenössischer Ereignisse.

Knüpft Wibert an Augustins »Confessiones« an, so Abaelard an den Typ der *epistula consolatoria*, des Trostbriefes, wie er für das Mittelalter in den Briefen des Seneca exemplarisch geworden war. Während der antike Trostbrief Zuspruch dadurch gewährt, daß Schreiber und Empfänger im Erlebnis des Leidens gleichberechtigt sind, eigenes Leid der Schlüssel zum Verständnis fremden Leids wird, entwirft Abaelard eine ganz andere, eine geradezu harte Konzeption: Sein, Abaelards Leid steht so hoch über anderem Leid, daß dieses andere dagegen verblassen, sich auflösen muß. Diese Konzeption hält er im ganzen Werk durch, das ihn nie einfach anders als andere Menschen zeigt, Individualität gegen Individualität setzt, sondern ihn immer nur größer als andere. Die Einzigartigkeit des Individuums ist nicht Andersheit, sondern Größe. Als Logiker ist er scharfsinniger als andere, als Philosoph einsichtiger, als Liebender besser und als Theologe neuer. Abaelards Trostbrief, seine Leidensgeschichte, will nicht andere trösten, nicht den imaginären Freund, nicht Heloisa, die den Brief angeblich zufällig zu Gesicht bekam, sondern sich selbst. Selbsttröstung durch Sinngebung und Selbstrechtfertigung ist die innere Bewegung, die dem Werk zugrundeliegt. »Es ist genau diese Verbindung von Selbsttröstung und Selbstrechtfertigung, die den eindrucksvollen Inhalt der ›Historia calamitatum‹ ausmacht« (Ch. D. Ferguson).

Die Einheit des Werkes wird erreicht, indem auf zwei Ebenen die Einzelereignisse des Lebens in einem sich wiederholenden Schema zu einer Erzählung, einer *narratio*, verbunden werden, der sichtbaren Welt von Ursache und Wirkung und der göttlichen Welt von Gnade und Sünde. Die Kategorien, mit denen er sein für jedermann sichtbares Leben beschreibt, sind Genie (*ingenium*), Ehre und Ruhm (*gloria* und *fama*), Neid (*invidia*) und Leid (*calamitas*). Die göttliche Welt, in der sein Leben *exemplum*, Beispiel, wird, liefert die Kategorien Gnade (*gratia*), Sünde (*peccatum*), Strafe (*poena*) und Rettung (*redemptio*). Sein Genie, das ihn über alle erhebt, ist göttliche Gnade. Ihr verdankt er seinen Beruf als Lehrer, ihr seine alle anderen überragenden Fähigkeiten, ihn auszuüben. Von dieser Einzigartigkeit war Abaelard immer überzeugt. Dieses Genie war seine Ehre, diese Ehre bewirkte seinen Ruhm über alle Lande und Grenzen. Der Ruhm aber rief den Neid der anderen, der geringeren hervor. Und so verfolgten sie ihn, teils offen, teils im verborgenen. Zeitlebens, scheint es, hatte Abaelard Angst vor Verfolgungen, vor Verletzungen, wobei die Quellenlage es uns nicht gestattet zu entscheiden, ob dies erst eine Folge der Kastration war, die frühere Verfolgungsangst also nachträgliche Interpretation, oder ob diese Verfolgungsangst wirklich sein ganzes Leben bestimmte. Der stete Rückhalt, den er beim Klan des Königs suchte, findet von hier aus eine mögliche Erklärung. Diese Verfolgungen erlebt Abaelard als Leid, dieses Leid aber hat einen Sinn. Sein Genie führte ihn zu den beiden Sünden, seine Überzeugung, der beste Liebhaber zu sein, zu Sinnlichkeit und Unzucht, und seine Überzeugung, der beste, ja einzige Philosoph und Theologe zu sein, zu der des Stolzes. Und so war das Leid, das ihm die anderen aus Neid zufügten, wieder Gnadenangebot Gottes. In seiner Ethik wird er später ausführen, daß die Sünder, auch wenn sie sündigen – Abaelard verfolgen und verletzen –, Gottes Ordnung dienen. »Als ich in unbändigem Eigendünkel den Dank für die göttliche Gnadenführung vergessen wollte, da hat Gottes Gnade mich gedemütigt und für Gottes Reich gerettet.« Was weltlich als sich wiederholende Abfolge erscheint – Genie, Ruhm, Neid und Leid –, ist bei Gott der Kreislauf von Gnade, Sünde und Strafe als neuer Gnade. Abaelards Autobiographie enthält nicht wie die Wiberts von Nogent Ansätze zu einer Analyse seines Selbst. Im Gegenteil beinhaltet sie erstaunliche Beispiele dafür, wie er sich selbst und die Handlungsweisen der anderen mißversteht, wenn er beides mit seinen Kategorien beschreibt. Abaelards Absicht ist eine andere:»Er sucht nicht sich zu verstehen, sondern die Bedeutung seines Lebens« (E. B. Vitz). Diese gefunden zu haben ist die Voraussetzung für die neue Ausübung seines Lehramtes, aber auch für das Durchstehen der Spannung mit Heloisa. Die Jahre um 1135 sind eine Krisis seines Lebens, die zu zwei Entscheidungen führt: Sein Lebensinhalt wird der Aufbau der utopischen Frauenkommunität des Parakleten zusammen mit Heloisa, und er beginnt wieder, öffentlich zu lehren.

Der Paraklet, Kloster der Frauen

Heloisa, Nonne und Priorin in Argenteuil

In einem Jahr von einem Mädchen zur Frau, von einer Frau zur Mutter geworden, zwanzigjährig, durch ein nicht verstehbares Schicksal für immer von ihrem Geliebten und durch eine gesellschaftliche Konvention von ihrem Kind getrennt, ohne innere Berufung zur Nonne und erfüllt von quälenden Erinnerungen an die erlebte Lust und von Trostlosigkeit und Trauer um das Unwiederbringliche, schlossen sich um Heloisa die Klostermauern. Einige Male wird Abelard sie noch besucht haben. Finanzielle Dinge gab es noch zu regeln. Nur schwer ist von heute her vorstellbar, wie ein solcher Besuch in einem Nonnenkloster ablief, der Besuch des Geliebten, des Ehemannes, eines Mönchs bei einer jungen Nonne. Dann blieben die Besuche aus. Vielleicht wurden noch einige Briefe gewechselt. Wie verhielt sich Heloisas Onkel Fulbert? Was erfuhr sie von ihrem Sohn? Heloisa war allein mit ihrem Schmerz, für den sie keinen Trost fand, keine Möglichkeit der Verarbeitung. Erst zehn Jahre später gibt sie wieder Einblick in ihr Inneres, und dieser Einblick läßt nur ein Wort zu: »Verzweiflung«.

Das Leben in einem mittelalterlichen Kloster unterlag Regeln von einer Dichte, die wir Heutigen uns kaum mehr vorstellen können. Tageslauf; Rhythmus von Gebet, Arbeit, Essen, Ruhe, Schlaf; Haltung, Gebärden, Worte; Zeiten des Schweigens, der Lektüre, des Sprechens, des Alleinseins, alles war in seinem Ablauf bis ins kleinste geregelt. Heloisa, die ihre Liebe zu Abaelard aus einer Mitte gelebt hat, Gefühl, Denken, Handeln in einer einzigartigen Einheit der Verwirklichung ihres Lebens in Abaelard, diese Frau beginnt Innen und Außen, Gefühl und Haltung, Vergangenheit und Zukunft auseinanderzureißen. Heloisa geht ihren inneren Weg bis an die Grenze der einem mittelalterlichen Menschen möglichen Verneinung ihrer Lebensform als gottgeweihte Frau und unterwirft sich gleichzeitig äußerlich vollständig den Regeln des Klosters. Ihr innerer Weg: die völlige Ausrichtung ihres Willens, ihrer Ergebung, ihres Gehorsams auf Abaelard, den abwesenden Abaelard: »Ich habe alles für Dich getan und kenne auch jetzt nur noch einen, Deinen Willen.

Es war doch nicht fromme Ergebung in Gottes Willen, die mich junges Ding ins finstere Kloster führte, nein, Dein Wille allein zwang mich ins Kloster.« Und vielleicht aus der Zeit, kurz nachdem sich die Klosterpforten für immer hinter ihr geschlossen haben, stammen die Worte:»Ich war doch nicht mehr Herr meines Selbst, in Dir, nur in Dir war es und ist es, ist es jetzt mehr als je! Ist mein Selbst nicht bei Dir, so ist es nirgends, und ohne Dich hat es kein Sein und Wesen.« Ihr äußerer Weg: die völlige Eingliederung in die Gemeinschaft der Nonnen, die buchstäbliche Einhaltung der Regel. Äußerlich empfängt sie eine bekannte Welt. Heloisa hatte schon den größten Teil ihres Lebens in diesem Kloster verbracht, als es ihre Heimstatt für immer wurde, ohne Chance einer Rückkehr. Nur wenige Jahre, vielleicht nicht mehr als zwei, hatte sie seit ihrer frühen Kindheit nicht im Kloster, hatte sie im Domherrenhof bei ihrem Onkel gelebt. Alles um sie her mußte ihr vertraut sein, selbstverständlich fast, die Menschen, die Gebärden, der Tageslauf, aber nur in ihrem Leben nach außen. Und offen spricht sie diese Entfremdung aus:»Wie keusch sie ist!‹, rühmen sie, sie sprechen von Tugend, aber Tugend meint nicht leibliche Reinheit, Tugend meint die Reinheit der Seele. Gewiß, vor Menschen habe ich einige Ehre, vor Gott verdiene ich keine. . . . Fromm heiße ich in einer Zeit, in der die Frömmigkeit zu einem guten Teil Heuchelei ist.«

Heloisa war erst wenige Jahre Nonne, als sie Priorin ihres Klosters wurde, Vertreterin der Äbtissin. Ihre Regelstrenge und ihre wissenschaftliche Begabung hatten sie dieser empfohlen. Wenig wissen wir über jene Jahre. Aber vielleicht hat uns ein Zufall einen Text von ihr überliefert, geschrieben von eigener Hand. Es war üblich, daß beim Tode eines Bischofs oder eines Abtes die Trauerbotschaft von Kloster zu Kloster lief und in jedem Kloster eine Elegie hinzugeschrieben wurde. Der immer länger werdende Text wurde auf aneinander geheftete Pergamentstreifen geschrieben, die um einen Holzstab gewickelt waren. Totenrotel wurden diese Rollen genannt. Meist waren die Texte gedichtet, und es war eine große Auszeichnung, einen solchen Text verfassen und schreiben zu dürfen. Im Oktober des Jahres 1122 starb der Gründer des Klosters Savigny, Abt Vitalis. Auf der vierzigsten Station erreichte sein Totenrotel im Jahr darauf das Kloster Sainte-Marie in Argenteuil. Es gibt gute Gründe dafür anzunehmen, daß der Text dieses Klosters von Heloisa verfaßt und geschrieben wurde. Dieser Totenrotel ist erhalten, und wenn die Annahme richtig ist, dann sehen wir über 800 Jahre hinweg die Schriftzüge Heloisas. So wie der Chor von Saint-Gildas das einzige ist, das uns unmittelbar mit dem Leben Abaelards verbindet, so wäre dieser Totenrotel das einzige auf uns gekommene Zeichen Heloisas.

Die Vertreibung der Nonnen von Argenteuil durch Abt Suger von Saint-Denis

Als junger Klosterbruder hatte Suger im Archiv gestöbert und gelesen, daß das Kloster Sainte-Marie von Argenteuil einst ein Männer-Kloster war und zu Saint-Denis gehört hatte. Er fand eine Urkunde aus dem Jahre 828, in dem Kaiser Ludwig der Fromme und sein Sohn Lothar versprachen, das Kloster nach dem Tode der damaligen Äbtissin Theodrada wieder an Saint-Denis zurückzugeben. Die Urkunde gibt es, aber ob sie echt ist oder nicht gar zu Zeiten Sugers erst angefertigt wurde, wissen wir nicht. Ihr Original ist verloren, von ihrem Text gibt es mehrere Fassungen. Suger berichtet auch, er habe eine Urkunde in Händen gehabt, nach der Hermenricus und seine Frau Numma das Kloster in Argenteuil gegründet und zu Zeiten König Pippins (751–768) dem Kloster Saint-Denis geschenkt hätten. Diese Behauptung kann nicht richtig sein, denn von einer solchen Urkunde gibt es keine Nachricht, und es steht fest, daß das Kloster unter König Chlotar III. (657–673) gegründet und der Mutter Gottes, dem hl. Petrus und dem hl. Paulus geweiht wurde. Ein Besitzstandsverzeichnis aus dem Jahre 750 führt für das Kloster Saint-Denis Argenteuil nicht auf. Fest steht weiterhin, daß Karl der Große seine Tochter Theodrada zur Äbtissin machte. Für eine Generation standen so das Königskloster Saint-Denis als Kloster für Männer und das Kloster Sainte-Marie von Argenteuil für Frauen gleichberechtigt nebeneinander, nur durch eine Schleife der Seine voneinander getrennt. Ein Normanneneinfall zerstörte Argenteuil völlig, und es blieb danach über 100 Jahre öde und unbesiedelt. Erst Königin Adelaide, die Frau Hugo Capets, und ihr Sohn, König Robert II. (969–1031), gründeten es als Nonnenkloster neu. Obwohl König Robert die Urkunde im Kloster Saint-Denis ausstellte, fehlt in ihr jeder Hinweis auf etwaige Ansprüche dieses Klosters, ja der damalige Abt fehlt unter den Unterzeichnern.

Vor dem Hintergrund dieser Geschichte beschloß Suger, Sainte-Marie von Argenteuil seinem Kloster einzuverleiben. Er wartete ab, bis die Äbtissin gestorben und Heloisa als Priorin die Obere des Klosters war. Die politische Lage war günstig. Seit dem Jahr 1127 war Abaelard im Exil in der Bretagne, und seit der Jahreswende 1127/28 war Stephan von Garlande in Ungnade. Nachfolger Stephans im Amt des Kanzlers war ein Neffe Sugers, Simon. In Paris herrschte Bischof Stephan von Senlis mit den Prioren von Saint-Victor, Saint-Martin-des-Champs und Saint-Magloir. Im Jahre 1129 fand im Kloster Saint-Germain-des-Près vor den Toren von Paris ein Konzil in Gegenwart des Königs Ludwig VI. statt. Als Päpstlicher Legat leitete es Matthias, Kardinalbischof von Albano, Schüler Anselms von Laon und ehemaliger Prior von Saint-Martin-des-Champs und Großprior von Cluny. Anwesend waren der Erzbischof von Reims, Rainald von Martigny, die Bischöfe von Paris, Chartres und Soissons, Stephan von Senlis, Gottfried von Lèves und Joscelin von Vierzy sowie zahlreiche Äbte und andere Würdenträger. Gegenstand der Beratungen war die Reform des klösterlichen Lebens im Königreich. Suger und sein Neffe Simon hatten alles inszeniert.

Plötzlich erhob sich ein Aufschrei im Munde aller gegen die Unregelmäßigkeiten und den schlechten Ruf eines gewissen Nonnenklosters, genannt Argenteuil, in dem nur einige wenige Nonnen lebten. In mehrfacher Schändlichkeit hatten sie sehr zur Unehre ihres Standes durch ihre schmutzige und schimpfliche Lebensweise die ganze Nachbarschaft ihres Sitzes beschmutzt.

Der Ruf nach Vertreibung der Nonnen wurde laut. Da trat, gut vorbereitet, Abt Suger auf, zog die Urkunde aus dem Jahre 828 aus der Tasche und behauptete, Argenteuil gehöre in Wahrheit zu Saint-Denis. Alle stimmten dem Besitzübergang und der Vertreibung der Nonnen zu, der Päpstliche Legat, der Bischof von Paris, der nur einen rechtlichen Vorbehalt zu seinen Gunsten machte, und der König. Die Nonnen von Argenteuil, ihre Priorin Heloisa wurden nicht gehört. Weder zu den Vorwürfen konnten sie sich äußern noch zu der Rechtsfrage, ob der Anspruch von Saint-Denis zu Recht bestand oder nicht. Außer dem Chronisten Wilhelm von Nangis, einem Mönch des Klosters Saint-Denis im 13. Jahrhundert, bestätigt keine Quelle die Vorwürfe. Und die Rechtsansicht Sugers war mehr als zweifelhaft. Wenn Argenteuil tatsächlich als Mönchskloster gegründet worden wäre und zu Saint-Denis gehört hätte und die Äbtissin Theodrada wirklich der Rückübereignung zugestimmt hätte, so wäre doch durch den Untergang des Klosters, die lange Zeit der Wüstung und die königliche Neugründung als Nonnenkloster diese Zueignung überholt gewesen. Der Urteilsspruch des Konzils lautete auf Vertreibung der Nonnen, und der Spruch wurde von Papst Honorius III. durch eine Bulle, gerichtet an Abt Suger, bestätigt. Die schwerwiegenden Anklagen gegen die Nonnen wiederholte der Papst allerdings nicht. Vorsichtig formuliert er, daß in Argenteuil »einige Frauen ein schlechtes Leben führten, wie gesagt wird«. Der König fertigte eine Urkunde aus, und das Urteil wurde ausgeführt. Die meisten der ohnehin nicht zahlreichen Klosterinsassen fanden Zuflucht im Kloster Notre-Dame von Malnoué in der Nähe von Champigny-sur-Marne, östlich von Paris. Heloisa aber weigerte sich zusammen mit einigen Schwestern, in dieses Kloster einzutreten. War es ihr Stolz oder ihr Gerechtigkeitssinn, der die Verurteilung und Ausweisung nicht anerkannte, die allen Regeln des damaligen Kirchenrechts widersprachen? Heloisa war heimatlos. Abaelard berichtet den Vorgang distanziert, ohne einen Vorwurf gegenüber Abt Suger.

Der gescheiterte Abt eines Männerklosters als Gründer eines Frauenklosters

Nachrichten liefen schnell von Kloster zu Kloster, von Stadt zu Stadt. Abaelard hörte, was in Paris geschehen war, daß »die Armen heimatlos umherirrten, die einen hier, die anderen da. Das war für mich ein Fingerzeig Gottes, wie ich für meine Kapelle sorgen könnte.« Er reitet von der Bretagne zum Parakleten und lädt Heloisa ein, mit den Schwestern, die ihr treu geblieben sind, zum Parakleten zu kommen.

Sie kommt. Ein neues Gegenüber: Lehrer und Schülerin waren sie gewesen, Geliebter und Geliebte, Mann und Frau und Mönch und Nonne. Jetzt tritt der Priorin der Abt gegenüber. Verlief so das Begrüßungszeremoniell? War er begleitet von Mönchen, die zu ihm hielten, war sie begleitet von ihren Nonnen, denen sie Mutter war? Oder durften, konnten sich die Menschen gegenübertreten, sie beide allein, Abaelard und Heloisa? Keiner von beiden, keine von beiden spricht in den Briefen von seinen, von ihren Gefühlen. Zehn Jahre waren vergangen. Abaelard war 50 Jahre alt, von der Krankheit gezeichnet, durch den Unfall behindert, zermürbt, verbittert, aber jetzt belebt von einer kleinen Hoffnung, einer Hoffnung auf was? Heloisa war 30 Jahre alt, hatte ihre Liebe, ihre Verzweiflung eingekapselt in sich, die Liebe wird heiß und lebendig gehalten unter dem Druck der Disziplin, nach außen umhüllt von Ruhe, Autorität, Mitgefühl, aber jetzt erfüllt von einer Erwartung in Angst, Warten worauf?

Die Texte sprechen nur von Abaelard dem Abt. Nur aus Sorge um den Parakleten hatte er Heloisa eingeladen, nur von der kirchenrechtlichen Regelung spricht er in seinem Bericht. »Ich schenkte und übereignete ihnen (Heloisa und ihren Nonnen) in aller Form das Oratorium Paraklet mit dem ganzen dazugehörigen Besitz. Mit Zustimmung des zuständigen Bischofs und auf seine Bitte hin bestätigte Papst Innozenz II. meine Schenkung den Nonnen und ihren Nachfolgerinnen durch ein Privileg für alle Zeiten.«

Er hält seine Rolle durch. Aber wenige Zeilen nach dem Bericht im Chronistenstil schreibt nicht der Abt, sondern Abaelard. Er entschließt sich, Heloisa und den Nonnen zu helfen, und erfährt wieder Anfeindung, und seine Not bricht aus ihm heraus:»Nichts finde ich, wo ich ruhen oder auch nur leben kann. Unstet und flüchtig wie Kain nach dem Fluch irre ich umher.« Nur einen Ort in der Welt gab es, der ihm gehörte, der ihm Ruhe und Trost gebracht hatte, an dem er hing, den Parakleten. Und nur einen Menschen gab es, den er geliebt hatte, Heloisa. Ihr schenkte er in diesem Ort alles, was er besaß. Schenkte er damit sich?

Wieder begann eine Trennung: Außen und Innen. Außen ging alles den damals üblichen Weg. Abaelard erbat von Papst Innozenz II. (1130–1143) die Bestätigung der Klostergründung und traf ihn vermutlich auf dem Konzil von Étampes, das im Sommer des Jahres 1130 unter dem Einfluß Bernhards von Clairvaux die Rechtmäßigkeit der Wahl dieses Papstes bestätigte. Es ist aber auch möglich, daß er ihm anläßlich der Weihe von Cluny III. begegnete, sicher aber im Kloster Morigny bei Étampes, als Innozenz II. dort einen Altar weihte. Abaelard trat als Bittsteller auf und Bischof Hatto von Troyes, der die Kirche einst geweiht hatte, nach damaligem Brauch als Unterstützer. In Auxerre bestätigte Papst Innozenz II. am 2. Dezember 1131 die Errichtung des Klosters. Abaelard konnte ihm nur den Grund und Boden am Ardusson übereignen mit der Kirche und den verfallenen Gebäuden, die seine Studenten vor sechs Jahren errichtet hatten. Große Ländereien gehörten nicht dazu, und die Landwirtschaft als unmittelbare Grundlage damaligen Lebens war nicht organisiert. So herrschte zuerst Armut, ja Not. Aber wo immer sich arme Mönche oder Nonnen im 12. Jahrhundert niederließen, folgte eine Flut von Stiftungen, die langsam anschwoll, ihre Höhe erreichte und wieder abebbte, bis sich die Stifter einer neuen Gründung zuwandten. Erst waren es die Herren der Umgebung, die Heloisa und ihr Kloster beschenkten, allen voran Milon, Herr von Nogent-sur-Seine, der nächstgelegenen Stadt. Er schenkte Ländereien und Leute, dienstbare Bauern also, gestattete die Nutzung von Wäldern zur Gewinnung von Bauholz für den Ausbau des Klosters und von Brennholz für Küche und Heizung im Winter, übereignete Ufergelände am Ardusson zur Anlage von Gärten und übertrug dem Kloster die Fischereirechte am Fluß. Jetzt erst war die Grundlage gelegt, die ein Kloster der damaligen Zeit brauchte, Äcker, Weiden, Wälder, Weinberge, Gärten und Mühlen. Weitere Stifter standen nicht nach, Graf Theobald und seine Frau Mathilde, Bischof Hatto von Troyes, Bischof Manasses von Meaux und viele, deren Namen uns heute nichts mehr sagen. König Ludwig übernahm die Schirmherrschaft, und Abaelard konnte zu Recht schreiben:»In den Menschen ringsum erweckte Gott die Barmherzigkeit und Mildtätigkeit. Die Frauen haben dort, glaube ich, in einem Jahr an irdischen Gütern mehr erhalten, als ich in hundert Jahren hätte erhalten können.« Aber noch fünf Jahre nach der Gründung war die ökonomische Lage des Klosters so schwierig, daß sich Heloisa an den Erzbischof von Sens, Heinrich Sanglier, wendete, der dem Kloster daraufhin den Zehnten von Lisines übertrug.

Als Heloisa zum Parakleten kam, war sie Priorin, und mit diesem Titel bezeichnet sie Papst Innozenz II. in seiner Bestätigungsbulle. Bald aber schon wurde sie Äbtissin und das Kloster Paraklet Abtei genannt. Heloisa war Abaelard ebenbürtig, unterschieden nur durch ihr Geschlecht.

Von Abaelard ist in keiner der Urkunden die Rede. Erstaunlich ist, daß auch nirgends davon die Rede ist, wer die Vogtei über das Kloster ausübt, wer also die weltlichen Rechte nach außen wahrt, etwa die Gerichtsbarkeit. Abaelard war Grundherr des Parakleten und hätte sich diese Rechte vorbehalten können. Offensichtlich hatte er Heloisa und ihren Nonnen den Parakleten bedingungslos und ohne Vorbehalt geschenkt. Rechtlich gehörte ihm nichts mehr. Später wird das Kloster königliches Kloster genannt. Es scheint, daß es niemandem untertan war.

Wenn die Nonnen des Parakleten von Abaelard sprechen, schreiben, nennen sie ihn »Unser Magister«, »Gründer unseres Klosters« und umschreiben damit die Rolle, die er bei der Gründung spielte, geben den Titel an, unter dem Abaelard sich sah.

Aber mit dieser Schilderung des Außen ist Abaelards Verhältnis zum Parakleten nicht getroffen, des Parakleten, dessen Äbtissin nun Heloisa war, seine Schülerin, seine Geliebte, seine Ehefrau und jetzt seine Kollegin. Abaelards Bindung an den Parakleten bestand hinfort in der Beziehung zu dieser Frau, einer Beziehung, die ihn von einer Rolle zur nächsten führte und dabei das Vergangene aufhob, aber gleichzeitig bewahrte und fortführte. Und Heloisa hatte mit dem Parakleten zugleich Abaelard wieder erhalten. In ihrem ersten Brief an ihn beschreibt sie diese einmalige, unverwechselbare, nur bei Abaelard mögliche Situation:

Wie groß ist Deine Schuldverpflichtung gegen meine Nonnen und mich! Es bedarf wirklich keiner Urkunden und keiner Zeugenaussagen, als müßten wir einen zweifelhaften Rechtsanspruch erhärten. Und wenn kein Mensch für uns spricht, die Wahrheit und Wirklichkeit schreit laut auf, schreit es in alle Welt hinaus. Unser Kloster – nächst Gott bist Du allein sein Gründer, unser Bethaus – Du allein bist sein Erbauer, unsere heilige Gemeinschaft – ihr Stifter bist Du ganz allein. Du hast hier nichts auf fremdem Grund gebaut, alles ist hier Deine Schöpfung. In dieser öden Gegend hausten nur die wilden Tiere, verkroch sich nur das Raubgesindel; weit und breit kein Unterschlupf, kein Gehöft, in dem friedliche Menschen wohnten. Und gerade hier, mitten unter den Schlupfwinkeln des Wildes, unter den Verstecken der Räuber, auf dem Boden, der den Namen Gottes noch nie hatte hören dürfen – gerade hier hast Du unserem Gott einen Altar gebaut und dem Heiligen Geist einen Tempel geweiht. Keinen König und keinen Fürsten gingst Du um seine Beisteuer für den Bau an, obwohl Du sie in Hülle und Fülle hättest haben können! Was immer entstand, es sollte nur Dein Werk sein.

Der Paraklet war kein Feudalkloster, eingeordnet in die Adelswelt des 12. Jahrhunderts, und auch kein Königskloster, mag es auch später so genannt werden. Nicht den Papst nennt Heloisa und nicht den Bischof. Die äußere Ordnung der Kirche war selbstverständlich, aber unwesentlich. Wie der Paraklet Hochschule nur durch die Lehrautorität Abaelards gewesen war, so war er auch Kloster nur durch seine Stifterautorität. Abaelard war, wie Heloisa schreibt, Gründer des Klosters (*fundator*), Pfleger der Gemeinschaft der Nonnen (*plantator*), Ordner ihres religiösen Lebens (*institutor*) und der Lehrer, der sie aufklärt über ihren Stand und ihre Würde (*praeceptor*). Diese Autorität Abaelards kann nicht von der Beziehung des Paares getrennt werden. Die angeführte Beschreibung leitet Heloisa denn auch ein mit der Beschwörung des einmalig Persönlichen, das den Abt und die Äbtissin verbindet: »Durch eine schwerwiegende Schuld bist Du uns verpflichtet, die wir nicht nur Freundinnen heißen, sondern Geliebteste, nicht Gefährtinnen, sondern Töchter, für Dich heißen wir so süß und heilig, wie nur irgendein Name heißen kann.«

Abaelard, nach außen nur Abt, Stifter eines Klosters, der auf alle Rechte verzichtete, Abaelard geht auf Heloisa ein. Wieder läßt er sich im Topos mittelalterlicher Bescheidenheit drängen. »Die ganze Nachbarschaft des Klosters erhob nachdrückliche Vorstellungen, daß ich mich der frommen Frauen in ihrer Not nicht so annehme, wie ich es könne und müsse; meine Predigt könne ihnen schon eine große Hilfe sein, und für mich sei der Dienst nur eine kleine Belastung. Auf diesen Wink hin besuchte ich das Kloster nun öfters, um ihnen zu dienen, wie ich es vermochte.« Eine Reise von Saint-Gildas in der Bretagne zum Parakleten in der Champagne dauerte damals etwa zehn Tage bis zwei Wochen. Aber wieder werden Vorwürfe laut, »Stimmen der Gehässigkeit«. Seinen Gegnern ist kein Vorwurf zu abgeschmackt. »Da hieß es, ich sei eben immer noch in den Fesseln der Sinneslust gefangen, darum könne ich das Fernsein von meiner einstigen Geliebten nur schwer ertragen, wenn ich es überhaupt vermöchte.«

Wieder ist Abaelard tief getroffen. Wieder, wie nach der Verurteilung in Soissons, vergleicht er seinen gegenwärtigen Schmerz mit dem vergangenen der Kastration. »Aber wenn ich damals unter dem leiblichen Schmerz weniger gelitten habe, so leide ich jetzt um so mehr unter der Ehrabschneidung, und der Verlust meines guten Namens ist eine größere Qual als der Schaden an meinem Körper.« Hilfe holte er sich von den Großen der Vergangenheit. Den hl. Hieronymus hatte derselbe Vorwurf getroffen, als er sich um seine Gefährtin Paula sorgte: »Nichts wird mir vorgeworfen als mein Geschlecht, und auch der Vorwurf unterbliebe, wenn nicht Paula mit mir nach Jerusalem gereist wäre.« Aus dem Kirchenrecht zitiert Abaelard:

Wir erklären deutlich, daß kein Bischof, Presbyter, Diakon und Subdiakon die religiösen Verpflichtungen zum Vorwand nehmen darf, um sich der Fürsorgepflicht für seine Ehefrau zu entziehen; diese Fürsorgepflicht besagt, daß er sie mit Nahrung und Kleidung versehe, aber nicht, daß er mit ihr leiblich verkehre.

Vor seinem Gewissen fühlte er sich gerechtfertigt. »Mich trieb die lautere Bruderliebe zu helfen.« Aber nicht nur nach innen das Gewissen, sondern auch nach außen der Ruf ist dem Menschen zurechenbar. Der gute Ruf, der den Ruhm, die *gloria*, bewirkt, war Abaelard immer das Höchste in dieser Welt gewesen. Jetzt droht beides auseinanderzufallen in seiner Hinwendung zu Heloisa. Nicht mehr der Ruf als Ruhm trägt ihn, sondern der Ruf als Skandal bedrängt ihn. »Das gute Gewissen (*conscientia*) ist für dich« – hält er sich den hl. Augustinus vor – »dein guter Ruf (*fama*) ist für deine Mitmenschen.« Soll er den Skandal vermeiden, den Parakleten, Heloisa meiden, oder soll er seinem Gewissen folgen, den Nonnen helfen und Heloisa beistehen in ihrem Schmerz, den er verschuldet hatte? Abaelard entscheidet sich für das Gewissen und gegen den Ruf mit den Worten des hl. Hieronymus: »Jetzt weiß ich, daß man in das Himmelreich kommen kann durch einen guten und durch einen schlechten Ruf.« Von hier war es nur noch ein kleiner Schritt zu der Einsicht, daß der Ruf überhaupt nichts, das Gewissen aber alles beiträgt zur Moralität, zum Heil.

Der Weg war vorgezeichnet:»Aus vielfachen Erwägungen dieser Art rang ich mich zum Entschluß durch: Ich wollte nach Möglichkeit für die Schwestern sorgen und sie geistig betreuen; für ihre tiefe Verehrung wollte ich in eigener Person über ihnen wachen, wobei es auch leichter war zu helfen mit dem, was Not tat.« Die Stäbe des Käfigs waren gebrochen, die Mauern eingerissen. Abaelard konnte wieder Menschen Mensch sein. Er lebt und sorgt für den Parakleten, seine Schöpfung, und für die Nonnen, die dort Gottes Lob singen, indem er für Heloisa sorgt und lebt, und Heloisa ist Äbtissin und Herrin des Parakleten, indem sie Dienerin Abaelards wird. Beide können die Sphären nicht auseinanderhalten, ihre Liebe, ihre Verbindung, ihren Auftrag.»Mich« – schreibt Heloisa –»Deine einzig Geliebte, mich mußt Du auszahlen, gewissenhaft auszahlen, wenn Du Deine Schuld an die andächtigen Schwestern begleichen willst.« Und Abaelard fordert von ihr:»Gedenke in Deinem Gebet immer dessen, der Dein ist im wahrsten Sinne des Wortes.« Was bei jedem anderen Paar in sich zusammengestürzt wäre, die innigstmögliche Nähe zweier Menschen bei gleichzeitiger Distanz durch Amt und Aufgabe, hat Bestand durch Heloisas Liebe und Abaelards Versehrtheit. Und so entwerfen sie gemeinsam die menschlichste Form religiösen Lebens, die im Mittelalter entwickelt wurde.

Die gemeinsame Frauentheologie des Paares

Die Welt der Völkerwanderung, der Germanenreiche, der Kirche in diesen Reichen war eine Welt der Männer. Im 11. Jahrhundert trieb der Männlichkeitswahn in Westeuropa einem Höhepunkt zu. Der Zerfall jeder zentralen Herrschaft gewährte Überlebenschancen nur durch physische Gewalt. Die Priesterkirche schloß sich durch den Zölibat, die Ehelosigkeit ihrer Amtsträger, von jedem Einfluß der Frauen ab. Für die Männer der Kirche »ist die Frau nichts als ein Ornament weltlicher Oberflächlichkeit, ein belangloser Teil der Zerstreuungen, derer die Jugend sich erfreut. Oder aber sie ist ein gefährlicher Köder, eine Falle des Teufels, ein Werkzeug der Versuchung, eine Gelegenheit zum Fehltritt.« Adelige, Priester,»sie alle sind Junggesellen« (G. Duby). Sie waren Junggesellen rechtlich, wie die Geistlichen, die nachgeborenen Adeligen und die Ritter im Dienste der Herren, oder sie waren es der Einstellung nach wie die verheirateten Großen, denn die Ehefrau diente nur der Erzeugung von Erben. Sexualität, Liebe wurde außerhalb der Ehe gelebt, Sexualität täglich – denn welche Frau konnte der Gewalt der Herren widerstehen –, Liebe selten, denn zu einer solchen Bindung, irgendwie Gleichberechtigung voraussetzend, waren nur wenige fähig. Dieser Männerwelt war die Frau fremd, bedrohlich, zerstörend. Sie hatte das Unheil in die Welt gebracht, in Eva war die Menschheit verflucht. »Wo ein Schaf, da eine Frau, wo eine Frau, da die Sünde« war ein gängiges Sprichwort. Die Frau war Fleisch, Begierde, »Ursprung der Sünde und Grund des Todes aller Menschen« (Marbod von Rennes). War sie überhaupt ein Mensch?

Im 12. Jahrhundert, zu Abaelards Zeiten, wird deutlich, daß Frauen nicht nur Beute der Männer und Mütter der Erben sein wollten. Aber der Rahmen, innerhalb dessen der Wandel sich vollziehen kann, ist der Rahmen der Kirche, nirgendwo hatte Weltliches noch seinen eigenen Platz, sein eigenes Recht. Denken, bedachtes Formulieren war ein Vorrecht der Geistlichen. Begehren, Fühlen konnte jedermann, jedefrau, aber Begehren und Fühlen auszudrücken mußte erst geleistet werden. In Südfrankreich war Wilhelm von Aquitanien (†1127) der erste, der dies vermochte, vielleicht inspiriert durch die Sinnenfreude der islamischen Kultur in Spanien, Abaelard war der erste in Nordfrankreich, offen dafür durch seine Liebe zu Heloisa. Jetzt ist er Mönch, Abt, seine Geliebte Nonne, Äbtissin, und so beginnen er und Heloisa die Texte der Heiligen Schrift neu zu lesen und die Kirchenväter, und sie suchen nach einer Deutung der Frau. Viel finden sie nicht bei den Kirchenvätern. Die Leibfeindlichkeit, und dies bedeutet in einer Männerwelt immer Frauenfeindlichkeit, hatte im Christentum überhand genommen. Aber die Heilige Schrift zeigt ihnen ein Bild der Frau, das im Laufe der Zeit für sie immer stärker von dem überlieferten Bild abweicht. Immer weitere Stellen sucht Abaelard, immer wieder kommt er auf das Thema zurück, in seinen Briefen an Heloisa, in seinen Predigten für die Nonnen, in seinen theologischen Schriften und in seinen Liedern. Es wird kaum eine Stelle der Heiligen Schrift geben, die die Frauentheologie unserer Tage ausdeutet, die nicht Abaelard und Heloisa schon herangezogen hätten.

In den Rahmen kirchlicher Lehre gehört es, wenn die Jungfräulichkeit als höchstes Gut gewertet wird, ja die Möglichkeit der Jungfräulichkeit eine Auszeichnung für Frauen sein kann. Aber diese Wertung des Standes der Mönche und besonders der Jungfrauen ist für das Paar nicht mit einer Mißachtung der Menschen in der Welt verbunden. Heloisa schreibt an Abaelard: »Die Frömmigkeit der Laien darf nicht für gering geachtet werden, auch wenn sie verheiratet sind, wie es Abraham, David und Hiob waren«, und mit dem hl. Chrysostomos warnt sie:»Und wenn der Ehestand nur ein Hindernis für unser ewiges Heil wäre, wo bliebe dann seine Ehre?« Wenn Abaelard von dem Dienst spricht, den Frauen dem Herrn erweisen, und er Martha und Maria anführt, die Schwestern des Lazarus, dann achtet er streng darauf, ihr Tun gleich hoch zu bewerten. Man erinnere sich, der Evangelist Lukas berichtet:

Sie zogen zusammen weiter, und er kam in ein Dorf. Eine Frau namens Martha nahm ihn freundlich auf. Sie hatte eine Schwester, die Maria hieß. Maria setzte sich dem Herrn zu Füßen und hörte seinen Worten zu. Martha aber war ganz davon in Anspruch genommen, für ihn zu sorgen. Sie kam zu ihm und sagte: Herr, kümmert es dich nicht, daß meine Schwester die ganze Arbeit mir allein überläßt? Sag ihr doch, sie soll mir helfen! Der Herr antwortete: Martha, Martha, du machst dir viele Sorgen und Mühen. Aber nur eines ist notwendig. Maria hat das Bessere gewählt, das soll ihr nicht genommen werden (Luk.10,38–42).

Und der Evangelist Johannes berichtet, daß Maria dem Herrn die Füße wusch und mit Salböl salbte (Joh.12, 1–8). Immer war in der Kirche Maria über Martha gestellt worden, Kontemplation über Tätiges, Geistiges über des Tages Notdurft. Für Abaelard ist beides gleichwertig: »Während also Martha sich um die Speisen mühte, sorgte Maria für die Salbe, Martha labte den Herrn mit Speis' und Trank, Maria pflegte ihn in seiner Müdigkeit.«

Auf die Einzelheiten sei nur hingewiesen. Totenerweckungen geschehen an Frauen oder auf Bitten von Frauen. Frauen sind die ersten Apostel, die Verkünder der Nachricht von der Auferstehung des Herrn. Frauen umgeben den Herrn und leisten ihm die persönlichen Dienste. Und nur Frauen dürfen ihn salben. Die Salbung ist eine alte religiöse Handlung. Abaelard berichtet:

Der Erzvater Jakob hat zuerst eine Salbung vollzogen – die Salbung an dem Stein (1. Mos.28,18), um dadurch auf des Herrn Salbung im voraus sinnbildlich hinzuweisen. . . . Auch später gestattete man nur Männern, den König oder den Priester feierlich zu salben, überhaupt eine heilige Weihe durch Salbung zu vollziehen. . . . Männer spenden die weihende Salbung nur den Spiegelungen der göttlichen Wahrheit, aber eine Frau hat die Salbung an dem Urbild der Wahrheit selber vollzogen. . . . Der Christus, der Gesalbte selbst, empfängt seine Salbung von einer Frau, Christi Anhänger von Männern.

Ein Merkmal der christlichen Kirche von Anfang an ist der Ausschluß der Frauen vom Altardienst. Der Apostel Paulus hatte es als den Gepflogenheiten entsprechend angeordnet:»Wie es in allen Gemeinden der Heili-

gen üblich ist, sollen die Frauen in der Versammlung schweigen«
(1. Kor. 14,33 f.). Dieser Gewohnheit gegenüber beruft sich Abaelard auf
die Überlieferung:

Wenn wir die Geschichte des Alten Testamentes lesen, so finden wir, daß die
Frauen, wo es Gott und seinen besonderen Dienst galt, nirgends hinter den Männern zurückstanden. Die heilige Geschichte erzählt ausdrücklich, daß Frauen genauso wie Männer zu Gottes Ehre Lieder gesungen und sogar selbst gedichtet
haben. Das erste Lied aus Freude über die Befreiung des Volkes Israel sangen dem
Herrn Männer und Frauen zusammen; dadurch bekamen die Frauen alsbald das
Recht, beim Gottesdienst in der Gemeinde mitzuwirken.

Er prüft daraufhin das gesamte Alte Testament, Mirjam, Deborah,
Hanna und beschließt diesen Bericht mit der vorsichtigen, für das Mittelalter aber revolutionären Folgerung:

Daraus möchte man schließen, daß auch fromme Frauen zum Priesterstand gehörten. Das ist jedenfalls sicher, daß priesterliche Frauen und Männer durch
Gleichheit der Beziehungen verbunden waren.

Freilich, seine Deutung bleibt eine Deutung des Mittelalters. Daß das
weibliche Geschlecht das schwache, hilfsbedürftige Geschlecht ist, bleibt
unbestritten. Wie kann es anders sein in einer Zeit und einer Welt, in der
durch menschliche Körperkraft noch alles verrichtet werden muß, was
Leben ermöglicht? Aber in der Schwäche verwirklicht sich die Stärke, ist
der Verdienst der Tugend überreich. »Was ist die Segnung – die Maria
empfing und in ihr alle Frauen – anderes als die Vervielfältigung göttlicher Gnade?« In der Predigt von Mariae Verkündigung und in der Predigt, mit der er für die Nonnen des Parakleten bettelnd die Ile-de-France
durchzog, heißt es:

Die Tugend der Frauen, deren Geschlecht zerbrechlich und deren Natur schwach
ist, ist Gott um so wohlgefälliger und vollkommener, je schwächer ihre Natur ist,
wie der Apostel sagt, »denn meine Kraft ist in den Schwachen mächtig«
(2. Kor. 12,9).

An dieser überkommenen Typologie wird nichts geändert, nichts an der
Analogie, die seit dem Apostel Paulus überliefert ist: Es verhält sich die
Stärke zur Schwäche wie Christus zur Kirche, wie Mann zu Frau.

Abaelard hatte Klostererfahrung, negative Klostererfahrung; zweimal war er an Klöstern gescheitert, in Saint-Denis und Saint-Gildas. Zeitgenössische Klöster waren ihm kein Vorbild. Er hatte eine eigene Vorstellung vom christlichen Leben, und jetzt bot sich die Möglichkeit, sie zu verwirklichen. Seine Vorstellungen vom christlichen Leben waren von der Vergangenheit, von den Ursprüngen her geprägt, von der alten Kirche, dem Neuen Testament und den Vorbildern der Alten, den Vätern des ägyptischen Mönchstums und Hieronymus. Der Neuerer, wie ihn seine Gegner schimpften, lebte aus der Tradition. Die Vergangenheit nahm er in sich auf, aber ohne den dualistischen Rigorismus, die asketische Leibfeindlichkeit des Orients. Der Mensch Jesus in seiner Milde ist das Vorbild für alle Menschen, alle Stände, alle Ordnungen, alle Situationen. Der Kirchenvater Hieronymus, der Humanist der alten Kirche, war ihm Interpret und Argumentationshilfe. Abaelard entwickelte das Neue aus dem Alten.

Welche Gegenwart wollte Abaelard durch die Berufung auf das Alte reformieren, neu gestalten, zukunftsfähig erhalten?

Zwei Ordnungen monastischen Lebens prägten damals Europa, nicht nur das Leben in den Klöstern, sondern durch ihre Vision vom christlichen Leben auch das Leben in der Welt: Cluny und Cîteaux. Alt, fast abgeklärt die eine, jung und ungestüm die andere. Petrus Venerabilis und Bernhard von Clairvaux sind die zwei Menschen, die diese Ordnungen und Ideen verkörperten. Beides aber waren Männerordnungen, vollständig die alte, fähig zur Ergänzung die neue.

Jedes monastische Leben ist bestimmt durch die drei Gelübde, die Menschen von der Welt abschließen und sie zu Mitgliedern einer Klostergemeinschaft, einer Kommunität machen, die Gelübde des Gehorsams, der Armut und der Keuschheit. Gehorsam und Keuschheit waren für die Zeitgenossen kein Problem. Daß Mönche ehelos, keusch leben sollten, war selbstverständlich, aber auch die Forderung des Gehorsams. Die Struktur des Gehorsams durchzog das mittelalterliche Christentum in einer Dichte und Rigidität, die uns Heutigen fremd, unheimlich und gefährlich erscheint. Gehorsam war das, was mächtige Männer erzwangen, und Gott war allmächtig und sein Zwang ungeheuer: Die Strafe ewiger unvorstellbarer Pein. Angst war der Ursprung des Gehorsams gegenüber Menschen und Gott. Abaelard ertrug diesen Gedanken nicht, denn dieser Gehorsam machte unfrei. Christen aber waren aber durch den Sohn Befreite (Joh. 8,30–37). Gott war der Gott der Liebe und Jesus das Vorbild der Liebe.»Frei ist, wer nicht durch die Angst zum Dienst gezwungen wird, sondern der Liebe Gehorsam freiwillig leistet« (Predigt zum Fest Mariae Reinigung). Jesus, durch dessen Nachfolge Menschen das Heil erlangen, war dem Vater nicht gehorsam aus Angst, sondern aus Liebe (3. Predigt zum Palmsonntag). Daß aber der Gehorsam Gott geschuldet wird, ist selbstverständlich.»Dein Wille geschehe wie im Himmel, also auch auf Erden« (Matth. 6,10).

Anders als Keuschheit und Gehorsam war die Armut in ihrer Bedeutung für Kirche und Klöster zur Zeit Abaelards heftig umstritten. Der Streit spaltete die Gesellschaft tief, bis in die Irrlehre und Ketzerei und somit tödlich.

Die Regel des hl. Benedikt verlangte Armut nur vom einzelnen Mönch, nicht aber auch vom ganzen Kloster. Dabei hatte Benedikt natürlich nur die einfachen, ärmlichen Klöster des 6. Jahrhunderts vor Augen. Er hatte keinen Anlaß, vom Kloster im ganzen Armut zu verlangen. Inzwischen waren die Klöster sehr reich geworden, und jetzt wirkte sich aus, daß die Armut der Benediktiner-Regel im Gehorsam wurzelte, denn diese bedeutete, über Güter nicht nach eigenem Willen verfügen, sie nicht nach eigenem Willen nutzen zu dürfen.

Vor allem muß dieses Übel mit der Wurzel aus dem Kloster ausgerottet werden, daß nämlich einer es wage, ohne Erlaubnis des Abtes etwas zu verschenken oder zu empfangen, noch etwas als sein eigen zu besitzen. . . . Es ist keineswegs gestattet, etwas zu eigen zu haben, was der Abt nicht gegeben oder wozu er nicht die Erlaubnis gegeben hat. Alles sei allen gemeinsam (33. Kap.).

War ein Kloster arm, konnte der Abt nicht viel gewähren, war es reich, so konnte auch ein einzelner Mönch in Reichtum leben. Armut oder Reichtum der Klöster prägten den Stil ihres Lebens.

Für die Menschen der ersten Hälfte des Mittelalters war Reichtum, den man sehen und in seinen Wirkungen spüren konnte, ein Ausdruck inneren Reichtums eines Menschen, von Tatkraft und Tugend (*virtus*), von Heil und Glück (*salus*), von Gnade und Gunst Gottes (*gratia*). Und so beschenkten Menschen die Klöster nicht nur, um durch die Gebete der Mönche aufgenommen zu werden in den Kreis der Gnadenempfänger, denen das fromme Leben der Mönche zugute kam, sondern der Reichtum der Klöster war auch ein Zeichen für die anbrechende Gnade Gottes. Am reinsten hatte Cluny dieses aus germanischer Auffassung stammende Prinzip in seine Klosterkonzeption aufgenommen. Reichtum, Glanz, sinnliche Schönheit sind danach Ausdruck göttlicher Herrlichkeit und persönlichen Heils. Das Göttliche, die Gnade sind im Sinnenfältigen, im Sehen und Hören gegenwärtig. Die prägende Ordnung der Klöster und die des Adels sind identisch. Sieg und Reichtum sind Zeichen des Heils, der Gnade, Einbruch Gottes in diese Welt. Zur Vergegenwärtigung des Heiligen ist kein Glanz zu prächtig. So schildert Abt Suger von Saint-Denis die Ausstattung der alten Kirche:

König Dagobert stattete die Kirche, in die er erstaunlich mannigfaltige Säulen aus Marmorstein einbauen ließ, mit einer unermeßlichen Fülle von Schätzen reinsten Goldes und Silbers aus und ließ an ihren Wänden, Säulen und Bogen golddurchwirkte, mit verschiedenartigen Perlen vielfältig verzierte Stoffe aufhängen, damit der Bau die anderen Kirchen an Schmuck übertreffe, allseits im unvergleichlichen Glanze prange und mit jeder irdischen Schönheit angetan in kostbarster Pracht erstrahle.

So wurden Kirchen gebaut, Stätten Gottes, Plastiken in Stein gemeißelt, Fresken gemalt, liturgische Bücher illuminiert und Buchdeckel mit Edelsteinen besetzt oder aus Elfenbein geschnitzt, Kelche und Kreuze wurden aus Gold geschmiedet, und es wurde Liturgie gefeiert, ein theatralisches immerwährendes Gesamtkunstwerk durch Raum und Zeit im Zusammenspiel von Gesang, Gewändern, Bewegung, Haltung, Kerzenschein, Weihrauchduft und Glockenspiel. Cluny verkörpert diese Klosterkonzeption in ihrer entwickelsten Gestalt.

Einem anderen Prinzip folgten Cîteaux und Clairvaux, die Klosterkonzeption der Zisterzienser, am reinsten von Bernhard von Clairvaux formuliert. Gott ist gegenüber der Welt der ganz andere. Die Welt ist sündig und muß überwunden werden. Der Ort dieser Überwindung ist das Kloster, der überwindende Mensch der Mönch. Frei werden von der Welt, leer werden vom Weltlichen ermöglicht das Einströmen Gottes. Nur in einer asketischen Unnatur kann die sündige Natur getötet werden und gnadenhafte Übernatur wirksam werden. So ist der berühmte Satz zu verstehen, mit dem der Mönch Gottfried das Wirken Bernhards von Clairvaux beschrieb, daß, solange er lebte, er nicht aufhörte,

deserta saeculi saeculi desertores implere
die Wüsten der Welt zu füllen mit den die Welt Fliehenden.

Wieder eine andere geistige Welt begegnet uns in der Klosterkonzeption Abaelards und Heloisas. Es ist ein gemeinsamer Entwurf. Gewiß, der Mann, der Klosterstifter, der Abt Abaelard formuliert die Regel. Aber in drei Briefen ihres Briefwechsels werden die Rollen wie nach einer Regie verteilt. Heloisa bittet im 6. Brief Abaelard um eine Darlegung des Standes der Nonnen und um eine Regel für ihr Nonnenkloster. Abaelard erfüllt die erste im 7. Brief und die zweite Bitte im 8. Brief. Aber nachdem Heloisa ihre Bitten formuliert hat, stellt sie die Weichen. Alle wichtigen Themen der Briefe schlägt sie an, alle grundsätzlichen Entscheidungen nimmt sie vorweg. Der Paraklet als Doppelkloster wird gefordert, also als ein Nonnenkloster, dem Mönche zu Hilfe und Dienst zugeordnet sind, der Unterschied zwischen Laien und Ordensleuten wird formuliert und die Anforderungen, denen eine Regel für Nonnen genügen muß. Das geistliche Leben wird als Leben der Freiheit beschrieben, ebenso die Bedeutungslosigkeit der äußeren Werke für das Heil und der erste Ansatz der Gesinnungsethik, nach der das moralisch Gute nur in der Gesinnung eines Menschen besteht und nicht in seinen äußeren Handlungen. Heloisa ist in Sprache und Gedanken Abaelard ebenbürtig, und es ist sicher kein Zufall, daß in ihrem Briefwechsel Heloisa der Vortritt überlassen bleibt.

Jede Klosterkonzeption formuliert ausdrücklich oder mitgedacht eine Lehre über Jesus Christus. Er ist Siegerkönig, *victor-rex*, in der Klosterkonzeption Clunys, er ist der mystische Seelenbräutigam in der Auffassung Bernhards von Clairvaux. Beide Auffassungen sind solche von Eliten. Cluny konnte nur den Adel erreichen, Cîteaux nur Menschen, die fähig und bereit waren, durch die Abtötung ihrer Natur die Leere in sich zu schaffen, die ein Einströmen der Mystik ermöglichte. Abaelard und Heloisa sehen Jesus ganz anders. Sie sehen ihn als Mensch, dem als Menschen alle Menschen begegnen können, Menschen aller Gesellschaftsschichten, Menschen beider Geschlechter, Menschen aller Veranlagungen, aller geistigen und seelischen Begabungen oder Mängel, Menschen in jeder Situation ihres Lebens. Jesus ist in die Welt gekommen, um ein Vorbild zu geben für ein Leben in Liebe und Gehorsam. Zum Gehorsam sind alle Menschen in dieser Welt genötigt, die einen mehr und immer und die anderen weniger und selten, aber Gott dem Schöpfer und Richter schulden alle Menschen Gehorsam, alle Menschen in gleicher Weise, unabhängig von ihrem Stand. Zur Liebe sind alle Menschen fähig, ihrer alle Menschen bedürftig. Jesus ist in die Welt gekommen, um den Menschen ein Vorbild zu geben, das Vorbild des Gehorsams, des Gehorsams bis zum Tode (Philipp. 2,8), das Vorbild der Liebe, der Liebe, die er allen Menschen schenkte, das Vorbild des Gehorsams in Liebe.

Abaelard und Heloisa reißen die Schranken der Stände ein. Gottes Anforderungen an die Menschen ist für alle gleich: Gehorsam in Liebe. Jeder Ansatz einer Ständemoral fehlt: Priester – Laien, Weltleute – Klosterleute, Adel – Unfreie. Die heftig und kontrovers diskutierte Frage, ob ein Kloster nur Adelige aufnehmen oder sich den anderen Ständen öffnen soll, ist für Heloisa und Abaelard kein Thema mehr. Ein Kloster ist nicht eine Institution für ganz andere Menschen, sondern ein Ort, an dem Menschen in Freiheit das christliche Leben führen, das alle Menschen führen sollen. Der Unterschied liegt nur in der Freiheit, die durch die Armut und die Ehelosigkeit bewirkt wird. »Wer in der Welt lebt, soll sich von einem Mönch nur darin unterscheiden, daß er mit seiner Frau zusammenlebt«, schreibt Heloisa. Damit ist natürlich eine Anforderung an die Christen in der Welt formuliert, aber zugleich auch eine Anforderung an die Regel für die Klosterleute. Diese Regel soll keine Lasten aufbürden, die nicht alle Menschen tragen können, sie soll nicht einen Weg weisen, den nur Eliten gehen können. Das Kloster ist ein Ort einfachen Lebens. Ein Ort des *einfachen* Lebens, nicht ein Ort des Prunks wie in Cluny, ein Ort des *Lebens*, nicht ein Ort der Abtötung wie in Cîteaux. »Nehmt mein Joch auf euch und lernt von mir. ... Denn mein Joch drückt nicht und meine Last ist leicht« (Matth. 11,29–30).

Heloisa erbittet von Abaelard eine Regel für Frauen. Wie ein Schlaglicht erleuchtet diese Bitte die damalige Situation, in der das überkommene Klosterwesen durch Männlichkeit bestimmt war, Frauen aber beginnen, ihre eigenen religiösen Bedürfnisse zu spüren und ihre Erfüllung zu fordern. Hatte schon Männern gegenüber die Kirche ihre Pflicht zur Seelsorge vernachlässigt, so fehlte sie Frauen gegenüber gänzlich. Auch die Klosterreformen von Cluny und Gorze waren an den Frauen vorbeigegangen. Frauenklöster gab es im Verhältnis zur Zahl der Männerklöster nur sehr wenige. Es gab Diözesen, wie z. B. Köln, die kaum ein Nonnenkloster besaßen. Wollten Frauen ein strenges Klosterleben führen und nicht als gutgestellte Pensionärinnen in einem geistlich geleiteten Haus leben wie bei einem Eintritt in ein Kanonissenstift, dann mußten sie als Reklusinnen in einem Mönchskloster leben, also eingemauert in einem Raum an der Kirchenwand wie z. B. die hl. Hildegard von Bingen auf dem Disibodenberg. Aber seit dem Beginn des 12. Jahrhunderts schwoll die Zahl der Frauenklöster an, in Deutschland in 150 Jahren von 150 auf 500, und dies war ein Anzeichen dafür, daß eine religiöse Bewegung die Frauen ergriffen hatte. Ein zeitgenössischer Chronist führte zum Jahre 1091 an, daß sich zu seiner Zeit »eine unzählbare Menge von Frauen« zum asketischen Leben drängte. Diese unter Frauen aufbrechende Unruhe in einer ihre Bedürfnisse nicht befriedigenden Männerwelt hat man den Beginn der mittelalterlichen Frauenbewegung genannt. In dieser Situation stellte Heloisa fest, daß die bestehenden Regeln der Männerklöster für Frauenklöster nicht geeignet seien und daß es keine Regel für Frauen gäbe. Ganz traf das nicht zu. Schon Cäsarius von Arles (470–542), der im Merowingerreich eine den Regeln des hl. Benedikt gleichwertige Mönchsregel verfaßt hatte, schrieb eine Regel für Jungfrauen, die er in dem von ihm gegründeten Kloster Sainte-Marie in Arles einführte. Sie war verständnisvoll und mild. Anders dagegen die Ordnung, die der Bischof von Besançon, Donatus (†nach 656), für das Kloster seiner Mutter Flavia, Sainte-Marie in Monthier-Haut-Pièrre, erlassen hatte. Sie war geprägt von der Strenge der irischen Klosterreform, die durch Kolumban (um 543–615) in Gallien eingeführt worden war. Deutlich wird das z. B. am Strafsystem für die Nonnen. Wer auf die Segnung der Äbtissin nicht mit »Amen« antwortete, wer bei Tisch ohne Grund redete, wer vergaß, über seinen Löffel das Kreuzzeichen zu machen oder mit dem Messer auf den Tisch stieß, sollte sechs Peitschenhiebe erhalten, zwölf dagegen diejenige Schwester, die ohne Erlaubnis der Äbtissin das Kloster unnötig verlassen hatte.

Diese merowingischen Regeln für Nonnenklöster waren inzwischen vergessen, und Heloisa konnte mit Recht sagen, daß es für Frauen keine Regeln gäbe.

Die Theologie der Frau, die Abaelard und Heloisa entwickelten, sollte der Regel ein Fundament geben, Frauen ihre Stellung in der Kirche und damit in einer christlichen Gesellschaft aufweisen, sie als Frauen nehmen und nicht nur als Menschen, sprich Männer, geringerer Art. Daß dies nicht ganz gelang, die Theologie und die Regel voller Widersprüche sind gemessen an dem, was wir Heutigen denken, kann nicht verwundern. Menschlicher, fraulicher als das, was Kirche in den kommenden Jahrhunderten zuließ, war das, was Heloisa und Abaelard dachten und wollten, allemal. Betrachtet man die Vorgänge allein vom innerkirchlichen Standpunkt aus, so kann man sagen, daß das Werk eines Ordensstifters untergehen mußte, den die Kirche nicht als Heiligen verehrte, sondern als Ketzer verurteilte. Berücksichtigt man aber die allgemeine Entwicklung, so wird deutlich, daß die Macht der etablierten Kirche schon zu stark war, um einem Theologen und Ordensstifter eine Chance zu lassen, der die Kirche als Geistkirche sah und in Armut. Selbst Franz von Assisi wird die Macht einer Kirche, deren Päpste und Bischöfe sich mit der mittelalterlichen Welt eingelassen und sie geprägt hatten, nicht aufbrechen, nicht den Raum freikämpfen für den Gehorsam gegenüber Gott in der Freiheit, die Kirche des Heiligen Geistes, die Vision Joachims von Fiore, nicht herbeiführen. Das Zeitalter der Inquisition stand erst bevor.

Das Doppelkloster

Seit sich das Leben ausdifferenziert hat, besteht die Spannung zwischen männlich und weiblich, weiblich und männlich, seit es Menschen gibt, sind Menschen Frau oder Mann, Mann oder Frau. Sollte das Klosterleben die höchste Stufe der Verwirklichung christlichen Lebens und das christliche Leben die Erlösung menschlichen Lebens sein, dann war zu erwarten, daß die geschlechtliche Polarität auch diese Form gemeinschaftlichen Lebens ergriff. Seit Beginn des Mönchtums findet sich die Einrichtung des Doppelklosters, d. h. eines Klosters, in dem Mönche und Nonnen so wohnen, daß die Anlage räumlich und rechtlich eine Einheit bildet. Natürlich verhinderte die ins Christentum eingedrungene orientalische Leibfeindlichkeit die positive Gestaltung der sexuellen Spannung zwischen Mann und Frau in der Gemeinschaft eines Klosters. Gemeinsam als Mann und Frau Gott zu dienen in Gehorsam, Armut und Gottesdienst, erschien dem östlichen Christentum unmöglich, und aus dem Osten übernahm die westliche Kirche diese Einstellung im jahrhundertelangen Kampf gegen germanische und europäische Vorstellungen. Am Ende siegte die Kirche, aber dieser Sieg war der Beginn ihrer Unwirksamkeit.

Schon das Regelwerk des Basileios des Großen (um 330–379) geht von Doppelklöstern aus, wie der Abschnitt »Vom Umgang mit den Schwestern« (Große Regel Nr. 33) zeigt. Vom Vorderen Orient ist die Einrichtung der Doppelklöster nach Gallien gekommen, wo die ersten Doppelklöster sicher im 7. Jahrhundert nachweisbar sind. Sie waren im Zug der merowingischen Klosterreform Kolumbans entstanden. »Die Ankunft Kolumbans und seiner irischen Mönche in Gallien im Jahre 591 war für das Frankenreich ein Wendepunkt des kirchlich-religiösen Lebens« (St. Hilpisch). Es war für die damalige Zeit kennzeichnend, daß die asketische Strenge der Klosterregel Kolumbans gerade auch Frauen anzog und seine Regel die bis dahin weit verbreitete Caesarius-Regel ablöste, die sich durch maßvolle Milde auszeichnete. Alle jetzt entstehenden Doppelklöster lebten nach der Regel Kolumbans. Die Leitung war unterschiedlich festgelegt. Das einige Jahre vor 626 gegründete Kloster Notre-Dame in Remiremont am Oberlauf der Mosel – Schauplatz des berühmten satirisch-amourösen Nonnenkonzils – hatte einen Abt und eine Äbtissin, wobei dem Abt die Gesamtleitung oblag. Anders das Doppelkloster Chelles östlich von Paris, das von einer Äbtissin geleitet wurde. Diese und die zahlreichen anderen Doppelklöster in Frankreich verschwanden aber bis zum 9. Jahrhundert, sei es, daß die Mönchs- und Nonnenklöster getrennt wurden, sei es, daß die Mönche durch Kanoniker ersetzt wurden, also die Klöster in Stifte übergingen, die vorwiegend Altersruhesitze reicher Adeliger wurden. Eine ganz neue Entwicklung setzte mit dem 11. Jahrhundert sein. Es war das Jahrhundert der Herausbildung neuer Orden, und so entstand auch der erste Doppelorden. Sein Gründer war Robert von Arbrissel. Er hatte um das Jahr 1100 das Kloster Fontevrault errichtet, um heimatlosen Frauen eine religiöse Zuflucht zu geben. Ihnen zu helfen und zu dienen, siedelte er Mönche an.

Er bestimmte die Frauen als das zarte und schwache Geschlecht zur Psalmodie und zur Betrachtung, das starke Geschlecht aber für die Übungen des tätigen Lebens. Laien und Kleriker arbeiteten gemeinsam. Wenn die Kleriker nicht die Stundengebete und die Messe feiern mußten, gingen sie den Laien freiwillig zur Hand.

Dieser Bericht aus Roberts Vita besagt jedoch nicht, daß die Frauen nicht arbeiteten, er soll nur die dienende Rolle der Männer verdeutlichen. Über diese traditionelle Konzeption ging Robert jedoch hinaus. Sein gesamtes Werk, das er »Opus sanctimonialium« nannte, »Werk gottgeweihter Frauen«, sollte der Herrschaft einer Frau unterstehen. So stellte er vor seinem Tode nicht nur an die Spitze des Klosters Fontevrault, sondern an die Spitze des gesamten Ordens eine Frau als Äbtissin. Ihr schuldeten die Mönche Gehorsam, sie nahm die Mönche auf und übte über sie das Strafrecht aus. Die Celerarin, die Kellermeisterin, verwaltete die für das leibliche Wohl notwendigen Dinge nicht nur der Nonnen, sondern auch der Männer, und im Nonnentrakt wurden auch die Vorräte und das Geld aufbewahrt. Robert hat keine Konzeption über das Doppelkloster formuliert. Seine um das Jahr 1116 kurz vor seinem Tod entstandene Regel ist kurz und knapp. Nur einen Hinweis auf eine Konzeption gibt es: Alle Hauptkirchen der Frauentrakte sind der Mutter Gottes geweiht, alle Hauptkirchen der Männertrakte dem Apostel Johannes. So wie Jesus am Kreuze seine Mutter dem Apostel empfahl (Joh. 19,25–27) und dieser sie dienend beschützte, so sollen die Mönche den Nonnen dienen.

Etwa 20 Jahre nach der Abfassung der Regel für Fontevrault durch Robert von Arbrissel entwarf Abaelard seine Regel für den Parakleten, wobei er versuchte, die innere Berechtigung des Doppelklosters aufzuzeigen. »So ist er der erste, allerdings auch der einzige Theoretiker des Doppelklosterwesens geworden« (St. Hilpisch). Mit der Tradition teilt Abaelard die allgemeine Einschätzung des Verhältnisses von Mann und Frau: Die Schwäche des weiblichen Geschlechts verlangt notwendig die Hilfe der Männer. Ein Grund für die Entstehung eines Doppelklosterwesens wird diese anthropologische Überzeugung aber erst, wenn ein Kloster autark sein soll, die Bedürfnisse seiner Bewohner durch deren eigene Arbeit befriedigt werden, Klöster also keine Feudalklöster mehr sein sollen, sondern Stätten einfachen Lebens. So hatte schon Robert von Arbrissel verboten, Klosterland an Weltliche zu verpachten und von den Einkünften zu leben. Ein Mikrokosmos als »geistige Gemeinschaft«, *spiritualis fraternitas*, steht Abaelard vor Augen: Die Kleriker-Mönche, die in beiden Klöstern die Liturgie feiern, die Laien-Mönche, die außerhalb auf gemeinsamem Grund und Boden arbeiten, auf den Äckern, in den Mühlen, am Backhaus und am Fluß, und die Nonnen, die in ihrer Klausur »die Kleider der Brüder nähen und waschen, die den Brotteig kneten und den Mönchen zum Backen übergeben, die das Vieh in den Ställen melken, Butter und Käse bereiten und Hühner und Gänse füttern«.

Dieser Vision eines in allen leiblichen und geistigen Bedürfnissen autarken Gemeinwesens gibt Abaelard eine theologische Begründung. Das ganze Doppelkloster wird dem Abt unterstellt, denn »der Mann ist des Weibes Haupt, Christus aber eines jeglichen Mannes Haupt« (1. Kor. 11,3). Diese aus der Lehre des Apostels Paulus ableitbare vollständige Unterordnung der Frauen unter die Männer ist aber mit Abaelards Hochschätzung der Frauen unvereinbar. Gewiß, abweichend von Robert von Arbrissel überträgt er eindeutig dem Abt die Oberleitung. Aber mit der aus Roberts Anordnungen deutlich werdenden Analogie zwischen dem Verhältnis der Gottesmutter zu dem Apostel Johannes in dem Verhältnis der Nonnen – der Äbtissin – zu den Mönchen – dem Abt – leitet Abaelard über zu einer Überformung des Über-Unterordnungsverhältnisses. Das Herrschen ist des Dienens wegen da. Und so verschränkt Abaelard die Befugnisse von Abt und Äbtissin. Der Abt ist Vorsteher im Sorgen, die Äbtissin ist Herrin, der Abt Diener, die Äbtissin die Braut. Alles muß der Abt mit der Äbtissin besprechen, keinen Befehl darf er den Nonnen geben, er aber muß ausführen, was die Äbtissin will. Gerufen muß er kommen, aber ungerufen darf er in die *secreta thalami*, die Intimität des Brautgemaches, nicht eintreten. Die Äbtissin ist Herrin aller, und in ihrer Hand legen Mönche und Nonnen ihre Gelübde ab. So soll die Stellung des Abtes als Vorsteher die biblische Lehre verwirklichen, daß in der Kirche »Herrschen Dienen heißt«. Dem aber fügt Abaelard noch einen anderen Gedanken hinzu, der – so weltfremd seine ganze Konstruktion erscheinen mag – Einsicht in die Machtverhältnisse zeigt: »Die Dauer des Friedens und die Festigkeit der Eintracht bleiben ungefährdet, wenn dem starken Geschlecht keine Freiheiten gewährt werden. Da die Starken von den Schwachen keine Gewalttätigkeiten zu fürchten haben, so bedeutet es für sie keine Beschwerung, den Schwachen sich zu fügen: Wer sich hier vor Gott erniedrigt, wird um so gewisser in jener Welt erhöht werden.«

Das Verhältnis von Abt und Äbtissin, von Äbtissin und Abt, wie Abaelard es schildert, ist sein Verhältnis zu Heloisa. Herr ist er und Klosterstifter, aber Diener an den Schwestern, und mit Heloisa, seiner Frau, »durch ein ewiges Liebesband verbunden«.

Damit ist bereits der dritte Grund für ein Doppelkloster angesprochen, in Spanien durch Jahrhunderte praktiziert und durch einen Konzilsbeschluß anerkannt. Aus diesem zitiert Abaelard, aber seine Ansicht ist ganz aus seiner persönlichen Erfahrung gewonnen:

Wer mit seiner Mutter, seiner Schwester, seiner Tochter oder überhaupt mit einem nahestehenden Menschen zusammen der Welt entsagen will, der vermag in einer solchen Gemeinschaft den vollen Frieden zu finden. Frauen- und Männerklöster solcher Art sind durch ein enges Liebesband verbunden, und ihre gegenseitige, fürsorgende Liebe findet kein Ende, wenn zwischen ihren Insassen noch obendrein Bande der Verwandtschaft und der Freundschaft bestehen.

Abaelard, der dem Bericht über die Schenkung des Parakleten an Heloisa die Klage anfügt, »Ich habe nichts, wo ich ausruhe oder wie ein Mensch lebe«, Abaelard sieht die Möglichkeit eines Friedens im Doppelkloster des Parakleten, in der Nähe Heloisas zu wohnen, zu beten und zu arbeiten, »durch ein enges Liebesband verbunden, und die gegenseitige, fürsorgende Liebe findet kein Ende«. Auch dieser Traum Abaelards und Heloisas hat sich nicht erfüllt.

Die Ämter

Die Stellung von Abt und Äbtissin sind ausreichend durch das Doppel-klosterwesen bestimmt. Sechs weitere Ämter beschreibt Abaelard, und weitere hält er für überflüssig: Die Messnerin, die Kantorin, die Kranken-schwester, die Kleiderverwalterin, die Kellermeisterin und die Pförtnerin. Die Kantorin ist zugleich die Vertreterin der Äbtissin, übt also das Amt der Priorin aus. Sie »sorgt sich um die musikalische Ausgestaltung des Gottesdienstes«, sie verwaltet die Bibliothek und das Skriptorium, in dem Bücher abgeschrieben und ausgemalt werden, sie leitet die Schule und lehrt Lesen, Schreiben und die Kenntnis der Noten. Sie teilt den Schwestern die Aufgaben der Woche zu: Gesangsdienst in der Kirche, Lesedienst im Refektorium, Küchendienst. Sonnabends, im Kapitel, wer-den die Dienststunden jeweils verlesen.

Die Messnerin ist zugleich Schatzmeisterin und führt die Aufsicht über die Kirche. Sie verwaltet die Schlüssel, die Opfergaben, die Hostien, die Paramente, die Gefäße für den Gottesdienst, die liturgischen Bücher, die Kerzen und den Weihrauch. Sie regelt das Glockenläuten und be-stimmt damit den Tagesablauf. Sie muß die Bahn der Gestirne sicher berechnen können, da hiervon die Zeiten des Gottesdienstes abhängen.

Die Krankenschwester leitet das Hospital und bewahrt die Kranken vor leiblicher und seelischer Not. Sie bestimmt die besonderen Speisen für die Kranken, die alles bekommen dürfen, was ihnen hilft. »Not kennt kein Gebot.« Sie organisiert die Wachen für die Kranken und verwaltet die Apotheke und den Kräutergarten. Sie sorgt für seelischen und geisti-gen Beistand, achtet auf Beichte, Kommunion und Letzte Ölung. In der Sterbestunde schlägt sie das Totenbrett, das den ganzen Konvent unver-züglich an das Totenbett ruft.

Die Kleiderverwalterin übt auch das Amt der Novizenmeisterin aus, betreut also die neu Eintretenden. Sie »hat die Verantwortung für die gesamte Bekleidung, einschließlich des Schuhwerks. Sie läßt die Schafe scheren und nimmt das Leder für das Schuhzeug in Empfang. Sie läßt Flachs und Wolle spinnen, stapelt sie auf und führt die Aufsicht in der Webstube. Nadel, Garn und Schere liefert sie jeder Schwester. Sie be-sorgt jegliches im Schlafsaal und gibt alle Bettstücke aus. Ebenso verwal-tet sie die Tischtücher, Handtücher und überhaupt die ganze Wäsche; sie läßt zuschneiden, nähen und waschen.... Sie verfügt über alles Werk-zeug, das zu ihrem Tun nötig ist, und wird in ihrem Arbeitsbereich jede Schwester angemessen beschäftigen.«

Die Kellermeisterin ist die Hausverwalterin. Sie »hat die Aufsicht über alles, was zur Verpflegung gehört, über den Keller, das Refektorium, die Küche, die Mühle, das Backhaus mit dem Backofen, über den Nutz- und Ziergarten und über die gesamte Ackerwirtschaft; sie sorgt auch für die Bienenvölker, alle Haustiere und das Geflügel. Bei ihr nimmt man in Empfang, was man zum Kochen braucht. Sie soll vor allem nicht ängstlich sparsam sein, sondern muß eine offene Hand haben und bereit sein, alles Nötige zu liefern, ohne darüber zu reden.« Da ein großer Teil der Arbeiten, die sie beaufsichtigt und einteilt, von den Laien-Mönchen verrichtet werden, hat sie nach der Äbtissin den Mönchen gegenüber die stärkste Stellung. Sie teilt den Mönchen zu, wessen sie zum Leben bedürfen, und empfängt von diesen das, was sie nicht verbrauchen, um es den Armen zu geben.

Die Pförtnerin verwaltet die Verbindung von innerem und äußerem Bereich, die Pforte, und sie wohnt in einer Zelle neben dieser Pforte. Es ist eines der verantwortungsvollsten Ämter im Kloster, denn nicht nur der Ein- und Austritt von Nonnen und Mönchen wird durch sie überwacht, sondern auch der Ein- und Ausgang von Nachrichten. »Sie hat dafür zu sorgen, daß keine aufregende Neuigkeiten ins Kloster dringen und den klösterlichen Frieden stören.... Erfährt sie aber Dinge, die für das Kloster von Belang sind, wird sie diese der Äbtissin unter vier Augen berichten, um ihr die Freiheit der Entscheidung zu erhalten.« Sie entscheidet über die Beherbergung, wobei das Nonnenkloster nur Frauen, das Männerkloster nur Männer aufnehmen darf.

Der Tageslauf

Die Ämter geben einen Überblick über die Tätigkeiten, die in einem mittelalterlichen Kloster verrichtet wurden. Der Ablauf der Arbeiten wurde aber durch den Tagesrhythmus bestimmt. Einmal in der Nacht und sechsmal am Tag zogen Mönche und Nonnen in die Kirche, saßen sich im Chor gegenüber und sangen das Lob Gottes, das *opus Dei*, entsprechend dem Psalmwort »Siebenmal am Tage singe ich Dein Lob« (Ps. 118,164). Jahraus, jahrein wurde jede Tätigkeit im Kloster, Schlafen, Wachen, Arbeiten, Ruhe, Gespräche und Schweigen durch diesen Rhythmus bestimmt, der überlagert war durch den Rhythmus des Jahres. Im Mittelalter hatte der Tag zwar zwölf und die Nacht zwölf Stunden wie bei uns, die Stunde aber hatte nicht 60 Minuten gleicher Länge wie heute. Der Tageslauf wurde durch die Sonne bestimmt. Mittag, 12 Uhr – *hora sexta*, also sechs Stunden nach Tagesbeginn –, war es, wenn nach Ortszeit die Sonne am höchsten stand, Mitternacht lag im Tageskreis gegenüber. Dies waren die Fixpunkte des Tagesablaufs. Tagesanfang – *hora prima*, die erste Stunde – und Tagesende – *hora vespera*, der Abend – richteten sich aber nach Sonnenaufgang und Sonnenuntergang. Man muß sich mit aller Phantasie klar machen, was es in einer Zeit hieß, die nur Kerzen, Öllampen und Kienspane kannte, daß die Sonne unterging. Schien nicht der Mond, so war es stockdunkel, und jede Arbeit, jede Tätigkeit endete. Beleuchtung war jedenfalls in so einfachen Klöstern, wie es der Paraklet sein wollte, die Ausnahme, beschränkt auf Gottesdienst und Notfälle. »Das gesamte Tagespensum der Arbeit soll entsprechend der Regel des hl. Benedikt bei natürlichem Licht verrichtet werden.« Das führte zu einem einschneidenden Unterschied zwischen Sommer und Winter. Nur zur Tagundnachtgleiche, also am 21. März und am 21. September, wenn die Sonne um 6 Uhr heutiger Zeit auf- und um 18 Uhr untergeht, entspricht eine natürliche Stunde unserer heutigen astronomischen Stunde. Zur Zeit der Sommersonnenwende dagegen geht die Sonne um 4 Uhr heutiger Zeit auf und um 20 Uhr unter, dehnt sich also eine natürliche Stunde, die Diurne, fast um eine halbe Stunde heutiger Länge, während zur Wintersonnenwende, wenn die Sonne um 8 Uhr heutiger Zeit auf- und um 16 Uhr untergeht, sich die natürliche Tagesstunde fast halbiert. Entsprechend verkürzen oder verlängern sich die Nachtstunden, die Nokturnen. Dies muß man berücksichtigen, wenn man die Anordnungen über den Tagesablauf verstehen will. Man tut gut daran, sich bei den folgenden Angaben die Verhältnisse zur Tagundnachtgleiche vorzustellen und dann die Abweichungen für den Sommer und den Winter zu bedenken.

Der Tageslauf beginnt mit den Vigilien, der mitternächtlichen Gebetsstunde, benannt nach den Nachtwachen der römischen Legionäre und später, als man nicht mehr um Mitternacht aufstand, Matutin, Morgengottesdienst genannt. Die Vigilien dauerten je nach Jahreszeit, Sonn-, Werk- oder Feiertag dreiviertel bis eineinviertel Stunden. Sie beginnen täglich mit dem Gesang des 94. Psalms, *invitatorium* genannt, Einladung zum Gotteslob:

Venite,
exsultemus Domino,
jubilemus Deo salutari nostro.

Kommet,
laßt uns jauchzen dem Herrn,
jubeln dem Gott, unserem Heil.

Am Beginn und Ende und eingelagert in die Strophen wird der Tagesleit-
satz gesungen, der immer gleich endet, *Venite adoremus* – »Kommt, laßt
uns Ihn anbeten.« So heißt es in der Adventszeit »Nahe ist der Herr –
Kommt, laßt uns Ihn anbeten«, an Weihnachten »Christus ist uns gebo-
ren – Kommt, laßt uns Ihn anbeten« oder bei einer Totenfeier »Den
König, dem alle leben – Kommt, laßt uns Ihn anbeten«. Der übrige
Nachtgottesdienst besteht aus einem Hymnus, Psalmen, der Lesung der
Heiligen Schrift, die einmal im Jahreskreis ganz durchgelesen wird, der
Auslegung des Tagesevangeliums und an Sonn- und Feiertagen dem fest-
lichen Abschluß »Te Deum laudamus« – »Großer Gott wir loben Dich«.
Der Psalter, Kernbestand aller Gottesdienste, wurde einmal in der Woche
gesungen.

Wenn die Nonnen sich zur Mitternacht erheben, um die Vigilien zu
feiern, haben sie nach Abaelards Anordnung vier Stunden geschlafen, im
Sommer etwas weniger, im Winter etwas mehr. Sind die Vigilien abgeschlossen, kehren alle in den Schlafsaal, das Dormitorium, zurück, in
dem jede ihre eigene Bettstatt hat, und legen sich noch einmal zur Ruhe,
auf einem Leinenlaken und mit einem Leinenhemd bekleidet, im Winter
mit einem Schafspelz zugedeckt. Will eine Schwester aber statt zu schlafen meditieren, soll sie niemanden stören.

Die Nachtruhe dauert ab jetzt noch bis zum Morgengottesdienst, den
Laudes. Mit dem Sichtbarwerden des Morgensterns sollen die Glocken
als Zeichen zum Aufstehen geläutet und bei Morgengrauen die Laudes
gesungen werden. Höhepunkt und Abschluß des Morgengottesdiens-
tes ist der Lobgesang des Zacharias nach der Wiedererlangung der
Sprache bei der Beschneidung seines Sohnes Johannes des Täufers
(Luk. 1,67–69):

*Benedictus Dominus, Deus Israel, quia visitavit, et fecit redemptionem
plebis suae.*

Gelobt sei der Herr, unser Gott, denn heimgesucht hat Er sein Volk und
ihm Erlösung gebracht.

Hat die Messnerin die Stunde richtig berechnet, dann geht mit dem Beginn dieses Lobgesangs die Sonne auf und erhellt den Kirchenraum mit
dem neuen Tag:

Per viscera misericordiae Dei nostri, in quibus visitavit nos, oriens ex alto:
Illuminare his, qui in tenebris et in umbra mortis sedent.

Durch die Herzenserbarmung unseres Gottes, darin uns heimsuchen wird
der Aufgang von oben:
Die zu erleuchten, welche in Finsternis sitzen und im Todesschatten.

Nach den Laudes kehren die Schwestern in den Schlafsaal zurück. »Im
Sommer, wenn die Nacht kurz ist und die Morgenzeit lang, gestatten wir
es den Schwestern, vor der Prim noch etwas zu schlafen, bis das Zeichen
ertönt. Wenn die Schwestern aus dem Schlafsaal kommen, waschen sie
sich, nehmen ihre Bücher in Empfang und sitzen unter Lesen oder Singen
im Kreuzgang, bis es zur Prim läutet. Nach der Prim geht es zum Kapitel
in den Kapitelsaal. Wenn alle sitzen, wird zuerst das Datum angegeben,
dann wird aus dem Märtyrerbuch die Geschichte des Tagesheiligen verlesen. Daran kann sich eine erbauliche Besprechung anschließen, oder es
mag ein Abschnitt der Regel vorgelesen und ausgelegt werden; dann
wird die Äbtissin zur Sprache bringen, wenn etwas zu rügen oder überhaupt anzuordnen ist. . . . Bei einer Beratung im Kapitel darf jede Schwester ihre Meinung sagen, aber die Entscheidung der Äbtissin, die über
alles zu bestimmen hat, muß als unumstößlich gelten, auch wenn alle
anderer Meinung sind.« Nach dem Kapitel gehen die Schwestern ihrer
vorgeschriebenen Beschäftigung nach und verbringen mit Lesen, Singen
oder Handarbeit die Zeit bis zur Terz, der dritten Tagesstunde, gegen
9 Uhr also heutiger Zeit. Anschließend wird die Messe gefeiert; sie wird
durch Priester aus dem Mönchskloster zelebriert, die wochenweise wechseln. Es gab aber auch Tage, wie etwa die Fasttage, an denen die Messe
erst zur sechsten oder neunten Stunde gesungen wurde.

Mittags, um 12 Uhr heutiger Zeit, also um die sechste Tagesstunde,
wird die Sext gesungen und anschließend zu Mittag gegessen, wenn kein
Fasttag ist. Das gemeinsame Essen wird im Speisesaal eingenommen,
dem Refektorium. Alle schweigen und hören der Lesung zu, die eine
Schwester vorliest. Man beachte, daß es die heutige Mahlzeit des Früh-
stücks nicht gab. Wer nicht krank ist, hat bis zur Mittagsstunde noch
nichts zu sich genommen. Im Sommer, wenn die Stunden lang sind, legen sich die Schwestern nach dem Mittagessen oder an Fasttagen sofort
nach der Sext im Schlafsaal zur Ruhe. Gegen 15 Uhr heutiger Zeit, also
zur neunten Tagesstunde, wird die Non gesungen, worauf wieder alle zur
Arbeit gehen bis zur Vesper. An einfachen Fasttagen wird nach der Non
gegessen.

Die Vesper, das festliche Abendlob, ist das Gegenstück zu den Laudes, gesungen zu der Stunde, zu der der römische Hausvater vor dem Altar der Laren, der Hausgötter, den Tag beschlossen und das Licht geweiht hatte. Höhepunkt und Abschluß der Vesper ist der Lobgesang Mariens, die hymnische Danksagung auf die Begrüßung durch Elisabeth, die Mutter Johannes des Täufers (Luk. 1,46–55):

Magnificat anima mea Dominus,
Et exultavit spirtus meus in Deo salutari meo.
Hoch preiset meine Seele den Herrn,
In Gott meinem Heiland jubelt mein Geist.

Hat die Messnerin die Stunden richtig berechnet, dann geht mit dem »Magnificat« die Sonne unter, der neue Tag beginnt mit der Nacht. Sonntage und Feste beginnen daher mit der Vesper des Vortages. Noch heute, in einer säkularisierten Gesellschaft, wird Weihnachten am Heiligen Abend gefeiert, stellen die Kinder ihre Schuhe am Abend vor Nikolaus aus und beginnt der Hochzeitstag mit dem Polterabend.

Nach der Vesper wird die zweite Mahlzeit im Refektorium zu sich genommen, in der Fastenzeit von Aschermittwoch bis Karfreitag die einzige Mahlzeit des Tages.

Nach dem Abendessen gehen alle zum letzten Mal am Tage in die Kirche, in der es während des größten Teiles des Jahres um diese Zeit schon vollständig dunkel ist, und singen die Komplet, das Nachtgebet. Danach begeben sich alle in den Schlafsaal.

Alle einzelnen Gebetszeiten beginnen mit dem Anruf der Hilfe Gottes, den der Vorbeter oder die Vorbeterin singt:

Deus, in adjutorium meum intende!
Herr, merk auf meine Hilfe!

worauf der Chor antwortet:

Domine, ad adjuvandum me festina!
Herr, eile mir zu helfen!

Nach diesem Eingang wurde im Parakleten, dem Kloster des Heiligen Geistes, eine Antiphon zur Anrufung des Heiligen Geistes eingefügt:

Veni, Sancte Spiritus!
Komm, Heiliger Geist!

Schon zu Abaelards Zeiten wurde der Tagesverlauf in vielen Klöstern einerseits aus Bequemlichkeit, andererseits aus übergroßer Strenge anders gestaltet. Abaelard und Heloisa legten Wert darauf, daß die naturhafte Wirklichkeit von Tag und Jahr und die liturgische Wirklichkeit des Kirchenjahres und des Tageskreises mit den Texten und Gesängen übereinstimmten, die jeweils gelesen und gesungen wurden. So geben Abaelards Anordnungen die Idealgestalt eines monastischen Tageslaufs wieder. Wenigstens zu Lebzeiten Heloisas, der Äbtissin, werden die Schwestern im Paraklet so gelebt haben, wie Abaelard es vorschrieb.

Das einfache Leben

Ein Chronist schilderte den Eindruck, der sich dem Wanderer aufdrängte, wenn er sich dem Kloster Cluny näherte: *Ac mox surgit basilica ingens.* »Und plötzlich erhob sich vor den Augen eine ungeheure Kirche.« Von den bescheidenen, bewußt und gewollt einfachen Anfängen war Cluny übergegangen zur Gottesburg von »unermeßlicher Höhe«, »unmäßiger Länge« und »überflüssiger Weite« (Bernhard von Clairvaux) und zu immer prunkvollerer Liturgie. Jetzt, zur Zeit Abaelards, stand Cluny auf dem Scheitel seines Wirkungsbogens, war der Zenit bereits überschritten. Vielleicht hatte Abaelard, als er seine Regel niederschrieb, Cluny schon einmal gesehen, jedenfalls hatte er Beschreibungen gehört. Eine ganz andere Klosterwelt entwirft er für die Nonnen des Paraklet: »Bei der Ausstattung der Kapelle verzichtet man auf alles Drum und Dran, beschränkt sich auf das Notwendige; es kommt nicht auf die Üppigkeit an, sondern auf die Sauberkeit. Gold und Silber darf in der Kapelle nur für einen silbernen Kelch Verwendung finden oder auch für mehrere, soweit sie nötig sind.« Nur zwei Glocken gestattet er für die Kirche, die somit mit einem kleinen Dachreiter auskommt, wie die frühen Zisterzienser-Kirchen. Alle Bilder verbannt Abaelard aus dem Kirchenraum. Weder Plastiken in Stein gemeißelt darf es geben noch gemalte Bilder. Zwei Ausnahmen läßt er zu: Außen, über dem Eingang, findet sich die Plastik der Heiligen Dreieinigkeit, und innen trägt das Kreuz auf dem Altar ein gemaltes Bild des Erlösers. Das Kreuz, das zur notwendigen liturgischen Ausstattung des Altares gehört, muß einfach sein, fast franziskanisch, aus Holz. Gold, Edelsteine soll es nicht geben auf dem Tisch, an dem Jesu Tod gefeiert wird. Prunkvolle liturgische Bücher, mit ihren Miniaturen der Stolz alter Klöster, sind verbannt. »Ein Buch wird im

Chor nur benützt, wenn es für den betreffenden Gottesdienst unbedingt erforderlich ist.« Was für die Kirche gilt, gilt auch für die ganze Klosteranlage. »An allen Gebäuden und dem ganzen klösterlichen Besitz soll auf alles Überflüssige verzichtet werden.« Ausschmückungen, Plastiken und Gemälde sind daher verboten. Hütte der Armen soll das Kloster sein, nicht Palast der Reichen.

Auf eine Eigenart mittelalterlicher Klöster sei noch hingewiesen. Jeder Raum hatte eine ganz bestimmte Bestimmung und wurde nur in dieser Bestimmung genutzt. Selbstverständlich dünkt uns dies für die Kirche mit ihren drei Teilen, dem Altarraum *(sanctuarium)*, dem Mönchs- oder Nonnenchor und dem Schiff für die Laien und vielleicht für die Sakristei. Es gilt aber ebenso für die drei unentbehrlichen Räume, den Schlafsaal *(dormitorium)*, den Speisesaal *(refectorium)* und seit dem 11. Jahrhundert für den Kapitelsaal. Weitere Räume kamen hinzu, die Bücherei *(armarium)*, die im Winter heizbare Schreibstube *(scriptorium)* und die Wärmestube als dem neben Küche und Schreibstube einzig heizbaren Raum, in dem man sich für kurze Zeit aufwärmen konnte. Da im Klaustrum, dem abgeschlossenen inneren Kern eines Klosters, für fast die ganze Zeit des Tages das Schweigegebot galt, benötigten die Aufgabenträger, die regelmäßig mit den Brüdern oder Schwestern sprechen mußten, wie Prior oder Priorin und Kellermeister oder Kellermeisterin Sprechäume (Auditorien). Die aufgeführten Räume lagen um den Kreuzgang, und um sie herum gruppierten sich die Wirtschaftsräume oder -gebäude. So bildete jedes Kloster ein kleines geordnetes Gemeinwesen, geordnet im Raum und geordnet in der Zeit.

Die Armut der Mönche und Nonnen und ihres ganzen Klosters ist Ausdruck der Freiheit für Gott, da »mit der Größe des irdischen Besitzes die Sorge um seine Erhaltung und seinen Bestand wächst«, sie ist für Abaelard und Heloisa nicht Mittel der Unterdrückung menschlicher Natur. Jede asketische Übertreibung auf diesem Gebiet lehnen sie ab. »Nicht das Essen ist Sünde, sondern die Gier.« Besonders für die Nonnen als Angehörige des schwachen Geschlechts gilt, daß nicht der Genuß eines Nahrungsmittels verboten ist, sondern immer nur das Zuviel. Ironisch berichtet Abaelard über die Gewohnheiten anderer Klöster:

Wir essen kein Fleisch, wirklich ein großes Verdienst, wenn wir uns an sonstigen Speisen schadlos halten, bis wir übersatt sind. Wir lassen es uns viel kosten, Fische jeder Art zu bekommen; wir nehmen Pfeffer und anderes Gewürz, sie unserem Gaumen recht schmackhaft zu machen, und wenn wir uns mit gewöhnlichem Wein voll getrunken haben, dann setzen wir Becher mit Kräuterwein und Schalen von Würzwein noch obendrauf. Für all das haben wir vor der Welt die eine Entschuldigung: Wir essen kein Fleisch!

An einem Tag sollen die Nonnen Fleisch aber nur einmal essen, und bei einer Mahlzeit darf es keine zwei Fleischgänge geben. Auch nicht jeden Tag soll es Fleisch geben, sondern nur am Sonntag, am Dienstag und am Donnerstag. Am Freitag als dem Todestag Jesu wurde ohnehin fleischlos gegessen, und häufig galt dies auch für den Mittwoch. Der tägliche Fleischgenuß stellte ein ökonomisches und organisatorisches Problem dar. Die Möglichkeiten damaliger Fleischproduktion waren nicht so beschaffen, daß die Menschen täglich Fleisch essen konnten. So beschränkte sich dies auf den Kreis der Reichen, Adeligen, Händler, Prälaten und reichen Klöster, während die Mehrheit der Bevölkerung unter mangelnder Versorgung mit tierischem Eiweiß litt. Die Regel des hl. Benedikt verbot den Mönchen den Fleischgenuß (39. Kap.), ein Verbot, das aber nicht immer und überall eingehalten wurde. Abaelard war der erste, der in seiner Regel den Fleischgenuß ausdrücklich zuließ. Seine Anweisungen für das tägliche Essen halten die Mitte zwischen der zisterziensischen Leibfeindlichkeit und der cluniazensischen Üppigkeit – die es natürlich auch nicht in allen Klöstern gab –, und sie gestatteten den Nonnen immer noch mehr an Nahrung, als es sich der Großteil der damaligen Bevölkerung leisten konnte. Den Fischgenuß soll man nach Abaelards Bestimmungen einschränken, denn Fisch ist nach Auffassung der damaligen Zeit nicht so nahrhaft wie Fleisch, seine Züchtung erfordert großen Aufwand und ihn als Fastenspeise statt Fleisch zu verwenden, sollte man deswegen unterlassen, weil man damit sonst den Armen ein Ärgernis gibt, die es sich nicht leisten können, in der Fastenzeit teuren Fisch zu kaufen.

Wenn es kein Fleisch gibt, bewilligen wir zwei Gerichte von irgendwelchen Gemüsen und lehnen die Beigabe von Fisch nicht ab. Kostbare Gewürze dürfen im Kloster keine Verwendung finden, sondern die Schwestern mögen mit den einheimischen Würzkräutern sich genügen. Früchte soll es nur zum Abendessen geben. Als Zugabe dürfen Kräuter, Wurzeln und Früchte und ähnliches jederzeit gegeben werden, wenn die eine oder die andere Schwester ihrer als Heilmittel bedarf.

Wein soll nach Möglichkeit nicht getrunken werden, es sei denn zur Stärkung für Kranke und Alte. Da Frauen aber gegen die Auswirkungen des Weines besser geschützt seien – der größere Feuchtigkeitsgehalt des weiblichen Körpers saugt den Wein schadloser auf –, so dürfen die Nonnen ihn trinken, nach Möglichkeit verdünnt. Das Brot soll aus Weizen und

Roggen gemischt sein und nicht warm gegessen werden. Allgemein gilt die Regel, daß man essen soll, was unsere Natur fordert und was die Gegend und die Jahreszeit ohne großen Aufwand liefert.

Die Fastenregeln der Kirche sind streng einzuhalten, und nur mit Erlaubnis der Äbtissin darf sich eine Nonne persönliches Fasten auferlegen. Abaelard will verhindern, daß Nonnen sich hervortun, um im Kloster höher geachtet zu werden. Die Schonung der Gesundheit ist oberstes Gebot, und niemandem ist es erlaubt, ein Gelübde über das Fasten abzulegen oder einen ganzen Tag vollständig zu fasten. Mit Seneca ist es oberstes Gebot, »natürlich zu leben«.

Die Kleidung der Nonnen soll einfach sein. Die Tracht ist von schwarzer Farbe. Unterkleidung, Oberkleidung und Schleier sind aus Leinen, Seide ist verboten. Als Pelz ist im Winter nur Lammfell erlaubt, der Mantel dient auch als Decke im Bett. Dazu kommen Beinkleider, Strümpfe, Schuhe, die Haube und, wenn nötig, eine Fellmütze. Niemand darf barfuß gehen, auch nicht zur Askese. Jede Nonne soll ihr eigenes Bett haben mit Unterbett, Matratze, Laken, Kopfkissen und Decke. Jedes Kleidungsstück ist in doppelter Ausführung vorgesehen, damit regelmäßig gewechselt werden kann.

Keine Schwester soll herausgehoben sein. Die Äbtissin soll mit den Schwestern zusammen wohnen, essen und schlafen. Die seit der Aachener Synode des Jahres 817 erlaubte Praxis, daß Abt und Äbtissin eine eigene Wohnung mit Küche, Personal und Räumen für vornehme Gäste haben, lehnen Abaelard und Heloisa ab. Als Ziele des Klosterlebens formuliert Abaelard »ein Leben in apostolischer Einfachheit und Lebensgestaltung durch Buße und Flucht aus der Welt«. »Flucht aus der Welt«, das hatte am Anfang des 12. Jahrhunderts einen anderen Klang als heute. Man flieht Übel. Die Welt war ein Übel, Hunger, Krankheit, Raub, Vergewaltigung, Mord. Leben in der damaligen Zeit hieß sündigen, um leben zu können, und unter den Sünden eines andern zu leiden und selbst wieder zu sündigen. Und Sünde bedeutete den ewigen Tod. So hatten Menschen in der Welt immer Angst, Angst vor der Not, die nur durch Sünde zu überwinden war, und Angst vor der Sünde und ihrer Strafe. Das Kloster war ein Ort, an dem man gemeinsam in der Hoffnung auf Gott Rettung aus dieser Angst finden konnte. Den Umgang mit den Gütern der Welt stellt Abaelard unter die Regel »Alles darf man mit Vernunft gebrauchen, aber nichts in Unvernunft mißbrauchen«. Übertriebene Askese lehnt er ab. »Darin besteht das große Verdienst und der große Ruhm, daß wir mit Vorsicht genießen, nicht darin, daß man ganz und gar verzichtet.«

Könnte dieser Satz noch Maxime eines Moralisten sein und auch in anderen erbaulichen Schriften der Zeit stehen, so geht Abaelard noch einen Schritt weiter. Die Güter dieser Welt sind allen gegeben. Aber die meisten Menschen leben in bitterer Armut, sind vom Hungertod bedroht. Unter solchen Umständen ist jeder Mensch, der mehr verbraucht, als er unbedingt zum Leben benötigt, schuldig am Tode anderer.

Wir müssen darum für unser Hauswesen und für unseren Aufwand die Grenze ziehen lassen durch unseres Lebens Notdurft: Was diese nicht erfordert, dem wollen wir nicht nachjagen, was ohne unser Zutun angeboten wird, wollen wir nicht annehmen, was in früherer Zeit schon angenommen wurde, wollen wir nicht ängstlich festhalten. Alles, was über des Lebens Notdurft hinausgeht, das besitzen wir als unrechts Gut; wir werden schuldig am Tode so vieler Armer, die wir mit diesem Überschuß hätten ernähren können. Nach jeder Ernte muß man einen Überschlag machen, wieviel das Jahr erfordert; was etwa zuviel ist, wird man den Armen zurückgeben, denn Schenken darf man das nicht nennen.

Diese Gesetze gelten nicht nur für Mönche und Nonnen, die ja ohnehin nach Abaelard nicht unter besonderen moralischen Regeln stehen, sie gelten für jeden. Damit greift Abaelard die damalige Gesellschaftsordnung an.

Abaelard, Lehrer der Nonnen

Heloisa fordert Abaelard. Sie weiß, daß er sie liebt und daß er diese Liebe nur zeigen, leben kann in dem, was er für sie tut. Eine Darstellung der Grundlage von Frauenklöstern verlangt sie, eine neue Regel, Predigten wünscht sie sich für ihre Nonnen, wissenschaftliche Fragen legt sie ihm zur Beantwortung vor, und neue Hymnen soll er dichten und komponieren. Abaelard kommt allen Bitten nach. Und weitere Schriften schickt er in den Parakleten, einen Brief über den Umgang der Nonnen mit Bildung und Literatur, Erklärungen des »Vaterunser«, der Glaubensbekenntnisse, eine Auslegung der Schöpfungsgeschichte. Heloisa leitet die tägliche Arbeit im Parakleten, baut das Kloster auf, sorgt für die ökonomische Grundlage. Aber ist das Kloster Abaelards Werk, soll es dies in den Augen Heloisas sein, so soll er für sie und die Schwestern leisten, was er zu leisten in der Lage ist, soll er geistiger Vater sein. Und Abaelard hat die Stäbe des Käfigs zerbrochen, in den er sich eingesperrt, hat die Mauern eingerissen, in die er Heloisa in sich eingemauert hatte. Liebe kann er ihr nur schenken, indem er für sie da ist, ihre Bitten erfüllt, für sie arbeitet. Und so wird Abaelard Lehrer der Nonnen.

Aber Abaelard drängte es, noch mehr zu tun. Es muß zu Beginn der Gründung des Frauenklosters geschehen sein, und alles war noch knapp, zu knapp zur Sicherung der täglichen Bedürfnisse. Da entschließt sich der stolze Mann zu betteln. Er weiß, daß alle Welt seine Geschichte kennt, sein Liebesverhältnis mit Heloisa und das Ende durch die Kastration. »Konnte ich es wagen, vor der Menge zu erscheinen, wenn alle mit dem Finger auf mich zeigen mußten und ihre Zungen an mir wetzten? Kurz gesagt, ich war für jedermann ein ungeheuerliches Schaustück.« Jetzt hatte er Heloisa und ihre Nonnen in seinen Parakleten geholt, und er weiß, daß böse Zungen über ihn reden, »er liege immer noch in den Fesseln der Sinneslust, er könne das Fernsein von seiner einstigen Geliebten nur schwer verschmerzen, wenn er es überhaupt könne«. Aber Abaelard überwindet seinen Stolz, achtet nicht darauf, daß sein Ruf Anstoß erregt, ja, er zum Ärgernis wird, er bettelt für Heloisa. Er, der Abt, zieht umher, predigt auf den Plätzen und in den Kirchen und bittet um Almosen für die armen Frauen. Eine der Predigten, die er bei einer solchen Gelegenheit gehalten hat, ist uns erhalten. Ausgehend von dem Gleichnis vom ungerechten Verwalter (Luk. 16,1–8) entwickelt er seine Lehre vom Almosen. Und dann kommt er auf seine Überzeugung zurück, die auch seiner Regel zugrundeliegt. Alles, was wir Menschen besitzen, ist uns von Gott zur Verwaltung überlassen. Eigenes besitzen wir nicht. Die Verwaltung besteht darin, »daß jeder seines Lebens Notdurft befriedigt und alles, was darüber ist, seinem Herrn abliefert«. Die Form dieses Ablieferns ist das Almosen für die Armen. Im Almosen geben wir Gott zurück, was sein ist und worüber er Rechenschaft von uns fordert.

Meine geliebten Brüder! Glaubt also nicht, es sei Euer Gut, wenn Ihr so den Armen spendet: Ihr gebt ihnen nur, was ihnen zu eigen gehört. Ich wiederhole: Alles, was Ihr über des Lebens Notdurft hinaus zurückhaltet, das ist das Eigentum der Armen, und Ihr habt Eure Hand als Räuber mit Gewalt auf ihr Eigentum gelegt und tötet sie durch diesen Raub. Darum sagt Gregor in seinem Buch über die Pastoraltheologie: Die Erde, von der sie genommen sind, ist allen Menschen gemein, und darum bringt sie auch ihre Nahrungsmittel für alle gemeinsam hervor. Es ist also zwecklos, wenn sich Leute für unschuldig halten, welche sich Gottes für alle bestimmte Gabe als Eigenbesitz anmaßen; indem sie nicht austeilen, was ihnen zugefallen ist, legen sie es darauf an, den Nächsten zu morden; denn wenn wir irgendwelchen Notbedarf den Armen reichen, so geben wir ihnen nur wieder, was ihnen gehört, schenken ihnen aber nicht, was uns gehört. Wir befriedigen damit eher einen Anspruch der Gerechtigkeit, als daß wir Werke der Barmherzigkeit üben.

Um Abaelard zu verstehen, muß man zweierlei bedenken. Die Armut war weit verbreitet, und für viele Menschen waren die Almosen der Städter und Bauern und die Speisungen an der Klosterpforte die einzige Lebensgrundlage. Entzug der Almosen bedeutete in vielen Fällen Tod. Zum andern gab es nicht die neuzeitliche Eigentumsauffassung. Güter dieser Welt gehörten nie einzelnen Menschen. Sie konnten einzelnen Familien gehören, aber meist hatten diese Familien die Güter nur zu Lehen empfangen. Sie standen im Eigentum des Königs, also im Eigentum des Gemeinwesens, und der König teilte die Güter zur Verwaltung an seine Treuen aus.

Im Fortgang der Predigt kommt Abaelard dann auf die Armen zurück, auf die »geldlich Armen«, denen die Verhältnisse vorenthalten, was zum Leben erforderlich ist, und die »geistlich Armen«, von denen die Bergpredigt spricht (Matth. 5,3). Und damit ist der Bogen geschlagen zu den Nonnen im Parakleten, die gleichzeitig geldlich arm sind und geistlich.

Es gibt ja Klöster, bei den Frauen wie bei den Männern, die vor alters von den Mächtigen der Welt gegründet und mit Liegenschaften reich begabt wurden. Aber unser Kloster hier ist eine Neugründung, ist nicht von einem reichen Mann mit Grundbesitz ausgestattet. Dank Gottes Gnade lebt trotz dieser Ungunst in ihnen der gleiche Eifer, Gottes Dienst zu verrichten und nach der Regel zu leben. Aber die neue, noch zarte Pflanzung bedarf zu ihrem Gedeihen Eures Almosens. Ihr müßt Euch also die Armen aussuchen und dürft das Almosen, mit dem Ihr das Himmelreich Euch erkaufen wollt, nicht an den ersten Besten vergeben.

Der Sammlung von 34 Predigten, der auch die Fürbitte um Almosen für die Nonnen des Parakleten als 30. eingefügt ist und die Abaelard auf Bitten Heloisas geschrieben hatte, ist ein Brief Abaelards vorangestellt. Der Methodiker Abaelard schreibt nicht einfach Predigten, sondern er erklärt, warum er sie so schreibt, wie er sie geschrieben hat. Predigten wenden sich an den Hörer, und ein guter Prediger beherrscht die Regeln der Rhetorik. Eloquent soll er sein, mit Worten die Hörer fangen, sie in eine bestimmte Stimmung versetzen, sie mitreißen. Ein Prediger, der diese Gabe besaß, der sogar Menschen mitriß, die seine Sprache gar nicht verstanden, war Bernhard von Clairvaux, der durch die Predigt im Dom zu Speyer kurz nach Weihnachten des Jahres 1146 König Konrad III. gegen seinen erklärten Willen und gegen jede politische Vernunft zur Teilnahme am zweiten Kreuzzug bewegte. Unter Tränen brach der König bei den Worten des »honigfließenden« Predigers zusammen: Und Bernhard nannte dies ein »Wunder der Wunder«. Magie des Wortes!

222

Anders Abaelard. Nicht Klang, Gestik, Rhetorik sollen den Hörer bewegen, sondern die Einsicht. Obwohl die Predigten dazu bestimmt sind, im Parakleten den Nonnen vorgelesen zu werden, sind es geschriebene Predigten. »Ich diene mehr dem Leser als dem Hörer.« Abaelard ist Lehrer, nicht Prediger. »Ich bestehe auf der Deutlichkeit der Darstellung und nicht auf der Abfolge des Wohlklanges, auf dem Sinn des Wortes, nicht dem Schmuck der Rhetorik.« Immer wieder kommt er in den Predigten selbst auf dieses Thema zurück, auf die Verbindung seiner Sprachanalyse als Lehre von der Feststellung des Sinnes einer Rede mit der Rhetorik als Lehre vom rechten Gebrauch der Worte, diesen Sinn zu formulieren. »Jedes Sprechen ist auf Verständnis hin angelegt, um das Verständnis im Hörer zu bewirken, ist die Rede ersonnen worden, und einzig darum gibt es Sprechen. Alle Worte, die verständlicher sind und die darum besseres Verständnis bewirken, sind daher den anderen unbedingt vorzuziehen« (9. Predigt, Vom Palmsonntag). In der Predigt von den Bittagen legt Abaelard das »Vaterunser« aus, das Gebet des Herrn, ausgehend von der Bedeutung des Wortes *oratio*, das gleichzeitig »Rede«, »Sprechen« bedeutet und »Gebet«. »Aus allem Reden hebt sich jene Rede, jenes Gebet heraus, das Gebet des Herrn genannt wird.« Gottes Wort muß für jeden verständlich sein. »Nichts darf in der Kirche gesagt werden, das nicht verstanden wird.... Und im eigentlichen Sinne wird *das* Sprechen genannt, wovonher Worte verstanden werden, denn das allein ist der Dienst, den Worte leisten, daß sie beim Hörer Verständnis bewirken« (14. Predigt, Von den Bittagen).

Deutlich ist dies gegen Bernhard den Mystiker geschrieben. Dessen Predigten wollen nicht Einsicht, durch die Bedeutung der Worte vermitteltes Verständnis bewirken, sondern unmittelbar Verhalten: Kreuzzugsbegeisterung, Anerkennung des rechten Papstes, Verurteilung der Ketzer, Verstoßung verheirateter Priester, und für die kleine Schar Auserwählter: Vorbereitung auf den *raptus*, die ekstatische Vereinigung mit Gott. Und so predigt Bernhard über das »Hohe Lied der Liebe«, darlegend, daß dieses Liebesgedicht nicht von sich sinnlich Liebenden spricht, sondern von dem Bräutigam Jesus und seiner Seelenbraut. In der zweiten Ansprache des berühmten Zyklus über das »Hohe Lied«, die er im Jahre 1135 vor seinen Mönchen in Clairvaux gehalten hat, heißt es zum ersten Vers dieses Liedes:

Osculetur me osculo oris sui.
Er küsse mich mit dem Kusse seines Mundes.

Vernehmt! Sei der küssende Mund das sich verleibende Wort; der Geküßte das Fleisch, darin er sich verleibt; der Kuß indessen, den zugleich der Küssende und der Geküßte wirken, die Einheit selbst, die aus beiden gefügte, der Mittler Gottes und der Menschen, der Mensch Christus Jesus. Aus diesem Grunde also unterfing sich keiner der Heiligen zu sagen: Er küsse mich mit seinem Mund; sondern nur: Mit dem Kusse seines Mundes: Um ihm solchen Vorzug zu bewahren, dem der Mund des Wortes einzig und einmal damals aufgedrückt ward, als sich ihm leibhaft die Fülle aller Göttlichkeit gewährte. Glückhafter Kuß, erstaunlich in seiner überwältigenden Huld, bei dem nicht Mund dem Munde aufgedrückt, sondern Gott dem Menschen geeint wird! Und doch bedeutet denn die Berührung der Lippen Umschlingung der Geister, hier aber fügt die Verknüpfung der Naturen Göttliches und Menschliches zusammen, befriedigend was auf Erden und was im Himmel ist. Er nämlich ist unser Friede, der beides eins gemacht hat. Diesem Kusse nun seufzte jeder Heilige der alten Zeit entgegen; denn sie fühlten zuvor Heiterkeit und Jubel auf ihn gehäuft und alle Schätze der Weisheit und Wissenschaft in ihm verborgen, und begehrten von seiner Fülle zu empfangen.

Auch Abaelard predigt den Nonnen des Parakleten von der Liebe. In der 1. Predigt seiner Sammlung, der Predigt zum Feste der Verkündigung Mariens, heißt es:

Merket auf, Jungfrauen, die Ihr nicht einen Mann, sondern Gott als Bräutigam erwählt und das Nachbild ihres – Mariens – heiligen Bekenntnisses angenommen habt! Mit einem Menschen – Josef – verlobt, sucht sie nicht für die Öffentlichkeit diesen Menschen, sondern Gott im Stillen. Ihre Augen wandte sie nicht zurück zur Welt, sondern erhob sie zum Himmel. Nicht Hochzeitslieder verlangten ihre Ohren, sondern mit der Speise heiliger Lesung nährte sie ihren Geist. Und so ist offensichtlich wahr, was wir sagten, daß niemals ihr Herz an der Ehe hing, daß sicher sie niemals einen Geliebten empfing. Und so vom Engel gegrüßt war sie, deren Leben nicht fleischlich, sondern engelgleich war, würdig zu hören »Sei ge-grüßt, voll der Gnade!« Gnade nennen wir das aus Liebe Geschenkte, eine gött-liche Wohltat, erwiesen ohne jeden Verdienst.

Abaelards Predigten sind nüchtern, verständlich für jeden. Aber auch er beherrscht die Regeln der Rhetorik. Bis in die Einzelheiten wendet er die Stilfiguren an, die aus der Antike überliefert zu seiner Zeit im *trivium* der sieben freien Künste gelehrt wurden. Ein Beispiel aus seiner »Dialektik« sei dafür angeführt. Im Vorwort zum vierten Traktat setzt er zu einer großen Verteidigung der Dialektik an. Die Dialektik ist erforderlich zum Wissen, und »jedes Wissen ist gut«. Zwar ist zum Beispiel Sündigen ein Übel, die Sünde zu erkennen aber ein Gut, denn ohne sie zu kennen, können wir sie nicht vermeiden. Und dann folgt die Invektive gegen Bernhard von Clairvaux, der die Dialektik verachtet und die Gnade über alles stellt:

Nur wenige sind der göttlichen Gnade teilhaftig, Offenbarung des Geheimnisses dieser Wissenschaft – der Dialektik –, ja den Schatz aller Weisheit zu erhalten.

Bernhard, der Begnadete, als Verächter der Logik ausgeschlossen vom Schatz göttlicher Gnade – Ironie Abaelards oder theologische Interpretation seiner eigenen Berufung zur Dialektik? Und dann setzt Abaelard an zur rhetorischen Figur der *persuasio*, der Überredung durch Steigerung:

Ja der Schatz aller Weisheit, die,
je genauer sie ist, um so schwieriger,
je schwieriger sie ist, um so seltener,
je seltener sie ist, um so kostbarer,
je kostbarer sie ist, um so würdiger eines intensiven Studiums.

Die Stilanalyse der Schriften Abaelards ergibt, daß bei ihm eine »genaue Entsprechung zwischen der Theorie – über die Sprachverwendung – und ihrer Anwendung besteht. Wenn er belehren will, ist Klarheit oberstes Gebot.... Wenn er seine eigenen Gefühle zeigt, wenn er überzeugen will, dann verwendet er eine geschmückte Sprache im Sinne der zeitgenössischen Rhetorik« (L. J. Engels). Ein Teil der Weihnachtspredigt kann diesen Einsatz der Rhetorik zeigen:

Es freuen sich die Himmel,
es jauchze die Erde!
...
Geboren ist heute
  Gott auf Erden,
    damit für den Himmel die Menschen geboren werden.
Geboren ist heute
  aus der Jungfrau, der Mutter,
    der vor aller Zeit gezeugt wurde aus Gott dem Vater.
...
Beid' Geburten wunderbar,
bei der Zeugung unaussprechlich:
so daß für beide gleicherweise
  für die zeitliche aus der Mutter,
    für die ewige aus dem Vater,
Isaias angemessen sagt:
»Seine Zeugung, wer kann sie schildern?«

Die ergreifendste Predigt steht aber nicht in der Predigtsammlung. Sie ergreift nicht durch Rhetorik, sondern durch Innigkeit. Abaelard schreibt sie an Heloisa, die mit Gott hadert, die ihn, Abaelard, als Gott will und an Gott verzweifelt. Nicht Gott den Allmächtigen, den Rächenden beschwört Abaelard, sondern die ewige Liebe, die in Jesus Mensch geworden ist. Ein neues Zeitalter bricht in dieser Predigt an, wie in den Passionspredigten Bernhards von Clairvaux, die Gotik, da sich Menschen liebend in das Leiden des Gekreuzigten, des Menschen vertiefen, Nachfolge Christi der Armen und Leidenden christliches Leben wird:

Kommen Dir nicht die Tränen der tiefsten Trauer, wenn Du den eingeborenen Gottessohn anschaust? Unschuldig ist er um Deinetwillen, um aller Menschen willen von den Gottlosen gegriffen, dahingeschleppt und gegeißelt, ins verhüllte Angesicht geschlagen, verspottet, bespieen und mit Dornen gekrönt, er ist zwischen Räubern aufgehängt, und es ist ihm alles widerfahren, was seine Zeit an Schmach und Schande wußte, er ist am Pfahl des Kreuzes den schrecklichen Tod der Verbrecher gestorben. Liebe Schwester, habe ihn alle Zeit vor Augen, Deinen, der ganzen Kirche wahren Bräutigam, habe ihn vor Augen und im Herzen! Blicke zu ihm auf, wie er hinausgeht, sich für Dich kreuzigen zu lassen, und wie er sein Kreuz trägt! Stell' Dich unter das Volk und unter die Frauen, die ihn beklagten und beweinten!...

Leide mit dem, der freiwillig für Deine Erlösung litt, und traure um den, der sich für Dich hat kreuzigen lassen! Steh' allzeit in Deinen Gedanken mit an seinem Grab, weine, wehklage mit den gläubigen Frauen, wie die Schrift es sagt: »Frauen saßen am Grab, klagten und weinten mit dem Herrn.« Bereite mit ihnen die Spezereien zu seinem Begräbnis, aber nicht die gewöhnlichen des täglichen Lebens, sondern die edleren der Geistigkeit! Jene verlangt nur, wer diese nicht kennt. In frommer Hingabe laß Dein Herz durch dieses Erleben erschüttern!...

Du bist höher als der Himmel und höher als die Welt, da sich der Schöpfer der Welt für Dich zum Preis dahingegeben. Was kann der an Dir Großes gefunden haben, der doch keines Besitztums weiter bedarf, was kann er so Großes gefunden haben, daß er Dich zu gewinnen den Kampf eines schmachvollen Todes bis zum schauerlichen Ende kämpfte? Was kann er an Dir finden wollen als Dein Selbst? Der ist der wahre Freund, welcher Dich selber begehrt, nicht aber das Deine. Schon bereit, für Dich zu sterben, sprach der wahre Freund: »Niemand hat größere Liebe denn die, daß er sein Leben läßt für seine Freunde.« Christus war Dein wahrer Liebhaber, ich war es nicht!

Den Parakleten, das einzige Gut in dieser Welt, das er besaß, schenkte er Heloisa; Heloisa, den einzigen Menschen in dieser Welt, den er liebte, weihte er Christus – Abschied eines Menschen von der Welt. »Christus war Dein wahrer Liebhaber, ich war es nicht!«

Abaelard, Dichter und Sänger

Mittelalterliche Menschen sind oft nicht nur einer Lebensform zuzuordnen: Kirchenpolitiker, Theologe, Philosoph, Jurist, Dichter, Musiker, Prediger. Das Leben war einheitlicher, die Lebensbereiche waren überschaubarer als heute. Das Studium der Musik gehörte zur Grundausbildung der Kleriker, und Gelegenheitsverse dichten konnte fast jeder gebildete Geistliche. Unvergängliche Werke wurden so nicht geschaffen. Auch Abaelard dichtete und komponierte – im Auftrag und mengenmäßig umfangreich. Die literarische Qualität ist unterschiedlich, einige Stücke sind bemerkenswert. Aber zweimal in seinem Leben suchte das Überwältigtsein Ausdruck, einmal im Glück und einmal in der Verzweiflung, und Abaelard wurde zum Dichter und Sänger, und beide Male geschah Neues.

Die Lieder des Glücks, die *carmina amatoria*, sind verlorengegangen. Nur Abaelard selbst und Heloisa bezeugen sie. Wir wissen auch nicht, ob sie in lateinischer oder in der Volkssprache gedichtet wurden. Alles spricht für das Lateinische, denn sie waren auf Heloisa gedichtet. Ihr Weiterleben im »Munde des Volkes«, wie uns Abaelard berichtet, schließt das nicht aus. Die Melodien, von Abaelard erfunden, trugen sie, und vielleicht wurde ihnen ein volkssprachlicher Text unterlegt. Seine Studenten sangen ohnehin lateinisch. Für die Literaturwissenschaft und die Musikgeschichte ist es bedauerlich, daß bisher keines der alten anonymen Liebeslieder Abaelard zugeschrieben werden konnte. Denn – ob lateinisch oder volkssprachlich – es waren die ersten weltlichen Liebeslieder in Nordfrankreich. In Südfrankreich, in der Guyenne, dichtete und komponierte um diese Zeit Wilhelm, Graf von Poitier und Herzog von Aquitanien (1071–1126), als erster Troubadour seine weltlichen Lieder. Im Norden aber entstanden um diese Zeit darüber hinaus nur geistliche Lieder.

Die Dichter und Sänger lateinischer weltlicher Lieder nannte man später Goliarden oder nach ihrer Lebensweise Vaganten, Umherziehende. Vielleicht sogar geht dieser Name auf Abaelard zurück, der von Bernhard von Clairvaux »Goliath« geschimpft wurde, und Sänger, Vagant, Umherziehender, Unsteter war auch er. Der erste greifbare Goliarde mit nachweisbarem Werk ist Hugo von Orléans (vor 1095–1150). Seine frühesten lateinischen Lieder stammen aus den zwanziger Jahren des 12. Jahrhunderts. Später erst fanden sich auch in Nordfrankreich volkssprachliche Liebeslieder. Einer der ersten Trouvères, wie diese Sänger genannt wurden, war Chrétien von Troyes (1140–1190), dessen Liebeslyrik bereits in die zweite Hälfte des Jahrhunderts gehört. Abaelard war also der erste weltliche Liebesdichter in Nordfrankreich. Ein Korpus von 94 Hymnen hat Abaelard auf die Bitte von Heloisa gedichtet und komponiert. In drei Büchern schickte er sein Werk dem Parakleten und legte in einem Begleitbrief dar, welche Richtlinien ihn bei der Abfassung bewegt hatten. Hymnen gehören seit der Einführung in den Gottesdienst durch Ambrosius von Mailand (um 340–397) zum festen Bestandteil aller Nacht- und Tagesgottesdienste. Große und ehrwürdige Dichter hat die lateinische Kirche hervorgebracht, Prudentius (384 – nach 405) aus Spanien, Sedulius (Mitte des 5. Jh.s) aus Italien und Venantius Fortunatus (zweite Hälfte des 6. Jh.s) aus Frankreich. Alle diese Gesänge, ehrwürdig durch jahrhundertelangen Gebrauch und große Namen, verbannte Abaelard aus dem Gottesdienst des Parakleten. Wenige Jahre zuvor hatte er Bernhard von Clairvaux getadelt, weil er neue, unbekannte Hymnen in den Gottesdienst eingeführt hatte. An Heloisa schreibt er in seinem ersten Begleitbrief:

Ich bemühe mich unnötig, wenn ich neue Lieder für Euch dichte, da Ihr eine große Menge alter habt. Es kam mir auch wie eine Tempelschändung vor, die alten Lieder der heiligen Väter durch neue Dichtungen sündiger Menschen zu ersetzen oder auch nur zu ergänzen.

Zwei Gründe Heloisas für ihre Bitte führt Abaelard an, und beide Gründe sind kennzeichnend für das Paar, das jetzt beginnt, eine neue monastische Ordnung für Frauen aufzurichten: Zum einen sei die überkommene Liturgie im Frankenreich mehr durch Herkommen bestimmt als durch innere Beglaubigung, und zum andern zwinge sie das Gottesvolk zur Unwahrhaftigkeit. »An manchen Festen passen die Lieder nicht zu den Tageszeiten, oder sie vergewaltigen unsere Seelen.« Mit der ihm eigenen Pedanterie führt Abaelard dann eine Fülle von Beispielen auf. Besonders abgeneigt ist Abaelard gegenüber jedem durch den Text erzwungenen Gefühlsüberschwang. »Wir müssen gegen unsere Überzeugung Stimmungen aussprechen, die mit unserer seelischen Wirklichkeit nicht übereinstimmen.« Trifft dies nicht heute noch weitgehend auf die Praxis der christlichen Kirchen mit ihren Liedschätzen aus der Barockzeit zu? Jede Ekstatik, jede Mystik soll aus den Liedern verbannt sein, denn nicht nur für »die Auserwählten, eine kleine Schar« dürfen die Lieder passen, sondern eine ganze Gemeinde muß sie in innerer Wahrhaftigkeit singen können, Junge und Alte, Aufgewühlte und Abgeklärte, Männer und

Frauen. Kommt uns die Mehrzahl der Hymnen Abaelards heute trokken, konstruiert vor, so liegt dies, außer an der in kurzer Zeit bewältigten Massenproduktion, vielleicht auch daran, daß Abaelard so dichten wollte, denn daß er anders konnte, hat er gezeigt.

Abaelard dichtete und komponierte einen vollständigen neuen Hymnenzyklus. Das erste Buch enthält 28 Festgesänge, die dem Wochenrhythmus dienen. Je ein Hymnus für jede Nokturn jeder Nacht, also für die Vigil des Sonntags drei und je einen für die Vigilien jeden Wochentages. Diese neun Hymnen sind im selben Versmaß gedichtet und werden auf dieselbe Melodie gesungen, damit die Schwestern Text und Melodie besser im Gedächtnis behalten können. Laudes und Vesper haben für jeden Tag verschiedene Hymnen, für die kleinen Tagzeiten, Prim, Terz, Sext, Non und Komplet ist je ein eigener Hymnus vorgesehen, der aber täglich gesungen wird. Alle Tageshymnen sind wieder im selben Versmaß gedichtet und werden nur auf eine Melodie gesungen. Dem ganzen Korpus liegt ein genauer Plan zugrunde. Die Wochenhymnen entnehmen ihre Themen den sechs Tagen der Schöpfungsgeschichte (1. Mos. 1,1–31; 2,1–4a). Bis in den Stil hinein entsprechen diese Hymnen Abaelards Auslegung der Schöpfungsgeschichte, die er ebenfalls für die Nonnen schrieb. Auch über den Tag hin verfolgt Abaelard einen Plan, den er selbst im Begleitbrief zum zweiten Buch der Hymnen formuliert:

Die Hymnen habe ich inhaltlich so angelegt, daß die für die Nacht bestimmten den Tatsachen der betreffenden Tage gerecht werden, während die Taglieder diese Tatsachen allegorisch und moralisch deuten. Durch diese Verteilung ist das Dunkel der Geschichte der nächtlichen Gebetsfeier vorbehalten, während die aufhellende Erklärung dem hellen Tage zufällt.

Die 31 Hymnen des zweiten Buches, werden an den Festen des Kirchenjahres gesungen, Weihnachten, Ostern, Christi Himmelfahrt und Pfingsten. Das dritte Buch, das 35 Festgesänge enthält, ist für die Feste der Heiligen bestimmt. Diese Hymnen der beiden letzten Bücher sind im Versmaß abwechslungsreicher als die täglich zu singenden Lieder, und auch für sie hat Abaelard ein inhaltliches Programm entwickelt. Jedes Fest des Kirchenjahres feiert ja ein ganz bestimmtes Glaubensgeheimnis. In den Hymnen der Nacht wird das Glaubensgeheimnis erzählt, in denen des Tages erklärt.

Ein einziger Hymnus Abaelards ist auch mit seiner Melodie erhalten. Es waren gerade Zisterzienser-Klöster in der Schweiz und am Rhein, die

den Vesper-Hymnus für den Samstag in ihr Hymnar aufgenommen und
ihn durch die Jahrhunderte gesungen haben:

O quanta, qualia sunt illa sabbata
Quae semper celebrat superna curia.
Oh wie herrlich jener Ruhetag,
den immerdar feiert der himmlische Hof.

So können wir heute noch hören, wie in etwa der Gottesdienstgesang im
Parakleten geklungen haben muß, völlig verschieden von der Gregoria-
nik, wie sie bis dahin überliefert wurde, Melodien am Vorabend der
Mehrstimmigkeit, gesungen von Nonnen und mit Musikinstrumenten
begleitet.

Der Hymnus zu den Laudes am Sonntag soll uns zeigen, wie es Abaelard gelang, das Geheimnis am Morgen des Sonntags in einem Lied zu
fassen, die Auferstehung des Herrn:

Advenit veritas, umbra praeteriit,
Post noctem claritas diei subiit,
Ad ortum rutilant superni luminis,
Legis mysteria plena caliginis.
...
Es kommt die Wahrheit nun,
  Der Schatten niederflieht,
Auf Nacht die Klarheit nun,
  Des Tages aufwärts zieht.
Gen Morgen glühen auf
  Der höchsten Herrlichkeit
Alte Geheimnisse
  Voll tiefer Dunkelheit.

Das nächtige Ruferamt
  Des Moses schweiget schon,
Des Lichtes Lobgesang
  Stimmt in des Tages Ton,
Vor Christus weicht zurück
  Versteck und Hindernis,
Vor solchem Lichte bleibt
  Kein Ort in Finsternis.

Von mystischer Gestalt
  Fällt der Umhüllung Tuch:
Wahrheit ist Wirklichkeit,
  Nicht mehr im Rätselspruch.

Was der Prophet versprach,
  Ward Klarheit ohne Hehl,
Um Jota nicht noch Punkt
  Ging die Erfüllung fehl.
Wich erst die Todesnacht,
  Mit ihrer Traurigkeit,
Und bringst das Leben Du
  Morgen voll Fröhlichkeit,
Ersteht der Herr uns auf,
  Von Engeln sanft geweckt,
Die Wächter fliehen fort,
  Vom hellen Glanz erschreckt.

Der Heiligen Jubelschar,
  Die schon im Schlafe lag,
Preiset im Auferstehn
  Des Auferstandnen Tag:
Zum Zeichen, daß der Herr
  Vom Grabe auferstand,
Hebt sich der Toten Chor,
  Senkt sich der Engel Band.

Des ewigen Gottes Lob,
  Nur ewiger Schall ermißt,
Aus dem und durch den nur
  Und in dem alles ist:
Der Ausgang Vater ist,
  Der Durchgang Sohn uns heißt,
Das Insein Vaters und
  Des Sohnes Heiliger Geist.

Von Abaelard dem Dichter und Sänger würden nur Fachgelehrte sprechen, wüßten wir nur von seinen Liebesliedern, würden wir nur sein
Hymnarium kennen und eine einzige Melodie. Allein die Besessenheit,
mit der er fast 700 Jahre Hymnengeschichte aus der Liturgie des Parakleten zu tilgen versuchte, wäre eine Anmerkung in seiner Lebensgeschichte wert. Aber Abaelard dichtete und komponierte nicht nur Liebeslieder, als seine Liebe zu Heloisa für ihn unfaßbar schön wurde, nicht nur
Hymnen auf Bitten Heloisas, als er mit ihr eine neue Lebensordnung zu
schaffen begann, sondern Klagelieder auch aus der Tiefe der Verzweiflung, als alle Versuche, nach dem Verlust der geliebten Frau ein neues
Leben zu finden, gescheitert waren und nichts mehr, gar nichts mehr ihm
Inhalt seines Lebens sein konnte. Diese Lieder der Not, oben schon angeführt als erster Versuch, die Stäbe des seelischen Käfigs zu zerbrechen, in

den er seine Seele gesperrt, die Mauern einzureißen, in die er in seiner Seele Heloisa eingemauert hatte, diese Lieder der Not reihen ihn unter die Großen der Literatur- und Musikgeschichte ein. Um dies zu verdeutlichen, müssen noch einmal die Hymnen betrachtet werden. Der lateinische Hymnus ist streng nach antikem Versmaß geregelt. Die lateinische Sprache mißt lange und kurze Silben. Die Strophe des Hymnus, den Ambrosius am Osterfest des Jahres 388 in den Gottesdienst einführte, bestand aus vier jambischen Achtsilbern. Der Hymnus zu den Laudes am Dienstag mag es verdeutlichen:

Splendor Paternae gloriae...
Glanz väterlicher Herrlichkeit,
Vom Lichte Licht Verströmender,
Des Lichtes Licht, des Leuchtens Quell,
Des Tages lichtumflammter Tag.

Den trochäischen Langvers, ein Fünfzehnsilber mit der Zäsur nach der achten Silbe, führte Venantius Fortunatis kurz vor dem Jahr 600 als Bischof von Poitiers in die Liturgie ein. Sein Kreuzeshymnus wird in der Kirche noch heute als Prozessionslied gesungen:

Pange, lingua, gloriosi
proelium certaminis....
Singe, Zunge, des Erhabnen
Gotteskampfes Waffengang,
Um des Kreuzes Siegeszeichen
sing' den edelsten Triumph,
Wie des Weltenrunds Erlöser
hingeopfert Sieger blieb.

Nach diesem Versmaß und seinen Liedern waren schon Cäsars Legionen marschiert:

Ecce Caesar, nunc triumphat,
qui subegit Gallias.
Seht den Cäsar, unsern Sieger,
der bezwang die Gallier.

und auf Haydns Kaiserhymnus singen die Deutschen, die Westdeutschen, ihre Nationalhymne:

Einigkeit und Recht und Freiheit
für das deutsche Vaterland.

Die Verse des lateinischen Hymnus messen nur Länge und Kürze, bei den Übersetzungen ersetzt nach unserem Sprachgefühl durch Betonung und Unbetonung. Aber schon in der Karolingerzeit brach sich das neue Sprachgefühl Bahn, durchbrach die metrische Strenge des antiken Maßes und schuf sich in der Sequenz eine neue Form. Wurde der klassische Hymnus gedichtet und dann komponiert, so wird die Sequenz von der Melodie geführt, woraus sich ihr Name ergab: *versus sequens neumata* – Verse, die den Noten folgen. Nach einem Bericht des Notker Balbulus (um 840–912) sollen eines Tages den langen jubelnden Melodien auf der letzten Silbe des Alleluja in der Messe Worte unterlegt worden sein, zum leichteren Gedächtnis der Noten. Daraus entwickelte sich die erste eigenständige Gedichtgattung Europas, die ältere Sequenz. Als Beispiel diene die Ostersequenz Wipos von Burgund (um 1000 – nach 1046), des Kaplans Kaiser Heinrichs III. :

Victimae paschali laudes
immolent christiani
agnus redemit oves:
Christus innocens patri
reconciliavit
peccatores.

Dem österlichen Opferlamme Lob
opfere die Christenheit.
Das Lamm erlöste die Schafe:
Christus, der Sündenlose, versöhnt,
mit dem Vater
die Sünder.

...

Scimus Christum surrexisse
a mortuis vere;
tu nobis, victor, Rex, miserere!

Wir wissen: Christ ist auferstanden
von den Toten wahrlich;
Du Sieger-König, erbarme Dich unser!

In der Melodie sind noch Anklänge an das Oster-Alleluja enthalten, im Text wechseln Halbreim und Reim. Eine Bindung an ein Versmaß besteht nicht mehr, die Betonung der Silben und nicht ihre Länge bestimmt den Vers. »Das silbenmessende Prinzip wird durch das Sinnbetonende, das Silbenwägende abgelöst« (Th. Spoerri). Dies gestattet eine innige Verschmelzung von Wort, Wortsinn und Melodie. Diese Verbindung findet sich zum ersten Mal in den »Planctus« des Abaelard. Sie stellen literatur-geschichtlich den Durchbruch zur jüngeren Sequenz dar, »die mit den Versen der Hymnen, vor allem mit den Teilstücken des trochäischen Fünfzehnsilbers immer neue Strophenvarianten erfindet und so zur eigentlichen Keimzelle der modernen Poesie wird. Im ›Stabat mater‹ und ›Dies irae‹ (Mitte des 13. Jhs.) hat die jüngere Sequenz ihren Einzug in die Weltliteratur vollzogen« (Th. Spoerri).

Dies irae, dies illa
Solvet saeclum in favilla:
Teste David cum Sibylla.

Tag des Zornes, Tag, wo stieben
Welten hin zu Schutt zerrieben:
wie Sibyll und David schrieben.

. . .

Lacrimosa dies illa
Qua resurget ex favilla
Judicandus homo reus.

Tränenreichster Tag der Runde,
Hebt der Mensch aus staubiger Schrunde
Schuldhaft sich zum Richterthrone.

Huic ergo parce, deus:
Pie Jesu Domine,
Dona eis requiem. Amen.

Diesen, gnädiger Gott, verschone,
Milder Jesus, Herrscher Du,
Gib den Toten ewige Ruh'. Amen.

Zwischen der älteren und der jüngeren Sequenz stehen die »Planctus« des Abaelard, thematisch dichterische Fassungen auswegloser alttesta-mentlicher Situationen, dichterisch Lieder in stetem Wechsel der Längen und Rhythmen, musikalisch die innigste Verbindung von Wort und Me-lodie, die das Mittelalter bis dahin geleistet hatte.

Ein *planctus* soll hier stehen, die Klage der Jungfrauen Israels um die Tochter Jephtas des Galaaditen.

Ad festas choreas celibes
ex more venite virgines!
Ex more sint ode flebiles
et planctus ut cantus celebres!

Kommt ihr Jungfrauen, ihr Mädchen,
zu einem ungewöhnlichen Sangesfest.

Nicht wie sonst soll euer Sinnen sein,
sondern unter Tränen und Seufzen.

Inculte sint meste facies
plangentum et flentum similes!
aurate sint longe ciclades
et cultus sint procul divites.

Tragt keine Schminke auf.
Schauet traurig wie Klagende und Weinende.
Laßt Goldbordenkleider
und kostbaren Schmuck sein.
...
Es soll ja der Todesmut eines Mädchens
beweint werden und pietätvoll besungen werden,
und zwar von Mädchen, Jahr für Jahr.
Die Tochter des Galaatsohnes Jephte ist es,
das beklagenswerte Schlachtopfer
ihres Vaters.
Erstaunliches Mädchen, mehr zu bewundern als zu beweinen!
Wie selten: Ein Mädchen wie ein Mann!
Das väterliche Gelübde soll ja durchgeführt,
der Herr nicht um das Gelobte gebracht,
das Volk gerettet werden:
Also geht sie bereitwillig in den Tod.
Bei ihrem Anblick durchfährt ihn sein Gelübde,
die Kehle wird ihm zugeschnürt, sein Jauchzen
schlägt in Stöhnen um, der Mannen Triumph in Klage.
»Mein Kind«, sagt er,
»Mein einziges, was tust du mir an?
Und noch Schlimmeres tust du dir selber an,
denn für unsere Siegesfreude wirst du den Preis zu zahlen haben.
Der uns vom Herrn verliehene Sieg
bedeutet ja für dich das Verderben.«
Sie antwortet: »Möge er mich,
unschuldig, wie ich bin,
zu einem Ihm wohlgefälligen
Opfer bereiten!
Es wollt' einmal Abraham
seinen Sohn opfern,
aber er fand nicht
so viel Gnade beim Herrn,
daß dieser den Knaben
als Opfer von ihm annahm.
Einen Knaben weist Er also ab,
ein Mädchen jedoch nimmt Er an.

Oh, wie schön für mein Geschlecht!
Schau, was du hervorgebracht, und überlege
dir den Ruhm, den dies mir und dir einbringen wird.
Drum bitte ich: Sei, was du
schließlich bist, ein Mann,
und steh' nicht deinem und meinem Ruhm entgegen.
Wenn du mich mehr liebst als dein Leben
und so dem Volke Schaden zufügen möchtest,
laß dann die Liebe schweigen,
führe mich dem Herrn zu,
sonst verstößt du mit dem Volke
gegen den Herrn und verlierst du
noch das Volk durch
die Ungnade des Herrn.
Keine Grausamkeit ist hier,
sondern Gottestreue, denn ohne Opfer hätte Er
den Sieg nicht verliehen.
Löse also das Verschuldete ein,
lieber Vater, und stimme den Herrn
gnädig, damit nicht am Ende nicht mehr
sein darf, was vorher wohlgefällig war.
Ruhig soll die Rechte des
Mannes vollstrecken, vor dem das zarte Mädchen
nicht zurückschreckt:
den ganzen Inhalt
des Gelobten.
Aber gönne mir
zwei Monate Zeit.
Laß mich mit meinen Freundinnen
über Berg und Tal streifen, und laß uns
weinen und klagen, daß der Herr mir Nachkommenschaft verwehrt.
Nach dieser Frist
kann das Recht seinen Lauf nehmen.
Und wehe mir,
wenn ich dann nicht
mein reines, unberührtes Fleisch
zum Heilopfer reiche.«
So geschieht es.
Und nun kommt sie
zum Vater zurück,
betritt das Haus,
zieht sich
zurück.
Im Kreis der Mädchen
steigt sie erschöpft ins Bad.

Das Wasser reinigt den Leib
von Staub und Schmutz,
erquickt ihn nach
den Mühen des Weges.
Salben bringen
die weinenden Mädchen
in vergoldeten Dosen.
Sie machen ihr
das Haar, legen
die Kleider zurecht.
Bald verläßt sie das Badezimmer
und gibt dem Vater Bescheid,
den Altar zu errichten
und das Feuer
zu entzünden,
während sie das Opfer herrichtet,
wie es für Gott,
den Herrn geziemt.
Ach, mit welchen
Weherufen der Bescheid
erhalten wird!
Aber der Fürst
drängt das Volk,
und die Mädchen
sollen sie schnell
schmücken zum Sterben
wie zur Hochzeit.
Eine reicht Seide,
mit Tränen benetzt;
die andere Purpur,
naß vom Weinen.
Mit Edelsteinen,
Gold und Perlen
schmückt man ihr den Hals
und hört nicht auf.
An Ohren, Fingern,
Armen wird das
ach, so zarte Kind
mit Gold überladen.
Schließlich wird das Gewicht ihr
zu schwer, die Zeit zu lang.
Sie steht auf und weist
alle von sich. Sie sagt:
»Für eine Braut ist es jetzt genug.«
Für eine, die sterben muß, ist es zuviel.

Denn bald zieht sie dem Vater das Schwert
aus der Scheide und reicht es ihm.
Was sollen wir weiter noch sagen,
weinen und klagen?
Singen wir das Klagelied
bis zum bitteren Ende.
Ihre Gewänder rafft sie zusammen,
sie steigt auf die Stufen des Altares
empor, reicht selber das Schwert,
kniet sich hin und stirbt.
Oh Wahnsinn eines Richters!
Oh Raserei eines Fürsten!
Oh Vater, nein, Feind seiner Nachkommen,
Vertilger, Mörder des einzigen Kindes!

Hebree dicite virgines
insignis virgines memores,
puelle Israel,
hac valde virgine nobiles!

Ihr, hebräische Mädchen, singet
zum Gedächtnis dieses großartigen Mädchens,
denn wenn die Mädchen Israels berühmt und bekannt sind,
dann vornehmlich durch dieses Mädchen.

Man muß diese Klagelieder lesen und dann hören und sich vorstellen, wie sie von den Nonnen Heloisas im Parakleten gesungen wurden, von Instrumenten begleitet, wie der Staccato-Rhythmus Verse und Melodie jagt, wenn es auf den Tod zugeht, und wie der Schmerz in ruhigen, fast stehenden Tönen gesungen wird, ein Schmerz, der nicht enden will, festgefroren ist. Ob die Klagelieder für Heloisa gedichtet und komponiert wurden oder ob Abaelard in ihnen für sich den Käfig aufbrach, zweckfrei nach außen sozusagen und von innen her eine Befreiung leistend, das wissen wir nicht. Nachdem er Heloisa den Parakleten geschenkt hatte, übersandte er ihr und ihren Nonnen diese Lieder, und sie werden dort aufgeführt worden sein. Von zweien der sechs Lieder sind auch die Melodien überliefert, von dem Klagelied über die Tochter Jephtas nur in alten Noten ohne Linien, so daß jede Interpretation nur eine Vermutung ausdrückt, von dem Klagelied Davids über Saul und Jonathan in Noten auf vier Linien, so daß die Interpretation der damaligen Praxis recht nahe kommen dürfte. Instrumentierung und Rhythmus allerdings bleiben der Aufführungspraxis überlassen, wie dies wohl damals schon üblich war. Werktreue kannte das Mittelalter nicht, sondern nur Vollzug des Liedes in der Situation der Aufführung, ihre Aufführung im Kloster des Parakleten, des Trösters, in dem Heloisa die Verzweiflung Abaelards in sich aufnahm, ihr Schmerz mit seinem Schmerz verschmolz und der Weg sichtbar wurde, den Abaelard in seiner Regel beschrieben hatte, »die gegenseitige fürsorgende Liebe – von Mönch und Nonne, Abt und Äbtissin – findet kein Ende, wenn zwischen ihnen noch Bande der Verwandtschaft und Freundschaft bestehen«.

Abaelard und Heloisa, Abt und Äbtissin

In wenigen Monaten des Jahres 1129, in wenigen Wochen vielleicht nur hat sich um den Kern des Verhältnisses der beiden Liebenden ein neuer Ring gelegt. Heloisa beugt sich in die Obhut Abaelards, Abaelard sorgt für Heloisa. Der ersten Begegnung folgten weitere. Immer häufiger verließ der Abt seine Abtei in der Bretagne, und immer häufiger war er Gast im Parakleten. *Er* wird *sein* Kloster. Abaelard wäre nicht Abaelard, reflektierte er die neue Situation nicht. Wer ist Heloisa jetzt für ihn? Die Antwort auf diese Frage formuliert er als Schluß des Briefes, den er der Predigtsammlung beifügte, die er Heloisa und ihren Nonnen schickte. Der letzte Satz dieses Briefes lautet:

Lebe wohl im Herrn, Du seine Magd, mir einst in der Welt lieb, nun in Christus am liebsten, im Fleisch damals meine Frau (*uxor*), nun im Geist meine Schwester (*soror*) und in der Ausführung des heiligen Lebensplanes Schicksalsgefährtin (*consors*).

Amica, Freundin, Geliebte, Freudenmädchen hatte sich Heloisa einst genannt, und anderes wollte sie nicht sein im Leben Abaelards. Seine Geliebte, *amica*, Name für das, das ihr Leben ergriff und für immer verändert hatte, ihre Bindung an den Menschen, der ihr Gott ist. Abaelard zwang sie in die Ehe, Liebe erhöhend oder verdinglichend, *uxor*, Ehefrau war sie ihm für wenige Wochen oder Monate, und der Name bezeichnete ein Recht, das Recht der angetrauten Gattin. Nonne zu werden zwang er sie, der Mönch, und so wurden sie im Sprachgebrauch der Zeit Bruder und Schwester, *frater et soror*, Floskeln der Konvention. Jetzt aber arbeiteten sie an einem gemeinsamen, einem heiligen Plan, dem *sacrum propositum*, einer Ordnung des einfachen Lebens für Gott, und dieser gemeinsame Plan, ihr gemeinsames Werk einte sie in neuer, endgültiger Weise. Gleich sind ihre Anteile an dem Werk, denn eine *consortio* ist eine

239

Teilhaberschaft zu gleichen Teilen. Abaelard der Abt und Heloisa die Äbtissin, der Mann und die Frau weihen Gott den Parakleten, zeugen geistliche Söhne und geistliche Töchter. Aber auch das gibt noch nicht ganz wieder, was beiden widerfuhr. *Consortes* sind sie geworden, Träger eines gemeinsamen Loses (*sors*), eines Geschicks. In einer Totenklage unbekannter Herkunft, gelegentlich Heloisa selbst zugeschrieben, heißt es:

> *Tecum fata sum perpessa.*
> Mit Dir mich die Lose trafen.

Wörtlich sagt Heloisa in diesem Vers, daß sie Abaelards Schicksale mit durchleide. *Fatum*, Schicksal, Bestimmung, Verderben oder von Gott zugewiesenes Lebensziel, das erste Treffen der beiden, der Blick, in dem sie sich begegneten, sie wußten, daß sie sich lieben würden, dieser Augenblick bestimmte hinfort alles in ihrem Leben. Nie wieder konnten sie sich voneinander lösen. Alles, was ihnen zustieß, was sie sich antaten, womit sie einander verletzten, alles verband sie nur fester. Alles, was sie trennte, trennte sie immer nur in einer Hinsicht. Ihre Verbindung war unentrinnbar geworden. Sie war unentrinnbar, weil jeder das, was er war, weil jede das, was sie war, nur war durch den anderen, durch die andere, durch das gemeinsame Geschick.

Ruhig verlief der Übergang zu ihrem neuen Verhältnis als Abt und Äbtissin nicht. Zu verschieden war die Lage Heloisas von der Lage Abaelards. Konnte er die Rolle des Abtes, des Klostergründers, des Lehrers der Nonnen spielen, ohne etwas von seinem jetzigen Selbst zu verneinen, so zerriß in Heloisa die Begegnung mit Abaelard die Fesseln der Disziplin, in die sie ihre Liebe gelegt hatte.

Heloisa

»Das Mysterium der Heloisa«

Ohne Vorbild tritt uns Heloisa aus dem 12. Jahrhundert entgegen als eine Frau, die liebt, liebt, nur weil der Gegenstand ihrer Liebe über alles liebenswert ist, die als Frau einen Mann liebt, ohne jede Rücksicht auf die Familien, in denen damals und noch für viele Jahrhunderte entschieden wurde, wen eine Frau lieben, wann sie ihre Liebe leben durfte. »Die Tiefe meiner Liebe gründete sich auf ihre Irrtumslosigkeit. Kein König, kein Philosoph dieser Welt hätte mit Deinem Ruhm wetteifern können. ... Welches Gut der Seele oder des Körpers schmückte nicht Deine Jugend?« Heloisa liebt in Abaelard *das* Gut. Sie ist philosophisch gebildet. Das Gut, *bonum*, ist wünschenswerter Besitz, ist Tugend, ist Grund allen Strebens. »Das Gute ist dasjenige, was von allen erstrebt, begehrt, verlangt wird«, sagt Aristoteles am Beginn seiner »Nikomachischen Ethik«. Liebe ist intentional, bestimmt vom Geliebten. Liebe ist Glück darüber, daß das Geliebte da ist. *Gratias agimus tibi propter magnam gloriam tuam* singt die Kirche im »Gloria« der Messe von Gott, »Wir sagen Dir Dank für Deine große Herrlichkeit«, Dank für die *gloria* Gottes, den Glanz seines Gutseins. Schon an dieser ersten Stelle, an der Heloisa von ihrer Liebe zu Abaelard spricht, wird deutlich, daß ihre Liebe zu ihm die Struktur hat, in der später die Theologen der Scholastik in der Rezeption des Aristoteles das Verhältnis jeder Kreatur, besonders aber des Menschen zu Gott sehen. »Nicht mehr bei mir« – schildert sie ihre Liebe – »sondern bei Dir war mein Selbst, und auch gerade jetzt ist es nirgends, wenn es nicht bei Dir ist. Ohne Dich kann ich nicht sein. Mach Du, ich flehe Dich an, daß es ist bei Dir!« Seit Heloisas Schilderung ihrer Liebe ist der Geliebte oder die Geliebte immer wieder mit Gott verglichen worden, und so blaß uns Gott geworden ist, so blaß ist der Vergleich geworden und bar jeder Lästerung, die für einen Menschen des frühen Hochmittelalters darin liegen mußte. »Ohne Dich kann mein Herz nicht sein. Mach Du, daß es bei Dir ist.« Augustinus hat diese Unruhe der Liebe zum Thema seiner »Bekenntnisse« gemacht und von Gott gesagt:

Inquietum est cor nostrum,
donec requiescat in te.
Ruhelos ist unser Herz,
bis es ruht in Dir.

Liebe ist die Hinordnung einer Person zum Geliebten, die ihr Sein, ihre Vollendung, das Gut, das alle erstreben, erst findet in der Vereinigung, in der dieses Streben glückhaft Ruhe findet. Heloisa spürt und weiß, daß ihre Weise, Liebe zu erfahren, neu, einzigartig ist. Und so findet sie die Formulierung, die nach ihr tausend Mal wiederholt wurde, bis sie blaß und abgeschmackt klingt, wie der Gegenstand des Vergleiches blaß wurde, unwirklich: Wenn der Kaiser käme! Sie setzt ihre Liebe allem entgegen, was damals galt. Wenn Friedrich Nietzsches Formulierung auf ein einmaliges, konkretes Ereignis zutrifft, dann auf Heloisas Umwertung der Liebe:»Umwertung aller Werte«:»Wenn das Wort *uxor*, (rechtmäßige Ehefrau, Gattin) anderen *sanctius* (heiliger, unverbrüchlicher) bedeutet und *validius* (eine einflußreiche Stellung verschaffend), dann klang mir das Wort *amica* (Freundin, Geliebte) immer süßer, ja – wenn Du nicht empört bist – selbst *concubina* (unverheiratete Partnerin), *scortum* (Nutte).... Gott rufe ich zum Zeugen an, wenn der Kaiser, Beherrscher der ganzen Welt, mich seiner Ehe würdigte und wenn er mir die ganze Welt als Morgengabe zu ewigem Besitz vermachte, begehrter wäre es mir und würdiger, Deine Hure zu heißen (*meretrix*) als seine Kaiserin (*imperatrix*).« In wenigen Sätzen zertrümmert Heloisa die gesellschaftliche Wertung von Liebe und Ehe. Durch die Wahl der verächtlichen Ausdrücke soll die Beschreibung ihres Verhältnisses zu Abaelard herausgerissen werden aus allen damals anerkannten, allen möglichen Formen. Einzigartig ist dieses Verhältnis, ohne Worte, die es beschreiben können. Selbst die Bezeichnung Konkubine reichte dafür nicht aus, denn eine Konkubine des Königs Philipp I. war die Gräfin Bertrada, ehe er sie zur Königin machte. Mochte die Kirche das Konkubinat mißbilligen, im damaligen Adel war es weit verbreitet. Nein, Konkubine war Heloisa nicht. Sie war Abaelards Heloisa, einzig, *unica*, wie sie immer wieder schreibt.

Von dieser Liebe, *immoderatus*, maßlos und unermeßlich, so wie Bernhard von Clairvaux die Liebe zu Gott nennt, verlangte Abaelard das Äußerste, sich selbst aufzugeben. Der Befehl Abaelards, den Schleier zu nehmen, nahm Heloisa jede Hoffnung auf den Geliebten. Es war ja nicht so, daß der Doppeleintritt ins Kloster die einzige mögliche Lösung war.

Abaelards weiteres Leben zeigt: Lehrer konnte er unter allen Umständen der damaligen Zeit sein, Schüler hatte er immer. Ob er Privatdozent war an einer selbst gegründeten Schule, ob er Leiter der Domschule in Paris war, Mönch in Saint-Denis, Flüchtling in Provins, Eremit im Parakleten, ob er später in Paris als geflüchteter Abt auftaucht, immer strömen ihm Schüler zu, immer hätte er von ihnen leben können, immer konnte er Magister sein – konnte nicht Heloisa an seiner Seite leben? Sie waren verheiratet, und keinen Grund hätte es für irgend jemanden gegeben, an ihrem Verhältnis Anstoß zu nehmen. Daß Abaelard kein Mann mehr war, war das wichtig, gar entscheidend? Der Dichter Alexander Pope hat im Jahre 1717 in einem Gedicht ausgedrückt, was Heloisas Sehnsucht und Möglichkeit war anstatt des Gangs in das Kloster:

Still on that breast enamour'd let me lie,
Still drink delicious poison from thy eye,
Pant on thy lip, and to thy heart be press'd;
Give all thou canst – and let me dream the rest.

Noch einmal laß an diese Brust mich liebend sinken,
Noch einmal süßes Gift Dir von den Augen trinken,
Gepreßt sein an Dein Herz, an Deinem Munde säumen,
Gib, was Du kannst! – und laß den Rest mich träumen!

Abaelard gab nichts, als er sie ins Kloster schickte, und so mußte sie alles träumen, nicht nur den einen Rest, den das Messer raubte.

Abaelard wollte Heloisa ins Kloster. Aber niemand konnte sie rechtlich zwingen, den Schleier zu nehmen, Nonne zu werden. Abaelard war ihr Ehemann, und sie hatte kirchenrechtlich und moralisch den Anspruch einer Ehefrau auf Tisch und Bett und Lebensgemeinschaft. Wenn er die Selbstaufgabe von ihr verlangte, dann war es freiwilliger Gehorsam, den sie leistete. Wußte Abaelard, was er verlangte? Kannte der Mann die Liebe dieser Frau? Nicht zu kennen, nicht zu ahnen ist ein Urteil, zu wissen wäre ein vernichtendes.

In einem Akt des Gehorsams aus Liebe trennte sich Heloisa vom Inhalt ihrer Liebe. »Wahnsinn« nennt sie dies später. »Und was ist unbegreiflicher zu nennen, in solchen Wahnsinn schlug meine Liebe um, daß sie das, was allein sie erstrebte, daß sie das sich entriß ohne jede Hoffnung, es je wieder zu erlangen.« Mit dieser völligen Entäußerung wird endgültig Abaelard und allein er »der vollständige und einzige Besitzer ihres Körpers und ihres Selbst«. Nur in der Mystik gibt es die religiöse Erfahrung der völligen Selbstentfremdung der liebenden Seele. Heloisa aber gab sich nicht auf für Gott, sondern für Abaelard, einen Menschen, der sich ihr genau in diesem Akt der Selbstentfremdung entzieht, für lange Jahre völlig entzieht.

Aber in dem Akt der Selbstentfremdung aus Liebe ist Abaelard ihr Gott geworden. »In jedem Augenblick meines Lebens – Gott weiß es – habe ich mehr gefürchtet, gegen Dich zu sündigen als gegen Gott, mich mehr bemüht, Dir zu gefallen, als ihm.«

Wenn Abaelard Heloisas Gott ist, dem sie sich geopfert hat, dann schuldet ihr Abaelard Lohn, den Gott denen verspricht, die ihn lieben. Gott kann sie nicht glücklich machen, denn »von Gott habe ich doch keinen Lohn zu erwarten; daß ich nicht aus Liebe zu Gott getan habe, was ich tat, kann doch niemand bestreiten.« Nein, der einzige, der ihr Lohn, Glück sein kann, ist Abaelard. »Ich hatte darauf gebaut, mir vollen Dank von Dir zu verdienen, denn ich habe alles für Dich getan und kenne auch jetzt nur noch einen, Deinen Willen.«

Gott ist ein »got des trourens und der froide«, ein Gott, der Glück bringt aus Gnade oder Verdammung verhängt. Heloisa ist tödlich verletzt, verzweifelt durch Abaelards Abwesenheit nach der Selbstaufgabe. Sie verlangt Heilung in ihrem Schmerz, Heilung »nicht von irgendwem, sondern Heilung allein von Dir, denn wie Du allein bist Grund des Schmerzes, mußt Du allein sein Gnade der Tröstung. Du allein kannst mich unglücklich machen, Du allein kannst mich trösten, kannst mich glücklich machen.« Und dann rechnet sie mit Abaelard, wie ein mittelalterlicher Mensch mit Gott aufrechnet. »Du allein bist es, der verpflichtet ist, dies zu tun – mich zu trösten und glücklich zu machen –, und jetzt bist Du dazu verpflichtet, denn alles, was Du befohlen hast, habe ich vollständig erfüllt, denn da ich gegen Dich nicht zu sündigen vermochte, habe ich mich auf Deinen Befehl hin zugrunde gerichtet.« Aber Abaelard hat diese Schuld nicht erfüllt. Heloisa ist von ihrem Gott verlassen. Verzweiflung nennt die religiöse Sprache diesen Zustand. »Siehe, welch' unheilvolles, welch' durch und durch elendes Leben ich führe, da ich in dieser Welt vergeblich leide und in der zukünftigen nichts zu erwarten habe.«

Wie reagierte Abaelard, als er erkannt hatte, was er für Heloisa geworden war, ein Mensch, der einem anderen Menschen Gott wurde, der weiß, daß der andere Mensch droht ewig verloren zu gehen und daß er selbst im Jüngsten Gericht darüber wird Rechenschaft ablegen müssen, wie er mit diesem Menschen umging?

Die erste Reaktion Abaelards war ungläubiges Staunen. Er nahm Heloisas Empfindungen nicht ernst, sondern interpretierte sie psychologisch um. Er deutet an, sie könne mit ihrem Schmerz kokettieren. »Sieh zu, ich bitte Dich, daß Du nicht das Lob suchst, das Du als Lob zu fliehen scheinst, und daß Du das mit dem Munde verwirfst, was Du mit dem Herzen suchst.... Ich sage das allerdings nur, weil das oft so ist, nicht, weil ich Dir das zutraue!« Dann aber spürt Abaelard die seelische Not Heloisas und bezeichnet sie mit dem Ausdruck, der in der christlichen Mystik die Abwesenheit Gottes nennt: *amaritudo animi*, die Bitterkeit der Seele. Augustinus hatte diese Verzweiflung der Seele über den Verlust des geliebten Menschen, die sich nicht trennen will von dem Verlorenen und somit im Nichts ruht, »Ruhe der Bitterkeit« – *requies in amaritudine* – genannt. Seit vielen Jahren war Heloisas Seele erstarrt in dieser Ruhe der Bitterkeit. Abaelard nahm den Kampf um Heloisa und mit Heloisa auf. Die Texte der beiden gestatten nur für eine kurze Zeit Einblick in dieses Ringen. Wie es ausging, wissen wir nicht.

Das Problem des Briefwechsels

Alles, was wir über die innere Entwicklung des Paares wissen und über den größten Teil ihrer Lebensgeschichte, erfahren wir aus dem Briefwechsel. Bisher wurden daraus die Texte so zitiert, wie sie vorliegen. Aber kann man ihnen trauen? Acht Briefe umfaßt das Korpus. Es sind nicht die einzigen Briefe, die das Paar gewechselt hat. Ein weiterer Brief von Heloisa an Abaelard ist noch überliefert, vier Briefe von Abaelard an Heloisa gibt es noch und einen Brief Abaelards an die Nonnen des Parakleten. *Der* Briefwechsel des Paares aber liegt fest – acht Briefe. Keiner dieser Briefe ist handschriftlich selbständig überliefert worden, und in keiner Handschrift fehlt ein Brief ganz. Diese Briefe sind also immer als Einheit, als ein Buch, ein Korpus aufgefaßt worden.

Die Briefe sind ihrem Inhalt nach völlig verschieden. Der 1. Brief ist Abaelards Autobiographie, dem Text nach seine von ihm selbst verfaßte Lebensgeschichte. Die folgenden zwei Briefe Heloisas und die Antworten hierauf – in der Literatur die persönlichen Briefe genannt –, entwickeln die seelische Dramatik zwischen menschlicher Liebe, göttlicher Liebe und Erlösung. Diese Briefe, und nur sie, haben das Paar weltberühmt gemacht. Diese beiden Briefe Heloisas, und bis zum Jahr 1972 nur sie, haben immer wieder Anlaß gegeben, die Echtheit des Korpus zu bezweifeln. Der 3. Brief Heloisas, der 6. Brief des Korpus, entwirft die Grundzüge einer Theologie der Frau. Die beiden letzten Briefe von Abaelard an Heloisa sind theologische Traktate, der eine über die religiöse Stellung der Frauen und die Entstehung des weiblichen Klosterwesens, der andere über die Klosterregeln des Parakleten. Aus allen Briefen ist bisher zitiert worden.

Der 1. Brief, die Lebensgeschichte Abaelards, ist der literarischen Gattung nach ein Trostbrief, eine *epistula consolatoria*, an einen Freund. Den Namen dieses Mannes erfahren wir nicht. Als Mönch wird er von Abaelard am Schluß angeredet: »Geliebter Bruder in Christus und vertrauter Begleiter der göttlichen Umkehr (*divina conversatio*).« Nach einer Selbstbezeichnung im Brief – *calamitatum mearum historia* – wird er allgemein »Die Leidensgeschichte« genannt. Die letzten Sätze schlagen das Thema an, das die nächsten Briefe behandeln, die Ergebung und Nichtergebung in Gottes Willen.»Sie alle irren... über Gottes Willen«: Das theologische Urteil über Heloisas Verhalten.

Im 2. Brief des Korpus gibt Heloisa vor, den Brief an den Freund oder eine Abschrift jüngst erhalten zu haben, und nimmt dies zum Anlaß, Abaelard zu schreiben. Dem Brauch der Zeit folgend eröffnet sie den Brief mit einer feierlichen Anrede:

Domino suo immo patri,
coniugo suo immo fratri,
ancilla sua immo filia,
ipsius uxor immo soror,
Abaelardo Heloisa.

An ihren Herrn oder vielmehr Vater,
ihren Mann oder vielmehr Bruder,
seine Dienerin oder vielmehr Tochter,
seine Frau oder vielmehr Schwester,
an Abaelard Heloisa.

Schon im ersten Absatz schlägt Heloisa das Thema an, das sie in ihrem Brief dann bis zur äußersten Steigerung durchführt.»Ich begann« – schreibt sie – »den Brief um so leidenschaftlicher zu lesen, je lieber ich den Schreiber im Herzen trug, damit die Worte dessen, den ich tatsächlich verlor, gleichsam als sein Bild mich wieder neu erschaffen werden.« Sie zeichnet kurz einige Stationen der Leidensgeschichte Abaelards nach und formuliert dann ihren Vorwurf, Abaelard habe sie vergessen. Sie hat alles, hat sich selbst für ihn geopfert, nicht um von Gott dadurch etwas zu erhalten, sondern von ihm, und er hat nichts für sie getan. Und der Brief endet knapp, bestimmt, bedrohlich fast:

Was wäre richtiger, als mich jetzt in Gott so anzufeuern wie einst in der Leidenschaft. Überlege – ich beschwöre Dich –, was Du mir schuldest, achte auf das, was ich verlange, und so schließe ich einen langen Brief mit einem kurzen Schluß: Leb wohl, einzig Geliebter!

Abaelard antwortet bald.

Heloisa, seiner geliebten Schwester in Christus,
Abaelard, ihr Bruder in Christus.

Seit unserer Konversion von der Welt zu Gott habe ich Dir noch kein Wort des Trostes und der Mahnung geschrieben. Die Tatsache, die Du so feststellst, ist richtig, ihre Deutung ist unrichtig; ich habe geschwiegen, aber nicht aus Gleichgültigkeit, sondern in meinem starken Vertrauen auf Deine eigene Klugheit. Wenn Gottes Gnade einer Frau im reichsten Maße alles geschenkt hat, was Not tut, so durfte ich annehmen, sie brauche meine Briefe nicht. Und Du bist doch die Frau, die in Wort und Werk die Irrenden lehrt, die Kleinmütigen tröstet, die Schwachen aufrichtet; das ist bei Dir kein neues Können, du hast es schon längst bewiesen, da Du als Priorin Deiner Äbtissin zur Seite standest. Wenn Du jetzt die gleiche liebevolle Sorgfalt für Deine Töchter hast, die Du ehemals für Deine Schwestern hattest, so ist das meines Erachtens genug; jede weitere Belehrung und Mahnung von meiner Seite wäre völlig überflüssig. Aber vielleicht denkst Du in Deiner Bescheidenheit darüber anders.... Schreib' mir Deine Anliegen, ich will sie mit Gottes Hilfe erfüllen.

So hölzern antwortet Abaelard auf Heloisas Brief, Abaelard, dem alle Mittel der Sprache zur Verfügung stehen. Er schickt ihr einen Psalter, berichtet über seine Todesangst in Saint-Gildas, belegt aus dem Alten und Neuen Testament die Wirkung des Gebetes frommer Frauen bei Gott und bittet Heloisa und ihre Nonnen um diesen Beistand. Der Abt und Stifter des Klosters Paraklet formuliert dann für alle liturgischen Tagzeiten ein volles Bittgebet mit *responsorium* und Versikel, den litaneihaft zu betenden Einzelbitten, und dem Schlußgebet, das die Äbtissin spricht. Dieses Bittgebet soll ein anderes ablösen, das die Nonnen singen und beten, seit er bei ihnen war. Abaelard ist keine Privatperson im Kloster des Parakleten, sondern dessen Stifter und Lehrer der Nonnen. Und dann fügt er ein Testament an: Wann und wo immer er auch sterbe und rasch beerdigt werde, solle die Äbtissin Heloisa den Leichnam in den Paraklet überführen. »Wenn eine Seele leiderfüllt ist und ob des Irrtums ihrer Sünden trauert, dann weiß ich keinen friedvolleren und heilsameren Ort als den, der dem wahren Parakleten, das heißt dem wahren Tröster, in Sonderheit geweiht und mit seinem Namen besonders bezeichnet ist.« Und der Brief endet:

Vive, vale,
vivantque tuae valeantque sorores.
Vivete, sed Christo;
quaeso, mei memores.

Lebe, lebe wohl,
es mögen leben auch und wohlleben Deine Schwestern,
lebet, aber lebet für Christus;
ich bitte, seid meiner eingedenk.

Heloisa schreibt Abaelard zurück:

Unico suo post Christum
unica sua in Christo.

Ihrem einzig Geliebten nach Christus,
seine einzig Liebende in Christus.

Der Gedanke an Abaelards Tod ist ihr unerträglich, die Kraft zum Leben
ohne Abaelard fehlt ihr, ja schon der Wille zum Leben.

Meine inständige Bitte heißt Gnade, Gnade für Deine einzig Dich Liebende! Er-
spare mir solche Worte; wie todbringende Schwerter läßt Du sie durch meine
Seele gehen, daß noch schwerer als der Tod sei das Leben zuvor! Vor Kummer
kann ich keine Ruhe mehr finden und kann meinem Gott mein Herz nicht auf-
richtig erschließen, es erliegt in seiner Angst und Qual. So kann ich dem Herrn
nicht mehr dienen, Du bist schuld, Du mußt auch helfen, Du vor allem hast mich
zu des Herrn Dienerin gemacht!... Wenn ich Dich verliere, dann habe ich nichts
mehr zu hoffen. Wozu soll ich dann noch hier meine Pilgerschaft fortsetzen? Ich
habe in dieser Welt nur einen Trost – Dich! Ich habe an Dir nur einen Trost – Dein
Leben! Alle anderen Freuden an Dir sind mir ja versagt, ja ich darf mich nicht
einmal eines Besuches von Dir freuen, um so wenigstens manchmal mein Selbst
wiederzufinden.

Es folgt dann eine Kaskade der Vorwürfe gegen Abaelard, Anklagen gegen Gott, Enthüllung ihres Selbst und Zurückweisung der Aufforderun-
gen Abaelards zum Gebet. »Ich will nicht, daß Du mich zur Tugend er-
mahnst und zum Kampf herausrufst.« Heloisa will um die Siegeskrone
(2. Tim. 2,5) nicht kämpfen, denn der Ausgang jeden Kampfes ist unsicher. Der Brief endet einfach ohne Gruß mit einem Zitat des hl. Hieronymus: »Sollte ich Sicheres aufgeben, um Unsicherem nachzujagen?« Un-
sicheres – das ist die Siegeskrone Gottes im Himmel, Sicheres – das ist
ihre Liebe zu Abaelard.

Abaelard antwortet:

Sponsae Christi
servus ejusdem.
Der Braut Christi
der Diener Christi.

Er beginnt den Brief so trocken und distanziert, wie er den letzten geschrieben hat. Es ist, als wenn er sich angesichts der Verzweiflung, die
aus Heloisas Brief sprach, angesichts ihrer Persönlichstes offenlegenden
Beichte immer wieder vorgenommen hätte, ruhig zu bleiben, sachlich,
distanziert. Die jahrelange Disziplin der Nonne und Priorin in Argenteuil war verloren, Heloisa durch die neuerliche Begegnung mit Abaelard
aus der Bahn geworfen. Was würde geschehen, wenn Abaelard Heloisa so
antwortete, wie sie ihm geschrieben hatte? So beginnt er den Brief wie
eine Vorlesung:

Soweit ich mich erinnere, sind es in Deinem letzten Brief vor allem vier Punkte,
in welchen Du Deiner Erregung und Deinem Gekränktsein Worte geliehen hast.
... Ich habe mich nun entschlossen, Punkt für Punkt in meiner Antwort zu behandeln. Das geschieht nicht, um mich zu entschuldigen, das geschieht, um
Dich zu belehren und aufzurichten.

Über viele Seiten hin hält Abaelard diesen Stil durch, handelt er seine vier
Themen ab. Dann aber bricht seine innere Erregung durch, wird der Stil
inniger, findet Abaelard wieder Worte, in denen er sich selbst ausspricht.
»Tritt auch Du heran« – ruft er Heloisa zu – »untrennbare Gefährtin,
zum gemeinsamen Dank (*in una gratiarum actione*, die Sprache der Liturgie, in der sie vom Abschluß des Mitternachtsgottesdienstes spricht,
dem ›Te Deum laudamus‹, ›Großer Gott, wir loben Dich!‹), denn Gefährtin bist Du mir geworden der Schuld und der Gnade.« Und dann geht der
Brief über in die Predigt über die Liebe des menschgewordenen Gottessohnes. »*Ich* habe nicht gelitten, um Deine Seele zu retten. Aber er, Dein
Erlöser, hat aus innerem Wollen für Dich gelitten, er, der durch sein Leid
alle Schwachheit bekräftigt und allen Schmerz hinwegnimmt.« Und
Abaelard beendet das Gebet mit einem Gruß, der die Worte des Anfangs
aufnimmt:

Vale in Christo, sponsa Christi,
in Christo vale, in Christo vive, Amen.
In Christus lebe wohl, Du Braut Christi,
lebe wohl in Christus, lebe Du in Christus, amen.

Heloisa ist konsequent. Alles hat sie aus Liebe zu Abaelard getan, in allem hat sie ihm gehorcht. So ist sie auch jetzt gehorsam. Sie verstummt. Aber sie schickt ihrem Brief eine Anrede voraus, die rätselhaft ist. In der kritischen Ausgabe steht als Text:

> *Suo specialiter,*
> *sua singulariter.*
> Dem, der in besonderer Weise ihrer ist,
> die, die in einziger Weise seine ist.

Acht von neun Handschriften haben diese Fassung. Die älteste aber, die in ihrer Herkunft auf den Parakleten zurückgeht, schreibt:

> *Domino specialiter,*
> *sua singulariter.*

Wer ist der Herr, von dem Heloisa spricht? Ist es Abaelard? Dann müßte übersetzt werden:

> Ihrem (Abaelard), der in besonderer Weise ihr Herr ist,
> die, die in einziger Weise seine ist.

Aber hatte sie nicht schon in der Anrede ihres ersten Briefes die Rolle des Herrn für Abaelard zurückgewiesen? Doch der erste Satz ihres jetzigen dritten Briefes spricht vom Gehorsam, vom Gehorsam gegenüber dem Geliebten, oder dem Gehorsam gegenüber dem Herrn? Jedenfalls ist Gott Herr, und wenn Heloisa Abaelard Gott gegenübersetzt, und ihr zweiter Brief lebt innerlich von dieser Spannung, dann müßte die Anrede übersetzt werden:

> Ihm, Gott, als Nonne,
> Dir, Abaelard, als Individuum,

denn *species* ist die Gattung, und Gott gehört sie an als ihm geweihte Nonne, so wie alle Gott geweihten Nonnen ihm gehören, aber Abaelard gehört sie *singulariter* an, einzigartig, sie als Heloisa. So hätte sich der Kreis geschlossen, der mit der ersten Anrede begann und in der Überwindung aller gesellschaftlichen Rollen nur die beiden Menschen nannte, Abaelard und Heloisa. Dieser Kreis ist geschlossen um das Paar, Gott aber steht außen.

Heloisas Krankheit, ihre Liebe zu Abaelard, ist unheilbar, aber ein »Heilmittel zur Linderung der Schmerzen« besitzt Abaelard. »Wir, die Mägde Christi« – schreibt Heloisa – »und in Christus Deine Töchter, fordern von Deiner Vaterschaft die Erfüllung einer zweifachen Bitte.« Heloisa bittet Abaelard, den geistigen Vater des Klosters, zum einen um Aufklärung über den Stand der Nonnen, den *ordo sanctimonialium*, und den Gültigkeitsgrund ihrer Gelübde, die *auctoritas professionis*, und zum andern um eine neue Regel, eine Regel, die »von Grund auf die innere Verfassung (*status*) und die äußere Ordnung (*habitus*) des wirklichen Ordenslebens (*nostrae conversionis*) beschreibt«.

Heloisa führt als Grund an, daß es bisher keine Regel für Frauenklöster gegeben habe und daß die Regel des hl. Benedikt in einigen Bestimmungen nicht passe. Wieder wie bei der vollständigen Ersetzung der Hymnen für den Gottesdienst des Parakleten stellt sich die Frage, ob diese Gründe eine völlig neue Regel rechtfertigen, da doch einige Änderungen, Streichungen und Ergänzungen der Regel des hl. Benedikt Heloisas Gründen Rechnung getragen hätten.

Das Paar aber will mehr und anderes. Abaelard ist Gründer des Parakleten (*fundator*), Erbauer (*constructor*), Schöpfer (*aedificator*). Er ist Lehrer des Konvents (*magister*) und geistiger Vater (*pater*). Wenn er für Heloisa – und sicher ist es der Äbtissin gelungen, in den Schwestern eine ähnliche Begeisterung für Abaelard zu entfachen – das alles sein sollte, nach Gott der einzige Ursprung dieses Klosters, dann mußte die Regel, mußte deren geistige Grundlage Abaelard zum Vater haben. In Abaelard, dem Menschen außerhalb der Ordnungen, verabschiedet der Paraklet, das Kloster der neuen Zeit, die Vergangenheit. Die Tradition, und mag sie geheiligt sein durch Väter wie den hl. Benedikt, die bisher geübte Gewohnheit (*consuetudo*) reicht nicht aus, das Leben aus dem Trost des Heiligen Geistes und das einfache Leben der Kinder Gottes zu begründen.

Heloisa bittet nicht nur um die neue Grundlegung und die neue Regel, sie entwirft im 6. Brief des Korpus auch die Grundzüge der neuen Ordnung, des »neuen Gesetzes«: »Wenn den Geboten des Evangeliums die Kraft und die Tugend der Enthaltsamkeit (*virtus continentiae*) hinzugefügt wird, dann ist die Vollkommenheit des Klosterlebens erreicht. Möchte doch unsere Frömmigkeit (*religio*) sich dazu erheben, das Evangelium zu erfüllen und nicht, es zu übersteigern, denn nicht mehr als christliche Frauen wollen wir sein.« Eine geistige Gemeinschaft entwirft Heloisa, in der nicht die äußere Regel, sondern die innere Hinordnung auf Gott das Leben bestimmt. Unter Berufung auf den Apostel Paulus und den hl. Augustinus lehnt sie die äußeren Werke zur Heiligung ab. »Nicht, was geschieht, ist wichtig, sondern, in welchem Geist es geschieht. . . . Die Frömmigkeit der Seele erfüllt sich in Gott um so mehr, je weniger unser Geist von Äußerlichem gefangen ist, und wir dienen ihm um so demütiger, – denn das ist ihm gegenüber unsere größte Verpflichtung –, je weniger wir auf das vertrauen, was wir äußerlich leisten.« Zum Schluß ihres letzten Briefes aus dem Korpus nimmt sie den Gedanken aus ihrem ersten Brief wieder auf, beschreibt jetzt noch genauer Abaelards Verhältnis zum Parakleten:»Du bist nach Gott der Gründer dieses Ortes (*fundator*), Du durch Gott der Pfleger unserer Gemeinschaft (*plantator*), Du mit Gott der Ordner unseres religiösen Lebens (*institutor*).« So will Heloisa ihn durch die neue Regel und ihre Begründung als »Lehrer« (*praeceptor*), und sie schließt den Brief – die Anfangsworte der Regel des hl. Benedikt im Ohr:»Höre mein Sohn die *praecepta magistri* (die Weisungen des Lehrers)« – mit den Worten»Sprich zu uns und wir hören! Leb wohl!«

Abaelard antwortet auf die doppelte Bitte mit zwei Briefen. Es sind zwei umfangreiche theologische Traktate, zusammen an Umfang dem ganzen bisherigen Briefwechsel gleich einschließlich Abaelards Lebensbeschreibung. Damit schließt das Korpus, ohne Gruß, aber mit der Anrufung des hl. Hieronymus, dessen Werk in der Kirche»Licht werden ließ, wo zuvor Dunkel war«. Abaelard, der Licht in das Dunkel bringt, das sich über das Klosterleben seiner Zeit gesenkt hat. Ein Brief an die Nonnen des Parakleten»Über das Studium der Wissenschaften«, der mit Zitaten aus Hieronymus dort anfängt, wo der 8. Brief endete, ist nicht in das Korpus des Briefwechsels aufgenommen worden.

Können diese acht Briefe, die Leidensgeschichte Abaelards, die vier persönlichen Briefe und die drei Abhandlungen über das Klosterleben der Frauen, so wie sie uns vorliegen, von Abaelard und Heloisa in der ersten Hälfte des 12. Jahrhunderts geschrieben sein?

Zu Anfang des 19. Jahrhunderts las ein Mann die Briefe. In Ungarn geboren, jesuitisch erzogen, Mönch des Kapuziner-Ordens, war er über die fünfzigjährige unterirdische Kerkerhaft bis zum Tode eines Mitbruders so entsetzt, daß er von Kaiser Joseph II. die Beseitigung aller Klostergefängnisse erreichte, dennoch aus dem Orden austrat, heiratete, sich scheiden ließ und Freimaurer in Berlin wurde und Freund Herders, Fichtes und Humboldts. Dieser Mann, Ignaz Aurelius Feszler (1756–1839), dessen weiterer Lebensweg ihn nach Petersburg führte und zum Professor der orientalischen Sprachen, Leiter einer Erziehungsanstalt und Bischof der lutherischen Gemeinde in Petersburg werden ließ, dieser Mann veröffentlichte im Jahre 1806 in Berlin sein zweibändiges Werk »Abaelard und Heloisa«, das in den folgenden Jahren mehrmals neu aufgelegt wurde. Die damaligen Ansichten über die Wirkung der Bildung, das Aufgeklärtsein aller Großen und die Sitte der Frau als Struktur des Denkens in seinem Kopf, stellt er fest, daß Heloisa die persönlichen Briefe nicht geschrieben haben kann.

Heloisa, die gelehrte, kluge, weise Heloisa, wie sie Abaelard, wie sie Peter Abt von Cluny, wie sie sich selbst in ihrem Schreiben an Abaelard, worin sie eine Klosterregel von ihm verlangt, darstellt, war damals dreyszig, Abaelard zwey und fünfzig Jahre alt; und in ihren Briefen an diesen Mann herrscht eine Raserey der Leidenschaft, ein Streben nach schlüpfrigen Bildern, eine Frechheit der Zeichnung, wie sie kaum einer ungebildeten achtzehnjährigen, nur dem lange entbehrten Genusse lächzenden Mädchen verziehen werden könnte.

»Klösterliche Zucht... und das Studieren« müßten – so meint Feszler – »die wollüstigen Ausschweifungen... doch so geschwächt haben, daß sie sich vor dem fünf und fünfzigjährigen Manne wenigstens durch das Niederschreiben derselben nicht verächtlich oder lächerlich gemacht hätte.« Und Abaelard, dieser große – und deswegen aufgeklärte – Geist, könne doch nimmermehr geglaubt haben, daß die Fürbitten Heloisas bei Gott etwas für ihn – Abaelard – bewirken könnten. Und so stellt Feszler die These auf, daß die persönlichen Briefe nach dem Tode Abaelards von einem »weder ungelehrten, noch gefühllosen Mönch erdichtet« worden seien. Damit hat eine Kontroverse begonnen, die bis heute kein Ende gefunden hat. Wissenschaftlich in unserem Sinne wurde sie mit Bernhard Schmeidler, der seit dem Jahre 1914 in mehreren Aufsätzen aus inneren Unstimmigkeiten der Texte schloß, daß der Briefwechsel eine literarische, durch Abaelard verfaßte Fiktion darstelle. Ihm widersprach im Jahre 1938 der französische Theologe Étienne Gilson, indem er darstellte, daß die Briefe genauso von den beiden geschrieben seien, wie sie sich im Text darstellen. Seitdem ist die Auseinandersetzung in der Argumentation immer genauer, in den Ergebnissen immer unsicherer geworden. Im Jahre 1974 widmete der Historiker Peter von Moos der Kontroverse ein ganzes Buch, dem er den bezeichnenden Titel gab »Mittelalterforschung und Ideologiekritik. Der Gelehrtenstreit um Heloisa«. Beendet hat er ihn nicht, und noch immer gilt, was J. Monfrin am Ende seiner Einleitung zur kritischen Ausgabe der Leidensgeschichte schrieb: *Malheuresement toute certitude manque.* »Unglücklicherweise haben wir keine Sicherheit.«

Einiges jedoch steht dennoch fest. Keine der erhaltenen neun Handschriften ist vor Ende des 13. Jahrhunderts geschrieben worden. Die älteste von ihnen gibt die Überlieferung des Parakleten wieder. Auch weiß man von der Existenz acht weiterer Handschriften, die aber verlorengegangen sind. Der erste Zeuge für die Existenz des Korpus ist Jean de Meun (†1305). In dem von ihm verfaßten zweiten Teil des »Rosenromans« beschreibt er in 73 Versen das Geschick Heloisas und Abaelards, um dem Leser die Nachteile der Ehe vorzuführen. Von ihm stammt auch eine altfranzösische Übersetzung des gesamten Briefwechsels. Hier einige seiner Verse:

> Heloisa schreibt, und schämt sich dessen nicht,
> ihrem Freund, den sie so sehr liebte,
> daß sie ihn Herrn und Vater nannte,
> ein ganz erstaunliches Wort,
> das viele Leute für töricht halten werden,
> denn es heißt in ihren Briefen,
> – falls jemand die Kapitel nachschlagen will –,
> die sie ihm als deutliche Nachricht sandte,
> sobald sie Äbtissin geworden war:
> »Wenn der Kaiser von Rom,
> dem alle Menschen untertan sein müssen,
> geruhte, mich als Frau nehmen zu wollen
> und zur Herrin der Welt zu machen,
> wollte ich doch« – so sagt sie –
> »und ich nehme Gott dafür zum Zeugen,
> lieber Deine Hure genannt werden
> als gekrönte Kaiserin.«
> Aber ich glaube bei meiner Seele nicht,
> daß es seitdem nochmals eine solche Frau gegeben
> hätte.

Wenn die Leidensgeschichte echt ist, muß sie zwischen den Jahren 1132 und 1135 geschrieben sein. Am 28. November 1131 verlieh Papst Innozenz II. dem Parakleten das erste Privileg, wie es in der Leidensgeschichte erwähnt wird. Andererseits hielt sich Abaelard bei der Abfassung noch im Kloster Saint-Gildas oder einer seiner Außenstellen auf, wenn auch die Verfolgungen einige Zeit andauerten. Da Abaelard zwischen 1133 und 1136 das Kloster endgültig verließ, muß die Abfassung vorher erfolgt sein.

Nach heutiger Kenntnis ist auch sicher, daß die Einkleidung des 1. Briefes als Trostschreiben an einen Freund eine literarische Fiktion ist, daß Heloisa diesen Brief sicher nicht nur zufällig zu Gesicht bekam und daß die folgenden vier Briefe sicher nicht einfach eine Sammlung ausgetauschter, sozusagen privater Liebesbriefe sind. Die acht Briefe sind miteinander verwoben, sie beziehen sich aufeinander und sind nach einem Plan zusammengestellt. Das schließt aber nicht aus, daß die einzelnen Stücke gefälscht sind, von einem anderen als dem angegebenen Briefschreiber verfaßt. Andererseits ist es aber auch nicht auszuschließen, daß in den Jahren 1132 bis 1135 geschriebene Briefe redigiert, arrangiert und zu dem heute vorliegenden Korpus zusammengestellt wurden. Nur gibt es für keine der Theorien tatsächliche Anhaltspunkte, keine für den Nachweis von Veränderungen, für Textschichten, für den Zeitpunkt eines solchen Arrangements und seinen Urheber. Da sich jeder ausdenken kann, was ihm plausibel erscheint – und die von Peter von Moos ausgebreitete Geschichte dieses Sichausdenkens zeigt die Abhängigkeit jedes Autors von seinen jeweiligen persönlichen Umständen –, erscheint weniger die Frage wichtig, ob jemand, und wenn ja, wann die originalen Texte geändert hat, sondern die, warum aus allen Briefen des Paares dieses Korpus zusammengestellt und immer nur einheitlich abgeschrieben wurde. Da die Sammlung auf den Parakleten zurückgeht und wohl auch nur von dort verbreitet sein kann, läßt sich die Frage auch so stellen, was bedeutet der Briefwechsel für das Kloster des Parakleten?

Die Stiftungsurkunde des Klosters Paraklet

Verheißung der Tröstung nach den Verwirrungen der Zeit, Gemeinschaft der Bewährung in der Nachfolge Christi, Ort des Friedens in der Welt, das sollte der Paraklet sein. Abaelard und Heloisa, das Stifterpaar, hatten es exemplarisch vorgelebt. Die Sünde prägte Leben und Ordnung der Menschen. Hochmut und Geilheit waren Abaelards Sünden, und Heloisa hatte Anteil genommen an diesen. Verwirrung des Lebens war die Folge, eine Abfolge der Leiden und Schmerzen – *calamitates* –, aber auch die Erfahrung der Tröstung – *consolatio* – durch Gott. Ringen der Seelen, Sehnsucht nach Liebe war vorzuführen. Und eine neue Ordnung sollte aufgerichtet werden, eine Ordnung, die Männer und Frauen umgreift und jedem einen Sinn christlichen Lebens gibt, den nur er erfüllen kann.

So entstanden die drei Teile des Briefwechsels. Die Leidensgeschichte, die »Historia calamitatum«, die ein Trostbrief sein soll, *epistola consolatoria*, ersetzte die Vita des Gründerehepaares. Ordensgründer wurden heilig gesprochen, Robert von Aurillac (†1067), der Gründer des Ordens von Chaise-Dieu, nach drei Jahren, Bernhard von Clairvaux (†1153), der geistige und politische Vater des Zisterzienser-Ordens, nach 21 Jahren und Norbert von Xanten (†1134), der Gründer des Prämonstratenser-Ordens, nach über 400 Jahren. Gegen Robert von Arbrissel (†1117) waren die Vorbehalte zu stark. Sein Umgang mit Frauen hatte den Widerspruch Ivos von Chartres und Marbods von Rennes hervorgerufen. Der Orden von Fontevrault hatte als Gründer einen Freund der Frauen und damit keinen Heiligen. Der Paraklet, gegründet von einem in Soissons verurteilten Ketzer, der am Ende seines Lebens noch einmal und dann endgültig verurteilt werden wird, von einem Mann, der sich mit allen Institutionen der damaligen Zeit überworfen hatte, der Paraklet stand unter einem Legitimationsmangel. Ordensgründer, wie alle Großen der Kirche, und viele, die heute vergessen sind, erhielten eine »Vita«, eine Lebensbeschreibung, die nicht in erster Linie eine biographisch korrekte Nachzeichnung der Lebensgeschichte zur Absicht hat, sondern geschrieben wurde aus der Bewunderung für den Großen heraus, zur Verehrung der Heilstaten Gottes, die sich gezeigt hatten, zur Erbauung und zum Vorbild für die Nachfahren. Abaelard würde nie eine Vita erhalten. In den Augen der Vitenschreiber war sein Leben ein Scheitern, kein Vorbild, voll des *skandalons*, nicht der Gnade. Aber eine Vita, eine Lebensbeschreibung ihres Magisters Petrus, wollten die Nonnen des Parakleten haben, und wer wird daran zweifeln, daß die Nonnen dieses Konvents und ihrer Äbtissin Heloisa immer zu Abaelard hielten, ihn »nächst Gott als alleinigen Gründer« ihres Klosters verehrten. So wird die »Historia calamitatum« – gleichgültig aus welchem Anlaß der Text geschrieben wurde – zum Viten-Ersatz, zu dem Text, der die Lebensgeschichte des Gründer-Paares und die Gründung des Parakleten dokumentiert. An die Leidensgeschichte als Trostbrief schließt sich der persönliche Briefwechsel der Briefe zwei bis fünf an. Ihr Thema ist die Liebe, der Aufstieg von der freien Liebe über die eheliche Liebe zur geistigen Liebe, das Verhältnis von *amicus* und *amica*, des Geliebten und der Geliebten, *vir* und *uxor*, Ehemann und Ehefrau, und *frater et soror in Christo*, Bruder und Schwester in Christus. Auf die Lebensgeschichte folgt die Bekehrungsgeschichte. Sie schließlich mündet in den Entwurf der institutionellen Ordnung des Parakleten, ausgeführt in den Briefen sechs bis acht. Diese acht Texte sind nicht einfach nacheinander in den Jahren zwischen 1133 und 1136 entstanden, sie sind bis ins kleinste hinein thematisch miteinander verwoben. Zwei Themenkreise durchziehen alle Texte, die Stellung der Frau in der Heilsgeschichte und die ethischen Überzeugungen des Paares.

Der 1. Brief, die Leidensgeschichte, schlägt darüber hinaus wie in einer Ouvertüre, die anderen Themen des Briefwechsels an, die Abgeschiedenheit des Klosterlebens im Gegensatz zu den Klöstern der Cluniazenser-Observanz, das Konzept des Doppelklosters, die Notwendigkeit einer besonderen Regel für Frauen. Und am Schluß der Leidensgeschichte, als Zuspruch für den fingierten Freund geschrieben, steht der Aufruf an Heloisa, die Rollen der Geliebten, der Ehefrau und der Schwester in Christus nicht nur äußerlich zu durchlaufen, in der Geschichte ihres gemeinsamen Lebens, sondern den sich in ihm zeigenden Willen Gottes anzunehmen:

Wir wollen es für sicher halten, zu unserer Läuterung dient das Unrecht gewiß, auch wenn es uns nicht zum Verdienst angerechnet wird. Und weil ja doch Gott im Regiment sitzt, so mag sich jeder Gläubige in aller Not des getrösten; Gottes Güte reicht so weit, daß sie nichts Unrechtes geschehen läßt und herrlich hinausführen wird alles, was Dein Herz kränkt. Daher beten wir auch all überall: »Dein Wille geschehe!« Wie kräftig tröstet endlich, die Gott lieben, das Wort des Apostels: »Wir wissen aber, daß denen, die Gott lieben, alle Dinge zum Besten dienen« (Röm. 7,28). ... So ist die klare Meinung dieses Wortes, sie irren alle vom rechten Weg ab, die um ihrer Beschwernis willen murren gegen das, was ohne Zweifel Gottes Fügung ihnen zu tragen auferlegt. Sie dienen ihrem eigenen Willen, nicht dem Willen unseres Gottes, ... die geheimen Wünsche ihres Herzens sagen doch das Nein, stellen dort des Menschen Willen über Gottes Willen. Lebe wohl!

Und den Sinn des ganzen Korpus formuliert Abaelard im 5. Brief an einer Stelle, an der seine Argumentation, also die Darlegung sachlicher, verallgemeinerungsfähiger Gründe, übergeht in einen ganz persönlichen Aufruf an Heloisa, in eine Predigt dieses Mannes an diese Frau, wobei dem heutigen Leser gesagt werden muß, daß *pro gratiarum actione* der liturgische Vollzug des Lobes Gottes im feierlichen »Te Deum« des Nachtgottesdienstes ist: »Alle Zeit mußt Du berichten mit dem größten Gotteslob (*cum summa gratiarum actione*), was der Herr unserem Leben getan hat, und wenn ein Sünder an der Güte Gottes verzweifeln will, den tröste mit unserem Beispiel!« Abaelard hat die Verzweiflung von Saint-Gildas überwunden im gemeinsamen Werk mit Heloisa. Seine Hoffnung, die treibende Kraft aller seiner Briefe an sie, ist, daß Heloisa ihre Verzweiflung in der Liebe überwindet, nicht ihn als Gott liebt, sondern in ihm Gott. Die Bekehrungsgeschichte ist der Kern des Briefwechsels.

Die reine Liebe

Liebe ist das Leben des Paares. Liebe ist die Tröstung des Parakleten, des Heiligen Geistes, wie in der Liturgie des Pfingstfestes im Hymnus »Veni creatur spiritus« des Rabanus Maurus (um 776–856) die Kirche singt:

> *Qui paraclitus diceris*
> *Donum Dei altissimi,*
> *Fons vivus, ignis, caritas,*
> *Et spiritualis unctio.*

> Du warst der Tröster zubenannt,
> Geschenk des allerhöchsten Herrn,
> Lebendige Quelle, Liebe, Glut,
> Und geistiger Salbung reines Öl.

Im Erleben und Denken des Paares gewinnt die Liebe die endgültige Gestalt mittelalterlicher Theologie, diesen Durchbruch zu Neuem teilend mit dem großen Gegner der beiden, Bernhard von Clairvaux. Nur *ein* christlicher Denker zuvor hatte die Liebe ins Zentrum theologischen Denkens gestellt, Aurelius Augustinus (354–430), aber das frühe Mittelalter hatte diesen Gedanken nicht aufnehmen können. Erst in Bernhard von Clairvaux und Abaelard und Heloisa wird die Größe des Augustinischen Denkens wieder erreicht.

Liebe ist für Augustinus die Verschmelzung der allem Seienden innewohnenden Selbstbehauptung mit dem Drang zur Selbstvollendung. Da beides keine Begrenzung in sich selbst hat, endliches Seiendes Selbstbehauptung und Selbstvollendung nicht in sich selbst finden kann, ist jede Liebe Verlangen nach dem Unendlichen.

> Denn jede Lust will Ewigkeit,
> will tiefe, tiefe Ewigkeit.
> (Friedrich Nietzsche)

Diese Liebe des Menschen zu Gott – *amor Dei* – ist durch den Sündenfall gestört. Des Menschen Liebe irrt, weicht ab von seinem Ziel, wird aber getrieben von der Unruhe seines Herzens:

> *Inquietum est cor nostrum*
> *donec requiescat in te.*

> Unruhig ist unser Herz,
> bis es ruht in Dir.
> (Aurelius Augustinus)

Neuplatonisch denkt sich Augustinus den Aufstieg der *quaestio amoris*, der suchenden Liebe zu Gott, durch die Außenwelt der Dinge und die Innenwelt der Seele hinaus über die Welt zu Gott. Dieser Aufstieg muß in Ordnung geschehen, im *ordo amoris*, der jedem Ding und jeder Person die Liebe schenkt, die ihm gebührt. Das wichtigste Gebot lautet, Menschen menschlich zu lieben und nicht wie Gott. »Oh Irrwahn« – ruft Augustinus aus – »der Menschen nicht menschlich zu lieben versteht! Oh törichter Mensch, der Menschliches maßlos leidet!« So hätte auch Abaelard Heloisa zurufen können und die »Nacht des Schmerzes«, die *tenebrae dolorum*, schildern können, in die der Verlust des so Geliebten stürzt, den »Wandel von der Wonne« des Genießens zur »Bitterkeit« des verlorenen Lebens. *Frui* – »das (Geliebte in zweckfreier Freude) Genießen« kommt uns nur im Verhältnis zu Gott zu, der um seiner selbst willen geliebt werden soll und kann, während Liebe zum Geschaffenen immer das *uti* – »das (zur Befriedigung des eigenen Selbst) Benützen« innewohnt. Die Nächstenliebe – *caritas* – gründet in der Gottesliebe und ist für Augustinus exemplarisch nicht in der Liebe von Mann und Frau, sondern von Freund und Freund gegeben. »Der liebt seinen Freund wahrhaft, der in dem Freund Gott liebt.« Der Nächste wird geliebt, weil er als Mensch Gottes Ebenbild ist. Der Liebende soll den Gegenstand seiner Liebe so lieben, wie Gott diesen in seiner Schöpfer- und Erlöserliebe liebt. Da die Liebe auf das Gute gerichtet ist und Gott im trinitarischen Leben sich und alle Schöpfergedanken im Sohn erkennt und beider Liebe der Heilige Geist ist, gibt es ohne Erkenntnis des Guten keine Liebe, aber auch ohne Liebe keine Erkenntnis. Liebe im *ordo amoris* gleicht den Liebenden sich und den Gegenstand der Liebe an Gott an, werden beide so immer mehr »Bild Gottes« – *imago Dei*.

Menschen sind Menschen nur in ihrem Körper, Menschen sind in der Sprache der Theologie Menschen nur als Fleischliche. Sexualität war für die Kirchenväter unheimlich, weil sie mit Liebe zu tun hat, aber als Drang, als Trieb, als Bedürfnis nicht vollständig vom Willen, von der Vernunft beherrschbar ist. Alle Glieder des Leibes werden vom Willen beherrscht, die Zeugung aber ist – so die männliche Erfahrung – nicht durch den Willen, sondern nur in Lust zu leisten. »Die Lust (*libido*)« – schreibt der hl. Augustinus – »ist deshalb so beschämend, weil ihr gegenüber der Geist (*animus*) weder sich selbst so wirksam beherrscht, daß sie sich überhaupt nicht einstellte, noch auch den Körper so vollkommen, daß statt der Lust der Wille die Schamglieder erregte. . . . So schämt sich der Geist, daß sich ihm der Körper widersetzt, der ihm doch von Natur aus als niedriger stehend unterworfen ist.« Die Lust des Fleisches als Widersacher gegenüber dem Willen des Geistes! Es herrscht in dieser Weltzeit zwischen Sündenfall und Paradies der »Kampf zwischen dem Willen und der Lust« – die *voluntatis et libidinis rixa*. So entstand die Lehre, daß die Ehe und ihr Ziel zwar gut und von Gott eingesetzt seien, das Ziel der Ehe aber, die Zeugung der Nachkommenschaft, weil nur möglich in Lust, nicht ohne Sünde zu erreichen sei. Diese Lehre führte zur Verachtung des Körpers, des Fleisches, biblisch gesprochen.

Bernhard von Clairvaux bleibt in diesem Rahmen, führt aber einen Schritt weiter. So weit ihn immer Askese fortgeführt haben mag von dem, was wir heute Natur nennen, hat er die Körperlichkeit, die Fleischlichkeit des Menschen aber deutlich hineingenommen in seine Lehre von der Erlösung. Gott ist in Jesus Fleisch geworden (Joh.1,14), weil Menschen nur im Fleische lieben können.

Und merke, die Liebe des Herzens (zu Gott) ist irgendwie fleischlich, um das Menschenherz desto mehr dem Fleische Christi und dem, was der Christ im Fleische bewirkt und geboten hat, zugetan zu machen.... Vor dem Beter steht das hehre Bild des Gottmenschen, wie er geboren oder gesäugt wird und lehrt oder stirbt oder aufersteht oder gen Himmel fährt. Und all solche Erinnerungen bringen notwendig den Sinn zur Liebe der Tugenden oder scheuchen doch im Fleisch die Laster fort, vertreiben Verlockungen, stillen die Süchte. Ich erachte, dies sei für den unsichtbaren Gott der vornehmste Grund gewesen, wenn er im Fleische sichtbar werden und mit den Menschen als Mensch verkehren wollte: daß er nämlich bei den Fleischlichen, die einzig im Fleische zu lieben verstanden, alle Leidenschaften zuerst auf die eine, heilvolle Liebe zu seinem Fleische zöge und nun stufenweise zur geistlichen Liebe führte. Kurz gesagt, von ganzem Herzen lieben (Matth.22,37) heißt, alles, was vom Fleische her, dem eigenen oder fremden, reizt, der hochheiligen Liebe zu Seinem Fleische nachstellen. Von hier aus begreife ich auch die Herrlichkeit der Welt, denn die Herrlichkeit der Welt *(gloria mundi)* ist die Herrlichkeit des Fleisches; und wir, die uns an ihr freuen, sind zweifellos fleischlich.

Vier Stufen muß die fleischliche Liebe durchlaufen, bis sie reine Liebe wird. Die erste Stufe kennzeichnet den natürlichen, und das heißt im Mittelalter immer, den sündigen Menschen. Er liebt in »der fleischlichen Liebe vor allem andern sich selbst um seiner selbst willen«. Auf der zweiten Stufe findet eine *conversio*, eine Umkehr, statt, und der Mensch beginnt Gott zu lieben, aber weil es gefällig – süß – und nützlich – das Paradies verheißend – ist, nicht um Gottes, sondern um seiner selbst – des Menschen – willen. Der Mensch liebt Gott, aber selbstsüchtig. Auf der dritten Stufe liebt der Mensch Gott, weil Gott die Liebe ist, der Liebende liebt den Liebenden. Der Mensch liebt Gott um dessentwillen. Und auf der letzten Stufe liebt der Mensch sich selbst nicht mehr um seiner selbst willen, sondern nur noch, weil Gott ihn liebt. Der Mensch liebt sich um Gottes willen. So wird aus der fleischlichen Liebe (*amor carnalis*) die reine Liebe (*amor spiritualis*). Die Liebe bewegt sich fort vom Liebenden zum Geliebten. Anders ist es in der Welt.

Wer eine schöne Frau sein eigen nennt, schaut mutwillig nach einer schöneren aus, und wer prächtige Kleider trägt, will noch prächtigere, und der Reiche will noch reicher werden. Wessen Grundbesitz und Reichtümer sich weithin dehnen, den sieht man täglich Acker um Acker sich eignen (und es ist kein Zufall, daß Bernhard das Verb wählt, das die Besitzergreifung der Frau durch den Mann benennt,»kopulieren«) und mit unendlicher Begier seine Grenzen ausbreiten.

Auf der ersten Stufe der Liebe, der weltlichen oder natürlichen, ist die Liebe zerstörerisch, da »in all dem kein Ziel, keine Grenze ist und keine ruhende Erfüllung im Letzten, Besten erreicht wird«. Ruhe findet diese Liebe nur in Gott, wenn sich die Selbst-Sucht jeder Liebe umkehrt: »Nicht nämlich wird Gott ohne Lohn geliebt, obwohl er ohne Hinblick auf Lohn geliebt werden soll.« Das ist die reine Liebe, die nicht des eigenen Vorteils wegen, sondern des Geliebten wegen liebt.

Diese auf Augustinus zurückgehende Lehre Bernhards zeigt das Ende des Christentums der Romanik an, für das der Grundsatz galt: Do ut des – ich, der Mensch, gebe Gott, was ihm gebührt, Gehorsam und Ehre, damit er mir gibt, was ich erstrebe, einen Platz im Paradies, ehrenvoll unter den Heiligen, je nach meinem Verdienst. Abaelard, von einer ganz anderen methodischen Voraussetzung ausgehend wie Bernhard, vertrat eine ganz ähnliche Lehre. Ist Bernhards Liebeslehre von der mystischen Erfahrung des *raptus* bestimmt, des Ergriffenseins von der Liebe Gottes, in dem der Mensch alles aufgibt und eins wird mit Gott, so bildet für Abaelard seine Gesinnungsethik den Rahmen. Liebe ist für ihn von vornherein ein Ereignis zwischen Personen, das in seiner theologischen Problematik nicht durch die Fleischlichkeit, die Körperlichkeit des Menschen bestimmt ist. Mit Augustinus und wie bei Bernhard steht das Paulus-Wort am Anfang der Darlegung der Lehre: »Die Liebe sucht nicht das Ihre, sie erduldet alles, sie glaubt alles, sie erhofft alles, sie erträgt alles« (1. Kor. 13,5,7). Aus diesem Schriftwort entwickelt er in mehreren Traktaten über die Liebe, besonders in seinem Kommentar zum Römer-Brief des Apostels Paulus, seine Lehre, die sich in sechs Kernsätzen wiedergeben läßt. Liebe ist intentional (*intentio dilectionis*) hingeordnet auf die geliebte Person (*causa finalis et suprema*). Der Lohn einer solchen wahren Liebe liegt in der Liebe selbst, da sie sonst käuflich (*mercenarius*) würde. *Merces* bezeichnet den Dirnenlohn. Die reine Liebe liebt daher Gott um seiner selbst willen, nicht wegen der Seligkeit, die sein Reich und seine Herrlichkeit uns verheißen. Viertens sollen wir Gott nicht deswegen lieben, weil er uns zuvor geliebt hat. »Wenn ihr die liebet, die euch lieben, welchen Lohn habt ihr hiervon?« (Matth. 5,46). »Reine Liebe ist nicht Gegen-Liebe« (H. Kuhn). Diese ganze Lehre gipfelt schließlich in den beiden letzten Sätzen: Reine Liebe liebt Gott, weil er gut ist in sich selbst, und sie liebt den Nächsten, weil er von Gott geliebt wird. Liebe ist Freude darüber, daß es den Geliebten gibt, daß er ist, wie er ist. Gott ist unendlich gut, und so soll unsere Liebe zu ihm maßlos sein. Der Mensch soll sich in Gott verschwenden. Und da Abaelard die moralische Qualität völlig aus dem Verhalten und Tun in die innere Einstellung verlegt, Äußeres, Werke nie gut oder böse sein können, sondern nur die Einstellung, aus der heraus etwas geschieht, so lag der Gedanke nahe, daß es nur auf die Liebe ankommt und nicht darauf, was man aus Liebe tut. »Liebe und tu, was Du willst!« Zusammen mit dem Hieronymus-Zitat »Die Liebe hat kein Maß« endet Abaelard mit dieser, Augustinus zugeschriebenen Sentenz: »Liebe und tu, was Du willst!« Abaelard aber läßt erkennen, daß er diese in die Mystik führende Ansicht Bernhards von Clairvaux nicht teilt, er nüchterne Einwände hat. Heloisa jedoch nimmt diese Lehre auf, ja, was Augustinus und Hieronymus von der Liebe zu Gott aussagten, überträgt sie auf die Liebe zu Abaelard, ihrem Gott. »Mit maßloser Liebe (*amore immoderato*) habe ich Dich – wie alle wissen – immerdar geliebt.« Und sie prägt den Ausdruck der Zukunft für die vollkommene Liebe: »Dich, Dich selbst allein habe ich begehrt, nichts von Dir« – *te pure non tua concupiscens*. *Amor purus*, die reine, absolute Liebe, wird das Ideal und das Verhängnis der höfischen Literatur. »Das Maß, Gott zu lieben, ist ihn ohne Maß lieben (*sine modo*)«, hatte Bernhard von Clairvaux geschrieben. Und ganz einfach schreibt sie und ruft Gott selbst zum Zeugen für die Aufrichtigkeit dieses Geständnisses an: »Ich schätzte die Liebe höher ein als die Ehe, die sich in ihr zeigende Freiheit mehr als das rechtlich bindende Band.« Die beiden persönlichen Briefe Heloisas lesen sich wie Paraphrasen des Augustinus zugeschriebenen Satzes: »Liebe und tu, was Du willst!«

Das Zeitalter knüpfte Strafe seit altersher an Äußerliches: Einen freien Mann erschlagen, so und so viel Wehrgeld, eine Frau von hinten besteigen, die und die Kirchenbuße. Endlos ist die Kasuistik der Germanenrechte, und endlos sind die Listen der Poenitentiarien, der Bußbücher. Moral und Recht waren eine Frage des Äußerlichen, der Werke. Imputationstheorie nennt man diese archaische Lehre, die Abaelard so formuliert: »Nach der Beschaffenheit der Werke richtet sich die Beschaffenheit der Vergeltung, denn so wie die Werke sind, wird die Vergeltung sein, für gute Werke Gutes, für schlechte Werke Schlechtes, aber« – so fügt er hinzu – »bei Gott wird nicht das Werk, sondern die Absicht vergolten.« Werk, das ist bei Abaelard eine menschliche Handlung, insoweit sie von außen, mit körperlichen Augen gesehen werden kann. Eine einfache Überlegung führte Abaelard zur Ablehnung dieser überkommenen Lehre. Gott der Allmächtige kann durch menschliches Tun nicht gestört, nicht beeinträchtigt werden, aber auch in seiner Glückseligkeit nicht vermehrt, gefördert. Sünde besteht in der Beleidigung Gottes und Tugend in der Liebe. Beides aber sind Haltungen, die nicht aus äußerem Tun, einem Werk (*opus*) ersichtlich sind, sondern allein der inneren Einstellung der Seele (*animus*) entspringen. »Gott kann also nicht durch eine Übeltat (*dampnum*), sondern nur durch Mißachtung (*contemptus*) beleidigt werden.« Mißachtung liegt aber nur in dem, was wir innerlich bejahen, dem wir zustimmen. Dieser uns harmlos klingende Satz führte Abaelard zu einer Umwertung der ganzen bisherigen Anthropologie des Menschen im Stande der Erbsünde. Ihr Kernsatz war, daß die Folge der Erbsünde die böse Begierde und diese bereits sündhaft ist. Demgegenüber lehrt Abaelard: »Nicht eine Frau begehren ist Sünde, sondern der Begierde zuzustimmen, nicht der Wille, mit ihr zu schlafen, ist verdammenswert, sondern die Zustimmung (*consensus*) zu diesem Willen.« Wenn die Sünde aber ausschließlich im Konsens liegt, dann ist die Ausführung der Handlung moralisch indifferent. »Die Ausführung der Sünde fügt zur Schuld und zur Verdammung nichts hinzu.« Dem Einwand gegenüber, daß die Lust und der Spaß an der Sünde doch gerade in der Ausführung liege, fordert Abaelard seine Gegner – und dies ist die gesamte für seine Zeitgenossen maßgebliche Tradition – auf, nachzuweisen, daß Lust in sich selbst Sünde sei. Natürlich kannte Abaelard den Papst Gregor dem Großen zugeschriebenen Satz »Die Lust kann nie ohne Sünde sein«, aber er zitiert diesen Satz nie, er widerlegt ihn nicht, sondern appelliert an die

Einsicht in seine Unsinnigkeit. Kühn sich über die Tradition hinwegsetzend, führt er als Argument ad absurdum an, was die Tradition ausdrücklich gelehrt hatte und die Moraltheologie nach ihm lehren wird:
»Nehmen sie das aber wirklich an, so darf niemand fleischlichen Genuß (*carnalis delectatio*) haben. Dann sind weder die Eheleute frei von Sünde, wenn sie sich erlaubt in fleischlicher Lust vereinen, noch jener, der im Verzehr köstlicher Speisen den Ertrag (seiner Arbeit) genießt. Schuldig wäre dann der Herr« – so bringt der Logiker, unbekümmert um die Gefühle der anderen, sein Argument auf den Punkt –»der unseren Leib und solche Speisen schuf.« Und dann formuliert er sein Ergebnis, das die gesamte bisherige Sexualethik der Kirche ablehnt:»Ich bin der Ansicht (*arbitror*), daß kein fleischlicher Genuß Sünde ist und daß es niemandem als Schuld zuzurechnen ist, der sich beim Genuß in einem Zustand befindet, in dem man Lust notwendigerweise empfindet.« Wenn der Penis zustimmungslos steif wird, der Alptraum des Augustinus und aller ehelosen Kirchenleute, berührt das die Ethik so wenig, wie das Zusammenzucken des Auges beim Blitzeinschlag. Die Sexualität hat für Abaelard die Unheimlichkeit verloren, die Augustinus, Hieronymus und Bernhard so tief verstörte. Der Weg in eine repressionsfreie Ethik war gezeigt, aber die Kirche konnte ihn nicht gehen, weil Repression die Haltung mittelalterlicher Amtskirche war.

Nichts Äußeres ist aus sich heraus Sünde, nicht essen, nicht töten, nicht bei einer fremden Frau liegen, nicht falsches Zeugnis geben. Nur wenn Gott Äußerliches ausdrücklich verboten hat und der Mensch aus Mißachtung Gottes dieses dennoch tut, ist es Sünde.»Bekanntlich werden gute und weniger gute Werke von guten und von schlechten Menschen getan, wobei allein die Absicht (*intentio*) beide scheidet.«

Soweit nach Abaelards Lehre, der darin den spätmittelalterlichen Voluntarismus und die Lehre der Reformation vorwegnimmt, allein Gottes positiver Gesetzesbefehl eine Handlung verboten oder geboten macht und der innerlich geleistete Gehorsam eine Handlung gut und der bejahte Ungehorsam eine Handlung schlecht machen, verbleibt Abaelard im Rahmen kirchlicher Lehre, wonach der Gehorsam die grundlegende Pflicht der Menschen ist. Biblisch hat sie ihren Ursprung in der Ursünde der Menschen, die im Ungehorsam gegenüber Gottes Gebot lag (1. Mos. 3,1–13) und in der Paulinischen Erlösungslehre:»Wie durch den Ungehorsam des einen Menschen die vielen zu Sündern wurden, so werden auch durch den Gehorsam des einen die vielen zu Gerechten gemacht werden« (Röm. 5,19). Aber Abaelard tritt nicht für einen exzessiven Gehorsam ein wie die kirchliche Lehre im Mittelalter und auf ihr gründend die weltlichen Staatstheoretiker der frühen Neuzeit, sondern bindet seine Lehre von der Sünde und der Tugend an seine Lehre von der Liebe. Kein einziges Mal zitiert er Augustinus dort, wo er von seiner Grundlage der Sündenlehre und der Sexuallehre abweicht, aber die Verbindung zwischen Sünde und Egoismus, Tugend und Liebe stellt er durch ein Augustinus-Zitat her: »Der selige Augustinus... bezog daher alle Gebote und Verbote auf die Liebe oder die Selbstsucht und nicht auf die Werke, indem er sagt: ›Nichts gebietet das Gesetz außer der Liebe, und nichts verbietet es außer der Selbstsucht.‹« Und wieder ist Abaelard ganz nah an dem Satz: »Liebe und tu, was Du willst!.«

Abaelard geht aber noch einen Schritt weiter in der Überwindung der überkommenen Lehre. Begründete seine Ansicht, daß nur die Zustimmung zu einem Affekt, einer Begierde, einer Charakterschwäche, daß nur der Konsens etwas zur Sünde machen kann, die Gesinnungsethik, die das Gutsein oder Schlechtsein von Menschen völlig unabhängig macht von ihrem äußeren Tun, theologisch gesprochen von ihren Werken, so führte er diese Lehre noch in zwei Stufen konsequent fort.

Der erste Schritt führt zur Situationsethik. Nicht die – wie Juristen sagen würden – tatbestandsmäßig zu beschreibende Eigenart eines Verhaltens macht es gut oder schlecht. Jede äußerlich beschreibbare Handlung, jedes Werk »ist in sich indifferent, ist weder gut noch schlecht«. Wenn das so ist, dann kann dasselbe Tun einmal gut und einmal schlecht sein. »Wenn derselbe Mensch zu verschiedenen Zeiten dasselbe tut, so wird es dennoch einmal gut und einmal schlecht genannt, je nach der Verschiedenheit der Absicht.« Die Beispiele, die Abaelard bringt, sind einfach und immer dieselben. Töten – ein in seiner Zeit alltäglicher Vorgang – töten aus Habgier, aus Notwehr, im Dienst des Herrn, als Richter: Nur auf die Umstände kommt es an und die Absicht. Bei einer Frau liegen, bei der eigenen Frau, um Kinder zu zeugen, um den Geschlechtstrieb (concupiscentia) zu befriedigen, bei einer fremden Frau, aus Irrtum, von jemandem gefesselt zu ihr gelegt, einfach, um sich mit ihr zu verlustieren, in der Vergewaltigung: Nicht die Handlung ist gut oder schlecht, sondern die richtige, der Situation angemessene Einstellung ist entscheidend. Nicht »das Gute tun« (bonum facere) darf das Ziel der Menschen sein, sondern das, was man tut, »gut tun« (bene facere). Etwas gut tun, zwei knüpfen einen Menschen auf, der eine handelt aus Zorn, Rache oder Haß – seine Handlung ist schlecht –, der andere aus Liebe zur Gerechtigkeit – seine Handlung ist gut. Und wieder treibt Abaelard das Argument auf die Spitze, spielt er mit den Worten, trifft er sein Zeitalter im Kern. Herrschaftsgewalt, die ein Großer ausübte, entstand in der Zeit des Lehnwesens aus der Mannschaft seiner Leute, aus der *traditio personae*, durch die ein Lehnsmann versprach, Gehorsam und Ehrerbietung zu leisten. Die *traditio* konstituierte die frühmittelalterliche Herrschaftsordnung. Aber sie ist nicht in sich gut, sie kann Verrat sein und Hingabe, Heil bewirken und ewige Verdammnis. »In derselben Handlung sehen wir Gott den Vater und Judas den Verräter. Durch Gott den Vater geschah die Hingabe – *traditio* – des Sohnes, und durch den Verräter. Es war der Wille des Vaters, den Sohn den Henkern zu übergeben (*tradere*), und wenn der Verräter nur dasselbe wollte, was Gott will, auch dann hätte er nicht gut gehandelt.« Wenn Petrus etwas will und Paulus will, was Petrus will, dann sind die ›Willen‹ von Petrus und Paulus nicht identisch. Mit der Vorsehung dürfen sich Menschen nicht entschuldigen. »Und – so schrecklich es auch ist, es auszusprechen – manchmal ist ein Wille gut, wenn er will, daß von einem anderen Böses geschehe, wenn er dies nämlich in guter Absicht will. Oft will nämlich Gott durch den Teufel oder einen Tyrannen jene züchtigen, die unschuldig sind oder die Züchtigung – menschlich gesehen – nicht verdient haben, zur Reinigung von Sündenschuld etwa, zur Vermehrung ihres Verdienstes, als Beispiel ihrer Ergebung in Gottes Willen oder sonst aus einem vernünftigen Grund, mag er auch uns Menschen verborgen sein.«

Wird so aus moralisch gleichgültigen, indifferenten Handlungen eine gute Handlung nur durch die Ergebung in Gottes Willen und eine schlechte durch Ungehorsam, liegt die Sünde nur in der Beleidigung, dann kommt es in erster Linie gar nicht darauf an, was Gott von den Menschen wirklich verlangt – darüber können sich Menschen irren und haben sie sich in der Geschichte mit schauerlichen Konsequenzen geirrt –, sondern darauf, wovon der einzelne glaubt, daß Gott es verlange. Und so führt Abaelard ein subjektives Element in seine Lehre vom rechten Handeln ein. »Sündigen ist, den Schöpfer verachten, das heißt, das nicht tun, wovon wir der Ansicht sind, daß wir es seinetwegen tun müssen.« Immer wieder verwendet Abaelard diese Formulierung. Aber natürlich darf sich nicht jeder einzelne einfach ausdenken, was zu tun das Richtige ist. Die feste Überzeugung, so und nicht anders handeln zu müssen, macht ein Handeln gut oder böse. Und für diese Überzeugung führt Abaelard den Begriff ein, der schon in der Antike, bei den Philosophen der Stoa und den Kirchenvätern, eine Rolle gespielt hatte: das Gewissen. Aus der Gesinnungsethik wird über die Situationsethik die Gewissensethik. Abaelard verzichtet völlig darauf zu sagen, was das Gewissen ist. Die Kirchenväter und die Hochscholastik haben viel Unsinn darüber geschrieben, ethisch unbrauchbar. Abaelards Lehre läßt sich so umschreiben: Die vom Menschen in der Liebe Gottes und der Haltung des Gehorsams gewonnene Überzeugung, daß dies oder jenes zu tun gut und dies oder jenes zu lassen schlecht ist, ist sein Gewissen. Und dies führt Abaelard zu dem Satz: »Nur das, was gegen das Gewissen getan wird, ist Sünde.« Und wieder exemplifiziert Abaelard es mit den Beispielen, die seinen Zeitgenossen äußerstes Ärgernis sein mußten. Hatte nicht Jesus seinen Jüngern prophezeit: »Es kommt die Stunde, in der jeder, der euch tötet, meint, Gott einen heiligen Dienst zu leisten« (Joh. 16,2)? Die Henker der Märtyrer, die glaubten, Gott wohlgefällig zu sein, hatten nicht gesündigt, da sie Gott nicht beleidigen wollten. Die Henkersknechte Jesu vollstreckten einen Befehl, und die Juden des Hohen Rats handelten in ihrem Glauben. »Die Christus nicht kannten und daher den christlichen Glauben ablehnten, weil sie meinten, er sei mit ihrer Gottesvorstellung unvereinbar, wie sollten sie Gott in dem beleidigen, was sie seinetwegen taten und von dem sie daher meinten, es gut zu tun?« Hatte doch Jesus ihren Irrtum selbst bestätigt: »Vater, vergib ihnen, denn sie wissen nicht, was sie tun« (Luk. 23,34). Die Juden – keine Gottesmörder! Abaelard stieß in das Herz seiner Zeit. Und so lautete der zehnte Anklagepunkt gegen Abaelard auf dem Ketzerkonzil von Sens, daß er gelehrt habe, »daß diejenigen nicht gesündigt hätten, die Christus im Irrtum kreuzigten«. Mehr als 800 Jahre wird es dauern, bis die katholische Kirche diesen einfachen Gedanken Abaelards über ihr Verlangen nach einem Feindbild stellen wird, einem Feindbild, das von der Zeit Abaelards bis in unser Jahrhundert Millionen Menschen das Leben gekostet hat.

Bisher war nur von Abaelard die Rede. Gewiß, er hatte als literarische Kuriosität in seinem Jahrhundert eine Ethik geschrieben und ihr den Untertitel gegeben »Scito te ipsum« – »Erkenne Dich selbst!« – den Sinnspruch des Delphischen Orakels. In der Abfolge der Schriften aber war es Heloisa, die zuerst die Gesinnungsethik formulierte. Ihre persönlichen Briefe an Abaelard wurden vermutlich zwischen den Jahren 1132 und 1137 geschrieben, Abaelards Römerbrief-Kommentar, in dem der Gewissensbegriff eine wichtige Rolle spielt, zwischen 1133 und 1137 und seine »Ethik« zwischen 1137 und 1139. Nun läßt sich der Urheber eines Gedankens nicht einfach nach dem Zeitpunkt dessen erster schriftlicher Fixierung bestimmen und schon gar nicht aufgrund eines

Textes wie des Briefwechsels, dessen Entstehungsgeschichte völlig ungeklärt ist. Mündlich hatte Abaelard seine ethischen Ansichten vermutlich
schon im Parakleten vorgetragen.

Entscheidend für Heloisa als Mitbegründerin der Gewissensethik
spricht, daß diese Ethik sich bruchlos einfügt in ihre Argumentation in
den persönlichen Briefen.

In den beiden Briefen wird die Argumentation durch die ethische
Grundanschauung des Paares bestimmt. Im 2. Brief ist die erste ethische
These gleichsam beiläufig eingestreut. Heloisa referiert ihre Argumentation gegen die Eheschließung, die sie vor über 15 Jahren Abaelard gegenüber vorgebracht hatte. Und als sie in der Darstellung der ganz persönlichen, inneren, einzigartigen Beziehung, in der sie zu Abaelard steht,
und der sie das alte, aber neu verwendete Wort »Liebe« gibt und in der
Ablehnung der übermächtigen gesellschaftlichen und rechtlichen Institution der Ehe zu den verächtlichen Ausdrücken »Konkubine«, »Nutte«
und »Hure« greift, da fügt sie, fortgerissen von ihrer Anklage gegen die
gesellschaftlichen Zwänge, in denen sich die Frauen ihrer Zeit befinden,
einen Exkurs ein.

Liebenswerter und würdiger erscheint es mir, Deine Hure zu heißen als seine (des
Kaisers) Kaiserin. Denn nicht ist etwa derjenige besser, der reicher ist und mäch-
tiger, denn letzteres ist Gabe des Glücks (*fortuna*), ersteres Folge des Verdienstes
(*virtus*). Und jene, die lieber einen Reichen heiratet als einen Armen, darf nicht
meinen, sie sei keine zum Kauf ausgestellte Ware. Ihr Begehren richtet sich nicht
auf den Mann, sondern auf sein Vermögen, und welche solches Begehren zur Ehe
führt, die verdient Hurenlohn (*merces*), nicht dankerfüllte Liebe (*gratia*).

Kern dieser Argumentation, die sie dann zu einem grundsätzlichen Angriff auf die zeitgenössische Eheinstitution führt, ist das Auseinanderrei-
ßen der im frühen Hochmittelalter immer zusammengedachten Sphären
des Guten und Mächtigen, der sich im Reichtum zeigenden Kraft und
Tüchtigkeit (*virtus*). Jetzt, im heraufkommenden oder doch von Abaelard und Heloisa ersehnten Zeitalter der Kirche der Armen und des Geistes, jetzt ist *virtus* nicht mehr die Tüchtigkeit der Helden, im Kampf
gegen Tod und Teufel und Sarazenen oder auch nur gegen den Nachbarn,
dem man zur eigenen Ehre Land, Gold oder Frau raubt. Jetzt ist *virtus* die
Kraft der Selbstlosigkeit, die Liebe, nicht um des Lohnes, sondern des
Geliebten willen. *Virtus* ist Kraft der Seele, nicht des Erfolges.

Nicht in der Wirkung einer Handlung (*rei effectus*), sondern in dem Willen des Handelnden (*efficientis affectus*) liegt die Schuld. Nicht auf das, was geschieht, kommt es an, sondern darauf, in welcher Gesinnung (*animus*) es geschieht.

Dann zieht Heloisa die Konsequenz aus dieser Überlegung. Sie hatte in ihrer Hingabe an Abaelard gegen alle Vorschriften verstoßen, denen Frauen ihrer Zeit unterlagen. Sie hat ihre Jungfrauenschaft vor der Ehe verloren, sie hatte die Ehe, die ihre Verfehlung gutgemacht hätte, abgelehnt, und auch als Nonne und Äbtissin bejahte sie diese Liebe, stellte sie über die Liebe Gottes. Konnte man am Anfang sagen, daß auch sie die Lust suchte, die Freude der körperlichen Liebe, die Genugtuung des Stolzes, die Geliebte Abaelards, des Genies, zu sein, so zeigte das Ende, daß das alles für sie nicht wichtig war. »Während ich mit Dir die sinnlichen Freuden genoß (*frui*), da konnten viele unsicher darüber sein, ob ich aus Liebe oder aus Genußsucht handelte. Jetzt aber zeigt das Ende, woraus mein Verhalten erwuchs. Ich habe mir schließlich alle Freuden versagt, um Deinem Willen gehorsam zu sein. Nichts habe ich mir zurückbehalten außer dem einen, gerade so die Deine zu werden.« Im Gehorsam aus Liebe trennte sie sich von dem Ziel dieser Liebe. »Was ist unbegreiflicher zu nennen, in solchen Wahnsinn schlug meine Liebe um, daß sie das, was sie allein erstrebte, daß sie das sich entriß ohne jede Hoffnung, es je wieder zu erlangen.«

Heloisas Liebe war *amor purus*, reine Liebe, aber nicht Liebe zu Gott, sondern zu Abaelard. Und so ist nicht Gott, sondern Abaelard ihr endgültiger Richter, und den Maßstab des Gerichts liefert die Gesinnungsethik. »Nicht die Wirkung der Handlung (*rei effectus*), sondern die innere Verfassung des Handelnden (*efficientis affectus*) unterliegen dem Urteil. Nicht was geschieht, sondern aus welcher Gesinnung (*animus*) es geschieht, wägt die Gerechtigkeit. Welche Gesinnung ich Dir gegenüber hatte, kannst nur Du aus Erfahrung wissen und beurteilen. Deinem Urteil unterwerfe ich mich völlig, Deinem Spruch füge ich mich in allem.«

Der Lehrer Europas

Der Abt als Flüchtling

Heloisa hatte Abaelard aufgefordert, seine Perlen der geistigen Führung nicht vor die Säue der fleischlichen Mönche zu werfen, sondern seinen geistlichen Töchtern Lehrer und Beistand zu sein. Abaelard hatte Heloisa geantwortet: »Es ist Dir nicht gestattet, Dich meiner Gegenwart zu erfreuen, selbst wenn sie unglücklich macht«, und dann brach die Verzweiflung aus ihm heraus, durchbrach die sachliche Distanz, in der er auf Heloisas zweiten Brief antwortete, zeigend, daß auch in ihm die Kräfte der Beherrschung aufgezehrt sind, daß Heloisas Liebesausbruch ihn an die Grenze seiner Existenz geführt hat, jenseits deren nur noch der Wunsch des Todes lebt:

Ich sehe nicht recht, warum Du mich lieber im tiefsten Elend leben lassen willst, als mir ein seliges Sterben zu gönnen, außer, Du wolltest Deine Lust an mir büßen! Wenn aber das tatsächlich Dein Wille ist, um Deines Vergnügens willen mein Leid zu verlängern, dann bist Du erkannt, dann bist du nicht meine Freundin, dann bist Du meine Feindin. Willst du diesem Verdacht entgehen, dann höre bitte endlich auf mit solchem Klagen!

Der Tod greift nicht ein, aber die Lage in Saint-Gildas wird unhaltbar. Die Zeiten der Abwesenheit Abaelards vom Kloster werden immer länger, und eines Tages kehrt er nicht mehr zurück. Irgendwann während des Zeitraumes zwischen den Jahren 1132 und 1136 muß dies geschehen sein. Für einige Jahre gibt es kein Zeugnis über ihn. Sofort nach Paris kann er sich nicht gewandt haben, denn dort hätte er kaum unbemerkt leben können. Zwischen 1132 und 1136 dichtete der Primas Hugo von Orléans sein »Lob der Reimser Hohen Schule«, und seine Angriffe gegen Abaelard geben nur Sinn, wenn dieser zu jener Zeit im Umkreis von Reims aufgetaucht war. So hat man geschlossen, daß er dort einige Zeit lebte, vielleicht im kleinen Kreis lehrte, und wenn Otto von Freising Abaelards Schüler gewesen sein sollte, wofür einiges spricht, dann kann es nur in jenen Jahren in Reims gewesen sein. Auch daß er einige Zeit in Nantes bei seinem Bruder Dagobert weilte, hat man angenommen. In den Jahren seit 1130 weilte er mehrmals im Parakleten, und es ist unwahrscheinlich, daß er nach seiner Flucht aus Saint-Gildas diesen nicht mehr besucht hätte. Zum Aufbau eines Doppelklosters unter Abaelard als Abt der gesamten Anlage und Heloisa als Mutter der Nonnen, wie die Regel im 8. Brief es beschrieben hat, kam es aber nicht. Darf man sich ausmalen, welche geschichtlichen Möglichkeiten es gegeben hätte, wie Abaelards Leben weiter verlaufen wäre, wenn die große Idee verwirklicht worden wäre, ein Kloster des Heiligen Geistes, in dem Männer und Frauen ein Leben der Kirche der Armen leben, ein Kloster des Heiligen Geistes, das zur Hohen Schule Europas geworden wäre? Träumen darf man den Traum einer christlichen Kirche im Mittelalter, die nicht in der Suprematie des Papstes, dem Bündnis mit politischer Macht und ökonomischem Reichtum, der autoritativen Definition der Wahrheit und der Unterdrückung des für Irrtum Erklärten durch Folter und Feuer geendet hätte. Träumen darf man, aber es sind unsere Träume. Welche Träume hatten die Menschen jener Zeit?

Wieder läßt sich Abaelards Leben nicht in Regeln fassen, nach denen zeitgenössisches Leben verlief. Der Magister, der außerhalb des kirchlichen Raumes lehrt, der Mönch, der die Regel seines Klosters nicht anerkennt, der Eremit, der die Studenten um sich schart, und jetzt der Abt, der einfach sein Kloster verläßt und untertaucht. Abaelard spielt die Rollen, die die jeweiligen Lagen zu spielen nahe legen, aber er verwächst nicht mit ihnen, sie werden nicht sein Status, wie es mittelalterliche Ansicht war, lebensbestimmend und der Entscheidung der Individuen entzogen. Abaelard schlüpft in sie, benützt sie als Schutz, als Mimikry, und verläßt sie, wenn eine neue Lage Neues nahe legt. Nur eines ist ihm Status, lebensbestimmend, die Lehre, als Berufung Gottes erfahrener Auftrag, Magister, Lehrer zu sein. Und so bleibt Abaelard nicht lange im Verborgenen.

Paris, die Hauptstadt des Reiches

Eines Tages taucht Abaelard wieder in Paris auf. So wenig wir wissen, wo er sich zuvor aufgehalten hatte, so wenig kennen wir das genaue Jahr. Frühestens war es im Jahre 1132, spätestens 1137, denn damals hörte ihn Johannes von Salisbury auf dem Genovefa-Berg.

Paris hatte sich in der Zwischenzeit verändert. Der König und der Bischof hatten begonnen, die Stadt zu einer Hauptstadt zu machen. Die

Wende war im Jahre 1123 eingetreten, kurz nach Abaelards Fortgang. Damals starb Bischof Gilbert, der Kampfgefährte Stephans von Garlande. Ihm folgte Stephan von Senlis, dessen Bruder Gui von Tour de Senlis im Jahre 1112 dem wachsenden Einfluß der Garlandes am Hof hatte weichen müssen und Amt und Einkünfte des Mundschenken an Gilbert von Garlande verloren hatte. Bischof – Stephan von Senlis – und Archidiakon – Stephan von Garlande – waren wieder einmal Feinde in Paris.

Die Klans waren zwar fest umrissen, an den Grenzen aber durchlässig: Hier der König mit der Familie Garlande, die drei der fünf wichtigsten Hofämter besetzte und dazu zahlreiche kirchliche Stellen, das Archidiakonat in Paris, das Dekanat im Kloster Sainte-Geneviève und mehrere Kanonikate. Zu diesem Kreis gehörten auch die Bischöfe Burkard von Meaux und Gottfried von Chartres. Der Erzbischof von Sens, Heinrich Sanglier – *Henricus aper*, Heinrich der Eber –, zu dessen Kirchenprovinz Paris gehörte, war ein Vetter der Brüder Garlande. Die gegnerische Partei bildeten die Familie Tour de Senlis, die jetzt gerade den Bischof von Paris stellte, und die Prioren der großen Klöster in Paris Saint-Martin-des-Champs, Saint-Magloire und Saint-Victor. Bernhard von Clairvaux stand immer im Hintergrund.

Der wichtigste Schachzug Stephans von Senlis war es, sich mit Suger von Saint-Denis zu verbinden. Suger war im Rat des Königs sicher der intellektuell und politisch Befähigtste. Ohne formelles Amt hatte der frühere Schulfreund des Königs dennoch großen Einfluß. Die Kämpfe, die jetzt in Paris ausbrachen, sind in ihren Hintergründen nur schwer aufzuhellen. Der erste Angriff, den Bischof Stephan eröffnete, richtete sich gegen Theobald den Notar. Einst war dieser Kanzler des Domkapitels gewesen und seit dem Jahre 1117 als Nachfolger des zum Bischof gewählten Gilbert Archidiakon von Notre-Dame. Bischof Stephan beschuldigte ihn des Amtsmißbrauchs und verlangte vom Papst seine Verurteilung. Die Mitglieder des Domkapitels waren ja der unmittelbaren Gerichtsbarkeit des Bischofs entzogen, gemeinsam als Kapitel selbst Träger von Gerichtsbarkeit. In Rom wurde Theobald von den Bischöfen Gottfried und Burkard verteidigt, den alten Verteidigern Abaelards, und Stephan konnte mit seinem Vorhaben nicht durchdringen. Aus Rom nach Paris zurückgekehrt eröffnete er den Kampf mit Stephan von Garlande. Anlaß war ein Rechtsstreit zwischen den benachbarten Klöstern Sainte-Geneviève und Saint-Victor. Stephan von Garlande hatte sich offenbar als Dekan von Sainte-Geneviève einen Übergriff auf dem Gebiet eines dritten Klosters, Saint-Germain-des-Près erlaubt, und Bischof Stephan belegte alle von Sainte-Geneviève abhängigen Kirchen mit dem Interdikt. Hinfort durften dort keine Gottesdienste mehr gefeiert werden und keine kirchlichen Begräbnisse erfolgen. Für das Mittelalter bedeutete ein Interdikt das weitgehende Erlöschen des üblichen täglichen Lebens. Der Streit eskalierte, Bernhard von Clairvaux schaltete sich ein, und Suger, dessen Ehrgeiz die Garlandes im Weg waren, bedrängt jetzt den König und die Königin, verlangt die Ablösung. Zwischen dem 3. August 1127 und dem 10. Mai 1128 wird die Familie Garlande gestürzt. Kanzler wird Simon, der Neffe Sugers, und Mundschenk Gui, der Bruder Bischof Stephans. Vergeblich intervenieren die Bischöfe Gottfried und Burkard. Die Garlandes nehmen den Sturz nicht kampflos hin. Eine Dreierkoalition zwischen den Familien Garlande, Montfort und dem mächtigen Herrn der Champagne, Graf Theobald IV., wird geschlossen und der König militärisch vernichtend geschlagen. Es ist die Zeit, in der Abaelard den Parakleten fluchtartig verläßt und sich nach Saint-Gildas zurückzieht.

Da wird Bischof Stephan übermütig. Er meint den König in seiner Hand zu haben, und er überzieht. Entsprechend einer damals aufkommenden Praxis und entgegen der Tradition der Pariser Kirche versucht er, die Regularkanoniker von Saint-Victor mit dem Domkapitel zu verbinden. Der Zweck ist klar, Bischof Stephan will seine Gegner im Kapitel durch die Kanoniker von Saint-Victor überstimmen lassen. Da der König auf diese Weise seine Anhänger entmachtet sähe, wechselt er mitten in seiner Bedrängnis die Fronten. Er nähert sich seit dem Jahre 1129 wieder den Garlandes an, hierin von Hildebert von Lavardin, dem Erzbischof von Tours, unterstützt, während Bernhard von Clairvaux Partei für Bischof Stephan ergreift. Der König bemächtigt sich einiger Weinberge eines Parteigängers des Bischofs auf dem Genovefa-Berg, und dieser verlangt vom Erzbischof Heinrich Sanglier als Strafe hierfür das Interdikt über die ganze Kirchenprovinz. Der Streit greift auf andere Städte über, so Orléans, an dessen Stift Stephan von Garlande und sein Freund Algrin Kanoniker sind, und auch auf Laon und Bourges, wo Bürgerunruhen ausbrechen.

Erst im Jahre 1130 wird der Friede notdürftig hergestellt. Kirchlich verlangt Papst Innozenz II. von Bischof Stephan die Aufhebung des Interdikts über die Kirchen von Sainte-Geneviève, und Bischof Gottfried von Chartres vermittelt politisch. Im Jahre 1132 wird Stephan von Garlande wieder Kanzler, Simon, der Neffe Sugers, muß verzichten. Seneschall wird Stephan nicht wieder. Hier setzt sich Bernhard von Clairvaux durch. Dieses Amt erhält der Graf von Vermendois, Raul. Für einige Jahre wieder bestimmt mehr Stephan von Garlande die hohe Politik als Suger von Saint-Denis. Unruhig bleiben die Zeiten aber dennoch und gewalttätig. Im Jahre 1133 ermordet der Archidiakon Theobald der Notar vermutlich mit Billigung Stephans von Garlande den Prior von Saint-Victor, Thomas, in den Armen des Bischofs Stephan von Senlis. Ein neuer Streit beginnt mit Strafen, Synoden und dem Eingreifen des Papstes. Die Beteiligten sprechen von Recht, Wohl des Gemeinwesens, und eines Tages ist alles vergessen.

Trotz dieser Streitigkeiten hatte sich Paris seit dem Weggang Abaelards verändert. Es war größer, reicher und politisch bedeutender geworden. Der König hatte den Einfluß lokaler Größen der Umgebung ausgeschlossen, neue Brücken gebaut, befestigte Plätze angelegt und die Stadt zur ständigen Residenz ausgebaut. Paris war jetzt »dank der Anstrengungen Ludwigs VI. und der Weitsicht Sugers von Saint-Denis und mit Hilfe des Bischofs von Paris und der Bürger die tatsächliche Hauptstadt des Reiches geworden und gleichzeitig Brennpunkt von Wirtschaft, religiösem Leben und der intellektuellen Ausstrahlung« (R. H. Bautier).

Freier Lehrer auf dem Genovefa-Berg in Paris

Abaelard kehrt nach Paris zurück. Sein Gönner Stephan von Garlande ist wieder im Besitz seiner Macht, und in seinem Schutz läßt er sich auf dem Genovefa-Berg nieder. Es wird nicht weit von dem Haus gewesen sein, das der Dekan des Klosters, Stephan von Garlande, dort bewohnte, ein Haus »mit einem Wohnturm, einer Bogenhalle und einem umfriedeten Garten«, inmitten der Weinberge. Aus dem Jahre 1137 berichtet Abaelards Schüler Johannes von Salisbury über den Anfang seines Studiums:

Zuerst zog ich – gerade ein Jüngling – nach Gallien, und zwar im Jahr nach dem Tode des vornehmen Königs von England, Heinrichs, des Löwen der Gerechtigkeit, und zwar begab ich mich zum *peripateticus palatinus*, der damals auf dem Genovefa-Berg als leuchtender Lehrer bewundernswürdig alle überragte. Ich saß zu seinen Füßen und erhielt den Anfangsunterricht in der ersten Kunst (*ars*) – der Grammatik – und nach dem Maß meines noch unentwickelten Verstandes nahm ich jedes Wort seines Mundes mit der ganzen Begierde meines Geistes auf.

Abaelard »praesidierte« auf dem Genovefa-Berg, wie Johannes mit einem Wort sagt, das zwischen dem die anderen überragenden Ruf und der formellen Leitung der Schule schwingt.

Während der zwei Jahre, in denen Johannes von Salisbury in Paris studierte, hörte er noch andere Lehrer, so Alberich von Reims, der im Gegensatz zu dem Alberich von Reims, der Abaelard auf dem Konzil von Soissons angeklagt hatte, Alberich von der Porta Veneris genannt wurde, und Abaelards Schüler Robert von Melun (um 1100−1167). War Abaelard zu seiner Zeit auf dem Genovefa-Berg der erste und einzige freie Magister, der dort lebte, so hatten sich seither dort immer mehr Magister und Studenten niedergelassen. Drei Gründe mögen hierfür eine Rolle gespielt haben. Zum einen dürfte die Erinnerung an Abaelard nie erloschen sein, den ersten freien Magister auf dem Genovefa-Berg, und zum anderen müssen der Abt von Sainte-Geneviève und der Dekan Stephan von Garlande diese Entwicklung geduldet, wenn nicht gefördert haben. Sicher spielte hierbei die Rivalität zu der Neugründung Saint-Victor eine Rolle, dessen Schule unter Hugo von Saint-Victor (†1141, in der Abtei seit etwa 1117) weltberühmt wurde. Aber es gab noch einen dritten Grund. Der Skandal Abaelard muß noch lange nach seinem Fortgang nachgewirkt haben. Bischof Stephan von Senlis, nicht gebunden durch eine Loyalität zu den Freunden Abaelards, nahm einen uns nicht genau bekannten Vorfall zum Anlaß, ordentliche Verhältnisse an der Domschule einzuführen. Eine Domschule hatte als Institution die Aufgabe, den Klerikernachwuchs heranzubilden. Diese jungen Leute mit festem, durch die Familien festgelegten Ziel, waren die internen Studenten. Sie gab es in jeder Bischofsstadt. Sie waren brav, ordentlich, zielstrebig. Noch heute sollen nach dem Willen der Bürger Studenten so sein. Waren die Lehrer der Domschule berühmt, strömten andere Studenten herbei, die einfach lernen wollten, ihre Jugend genießen oder beides. Dies waren die externen Studenten, und Abaelard hatte auf sie eine Anziehung ausgeübt, wie sie bisher in Europa unbekannt war. Lockere Sitten müssen im Domhof eingerissen sein, jedenfalls in den Augen des Bischofs Stephan, und dazu die Nachwirkungen des Skandals. Der Bischof sorgte für Ordnung. In einer offenen Machtprobe mit dem Leiter der Domschule, Galon, und dem Kanzler des Kapitels, Algrin von Étampes, dem Freund Stephans von Garlande, suchte der Bischof die Entscheidung. Auch dieser Streit eskalierte, beschäftigte den Erzbischof von Sens und den Papst und führte zur Absetzung Galons. Zwei Folgen hatte der Ausgang dieses Streites. Die Domschule wurde aus dem Domherrenhof, der nördlich von der Kathedrale Notre-Dame lag, neben den Palast des Bischofs südlich der Kathedrale verlegt: Die Schulaufsicht ging vom Kapitel auf den Bischof über. Wichtiger für die Entstehung der Pariser Schulen war die zweite Folge: Die externen Studenten wurden weitgehend von der Domschule ferngehalten. So waren diese gezwungen, eine der Schulen auf dem linken Seine-Ufer zu besuchen, und hier fanden sie alles, was sie suchten: Freiheit und berühmte Lehrer, Lehrer der Theologie in Saint-Victor und Lehrer der Philosophie im Umfeld von Sainte-Geneviève. In dieser Situation kehrte Abaelard auf den Genovefa-Berg zurück. Wieder wurde er Mittelpunkt. Bis zum Jahre 1140 wirkte er in Paris, unterbrochen von einigen Reisen, die ihn vermutlich in den Parakleten führten. Es ist seine fruchtbarste Zeit. Werk auf Werk wirft er aufs Pergament, seine Gedanken in Kontroversen stets entwickelnd und die einzelnen Gedanken in ausgreifenden Planungen zu einem umfassenden System verbindend. Sein Hauptwerk, die »Theologia Christiana«, wird mehrmals überarbeitet, sozusagen in neuen Auflagen herausgegeben. Für seine Schüler verfaßt er eine dem Unterricht dienende Fassung dieses Werkes, die »Theologia ›Scholarium‹«. Auch dieses Werk wird in den wenigen Jahren mehrmals überarbeitet. Ganz neu verfaßt werden ein Kommentar zum Römer-Brief des Apostels Paulus, die »Problemata Heloissae«, Antworten auf 42 theologische Fragen, die ihm Heloisa vorgelegt hatte, und als Werk ganz neuen Typs die »Ethik«. Wie weit seine weiteren Pläne gediehen sind, eine Grammatik und eine Anthropologie zu schreiben und weitere Paulus-Briefe zu kommentieren, ist nicht bekannt. Mehrere Werke Abaelards sind verlorengegangen.

Aus Abaelards Werken ersehen wir nicht, daß um diese Zeit an den Schulen in und um Paris bis hinab nach Chartres ein Kampf tobte. Ausgehend von einer Revolte der Jugend, die von sich selbst sagte,

> Wissen schöpfen wir aus uns selbst,
>   unsere Jugend ist ihr eigener Lehrer,
>   Unser Haufe nimmt die Lehren der Alten
>   nicht an,

war eine Atmosphäre des Neides, der Konkurrenz und des Hasses entstanden. Um den Gegensatz »zweckfreie Wissenschaft – Brotstudium« ging es – der Ausdruck wurde damals geprägt –, um den Gegensatz der Philosophen, der *magistri artium*, und der Theologen, um überkommene Methoden und neue und einfach um die Konkurrenz der Professoren um geldbringende Schüler ging es. Und Bernhard von Clairvaux stand wieder im Hintergrund. Der Kampf fast aller gegen alle ist für uns nur schwer zu durchschauen. Nach einer Personifikation Johannes' von Salisbury trägt er den Namen »Streit des Cornificius«. Auch welche Rolle Abaelard spielte, wissen wir nicht. Aber sein Name taucht immer wieder auf. Jedenfalls war er jetzt für die Studenten schon der Alte, der für die zweckfreie Wissenschaft eintrat, der für die klassische Bildung warb.

Trotzdem wuchs sein Ruf wieder, eilte durch die Lande, erregte Zustimmung und Ablehnung. In Soissons schon hatte Bischof Gottfried von Chartres den Konzilsvätern den Lehrerfolg Abaelards vor Augen geführt:

Ihr Herren, die Ihr hier versammelt seid, Ihr kennt alle die große Anhängerschaft und Gefolgschaft Abaelards; diese hat er sich erworben durch seine Lehre, ganz gleich, wie man über sie denken will, und durch die Genialität, mit der er jedes Fach meistert. Seine Lehrer und unsere stehen jetzt in seinem Schatten, und wenn ich so sagen darf, sein Weinberg schickt seine Rebschößlinge aus von Meer zu Meer.

In wenigen Jahren wird der Großabt von Cluny, Petrus Venerabilis, in seinem Kondolenzbrief an Heloisa schreiben:

Also hat Magister Petrus seinen Lauf vollendet, und er, der durch die Einzigkeit seines Wissens und seiner Lehre fast auf dem ganzen Erdkreis bekannt war und überall berühmt, ging ein in die Schülerschaft dessen, der gesagt hat »Lernet von mir, denn ich bin sanftmütig und demütig von Herzen«.

Abaelard spaltet jetzt die kirchliche und akademische Welt endgültig. Neben die lobenden Berichte treten immer mehr ablehnende. Die Lust an der Diskussion, die unter den Zuhörern ausbrach und von diesen weitervermittelt wurde, irritiert die konservativen Theologen. Themen, die bisher exklusiv in den Kapiteln der Klöster betrachtet wurden, werden plötzlich öffentlich verhandelt. Wie ein Schock wirkte es auf die Anhänger der monastischen Theologie, daß nicht mehr meditierend die Geheimnisse des Glaubens bedacht, sondern diskutierend Streitfragen über sie aufgeworfen werden. In den neuen Orden, dem Zisterzienser- und dem Prämonstratenser-Orden, wuchs die Verängstigung.

Wann Abaelard durch diesen Stimmungsumschwung um ihn herum beunruhigt wurde, wissen wir nicht, auch nicht, ob seine nun häufigere Abwesenheit vom linken Seine-Ufer mit dieser feindlich werdenden Stimmung zusammenhängt. Sicher ist es kein Zufall, daß er nach einer längeren Abwesenheit aus Paris, nach der er nicht mehr auf den Genovefa-Berg zurückkehrt, seinen Wohnsitz in der Pfarrei Saint-Ylaire auf dem linken Seine-Ufer nimmt. Die kleine Pfarrei um die spurlos verschwundene Pfarrkirche lag in der Umgebung der heutigen Kreuzung der Rue des Écoles und Rue des Carines. Damals hatte die Abtei Sainte-Geneviève die Pfarrechte an dieser Pfarrei, so daß Abaelard wieder im Schutze des Dekans dieser Abtei, des Kanzlers Stephan von Garlande, wohnte und lehrte. Abaelard scheint diesen Schutz nötig gehabt zu haben. Irgendwann nach dem Jahre 1137 verließ Stephan endgültig den königlichen Hof. Die Voraussetzung zum letzten Kesseltreiben war den Gegnern Abaelards damit gegeben.

Der Genovefa-Berg, Mutterboden der europäischen Universität

Paris hatte eine Vielzahl von Schulen erhalten. In der Domschule Notre-Dame und in der Stiftsschule von Saint-Victor wurde Theologie gelehrt, an zwei institutionell fest organisierten Schulen, von denen Saint-Victor seit den zwanziger Jahren des 12. Jahrhunderts weltberühmt war. Dialektik und Philosophie lernte man bei den freien Magistern, über die der Abt von Sainte-Geneviève die Schutzherrschaft ausübte. Die Lehrstätten zogen sich von der Osthälfte der Ile de la Cité über die Seine-Ufer bis hinauf zum Genovefa-Berg. So gab es drei Zentren akademischen Lebens. Noch bestand unverändert die Domschule für das Studium der Theologie. Als neues Zentrum der Theologie mit freien Magistern war das Kloster Sainte-Geneviève entstanden in ständiger Konkurrenz zu Saint-Victor. Der Engländer Alexander Neckam, der in den Jahren 1180 bis 1186 in Paris lebte, dichtete vom Genovefa-Berg:

> Berg, bemerkenswerte Säule des Glaubens,
> vollkommener Ort der Heiligen Schrift.

Das Studium der Philosophie, der freien Künste, wurde unten an der Seine betrieben, wo Adam de Parvo Ponte auf dem Brückenkopf des Petit Pont in der Nähe der Rue Saint-Julien lehrte, im Schatten des *clos* de Garlande, und in den Häusern der Rue Fourrare, in diesem Besitztum der Garlandes, wo später die offiziellen Hörsäle der Artisten-Fakultät der Pariser Universität liegen werden. Der Abt von Sainte-Geneviève erwarb das Recht, in seiner Kirche die Studenten der Philosophie zu Magistern der freien Künste zu promovieren. Die freien Magister der Philosophie unten am Ufer und die der Theologie oben auf dem Berg vereinigten sich im Schutze dieser Abtei. Noch im 12. Jahrhundert gelang es der Konkur-

278

renz-Abtei Saint-Victor, sich Sainte-Geneviève einzuverleiben. So trat der Abt von Saint-Victor in die Rechte des Abtes vom Berge ein. Saint-Victor wird die *alma mater*, die nährende Mutter, der Pariser Studenten. Das 12. Jahrhundert war ein Jahrhundert der Verrechtlichung. Gruppen von Menschen einheitlicher Interessen bildeten Körperschaften mit fester, rechtlich definierter Organisation. So schlossen sich nach Abaelards Tod die freien Magister auf dem linken Seine-Ufer zusammen und bildeten eine Körperschaft, eine *universitas*. Der Vorsteher dieser *universitas*, die später Artisten-Fakultät genannt wurde, Vorläufer der Philosophischen Fakultät, war der Rektor. Auch die kirchlichen Magister müssen irgendwann das Recht einer Körperschaft erhalten haben. Vermutlich haben sie sich zusammengeschlossen, um ihre Interessen dem Bischof gegenüber korporativ durchsetzen zu können. Irgendwann gegen Ende des 12. Jahrhunderts, etwa 50 Jahre nach Abaelards Tod, schlossen sich die Körperschaft der freien Magister der Philosophie auf dem linken Seine-Ufer und die Körperschaft der kirchlich bestallten Magister der Theologie auf der Insel zu einer neuen Körperschaft zusammen. Eine rechtsfähige Körperschaft hieß im Mittelalter *universitas*, und so trägt noch heute der rechtliche Zusammenschluß zur korporativen Forschung und Lehre den Namen Universität. Sie wurde gebildet aus den Körperschaften der einzelnen Fakultäten, denen die Dekane vorstanden. Die Artisten-Fakultät wurde geleitet von dem Rektor, und er vertrat die Gesamtuniversität. So hießen die Leiter der Universitäten Rektoren, bis die Hochschulreform der letzten Jahre diese altehrwürdige Einrichtung der Selbstverwaltung und ihren Namen beseitigte. Erst der Zusammenschluß der Pariser Körperschaften der freien Magister und der kirchlich bestallten Magister löste den Zusammenhang der Hohen Schulen des 12. Jahrhunderts aus der Organisation der Bistümer. Natürlich blieb die Kirche noch bestimmend. Aber die Universitäten lösten die Kloster- und Domschulen ab, und im Laufe der Jahrhunderte bestimmte mehr der Gang der Wissenschaft als die Kirche das Leben der Universitäten, bis die Reglementierung durch den Staat die Reglementierung durch die Kirche ablöste. Europa jedoch hatte die Selbstorganisation von Wissenschaft in der Gesellschaft geleistet, und diese Selbstorganisation, zusammen mit der ebenfalls um diese Zeit geleisteten Selbstorganisation der Wirtschaft in Gilden und Zünften, war die Triebkraft der Entwicklung. Nichts, was heute Gesellschaft bestimmt, ist denkbar ohne die Entstehung der Universität.

So wurde Paris die exemplarische Stadt Europas. Mittelpunkt blieb die

Ile de la Cité, Sitz des Königs und des Bischofs, Zentren der Herrschaft. Das rechte Seine-Ufer wurde Sitz des Handwerks und des Handels, Zentrum der Wirtschaft. Das linke Seine-Ufer, deren Bewohner Professoren und Studenten waren, die Latein sprachen, das Quartier Latin, wurde Sitz der Wissenschaft. Im Jahre 1257 eröffnete Robert de Sorbon, Hofkaplan König Ludwigs des Heiligen in drei Häusern der Rue Coupe Gueule, der heutigen Rue de la Sorbonne, ein Kolleg für mittellose Theologie-Studenten, dessen Name auf die Theologische Fakultät und schließlich auf die ganze Pariser Universität überging: die Sorbonne. Der Platz, an dem Abaelard um das Jahr 1110 als erster freier Magister auf dem Genovefa-Berg seine Vorlesungen hielt, ist überbaut von dem Gebäude der ersten und berühmtesten Universität der Welt, womit äußerlich die Kontinuität dargestellt ist, die die heutige Wissenschaft mit jenem Magister und Mönch verbindet, der als Mensch scheiterte, aber, heute vergessen, die Grundlagen mitschuf, die uns bestimmen.

Die Schüler: Vagabunden, Revolutionäre, Magister, Bischöfe und Päpste

Am 16. Juli 1140 wird Papst Innozenz II. in Rom Abaelards Bücher verbrennen und ihn zu ewiger Haft und ewigem Schweigen verurteilen. Drei Jahre später, kurz nach Abaelards Tod, wird ein Mann den Päpstlichen Stuhl besteigen, der zeitlebens zu ihm gehalten und das Gebot seines Vorgängers mißachtet hat, alle Bücher dieses Feindes der Kirche zu vernichten, ja, der stolz die Werke Abaelards testamentarisch seiner Vaterstadt Castello in Umbrien vermacht hat, Papst Coelestin II. Wann der gelehrte Mann, der den Magister-Titel führte, Abaelard hörte, wissen wir nicht. Seit dem Jahre 1127 war er Kardinal und als Legat viel auf Reisen. Ein Mann, der Rom und die Kirche hätte reformieren können, gelehrt, fromm und in seinem vermittelnden Wesen dem Abt von Cluny, Petrus Venerabilis, ähnlich. In *dem* Zeitpunkt zum Papst gewählt, als sich das Volk von Rom gegen die päpstliche Herrschaft auflehnte, blieb ihm jede Wirksamkeit als Papst versagt: Er starb nach einem halben Jahr. Bernhard von Clairvaux schrieb Kardinal Guido von Città di Castello, wie dieser vor seiner Erhebung zum Papst hieß, einen seiner bösartigen Briefe, sicher, daß Papst Innozenz II. ihm diesen Angriff auf einen seiner Kardinäle nicht übelnehmen würde:

Dem verehrungswürdigen Herrn und geliebtem Vater, dem Magister Guido, durch Gottes Gnade Kardinalpriester der Heiligen Römischen Kirche, Bernhard, Abt von Clairvaux genannt, der nicht nach rechts und nicht nach links abweicht. Unrecht täte ich Euch, wenn ich glauben würde, daß Ihr mit ihm (dem erst später im Brief genannten Magister Petrus) auch seine Irrtümer lieben würdet. Wer immer jemanden so liebt, weiß nicht, wie immer er ihn lieben muß. Eine solche Liebe wäre irdisch, tierisch, teuflisch, gleicherweise zerstörend den Liebenden und den Geliebten... Wenig verlange ich von Eurer Gerechtigkeit, wenn ich Euch lange bitte, im Streitfall Christi (der *causa Christi* – gegen Abaelard –) Christus nichts vorzuziehen. Dies wisset, es wird Euch nützen, der Ihr Eure Macht vom Herrn (dem Papst) empfangen habt, es wird der Kirche Christi nützen, und es wird selbst jenem Menschen (Abaelard) nützen, wenn ihm Schweigen auferlegt wird, dessen Mund voll Unheil ist, voll Bitternis und Trug.

Die hohen Herren, die Liebe predigten, sind sehr aggressiv miteinander umgegangen, wenn sie auf Widerstand stießen. Freundliche Worte sind Hohn oder Zynismus, ernst gemeint aber war die Drohung mit dem Entzug der Gunst des Papstes. Guido blieb Abaelard treu, helfen konnte er ihm nicht.

Ein anderer Schüler Abaelards war Magister Roland Bandinelli, der im Jahre 1159 als Alexander III. den Päpstlichen Stuhl bestieg, der große Gegenspieler Barbarossas. Ehe er im Jahre 1150 Kardinal wurde, war er Professor in Bologna. Seine wichtigsten Werke sind der erste Kommentar zu Gratians Dekret,»Stroma« genannt, und ein Sentenzen-Werk, das aus seinen theologischen Vorlesungen hervorgegangen ist. Persönlich hatte er Abaelard wahrscheinlich nicht gehört, aber der Aufbau der Sentenzen und die Übernahme der wichtigsten theologischen Positionen Abaelards rechtfertigen seine Zuweisung zum Schüler-Kreis Abaelards. Da die meisten seiner Schüler es nach der Verurteilung in Sens im Jahre 1140 vorzogen, anonym zu bleiben oder Abaelard als Lehrer nicht zu nennen, ist es ihm hoch anzurechnen, daß er Abaelard offen zitiert und ihn auch an den Stellen, an denen er seine Lehre nicht übernimmt, genau und fair referiert.

Als aktiver Parteigänger Abaelards trat in seiner Jugend ein anderer späterer Papst auf, Hyazint Bobo. Seit dem Jahre 1126 war er Subdiakon an der Lateran-Basilika in Rom, ein erfahrener Kirchenbeamter. Auch von ihm wissen wir nicht, wann er Abaelard gehört hat. Als auf Betreiben Bernhards von Clairvaux das Konzil von Sens einberufen wird, reist Hyazint dorthin, um, wie Johannes von Salisbury berichtet, eifrig für Abaelard gegen Bernhard zu streiten. Vergeblich! Vier Jahre später ernannte ihn der erste Abaelard-Schüler auf dem Päpstlichen Stuhl, Coelestin II., zum Kardinal, und als er im Jahre 1191 achtzigjährig Papst wurde, wählte er zum Dank den Namen Coelestin III. (1191–1198).

Diesen Männern hatte ihr Eintreten für Abaelard nicht geschadet. Sie hatten Machtpositionen in der Kirchenorganisation inne. Nicht allen erging es so. Gerhoh von Reichersberg (1093/94–1169), Leiter der Domschule in Augsburg, berichtet von einem Kanoniker an der Lateran-Basilika, Adam, den er während seines Rom-Aufenthaltes im Jahre 1144 dort getroffen hatte. Adam wurde eine falsche, Abaelard zugeschriebene Christologie zum Verhängnis, wie übrigens auch der berühmte Gerhoh zeitlebens wegen seiner Christologie angegriffen und einige Male zum Schweigen verurteilt wurde. Adams Karriere war aber damit zu Ende.

Ein anderer Schüler, von dem wir nicht genau wissen, wann und wo er Abaelard gehört hat, ist Otto von Freising (um 1114/1115–1158), ein Sproß des deutschen Hochadels. Seine Mutter Agnes war die Tochter Kaiser Heinrichs IV. und sein Vater Markgraf Leopold III. von Österreich aus dem Hause der Babenberger. König Konrad III. war sein Halbbruder und Kaiser Friedrich Barbarossa sein Neffe. In den Jahren vor 1133 hatte er in Frankreich studiert und war dort mit allen drei wichtigen geistigen Strömungen der Zeit in Berührung gekommen: mit dem konservativen Symbolismus der Schule Hugos von Saint-Victor, der versucht, dadurch zur Erkenntnis des ewigen Weltsinns zu gelangen, daß die erfahrbare Welt symbolisch gedeutet wird; mit der asketisch-monastischen Erneuerungsbewegung, wie sie besonders von Bernhard von Clairvaux, in der Askese abgemildert aber auch von Abaelard vertreten wurde, und schließlich auch mit der entstehenden Scholastik, wie sie in dem Versuch Abaelards vorliegt, die rationalen Methoden der Sprachanalyse und der logischen Konstruktion auch auf die Probleme der Theologie anzuwenden. Als Otto im Jahre 1133 auf der Rückreise von Paris nach Deutschland mit 15 Geistlichen des hohen Adels im Kloster Morimond in Nord-Burgund Station macht, traten er und alle seine Begleiter in den Zisterzienser-Orden ein. Im Jahre 1137 oder 1138 wurde Otto Abt dieses Klosters. König Konrad berief ihn aber schon im Jahre 1138 zum Bischof von Freising und belehnte ihn persönlich mit den Regalien, den weltlichen Herrschaftssymbolen eines Bischofs. Im Jahre 1158, auf dem Weg zum Generalkapitel des Zisterzienser-Ordens, kehrte er in seinem alten Kloster Morimond ein und starb dort, knapp 40 Jahre alt. Aus Frankreich hatte er die Lehren des Aristoteles und die gemäßigten dialektischen Studien aus der Schule Abaelards in Freising heimisch gemacht. Seine große Bedeutung aber erlangte er als Geschichtsschreiber, als Verfasser einer Weltchronik und einer Biographie Kaiser Friedrich Barbarossas.

Durch die Wahl zum Abt von Morimond gehörte Otto zum innersten Führungskern des Zisterzienser-Ordens, war er Kollege Bernhards von Clairvaux geworden. Er blieb ihm gegenüber aber immer skeptisch eingestellt. In seiner Kaiser-Biographie hat er einen langen Exkurs den Angriffen Bernhards gegen Abaelard und Gilbert von Poitiers gewidmet. Dieser Exkurs beginnt mit den Worten:

Der Abt (Bernhard von Clairvaux) war nämlich einerseits aus glühendem Eifer für den christlichen Glauben ein Fanatiker (*zelotipus*), andererseits aber aus angeborener Sanftmut gewissermaßen leichtgläubig, so daß er Gelehrte, die sich im Vertrauen auf ihre weltliche Weisheit allzu sehr auf menschliche Vernunftgründe verließen, verabscheute und, wenn man ihm über solche irgendetwas vom christlichen Glauben Abweichendes mitteilte, dem bereitwillig sein Ohr lieh. So kam es, daß vor nicht langer Zeit auf seine Veranlassung Peter Abaelard zuerst von den französischen Bischöfen, dann vom Papst Schweigen auferlegt wurde.

Otto von Freising, ein deutscher Reichsfürst als Abaelards Schüler, auf dem anderen Ende gesellschaftlicher Anerkennung steht der Revolutionär Arnold von Brescia (um 1100–1155). Trotz des Aufsehens, das er zu seinen Lebzeiten erregte, ist über seine innere Entwicklung und die zahlreichen Stadien seines Lebensweges wenig bekannt. Abaelard hatte er wohl im Parakleten gehört, also um das Jahr 1125. In Brescia, seiner Heimatstadt, wurde er anschließend Propst eines Konvents regulierter Chorherren. Hier predigte er gegen die Verweltlichung des Klerus und gegen den kirchlichen Reichtum. Das Volk lief ihm in Scharen zu, und dem Bischof blieb nichts anderes übrig, als sich an den Papst zu wenden. Das 2. Laterankonzil verurteilte ihn im Jahre 1139 zum Verlassen Italiens. Arnold ging nach Paris und lehrte dort zusammen mit Abaelard auf dem Genovefa-Berg. Was sie verbindet, ist ihre spiritualistische Armutsauffassung. Kirche Jesu Christi muß eine Kirche der Armen sein. Bernhard von Clairvaux berichtet bestürzt über das gemeinsame Auftreten des Dialektikers und des Revolutionärs in Paris nach Rom an Papst Innozenz II. Im Anklang an die französische Fassung des Namens Abaelard – Abeillard, *abeille*, Biene – schreibt er:

Gesummt hatte es ja die Biene aus Frankreich der Biene aus Italien.
Sibilavit apis, quae erat in Francia, api de Italia.

Mit Abaelard wurde im Jahre 1140 auch Arnold von Brescia vom Papst verurteilt. Eine Zeitlang lehrte Arnold noch auf dem Genovefa-Berg. Johannes von Salisbury hebt hervor, daß er mittellosen Studenten ohne Honorar Unterricht erteilte. König Ludwig VII. von Frankreich wies Arnold schließlich auf Betreiben Bernhards aus Frankreich aus. Er floh nach Zürich und lebte im Herzogtum Schwaben und später in Böhmen. Durch Vermittlung Kardinal Guidos begnadigte ihn im Jahre 1145 Papst Eugen III. Ein Abaelard-Schüler half dem anderen. Als Büßer durfte er in Rom leben, Predigen aber war ihm untersagt. Da griff die hohe Politik in das Leben Arnolds ein. Im Jahre 1144 hatte sich in Rom ein weltlicher Senat gebildet, der die Herrschaft des Papstes über die Stadt Rom ablehnte. Arnold begann wieder zu predigen und verbündete sich mit der römischen Volksbewegung. Als im 1155 Friedrich Barbarossa vor Rom stand, ließ Papst Hadrian IV. Arnold von Brescia verhaften. Der Präfekt von Rom verurteilte ihn zum Tode, ließ ihn hängen und seine Asche im Tiber zerstreuen. Diese Hinrichtung blieb nicht ohne Kritik. Der theologisch konservativ denkende Gerhoh von Reichersberg urteilte: »Seine Lehre war falsch, aber den Tod hat er nicht verdient.« Seine Anhänger lebten als Arnoldisten oder Lombarden in Italien weiter, stellten aber eher eine Zeitströmung dar als eine organisierte Ketzerbewegung.

Die wissenschaftliche Schule Abaelards ist nur schwer zu überschauen. Die Verurteilung durch Bernhard von Clairvaux, das Konzil von Sens und den Papst führte dazu, daß Abaelards Gedanken zwar weiterwirkten, kaum jemand es jedoch wagte, sich als sein Schüler zu bekennen. Einer dieser wenigen war Berengar von Poitiers, der am Konzil von Sens im Jahre 1140 teilgenommen und Abaelard öffentlich durch eine freche, satirische Schrift verteidigt hatte, in der er Bernhard von Clairvaux lächerlich machte. Berengar mußte in die Cervennen fliehen und vor Bernhards Verfolgungen den Bischof von Mende, Wilhelm, um Hilfe angehen. Seine akademische und geistliche Laufbahn war damit beendet. Daß es eine theologische Schule Abaelards gab, haben erst in den Jahren 1930 und 1936 die Kirchenhistoriker Landgraf und Ostlender nachgewiesen. Zahlreiche Schriften wurden anonym überliefert, die uns heute bekannten Autoren interessieren nur die Fachleute. Außer Johannes von Salisbury, dem unten noch ein eigenes Kapitel gewidmet ist, sollen nur noch zwei genannt werden, Robert von Melun und Petrus Lombardus.

Robert von Melun (um 1100–1167) war Engländer und studierte in Oxford und Paris. Hier hörte er Abaelard während dessen letztem Aufenthalt auf dem Genovefa-Berg. Als Abaelard nach der Verurteilung durch das Konzil von Sens und Papst Innozenz II. nicht mehr nach Paris zurückkehrte, wurde er sein Nachfolger als Magister. Später leitete er die Schule von Melun, die Abaelard gegründet hatte. Wahrscheinlich ist auch eine Lehrtätigkeit in Saint-Victor in Paris. Leiter dieser Schule war nach dem Tode Hugos im Jahre 1141 Richard von Saint-Victor (†1173), wie Robert auf der Insel geboren. War die Schule von Saint-Victor durch ihren Versuch der symbolischen Weltdeutung und ihren mystischen Einschlag von der Schule Abaelards auch deutlich abgesetzt, so ist doch bei allen Viktorinern Abaelards Einfluß spürbar. Nur den letzten, Walter von Saint-Victor († nach 1180), riß der wissenschaftliche Gegensatz zu Abaelard und seiner Schule zu maßlosen Angriffen hin: »Contra quattuor labyrinthos Franciae«, »Gegen die vier Irrgärten Frankreichs«: Abaelard, Gilbert von Poitiers, Petrus Lombardus und Petrus von Poitiers. Im Jahr 1160 kehrte Robert von Melun nach England zurück und wurde dort Bischof seiner Vaterstadt Herford.

Petrus Lombardus (um 1100–1160) ist in der Lombardei geboren und wurde Schüler Abaelards und Hugos von Saint-Victor. Um das Jahr 1140 wurde er Leiter der Domschule in Paris und im Jahre 1159 dort Bischof. Er ist der Verfasser der »Quattuor libri sententiarum«, des Textbuches für die gesamte Theologie des Mittelalters. Man habilitierte sich in der Theologischen Fakultät, indem man als Habilitationsschrift einen Kommentar zu den Sentenzen des Lombarden verfaßte. Methodisch lehnt sich dieses Werk an Abaelards »Sic et Non« an, gibt aber immer eine Lösung der jeweiligen theologischen Probleme. Obwohl er Abaelards Schüler war und dessen Einfluß in seinem ganzen Werk spürbar ist, zitiert er ihn nicht. Schon Zeitgenossen fiel dies auf. Johannes von Cornwalles hält es für nötig festzuhalten, daß Petrus Lombardus die Werke Abaelards »oft zur Hand hatte und von ihm Lehransichten (*opiniones*) übernommen hat«. Petrus Lombardus hat den Ruhm geerntet, den Abaelard verdient hätte. Aber indem jeder Student anhand dieses Textbuches studierte, nahm er Abaelards Grundgedanken auf, ohne diesen zu kennen. Und als im Jahre 1259 Thomas von Aquin sein Werk »De potentia« begann, gab er als Irrlehre ein Zitat von Abaelard wieder, das er irgendwo gelesen hatte, ihn selbst aber kannte er nicht. Als Autor des Zitats führte er einen Magister Petrus Almalareus an, den verballhornten Namen des weltbekannten Mannes aus dem Jahrhundert zuvor.

»Drei sind es, wie ich meine (*ut arbitror*), worin der Inbegriff des menschlichen Heils beruht, nämlich der Glaube, die Liebe und die Sakramente.« So beginnt Abaelard seine letzte, unvollendet gebliebene Darstellung des Systems der christlichen Theologie, früher »Introdutio in Theologiam«, heute nach ihren Anfangsworten »Theologia ›Scholarium‹« genannt. Glaube, Liebe und Sakramente sind heilsnotwendig, und das System der Theologie kann dargestellt werden, indem alle einzelnen Glaubenswahrheiten einem dieser drei Bereiche zugeordnet und gleichzeitig die Beziehungen angegeben werden, die diese zu einer Einheit, der Heilstat Gottes mit den Menschen verbinden. Schon die Schulen Anselms von Laon und Wilhelms von Champeaux haben versucht, eine Systematik der Glaubenslehren zu geben, der man später den Titel »Wissenschaftliche Theologie« geben könnte, »Wissenschaft« – *scientia* im Sinne des Mittelalters verstanden, als sichere Kenntnis einer Sache, wie Thomas von Aquin definiert, gewonnen aus Schlüssen oder erkannt aus einem Grund. Geglückt sind diese tastenden Versuche der Lehrer Abaelards nicht. »Die Gewohnheit der führenden Magister, die theologische Lehre in den Bau einer Summa zusammenzuführen, setzt eben mit dieser ›Introductio‹ Abaelards ein, und das einzige Parallelwerk, die Schrift Hugos von Sankt Viktor über die Sakramente des christlichen Glaubens, die sich gleichfalls als ›eine kurze Summe‹ bezeichnet, liegt unzweifelhaft etwas später« (W. von den Steinen). Ausdrücklich will Abaelard eine Summe schreiben, wie er im ersten Satz der Einleitung formuliert, eine »Summe der heiligen Unterweisung, gleichsam eine Einführung in die Heilige Schrift«. *Divina scriptura* – die alte Bezeichnung für das, was ihm und uns »Theologie« heißt. Abaelard will eine wissenschaftliche Darstellung der Glaubenslehre geben, nicht diese selbst verkünden. Predigt der Glaubenslehre durch die Kirche und wissenschaftliche Darstellung sind zusammenhängende, aber verschiedene Dinge. In der Figur mittelalterlicher Bescheidenheit gibt er wieder dem Drängen seiner Studenten nach:

So haben wir schließlich ihren Bitten zugestimmt und versprochen, nach unseren Kräften oder vielmehr mit der Hilfe der göttlichen Gnade zu versuchen, das Erbetene zu leisten. Dabei haben wir nicht versprochen, die Wahrheit zu lehren (*veritatem docere*), sondern den Sinn unserer Meinung (*sensum nostrae opinionis*) darzulegen, so wie sie (die Studenten) dies verlangten.

»Wahrheit zu lehren« ist Auftrag der Kirche, ihr Medium die Predigt. Den Sinn der Sätze zu klären, in denen man von der Wahrheit spricht, ist Aufgabe der Wissenschaft, ihr Medium der Traktat, in der Vollendung die Summe. Abaelard hat als erster diesen Unterschied erkannt und durchgeführt. Da seine Gegner dies nicht erkennen oder erkennen wollen, sie seine Wissenschaft an den Maßstäben der Glaubensverkündung messen, wird ihm dies zum Verhängnis werden.

Abaelard betreibt Wissenschaft, und Wissenschaft strebt Sicherheit an, aber nie ist der Wissenschaftler sicher, die Wahrheit endgültig gefunden zu haben. Christus, der von sich gesagt hat »Ich bin der Weg, die Wahrheit und das Leben« (Joh. 14,6), hat in sich uns die Wahrheit geoffenbart. Menschen aber ist die Wahrheit als sicherer, unumstößlicher, ewiger Besitz unzugänglich. Wahrheit ist nur im Wort Christi, im geoffenbarten Text der Heiligen Schrift.

Ist es denn erstaunlich, wenn uns, denen jener Geist (der Heilige Geist) fehlt, durch den die (heiligen) Worte geschrieben und gesprochen und den Schreibern eingegeben sind, wenn uns deren (auf der Inspiration des Heiligen Geistes beruhendes) Verständnis in der Heiligen Schrift fehlt?

Menschen haben nur Meinungen, gefestigte oder ungefestigte, begründete oder unbegründete, zutreffende oder unzutreffende.

Die Wahrheit zu lehren ist Menschen (als Menschen, vielleicht nicht als Verkündern der Lehre Jesu im Beistand des Heiligen Geistes) unmöglich, aber wenigstens das Wahrscheinliche und das menschlicher Vernunft Nahegebrachte (ist uns möglich).

Predigt geschieht im Beistand des Heiligen Geistes, Forschen liegt in der Verantwortung des Magisters. Solches, Wahrscheinliches, der menschlichen Vernunft Nahes und »dem heiligen Glauben nicht Widersprechendes« will Abaelard denn auch in seinem Buch darlegen, »um jene zu widerlegen, die den Glauben bekämpfen«. Damit ist Abaelard in seinem letzten theologischen Werk wieder bei dem Anliegen seines ersten angelangt. Im Abschnitt »Lob der Dialektik« hatte er 20 Jahre zuvor geschrieben:

Und weil weder durch die Autorität der Kirchenväter noch der der Philosophen die Ungeeignetheit von Argumenten gezeigt werden kann, wenn nicht mit menschlichen Vernunftsgründen jenen widerstanden wird, die mit menschlichen Vernunftsgründen angreifen, bin ich entschieden der Meinung, daß den Toren nach ihrer Torheit entgegnet werden muß und daß die Angriffe mit jenen Mitteln zurückgewiesen werden müssen, mit denen sie uns bekämpfen.

Jene Mittel, das ist die *ars*, die Kunst der Dialektik, der Logik. Logik ist nur durch Logik widerlegbar, nicht durch Autorität, nicht durch Glauben. Aber es gilt zu unterscheiden. Die Argumente der Heiden, der Ketzer sind menschliche Argumente, menschlich widerlegbar, nach den Maßstäben der Logik zu beurteilen. Schwerer hat es der Christ in der Darlegung seines Glaubens. Die Worte der Sprache stammen aus der Welt der Erfahrung, der äußeren oder der inneren Erfahrung, und vermögen nie Gott und seine Erkenntnis zu erreichen. Nur in Bildern und Gleichnissen hüllen sie Gott gleichsam ein, ihn durch Worte mehr verbergend als ent-bergend. Die Analogie kreist das Unaussprechliche ein, sagt es aber nicht aus. Der tiefste Grund der Unzulänglichkeit menschlicher Sprache, Gott auszudrücken, ist die Zeitlichkeit menschlicher Erfahrung, die Zeit als Struktur der Sprache. »Jede Rede ist zeitlich, nicht ewig.« Das Verb, das Zeitwort, regiert den Satz, die Aussage.

Je weniger aber Sprache geeignet ist, Gottes Geheimnisse auszudrücken, um so genauer muß sie verwendet werden. Ungenauer Sprachgebrauch im Bereich täglicher Erfahrung wird durch die Erfahrung korrigiert, ist im Schaden, den er anrichtet, begrenzt. Ungenauer Sprachgebrauch im Bereich des Glaubens führt zur Unverständlichkeit des Sprechens von Gott, ist in seinem möglichen Schaden unbegrenzt. An dieser Stelle setzt Abaelards Vertrauen in die Vernunft, die Dialektik, die Sprachanalyse ein. Er ist der Überzeugung, daß die theologischen Kontroversen, die Lehren der Irrlehrer, soweit sie nicht in Sünde und Bosheit ihren Grund haben und somit schon von Gott verurteilt sind, daß wissenschaftliche Kontroversen aufgelöst werden können durch seine Kunst (*ars*) des Umgangs mit Sprache. Nicht vermag die Wissenschaft die Geheimnisse Gottes zu entschleiern, und anders als Anselm von Canterbury, dessen Ziel es war, wenigstens einen kleinen Zipfel des Schleiers zu heben, Gottes Gedanken nachzudenken, anders als Anselm will Abaelard dies auch gar nicht. Das Christentum ist eine Religion des Textes, der Heiligen Schrift, und Abaelard will nichts anderes, als den Text verstehen, ihn für jedermann, jedefrau, gebildet oder ungebildet, verständlich machen. Und so beendet er das »Lob der Dialektik« in der Überzeugung der Schattenhaftigkeit jeder theologischen Erkenntnis, indem er von den Geheimnissen der Dreieinigkeit schreibt:

Darüber, die Wahrheit zu lehren, versprechen wir nichts. Es steht fest, daß weder wir noch irgendein anderer Sterblicher sie kennt. Lediglich etwas Wahrscheinliches, der menschlichen Vernunft Nahekommendes und der Heiligen Schrift nicht

Widersprechendes gegen die vorzutragen ist erlaubt, die sich rühmen, mit menschlichen Gründen den Glauben zu bekämpfen. Sie gehen ja nur auf menschliche Argumente ein und finden auf diese Weise viele Anhänger, denn fast alle Menschen gehen dem Alltäglichen nach (*sunt animales*), die wenigsten nur suchen Erkenntnis (*sunt spirituales*). Es reicht uns aber auch aus, die Kraft der überlegensten Feinde des heiligen Glaubens auf welche Weise auch immer zu zerstören, zumal wir kein anderes Mittel haben, sie zu überzeugen, als durch menschliche Gründe. Was auch immer wir über die höchste Philosophie entwickeln, wir bekennen offen, daß es nicht die Wahrheit (*veritas*) ist, sondern ein Schatten (*umbra*), gleichsam ein Gleichnis (*similitudo*), nicht die Sache selbst (*res*). Die Wahrheit kennt der Herr. Ich bin der Ansicht (*arbitror*), daß wir nur das Wahrscheinliche aussagen können, das den philosophischen Gründen am ehesten entspricht, durch die wir herausgefordert werden.

In seinem ersten theologischen Werk hatte er diese Sätze geschrieben, und er wird sie wörtlich in jedes weitere aufnehmen. Wahrheit ist immer göttliche Wirklichkeit, uns Menschen immer verborgen. Uns bleibt das Wahrscheinliche. Und der letzte Satz, fast beiläufig hingeschrieben, zeigt, daß Abaelard schon sehr früh die Überzeugung vertrat, Fragen des Glaubens, der Erkenntnis, der Wahrheit, der Richtigkeit menschlichen Handelns sollten mit Gründen entschieden werden, da es kein anderes Mittel zu überzeugen gibt. Am Ende seines Lebens wird er den Gegensatz zur Überzeugung deutlich benennen: die Gewalt. Vor zwei Ketzerkonzilien hatte er die Gefahr erkannt, die einer Kirche droht, die die Wahrheit verwaltet und Macht in dieser Welt besitzt. Vernunft anstatt Gewalt, diese Überzeugung hat Abaelard der immer gewalttätigeren Kirche als Vermächtnis hinterlassen, nicht angenommen, vergessen für Jahrhunderte. In seinem Todesjahr wird er seinem Sohn schreiben:

Niemanden sollst Du mit Gewalt zu Deinem Glauben zwingen,
nur die Vernunft ist imstande dazu,
zwingen kannst Du zu glaubenswidrigem Trug,
doch zum Glauben führt nicht die Gewalt, sondern Vernunft.

Abaelards Beteuerungen, die Vernunft (*ratio*), die Logik (*dialectica*) seien ihm nur Mittel, den Glauben zu verteidigen, nach außen sozusagen, gegen »Irrlehrer, Juden und Heiden«, sind subjektiv sicher ehrlich. Vernunft, oder wie immer wir den Sinn des vieldeutigen Wortes *ratio* aus der Sprachgemeinschaft der Magister und Mönche des 12. Jahrhunderts in unsere Zeit herüberholen, Vernunft läßt sich nicht instrumentalisieren. Indem er die Sentenzen, die einzelnen Aussprüche der Kirchenväter, in die sie den Glauben eingefangen hatten, an sich vorbeiziehen läßt, ihre

Widersprüchlichkeit erfährt und gleichzeitig den Glauben als die eine Bewegung des Menschen zu Gott, als Antwort auf dessen Anruf – indem er dies erfährt, ändert sich sein Ort als Theologe. »Schon im ersten Erwachen seiner geistigen Kraft lebt er den Glauben von innen, sucht er seine Ordnung, seine Struktur zu erfassen« (M. D. Chenu). Der Gebrauch der Vernunft verändert die Einstellung des Menschen. Was als Instrument gedacht war, der *ancilla theologiae*, der Magd der Theologie des Petrus Damiani vielleicht nicht unähnlich, das wurde zur ordnenden Kraft. »Das Wort Gottes wird Fleisch im Geist« des Menschen (Ders.); indem aber dies ausgedrückt wird, in Sprache formuliert und durch sie anderen Menschen teilhaftig, »kommunizierbar«, wie wir heute sagen, indem dies geschieht, wird aus den einzelnen Glaubenssätzen ein System, wird die Einheit des gelebten Glaubens gedeutet als Einheit der Lehre vom Glauben, methodisch kontrollierbar als Theologie.

Die Menschen der Zeit bemächtigen sich des Glaubens. Der große Gegenspieler Abaelards, Bernhard von Clairvaux, tat dies nicht weniger als dieser, und beide hätten bestritten, es getan, ja auch nur gewollt zu haben. War für Abaelard die Vernunft das Medium der Aneignung, so für Bernhard die Heilige Schrift. Nicht mehr bloßer Text war sie ihm, sondern ordnende Kraft seiner mystischen Schau. Schon den Zeitgenossen war es aufgefallen:

Die Heilige Schrift gebrauchte er so frei und leicht, daß man glauben mochte, nicht er folge ihr, sondern sie folge ihm, er selbst führe sie dorthin, wohin er wolle, der Führung des Heiligen Geistes folgend, ihres Urhebers.

Eine neue Zeit bricht an, ein neuer Geist weht, das Individuum wird sie prägen, seine Einstellung wird Neues erfahrbar machen. Individualismus und Subjektivismus wird man später das Neue nennen, die Zeitgenossen Bernhards und Abaelards spürten nur, daß Neues heraufzog, benennen konnten sie es noch nicht, und beide, Bernhard wie Abaelard, hätten sich in der Beschreibung des Neuen nicht erkannt, aber – Gegnerschaft kann hellsichtig machen – jeder hätte es dem anderen zugetraut, ja, hat es ihm zugetraut, als Vorwurf natürlich.

Um zu verstehen, warum die konservativen Theologen der Zeit so aggressiv auf Abaelards Methoden reagierten, muß noch ein Weiteres bedacht werden. Abaelard stand im doppelten Abwehrkampf: Gegen die konservativen Theologen verteidigte er die Anwendung der Dialektik, gegen die Hyperdialektiker die Geheimnisse des Glaubens. Für seine Schüler war das erste nicht mehr notwendig. Sie waren bereits in der

Selbstverständlichkeit der Dialektik aufgewachsen. In den Sentenzenwerken der Abaelard-Schule entfällt die Betonung der Begrenztheit menschlicher Vernunft. Die Spannung, die Abaelard zu immer neuen Versuchen der Darstellung, der Theologie getrieben hatte, zerbricht. Die Schüler werteten Abaelards tastende Versuche, vorsichtige Bilder und vorläufige Ansichten (*arbitror*) als sichere Methode, als klare Konstruktion, als endgültiges Ergebnis. Walter von Mortagne hat die Ansicht der Schüler so beschrieben:

Einige Schüler, die Euren Scharfsinn und Euren Verstand zu Recht überallhin und ruhmreich verkünden, verkünden auch, Ihr habet unter anderem die Geheimnisse der Dreieinigkeit so tief durchforscht, daß Ihr vollständig und restlos (*perfecte et ad plenum*) erkennet, inwiefern in der einen göttlichen Wesenheit drei Personen sind und in der Mehrheit der Personen die Einheit der göttlichen Wesenheit besteht.

Die neue Rechtfertigungslehre oder Erlösung durch Liebe

Daß Gott den Menschen unsterblich geschaffen hatte und bestimmt zur ewigen Seligkeit, daß der Teufel aber Eva und Eva Adam zum Ungehorsam verführte und diesem Ungehorsam Tod und Verdammnis als Strafe folgen, daß die Menschheit durch den Opfertod Jesu Christi erlöst und der Tod zwar als Strafe nicht genommen, den Auserwählten aber die ewige Seligkeit wieder geschenkt war, das alles war Glaube der Christen von Anfang an. Von all dem ist in der Botschaft Jesu in den überlieferten Evangelien zwar wenig zu lesen, aber der Apostel Paulus, der in der Thora-Schule des Gamaliel ausgebildet und vom Judentum zum Christentum übergetreten war, hatte das Bedürfnis nachzuweisen, daß die neue Lehre die jüdische Tradition nicht verneinte, sondern überwand. So verkündigte er nicht nur die Botschaft Jesu, die er selbst nie gehört hatte, sondern er dachte auch über sie nach. Adam und Christus wurden ihm so zu den Vätern zweier Geschlechter. »Durch einen einzigen Menschen (Adam) kam die Sünde in die Welt und durch die Sünde der Tod, und auf diese Weise gelangte der Tod zu allen Menschen, weil alle sündigten« (Röm.5,12). Adam ist der Vater des Menschengeschlechts, und er vererbte seine Sünde allen Menschen, nicht Eva, die Mutter aller Lebendigen, denn eine Frau vererbt nichts. Der Mann senkt seinen Samen in den Schoß der Frau, damit er dort wachse und ein Mensch werde. Bis zur Entdeckung der biologischen Bedeutung des weiblichen Eies durch Oskar

Hertwig im Jahre 1875 galt die Frau nur als Gefäß des werdenden Menschen, den der Mann in ihren Schoß gesenkt hatte, als lebendiger ›Brutkasten‹ für die Nachkommen des Mannes, und da Maria von keinem Mann den Samen empfangen hatte, sondern den Sohn Gottes vom Heiligen Geist, nennt die Lauretanische Litanei sie *vas spirituale*, »geistliches Gefäß«. Christus ist das Haupt der Erlösten. »Wie durch den Ungehorsam des einen Menschen die vielen zu Sündern wurden, so werden auch durch den Gehorsam des einen (Christus) die vielen zu Gerechten gemacht werden« (Röm. 5,19).

Warum aber mußte der Gottessohn sterben, um die Menschen zu erlösen? Eine erste Antwort hierauf geben die Kirchenväter von Origines über Augustinus bis zu Gregor dem Großen: Der Teufel hatte durch den Sündenfall Adams ein Anrecht auf das ganze Menschengeschlecht. Rechtlos war der Mensch gegenüber dem Teufel, seinem neuen Herrn, verfallen, versklavt. Die Erlösung des Menschen von der Herrschaft des Teufels war *redemptio*, Loskauf der Sklaven vom Sklavenherrn. Eine Täuschung war dabei noch im Spiel. Indem der Teufel Christus, den Gerechten und Sündenfreien, tötete, auf den er kein Anrecht, über den er keine Herrschaft hatte, verlor er das Recht auf die Menschen, die an Christus glaubten. Gott und Mensch mußte Christus sein.

Wäre er nicht Mensch, sagt der hl. Augustinus, hätte er nicht getötet werden können, wäre er nicht Gott, würde nicht geglaubt, daß er wollte, was er konnte, sondern daß er nicht konnte, was er wollte. ... Durch diesen Freikauf, bei dem das Blut Christi für uns als Kaufpreis gezahlt wurde, wurde der Teufel als Empfänger nicht bereichert, sondern gefesselt (*non ditatus est sed ligatus*), damit wir aus seinen Schlingen befreit würden.

Eine eigenartige Darstellung des Dreiecksverhältnisses zwischen Gott, Teufel und Menschheit war dies, Überlegungen einer Sklavenhaltergesellschaft: Gott und der Teufel listige Geschäftsleute im Poker um die Menschen, Gott gewinnt, der Teufel verliert, und die Menschen sind befreit. Überzeugend war dies nicht, und schon vor Abaelard leuchtete diese Redemptionstheorie der Erlösung nicht mehr ein. Anselm von Canterbury formulierte den Einwand gegen den gerechten Besitz des Teufels an der Menschheit so:

Wenn Gott, der Richter über alle, den so besessenen Menschen aus der Gewalt dessen, der ihn ungerecht besaß, errettete – sei es, um ihn anders als durch den Teufel zu bestrafen, sei es, um ihn zu verschonen –: Was wäre das für eine Ungerechtigkeit? Denn obschon der Mensch mit Recht vom Teufel gefoltert wurde, folterte ihn dennoch dieser mit Unrecht. Denn der Mensch hatte zwar verdient, daß er bestraft würde und von niemandem passender als von dem, dem er eingewilligt hatte zu sündigen. Der Teufel aber hatte kein Verdienst, daß er strafen durfte; im Gegenteil tat er das um so unberechtigter, als er dazu nicht aus Liebe zur Gerechtigkeit geleitet, sondern aus boshaftem Trieb angestachelt wurde. Denn das tat er nicht auf Gottes Befehl, sondern mit der Zulassung seiner unbegreiflichen Weisheit, mit der er auch das Böse gut ordnet.

In der Sklavenhaltergesellschaft der Antike, die Eigentum an Menschen kannte, ging es um den gerechten Besitz und um den Kaufpreis beim Loskauf. Das Mittelalter kannte zwar noch die Sklaverei – am Verkauf heidnischer Gefangener aus dem Osten, den Slaven, als Sklaven an die Araber im Westen verdiente die Kirche sehr gut –, aber es gab in Europa keine Sklavenhaltergesellschaft mehr. Die Gesellschaft des Mittelalters war eine Feudalgesellschaft, in der Ehre und Treue wichtiger waren als rechtmäßiger Besitz und der Preis. Und wieder erscheint die Heilstat Gottes unvernünftig, *irrationabilis*. Boso, der Dialogpartner Anselms von Canterbury in seinem Dialog »Cur Deus homo« – »Warum ist Gott Mensch geworden?« – formuliert den Einwand. Die Erlösung durch die Menschwerdung des Sohnes und seinen Opfertod am Kreuz scheint darin »der Vernunft zu widerstreiten, ... daß der Höchste sich so zu Niedrigem herabläßt, der Allmächtige etwas mit so viel Mühe und Arbeit tue«. Dies alles ziemt sich nicht. »Das allein schon, daß Gott erlaubt, daß er (Christus) so behandelt wird, scheint einem solchen Vater bei einem solchen Sohn nicht zu entsprechen.« Anselm gibt zu, Unziemliches kann es in Gott nicht geben. Er weist in vier Schritten nach, daß die Heilstat Gottes vernunftgemäß ist. Die Sünde Adams bestand darin, daß er Gott die geschuldete Ehre, den *honor debitus*, nicht erwies. Einfach verzeihen konnte Gott nicht, denn dann wäre die Ordnung der Ehre nicht wiederhergestellt, und »Gott geziemt es nicht, in seinem Reich etwas ungeordnet zu lassen«. Die größte Unordnung der Welt ist es aber, wenn ein Geschöpf dem Schöpfer die schuldige Ehre nimmt, denn »nichts wahrt Gott gerechter als die Ehre seiner Würde«. Da Gott unendlich über den Menschen steht, war die Beleidigung unendlich schwer. Und so konnte nur Christus die Erlösung leisten. Als Mensch konnte er in seinem Tod Genugtuung, *satisfactio*, für das Menschengeschlecht leisten, und als Gott leistete er unendliche Genugtuung. Da die Schöpfung vergeblich gewesen wäre, wäre diese Erlösung nicht erfolgt, da »Gott aber nichts vergeblich tut«, so mußte er die Menschheit erlösen, »zwar aus Notwendigkeit, aber nicht aus zwingender Notwendigkeit«. Und die alte romanische Welt der Helden wird uns deutlich, wenn Anselm versichert, daß Christus, obzwar nackter Mensch in Windeln, gegeißelt, mit Dornen gekrönt und gekreuzigt, dennoch nicht teilhat am Unglück der Menschen. »Er hat teil an unseren Beschwerden, er ist aber dennoch nicht unglücklich«, *miser. Miseri* – »Elende«, das sind ständisch abgesunkene Menschen. Der Gottessohn, der Siegerkönig, der *victor-rex*, bedarf nicht unseres Mitleides, er fordert *fides*, Treue, Eingliederung in die Gefolgschaft seiner Tat. Zweifelnd läßt Abaelard in seinem letzten Werk den Philosophen dem Christen gegenüber einwenden: »Ist nicht schließlich die Seligkeit eures Christus durch sein Leiden verringert, durch seine Auferstehung vermehrt worden?«

So lagen zur Zeit Abaelards zwei Erlösungslehren vor, und beide waren gesellschaftlich gebunden, beide teilten die Grundanschauungen ihrer Zeit, die Grundanschauungen einer Sklavenhaltergesellschaft und die einer Feudalgesellschaft. Und, was uns Heutigen nur schwer verständlich ist, beiden Erlösungslehren ist Gegenstand nicht der einzelne sündige Mensch, sondern das Menschengeschlecht als Ganzes. Verdammt ist der Mensch nicht als einzelner, der gesündigt hat, sondern als Glied des Menschengeschlechts, das als Ganzes in Adam gesündigt hat. Und Heil erwirbt der Mensch nicht als Individuum, sondern als Glied einer Gemeinschaft, der *civitas Dei*, der Kirche.

Abaelard verwirft beide Lehren, die der *redemptio*, des Loskaufs aus der Herrschaft des Teufels, und die der *satisfactio*, der Genugtuung für die unendliche Beleidigung. Er formuliert das Problem folgendermaßen:

Eine sehr große Frage drängt sich an dieser Stelle auf: was nämlich jene unsere Erlösung durch den Tod Christi ist, oder: wie der Apostel sagen kann, wir würden in seinem Blute gerechtfertigt, wo wir doch eine noch größere Strafe verdient zu haben scheinen, weil wir als aufsässige Knechte dasjenige sträflich getan haben, weswegen der unschuldige Herr getötet wurde.

Abaelard wendet gegen die überkommene Lehre ein: Erstens könnte Gott dem Menschen einfach verzeihen. Der Teufel hatte kein Recht, denn die Verführung der Menschen war Verrat, und am Verrat kann gegenüber dem Verratenen kein Recht entstehen. Zweitens kann eine verlorene Ordnung durch den Tod Christi nicht wiederhergestellt werden, denn die Ungehorsamssünde Adams wurde durch die Ermordung des Gottessohnes vervielfältigt. Gott konnte die Menschen erlösen ohne sein Leiden – *sine passione* –, einfach durch seinen Willen – *sola iussione*.

Wie beantwortet nun Abaelard die »große Frage«? Bescheiden und vorsichtig führt er seine Ansicht vor – »Uns scheint«:

Uns aber scheint, daß wir dadurch gerechtfertigt sind in Christi Blut und Gott versöhnt, daß er durch diese einzigartige uns erwiesene Gnade, daß nämlich sein Sohn unsere Natur angenommen hat und in ihr, uns mit Wort und Beispiel unterweisend, bis zum Tode beharrte, uns sich noch mehr durch Liebe verbunden hat, so daß die wahre Liebe von jemandem, der durch eine so große Wohltat göttlicher Gnade entfacht ist, nicht mehr davor zurückschreckt, etwas seinetwegen zu ertragen. Unsere Erlösung ist daher jene höchste Liebe in uns durch die Passion Christi, die uns nicht nur von der Knechtschaft der Sünde befreit, sondern uns die wahre Freiheit der Kinder Gottes erwirbt, so daß wir aus Liebe zu ihm mehr als aus Furcht alles erfüllen, zu ihm, der uns eine solche große Gnade erwiesen hat, daß man nach seinem eigenen Zeugnis eine größere nicht finden kann: »Eine größere Liebe«, sagt er, »hat niemand, als daß er sein Leben für seine Freunde gibt« (Joh. 15,13). ... Um diese wahre Freiheit der Liebe also unter den Menschen auszubreiten, ist er, wie er bezeugt, gekommen.

Die »Freiheit der Liebe«, die *caritatis libertas*, ist das Geschenk der Heilstat Gottes. Zum ersten Mal in der Geschichte des Christentums formuliert Abaelard damit eine Erlösungslehre, die in allen Gesellschaften und allen Zeiten verstanden werden kann, weil sie nicht auf gesellschaftliches Vorverständnis abstellt, sondern auf die Erfahrungen der Menschen, ihre Sehnsucht nach Freiheit und das Glück der Liebe.

Christus ist einzig aus dem Grund gestorben, damit in uns die wahre Freiheit der Liebe eingepflanzt und ausgebreitet wird.

Erlösung, Liebe und Freiheit sind die Schlüsselworte, mit denen Abaelard die Heilstat des Gottmenschen immer wieder umschreibt. Frei ist, wer keinen Gehorsam schuldet. Gehorsam aber schulden wir Gott und den Herren dieser Welt. Wie steht es dann mit der Freiheit der Kinder Gottes? Immer wieder kommt Abaelard auf dieses Thema in seinen Predigten zurück, und er entwickelt aus seiner Dreieinigkeitslehre in *einer* Systematik die Lehre der Erlösung und die Lehre vom weltlichen Gesetz. Den Satz des Apostels Paulus »Als die Zeit erfüllt war, sandte Gott seinen Sohn, geboren aus der Frau, geboren unter dem Gesetz« (Gal. 4,4) stellt Abaelard an den Anfang der Predigt von Mariä Reinigung. Der Gottessohn, der als Gott »keinem Gesetz irgendetwas schuldet, hat sich unter das göttliche wie unter das weltliche Gesetz gebeugt«. In Erfüllung des Gebotes des göttlichen Gesetzes »seinen Nächsten zu lieben wie sich selbst«, hat der Gottmensch »in uns jene Liebe seiner Gnade entzündet«, die uns vor Gott rechtfertigt. In Erfüllung der Gebote der weltlichen Gesetze hat er beispielhaft gezeigt, daß die Erlösung die politischen Herrschaftsstrukturen nicht aufhebt. »Nicht ist es schimpflich oder verderblich, Menschen zu dienen, sondern den Lastern, und nicht die Dienstbarkeit gegenüber jenen aufzuheben kam der Herr, sondern gegen diese.« Aber auch die Herrschaftsstrukturen dieser Welt sind durch die Erlösung verändert. »Frei ist, wen nicht die Furcht zum Dienst zwingt, sondern, wen die Liebe freiwillig zum Gehorsam führt.« Wie die Liebe Gottes Menschen dazu führt, Menschen um Gottes willen zu lieben, so führt die Erlösung Menschen dazu, »Menschen um Gottes willen zu dienen«. Dies aber setzt voraus, daß sich weltliche Gesetze, weltliche Herrschaft, von innen heraus verändern. Weltliche Gesetze unter der Ordnung der Erlösung sind nicht durch diese Ordnung »befohlen, sondern Christen gegenüber nur zugelassen, zugelassen, um der Barmherzigkeit einen Raum zu gewähren«. Ordnungen in dieser Welt müssen eine Struktur haben, die der grundlegenden Lehre Christi entspricht, daß »niemand unschuldig ist, der nur aus Furcht vor der Strafandrohung der Gesetze von einer Übeltat abläßt, daß die Bosheit der Menschen im Geist und nicht im Körper liegt, denn Tugenden oder Sünden sind Eigenschaften des Geistes, nicht des Körpers«. Modern ausgedrückt kann man Abaelards Gedanken so formulieren: Die Gesetze der Herrschaft vor der Erlösung zwangen Menschen in den Gehorsam, machten ihn unfrei, würdelos. Die Gesetze einer Gesellschaft der Erlösten lassen den Menschen Freiheit, da sie diesen zustimmen können, da sie ihnen die Würde der Kinder Gottes lassen, die Freiheit der Liebe. Die Lehre von der Erlösung bestimmt die Ethik. Oder hat Abaelard seine Lehre von der Erlösung von der Ethik her gedacht?

Die neue Ethik oder Gewissen gegen Werke

Jede Gesellschaft hat ihre Ordnung des Verhaltens. Was Menschen einer bestimmten gesellschaftlichen Stellung, früher Status genannt, in jeweiligen Situationen zu tun haben, liegt um so genauer fest, je ursprünglicher die Gesellschaft ist. Die Gesellschaften Mitteleuropas im frühen Hochmittelalter hatten ihre Ursprünglichkeit seit langem verloren, aber grundlegende Verhaltensordnungen ändern sich nur langsam. So war zu Beginn des 12. Jahrhunderts eine Verwerfungslage eingetreten. Welche Änderungen die Völkerwanderung für die europäischen Völker in ihren

moralischen Ordnungen brachte, wissen wir nicht. Der Verlust ange-
stammter Heimat, die Erfahrungen jahrzehntelanger oder gar generatio-
nenwährender Wanderschaft durch immer neue Landschaften, Völker
und Gefährdungen, die Seßhaftwerdung in einer neuen Umgebung,
einer geographisch, klimatisch, ökonomisch neuen Umgebung inmitten
eines unterworfenen fremden Volkes, all dies konnte nicht ohne Einfluß
geblieben sein. Und in diesem Umbruch brach – moralische Katastrophe
oder moralischer Neubeginn – das Christentum ein und damit die Begegnung mit der Überlieferung der Antike. Beides, Christentum und Antike
werden Rahmen, Stoff, Herausforderung für alles, was seither in Mitteleuropa gedacht, gewollt, getan wird. Und beides läßt die Völker Mitteleuropas nicht zur Ruhe kommen, treibt die Entwicklung unaufhörlich
weiter, denn Christentum und Antike waren zu einer Aufgabe der Verwirklichung geworden, die zu lösen unmöglich ist.

Nur skizzenhaft kann die Verwerfungslage zu Beginn des 12. Jahrhunderts beschrieben werden. Die Bedürfnislage der Menschen in ihren
Ordnungen und die Ansprüche der Ordnungen an die Menschen traten
immer weiter auseinander. Die Kirche beanspruchte das Monopol, Ordnungen zu definieren, und begann systematisch, dieses Monopol durchzusetzen.

Die Lage der Bauern war ökonomisch schlecht. Für sie hatte die Kirche
nur die doppelte Forderung: Ergebung in Gottes und der Herren Willen
durch unbedingte Leistung des Gehorsams und die Disziplinierung des
Sexuallebens. Die erste Forderung wurde weitgehend durchgesetzt, denn
Kirche und Herren hatten dasselbe Interesse am Gehorsam und dem
Bündnis geistlicher und weltlicher Macht konnte nichts entgegengesetzt
werden außer dem Ausbruch: Landstreicherei und Ketzertum erwuch-
sen derselben Wurzel. Die zweite Forderung dürfte nicht erfüllt worden
sein. Nur aus den Bußbüchern der Kirche erfahren wir, was die Menschen so trieben und was die Kirche verbot. Gelang es der Kirche jedoch
auch nicht, ihre Ordnung durchzusetzen, wirkungslos war die Forderung
nicht. Schuldgefühle, Angst vor der Hölle waren die Wirkung, die die
Aufrichtung einer Ordnung mit sich brachte, die von Menschen nicht
gelebt werden konnte.

Die Lage des Adels, des niederen der Ritter und des hohen der großen
Herren, war uneinheitlich. Auch an den Adel hatte die Kirche eine doppelte Forderung, die des Friedens und die der neuen, christlichen Eheordnung.

Der Adel war eine in sich abgestufte Kriegerkaste. Kampf, Unterwerfung, Tötung, Raub war sein Leben. Der Troubadour Bertran de Born, um das Jahr 1140 auf Schloß Perigueux im Perigord geboren, im Kampf der Söhne König Heinrichs II. gegen ihren Vater um das Erbe ihrer Mutter Eleonore von Aquitanien durch diese mit der Vizegrafschaft Hautfort belehnt und vor dem Jahr 1215 als Zisterzienzer-Mönch gestorben, hat dieses Leben in Lieder gefaßt:

Be·m platz lo gais temps de pascor.
Wohl gefällt mir die fröhliche Osterzeit.

...

Und ebenso gefällt mir ein Herr,
wenn er beim Angreifen zu Pferde der Erste ist, gewappnet, ohne Furcht,
denn so ermutigt er die Seinen mit trefflicher Rittersart.
Hat der Ansturm begonnen, muß jeder bereit sein und ihm gerne folgen,
denn kein Mann gilt etwas,
ehe er Schläge empfangen und ausgeteilt hat.
Schon zum Beginn des Kampfes sehen wir
Keulen und Schwerter, farbige Helme und
Schilde durchlöchert und zerschlagen.
Wir sehen Ritter aufeinander einschlagen
und umherirren die Pferde der Toten und der Verwundeten.
Und tritt er in den Kampf,
soll jeder Mann von edler Abkunft an nichts anderes denken, als zu
    zerspalten die Köpfe und Arme der Gegner,
denn mehr wert ist ein toter als ein lebendiger Besiegter.
Ich sage Euch, daß Essen und Trinken und Schlafen bei mir nicht so viel
    Wohlgefallen findet,
wie wenn ich von beiden Seiten schreien höre:
»Auf sie drauf!« und ledige Pferde durch den Wald wiehern höre
und schreien höre: »Helft! Helft!«
und über die Gräben hin Kleine und Große über den Rasen hin fallen sehe
und die Toten sehe, die durch die Hüften die Lanzensplitter mit den
    Fähnchen haben.
Barone, gebt Burgen und Städte und Gemeinden zum Pfand,
bevor Ihr allesamt Euch nicht bekämpft!

Für die Kirche war diese Haltung unannehmbar. Zum einen war auch sie Opfer der ungebändigten Kampfeslust französischer Ritter, und zum andern war ihr Lebensideal Jenseits, Friede, Demut. Das versuchte sie auch gegenüber dem Adel durchzusetzen. Die Waffe sollte er nur führen zur Verteidigung der Gerechtigkeit, im Kampf gegen die Heiden und zum Schutz der Kirche, der Frauen und der Waisen. Aber dieses Ideal, in den Liedern von König Arthus' Tafelrunde seit dem 12. Jahrhundert immer wieder dichterisch formuliert, war auch nicht im Ansatz durchzuhalten. Nicht nur individuelle Lust am Kampf, an Beute, an der Zerstörung hinderte dies, sondern in erster Linie die ökonomische Lage des Adels. Ritter und ihr Hilfsgefolge wurden durch Kriege finanziert, Kriege werden durch Beute finanziert. Krieger, wie die Kirche sie wollte, konnte es im Mittelalter nur als Ausnahme der Saturierten geben.

Die Forderungen nach Einhaltung der kirchlichen Sexualverbote und der kirchlichen Eheordnung galt für die Bauern nur den Individuen, denn Verteilung des Besitzes wurde durch die Herren geregelt und nicht durch Beschlüsse der bäuerlichen Sippen. Ganz anders war es im Adel. Hier bestimmte die Abstammung die Stellung der Menschen in der Gesellschaft, und so wurden die biologischen Vorgänge von Zeugung und Geburt innerhalb des Adels zu den wichtigsten Rechtsakten der Zeit. Die Befriedigung der Lust der Individuen, ihr Bedürfnis nach menschlicher Ergänzung hatte keinen Einfluß auf die gesellschaftlich-rechtliche Ordnung von Ehe und Familie. Da ohnehin nur Männer Ordnungen stifteten, wurde die Befriedigung der Lust, wenn sie nicht zufällig mit der eigenen Frau gestillt werden konnte, aus der Ehe heraus verlagert auf Konkubine, Mägde und Beutefrauen. Der Befriedigung des zweiten Bedürfnisses galt die Freundschaft zwischen Männern. Als an den Höfen des 12. Jahrhunderts die Liebe zwischen Mann und Frau »entdeckt« wurde, war es nicht die Liebe zwischen Verheirateten. Der Satz des Andreas Capellanus aus seinen Büchern »Über die Liebe«, »daß die Liebe zwischen zwei Verheirateten ihre Kraft nicht entfalten könne«, entsprach der Überzeugung der Zeit. Für die Kirche war auch diese Ordnung unannehmbar. Ausleben der Sexualität war oder wurde die schwerste Sünde, und die Ordnung der Ehe – als kirchlich zu verwaltendes Sakrament noch nicht anerkannt – sollte sich an Paulus, Augustinus und Hieronymus ausrichten und nicht an den Bedürfnissen des Adels auf Regelung des Besitzübergangs. Die Kirche verlangte in der Tradition des römischen Rechts zur Gründung der Ehe allein den Konsens der Brautleute, und sie verlangte die weitgehende sexuelle Enthaltsamkeit auch in der Ehe. Dem Adel war die Ehe das Mittel zur Planung der politischen und ökonomischen Bedeutung der Familie, und Lust wollten sich die Herren holen, wo immer es ihnen beliebte. Ein dramatischer Kampf um Sexualität als Verhalten und Ehe als Institution begann im 11. Jahrhundert zwischen den Kirchenmännern und dem hohen Adel Europas. Das Ende dieses Kampfes, der durch das Mittelalter hindurch währte, war als Kompromiß die Institution der bürgerlichen Ehe, vom hohen Mittelalter bis in unser Jahrhundert die selbstverständliche, natürlich genannte Ordnung von Sexualität und Ehe, dabei historisch zufällig, wie Ordnungen als Lösungen zeitbedingter Probleme nur zufällig, philosophisch kontingent sein können. Auch für den Adel waren die Ordnungen der Kirche nicht lebbar, weder die Ordnung des Krieges, noch die Ordnung von Sexualität und Ehe, und wieder war die Wirkung Schuldgefühl und Angst.

Nur noch angefügt sei, daß diese Diskrepanz von gelebter und kirchlich verlangter Ordnung sich bei den Städten und ihren Bürgern fortsetzte und hier in der zweiten Hälfte des 12. Jahrhunderts zu ernsten Problemen führte. Auch im Bereich des Handels richtete die Kirche durch ihre Identifizierung von Zins und Wucher eine Ordnung auf, die ökonomisch weder betriebs- noch volkswirtschaftlich zu leben war.

So forderte die Kirche auf allen Gebieten moralische Ordnungen, die nicht lebbar waren und auch von ihr selbst nicht gelebt wurden. »Die Kluft zwischen den herrschenden Prinzipien der christlichen Lehre und dem Alltagsleben ist das grundlegende Dilemma des Mittelalters« (B. W. Tuchmann).

Ein so grundlegendes Problem wie die strukturell unaufhebbare Unversöhnlichkeit dessen, was ist, mit dem, was sein soll, und die daraus entspringende kollektive Angst einer Gesellschaft kann gesellschaftlich nicht unbearbeitet bleiben. Gleichgültig, ob treibende Kraft der Lösung theologische Lehre oder Bedürfnis der Menschen war, die gesellschaftliche Lösung wurde gefunden und hieß »Fürbitte«. Wenn die Werke, wenn das äußerlich feststellbare Verhalten der Menschen über ihre ewige Seligkeit oder ewige Verdammnis entscheidet und wenn eigenes Verhalten, das die Seligkeit garantiert, strukturell unmöglich ist, dann wird Seligkeit erlangt durch die Fürbitte derer, die an Leistung für die Seligkeit mehr erbracht haben, als sie zur eigenen Seligkeit bedürfen. Fürbitte können leisten die Verstorbenen, die Bürger des Himmels sind, also die Heiligen, und die Lebenden, die im Kloster den Himmel auf Erden vorwegnehmen. Fürbitte kann geleistet werden für die Lebenden, aber auch noch für die Verstorbenen. Das allerdings setzte die Vorstellung des Fegefeuers voraus, der Höllenstrafe auf Zeit, die durch Fürbitte abgekürzt werden kann. Die Wirkung Clunys hatte darauf beruht, daß es das Bedürfnis des französischen Adels befriedigte, daß seine Mönche in den prunkvollen Totenliturgien für ihre Verwandten, also praktisch den ganzen französischen Adel, die Verdienste der Mönche in den Klöstern den Menschen in der Welt zukommen ließen. Mönche wurden Spezialisten für den Himmel, Klöster Produktionsstätten des ewigen Heils.

Das Ergebnis dieser Diskrepanz zwischen tatsächlicher und gesollter Ordnung und ihrer Kanalisierung durch die Fürbitte war die kollektive Überzeugung des frühen Hochmittelalters, daß Heil nicht durch eigene, individuelle Leistung erreicht werden kann, sondern nur durch Vermittlung, Stellvertretung, Fürbitte. Heil durch die Priester- und Mönchskirche. Aber nicht nur psychische Entlastung brachte diese Struktur, als solche Gegenstand der Religionsgeschichte und der Geschichte kollektiver Neurosen. Diese Struktur bestimmte auch das ökonomische und das künstlerische Leben der damaligen Zeit. Der durch die kollektiven und individuellen Ängste bewirkte Drang, von der Schuld bei Gott befreit zu werden, war die wichtigste Einnahmequelle der Kirche. Denn die Kirche war die Repräsentantin Gottes in der Welt. – »Was ihr auf Erden binden werdet, das wird auch im Himmel gebunden sein, und alles, was ihr auf Erden lösen werdet, wird auch im Himmel gelöst sein« (Matth. 18,18) –. Der unablässige Strom der Spenden und Stiftungen überstieg zusammen mit dem Zehnten als Kirchensteuer sicher den heutigen Anteil der Sozialversicherung am Bruttosozialprodukt weit, finanzierte den Bau von Kirchen und Klöstern, war über gestiftete Pfründen ein wichtiger Anteil am Lebensunterhalt von Geistlichen und die Grundlage fast der gesamten Kunst- und Kulturproduktion des frühen Hochmittelalters. Im Abstand der Jahrhunderte ist die aufgerichtete Ordnung der Kirche imposant, ihre kulturelle Leistung bewundernswert. Wie aber diese Struktur täglich sich verwirklichte, in der Ausbeutung der Bauern und Unterlegenen durch den Adel und die Sieger und der Erpressung des Adels und der Räuber durch den Klerus, das zeigt die Kritik Abaelards.

Weil die Habsucht der Geistlichen meist nicht geringer ist als die des Volkes und nach dem Wort des Propheten die Priester sein werden wie das Volk (Hos. 4,9), so verführt viele Sterbende die Geldgier der Geistlichen durch das Versprechen trügerischer Sicherheit, sobald sie ihre Habe opfern und Messen kaufen würden, die nicht kostenlos zu haben sind. für diese Ware (*mercimonium*) haben sie einen Preis (*precium*) festgesetzt: für eine Messe einen Pfennig, für die Totenmesse mit dem ganzen Totenoffizium am dreißigsten Tage fünf Schillinge und für ein Jahresgedächtnis sechzig Schillinge. Nicht jedoch sorgen die Geistlichen dafür, daß die Sterbenden das Geraubte zurückerstatten, vielmehr lassen sie es sich als Opfer übereignen.

Diese Struktur, die den Menschen seelische Entlastung und der Kirche Einnahmen brachte, bricht Abaelard durch seine Ethik auf. Mit seinen beiden Grundüberzeugungen, daß jeder Christ leben soll wie ein Mönch, ausgenommen das Verbot der Heirat, oder umgekehrt, daß ein Mönch lebt wie ein Christ, der nicht verheiratet ist, und daß nur die persönliche Leistung in der rechten Gesinnung vor Gott Heil gewährt, entzog er der gesamten mittelalterlichen Kirchenauffassung und Frömmigkeitspraxis den Boden. Abaelard hätte zahlreichen Ketzerbewegungen um ihn und nach ihm die theologische Begründung geliefert, hätten sie seine Lehre gekannt. Nicht in der Dogmatik lag vom unvoreingenommenen Standpunkt der Kirche aus der Häresie-Verdacht gegen ihn, sondern in der Ethik, in dem, was man später Moraltheologie nannte.

Abaelard und Heloisa haben die neue Ethik gemeinsam begründet, die Gewissensethik, deren Bedeutung sich für den einzelnen in seinen jeweiligen Entscheidungssituationen enthüllt. Kern der Lehre ist, daß Sünde Verachtung Gottes ist und der Mensch Gott verachten kann nur durch seine innere Einstellung zu ihm. Positiv hat diese Einstellung den Namen »Liebe«. Und somit ist alles, was oben über die reine Liebe gesagt wurde, Bestandteil der neuen Ethik. Negativ hat diese Einstellung den Namen »Sünde«. Die Sünde ist die Zurückweisung der Liebe Gottes zu uns und die in dieser Zurückweisung zum Ausdruck kommende Verachtung des Schöpfers (*contemptum creatoris*). Könnten diese Sätze noch in jeder anderen traditionellen oder zeitgenössischen theologischen Abhandlung stehen, so zieht Abaelard aus diesen Sätzen zwei Folgerungen, die neu, die unerhört waren. Erstens kann die moralische Schwäche des Menschen selbst keine Sünde sein, obwohl sie Folge der Erbsünde ist, und zweitens kann die Sündhaftigkeit eines Verhaltens nicht in der Art des Verhaltens, der Handlungen, der Werke bestehen. Mit beiden Auffassungen stellte sich Abaelard gegen die gesamte Tradition. Die Unheimlichkeit der Sexualität lag für Augustinus und die Späteren gerade darin, daß Bilder, Wünsche, Verlangen, Begierden im Menschen aufstiegen, ohne daß er dieses verhindern konnte. Und gerade für ehelos und gemäß ihrem Stand enthaltsam lebende Geistliche mußte der Anblick einer Frau, einer Brust, einer Entblößung Gefühle und Empfindungen wecken, die sie nur der Sünde, dem Teufel zuschreiben konnten. Und so faßte Augustinus die Erbsünde als Konkupiszenz, als Rebellion der niederen Kräfte des Menschen gegen die Vernunft. Dagegen setzt Abaelard seine Überzeugung – »Ich meine (*arbitror*), daß nur die Zustimmung zum Verkehrten Sünde sein kann«. Und so unterscheidet er: Daß im Menschen Triebe erwachen, Begierden, »das Verlangen nach einer Frau, die er irgendwo gesehen, oder nach Früchten und Ernten, die einem anderen gehören«, das ist noch keine Sünde. Menschen können dem nicht entgehen, der Unverheiratete nicht – und das war die große Mehrzahl der damaligen Menschen – und die Armen und Hungrigen nicht – und das war ebenfalls die große Mehrzahl. Sünde wird erst die Zustimmung zu diesem Verlangen, die innere Anerkennung des Verbotenen. Und nicht die Ausführung des Gewollten ist neue Sünde, Sünde der Tat, sondern nur eine etwa in der Ausführung liegende zusätzliche Verachtung Gottes, die Handlung des Zynikers, des Verächters aller Ordnungen, die sich in seinen Handlungen zeigt. »Nicht eines anderen Frau zu begehren oder mit ihr zu schlafen, ist Sünde, sondern diesem Begehren und diesem Tun zuzustimmen.« Die Erbsünde kann also keine Schuld sein – kein *reatus* und keine *culpa* –, wie Augustinus gelehrt hatte, sie ist vielmehr die kollektive Strafe Gottes über das Menschengeschlecht für den Ungehorsam Adams, die Strafe, die in der Notwendigkeit des leiblichen Todes besteht und in der Unfähigkeit, ohne die erlösende Gnade Gottes das ewige Heil zu erlangen.

Aber nicht nur die angeborene Schwäche der Menschen ist keine Sünde und nicht das, was ihr notwendigerweise entspringt. Auch die äußere Tat, das Werk ist keine Sünde, aber auch kein Verdienst.

Die Ausführung keines äußeren Werkes trägt zur Vermehrung der Sünde bei, und nichts befleckt die Seele außer Seelischem, und so ist allein die Zustimmung die Sünde.... Und überhaupt kann nichts, was mit Verdienst (oder Verdammnis) zu tun hat, unter ein Gebot gestellt werden, und um so weniger sind Gebote sinnvoll, je weniger das Verhalten in unserer Macht steht.

Damit hebt Abaelard die gesamte immer kasuistischer, immer zufälliger, immer belastender werdende Praxis der Kirchengesetze aus den Angeln. Moralische Ordnungen, dekretiert durch die Kirche im Namen Gottes, die von den Menschen nicht gelebt werden können und nur die Herrschaft der Kirche stärken, sind gegen die Liebe und haben daher keine Verbindlichkeit.

So drückt Abaelard das nicht aus. Der Methodiker geht vorsichtiger vor. Er scheint als erster den dreigliedrigen Aufbau eines Delikts geahnt zu haben. Menschliches Handeln kann als Typus beschrieben werden: Nahrung zu sich nehmen, einen Acker bestellen, ein Kind zeugen, ein Haus anzünden, ein Urteil sprechen. Diese Handlungstypen nennt Abaelard *opera*, »Werke, äußeres Verhalten«. Kein solches Werk, kein solcher Tatbestand, in der Sprache der Rechtswissenschaft von heute formuliert, ist als solcher in sich verboten oder erlaubt. Die *lex naturalis*, das natürliche Gesetz, besteht allein im Liebesgebot, im Gebot, Gott zu lieben über alles und den Nächsten wie uns selbst (5. Mos. 6,5; 3. Mos. 19,18;

Matth. 22,39). Dieses Gebot ist aber keines über Verhalten, sondern eines über Gesinnung, keines über Werke, sondern eines über die Seele. In sich sind die durch Tatbestände beschriebenen äußeren Verhalten indifferent, weder gut noch böse. Erst eine Anordnung des Gesetzgebers, die *lex Dei*, ein ausdrückliches göttliches Gesetz, oder ein *jus positivum* des menschlichen Gesetzgebers, wie Abaelard ein menschliches Gesetz erstmals nennt und so den Sprachgebrauch europäischer Juristen einleitet, erst eine solche positive, das heißt gesetzte Anordnung als Gebot (*praeceptum*) oder Verbot (*prohibitio*) macht aus den in sich selbst indifferenten Handlungen eine gebotene oder eine verbotene Handlung. Zum Tatbestand, der ein Verhalten beschreibt, muß also die Feststellung der Rechtswidrigkeit, des Verbotenseins einer Handlung, und damit das Gebotensein seines Gegenteils hinzutreten. Verdienst oder Verurteilung verlangt aber ein Drittes, die Feststellung der Schuld, des inneren Verhältnisses zum rechtswidrigen Tun oder Unterlassen. Nur wer einsehen konnte, daß das Tun geboten oder verboten ist, nur wer frei ist, das Gebotene zu tun oder das Verbotene zu unterlassen, nur wer sich innerlich mit der Rechtswidrigkeit identifiziert, ihr zustimmt und damit Gott verachtet, nur der begeht eine Sünde. Töten ist indifferent. Aus Gier, Rache oder im Zorn zu töten ist unerlaubt, in Vollstreckung eines Urteils zu töten ist erlaubt. Hat aber der Richter den Delinquenten zwar gerecht verurteilt, ihn aber aus Haß vor seinen Richterstuhl gezogen, so handelt er äußerlich rechtmäßig, ethisch aber schuldhaft. Eine Mutter, die versucht ihr Kind zu kleiden und zu ernähren, darüber verzweifelt, weil es ihr nicht gelingt, und es in Liebe tötet, weil sie seine Qual nicht erträgt, handelt verboten, aber schuldlos. Dieses Beispiel beendet Abaelard mit dem berühmten Satz des Augustinus: »Habe die Liebe und tu, was immer Du willst!« Der Bischof als Richter, meint Abaelard, wird die arme Frau aber schwer bestrafen. Gericht des Bischofs, Gericht der Kirche ist nicht Gericht Gottes.

Abaelards Ethik ist eine Ethik der Humanität. Gott sieht auf die Schwachheit der Menschen und die Gesinnung. Daß der Schwache nicht so viel leisten kann wie der Starke, ist selbstverständlich, aber unerheblich. Gesinnung, nicht Leistung rechtfertigt, und der guten Gesinnung, der Liebe zu Gott, ist jeder Mensch fähig, denn die Gnade hierzu gewährt Gott jedem Menschen. Nicht die Unterdrückung unserer Natur verlangt Gott von uns, sondern die Bewährung in unserer Schwachheit:

So ermahnt uns die Wahrheit: »Wenn jemand zu mir kommt und nicht Vater und Mutter und selbst seine Seele haßt, der ist meiner nicht würdig« (Luk. 14,26). . . . Wie uns also befohlen ist, den Vater zu hassen und nicht, ihn zu töten, so gilt auch für unseren Willen, daß wir ihm nicht folgen, und nicht, daß wir ihn völlig zerstören.

Abaelards Ethik ist eine Ethik der Menschen, nicht eine Ethik der Rollen, der Stände, der Institutionen. Darin unterscheidet er sich von allen Theologen seiner Zeit und noch lange nach ihm. Nicht eine Ethik für Bauern, Bürger, Adelige schreibt er, für Männer oder Frauen, für Laien oder Geistliche, für Weltleute oder Mönche. Für alle Menschen gilt es, Gott zu lieben und den Nächsten. Für uns heute – falls uns überhaupt solche ethischen Probleme und gar in ihrer theologischen Einkleidung interessieren –, für uns heute klingt das alles selbstverständlich. Aber wie sehr Abaelards Ansicht ein Angriff auf die Verhaltensordnung seiner Zeit war, zeigen die Konsequenzen. Da die kirchliche Ordnung den Menschen ein Verhalten abverlangte, das sie in der Mehrzahl nicht leisten konnten, niemand aber leben konnte mit der sicheren Aussicht ewiger Verdammung, kauften sich die Menschen los. Wer ahnt die Not der armen Menschen, die sündigen mußten, um leben zu können, aber nichts hatten, um sich loszukaufen? Die Devise lautete: Da Du sündigen mußt, sündige, aber stifte der Kirche, und ihr Gebet wird Dir den Himmel erschließen! Gewiß, die Theologen nach Abaelard, die kirchlichen Theologen werden das alles subtiler fassen, genauer unterscheiden, aber bis in den Ablaßstreit der Reformation hinein reicht das Auseinanderklaffen der Hoffnung der Menschen und der sie nährenden Predigt der Leutepriester und die Subtilität gelehrter Theologen. Nicht zugegeben wurde aber im ganzen Mittelalter, daß die Ursache des Problems die nicht lebbare Ordnung der Kirche war. Und so klaffte ein neuer Zwiespalt, der Zwiespalt zwischen denen, die sich die Leistungen der Kirche durch Stiftungen kaufen konnten, und denen, die arm waren und in der Angst sterben mußten. Und wie Abaelard den ersten Zwiespalt auflöste durch seine Gewissens- und Situationsethik, so weist er die ethische Unmoralität des zweiten Zwiespalts nach:

Zwei Menschen haben denselben Vorsatz, je ein Armenhaus zu bauen. Der eine kann den Gegenstand des Gelübdes erfüllen, dem anderen aber ist es nicht vergönnt, den Vorsatz auszuführen, weil ihm das Geld, das er dafür gespart hatte, gewaltsam geraubt wurde. Konnte nun das, was rein äußerlich geschah, seinen Verdienst vor Gott schmälern? . . . Das hieße ja, eine Menge Geld könnte jeden besser und verdienter machen, wenn sie so ohne weiteres zu Verdienst oder Vergrößerung des Verdienstes beizutragen vermöchte, und die Menschen könnten je reicher desto besser werden, weil sie mit Hilfe ihres großen Reichtums ihrer Gesinnung durch allerlei Werke stärkeren Ausdruck verleihen können. Dies zu glauben, daß Reichtum zur wahren Seligkeit oder Würde der Seele etwas beitragen oder die Verdienste der Armen schmälern könne, ist größte Torheit. Wenn also der Besitz irdischer Güter die Seele nicht bessern kann, so kann er sie auch weder Gott gefälliger machen, noch irgendein Verdienst zur Seligkeit bedeuten.

Abaelard spricht das endgültige Urteil über 400 Jahre kirchlicher Praxis germanischen Ursprungs. Reichtum ist Zeichen des Heils, Heil verpflichtet zur Freigebigkeit, Freigebigkeit bewirkt Treue der Gefährten und Ruhm bei Gott. Reichtum des Adels oder des Königs aber stammt aus der Beute, wie es Widukind nach dem Sieg König Heinrichs I. über die Ungarn an der Unstrut (933) berichtet:

Und da es ihm (König Heinrich) darum zu tun war, sein Volk zu erhöhen, so gab es kaum einen oder gar niemand unter den namhaften Männern in ganz Sachsen, den er nicht durch ein herrliches Geschenk oder Amt oder irgendein Lehen geehrt hätte.

Diese Freigebigkeit, Zeichen der Größe eines Herrn, ist für Abaelard Beraubung der Armen. Und mit dieser Beute, Beraubung der Armen, wird versucht, Ruhm bei Gott zu erwerben, Ruhm durch Stiftungen an die Kirche und Beschenkung der Armen:

Nach seiner Heimkehr als Sieger stattete der König auf alte Weise der Ehre Gottes, wie es sich gehörte, Dank ab für den Sieg, den ihm Gott über seine Feinde verliehen hatte: Er gab den Tribut, den er den Feinden zu geben gewohnt war, dem göttlichen Dienste zu eigen und bestimmte ihn zu Schenkungen an die Armen.

Torheit ist es für Abaelard, durch solches Handeln bei Gott Verzeihung der Sünden oder Vermehrung des Heils zu erwarten. Am Ende seines Lebens wird Abaelard seinem Sohn Astralabius über seinen Gönner, Graf Theobald den Großen, schreiben:

Theobald schenkt den Mönchen viel;
aber da er immer noch raubt, sind die Gaben Raubgut.
Besser wäre es, wenn er nicht raubte und nichts schenkte,
statt daß er den Lohn und seine Gaben zugleich verliert.

Die Ordnung des Adels war sündhaft, das Verhalten der Adeligen töricht, beides aber hatte die Kirche gesegnet.

»Drei sind es, wie ich meine (*ut arbitror*), worin der Inbegriff des menschlichen Heils beruht, nämlich der Glaube, die Liebe und die Sakramente.« So beginnt Abaelard seine letzte, unvollendet gebliebene Darstellung des Systems christlicher Theologie. Glaube, Liebe und Sakramente sind heilsnotwendig, und das System der Theologie kann dargestellt werden, indem alle einzelnen Glaubenswahrheiten einem dieser drei zugeordnet und gleichzeitig die Beziehungen angegeben werden, die diese drei zu einer Einheit, der Heilstat Gottes mit den Menschen verbindet.

Abaelard formuliert seine Wissenschaft der Theologie haarscharf an der biblischen Botschaft vorbei. »Glaube, Liebe, Sakramente« benennt Abaelard, Paulus endet das »Hohe Lied der Liebe«: »Für jetzt bleiben Glaube, Hoffnung, Liebe, diese drei; doch am größten unter ihnen ist die Liebe« (1. Kor. 13,13). Paulus versteht unter Glauben »das Festhalten an dem, was man erhofft, Überzeugtsein von Dingen, die man nicht sieht« (Hebr. 11,1), Abaelard definiert den Glauben als »das Fürwahrhalten von nicht erscheinenden Dingen, d. h. solchen, die nicht mit den Sinnen des Körpers erfahren werden können«. Und die Eliminierung der Hoffnung aus der Paulinischen Trias der drei göttlichen Tugenden begründet er logisch:

Hoffnung ist die Erwartung, irgendetwas Günstiges zu erhalten, wenn nämlich jemand glaubt, daß er etwas Gutes erlangt. Glauben kann man Böses und Gutes, erhoffen nur Gutes. Aber diese Hoffnung, auf das Gute beschränkt, ist im Glauben enthalten. Ich bin der Ansicht, daß die Hoffnung im Glauben enthalten ist, wie die Art in der Gattung.

Für diese Abweichung seiner wissenschaftlichen Theologie von der paulinischen Verkündung der Heilswahrheiten ist Abaelard oft getadelt worden. Inhaltlich faßt Abaelard im System seiner Theologie unter Glauben die Wahrheiten der Dreieinigkeit und der Schöpfung der Welt. Seit seiner Lehrtätigkeit in Maisoncelles hatte er diese Teile der Theologie entfaltet, und auch jetzt am Ende seines Lebens führt er sie minuziös aus. Die beiden anderen Teile, die Lehre von der Liebe und von den Sakramenten, fehlen. Aber das System ist erkennbar.

Liebe als göttliche Tugend (*caritas*) ist jene sittliche Liebe (*amor honestus*), die zu jenem Ziel hinlenkt, das in der Ordnung liegt.... Liebe allgemein (*amor*) aber ist das Verlangen, daß es dem Geliebten um seiner selbst willen gut geht, und zwar so, wie er meint, daß es für ihn gut sei.

Im Anschluß an diese Definition entwickelt Abaelard dann kurz seine Lehre von der Liebe, die er in anderen Schriften entfaltet hat und die oben schon dargestellt wurde. Und dann folgt die Definition des Sakraments:

Das Sakrament ist ein sichtbares Zeichen der unsichtbaren Gnade Gottes. Werden wir zum Beispiel getauft, so ist diese äußere Waschung Zeichen der inneren Reinigung der Seele, da der innere Mensch so von der Sünde gereinigt wird, wie der äußere vom körperlichen Schmutz.

Diese Definition bleibt im Rahmen der Überlieferung, aber sie ist blaß, ohne konstruktive Kraft. Weder wird aus ihr ersichtlich, welche Bedeutung der Auftrag des Auferstandenen an seine Jünger hat »Geht hinaus in die ganze Welt und verkündet das Evangelium allen Geschöpfen! Wer glaubt und sich taufen läßt, wird gerettet; wer aber nicht glaubt, wird verdammt werden« (Mark. 16,15 f.), noch wird deutlich, wie Abaelard bei seiner Auffassung vom umfassenden Heilsangebot an alle Menschen die theologische Notwendigkeit der Taufe zur Rettung begründen will. Geht man auf seinen Römerbrief-Kommentar zurück, der zwischen den Jahren 1133 und 1137 geschrieben sein dürfte, dann steht dort eine klare Absage an die innere Notwendigkeit des Sakraments der Taufe zum Heil. Die Rechtfertigung des Menschen geschieht durch den Glauben und die Liebe. Aus den theologischen Aussagen, daß niemand, der die Liebe hat, verdammt werden kann, und niemand ohne Taufe gerettet werden kann, entsteht das theologische Paradoxon, daß ein Mensch, der die Liebe Gottes hat, aber ohne Taufe stirbt, gerettet und verdammt werden müßte. Die Lösungen dieses Paradoxons, die Abaelard immer wieder versucht, interessieren heute nur noch Dogmengeschichtler. Die personale Auffassung von Sünde und Schuld, an der Abaelard immer festgehalten hat, war unvereinbar mit der Augustinischen Ausformung der Paulinischen Erbsündenlehre. Konsequent hätte Abaelard die Erbsündenlehre aufgeben müssen, eine Auflehnung gegen die Tradition und Lehre der Kirche, die selbst er nicht gewagt hat. Die Folge war, daß er eine Sakramentenlehre nicht entwickelt hat. Sicher ist es kein Zufall, daß er in den verschiedenen Ansätzen, die gesamte Theologie systematisch darzustellen, nie bis zum Ende, zur Sakramentenlehre gelangt ist.

Das theologische Problem spitzte sich in der Diskussion zu bei der

Frage, warum Kinder, die im Mutterleib oder vor Erlangung des Vernunftgebrauches sterben, ohne Taufe, aber auch ohne eigene Schuld, auf ewig verdammt sein sollen. Nachdem Augustinus die schauerliche Konsequenz der ewigen Höllenpein ungetaufter Kinder ausdrücklich auf sich genommen hatte, um seine Erbsündenlehre widerspruchsfrei zu machen, stellt sich die sozialpsychologische Frage, ob die Monomanie, mit der die katholische Kirche den Schwangerschaftsabbruch verfolgt und anprangert, intensiver, öffentlicher und anhaltender als selbst alle Massenmorde unseres Jahrhunderts, die Gaskammern der Konzentrationslager eingeschlossen, ob diese Monomanie nicht tiefenpsychologisch der Angst vor der Konsequenz ihrer eigenen Lehre entspringt, daß das im Mutterleib sterbende Kind ohne eigene Schuld ewiger Höllenstrafe unterliegt. Der vergaste Jude hatte ja die Chance gehabt, zu glauben und sich taufen zu lassen, das ungeborene Kind nicht.

In der Redemptionslehre und der Satisfaktionslehre war das ganze Menschengeschlecht Objekt der Heilstat Gottes. Menschen standen Gott nicht als einzelne, als Individuen gegenüber, sondern in Verbänden, in der Familie, in Genossenschaften wie den Klöstern, in der Heilsgemeinschaft der Kirche, als Gliedern des Menschengeschlechts. Wie im Mittelalter kein Mensch als Individuum Träger von Rechten und Pflichten war, sondern nur als Glied der Gesellschaft, die ihm einen Status verlieh, der Rechte und Pflichten umfaßte, hatten die Theologen vor Abaelard und noch lange nach ihm Sündhaftigkeit des Menschen und die Wirklichkeit seiner Begnadung immer als Eigenschaften angesehen, die Menschen in der Vergesellschaftung zukommen, Menschen als Glieder des Reichs des Teufels oder des Reiches Gottes. Und noch Bernhard von Clairvaux, der in seiner Mystik das Verhältnis der Seele als Braut zu Jesus als Bräutigam ganz individuell gefaßt hatte, lehrt, daß die Heilstat Gottes nicht in erster Linie auf den einzelnen Menschen abzielt, sondern auf die Kirche als seine mystische Braut. Erstmals Abaelard faßt die Beziehung der Menschen zu Gott ausschließlich personal, individuell auf jeden einzelnen Menschen bezogen. Menschwerdung und Erlösertod Jesu sind Vorbild und Grund der Liebe für jeden einzelnen Menschen, und nur diese Liebe, in Gnade durch Gott gewirkt und angenommen, erlöst die Menschen, die lieben. »Die Rechtfertigung besteht in der Liebe, nicht im äußeren Werk der Taufe.« Und diese Liebe ist Folge des Glaubens. An Gott glauben, seiner Botschaft glauben und seinem Heilswillen vertrauen bewirkt die Hoffnung auf die Erlösung und entzündet die Liebe, die seine Güte in uns bewirkt. Durch diese Folge von Sätzen verbindet Abaelard den Glauben als Akt, der sich auf Gott richtet, mit dem Glauben als Inhalt, den Menschen glauben, und mit der Liebe, in der jeder einzelne Mensch von der Gnade Gottes ergriffen wird und als Gläubiger und Begnadeter Gottes Anruf Antwort ist. Dies, und nur dies wäre der Inhalt Abaelards Theologie gewesen, wenn die Tradition nicht zu mächtig gewesen, die Kirche des Mittelalters die Lösungen der Kirchenväter für die theologischen Probleme der Antike nicht wörtlich genommen hätte. Den Kirchenvätern der Antike hatte es ja genügt, so lehrte Abaelard, die theologischen Probleme ihrer Zeit zu lösen. Die für die europäische Entwicklung grundlegende Einsicht in die Subjektivität von Verantwortung und Schuld, in die Personalität der Beziehung der Menschen zu Gott, hätte konsequent die Preisgabe der Heilsnotwendigkeit der Sakramente, die Überwindung des prinzipiellen Gegensatzes von Geistlichen und Laien, die Auflösung der Herrschaftsstruktur der Kirche zur Folge gehabt. Dies erwies sich als theologisch und politisch unmöglich. Auch ein Abaelard schreckte davor zurück, Augustinus und gar Paulus an den Evangelien, an der wörtlichen Überlieferung der Heilsbotschaft Jesu, zu messen und alles zur theologischen Disposition zu stellen, was nicht in dieser Botschaft enthalten ist oder ihr gar widerspricht. Die Herrschaft der Kirche über die Schrift, die Lehre, daß zu glauben ist, was die Kirche als Glauben vorlegt, hatte sich bereits durchgesetzt. Abaelard formulierte einen Kompromiß, aber Bernhard von Clairvaux gelang es auf dem Konzil von Sens, selbst diesen Kompromiß als Irrlehre verurteilen zu lassen. Die Verurteilung Abaelards enthielt in sich bereits die Notwendigkeit der Reformation.

Der Schüler Johannes von Salisbury oder das Urteil des Gewissens über die Herrscher der Welt

Die Welt war nicht geordnet nach der Ordnung, die sich für Abaelard aus der Erlösung in Liebe durch Jesus Christus ergab. Der Adel beutete die Armen aus und die Kirche den Adel. Macht ohne Weisheit und Weisheit ohne Liebe übten beide, und die Kirche lebte nicht die Freiheit des Gewissens, sondern übte Zwang durch nicht erfüllbare Gesetze unter der Drohung ewiger Höllenstrafen. Das Reich des Heiligen Geistes war fern.

Abaelards Schriften, in denen er seine Kritik an den Institutionen seiner Zeit übte, erreichten nicht die Öffentlichkeit seiner Zeit. Nur einen Mann gab es, der Abaelards Kritik aufnahm und sie zeit seines Lebens gegen die Herrschenden richtete: Johannes von Salisbury.

Sein Lebenslauf ist rasch erzählt. Um das Jahr 1115 wurde er vermutlich in einer Familie aus der englischen Unterschicht in Salisbury in der Herrschaft Wessex geboren. Er wurde Geistlicher, und mit 20 Jahren zog er zum Studium nach Frankreich. Sein erster Lehrer auf dem Genovefa-Berg war im Jahre 1136 Abaelard. Dann zog es ihn weiter nach Melun und Chartres. In Melun, in der von Abaelard gegründeten Schule, hörte er dessen Schüler Robert von Melun. Auf Empfehlung Bernhards von Clairvaux wurde er nach Abschluß seiner Studien 1147 Sekretär des Erzbischofs Theobald von Canterbury, des Primas der englischen Kirche. Als Heinrich Plantagenet, Graf von Anjou und Herzog der Normandie und Aquitaniens, im Jahre 1154 König von England wurde, bahnte sich ein Konflikt mit der Kirche an, da Heinrich versuchte, den Machtverlust, den sein Vorgänger Stephan (1118–1154) gegenüber der Kirche im Kampf um die Investitur der Äbte und Bischöfe erlitten hatte, wieder rückgängig zu machen, die *avitae consuetudines*, die Gewohnheiten, wie sie unter seinem Großvater Heinrich I. bestanden, wiederherzustellen. Sein wichtigstes politisches Ziel war die Wiedererringung der königlichen Gerichtsbarkeit über die Geistlichen, um eine einheitliche Gerichtsbarkeit im ganzen Reich aufbauen zu können. Ein Schachzug in diesem sich anbahnenden Konflikt war es, daß Heinrich seinen Freund und Kanzler Thomas Becket im Jahre 1162 zum Erzbischof von Canterbury wählen ließ. Aber die Rechnung ging nicht auf. Thomas, der treue Gefolgsmann des Königs und sein Genosse bei den Gelagen des Hofes, gab Kanzleramt und das Siegel des Königreiches zurück und führte hinfort ein Leben in mönchischer Strenge im Dienste der Armen und der englischen Kirche. Der Konflikt spitzte sich rasch zu. Schon im Jahre 1163 mußte Johannes, den der neue Erzbischof als Sekretär übernommen hatte, auf das Festland fliehen, im Jahre darauf folgte ihm Thomas Becket, nachdem der König einen Hochverratsprozeß gegen ihn eröffnet hatte. Jahre des diplomatischen und geistigen Kampfes folgten, eingelagert in die großen europäischen Auseinandersetzungen, in denen Kaiser Friedrich Barbarossa (1152–1190) und sein Kanzler Rainald von Dassel, Papst Alexander III. (1159–1181), die staufischen Gegenpäpste Viktor IV. (1159–1164) und seine Nachfolger, der französische König Ludwig VII. (1137–1180) und der englische König Heinrich II. (1154–1189), die wichtigsten Rollen spielten. Erst im Juli des Jahres 1170 kam eine Vereinbarung zwischen Papst Alexander III., König Heinrich II. und Erzbischof Thomas Becket in Frétevall an der Grenze der Grafschaft Anjou zustande. Thomas kehrte nach Canterbury zurück, weigerte sich aber, die von König Heinrich investierten und von ihm, dem Primas von England, während des Kampfes suspendierten englischen Bischöfe zu bestätigen, ehe diese dem Papst einen Loyalitätseid geleistet hatten. Als der auf dem Kontinent weilende König dies erfuhr, überkahm ihn der Zorn, und er schrie, daß es nur einen Geistlichen in dieser Welt gäbe, mit dem er keinen Frieden halten könne. Nach einem zeitgenössischen Bericht erhoben sich daraufhin schweigend vier Ritter, verließen den Hof, setzten nach England über und erschlugen den Erzbischof in vollem Ornat am 29. Dezember des Jahres 1270 während der Vesper in seiner Kathedrale in Canterbury: der Mord im Dom. Johannes von Salisbury war in Frankreich geblieben und fand Unterstützung bei befreundeten Äbten, bis er im Jahre 1176 zum Bischof von Chartres gewählt wurde. Noch vier Jahre hatte er dieses Amt inne, der letzte große Lehrer der Schule von Chartres.

Aus zwei Quellen können wir die Lehre des Johannes schöpfen, aus seiner im Jahre 1159 geschriebenen ersten europäischen Staatslehre, dem »Policraticus«, und dem Korpus seiner über 300 erhaltenen Briefe. Um zwei positive Zentren kreist seine Lehre, um die Freiheit und das Gewissen, und um ein negatives, die Macht. Freiheit wird das Strukturprinzip der Gesellschaft und das Gewissen die Orientierung der Menschen in der Gesellschaft. »Um der Stetigkeit der Tugend (der *virtus*) willen, ist jeder frei, und nur insoweit, als er frei ist, ist er an Tugenden reich.« Da in einer Formulierung des Petrus Lombardus die Tugend, die *virtus*, diejenige gute Beschaffenheit des Geistes ist, kraft deren man richtig lebt, lautet die Lehre des Johannes: »Nur die Freiheit ermöglicht dem Menschen, wahrhaft Mensch zu sein.« Diese Menschsein ermöglichende Freiheit denkt Johannes aber nicht theoretisch, nicht theologisch und nicht philosophisch, sondern politisch. »Freiheit ist die Sicherheit des Lebens«, und sie wird von den Tyrannen bedroht. Auch der Tyrann ist ihm kein abstrakter Begriff. Er ist wirklich in König Heinrich II. von England, der der englischen Kirche und damit dem gläubigen Volk die Freiheit vorenthält, sie ist wirklich in Kaiser Friedrich Barbarossa, der den oberitalienischen Städten ihre Freiheit vorenthält, der der Christenheit einen falschen Papst aufzwingen will:

Wer hat die Deutschen zu Richtern über die Völker eingesetzt? Wer hat diesen stumpfen und ungestümen Menschen die Autorität verliehen, nach ihrem Belieben über die Köpfe der Menschen Herrscher einzusetzen?, der in seinem Reich diejenigen unterdrückt, die sich für den rechtmäßigen Papst einsetzen, und sich nicht scheut, Nonnenklöstern den roten Hahn aufs Dach zu setzen, wenn sie nicht seinen Papst anerkennen. In diesem Zusammenhang der Erfahrung der Unterdrückung wird in Europa erstmals die Gewissensfreiheit gedacht. In Deutschland, so klagt Johannes, gibt es viele, die sich »aus Angst vor dem Kaiser und dem Kölner Schismatiker« von der wahren Kirche trennen: dem Kölner Schismatiker, dem Kanzler des Reiches und gewähltem Erzbischof, Rainald von Dassel, »jenem Dieb der Kölner Kirche, dem größten unter den Heuschrecken-Bestien, deren Macht in Maul und Schwanz besteht«, der, worüber sich Johannes empört, den französischen König hochmütig »Königlein«, *regulus*, genannt hatte. Und so schickt Johannes seinen Freund, den Magister Girard de la Pucelle, in die Metropole des Reiches, nach Köln. Ihm schreibt Johannes dorthin, und er freut sich, daß der Freund »öffentlich in der Kraft des Heiligen Geistes in voller Gewissensfreiheit (*in omni libertate conscientiae*) gegen die Schismatiker die Wahrheit schreibt und spricht«. In diesem Brief ist zum ersten Mal in der Geschichte der Menschheit von der Gewissensfreiheit die Rede. Das individuelle Gewissen Abaelards ist zur gesellschaftlich wirkenden Kraft geworden. Man muß sich klarmachen, was damit geschehen war. Kaiser Friedrich und Rainald von Dassel waren den lombardischen Städten gegenüber im Recht. Die Wahl des Gegenpapstes Viktor IV. war – gemessen an der Tradition – nicht völlig illegal. Papst Innozenz II., dem Bernhard von Clairvaux zur Anerkennung verhalf, war nicht regulärer gewählt als Papst Viktor IV. König Heinrich II. von England konnte sich in seinem Vorgehen gegen die englische Kirche auf das Herkommen – die *avitae consuetudines* – und die Beschlüsse des Reichstags von Clarendon (1164) stützen. Das Gewissen wird für Johannes von Salisbury zur Legitimation, die alte, die legale, die politisch noch herrschende und die Freiheit bedrohende Ordnung für illegitim zu erklären. In der Welt der bekämpften Ordnung und der persönlichen Unsicherheit auf der Flucht vor den Mächtigen ist die moralische Erfahrung des subjektiven Gewissens das Gewisse. Immer wieder beruft sich Johannes in seinen Briefen auf das Gewissen, unerbittlich kämpft er gegen die Feudalordnung: »Ein Lehen empfangen heißt seine Freiheit verkaufen.« Nicht das Herkommen, die äußere Ordnung der Gesellschaft darf den Richtern – Inhabern königlicher Lehen – Richtschnur sein, sondern nur das Gewissen. »Wer gegen das Gewissen richtet, sündigt schwer.« Die durch das Gewissen geschärfte Beobachtung der Welt führt Johannes zu der Einsicht, daß Macht böse ist. Aus der Erfahrung der Spannung Macht – Freiheit, erlebt im Urteil des Gewissens, schreibt Johannes von Salisbury die erste Staatslehre Europas: »Policraticus« – »Der Großherrscher oder über die Possen der Höflinge und die Nachfolge der Philosophen«. Im Jahre 1159 ist das Werk vollendet, das er als Sekretär des Erzbischofs von Canterbury, Theobald, und sein Vertreter im geistlichen Gericht schreibt und dem Kanzler des Königs widmet: Thomas Becket. Gehorsam wurde von den Mächtigen der Welt in Macht erzwungen. Abaelard hatte gelehrt, daß in der Welt der erlösten Christen Gehorsam nur in Liebe und Freiheit gefordert werden darf. In einer Formulierung, die auf den Erfahrungen unseres Jahrhunderts mit Diktatoren beruhen könnte, gibt Johannes dies in einem klassischen Text wieder. Gehorsam darf ein Herrscher nur fordern »in Achtung vor der Integrität des Gewissens und der Würde der Person« – salva indemnitate conscientiae et honestate personae. Johannes ist konsequent. Erzwingt ein Herrscher Gehorsam durch Gewalt und verletzt er die Integrität von Gewissen oder die Würde von Menschen, ist er also in der damaligen Sprache ein Tyrann, dann haben die Menschen, die Unterdrückten, die im Gewissen Vergewaltigten und in der Würde Verletzten das Recht des Widerstandes, des Widerstandes bis zur Tötung der Tyrannen. Johannes schreibt ein eigenes, leider verlorenes Buch über den Tyrannenmord. Würde des Menschen, Gewissensfreiheit, Widerstandsrecht, das europäische Nachdenken über Herrschaft und Volk begann im 12. Jahrhundert hoffnungsvoll, aber kein Aufbegehren, nicht das der Bauern in den Bauernkriegen noch das der Bürger in der Französischen Revolution, konnten verhindern, daß die Macht der Herrschenden schneller wuchs als die Fähigkeit der Beherrschten, ihre Freiheit zu wahren. Und die Kirche stand meist auf der Seite der Herrschenden.

Die Kritik an den herrschenden Ordnungen

Johannes von Salisbury, auf der Flucht vor dem Tyrannen, erlebte weltliche Herrschaft mächtig und böse. Anhänger des von Kaiser Friedrich Barbarossa bekämpften und verfolgten Papstes Alexander III., auf die Gastfreundschaft von Äbten und Bischöfen angewiesen, erlebte er Kirche schwach, bedroht und deswegen gut. Das Bild, das er von der Kirche zeichnet, ist gleich dem von Abaelard und Heloisa das einer Kirche des Wortes, der Armut, des Friedens, aber es ist nicht das Bild der Kirche seiner Zeit. Abaelard und Heloisa sehen schärfer, scheiden Herrscher der

Welt und Herrscher der Kirche nicht in böse und gut. Die Botschaft Jesu sehen sie wirkungslos in der Welt, unterdrückt in der Kirche. Sie rufen nicht zum Kampf auf, zum Widerstand gegen die Tyrannen, wie Johannes von Salisbury in der Flut seiner Briefe, hierin Bernhard von Clairvaux vergleichbar. Abaelards und Heloisas Ziel ist es, die Ordnung der erlösten Menschen wieder deutlich zu machen und im Parakleten dieser Ordnung einen Raum zu geben. Politisch wirken wollen sie nicht.

Ihre Ethik ist eine Ethik für die Menschen, für alle Menschen. Sie ist eine Ausformung des Gebotes Jesu: »Du sollst den Herrn, deinen Gott, lieben mit ganzem Herzen und ganzer Seele, mit allen deinen Gedanken und all deiner Kraft, und du sollst deinen Nächsten lieben wie dich selbst« (Mark. 12,30f.). Diese Liebe ist innere Kraft (*virtus*), Gesinnung (*animus*). Hat ein Mensch diese Gesinnung, so sagt sein Gewissen in der Situation der Handlung, welches Tun das Gute und welches das Böse ist. In diesen Sätzen besteht die ganze Ethik des Paares, und alles Weitere, was Abaelard geschrieben hat, ist Ablehnung, Widerlegung dessen, was die Kirchenmänner in einem Jahrtausend aus der Lehre Jesu gemacht hatten, den Beginn der Moraltheologie zur Unterdrückung der Natur des Menschen und zur Beherrschung des Willens der Menschen. Gegen fünf Ordnungen ihrer Zeit richtete sich die Ethik Abaelards und Heloisas, gegen Ordnungen und ihre Institutionen. Herrschaft, ein *regimen*, kirchlich oder weltlich, wurde zur Zeit der beiden ausgeübt durch Männer, die hierfür gesalbt waren, geweiht worden sind. Gegen die Weiheordnung richtete sich der Protest der beiden. Die Kirche war zu einer Institution geworden, die tägliches Leben im kleinen und im großen durch immer neue Gesetze zu ordnen beanspruchte. Gegen diesen Anspruch, durch kirchliches Gesetz Gutes oder Böses zu definieren, richtete sich der Protest der beiden. Grundlage aller weltlichen Ordnung war die Ehe, die Familie, von Männern zur Aufrechterhaltung einer Männerordnung geschaffen. Gegen diese Ausformung des Verhältnisses von Mann und Frau richtete sich der Protest der beiden. Aller Ordnungen in dieser Welt höchste und alle anderen bestimmend war die Ordnung der Kirche. Kein Mensch konnte zu Gott kommen, es sei denn durch sie, keinen konnte seine Gnade erreichen, es sei denn durch sie. Gegen diese Trennung des Menschen von Gott durch die Kirche richtete sich der Protest der beiden. Und alle Ordnungen, kirchliche wie weltliche, durchzog die Ordnung und die Verteilung von Eigentum, bestimmend, wer reich und befähigt war zu leben, wie er wollte, und wer arm und bestimmt war, zu dienen oder Hungers zu sterben. Gegen diese Eigentumsordnung ihrer Zeit richtete sich der Protest der beiden.

Die Inhaber der geistlichen Gewalt, die Bischöfe, und die Inhaber weltlicher Gewalt, die Könige, wurden geweiht und gesalbt und so zu unmittelbaren Trägern göttlicher Legitimation. Die Kirchenreform seit Papst Gregor VII. hatte zwar langsam begonnen, den weltlichen Bereich zu entsakralisieren, dem König die Salbung mit dem Chrisam vorzuenthalten, dem heiligen Öl, mit dem die Bischofs- und Kirchenweihe erfolgte und die Firmung der Gläubigen. Den Zeitgenossen des Paares aber war Weihe, Salbung ein religiös-sakramental-mystischer Vorgang, Einbruch des Numinosen in diese Welt, Legitimation durch Gott. Salbung und Weihung waren die Feste der Männerwelt.

Bischöfe rühmen sich, wenn sie in ihren glänzenden, goldstrotzenden Gewändern unter dem Jubel des Volkes irdischen Königen die Salbung geben, wenn sie irdische Menschen zu Priestern weihen, wenn sie oftmals da segnen, wo der Herr verflucht hat.

Die Weiheordnung seiner Zeit bricht Abaelard auf, indem er der Salbung der Männerwelt die Salbung Marias Magdalenas an Jesus gegenüberstellt, Marias aus Magdala, unter deren Namen das Mittelalter drei biblische Frauengestalten zusammensah, Maria von Bethanien, die Schwester der Martha und des Lazarus (Luk.10,39f.), Maria aus Magdala, die zu den Frauen im Gefolge Jesu gehörte (Mark.15,40), und die Sünderin Maria (Luk.7,36–50), den Zeitgenossen Abaelards eine Dirne. Diese Dirne, die geringste aller Frauen, hatte Jesus Christus, den Gottes-Sohn, gesalbt.

Jesus ging in das Haus eines Pharisäers, der ihn zum Essen eingeladen hatte, und legte sich zu Tisch. Als nun eine Sünderin, die in der Stadt lebte, erfuhr, daß er im Haus des Pharisäers bei Tisch war, kam sie mit einem Alabastergefäß voll wohlriechendem Öl und trat von hinten an ihn heran. Dabei weinte sie, und ihre Tränen fielen auf seine Füße. Sie trocknete seine Füße mit ihrem Haar, küßte sie und salbte ihn mit dem Öl.... Und Jesus sagte zu den Pharisäern: »Ihr sind viele Sünden vergeben, weil sie mir so viel Liebe gezeigt hat« (Luk.7,36–38,47).

Diesen Text der Schrift benützt Abaelard, um die Weiheordnung seiner Zeit aufzubrechen, Männerwelt gegen Frauendienst, Pomp gegen Armut, Amt gegen Liebe zu stellen.

Bischöfe rühmen sich... Und hier die demütige Frau: Sie wechselt nicht das Kleid, sie braucht keinen großen Pomp, wenn sie unter dem Murren der Apostel an dem himmlischen König die Weihehandlung vollzieht: Mit dem Recht der demutsvollen Liebe vollzieht sie die Weihung, nicht mit dem Anspruch des hohen Amtes.

Noch ein anderes Beispiel bringt Abaelard. Kirchengebäude sind der Zeit Haus und Wohnung Gottes, der Bau, der – wie Honorius Augustodunensis († nach 1150) formuliert – »den im himmlischen Jerusalem aus lebendigen Steinen errichteten Tempel der Herrlichkeit vorwegnimmt, in dem die Kirche in ewigem Frieden jubelt«. Wie die Gläubigen in der Firmung wird der Kirchenbau vom Bischof mit dem Chrisam gesalbt. Und von einer solchen Kirche bildet Abaelard sein Beispiel: »Nehmen wir einmal den Fall an: Ein Mann hat in einer Kirche eine Frau vergewaltigt.« – Sicher kein seltener Vorgang in jenen gewalttätigen Zeiten. Das Kirchenrecht verlangt, daß die hierdurch geschändete Kirche – wie bei einem Mord in ihr – vom Bischof neu geweiht werden muß, und Abaelard vermutet mit Recht, die Entrüstung des Volkes richte sich mehr gegen die Schändung der Kirche als gegen die Schändung der Frau. Die Frau aber ist – schreibt Abaelard – »Gottes heiliger Tempel«, Wohnung des Heiligen Geistes (1. Kor. 3,16), »das Kirchengebäude sind nur vier Wände«. Nicht die Schändung der Kirche ist der Skandal, sondern die Schändung der Frau. Die Kirche aber denkt anders. Ihre Weiheordnung entspricht nicht der Ordnung Gottes.

Die Kirche hatte sich zu einer Institution entwickelt, die verbindlich zu entscheiden beanspruchte, was gut und was schlecht ist. Dagegen stellt Abaelard die Lehre des Evangeliums. Gott hat der Welt eine Ordnung gegeben, »natürliche Gesetze« – *leges naturales*, auch »moralische Gesetze genannt, wie Gott lieben und den Nächsten, keinen Ehebruch begehen, nicht stehlen, nicht zum Mörder werden«. Außer den Regeln, die diese Ordnung bestimmen, gibt es ausdrücklich angeordnetes, gesetztes Recht, *jus positivum*, wie Abaelard, die europäische Rechtssprache bestimmend, zum ersten Mal sagt. Solches positives Recht, erlassen für Zeiten, Räume und Menschengruppen, kann göttlichen Ursprungs sein wie das Gebot an die Juden, sich beschneiden, und an die Christen, sich taufen zu lassen. Es kann aber auch menschlichen Ursprungs sein.

Gesetztes Recht heißt jenes Recht, das von Menschen festgesetzt wurde, um den Nutzen oder die Tugend zu sichern oder zu vergrößern, und das beruht entweder allein auf der Gewohnheit oder auf der schriftlichen Anordnung einer Autorität.

Als wichtigste Beispiele für solches positives Recht führt Abaelard solche aus dem Recht der Verfahren vor Gericht an.

Positives Recht soll dienend, verdeutlichend, nützlich sein. Religiöse Autoritäten in dieser Welt aber neigen dazu, mit seiner Hilfe zu herrschen, die Lehre Gottes zu überlagern. So hatte schon Jesus von den

Pharisäern und Schriftgelehrten gesagt: »Sie schnüren schwere Lasten zusammen und legen sie den Menschen auf die Schultern« (Matth. 23,4). Gleiches tut die christliche Kirche:

Die Päpste und die Synoden erlassen täglich neue Erlasse mit Gesetzeskraft (*decreta*) oder erteilen von ihnen wieder Dispens, wodurch früher Erlaubtes verboten und Verbotenes erlaubt genannt wird und sie sich gleichsam die Macht Gottes aneignen, durch die Gebote oder Erlaubnisse etwas zu Gutem oder Bösem zu machen, das solches vorher nicht war.

Die erste Klage in Europa über die wachsende Gesetzesflut, die seither stetig anschwillt, und ein Protest gegen den Anspruch der Kirche zu definieren, was gut und was schlecht ist. Formuliert wird diese Klage und dieser Protest von dem Philosophen gegen den Christen in Abaelards letztem Werk, dem »Dialog zwischen dem Philosophen, dem Juden und dem Christen«. Die Kirche hat die Menschen Europas daran gewöhnt, in Gehorsam einer Autorität die unsinnigsten Entscheidungen über angeblich Gutes oder Schlechtes abzunehmen, die Könige dieser Welt haben dieses Werk fortgesetzt, und heute heißen die Instanzen Bundestag oder Ministerrat der Gemeinschaft. Wo bleibt unser Protest?

Jede Gesellschaft muß sich in der Zeit reproduzieren. Der gesellschaftliche Ort der biologischen Reproduktion ist in den meisten Kulturen die Ehe, der Verband, der in Zeiten, da nicht der Staat die Daseinsvorsorge leistet, die Ehe schützend umgibt, die Familie. In einer Gesellschaft, die wie die mittelalterliche Klassen und Stände kennt und in der die Unterschiede zwischen ganz unten und ganz oben so krass, so existenziell, für die Unteren so lebensbedrohend sind, daß wir sie uns kaum mehr vorstellen können, in einer solchen Gesellschaft definiert die Geburt eines Menschen in einer oder in eine Familie ihn selbst ganz und gar, in einer solchen Gesellschaft steuert das Eingehen einer Ehe den Fluß der Vermögen und die politische Bedeutung der Familien. Über den Abschluß einer Ehe zum Zweck der Reproduktion der Familie des Mannes verhandeln und entscheiden die beiden Familien, die Männer dieser Familien, und häufig muß noch die Einwilligung des Lehnsherrn der Familie des Bräutigams eingeholt werden. Mit Liebe als seelischer Beziehung zweier Menschen und Sexualität als der Erfüllung körperlicher Bedürfnisse des Mannes – nach den Bedürfnissen einer Frau fragte ohnehin kein Mann – hatte dieser Vorgang der Eheschließung nichts zu tun. Für die Berechtigung des Mannes, aus der ihm angetrauten Frau seine Familie fortzupflanzen, mußte zu Zeiten Abaelards der Bräutigam der Frau einen Teil seines Vermögens, seines Grund und Bodens überschreiben. Lateinisch *dos* und deutsch »Brautgabe, Morgengabe« genannt, wurde ihre Höhe in den Eheverträgen genau festgelegt und in der Regel durch die Mitgift der Braut ergänzt. Diese Vermögenstransaktion adeliger Familien ging sogar in das kirchliche Recht über, da die Morgengabe die in kirchlichen Augen allein rechtmäßige Ehe (*nuptia, matrimonium, conjugium*) von dem verpönten Konkubinat unterschied. So nimmt Ivo von Chartres den Kanon in seine Kirchenrechtssammlung »Panormia« auf:

Keine rechtmäßige Ehe darf ohne Überschreibung der Brautgabe stattfinden, ihre Größe richtet sich nach den Möglichkeiten.

Diese Ordnung der feudalen Welt, die die Frauen zu Objekten der Vermögensplanung der von Männern geführten Familien macht –

Es steht fest, daß die Frau der Herrschaft des Mannes unterworfen ist, keine Bürgschaft leisten, vor Gericht nicht vortragen, kein Zeugnis ablegen kann und nicht den Frieden beschwören und nicht richten; um so weniger kann sie befehlen.

– und zu Schachfiguren auf dem Felde politischer Auseinandersetzungen, diese Ordnung bricht Heloisa auf mit ihrem Bekenntnis, daß allein die Liebe Grundlage ihrer Beziehung zu Abaelard ist. Mag dieses Bekenntnis, daß sie keinen Ehevertrag und keine Morgengabe je erstrebte, eine individuelle Äußerung sein, nur für sie und Abaelard geltend, so zeigt die Anklage gegen die Frauen, die sich der von Männern gestifteten Ordnung fügen, ihren grundsätzlichen Protest:

Jene Frau, die lieber einen Reichen heiratet als einen Armen, darf nicht meinen, sie sei keine zum Kauf ausgestellte Ware. Ihr Begehren richtet sich nicht auf den Mann, sondern auf sein Vermögen, und die Frau, die solches Begehren zur Ehe führt, sie verdient Hurenlohn (*merces*), nicht dankerfüllte Liebe (*gratia*). Eine solche sucht Besitz, nicht den Menschen, und wenn einer kommt, der reicher ist (oder den höheren Stand hat), dem gibt sie sich hin (*se velle prostituere*).

So wurde Bertrada von Montfort aus der Gräfin von Anjou zur Königin von Frankreich. Heloisa sieht eine neue Ordnung zwischen Mann und Frau. Nicht das Recht des Mannes auf den Körper der Frau, das Recht, aus ihr Kinder zu zeugen, stiftet die Ehe, sondern die Liebe zweier Menschen. Was diese Beziehung »unverletzlich macht, ist die Treue von Seele und Geist (*mind*), nicht die Treue des Körpers« (P. Archambault). Moral ist eine Sache des Bewußtseins, der Einstellung des Willens, keine Sache des Körpers. Heloisa hat nicht gefordert, daß Frauen Männern gleichberechtigt sind, immer hat sie sich Abaelard untergeordnet. Ihre neue Ordnung zwischen Mann und Frau aber ist die Voraussetzung dafür, daß beide herrschaftsfrei ein Paar bilden können, die Hoffnung unserer Zeit.

Heloisa nimmt 800 Jahre Entwicklung vorweg. Die Frauen ihrer Zeit sind ihr nicht gefolgt, und den Männern unter ihren Bewunderern war sie immer nur die Geliebte, die Treue, die Gehorsame. Ehe und Familie sind seit der Zeit Heloisas bis in die heutige Generation Institutionen gewesen, die stets der Zerreißprobe eines dreifachen Kraftfeldes ausgesetzt waren, dem Anspruch der Kirche und der Kirchen, später übernommen vom Staat, dem Wollen der Familien oder wenigstens der Eltern und den Bedürfnissen der Partner. Erst in unserer Generation können Menschen so leben, wie Heloisa meinte, daß sie leben sollen, frei nach dem gemeinsamen Willen in Liebe.

Heil der Menschen ist gebunden an den Glauben und die Taufe; Verkündigung des Glaubens in der Predigt und der Spendung der Taufe ist Auftrag des Auferstandenen an seine Jünger, an seine Kirche: »Geht hinaus in die ganze Welt und verkündet das Evangelium allen Geschöpfen. Wer glaubt und sich taufen läßt, wird gerettet; wer aber nicht glaubt, wird verdammt werden« (Mark.16,15). Abaelard greift diesen Auftrag des Herrn in der Auslegung der vierten »Vaterunser«-Bitte auf: »Unser tägliches Brot gib uns heute« (Matth.6,11). Da der Mensch Körper und Seele ist, benötigt er doppeltes Brot, das körperliche Brot, unsere Nahrung, und das geistige Brot, das Wort Gottes. Rasch kommt Abaelard auf dieses geistige Brot zu sprechen:

Das geistige Brot erbitten wir von Gott, denn wir erhalten es nur, wenn er es uns gibt. Die Priester haben es uns auszuteilen. Von Verwaltern wird erwartet, daß sie treu erfunden werden. Wo aber ist in unseren Zeiten der treue und weise Knecht, den der Herr über seine Familie setzt, daß er ihr Speise gebe, treu und weise?

Und dann setzt Abaelard an zur Klage über die Kirche seiner Zeit, zur zornigen Anklage. Daß hier nicht der Enttäuschte spricht, der von der Kirche Verfolgte, der seelisch Verletzte, sondern ein klarsichtiger Beobachter, zeigen dieselben Anklagen, die Bernhard von Clairvaux nicht müde wird, in Briefen, Denkschriften und Büchern zu formulieren, die als hämische Verse die Runde unter Geistlichen und Mönchen machen, Unterhaltung durch Spaß am eigenen Versagen. »Die Welt ist voller Geistlicher«, schreibt Abaelard an die Nonnen des Parakleten, und es klingt wie ein böses Echo auf den stolzen Ausruf Bernhards von Clairvaux: »Die Welt ist voller Mönche.« Brauchen die Menschen sie jedoch, sind keine Priester zur Stelle. »Zeitgenössische Geistliche« – *moderni sacerdotes* – nennt er die, die den *ordo* des Priestertums empfangen haben, ihre Leben aber in Unordnung verbringen. Mit dem gemeinen Volk prassen sie zwar, liegen sie bei Trinkgelagen, erzählen sie sich Geschichten, ausgedachte Geschichten und wahre Geschichten, über Helden im Kampf und Helden über Frauen, das Wort Gottes aber verkünden sie nicht. Nicht daß sie Gott nicht dienten, nein, die feierliche Liturgie Clunys vor Augen und im Ohr wirft ihnen Abaelard vor:

Sie wähnen Gott gehorsam zu sein im täglichen Dienst, die Worte des Gotteslobes jubilieren sie, vielmehr zischen sie (*jubilant, imo sibilant*), und die Zuhörer, die den Klang der Worte in sich aufnehmen, werden durch die Gebärden ihrer Körper verführt, nicht aufgebaut.... Es vergehen die kirchlichen Feiertage, es vergeht ein ganzes Jahr, und kein Wort hört das Volk von ihnen, das zu bilden ihnen aufgetragen ist, kein Wort vom Bösen abzuhalten, zum Guten zurückzurufen und im Guten zu bestärken.... Ja es gibt Prediger, wie Unkraut vom Teufel im Garten des Herrn gesät, die bekleidet mit den Zeichen des Priestertums durch die Welt wandern und die dumm gelassene Menge von Sünden niedergedrückt noch lügend loben und glücklich preisen und »Frieden, Frieden«, im Munde führen, obwohl kein Frieden ist.

Und dann schlägt der Stil Abaelards plötzlich um. Aus der Philippika, aus der beißenden Strafrede – einer unter den ungezählten seiner Zeit –, wird plötzlich ein Hilferuf zu Gott, herausgepreßt aus der Angst um die Menschen, die wegen des Versagens der Kirche ihr Ziel auf Erden, ihre Bestimmung, ihr Heil nicht erreichen, die ewige Seligkeit, und statt dessen verstoßen werden in die Qualen der Hölle:

Unser tägliches Brot gib uns heute, Vater, weide Herr, Du selbst weide Deine Herde! Deine Salbung lehre sie alle, damit Dein Geist durch den inneren Hauch (*per internam aspirationen*) ihnen die Lehre eingebe, die der stumme Mund solcher Priester nicht verbreitet. Unser tägliches Brot gib uns heute, das leibliche Brot und das geistige Brot: Das leibliche Brot, indem Du die Erde sprießen läßt, auf daß sie die Frucht zurückgebe; das geistige Brot, indem Du die Würdenträger der Kirche und ihre Lehrer innerlich bewegst, Deine ihnen anvertraute Lehre zu verstehen und zu verbreiten. Aber wenn jene nicht Sorge tragen, dieses Brot zu brechen, dann weide Du uns selbst durch den verborgenen Hauch Deines Geistes, damit wir innerlich durch Dich das Brot empfangen, um das wir äußerlich durch deren Schweigen betrogen worden sind. Unser tägliches Brot gib uns heute!

Abaelard ist überzeugt, daß Gott keinen Menschen verlorengehen lassen will. Abaelard ist überzeugt, daß nicht äußere Werke Menschen gerecht machen, und sei es der Empfang eines Sakraments, sondern nur die Liebe zu Gott. Und Abaelard weiß, daß man Gott kennen muß, von seiner Liebe zu uns gehört haben muß, um ihn so zu lieben, daß er in diese Liebe der Menschen sich selbst, sein Heil gibt. Und da die Kirche seiner Zeit, die modernen Geistlichen, nicht tun, was Menschen zum Heile führt, da dies so ist, so kann Gott das Heil der Menschen nicht an das Werk, an das Wirken der sichtbaren Kirche gebunden haben. Gewiß, Prälaten und Geistliche sind nützlich, wenn sie predigen und Sakramente spenden. Tun sie es aber nicht, dann wirkt der Heilige Geist in den Menschen das Heil. Kirche Jesu Christi ist nicht die sichtbare Hierarchie vom Papst hinunter zu Erzbischöfen, Bischöfen, Pfarrern und Hilfsgeistlichen. Kirche ist das Wirken des Heiligen Geistes im Verborgenen, im Herzen jedes Menschen, der sich nach Gott sehnt, der bereit ist, ihn zu lieben. Eine Generation vor Joachim von Fiore überwindet Abaelard die sichtbare Priesterkirche des Zweiten Reiches, lehrt er die Geistkirche des Dritten Reiches. Kein Satz der wissenschaftlichen Werke Abaelards begründet den Ketzervorwurf. Diese Lehre aber von der prinzipiellen Überflüssigkeit der zeitgenössischen Kirche war der Kern aller Ketzerlehren um Abaelard herum und nach ihm bis zur Reformation. Sie hat er aber nicht der wissenschaftlichen Welt anvertraut, sondern nur den Nonnen des Parakleten.

Der letzte Protest des Paares richtet sich gegen die Eigentumsordnung der feudalen Umwelt. Sie abzulehnen fällt uns heute leicht, gilt es doch als Leistung des Bürgertums, die Feudalordnung überwunden zu haben. Deshalb sei kurz angemerkt, daß unter Abaelards Verdikt auch die Ordnung der bürgerlichen Gesellschaft fällt, die heutige Verteilung von Wohlstand zwischen der Ersten und der Dritten Welt. »Abaelard entwikkelt... das Ideal eines mönchisch-kommunistischen, auf asketisch-spiritualistischer Grundlage errichteten Volksstaates« (F. Heer), hierin einer Ansicht mit Bernhard von Clairvaux.

Daß Abaelard den Besitz und die Nutzung des Eigentums, die über die Befriedigung der elementaren Bedürfnisse hinausgehen, als Diebstahl an den Armen ansieht, wurde oben schon belegt. Ein Distichon aus dem Lehrgedicht für seinen Sohn Astralabius sei dafür noch angeführt:

> Wer mehr für sich behält, als was zum Leben nötig ist,
> greift dem Armen mit der Faust an die Kehle.

Und dabei muß man immer mitdenken, daß in Mitteleuropa bis an die Wende unseres Jahrhunderts und in der Dritten und Vierten Welt bis heute das Bruttosozialprodukt nie ausreichte, bei gleicher Verteilung allen Menschen ein menschenwürdiges Leben zu sichern. Leben im Überfluß einiger war immer ein Todesurteil für andere, Eigentum in der Hand der Besitzenden war immer Diebstahl an den Darbenden, Verhungernden.

Um Abaelards Ablehnung der konservativ-feudalen wie der zu seiner Zeit entstehenden modernen bürgerlich-städtischen Eigentumsordnung zu verstehen, muß man wissen, daß die Theologen aus der Heiligen Schrift geschlossen hatten, daß es nach dem Naturrecht keinen rechtmäßigen persönlichen Besitz gäbe. *Jure naturali omnia sunt communia omnibus.* »Nach dem Naturrecht ist alles allen gemeinsam«, wie Gratian knapp und präzise in seinem »Decret« formuliert. Deutlich wird das aus einem Brief Ivos von Chartres an den Päpstlichen Legaten Erzbischof Hugo von Lyon aus dem Jahre 1097, wobei der Hinweis auf das Recht des Kaisers zeigt, daß das römische Recht, das »Corpus Juris Civilis« des Kaisers Justinian das Denken der Menschen zu bestimmen begann.

Das göttliche Recht finden wir in der Schrift, das weltliche in den Gesetzen der Könige. Wer kann etwas besitzen, wenn nicht kraft menschlichen Rechts? Nach göttlichem Recht heißt es: »Dem Herrn gehört die Erde und ihre Fülle« (Ps. 24,1). Nach menschlichem Recht heißt es: »Dieses Landhaus gehört mir, dieses Haus gehört mir, dieser Knecht gehört mir.« Nimm das Recht des Kaisers hinweg, wer wagt dann zu sagen, »dieses Landhaus gehört mir, das ist mein Knecht, dieses Haus ist mein Besitz«? Und ebenso kann man dann nicht mehr sagen »was gehört mir und was dem König?« Was gehört Dir dann als Eigentum? Nur kraft der Gesetze der Könige wird Eigentum besessen (*per jura regum possidentur possessiones*).

Dieser Verteilung der Güter der Welt nach der Willkür der Herrschenden und der dadurch bedingten Ungleichheit ihrer Nutzung setzt Abaelard das Ideal eines Gemeinwesens entgegen, dessen Bürger gleich sind und einfach leben. Die moralischen Gebote des Evangeliums sind die Wiederherstellung des Naturrechts, nach dem allen alles gemeinsam ist. »Gemeinwesen (*res publica*) heißt eine Gesellschaft, deren Verwaltung auf den allgemeinen Nutzen gerichtet ist.« Ein Gemeinwesen liegt somit nur vor, wenn seine Leiter – die Könige – das ihnen anvertraute Gut nicht zu eigenem Nutzen nützen, sondern zum allgemeinen. Abaelard führt dann für seine Ansicht die Stoiker an, die Kirchenväter und besonders die Apostelgeschichte: »Die Gemeinde der Gläubigen war ein Herz und eine Seele. Keiner nannte etwas von dem, was er hatte, sein Eigentum, sondern sie hatten alles gemeinsam« (Ap. 4,32). Eine besondere Herausforderung für Abaelard war die Ansicht Platons, daß auch die Frauen gemeinsam seien, wie Sokrates im »Timaios« sagte, »daß alles, was Ehen und Kinder anlangt, allen insgesamt gemeinschaftlich sei« (Tim.13c), eine Ansicht, die Frauen und Kinder zu Herrschaftsobjekten der Männer macht. Abaelard benutzt die Stelle, um darzulegen, daß Platon nicht die Promiskuität gelehrt habe, sondern die Vergesellschaftung der Kinder. Damit sprengt Abaelard nicht nur feudale und frühbürgerliche Eigentumsordnungen seiner Zeit, sondern auch die Familienordnung. Nicht die Geburt aus einer und in eine Familie – den Status eines Menschen bestimmend, Unfreier, Bauer, Bürger, Ritter, Hochadeliger, König –, sondern die gemeinsame Erziehung der Kinder soll sie zu gleichen Menschen machen. Indem wir »Vater unser« sagen, bekennen wir den Hochmut ablegend ihn, den Vater, »nicht anmaßend als unser eigen oder uns auszeichnend vor anderen, sondern ihn uns gemeinsam«.

Wird der Gedanke Heloisas wieder aufgenommen, daß die Weltleute leben sollen wie die Mönche, die heiraten dürfen – und Abaelard erinnert daran, daß nach der Schilderung der Alten die Leiter des Gemeinwesens der Tugend nach leben sollen wie heute die Mönche und Kleriker –, dann wird die Ordnung des Parakleten übertragen auf die Siedlungen der Welt, in der Menschen ein einfaches Leben führen, »mehr in Liebe geeint als in Herrschaft«, verheiratet in Paaren, die Kinder aber erzogen von allen, ohne Standesunterschiede, ohne das angeborene Recht, Herren anderer Menschen zu sein. Und es ist kein Zufall, daß in der »Theologia Christiana« dem Traktat vom Gemeinwesen unmittelbar der Traktat vom Mönchtum folgt.

Abaelards und Heloisas Paraklet ist das erste Utopia Europas, humaner als Campanellas »Sonnenstaat«, verwandt den Gedanken des Thomas Morus und wie seine Lehre entwickelt an den antiken Autoren. Gemessen an den Maßstäben Platons, der Stoa und der Heiligen Schrift ist Abaelards Weltentwurf eine Ordnung im Chaos.

Das Bleibende

Wenige Jahre nach Abaelards Tod wird sein Name aus den wissenschaftlichen Kontroversen der Zeit verschwunden sein. Als sich Menschen wieder für ihn, für ihn und Heloisa interessieren, ist es nicht sein, nicht ihr beider gemeinsames Werk, sondern die romantisch verklärte Tragik ihrer Liebesbeziehung, die sie bewegt. Wären nicht die vier persönlichen Briefe überliefert, wäre Heloisa unbekannt und Abaelard ohne Aufmerksamkeit geblieben. Nur zögernd beginnt im 19. Jahrhundert die Beschäftigung mit dem theologischen Werk, und erst, als um die Mitte unseres Jahrhunderts langsam die kritischen Editionen erscheinen und die verschiedenen mediävistischen Disziplinen, die Geschichte der Theologie, der Philosophie, der Literatur und Musik, des Ordenslebens und der Kanonistik eingehender das Werk der beiden untersuchen, erst seitdem wird ihr Lebensbild deutlich. Dennoch, von Heloisa hat außer ihren beiden persönlichen Briefen nichts und von Abaelard nur weniges geschichtlich unter seinem Namen gewirkt.

Abaelard war Autodidakt. Vergleicht man seine Bildung mit der anderer Großer seiner Zeit, etwa mit der Hugos von Saint-Victor (†1141), oder den Lehren der Magister der Schule von Chartres, dann wird die Begrenztheit des Wissens und des Interesses von Abaelard deutlich. Ihm fehlt jedes Interesse an der spekulativen Theologie, das Anselm von Canterbury (†1109) geleitet hat, und der versuchte, durch die Texte der Offenbarung hindurch und die Überlieferung der Kirche Gottes Pläne mit den Menschen zu verstehen, die *ratio fidei*, den Glaubensgrund, wie die Theologen der Scholastik dies später nennen. Abaelard fehlt jedes Verständnis für die zeitgenössische Mystik, wie sie in den Werken Bernhards von Clairvaux (†1153) und Wilhelms von Saint-Thierry (†1148) blüht. Mathematik und Physik, wie sie von Bernhard (†1124 oder 1130) und Theoderich von Chartres († nach 1149) gelehrt wurden, blieben ihm innerlich fremd. Und nichts deutet darauf hin, daß der Mitbegründer der Scholastik Fragestellungen der Metaphysik entwickelt hätte, der systematischen Mitte der philosophischen Scholastik, sie erst die großen Weltdeutungen des Mittelalters ermöglichend. Nein, universal gebildet war Abaelard nicht. Nacheinander richtet sich sein Interesse fokussiert auf die Logik, die Trinitätslehre und die Ethik. Alles andere blieb ihm unwichtig.

Interessieren so die Inhalte seines Denkens mit Ausnahme der Ethik heute kaum mehr, so liegt seine Bedeutung auf der – wie wir heute sagen – Metaebene. Nicht was er lehrte – wieder mit Ausnahme seiner Ethik –, war und ist aufregend, sondern wie er es sagte.

Abaelard ist der erste methodische Wissenschaftler Europas. Drei Merkmale seiner Arbeit zeichnen ihn aus. Seine Begabung zur Sprachanalyse und Sprachlogik läßt ihn die Bedeutung der Worte genau fassen, mit deren Hilfe er seine Ansichten formuliert. Diese Begabung, von ihm zu seiner Zeit fast allein geübt und erst von Gilbert von Poitiers (†1154) fortentwickelt, machte ihn zum gefürchteten Gegner in Diskussionen.

Zu rasch hatte Abaelard einem Gegner mehrdeutige Wortverwendung nachgewiesen und damit dessen Argumentation aufgehoben. Die in ihrer Bedeutung geklärten Worte werden in Sätzen geordnet, und die korrekte Abfolge der Sätze, die Schlüsse, werden von der Logik geregelt. Abaelard versucht, strenger als seine Zeitgenossen die Abfolge der Sätze in seinen Texten nicht von freien Assoziationen oder der Topik der Tradition bestimmen zu lassen, sondern von der Logik. Ganz gelang ihm das nicht. Erst Thomas von Aquin (†1274) wird diese Kunst unübertroffen beherrschen. Korrekter als seine Zeitgenossen war Abaelard aber allemal. Und drittens versuchte Abaelard jede Fragestellung an einer Stelle seines Werkes in einen übergeordneten, alle seine Lehren zusammenfassenden systematischen Zusammenhang zu stellen. Auch diese Systematik, die ihre Vollendung in den Summen des Albertus Magnus (†1280) und Thomas von Aquin fand, gelang ihm noch nicht. In immer neuen Anläufen hat er sich an ihr versucht, sie aber nicht erreicht, sei es, daß widrige Zeitumstände seines unruhigen Lebens ihn hinderten, sei es, daß seine systematische Kraft, ohne die unterstützende Hilfe seiner Kollegen auf sich allein gestellt, für das selbst entworfene Ziel nicht ausreichte. Vielleicht auch hinderte der bleibende Zweifel an der Richtigkeit seiner Aussagen, die ihn zu immer neuen Formulierungen trieb, sein System ruhig zum Abschluß zu bringen. Wissenschaft als System aber war gedacht und wurde die innere Antriebskraft europäischer Wissenschaft bis heute.

Seine Werke haben nicht gewirkt, seine Schüler traten zurück in das Dunkel der Anonymität. Nach außen war Bernhard von Clairvaux der unangefochtene Sieger. Dieses äußere Bild aber trügt. Haben Kirchenleute Bernhard auch immer wieder überschwenglich gelobt, sein jedes Mittel rechtfertigendes Vorgehen gegen Abaelard verteidigt, wissenschaftsgeschichtlich gewirkt hat der Mystiker und Prediger über seine Zeit hinaus kaum. Abaelard aber hat die Struktur europäischen Denkens verändert. Wurde auch sein Name in der Sentenzenliteratur der entstehenden Scholastik nicht mehr genannt, seine Art des Fragens, seine Methodik der Behandlung der Probleme lag ihr zugrunde, und so lernten die Schüler der Magister an Abaelard, ohne ihn zu kennen. Petrus Lombardus besonders, einer seiner Nachfolger als Leiter der Domschule von Paris, hatte Abaelards Lehren und Methodik seinen »Sentenzen« zugrundegelegt, seinen Namen aber verschwiegen. So vermutlich nur konnte dieses Werk zum Textbuch der gesamten Theologie bis in die Zeit der Reformation werden, und so wurde jeder Student der Theologie, ohne daß er es wußte, methodisch zum Schüler Abaelards. Längst aber war um diese Zeit der wissenschaftliche Anspruch Abaelards, alles außer der Heiligen Schrift in Frage zu stellen, bezweifeln zu dürfen, Streitfragen durch Vernunft zu klären und das gedanklich Geklärte in korrekter Sprache zu formulieren, aus dem Kreis der Theologie herausgetreten, hatte die Philosophie und die aus ihr entspringenden Disziplinen ergriffen und war zur wissenschaftlichen Denkstruktur Europas geworden. Der Mann, den die Kirche geächtet hatte, dessen Werk verschollen war, hat in der Anonymität Geschichte gemacht.

Der Angriff Bernhards von Clairvaux

Die Beunruhigung der herrschenden Kreise

Jetzt, Ende der dreißiger Jahre, ist Abaelard berühmt, einflußreich, einzig. Die alten Magister, Anselm von Laon und Wilhelm von Champeaux, sind gestorben, ihre Schüler aber einflußreiche Kirchenleute geworden, Bischöfe wie Alberich von Reims in Bourges, Gilbert von Auxerre in London, Joscelin von Vierzy in Soissons oder Walter von Mortagne später in Laon. Schulen der Ausstrahlungskraft wie die von Abaelard hat keiner mehr begründen können. Als Abaelards früherer Freund und Schüler Wilhelm von Saint-Thierry bestürzt feststellt, welche Lehren, welche Lehrweisen im Umkreis von Abaelard entstanden sind, welche immer weiteren Kreise sie um den Mittelpunkt ziehen, ihre Wellen bis nach Rom, Süddeutschland und England schlagend, da schreibt er in seinem Brief an Bernhard von Clairvaux:

Gestorben sind freilich in der Kirche fast alle Magister der kirchlichen Lehre. Wie in das unbesetzte Gemeinwesen der Kirche (*vacua respublica Ecclesiae*) ist der Feind als Hausherr eingedrungen und hat in ihm ein einzigartiges Lehramt (*singulare magisterium*) an sich gerissen. Er betreibt auf dem Felde der Heiligen Schrift, was er auf dem Felde der Dialektik zu betreiben pflegt: eigene Erfindungen, kurzlebige Neuheiten.

Hugo Metellus, Kanoniker von Saint-Léon bei Toul, jener Hugo, der sich dereinst bei Heloisa anbiedern wird, schreibt um diese Zeit ebenfalls einen Brief gegen Abaelard an Papst Innozenz II. und stellt hierin fest, daß nach dem Tod der alten Großen Anselm und Wilhelm »das Feuer des Wortes Gottes auf Erden erloschen ist«. Unsicherheit befällt die Mönche, die Regularkleriker, Kloster um Kloster wird in der ersten Hälfte des 12. Jahrhunderts gegründet, das geistige Leben in diesen Klöstern wird lebendiger, inniger, aber draußen, in der Welt, weht ein Geist, der den Mönchen immer unverständlicher wird, fremder, unheiliger. Nach dem Konzil von Sens im Jahre 1140 haben die dort versammelten Bischöfe die geistige Erregung der Zeit mit folgenden Worten wiedergegeben:

In fast ganz Gallien wird in den Städten, Dörfern und Burgen von den Schülern, aber nicht nur in Schulen, sondern auf den öffentlichen Plätzen, nicht nur von den Gebildeten und Erwachsenen, sondern von den Jugendlichen und Ungebildeten und selbst den Dummen über die Heilige Dreieinigkeit und über die göttlichen Dinge diskutiert.

Die Lehrtätigkeit eines Schülers von Abaelard gibt uns Einblick in diese neue Welt. Odo von Ourscamp war in den Jahren 1145 bis 1165 Kanoniker an Notre-Dame in Paris und lehrte dort Theologie. Dann wurde er Zisterzienser und im Jahre 1167 Abt des Klosters Ourscamp an der Oise bei Compiègne, bis ihn im Jahre 1170 Papst Alexander III. zum Kardinalbischof von Tusculum ernannte. Während seiner Lehrtätigkeit in Paris hatten Hörer seinen Unterricht mitgeschrieben. Immer neue Themen werden aufgegriffen, der Magister wirft sie seinen Hörern wie Spielbälle zu, erwartet von ihnen Belegstellen der Autoritäten, Einwände gegen die Autoritäten, Auflösung der Einwände. Ganz deutlich wird, daß der Magister die Instanz ist, die definitiv eine Streitfrage zu entscheiden hat.

Lehre Abaelards und Lehrweise der neuen Schulen verbreiten sich. Wilhelm von Saint-Thierry schreibt an Bernhard von Clairvaux:

Petrus Abaelard lehrt wieder Neuheiten, schreibt wieder Neuheiten, seine Bücher überqueren die Meere, überspringen die Alpen, und seine neuen Glaubenslehren und seine neuen Glaubenssätze verbreiten sich durch Provinzen und Königreiche, werden öffentlich verkündet und frei verteidigt und selbst an der römischen Kurie genießen sie Ansehen.

Die Zeitgenossen haben den Eindruck, die geistige Welt zerfällt. Den Anhängern Abaelards sind die Alten überholte Autoritäten, wert nur, das Spiel der Dialektik zu beleben, Gegenstand der Widerlegung oder gar des Spotts, den Mönchen und Geistlichen der neuen Orden, der Zisterzienser und Prämonstratenser sind die Neuerer die Verderber der Jugend, der heiligen Lehre, der Kirche. Auf beiden Seiten aber standen einflußreiche Kirchenleute, Kardinäle, Bischöfe, Äbte, und beide Seiten hatten damals weltberühmte Vorkämpfer: Petrus Abaelard und Bernhard von Clairvaux. Die Auseinandersetzung war unausweichlich.

Bernhard von Clairvaux, die »Schimäre des Jahrhunderts«

Fast in jedem Abschnitt bisher schon mußte der Name Bernhards von Clairvaux genannt werden. Kaum ein theologisches Thema der ersten Hälfte des 12. Jahrhunderts, kaum eine politische Konstellation, kaum ein wichtiges Ereignis der Kirchengeschichte kann dargestellt werden, ohne diesen Mann zu erwähnen. Die erste Hälfte des 12. Jahrhunderts war das Zeitalter Bernhards von Clairvaux, so wie nie zuvor und nie hernach ein Zeitalter von einem Mann des Geistes geprägt war. Wer war Bernhard von Clairvaux?

Er stammte aus burgundischem Adel. Sein Vater war Tescelin der Rote, Seigneur von Fontaine-lès-Dijon, seine Mutter Aleth von Montbard. Bernhard wurde um das Jahr 1090 in Fontaine-lès-Dijon geboren. Er hatte fünf Brüder und eine Schwester. Seine Bildung erhielt er im Stift Vorles in Châtillon-d'Azergus-sur-Seine in Burgund, wo seine Familie ausgedehnte Besitztümer hatte. Der Tod seiner Mutter riß ihn aus dem weltlichen Leben, und im Jahre 1112 trat er mit 30 Adeligen, darunter sein Onkel Gottfried und vier Brüder, in das Kloster Cîteaux ein. Eine Seuche hatte die Reformgründung Roberts von Molesme aus dem Jahre 1098 an den Rand der Existenz gebracht. Mit dem Eintritt Bernhards in dieses Kloster begann der Aufstieg des Zisterzienser-Ordens. Da mehrere der Begleiter Bernhards verheiratet waren, wurde in der Nähe ein Kloster für Frauen errichtet, so daß die Sorge für Frauen, wenn auch nicht unumstritten, von Anfang an ein Kennzeichen des Zisterzienser-Ordens war.

Bernhards Leben ist geprägt von seiner Überzeugung, daß das Geistige bestimmt ist, unbegrenzt über das Leibliche zu herrschen, und von seinem unbedingten Willen, durch lebenslange Askese diese Herrschaft in sich Wirklichkeit werden zu lassen. Schon während der Novizenzeit wurde seine Fähigkeit deutlich, sich völlig auf sein inneres, sein geistliches Leben zu konzentrieren. Sein Freund Wilhelm von Saint-Thierry schreibt in der von ihm verfaßten Vita Bernhards:

Da er durch den inneren Sinn der erleuchteten Liebe immer süßer und häufiger spürte, wie ihn die Liebeslust von oben erfüllte, begann sich der innere Sinn vor den körperlichen Sinnen zu fürchten, und so war ihm kaum das an äußerem Umgang mit den Menschen erlaubt, was nötig war. Die beharrliche Übung dieser Einstellung wurde ihm so zur Natur. Ganz im Geistigen aufgegangen, die Hoffnung auf Gott gerichtet, ganz im Gedächtnis ergriffen durch die geistige Spannung und Versenkung sah er sehend nichts, hörte er hörend nichts, schmeckte er kostend nichts, ja nahm er durch irgendeinen Sinn des Körpers kaum mehr etwas wahr. Ein Jahr schon hatte er im Schlafsaal der Novizen zugebracht und nicht bemerkt, daß dieser eine gewölbte Decke hatte, ein »Schildkrötendach«, wie wir das gewöhnlich nannten. Er ging in dem Kirchengebäude ein und aus und meinte, in der Chorfront sei nur ein Fenster, da es doch drei waren. Der Sinn der Neugierde war abgestorben, und so nahm er solches nicht wahr. Zwang ihn aber ein starker Eindruck doch zu sehen, so nahm sein Gedächtnis den Eindruck nicht auf. Ohne Gedächtnis aber ist die Empfindung des Empfindenden nichts.

Der Andrang der Mönche in Cîteaux zwang zur Gründung von Tochterklöstern, im Jahre 1113 schon in La Ferté, im Jahre 1114 Pontigny und im Jahre 1115 Clairvaux und Morimond. Clairvaux wird das Kloster Bernhards. Als Hugo I., Graf von Troyes in der Champagne und Herr von Champlitte in Burgund, dem dritten Abt von Cîteaux, Stephan Harding (1109–1134), einem gebürtigen Engländer, das unwirtliche *vallis absinthialis*, das Wermuttal, schenkte, sumpfig, inmitten großer Wälder an der Aube zwischen Bare-sur-Aube und Chaumont gelegen, schickte der Abt Stephan den jungen Mönch Bernhard mit einem seiner leiblichen Brüder und elf weiteren Mönchen in dieses Tal, das sie zu einem Tal des Lichtes machen, *clara vallis*, Clairvaux. Der Anfang war hart für die adeligen Herren. Roden, pflügen, säen, ernten, bauen, alles mußten sie selber leisten und dazu das Gotteslob singen, einmal des Nachts, sechsmal am Tage. Wilhelm von Saint-Thierry schreibt in seiner Vita, daß man nicht weiß, ob der Name Wermuttal von der Menge der Wermutpflanzen herrühre oder der Bitterkeit der Leiden derer, die dort unter die Räuber fielen.

An jenem Ort des Schreckens und der unermeßlichen Einsamkeit standen die Männer der Tugend zusammen und wandelten die Höhlen der Räuber in einen Tempel Gottes und ein Haus des Gebetes. Lange Zeit dienten sie dort Gott einfach in der Armut des Geistes, in Hunger und Durst, in Kälte und Blöße, in ungezählten Nachtwachen. Aus Buchenblättern kochten sie die Suppe, aus Gerste, Hirse und Wicken backten sie den Propheten gleich ihr Brot. Es war so schwarz, daß ein fremder Mönch, der ihre Gastfreundschaft genoß, dies nicht ohne Tränen sehen konnte und heimlich ein Stück mit sich nahm, um gleichsam allen als Wunder zu zeigen, daß dort Menschen, und zwar solche Menschen, lebten.

Bernhard wurde Abt dieses Klosters, und die Priester- und Abtsweihe erteilte ihm der Bischof von Châlons-sur-Marne, Wilhelm vom Champeaux. Bernhards Ausstrahlungskraft auf junge Leute war unbeschreiblich. Zog Abaelard Studenten an aus aller Welt, in seine Schulen zum Studium, so waren es Novizen, Mönche, die Bernhard an sich zog, in sein Kloster, zum Dienste Gottes. Von jeder Reise brachte er sie mit, fast jeden

Tag standen sie vor der Klosterpforte. 70 Tochterklöster hat Bernhard von Clairvaux aus gegründet, jährlich zwei Klöster. Zusammen mit den durch das Prinzip der Filiation von den Tochterklöstern Clairvaux' gegründeten weiteren Klöstern vereinigte er 164 Klöster unter seiner geistlichen Führung. Als Bernhard im Jahre 1153 starb, umfaßte der Zisterzienser-Orden 343 Klöster. Es war der Orden Bernhards von Clairvaux, und so wurden die Zisterzienser später einfach Bernhardiner genannt.

Schon in die Anfangsphase des Zisterzienser-Ordens geht seine Regel zurück, die »Charta caritatis«, die »Urkunde der Liebe«. Verfaßt ist diese Regel von Abt Stephan, Bernhard hat an der Abfassung mitgewirkt und auf dem ersten Generalkapitel des Ordens im Jahre 1119 ist sie verabschiedet worden. Das erste Kapitel schreibt die genaue Beobachtung der Regel des hl. Benedikt in ihrer anfänglichen Strenge vor und ordnet an, daß in allen Klöstern in Gebet, Gesang, Kleidung und in allen Gewohnheiten völlige Gleichheit herrschen soll. Abaelard wird diese Gleichförmigkeit als geisttötend tadeln. Die weiteren Kapitel enthalten das Prinzip der Filiation. So wie der König oberster Lehnsherr des Landes ist und seine Kronvasallen seinen Rat und sein Gericht bilden und unter ihnen die weiteren Lehnsträger bis hinab zum letzten Ritter, so steht an der Spitze des Ordens das Kloster Cîteaux und sein Abt, umgeben von den vier ältesten Tochterklöstern und ihren Äbten, und jeder Abt hat die Aufsicht über seine Tochterklöster, deren Äbte wieder die Aufsicht über die ihren haben. Einmal im Jahr soll ein Generalkapitel aller Äbte stattfinden. Das geistige Leben des Ordens soll einen Dreiklang bilden aus Gottesdienst, *opus Dei*, der geistlichen Lesung, *lectio divina*, und der Arbeit der Hände, *labor manuum*. Gottesdienst, das feierliche Chorgebet, war für alle Mönche des Mittelalters selbstverständlich. Die geschichtliche Wirksamkeit des Zisterzienser-Ordens beruhte auf den beiden anderen Grundsätzen. Geistliche Lesung förderte die Privatandacht, besonders die Marienverehrung, die individuelle Frömmigkeit, die *devotio moderna*. Die Handarbeit der Zisterzienser hatte eine ökonomische Umwälzung in Europa zur Folge. Besonders die Grenzmarken Europas, von Spanien über England, Skandinavien, Polen, Böhmen, Österreich und Ungarn bis nach Süditalien wurden kultiviert. Obst- und Weinbau, Pferde- und Fischzucht, Bergbau und Wollhandel wurden Grundlagen neuer Siedlungsräume. »Die Disziplin, die die Regel von Cîteaux auferlegte, der strenge Zeitplan und die Unmöglichkeit, von der Regel abzuweichen, ohne eine Strafe zu riskieren, erinnern in gewisser Weise an die Arbeitsnormen, die Henry Ford den Arbeitern an den Fließbändern auferlegt hat« (J. Gimpel).

Rastlos war für fast 40 Jahre Bernhard die treibende Kraft dieses Ordens, sein Organisator, sein geistiger Führer, der die Klosteranlage, den Gottesdienst, den Gesang, den Arbeitsrhythmus in Hunderten Klöstern, den Zisterzen, über ganz Europa bestimmte.

Kaum war Clairvaux aufgebaut, der Orden konsolidiert, wurde Bernhard in die hohe Kirchenpolitik gezogen. Als im Jahre 1130 in Rom eine zwiespältige Papstwahl stattfand, entschied sich Bernhard für Papst Innozenz II. (1130–1143) gegen Anaklet II. (1130–1138), unbeschadet des Umstandes, daß die Wahl von Innozenz äußerst irregulär war. Er begleitete Innozenz, der sich in Rom nicht halten konnte, in den Jahren 1130 bis 1133 durch Frankreich, die Niederlande und Italien. Auf dem Konzil von Étampes im August und September 1130 bestätigte die französische Kirche unter der Leitung des Abtes von Cluny, Petrus Venerabilis, und Bernhards die Rechtmäßigkeit der Wahl von Innozenz. Aber noch bis zum Jahre 1138 war Bernhard mit dem Schisma beschäftigt. Im Jahre 1134 reiste er nach Aquitanien, wo Herzog Wilhelm der Heilige sich für Anaklet entschieden hatte, im Jahre 1135 nahm er an dem Hoftag in Bamberg teil, wo sich Kaiser Lothar von Supplinburg für Innozenz entschied. Anschließend reiste er nach Mailand, um die Stadt für Innozenz zu gewinnen und schließlich im Jahre 1137 nach Sizilien, wo König Roger II. der gefährlichste Gegner des Papstes Innozenz war. Aber erst nach dem Tode Anaklets II. konnte Bernhard beruhigt nach Frankreich zurückkehren, wo eine neue Unruhe ihn erwartete: der Fall Abaelard.

Dies wenige aus Bernhards Lebensgeschichte bis zum Zeitpunkt seines Auftretens gegen Abaelard zeigt die zwei Seiten, die zwei Seelen, die unterschiedlichen Kräfte in Bernhard: sein Verlangen nach Einsamkeit, nach dem *eremos*, der Leitung der ihm persönlich anvertrauten Söhne, seine Sehnsucht nach der mystischen Versenkung in die Gottheit und die wachsende Inanspruchnahme von außen, von ratsuchenden Menschen, durch Entscheidungen fordernde Äbte und Bischöfe, durch die verworrene Lage der Kirche. »Schimäre des Jahrhunderts« nennt er sich selbst, nicht Weltmensch und nicht Mönch. Bernhard identifiziert sein Leben, sich selbst mit Gottes Wirken in der Welt ganz und gar. »Keine Sache Gottes ist mir fremd«, schreibt er im Jahre 1127 an den Kanzler der römischen Kirche, Kardinal Haimerich. Nimmt er den Kampf für die Sache Gottes auf, dann ist ihm fast jedes Mittel recht, dann wird er »maßlos«, kann er »hinterhältig« werden. »Sanft und radikal, zerbrechlich und stark, aktiv und kontemplativ zugleich, mystisch begabt, mit hohen spirituellen Gnaden der Prophetie und des Wunders ausgestattet, uneigennützig und unversöhnlich und empfänglich für Freundschaft«, so wird er gekennzeichnet (R. Gregoire).

Einiges sei noch angefügt, das Licht werfen kann auf das immer wieder neu diskutierte Verhalten Bernhards gegenüber Abaelard.

Im Jahre 1146 übernahm Bernhard von Clairvaux auf Drängen des Papstes Eugen III. und König Ludwigs VII. in Vézelay die Predigt des zweiten Kreuzzuges. Wie bei der Predigt des ersten Kreuzzuges im Jahre 1095 waren Judenverfolgungen die ersten Folgen der Predigt. Der Groß-abt von Cluny, Petrus Venerabilis, schrieb an den König und forderte ihn auf, gegen die Juden vorzugehen. Die Sarazenen sind unsere Feinde, Schuldner, Gotteslästerer. Aber was nützt die Hoffnung auf den Sieg über diese äußeren Feinde, wenn mitten unter uns nichtswürdiger die Juden »die christlichen Sakramente ungestraft lästern, mißachten, ver-unstalten?« Die Juden sollen den Kreuzzug bezahlen. »Es sind Diebe, und nun sollen sie das Gestohlene zurückgeben. Es sind Gottesräuber und Gotteslästerer, und nun haben wir das Mittel, sie zu bestrafen.« Am Rhein brachen wieder Pogrome aus, und die Obrigkeit wurde ihrer nicht Herr und wollte ihrer oft nicht Herr werden. Viele Juden flohen nach Nürnberg, der Erzbischof von Köln bot ihnen Asyl in der Wolkenburg im Siebengebirge, der Erzbischof von Mainz versuchte die Schuldigen zu bestrafen. Ein Zisterzienser-Mönch, Rudolf, versuchte es Bernhard in der Predigt gleichzutun. Ein Zehntel der Bevölkerung soll auf seine Pre-digt hin am Rhein das Kreuz genommen haben, und überall hetzte er die Bevölkerung gegen die Juden auf. Die Bewegung entglitt den Bischöfen. Da wandte sich der Erzbischof von Mainz, Heinrich (1142–1153), an Bernhard von Clairvaux. Dieser schrieb sofort zurück und verurteilte seinen Ordensbruder. »Drei Dinge werfe ich ihm vor allem vor: die An-maßung der Predigt, die Mißachtung der bischöflichen Autorität und den Aufruf zum Mord. Eine ganz neue Art der Gewalt«, fügt Bernhard hinzu. Die Massen waren fanatisiert. Um den ersten Vorwurf gegen den Mönch Rudolf zu verstehen, muß man wissen, daß Bernhard oft öffent-lich predigte, aber nur auf Einladung der örtlichen Kirchenoberen. Pre-digt ohne Auftrag ist nach Bernhard den Mönchen verboten, ja ist jeder-mann verboten.

Ende Oktober 1146 kam Bernhard selbst nach Mainz. Das Volk erwar-tete sein Eintreten für die Juden, es murrte und bedrohte ihn. Ein Jude, der Rabbi Josef ben Meir, hat uns den Auftritt Bernhards berichtet:

Gehet hin (predigt der Abt dem Volk), verteidigt das Grab Jesu Christi, Eures Herrn, aber rührt die Söhne Israels nicht an und sprecht mit ihnen nur in freundlicher Weise, denn sie sind das Fleisch und Gebein des Messias, und wenn Ihr sie belästigt, so könntet Ihr den Augapfel des Herrn verletzen.

Der Rabbi fügt seinem Bericht hinzu, daß Bernhard völlig uneigennützig gehandelt habe, während Erzbischof Heinrich für seinen Schutz von den Juden einen Zins verlangte. Die Predigt hatte Erfolg, der Mönch Rudolf kehrte in sein Kloster zurück, und das Volk beruhigte sich, Hunderten war das Leben gerettet. Der sanftmütige Petrus Venerabilis hetzte gegen die Juden, der Eiferer Bernhard glättete die Wogen, und Abaelard wird eines der ergreifendsten Bilder des verfolgten Juden seiner Zeit zeichnen. Drei Äbte, drei Temperamente, drei Weisen, Menschlichkeit zu zeigen oder zu verlieren.

Natürlich lag im Vorgehen gegen den Mönch Rudolf keine Billigung der Haltung der Juden. Erst Abaelard wird am Ende seines Lebens die Religion, die *religio*, die Bindung der Juden an das Gesetz Gottes darstellen und die Wahrhaftigkeit dieser Bindung gerade angesichts der Verfolgung, der sie in der christlichen Umgebung ausgesetzt waren. Daß allein die christliche Lehre das Recht hat, vertreten, verkündet, geliebt zu werden, war für Bernhard selbstverständlich. Aber was war die christliche Lehre? Das 12. Jahrhundert sah den Beginn ihres Auseinanderfallens. Seither gibt es Irrlehre im Christentum nicht nur als Lehre, als Überzeugung einzelner, sondern auch und zuerst als Volksbewegung, als Ketzertum.

Die Neuheit scheidet die Bewahrer und die Neuerer, die Neuheit wird Bernhard, wird den Mönchen der neuen Orden zum Kennzeichen der Häresie. So eröffnet Wilhelm von Saint-Thierry den Häresievorwurf gegen Abaelard:

Petrus Abaelard lehrt wieder Neues, schreibt wieder Neues, seine Bücher überqueren die Meere, übersteigen die Alpen, und seine neuen Ansichten über den Glauben und seine neuen Lehrsätze werden durch die Provinzen und Reiche verbreitet.

»Ein neuer Glaube wird in Frankreich gestanzt«, schreibt Bernhard daraufhin dem Papst, und von den Ketzern in Südfrankreich schreibt er an die Bewohner von Toulouse:

Sie, die sich äußerlich mit Frömmigkeit umgeben, deren Kraft sie tief innerlich ablehnen, sie mischen den göttlichen Lehren ungöttliche Neuheiten der Worte und des Sinnes bei, gleichsam wie Gift dem Honig.

Neuheit wird zum Kriterium, zeigend, daß die Verwerfungslage Europas nach Völkerwanderung, Christianisierung und Chaos des Zusammenbruchs, nach dem Ansatz kirchlicher Reformen, dem Einsatz wissenschaftlicher Methoden und der Durchsetzung königlicher Herrschaft deutlich wird, geistige Positionen sich auf soziale Positionen zu fixieren, Fronten sich zu klären beginnen.

Wo findet Bernhard in der tiefverwurzelten Angst vor dem Neuen Beistand? In der Wissenschaft kann er ihn nicht finden und nicht in der Frömmigkeit der Massen noch in der Macht weltlicher Herrscher. Die Wissenschaft ist Quell der Neuheit, die Massen verbreiten sie und die Herrscher wollen die Kirche beherrschen, nicht ihr dienen. So bleibt nur die Stärkung der Hierarchie. Der Mystiker wird zum Verteidiger der Amtskirche. Hatte Cluny versucht, sich der Jurisdiktion der Bischöfe zu entziehen, so gliederte Bernhard seinen Orden wieder in die Amtskirche ein. Auch Amtsträger sind Sünder, und Bernhard scheute sich nicht, dies den hohen Herren ins Gesicht zu sagen oder zu schreiben. Die Autorität der Leitung aber mindert dies nicht. Predigen darf nur, wer einen kirchlichen Auftrag hat. Gegen die Wanderprediger und die Ketzer schärft er den Bewohnern von Toulouse ein, daß »sie keinen fremden oder unbekannten Prediger einlassen sollen, wenn er nicht vom Papste gesandt ist oder die Erlaubnis des Ortsbischofs besitzt«. Stärkte die Zentralisierung des Cluniazenser-Ordens die Zentralisierung Roms, so verbündete sich Bernhard mit den Bischöfen. In der Organisation der Bistümer sah er das tragende Skelett der Kirche, die traditionelle, Stabilität garantierende Struktur gegen die modernen, örtlich und inhaltlich auf Beweglichkeit beruhenden Neuerungen.

Wilhelm von Saint-Thierry, Abaelards Jugendfreund und Ankläger

Viele Jahre war es her, daß der junge Wilhelm Abaelard in Laon gehört und sich für die Dialektik begeistert hatte. Mönch war er geworden, Benediktiner, und schon nach wenigen Jahren Abt. Vorbildliche Amtsführung wurde ihm nachgesagt, und trotz seiner Pflichten fand er Zeit, theologische Werke zu schreiben. Langsam entfernte er sich von der Dialektik, immer tiefer versenkte er sich in Meditationen. Schon die Titel seiner Hauptwerke zeigen die aufblühende Mystik: »Die Versenkung in Gott«, »Die Natur und die Würde der Liebe«, »Der Spiegel des Glaubens«, »Meditationen«. Bernhard von Clairvaux wird das Vorbild Wilhelms, und der inneren Verwandtschaft folgt die Freundschaft der Äbte. Als durch die Vermittlung Bernhards im Jahre 1135 in der Nähe von Reims das Zisterzienser-Kloster Signy gegründet wurde, resignierte Wilhelm als Abt des Benediktiner-Klosters Saint-Thierry bei Reims, trat er vom Benediktiner-Orden zum Zisterzienser-Orden über und wurde einfacher Mönch in Signy. Wegen seiner Gebrechlichkeit von der körperlichen Arbeit freigestellt, widmete er sich ganz der Lesung und dem Ausbau seines Werkes. Irgendwann um das Jahr 1138 fanden zwei Werke den Weg in das Zisterzienser-Kloster. Der Titel des einen erregte das Interesse Wilhelms – »Theologia« – und sicher auch sein Verfasser – Petrus Abaelard. Auch das andere Buch, die »Sentenzen«, schrieb er Abaelard zu, zu Unrecht, wie wir heute wissen, vermutlich das Werk eines unbekannten Schülers Abaelards. Von weiteren Büchern hatte Wilhelm gehört, mit ähnlich ungeheuerlichen oder seltsamen Titeln – *monstruosi nominis* – wie »Sic et Non« – »Ja und Nein« und »Erkenne Dich selbst«, und er hatte gehört, daß ihr Inhalt ähnlich anstößig sei wie ihre Titel. Die Lektüre der beiden Werke, der »Theologia« und der »Sentenzen« entsetzten ihn. Er verfaßte eine Gegendarstellung und schickte vermutlich Anfang des Jahres 1139 einen Brief an Bischof Gottfried von Chartres und ein zweites Exemplar des Briefes an seinen Freund Bernhard von Clairvaux. Bischof Gottfried war einst vor 18 Jahren in Soissons der Verteidiger Abaelards gewesen. Jetzt war er Päpstlicher Legat, zwar nur für das Gebiet Südfrankreichs mit der Aufgabe, den Herzog von Aquitanien und die Geistlichkeit für Papst Innozenz II. zu gewinnen, aber eine neue Autorität, eine Stellung über den sich streitenden Parteien in Frankreich war ihm zugewachsen. Wird er noch für Abaelard eintreten, jetzt, da es den alten königlichen Klan um Stephan von Garlande nicht mehr gab, dem er einst angehört hatte?

Um das Wichtigste geht es, um die Reinheit des Glaubens, der durch die Jahrhunderte bis in die Gegenwart bewahrt wurde, den Christus mit seinem Blut geheiligt, den die Apostel und Märtyrer mit ihrem Blut verteidigt hatten.

Und um nichts Unbedeutenderes (innerhalb der Glaubenslehren) geht es als um den Glauben der Dreieinigkeit, um die Person des Erlösers, um den Heiligen Geist, um die Gnade Gottes, um die Heilstat der Erlösung. Petrus Abaelard lehrt wieder Neues, schreibt wieder Neues... Die befremdlichen Neuigkeiten der Worte in Glaubensdingen haben mich verstört und die neuen Erfindungen unerhörter Bedeutungen. Da ich sonst niemanden habe, an den ich mich wenden kann, wende ich mich an Euch in der Sache, dem Streitfall (*causa*) Gottes, und ich rufe die ganze lateinische Kirche zum Gericht auf.

Daß er Abaelard mit dieser Anklage trifft, weiß Wilhelm, und so versichert er:

Ich habe ihn geliebt, und ich wünsche auch jetzt, Gott ist mein Zeuge, ihn zu lieben. Aber in diesem Streit ist niemand mir Nächster, niemand Freund.

Wilhelm verfaßt eine Gegenschrift zu Abaelard und führt in dem Schreiben an Gottfried und Bernhard 13 Anklagepunkte auf, die erste der jetzt zahlreich entstehenden Irrtumslisten im Falle Abaelard. So wirft er Abaelard vor, er habe gelehrt, Gott Vater sei unbegrenzte Macht, der Sohn eine gewisse Macht und der Heilige Geist keine Macht, der Heilige Geist sei die Seele der Welt, daß Christus nicht Fleisch geworden und gelitten habe, um uns aus dem Recht des Teufels zu befreien, daß Sünde nur mit innerer Zustimmung und aus Verachtung Gottes geschehen könne und daß Begierde (*concupiscentia*) und Lust (*delectatio*) keine Sünde seien. An die Spitze von Abaelards Irrtümern stellt er dessen Definition des Glaubens: Glaube als das bloße Fürwahrhalten von nicht erscheinenden Dingen, nicht als die sichere Grundlage christlichen Lebens, sondern als subjektive Einschätzung des individuellen Menschen.

Ob und wie Gottfried auf den Brief Wilhelms reagiert hat, wissen wir nicht. Bei dem Konzil in Sens, auf dem Abaelard verurteilt werden wird, war er anwesend, der Bericht an den Papst nahm Rücksicht auf ihn, der in Soissons Abaelard verteidigt hatte, von einer Parteinahme für Abaelard hören wir nichts. Der Legat des Papstes Innozenz II. tritt nicht auf gegen Bernhard von Clairvaux, den Mann, dem der Papst seine Anerkennung verdankt.

Bernhard von Clairvaux aber rührte sich.

Man hat sich oft gefragt, in welchem Verhältnis Abaelard und Bernhard zueinander standen, als den letzteren die Aufforderung Wilhelms erreichte, gegen Abaelard einzuschreiten. Fest steht, daß beide sich persönlich kannten. Mindestens ein Treffen ist belegt. Am 20. Januar 1131 weihte Papst Innozenz II., dem Bernhard kurz zuvor zur Anerkennung durch den französischen und englischen König verholfen hatte, im Kloster Morigny bei Étampes einen Altar zu Ehren des hl. Laurentius. Bernhard begleitete den Papst. Eine erlauchte Gesellschaft fand sich in dem

Kloster ein, alte Freunde Abaelards und vielleicht neue: Erzbischof Heinrich Sanglier von Sens, Bischof Gottfried von Chartres und der Kardinalkanzler Haimerich. Abt Petrus Abaelard von Saint-Gildas war aus doppeltem Anlaß nach Morigny gekommen: Er erbat vom Papst die Bestätigung des Parakleten für Heloisa und für sich die Entsendung eines Legaten, der ihm gegen seine aufsässigen bretonischen Mönche helfen sollte. Der Chronist des Klosters Morigny Thion (Teulfus) hebt die gleichzeitige Anwesenheit der beiden berühmten Äbte hervor, wenn er Bernhard den Mann nennt, »der zu jener Zeit in Frankreich der hervorragendste Prediger des Wortes Gottes ist«, und Abaelard »den Mönch und Abt und also selbst dem Stande der Mönche angehörend, Leiter der berühmtesten Schulen aber auch, zu denen die Studenten aus fast der ganzen Latein sprechenden Welt zusammenströmten«.

Irgendwann zwischen den Jahren 1132 und 1136 visitierte Bernhard das Kloster des Parakleten. Als Abaelard kurz darauf im Parakleten weilte, berichtete ihm Heloisa »mit größter Freude« hiervon, und Abaelard schreibt an Bernhard, erwähnt, daß dessen Besuch lang ersehnt gewesen sei und daß Heloisa Bernhard »nicht wie einen Menschen, sondern wie einen Engel empfangen habe, der sie und ihre Schwestern mit heiligen Ermahnungen bestärkt habe«. Der Grund für Abaelards Schreiben war eine Beanstandung, die Bernhard erhoben hatte. Die Nonnen im Parakleten beteten die vierte »Vaterunser«-Bitte »Unser himmlisches Brot gib uns heute!« Abaelard gibt eine lange philologische Erklärung hierfür. Dann wird er grundsätzlicher. Gewohnheit allein ist kein Rechtfertigungsgrund für Bestehendes. Übernahme der Tradition, Abänderung oder Aufhebung ist Sache der Gemeinschaft. Das »Corpus Juris Civilis« zitiert er und Augustinus und endet mit der Anweisung des Papstes Gregor des Großen an Bischof Augustinus von Canterbury: »Wenn Du Dich der Gewohnheit widersetzt, denke daran, daß der Herr gesagt hat ›Ich bin das Leben‹ und nicht ›Ich bin die Gewohnheit‹.« Dann geht er zum Angriff über und beschuldigt die Zisterzienser, den neuen Orden, selbst der Neuheiten. Er hält Bernhard die Abweichungen der Liturgie seines Ordens vor. In diese Ausführungen schiebt er unvermittelt einen Satz ein, der wie ein Angriff auf die alte Position Bernhards klingt, der gegen ihn geschrieben hatte »Wir wollen keinen Streit um die Worte. Neuerungen der Worte jedoch weisen wir entsprechend der apostolischen Lehre zurück«, oder wie eine Verteidigung gegen die Angriffe, die Bernhard gegen ihn erheben wird. Abaelard schreibt: »Nicht allgemein die Neuheiten von Worten verbietet der Apostel, sondern nur unheilige

339

und dem Glauben widersprechende.« Und dann formuliert er den klassischen Vorwurf gegen jeden Zentralismus, gegen jede Regulierung des geistigen Lebens: »Die Einheitlichkeit in allem ist die Mutter des Überdrusses.« Ob und wie Bernhard auf den Brief geantwortet hat, wissen wir nicht. Diese Kontakte sind die einzigen, die belegt sind. Dennoch darf man annehmen, daß Bernhard über Abaelard informiert war. Mag man Bernhard glauben oder nicht, wenn er an Wilhelm von Saint-Thierry zurückschreibt, daß er von den gefährlichen Lehren Abaelards nichts gewußt habe. Gelesen hatte er seine Bücher bis dahin sicher nicht. Aber Abaelard war ein berühmter Mann, hatte ein Aufsehen erregendes Leben geführt, stand den politischen Kreisen um den König nahe, deren Tätigkeit Bernhard mit Argwohn beobachtete. Clairvaux war, wie der Briefwechsel Bernhards zeigt, eine Informationszentrale mit Archiv, Notaren und Sekretären. Und hinzu kommt, daß Bernhard mit fast allen wissenschaftlichen Gegnern Abaelards befreundet oder wenigstens gut bekannt war. Sein innigster Freund, wenn auch damals noch nicht Gegner Abaelards, war seit dem Jahre 1115 Abt Wilhelm von Saint-Thierry selbst. Im selben Jahr schon hatte Bernhard Abaelards ersten großen Gegner kennen und lieben gelernt, Bischof Wilhelm von Champeaux. Über viele Jahre pflegten sie einen persönlichen Umgang. Gute Bekannte Bernhards waren auch Alberich von Reims, seit dem Jahre 1136 Erzbischof von Bourges, und Gosvin, Prior zahlreicher Klöster, Abt von Anchin und Bischof von Cambrai und Arras, ein eifriger Reformer. Man darf davon ausgehen, daß Bernhard wußte, gegen wen er antrat, einen Mann, dessen Leben ungeregelt war, dessen Einfluß auf die Jugend und in kirchlichen Kreisen ihm unheimlich war, dessen Beziehungen zum königlichen Hof für Bernhard anstößig, im Zeitpunkt seines Angriffes aber wohl nicht mehr gefährlich waren.

Bernhards erster Schritt: Die brüderliche Zurechtweisung

Bernhard traf sich mit Wilhelm von Saint-Thierry. Sie dürften die Heillosigkeit der Zeit besprochen haben, die Gefährdung der Jugend und die Quelle der Gefährdung, Abaelards Lehre und Lehrweise. Und sie besprachen die Strategie, das Vorgehen in der *causa Christi* gegen den Irrlehrer Abaelard.

Als erstes dürfte Bernhard Abaelard einen freundlichen Brief geschrieben haben, als Bruder zum Bruder, als Abt zum Abt. Er lud Abaelard zu einem Gespräch ein, und Abaelard folgte der Einladung. Unter vier Augen trug Bernhard seine Einwände vor und verlangte von Abaelard Korrektur seiner Texte und Änderung der Lehre. »Freundschaftlich und vertraulich« sei die Begegnung gewesen, werden nach der Verurteilung die Bischöfe an den Papst berichten. Abaelard, der seit der Verurteilung von Soissons in ständiger Angst lebte, erneut als Ketzer verurteilt zu werden, dürfte das Gespräch in Angespanntheit, mit Vorsicht und voll Mißtrauen durchstanden haben. Gottfried von Auxerre berichtet, daß Abaelard die Verbesserungen zugesagt habe. In dessen Augen dürfte es hauptsächlich um Klarstellungen, um die Verhütung von Mißverständnissen gegangen sein. Bernhard sei es, berichtet Gottfried, um die Korrektur von Irrtümern gegangen, »nicht um die Vernichtung des Menschen« Abaelard. Gottfried war damals Schüler Abaelards und wurde noch im selben Jahr Zisterzienser, später Bernhards Notar und einer seiner Biographen. Er kannte also beide Seiten in dem Streit aus eigenem Erlebnis. Und die Versicherung, Bernhard sei es nicht um die Vernichtung des Menschen gegangen, zeigt, daß dieser Vorwurf nahelag, daß die Beteiligten diese Möglichkeit der Vernichtung spürten. Bald folgte dem ersten Treffen ein weiteres, diesmal vor Zeugen. Auf Seiten Bernhards dürfte Thomas, Mönch der Abtei Morigny bei Étampes, an der Besprechung teilgenommen haben. Diesmal wurden auch die Schüler Abaelards ermahnt, wie die Bischöfe an den Papst schreiben.

Wie und wo die beiden Treffen stattfanden, wissen wir nicht, besonders nicht, wie das zweite Gespräch eingeleitet wurde. Hatte Bernhard schon in der kurzen Zwischenzeit einen Grund, gegenüber den Versicherungen Abaelards skeptisch zu sein, oder gingen sie ihm nicht weit genug? Abaelard war gerade wieder mit der Überarbeitung der »Theologia ›Scholarium‹« befaßt. Wilhelm von Saint-Thierry und Bernhard hatte die vierte Fassung vorgelegen, in die Abaelard bereits Verbesserungen aufgrund eines Fragenkatalogs eingearbeitet hatte, den ihm Walter von Mortagne vorgelegt hatte, auch er beunruhigt über Lehren Abaelards, von denen er durch dessen Schüler gehört hatte, besonders über die Erlösung und das Verhältnis von Intention und Handlung. Noch eine andere Lehre, die Wilhelm von Saint-Thierry beanstandete, die Lehre vom Heiligen Geist als Weltseele, gab Abaelard damals von sich aus auf. Es ist vielleicht zu scharf formuliert, wenn Arno Borst schreibt: »Man mußte Abaelard nur gewähren lassen, er war auf dem besten Wege zu Bernhard«, aber der Satz trifft die Situation. Schon vor seinem Aufenthalt in Cluny wurde Abaelard theologisch vorsichtiger, bedenklicher, vielleicht auch er gelegentlich beunruhigt durch das unbekümmerte Auftreten seiner Schüler.

Daß auch bei dem zweiten Gespräch genau einzelne Passagen der »Theologia ›Scholarium‹« durchgegangen wurden, zeigt folgender Umstand. Wilhelm und Bernhard hatte wie gesagt die vierte Fassung vorgelegen mit den Verbesserungen aufgrund der Einwände Walters von Mortagne. Thomas von Morigny schrieb kurze Zeit darauf eine »Disputatio adversus dogmata Petri Abaelardi«, eine »Streitschrift gegen die Lehren des Petrus Abaelardus«, eine Schrift, die Abaelard offensichtlich nie kennenlernte oder kennenlernen wollte. In dieser Streitschrift zitiert Thomas die fünfte Fassung der »Theologia ›Scholarium‹«, die Abaelard erst nach dem Entstehen der Streitschrift fertiggestellt hatte. Dies läßt sich nur so erklären, daß bei dem zweiten Gespräch zwischen Bernhard und Abaelard in Gegenwart von Thomas Abaelard – was ja auch sinnvoll war – seine im Entstehen begriffene neueste Fassung zugrunde legte und daß sich Thomas davon Notizen machte und, weil er auch durch diese neueste Fassung nicht befriedigt war, dagegen in seiner Streitschrift anging.

Wie auch immer die zweite Begegnung verlief, Abaelard war gewarnt. Ihm war klar, daß Bernhard den ersten Schritt zu einem Häresieverfahren eingeleitet hatte: die brüderliche Zurechtweisung. Jesus hatte angeordnet:

Wenn dein Bruder sündigt, dann geh zu ihm und weise ihn unter vier Augen zurecht. Hört er auf dich, so hast du deinen Bruder zurückgewonnen. Hört er aber nicht auf dich, dann nimm einen oder zwei Männer mit, denn jede Sache muß durch die Aussage von zwei oder drei Zeugen entschieden werden. Hört er auch auf sie nicht, dann sage es der Gemeinde. Hört er aber auch auf die Gemeinde nicht, dann sei er für dich wie ein Heide oder ein Zöllner (Matth. 18,15–17).

Aus dieser Textstelle war inzwischen ein kirchenrechtliches Lehrzuchtverfahren entwickelt worden, das folgende Verfahrensschritte vorschrieb: brüderliche Zurechtweisung (*correctio fraternalis*), Feststellung der brüderlichen Zurechtweisung vor Zeugen, die Anzeige vor der Gemeinde (*denuntiatio Evangelica*), die Verurteilung durch die Gemeinde – ein Konzil oder den Papst – und der Ausschluß aus der Gemeinde – aus der Kirche –, die Exkommunikation. Abaelard wußte, was ihm bevorstand.

Aber was jetzt geschah, ist nicht eindeutig. Abaelard selbst arbeitete an der Korrektur seiner Schriften weiter, auch seinen mündlichen Vortrag dürfte er geändert haben. Arno Borst meint: »Vermutlich stellte Abaelard bei der Zusammenkunft die naheliegende Bedingung, daß Bernhard öffentlich nichts mehr gegen ihn unternehme; Bernhard forderte, daß der Professor die verdächtigen Sätze nicht weiter unter seinen Schülern verbreite.« Abaelard tat sicher alles, um ein neues Ketzerkonzil gegen sich zu vermeiden. Grenze allerdings seines Nachgebens gegenüber Bernhard war seine Magisterehre.

Seine Studenten hatten von dem Treffen erfahren, ein solches Ereignis ließ sich nicht verheimlichen, und auch über den Anlaß und sein Ergebnis dürften Nachrichten, aber auch Gerüchte umgelaufen sein. Genau wurde verfolgt, ob und wie sich der Vortrag Abaelards änderte. Ob Heißsporne am Werk waren, die jetzt besonders Abaelards im mündlichen Vortrag sicher zugespitztere Thesen verbreiteten, ob lediglich Abaelards alte Thesen weiter umliefen, wir wissen es nicht, wir wissen nur, daß Bernhard nicht beruhigt war und daß er auch die Schüler Abaelards verwarnte. Die Bischöfe werden auch dies, die *adhortatio plurium scholarium*, dem Papst berichten. Abaelard reagierte »am Ende seiner Geduld und gekränkt«. Bernhard hatte ihn zum ersten Mal in seiner Magisterehre verletzt. Zudem erfuhr er, daß Hugo Metellus ihn schon beim Papst angezeigt hatte. Dieser hatte nach Rom geschrieben, ohne die Bücher Abaelards gelesen zu haben, offensichtlich allein auf mündliche Informationen Bernhards hin. Die Fronten versteiften sich. Gottfried von Auxerre berichtet, inzwischen auf die Seite Bernhards gewechselt:

Petrus wurde durch schlechten Rat beeinflußt, vertraute auf die Kräfte seines Genies (*ingenium*) und unglücklicherweise besonders auf seine Fähigkeiten in der Diskussion, und so kehrte er sich wieder von seinem gesunden Vorsatz ab.

Welchen Rat Gottfried meint, wissen wir nicht. Die Schüler können es nicht gewesen sein. Vielleicht hatte er an Arnold von Brescia gedacht. Abaelard fühlte sich jedenfalls an die Vereinbarung mit Bernhard nicht mehr gebunden. Er erkannte, daß Nachgeben, Verheimlichen Bernhard nur um den Preis der Kapitulation zufriedenstellen würde. Jetzt wollte Abaelard den Kampf, den Sieg. Er vertraute auf seine eigene Rechtgläubigkeit, auf seine Fähigkeit zur mündlichen Verteidigung, auf seine Freunde in der gallischen Kirche und am königlichen Hof und auf seine Anhänger an der Kurie in Rom.»Kaum jemals besaß ein Professor eine solche Machtstellung« (A. Borst).

Bernhards zweiter Schritt: Der öffentliche Angriff auf Abaelards
Magisterehre

Bernhard wußte jetzt, daß die *correctio fraternalis*, die brüderliche Zurechtweisung, nichts genützt hatte. Für ihn stand damit auch fest, daß
Abaelard an seiner gefährlichen Lehre und Lehrweise festhielt. Bernhard
wußte auch, daß er einen schweren Gang ging. Da aber »keine Sache
Gottes ihm fremd war«, das heißt, daß Gottes Sache auch seine, Bernhards Sache war, wie er einst an den Kanzler der römischen Kirche, Haimerich, geschrieben hatte, war Bernhard bereit, diesen Weg zu gehen.

Er erbat und erhielt vom Bischof von Paris, Stephan von Senlis, die
Erlaubnis, dort zu predigen. Eine ähnliche Predigt, von der nur Abaelard
berichtet, soll vorher schon in Sens stattgefunden haben. Bernhard
suchte den unmittelbaren Einfluß auf die Studenten. Vermutlich fand die
Predigt in Paris in der bischöflichen Kathedralkirche Notre-Dame statt.
Wenn Bernhard predigte, strömten die Menschenmengen herbei. Die
hohe Geistlichkeit dürfte anwesend gewesen sein, die Großen des Hofes,
die Studenten der Domschule und sicher auch die Studenten der freien
Magister von Sainte-Geneviève. Alle hörten gespannt zu und warteten
auf ein Wort gegen Abaelard. Bernhard aber beginnt unverfänglich oder
leicht ironisch angesichts der vermuteten Erwartung seiner Hörer:

Das Wort Gottes zu hören, seid Ihr gekommen. Jedenfalls glaube ich das. Einen
anderen Grund als diesen scheint es mir jedenfalls für Euer verlangendes Herbei-
strömen nicht zu geben. Und so billigen wir Euer Verlangen und freuen uns über
Euren lobenswerten Eifer. »Selig sind nämlich die, die das Wort Gottes hören und
befolgen« (Luk. 11,28).

Über lange Passagen führt Bernhard dann zur Einsicht, daß alles in dieser
Welt eitel ist, daß nur die Weltverachtung Heil bringt und daß zu dem
Verachtenswerten auch die Meinungen gehören, die man durch Arbeit,
durch Studium erwirbt. Hier werden die Studenten zum ersten Mal aufgehört haben, denn Bernhard legt nicht einfach den Prediger Salomon
aus, sondern er zitiert einen Satz des Philosophen Boetius aus dessen
Schrift »Der Trost der Philosophie«. Aber noch bleibt Bernhard allgemein, wenn er auch schon gelegentlich Sätze einstreut, die den Schulbe-
trieb treffen: »Nicht der Gewinn weltlichen Dienstes bringt Bildung und
Gelehrsamkeit, sondern die göttliche Ordnung, nicht das Wissen, sondern nur das Gewissen begreift es.« Dann schlägt Bernhard plötzlich zu.
Zuerst stellt er die hohe Geistlichkeit bloß, die Abaelard unterstützt, die

bei ihm mehr als bei Gott in die Schule gegangen ist. Sein Name aber fällt in der ganzen Predigt nicht. Alle wissen aber jetzt, wovon er spricht:

Wehe Euch, die Ihr nicht nur den Schlüssel zum Wissen in der Hand haltet, sondern auch den Schlüssel der kirchlichen Autorität.... Angemaßt habt Ihr Euch die Schlüssel, nicht empfangen habt Ihr sie.

So ist der gegenwärtige erbärmliche Zustand der Kirche nicht verwunderlich.

Hat doch unverschämterweise ein Mensch die Stellung der Friedfertigen und den Platz der Kinder Gottes eingenommen, der den Ruf Gottes zur Rückkehr seines Herzens nicht gehört hat, oder wenn er ihn einst gehört hat, seine Ohren verschloß, flüchtend wieder zu seinen (Pergament-)Blättern, auf daß er sich in ihnen versteckte.... Geld, nicht Gerechtigkeit erstrebt er, seine Augen blicken nur nach oben, unersättlich hungert er nach Würden, dürstet er nach menschlicher Ehre.

Das Unheil wächst:

Fünf Häupter sind der Hydra schon abgeschlagen, aber unzählige wachsen nach.

Eine doppelte Anspielung auf Abaelard. Seine Einnahmen aus der Lehrtätigkeit dürften nicht gering gewesen sein. Hatte der Mönch sie an den Parakleten weitergeleitet? Unentgeltlich dürfte er nicht gelehrt haben, denn Johannes von Salisbury hebt hervor, daß Arnold von Brescia nach Abaelards Fortgang die Armen umsonst unterrichtet habe. Die Häupter der Hydra beziehen sich auf die Verurteilung in Soissons. Eines nur kann helfen. Die Kleriker – die Studenten – müssen den weltlichen Wissenschaften abschwören und Christus anhangen.

Rettet Brüder, ich ermahne Euch, rettet Eure Seelen, seid eingedenk des Blutes, das für Euch vergossen wurde, hütet Euch vor der schrecklichen Gefahr, dem Feuer, das den Fehlenden bereitet ist.... Flüchtet aus der Mitte Babylons, flüchtet und rettet Eure Seelen. Eilet zu den Stätten der Zuflucht, wo Ihr das Vergangene bereuen, gegenwärtige Gnade erlangen und zukünftige Herrlichkeit erwarten könnt.

Stätten der Zuflucht, *urbes refugii*, das sind die Klöster und besonders die Zisterzen, die Klöster Bernhards von Clairvaux. Noch am selben Abend bekehrten sich Studenten »von den inhaltslosen Studien zur Pflege der wahren Weisheit«, wie Gottfried von Auxerre berichtete. Er war einer dieser bekehrten Studenten.

Bernhards dritter Schritt: Die öffentliche Anklage

Die Predigt änderte an der Situation natürlich nichts. Aber sie war die dramatische Einleitung der öffentlichen Anzeige, der *denuntiatio Evangelica*. Jetzt konnte Bernhard nicht mehr zurück. In Schreiben an alle zuständigen Instanzen gab er bekannt, daß die brüderliche Zurechtweisung erfolglos verlaufen sei, daß Abaelard wieder Irrlehren verbreite und daß es Aufgabe der Bischöfe und des obersten Bischofs, des Papstes, sei, hiergegen vorzugehen. Die zuständigen Instanzen waren der Bischof von Paris, Stephan, der Erzbischof von Sens, Heinrich, und Papst Innozenz II. Erhalten sind die Briefe nach Rom. Der Brief an den Papst ist ein langer Traktat und versehen mit einer Liste der Irrtümer Abaelards, fortentwikkelt aus der Irrtumsliste Wilhelms von Saint-Thierry. Hinzu kam ein offizielles Schreiben an die Bischöfe und Kardinäle der Kurie. Da Abaelard an der Kurie Freunde hatte, schickte Bernhard zusätzlich noch Briefe an Einzelempfänger, gewissermaßen persönliche oder private Briefe, an Kardinal Guido von Città di Castello, den Freund und Schüler Abaelards und späteren Papst Coelestin II., an einen uns nicht bekannten Kardinal G. und einen ebenfalls unbekannten Abt.

Der Brief an den Papst versucht zuerst die Methode Abaelards zu beschreiben, sein wissenschaftliches Ziel, die innere Bewegung Abaelards zu erkennen. Dies gelingt ihm nur durch übertreibende Verächtlichmachung. Hier zeigt sich die tiefe Kluft zwischen monastischer Tradition und beginnender Wissenschaft. Bernhard spürt die Bedrohung, worin das Neue aber liegt, kann er nicht beschreiben, kann er nur als persönliches Fehlverhalten eines Magisters fassen.

In Franzien ist aus einem alten Magister ein neuer Theologe geworden, der seit seiner Jugend mit der Kunst der Dialektik spielte und nun in den Heiligen Schriften Unheil anrichtet. Schon verurteilte und überholte Lehren, eigene und fremde, wagt er wieder zu vertreten und fügt neue hinzu. Alles weiß er, alles kennt er, was im Himmel droben ist und auf Erden hienieden, alles außer dem einen, dem »Ich weiß es nicht«. Er hebt seinen Mund zum Himmel und erforscht die Höhe Gottes, er kehrt zur Erde zurück und beschert uns unaussprechliche Worte, die keinem Menschen auszusprechen erlaubt ist. Er ist bereit, für alles einen Vernunftgrund zu liefern, selbst für das, was über alle Vernunft ist, gegen jede Vernunft, ja gegen den Glauben. Was denn widerspricht mehr der Vernunft, als zu wagen, mit der Vernunft die Vernunft zu übersteigen (*ratione rationem conari transcendere*)? Und was widerspricht mehr dem Glauben, als nicht glauben zu wollen, was der Vernunft unerreichbar ist?

Es entsteht ein Zerrbild, ja in zahlreichen Punkten das Gegenbild zu Abaelards Bemühungen und Einstellungen, wenn ein Prediger versucht, die Methode eines Wissenschaftlers wiederzugeben, dessen Einstellung er für gefährlich, für teuflisch hält. Bis hin zur bewußten Wissenschaftsfälschung durch Abaelard geht Bernhards Vorwurf:

Dieser Mensch sucht immer das Neue, und wenn er es nicht findet, erfindet er es; was es nicht gibt, behauptet er, als wenn es sei.

Bernhard geht dann auf die einzelnen Felder des Glaubens ein, die Dreifaltigkeitslehre, die Erlösungslehre, die Gnadenlehre und die Ethik. Er orientiert sich dabei an der Irrtumsliste, ohne sie im einzelnen abzuarbeiten. Abaelard wird später in seiner Apologie zu Recht bemerken, daß er einige der aufgestellten Lehren nicht vertreten habe, daß andere nur in einer veränderten Fassung aus Darstellungen seiner Schüler stammen und nur einige seine Lehren seien. Von diesen wird er dann darzulegen versuchen, daß Bernhard sie mißverstanden habe. Die Einzelheiten interessieren nur den Theologiehistoriker. Einige Bemerkungen Bernhards treffen aber noch heute auf allgemeines Interesse. Der Erkenntnisdrang Abaelards, der diesen nie zur Ruhe kommen läßt, der in seiner »Dialektik« geschrieben hatte: »Unter uns Sterblichen kann die Wissenschaft nie so wachsen, daß sie nicht noch weitere Vermehrung vertrüge«, diesen Erkenntnisdrang kann Bernhard nur mißverstehen.

Augustinus sagt: »Glauben ist nicht durch Vermuten zu erreichen oder durch eine Meinung, die jemand bei sich hegt, sondern er ist festes Wissen in der Zustimmung des Gewissens.« Ferne sei es, ferne sei es also, daß der Glaube Grenzen habe. Meinungen der Akademiker sind dies, die über alles zweifeln wollen und nichts wissen.

Diese Stelle bezieht sich auf Abaelards Definition des Glaubens als »das Fürwahrhalten (*existimatio*) von nicht erscheinenden Dingen, das heißt solchen, die nicht mit den Sinnen des Körpers erfahren werden können«. Hier soll nicht darauf eingegangen werden, daß *existimatio* damals ein Terminus technicus war, den Bernhard durchgängig uminterpretiert als *aestimatio*, »Meinung«. Deutlich wird jedoch aus Bernhards Einwand, daß er zweierlei nicht versteht. Er versteht nicht, daß Abaelard einen Unterschied gemacht hat zwischen dem Glauben als Gegenstand der theologischen Wissenschaft, dem Glauben, der für den Gläubigen unverbrüchlich und für den Wissenschaftler einfach gegeben, hinzunehmen ist, und der Wissenschaft über diesen Glauben, innerhalb deren es nur wissenschaftliche Meinungen gibt, subjektive und im Gang der Wissenschaft zu verbessernde. Daraus ergibt sich dann, daß Bernhard auch nicht verstehen kann, daß die Wissenschaft in einem währenden Diskurs aller Wissenschaftler immer weiter fortschreitet. Genau dieser Diskurs, von den einzelnen, besonders den Studenten, manchmal betrieben aus bloßer Freude am Diskutieren, am Rechtbehaltenwollen, am Sieg in dieser dialektischen Florettkunst, genau dieser Diskurs ist Bernhard der eigentliche Stein des Anstoßes, Ursprung aller Übel, die er bekämpft. *Disputare*, »erörtern, untersuchen oder diskutieren« kommt von *putare*, »vermuten, meinen, glauben, denken«, und so ruft Bernhard in dem Brief an den Papst Abaelard rhetorisch zu: »Es ist Dir nicht erlaubt, über den Glauben zu meinen oder zu denken (*putare*) oder zu erörtern oder zu diskutieren (*disputare*), wie es Dich drängt (*pro libitu*)«: Der Versuch, die Wissenschaft aufzuhalten beim ersten gesellschaftlich verwirklichten Versuch, in Europa Wissenschaft zu betreiben.

Die Atmosphäre der jetzt anhebenden Auseinandersetzung wurde vollends gestört durch eine Verbalinjurie Bernhards. Der Titel der Werke Abaelards, »Theologia«, war Bernhard und seinen Freunden ein Greuel, bezeichnete er bis dahin doch die heidnische Götterlehre. Und so persifliert er »Theologia« – »Lehre von Gott« durch »Stultilogia« – »Lehre von der Torheit«. Im ersten Entwurf des Traktat-Briefes an den Papst steht diese Verbalinjurie übrigens nicht. Thomas von Morigny war der Scharfmacher.

Die anderen Briefe nach Rom, kürzere oder längere, gehen psychologisch und diplomatisch genau auf den oder die Adressaten ein, wiederholen aber in ähnlichen Wendungen immer wieder dieselben Vorwürfe. So ermahnt er die Bischöfe und Kardinäle der Kurie als Körperschaft an ihre Pflicht zu handeln:

Handelt entsprechend der Stellung, die Ihr einnehmt, entsprechend der Würde, die Euch einflußreich macht, entsprechend der Amtsgewalt, die Ihr empfangen habt.

Der Brief an Kardinal Guido, den späteren Papst Coelestin II., ist oben schon zitiert worden. In dem Brief an den unbekannten Kardinal G. heißt es:

Wir gehen gefährlichen Zeiten entgegen. Magister haben wir mit geilen Ohren, Schüler mit verschlossenen Ohren, der Wahrheit abgewandt, dem Gerede zugewandt. Wir haben in Franzien einen Mönch ohne Regel, einen Vorsteher (*praelatus*) ohne Sorge (für die Seinen), einen Abt ohne Zucht: Petrus Abaelard, der mit

348

den unreifen Jungen diskutiert und mit den Frauen Umgang pflegt. . . . In seinen Reden führt er ungeistliche Neuheiten ein, an Worten wie an Inhalten. Die geistige Nacht, in der Gott wohnt, betritt er nicht allein, wie Moses es tat, sondern mit Scharen und Schülern. In Dörfern und auf Gassen wird über den katholischen Glauben diskutiert.

Apokalyptisch wird schließlich die Angst Bernhards in dem Brief an einen Abt:

Gott ist im Streit. Die Wahrheit gleitet dahin. Die Kleider Christi werden zerschnitten, die Sakramente der Kirche zerrissen. Von den Fußsohlen bis zur Stirn wird das Heil zerstört, die Einfalt der Gläubigen verhöhnt. Nahe ist die Zeit, da der Löwe sich von seinem Lager erhebt, der Feind der Kirche und Räuber der Völker. Petrus Abaelard schreitet voran vor dem Antichristen, ihm den Weg zu bereiten.

Bernhards treibende Kraft: Die Angst vor dem Neuen

Aus Zitaten lediglich auszuwählen kann einen Gegner vernichten. So hatte Bernhard aus Abaelards Schriften und denen seiner Schüler Zitate ausgewählt und eine Irrtumsliste erstellt, die Abaelard zwar nicht traf, ihn aber erledigte. Genauso kann man mit Bernhard verfahren, und dem heutigen Leser mit heutigem Verständnis lassen die angeführten Zitate nur ein vernichtendes Urteil über den *doctor mellifluus*, »den honigfließenden Lehrer«, zu, wie Bernhard im Mittelalter genannt wurde. Zu diesem Zweck sind sie aber nicht angeführt worden.

Zuerst ein Wort zur Aggressivität der Briefe. Sie *sind* aggressiv. Aber das ist keine Besonderheit Bernhards. Klerikerbriefe des 12. Jahrhunderts sind fast immer in einer emotionalen Extremlage geschrieben: Sie drücken Freundschaft aus und sind dann meist überschwenglich, oder sie drücken Gegnerschaft aus und sind dann aggressiv, oft bösartig. Auch von Abaelard kennen wir solche Beispiele, und wir werden ein besonders krasses Beispiel gleich noch kennenlernen. Natürlich gibt es auch temperierte Briefe, Petrus Venerabilis schreibt solche und Hildebert von Lavardin. Der aggressive Brief ist ein Brieftyp der Zeit, einer Zeit, die in der Gesellschaft ein Höchstmaß an Spannung aufgebaut hatte, in der die Entwicklung von Aggressionsmöglichkeiten zum Überlebenstraining der hohen Herren gehörte, deren Söhne schließlich die geistlichen Briefschreiber waren, und die darüber hinaus den Geistlichen, durch Familienplanung zu solchen bestimmt und nicht durch freie Entscheidung, durch die gesellschaftliche Forderung der Keuschheit noch einmal seelische Spannungen zusätzlich zumutete, dies auch dann, wenn die Forderung nicht immer eingehalten wurde. Die Aggressivität der Geistlichen war nur die Aggressivität der Gesellschaft, und sie schloß, wie gerade Bernhard zeigt, die Fähigkeit zur Zärtlichkeit, zur Innigkeit, zur Liebe nicht aus.

Der Traktat-Brief an den Papst und die anderen Briefe nach Rom zeigen die Begabung Bernhards als Redner und seine Begrenztheit als Wissenschaftler. Bernhard steht kein begriffliches Kategoriensystem zur Verfügung, das es ihm gestattete, die Lehre seines Gegners argumentierend zu widerlegen. Bernhard weiß um seine Schwäche, und diese Unsicherheit wendet er in Aggression. Bernhard argumentiert in seinen Briefen nicht, sondern er predigt, das heißt, er versucht unmittelbar mit seinen Worten Einstellungen und Handlungen der Adressaten zu bewirken, nicht Verständnis und Einsicht, aus denen heraus dann erst in Verantwortung des Einsehenden Einstellungen und Handlungen erwachsen können. Bernhards Sprachverwendung ist genau entgegengesetzt der Sprachverwendung Abaelards.

Die Lehren, die er Abaelard vorwirft und die er für häretisch hält, werden nur benannt, nicht beschrieben. Soweit Abaelard nicht überhaupt bestreitet, sie vertreten zu haben – und die heutige Quellenlage gestattet uns festzustellen, daß Bernhard trotz aller Mühe, die er sich mit den ihm fremden Texten gegeben haben mag, sehr unmethodisch und oft nachlässig mit ihnen umging –, soweit war es Abaelard ein leichtes, Bernhards Vorwürfe zu zerpflücken. Seine »Apologia ›Ne iuxta Boetianum‹« gegen Bernhard, von der uns leider nur der Anfang erhalten ist, zeigt dies und auch, welchen geistigen Hochgenuß die Zuhörer hätten gewinnen können und welcher Niederlage Bernhard entgegengegangen wäre, wäre das öffentliche Streitgespräch zustande gekommen, das Abaelard erstrebte und dessen Verhinderung Bernhard auf der Höhe seiner diplomatischen Kunst zeigt.

Was Bernhard und die Seinen aufstört, verstört, ist die Neuheit der Zeit. Die göttlichen Dinge waren Jahrhunderte in den Klöstern bedacht und als Liturgie gefeiert worden. Sie waren *arcana*, in der Abgeschlossenheit der Klöster tradierte Geheimnisse, Mysterien, angebetet, im gläubigen Vollzug vergegenwärtigt, ehrfurchtsvoll in Miniaturen, Elfenbeinschnitzereien oder Fresken dargestellt, immer umhüllt durch die Darstellungsart in Schleier und Gleichnis. Wie Moses den Berg Sinai bestieg und Gott in der Dunkelheit der Wolken hört (2. Mos.19,20; 20,

21), so soll sich der Gläubige den Geheimnissen des Glaubens nähern. Diese geistige Welt der Ehrfurcht und der Verehrung hatte Abaelard in den Augen Bernhards profaniert, entheiligt, beschmutzt, zerstört. Adriaan Bredero hat es so ausgedrückt: »Die Lehre Abaelards hat der Heilige Bernhard nicht verstanden, aber eines hat er gespürt, daß dessen Weise Theologie zu lehren, eine Bedrohung der monastischen Lebensweise der Zisterzienser war.« Dabei konnte Bernhard natürlich nicht erkennen, daß dies mit einem grundsätzlichen sozialen Wandel der Zeit zusammenhing, der geistiges, politisches und ökonomisches Leben von den Klöstern und Burgen in die Städte verlagerte. In immer neuen Bildern ruft Bernhard den Empfängern seiner Briefe diese Schuld Abaelards vor Augen: den frevelhaften Umgang mit dem Heiligen: die Diskussion; den Ort des Frevels: Gassen, Dörfer, Burgen und Kreuzungen; die Verführten: Schüler, unreife Jugendliche, Dumme und Frauen; und das Ergebnis: Neuheiten. Gerhoh von Reichensberg, Kanoniker und Leiter der Domschule in Augsburg, schrieb ein ganzes Buch hierüber: »De novitatibus huius saeculi«, »Über die Neuheiten unseres Zeitalters«. Die Offenbarung ist mit Jesus Christus abgeschlossen, ihre gültige Fassung hat sie durch die ökumenischen Konzilien der Alten Kirche erhalten, und die Kirchenväter haben sie ausgelegt. Neues kann nur Zerstörung sein.

Bernhard hat sich Rechenschaft über sein Verhalten abgelegt. Vorwürfe werden ihn während der Auseinandersetzung erreicht haben. Und so benützt er die Gelegenheit der Predigten vor seinem Konvent, um seine Haltung darzulegen. Die 36. bis 38. Predigt über das »Hohe Lied der Liebe« widmet er dem Thema des Wissens. An drei aufeinanderfolgenden Tagen unterbricht er die laufende Auslegung, die inzwischen bei Vers 8 des 1. Kapitels angelangt war. »Disputatio« nennt er den Exkurs. Seinen Kritikern ruft er zu:

Es könnte vielleicht scheinen, ich ginge in der Verhöhnung der Wissenschaft zu weit, ich behindere die Gelehrten und wolle das Studium der Wissenschaften verbieten. Das stimmt nicht!

Aber die Zeit des Lebens ist kurz, und wichtig ist nur das Heil. Erwerb von Wissen verbraucht kostbare Zeit. Darum muß man unnützes Wissen vom nützlichen unterscheiden:

Es gibt solche, die wissen wollen ausschließlich zu dem Zweck zu wissen. Das ist verwerfliche Neugier. Dann gibt es solche, die wissen wollen, auf daß sie selbst bekannt werden. Das ist verwerfliche Eitelkeit. . . . Dann gibt es solche, die wissen wollen, um ihr Wissen zu verkaufen, für Geld zum Beispiel oder für Ehren. Das ist verwerfliche Bereicherung. Schließlich gibt es solche, die wissen wollen, um (andere) aufzubauen. Das ist Liebe. Und letztendlich gibt es solche, die wissen wollen, um aufgebaut zu werden. Das ist Lebensklugheit.

Allein die beiden letzten haben Wissen im Wortsinn, die anderen mißbrauchen das Wort »Wissen«. Bernhard bleibt sich treu. Wissenschaft im Sinne Abaelards soll es nicht geben. Ihn, Abaelard, und seine Schüler treibt Neugier, Ruhmsucht oder Habgier. Das Ethos der Wissenschaft hat noch keinen Platz in der Vorstellung der Kirchenleute. Das wird sich ändern. Um das Jahr 1255 wird der Dominikaner-Mönch Thomas von Aquin, der Verwirklicher des Abaelardschen Programms, als sein Erstlingswerk »De ente et essentia«, »Über das Seiende und das Wesen«, schreiben, das erste zweckfreie Buch europäischer Wissenschaft, die Begründung der abendländischen Metaphysik.

Im 12. Jahrhundert aber war Wissenschaft etwas Neues. Je rascher sie sich ausbreitete, um so mehr wuchs die Angst der Alten. Wächst die Angst in der Gesellschaft, wächst sie in der Intensität der Bedrohung, die die Alten empfinden, wächst sie in der Zahl derer, die sich bedroht fühlen, fühlen sich insbesondere jene bedroht, die Inhaber der Macht sind, dann wird die Angst, die Angst von Menschen, der Gesellschaft gefährlich. Aus Angst erwächst Aggressivität. Eine Zeitlang sah es im Mittelalter so aus, als könne die Wissenschaft den Wettlauf mit der wachsenden Gefahr der Realitätsferne, der Irrationalität und der Aggressivität gewinnen. In der Generation des Thomas von Aquin (1225–1274) schien die Wissenschaft, kirchlich domestiziert zwar, aber in ihrem Wesen belassen, gesiegt zu haben. Damals stand die Inquisition aber erst noch bevor. Die Briefe Bernhards zeigen, daß er aus tiefer seelischer Angst vor dem bedrohlich Neuen gehandelt hat, in ihm das kollektive Unbewußte seiner Zeit handelnde Person wurde, der es gelang, dank Genialität und Einfluß die Macht auf ihre Seite zu ziehen. Welche Chance wird Abaelard haben?

Informationen liefen rasch damals, erstaunlich rasch für uns unter den damaligen Bedingungen. Kaum waren die Briefe Bernhards nach Rom abgegangen, hatte Abaelard Kenntnis hiervon, Kenntnis auch von ihrem Inhalt, zum Beispiel, daß Bernhard sein Lebenswerk, die »Theologia«, als »Stultilogia« verhöhnt hatte. Bernhard konnte treffen, und er hatte Abaelard in seinem Innersten getroffen.

Sonst aber hatte er nichts erreicht. Er hatte in Sens und Paris gepredigt und einige Schüler Abaelards zu Zisterzienser-Mönchen bekehrt. Er hatte den Bischof von Paris als den Ortsoberhirten und den Erzbischof von Sens als dessen Metropolitan zum Handeln aufgefordert. Er hatte Rom Material geliefert und die Gefährlichkeit der Lage geschildert. Kurz: Er hatte die *denuntiatio Evangelica* eingeleitet. Mehr konnte er rechtlich nicht tun. Jetzt war es an den zuständigen Amtspersonen zu handeln. Aber nichts geschah.

Die Gründe mögen vielfältig sein, und nur einige können wir uns denken. Der Bischof von Paris, Stephan von Senlis, war zwar mit Bernhard von Clairvaux befreundet, Reformer im Sinne der Gregorianer, dem Streit der Schulen gegenüber aber distanziert. Ihm genügte es, wieder Ordnung in die Domschule gebracht zu haben, Herr im eigenen Hause zu sein. Den Ruhm von Paris, Mutter der Wissenschaften zu sein, diesen Ruf mochte er wohl nicht zerstören, brachte er Paris doch neben Ruhm auch Geld, und der Reichtum von Paris war auch der Reichtum des Bischofs. Noch in diesem Jahrhundert sollte mit dem Bau der gotischen Kathedrale Notre-Dame begonnen werden. Die Abaelard-Schüler werden auch nach der Verurteilung in Paris die Hauptrolle spielen: Robert von Melun, Odo von Ourskamp und Petrus Lombardus, der sogar vom Leiter der Domschule zum Bischof dieser Stadt aufsteigt.

Der Erzbischof von Sens selbst, Heinrich Sanglier, zu deutsch Heinrich der Eber, stand in vielfältigen Bindungen. Günstig für Bernhard von Clairvaux waren sie nicht. Vetter der Brüder Garlande, stand Heinrich dem Klan des Königs näher als den Reformern um Bernhard. Aber dieser Klan hatte an Bedeutung eingebüßt. Der König herrschte inzwischen aufgrund eigener Macht. Bernhard aber hatte dem hohen Herrn mehrfach ins Gewissen geredet, ja einen ganzen Brief-Traktat »Über die Sitten und die Aufgaben des Bischofs« hatte er ihm geschickt. Heinrich der Eber hatte sich nicht gebessert, und so war er im Jahre 1136 vom Papst suspendiert worden. Jetzt übte er sein Amt gerade wieder aus. Er mußte vorsichtig sein, Bernhard aber ein Ärgernis anzutun, wenn es ihn nichts kostete, dazu war er wohl immer bereit. Und so handelte er auch, als Abaelard an ihn herantrat. Abaelard unterschätzte Bernhard nicht. Durch seine Gewährsleute war er über dessen Schritte unterrichtet, und es war nur eine Frage der Zeit, wann ein Verfahren gegen ihn eröffnet würde. Nur: Welches Verfahren zu welcher Zeit vor welchem Gericht? Es gab zwei Möglichkeiten. Bernhard hätte ein Akkusationsverfahren, ein Anklageverfahren, einleiten können. Dann hätte er, Bernhard, vor dem zuständigen Gericht, also dem Bischof von Paris oder dem Erzbischof von Sens, Anklage in genau beschriebenem Umfang erheben müssen. Er hätte darlegen und beweisen müssen, daß Abaelard Häretiker war. Gelang ihm dies, würde Abaelard im Sinne der Anklage verurteilt werden, gelang es ihm nicht, würde Freispruch für Abaelard ergehen, vielleicht mit einer Rüge für Bernhard verbunden, leichtfertig angeklagt zu haben. Dieses Verfahren wollte Bernhard unter allen Umständen vermeiden. Er hätte sich mit Abaelard vor dem Gericht getroffen und wäre dessen Gegenangriffen und Verteidigung ausgesetzt gewesen. Er hätte gewissermaßen ins Kreuzverhör gemußt. Dem fühlte er sich nicht gewachsen. Er wollte ein Offizialverfahren, einen Prozeß, den die Bischöfe aufgrund des ihnen von ihm zur Verfügung gestellten Verdachtmaterials von sich aus, von Amts wegen eröffneten. Abaelard wäre dann mit der Eröffnung des Verfahrens Angeklagter gewesen. Bernhard wollte dieses Verfahren, aber die Bischöfe spielten bisher nicht mit.

In dieser Lage ergriff Abaelard die Initiative. Er interpretierte – von den Texten her zu Recht, von Bernhards Absicht her zu Unrecht – dessen Briefe als Anklagen (*accusationes*) und schrieb an den Erzbischof von Sens, er sei bereit, zu diesen Anklagen vor dem Erzbischöflichen Gericht Stellung zu nehmen. Als Termin schlug er die Pfingstwoche vor. Während dieser hohen Festwoche beabsichtigte der Erzbischof von Sens eine öffentliche Schaustellung von Reliquien zu veranstalten, so daß mit der Anwesenheit hoher geistlicher und weltlicher Würdenträger und mit viel Volk, also mit Publikum zu rechnen war. Abaelard war sich sicher, Bernhard öffentlich und für immer niederringen zu können.

Der Erzbischof gab dem Ersuchen (*petitio*) oder Antrag (*postulatio*) Abaelards statt und lud Bernhard vor. »Der Mönch muß schnell erkannt haben, was gespielt werden sollte. Seine Reaktionen sind Beweis dafür, daß er die Pläne Abaelards und deren Gefährlichkeit für sich erkannte. Er bekam Angst und wollte wegbleiben, sich der Auseinandersetzung entziehen« (L. Kolmer). Da er mit seinen Briefen an die Bischöfe und die Kurie nicht die Eröffnung eines Anklageverfahrens gewollt hatte, legte er die Vorladung als Aufforderung zur Diskussion aus, einer solchen könne er aber nicht nachkommen, schrieb er an den Erzbischof. Er sei unerfahren in der Diskussion, »jener aber ein kämpferischer Mann von Jugend an«. Davon abgesehen verlange aber der Erzbischof genau das, was er, Bernhard, immer für verderblich gehalten habe, nämlich die Geheimnisse des Glaubens mit menschlichen Vernunftgründen öffentlich zu diskutieren, vor einer großen Menschenmenge, die »das Schauspiel (*spectaculum*)« genießen würde. Er schreibt dem Erzbischof, wie der Verfasser seiner Vita berichtet, daß es Aufgabe der Bischöfe sei, das zur Stärkung des Glaubens Notwendige zu tun. Bernhard hatte klare Ansichten über sich und über das Amt der Bischöfe.

Die Bischöfe und Freunde Bernhards waren bestürzt. Sie dachten nicht so grundsätzlich wie dieser. Sie fürchteten den Skandal. Die Plätze im Theater waren gleichsam schon ausgebucht. Von überallher strömten die Menschen in Sens zusammen. So bestürmten die Freunde Bernhard, unter allen Umständen zu kommen. »So kam ich an den Ort und zum Tag, unvorbereitet und waffenlos«, wie er selbst schreibt, »traurig und unter Tränen«, wie ein Biograph berichtet. Bibelfest wie er ist, stellt er sich unter das Schriftwort:

Wenn man euch vor Gericht stellt, macht euch keine Sorgen, wie und was ihr reden sollt; denn es wird euch in jener Stunde eingegeben, was ihr sagen sollt (Matth. 10,19).

Und Bernhard hatte schon einen Plan. Unvorbereitet war er nicht.

Aber auch Abaelard machte sich an die Arbeit. Er verfaßte die »Apologia contra Bernardum ›Ne iuxta Boetianum‹«. Er nahm die Irrtumsliste, die jetzt schon in einigen Fassungen gegen ihn umlief und widerlegte sie Punkt für Punkt. Er will, wie er schreibt, »die Bosheit der Fälschung (*malitia falsitatis*)« durch die »Rechenschaft der Wahrheit (*ratio veritatis*)« niederschlagen. Seine Situation wird deutlich aus seiner Anklage gegen Bernhard:

Deine Verleumdungen, durch die Du mich unerträglich zugrunde richtest, habe ich lange ertragen, weil ich immerhin als möglich erhoffte, daß Du aus Furcht vor der Sünde oder aus Achtung und Anstand aufhören würdest, meine Unschuld zu verfolgen, oder wenigstens beginnen würdest, Deine Verfolgung zu mäßigen. Da nun aber Dein Entschluß feststeht, das unverschämt Begonnene unverschämter noch fortzusetzen, bin ich gezwungen, Deine Wurfgeschosse auf Dich zu lenken, damit die Pfeile, die Du auf Deinen Nächsten richtest, Dich treffen und das Wort der Komödie sich erfüllt:»Wenn Du fortfährst zu sagen, was Du sagen willst, wirst Du hören, was Du nicht hören willst.«

Dann wird Abaelard wieder sachlich und beginnt überlegen den ersten Satz der Irrtumsliste zu widerlegen, daß er nämlich gelehrt habe,»der Vater sei unbeschränkte Macht, der Sohn eine gewisse Macht und der Heilige Geist keine Macht«. Er fordert Bernhard auf nachzuweisen, wann er dies gelehrt, wo er dies geschrieben habe. Dann geht er auf die Sätze ein, denen Bernhard seinen Vorwurf entnommen haben könnte und legt deren Kontext und ihre Bedeutung dar. Sein stärkstes Mittel ist wieder die Sprachlogik, von der Bernhard, wie er in einem Seitenhieb bemerkt, nichts versteht. Leider ist im Zusammenhang nur die Widerlegung des ersten Anklagepunktes auf uns gekommen, der Rest nur in kurzen Fragmenten. Abaelard aber fühlte sich für den großen Auftritt gerüstet.

Das Aufgebot der Streithelfer

Abaelard hatte aber nicht nur für sich gearbeitet, sondern war an die Öffentlichkeit getreten. Sollte der gemeinsame Auftritt in Sens ein Rededuell werden, wie Abaelard es liebte und das zu bestehen er sich sicher war, dann bedurfte es einer *turba*, einer Menschenmenge, die ihm Beifall spendete. Die Heiligkeit des Kirchenraumes hinderte Menschen damals nicht, ihre Gefühle auszudrücken. Mit dem Brief Abaelards, in dem er seine Freunde auffordert, nach Sens zu kommen, ist uns ein Zeitdokument erhalten:

Seinen geliebten Gefährten wünscht ihr geliebter Diener Heil.
    Wahrscheinlich reicht es zur Ehre des Märtyrers Vinzentius (der von Datian aus Neid erschlagen worden ist), daß sein Feind auf seine bekannten Taten neidisch war. Solches stößt nun auch mir zu, um den Vergleich von Großem mit Kleinem zu wählen. Jener nämlich, der schon längst heimlich mein Feind war, sich bisher als Freund gab, ja innigste Freundschaft heuchelte, entbrannte nun in einem solchen Neid (*invidia*), daß er nicht einmal mehr den Titel meiner Schriften ertrug, durch die, wie er glaubte, sein Ruhm (*gloria*) um so mehr erniedrigt wird, je mehr er meinen erhöht wähnt. Seit langem schon habe ich Vorwürfe gegen jenes mein Werk über die Dreieinigkeit gehört, das zu schreiben mir Gott ermöglichte und dem ich den Titel »Theologia« gab. Jener aber zog es vor, es anstatt »Theologia« »Stultilogia« zu nennen. Gott sei Dank dafür, daß der Ertrag dieses

Werkes so geschätzt wurde, daß es in der Lage war, zuerst Magistern in Franzien (Alberich und Lotulf), dann Mönchen im Ordensstand hochgelobt zu solchem schamlosen und offensichtlichen Neid zu bewegen. Gott wird für sein Werk Sorge tragen, und was ich auf seine Eingebung hin schrieb, wird nicht das Los erleiden, durch die Hinterlist der Verderbten ausgelöscht zu werden. . . . Ihr sollt wissen, daß, schon ehe ich die Botschaft Eurer Liebe erhielt, ich den Bericht darüber gehört habe, welche giftigen Schmähungen dieser mein Datian ausgespien hatte, zuerst in Sens in Gegenwart des Erzbischofs und vieler meiner Freunde, und was er daraufhin in Paris aus der Tiefe seiner Schlechtigkeit ausgewürgt hat.

Der Herr Erzbischof hat jedoch auf mein Ersuchen hin (*petitio*) an jenen einen Brief geschickt und ihm mitgeteilt, daß ich mich am Oktavtag von Pfingsten bereithielte, auf das zu entgegnen, was er gegen die Kapitel vorbringt, falls er an seiner Anklage (*accusatio*) gegen mich festhielte. Noch habe ich nicht gehört, welche Antwort er gegeben hat. Ihr sollt aber wissen, daß ich an jenem Tage anwesend sein werde und daß ich mir sehnlichst wünsche und ich darum bitte, daß auch Ihr anwesend seid. Lebet wohl!

Abaelards Brief belegt Tatsachen und gibt Einblick in seinen Zustand.

Der Brief belegt, daß Abaelard in den entscheidenden Monaten vor dem Konzil von Sens nicht in Paris weilte, auch nicht als Bernhard vor den Pariser Studenten predigte. Wo er sich aufhielt, erfahren wir nicht, möglicherweise weilte er im Parakleten. Wir erfahren auch, daß Bernhard schon vorher einen ähnlichen Auftritt in Sens hatte und auch dort sein Ziel war, Studenten Abaelard zu entfremden – in dessen Sicht – oder zum einzigen Lehrer der Weisheit zu bekehren, zu Christus – in seiner Sicht. Wir erfahren durch diesen Brief, daß Abaelard über die Briefe nach Rom unterrichtet war, daß er Bernhards Vorgehen kirchenrechtlich als *accusatio*, Anklage, interpretierte und daß er den Erzbischof von Sens um Vorladung gebeten hatte.

Bernhard erfuhr rasch von diesem Brief Abaelards. Sobald er sich entschlossen hatte, nach Sens zu gehen, wandte auch er sich an die Öffentlichkeit, aber nicht an die Öffentlichkeit des Jedermann, an Vertraute und Freunde, sondern an die kirchenamtliche Öffentlichkeit, an die Bischöfe. Er fordert sie auf zu kommen. Er bittet nicht, er tut nicht freundlich. Da er seine Sache mit der Sache der Kirche identisch weiß, fordert er im Namen der Kirche, und da er erfahren hatte, daß die Bischöfe in dieser Sache ihre Pflichten bisher verletzt hatten, redet er ihnen ins Gewissen. Auch Bernhards Brief ist erhalten, und auch er ist ein Dokument seiner Zeit:

An die Bischöfe, gegen Abaelard in Sens zuammenzukommen.

Es erging der Ruf an viele zu erscheinen und, wie ich glaube, auch an Euch. Wir sind nämlich für den Oktavtag von Pfingsten nach Sens geladen und aufgerufen zum Rechtsstreit (*lis*), zur Verteidigung des Glaubens. »Ein Knecht des Herrn soll freilich nicht streiten, sondern zu allen freundlich sein« (2. Tim. 2,24). Wenn es mein Rechtsstreit (*causa*) wäre, könnte vielleicht nicht unverdient der Mann Eurer Heiligkeit (Mann, *puer*, im Sinne des Lehnsrechts, und damit meint Bernhard Abaelard) unter Eurem Schutz sich rühmen (eine Anspielung auf die Unterstützung, die Abaelard weiterhin auch im Episkopat genoß). Nun aber ist es Eure Sache, ja vornehmlich Eure Sache. Zuversichtlich ermuntere ich Euch, beharrlich bitte ich Euch: Erweist Euch als Freunde in der Not. Freunde sage ich, nicht meine Freunde, sondern Freunde Christi, dessen Braut (die Kirche) Euch zum Ketzerwald (*silva haeresum*) ruft, zum Saatfeld der Irrtümer (*seges errorum*), wo sie (die Braut) unter Eurem übermäßigen Schutz (für Abaelard) erdrosselt zu werden droht. Ein Freund der Braut verläßt sie in ihrer Bedrängnis nicht eines Vorteils wegen. Wundert Euch nicht, daß ich Euch so plötzlich und unter Zeitdruck bitte. Aber die Gegenseite hat in ihrer List und Verschlagenheit mich Ahnungslosen gezwungen, ungewappnet mich mit ihm zu treffen.

Ein erstaunlicher Brief, der die doppelte Angst Bernhards zeigt: die menschliche Angst, Abaelard nicht gewachsen zu sein, und die eschatologische Angst, in Abaelards Sieg werde die Braut, die Kirche erdrosselt. Es wird aber auch die unerschütterliche Überzeugung deutlich, daß er, Bernhard, die Verantwortung für die Kirche fast allein trage, während die Bischöfe aus Vorteil oder Sorglosigkeit die Sache des Antichristen betrieben, was ihnen vorzuwerfen er sich nicht scheut. Die Bischöfe aber kamen, und sie taten, was Bernhard erwartete.

Beide Briefe sind in einem Zustand äußerster Anspannung geschrieben. Bernhards Brief ist diesmal nicht aggressiv wie die Briefe nach Rom, sondern apokalyptisch. Diesmal ist Abaelards Stil von einer für uns kaum mehr erträglichen Aggressivität. Deutlich wird aber auch der unterschiedliche Ursprung ihrer Anspannung. Bernhard verfolgt in Abaelard einen Menschen, der die Kirche zu verderben droht, einen Vorläufer des Antichristen. Abaelard ist ihm ein Typus, eine biblische Gestalt des Verhängnisses. An ihm als Mensch ist Bernhard nicht interessiert. Pflichtgemäß wird er vor der Verurteilung für ihn beten lassen. Abaelards Aggressivität hingegen gilt Bernhard als Person. Er haßt ihn, weil dieser ihn verletzt und verraten hat. Abaelard hat Bernhards brüderliche Zurechtweisung in Freundschaft ernst genommen, hat Korrektur kritischer Stellen seiner Schriften zugesagt und durchgeführt, hat seine Lehre geändert. Jetzt fühlt er sich hintergangen. Und dann hat sich Bernhard hinter seinem Rücken an die Studenten gewandt. Die Bischöfe werden es später selbst dem Papst berichten:

Er (Bernhard) forderte auch viele Studenten dazu auf, sie sollten die Bücher nicht mehr weiter lesen und verwenden, die voller Gift seien, und sie sollten einer Lehre aus dem Wege gehen und sich ihrer enthalten, die dem katholischen Glauben schade.

Was – in Abaelards Augen – gingen Bernhard die Studenten in Paris und Sens an? Was ging diesen Abt die Welt der Wissenschaft an? Wieso erdreistete sich dieser Angehörige eines weltabgewandten Ordens, der von Dialektik und Methodik nichts verstand, sein Lebenswerk mit Hohn zu behandeln? Jetzt zeigte sich, daß Abaelard von einem ähnlichen Sendungsbewußtsein durchdrungen war wie Bernhard, dem Sendungsbewußtsein des Wissenschaftlers, das auf der doppelten Einsicht beruht, daß zum einen Gott ihm eine ganz besondere Gnadengabe verliehen hat, sein *ingenium*, und daß zum anderen diese Auszeichnung als Wissenschaftler ihn verpflichtet, mit den Mitteln der Wissenschaft den Glauben zu schützen und zu verteidigen. Diese Berufung macht Bernhard ihm streitig, Bernhard als Person. »Erst unmittelbar vor der Versammlung (in Sens) scheint Abaelard eingesehen zu haben, daß Bernhard nicht ein persönlicher Gegner war, mit dem man unter gleichen Bedingungen streiten konnte, sondern daß sein Gegner sich als einen Vertreter der unangreifbaren Macht der Kirche betrachtete« (R. Klibansky). Da war es zu spät!

Immer, wenn Abaelard angegriffen wurde, sah er den Neid (*invidia*) als die treibende Kraft. In seiner Jugend, als er erstmals gegen Wilhelm von Champeaux und dessen Schüler antrat, mag er den Neid aufgefaßt haben als einen individuellen bösen Zug in einem Menschen. Jetzt wird deutlich, daß der ihn treffende Neid die stete Gegenbewegung in seinem Leben ist zu der Begnadung Gottes, als die er sein *ingenium* erfährt. Gott hat ihn über alle erhoben – »fast alle anderen, auch die Heiligen, die vor Dir ihr Werk der Weisheit widmeten,... schätzt Du als unter Dir stehend (*inferiores*) ein«, hatte ihm schon vor 20 Jahren Fulko von Deuil entgegengehalten –, Gott hat ihn über alle anderen erhoben, und damit der Stolz ihn nicht in den Abgrund reißt, hat Gott der Süßigkeit des Ruhmes, den er kosten darf, die Bitternis des Neides beigegeben, den er ständig schmecken muß. Genie und Neid werden ihm zu Heimsuchungen Gottes.

Der Tag der Entscheidung kam. Die Reliquien waren ausgestellt, die Pilger und die Händler strömten herbei und die Mönche aus den umliegenden Klöstern. Die Großen des Reiches erwiesen den Heiligen ihre Ehre: König Ludwig und sein Hof, die Grafen Theobald von Troyes und Wilhelm von Nevers. Der Erzbischof Heinrich Sanglier hatte zum Konzil oder zur Synode geladen, und so waren alle seine Suffraganbischöfe erschienen außer den Bischöfen von Paris, Stephan von Senlis, und von Nevers, Fromond. Erschienen war auch der Erzbischof von Reims, Samson, mit den Suffraganen Joscelin von Soissons, Gottfried von Châlons und einem weiteren uns unbekannten Bischof. Dazu waren, wie bei solchen Gelegenheiten üblich, zahlreiche Äbte erschienen, unter ihnen der frühere Abt Abaelards, Suger von Saint-Denis. Bernhard hebt in seinem persönlichen Bericht an den Papst noch hervor, daß aus den Bischofsstädten die Leiter der Domschulen erschienen waren und außerdem zahlreiche andere Gelehrte *(clerici litterati)*. Eine »glänzende Gemeinde *(ecclesia copiosa)*« war zusammengekommen, wie der Chronist berichtet. Ja, und dann war da noch die Gegenseite, »der Magister Petrus Abaelard mit seinen *fautores*«, den Gönnern, Beschützern oder Beifallklatschern, wie die Bischöfe an den Papst schreiben, oder mit seinen »Komplizen«, wie Bernhard es ausdrückt. Der Kampf um Worte hat schon immer stattgefunden. Wer über die Worte bestimmt, hat fast schon gesiegt.

Am Morgen des Oktavtages von Pfingsten – heute wird kirchlich an diesem Sonntag das Dreifaltigkeitsfest gefeiert, Trinitatis, im Jahre 1140 fiel dieser Oktavtag auf den 2. Juni – predigte Bernhard von Clairvaux in der Kathedrale und »forderte das Volk auf, für Abaelard bei Gott zu beten«. Abaelards Schüler Berengar von Poitiers, der uns die Vorgänge satirisch übersteigert erzählt, fügt Bernhard anklagend hinzu, »innerlich bereitest Du aber alles vor, ihn aus dem christlichen Weltkreis auszulöschen«. Abends versammelte Bernhard die Bischöfe um sich – zur Vorbereitung der ersten Sitzung des Konzils am anderen Tag, wie wahrscheinlich die harmlose Einladung hieß, in Wirklichkeit, um dem Prozeß, der Bernhard entglitten war, die entscheidende Wendung zu geben. Über das, was wirklich geschah, schweigen die Quellen. Bernhard und die Seinen hatten allen Grund, das Treffen herunterzuspielen. Bernhard erwähnt es in seinem Bericht an den Papst überhaupt nicht, der Bericht der Bischöfe der Kirchenprovinz Sens kommt aus Rechtsgründen nicht umhin, es indirekt zuzugeben. Berengar von Poitiers hat einen langen, bissigen Bericht gegeben, aber aus dieser Satire die Tatsachen herauszulösen fällt schwer. Er sagt mehr aus über die Erlebnisbreite damaliger Menschen als über Abaelards Prozeß. Daher finden sich Auszüge aus ihm in den Anmerkungen, nicht hier in der Schilderung des Fortgangs. Es bleibt uns nur, anhand der beteiligten Personen und ihrer Einstellungen und den rechtlichen Wirkungen, die das Treffen hatte, auf seinen Ablauf zu schließen.

Bernhard erreichte es, daß sich die Bischöfe zu diesem Zeitpunkt mit seinen Anklagepunkten gegen Abaelard, einer der Fassungen seiner Irrtumsliste, befaßten. Es ist zu vermuten, und die Vermutung wird durch den Bericht Bernhards an den Papst bestärkt, daß der Subdiakon Hyazinth, der eigens zur Verteidigung Abaelards aus Rom nach Sens gekommen war, alles versuchte, um dieses Vorgehen zu verhindern. Ein Licht auf die Vorgänge wirft auch ein späterer Bericht. Als auf Betreiben Bernhards Gilbert von Poitiers im Jahre 1147 auf einem Konzil in Reims unter Vorsitz des Papstes Eugen III. ebenfalls der Ketzerprozeß gemacht wurde, wird die Vorgehensweise durch Johannes von Salisbury genau beschrieben. Auch hier versammelte Bernhard am Vorabend der öffentlichen Sitzung die Konzilsteilnehmer, hielt eine Rede, las die einzelnen Sätze aus einer Irrtumsliste vor und ließ über jeden Satz abstimmen. Dazu bemerkten einige Kardinäle, »daß Bernhard gegen Abaelard in ähnlicher Weise vorgegangen sei«. Gegen Gilbert wird sich Bernhard mit diesem Verfahren nicht durchsetzen. Jetzt hatte die Überrumpelungstaktik Erfolg. Es gelang Bernhard, die Bischöfe mehrheitlich von der Richtigkeit seiner Absicht zu überzeugen. Was dieses Vorgehen kirchenrechtlich bedeutete, ist ihnen vermutlich erst am nächsten Tag deutlich geworden. Es wurde über die einzelnen Sätze abgestimmt, und jeder wurde als häretisch befunden. Durch diese Abstimmung hatte sich die Versammlung der Bischöfe außerhalb der öffentlich tagenden Synode als Gericht konstituiert, das im Offizialverfahren, ohne öffentliche Anklage, verhandelte – was Bernhard immer erstrebt hatte – und die Irrtumsliste verurteilte.

Rechtlich nicht zu beanstanden war, daß sich die Bischofsversammlung als Gericht im Offizialverfahren konstituierte. Es war das Recht des Erzbischofs, so zu verfahren. Damit war das Urteil formal korrekt, vom zuständigen Gericht erlassen. Daß die Sätze der vorgelesenen Irrtumsliste häretisch waren, war kaum zu bestreiten. Damit war das Urteil auch inhaltlich korrekt. Nur, waren die Sätze der Irrtumsliste Lehre Abaelards? Abaelard hatte bestritten und wird bestreiten, daß die Liste oder ihre verschiedenen Fassungen, die im Umlauf waren, seine Lehre wiedergäben. Heute wissen wir aus der inzwischen geklärten Quellenlage, daß Abaelard recht hatte. Ohne Abaelard zu hören, durfte die Liste zwar als häretisch verurteilt werden – was niemanden interessierte –, nicht aber als Liste Abaelardscher Irrtümer.

Aber noch aus einem anderen Grund war das Verfahren rechtlich unkorrekt. Nach Abaelards Ansicht, der sich der Erzbischof von Sens angeschlossen hatte, hatte Bernhard durch seine Anschuldigungen den Akkusationsprozeß eröffnet. Abaelard hatte im Rahmen dieses Verfahrens den Antrag gestellt – *petitio*, wie er selbst schreibt, *postulatio*, wie Gottfried von Auxerre berichtet –, daß der Ankläger Rede und Antwort stehen solle und ihm, Abaelard, die Gelegenheit gegeben werde, seine Sicht der Dinge vorzutragen. Der Erzbischof hatte diesem Antrag stattgegeben und einen Termin zur öffentlichen Verhandlung anberaumt. Zu diesem Zweck war das Konzil einberufen worden. In diesem Stadium des Verfahrens am Vorabend des Termins, ohne Abaelard zu hören, die Verfahrensart in geschlossener Sitzung auszuwechseln und über die vom bisherigen Ankläger vorgebrachten Anklagepunkte in Gegenwart des Anklägers, ohne Gegenwart des Angeklagten im Amtsverfahren in dieser Instanz endgültig zu entscheiden, war nicht nur unfair, hinterhältig, wie es Abaelard empfinden mußte, sondern rechtswidrig. Es ist nicht verwunderlich, daß dieser Ablauf der Dinge in den Berichten nach Rom völlig verschwiegen wird. Bernhard hatte gewonnen, Abaelard aber hatte mit seiner Meinung über Bernhard recht behalten.

Noch in der Nacht dürfte Hyazinth Abaelard vom Ausgang der Sitzung unterrichtet haben. Dieser hatte somit etwas Zeit, sich angesichts der neuen Sachlage auf die öffentliche Verhandlung am anderen Morgen vorzubereiten. Er tat es.

Am nächsten Morgen versammelten sich die Konzilsteilnehmer, der König, die Großen des Reiches und das ganze Volk in der Kathedrale Saint-Stephan. Die Versammelten waren bis auf die Bischöfe ahnungslos und warteten gespannt auf das Rededuell zwischen Abaelard und Bernhard. Bernhard hatte schon recht, sie warteten nicht auf die Entscheidung des Heiligen Geistes in seiner Gemeinde, sie warteten auf ein Spektakel. Nur wer sehr genau das kirchliche Protokoll kannte, hätte aufmerken müssen: Abt Bernhard von Clairvaux saß unter den Bischöfen oben im Chor, Abt Petrus Abaelard irgendwo unten im Schiff.

Das Konzil begann mit einem feierlichen Pontifikalamt und der Anrufung des Heiligen Geistes. Dann wurde die Sache Abaelards aufgerufen.

Abaelard stand auf und trat in den Chor vor den Altar. Da erhob sich Bernhard von Clairvaux, trat in die Mitte des Chores, stellte sich vor Abaelard, las im Namen der Bischöfe die am Abend zuvor verurteilten Sätze vor und fragte Abaelard, ob das seine Sätze seien und ob er diese noch vertrete. Es war die Frage an den Ketzer vor seiner Verurteilung. Sie war notwendig, um von der bereits erfolgten Verurteilung der Sätze zur Verurteilung der Person Abaelards fortschreiten zu können.

Daß der Erzbischof von Sens diesen Ablauf zugelassen hat, zeigt, daß auch im Stil der Eindruck eines fairen Verfahrens nicht mehr erweckt werden sollte. Bernhard war nicht Mitglied des Gerichts, das im Offizialverfahren schon entschieden hatte. Er hatte dort keine Funktion, so wenig wie irgendein anderer der versammelten Äbte. Und er war der Gegner Abaelards. Bernhard hatte erreicht, daß die Verfahrensarten vermischt wurden mit dem Ziel, seine eigene Person, über deren Bedeutung sich der »demütige Abt«, wie er sich in seinen Briefen nannte, durchaus im klaren war, unauswechselbar ins Spiel zu bringen. In den Verurteilungsdekreten des Papstes wird, diesen Formfehler fortsetzend, Bernhard von Clairvaux immer namentlich mit den beiden Erzbischöfen genannt, während die Bischöfe nur als Kollegium erwähnt werden. Er war aufgerückt vom persönlichen Ankläger vor einem Gericht zum öffentlichen Ankläger des Gerichts.

An Abaelard war die Frage als einem angeklagten Häretiker gestellt. Hätte Abaelard jetzt geantwortet, bestritten oder zugestimmt, hätte er sich auf das Amtsverfahren eingelassen, der Verurteilung der Sätze als häretisch wäre die Verurteilung seiner Person als Häretiker gefolgt. Eine freie Darstellung seines Systems der Theologie, wie er sie vorgehabt hatte, eine Befragung Bernhards sozusagen im intellektuellen Kreuzverhör war nicht mehr möglich. Nur die verurteilten 19 Sätze standen noch zur Verhandlung, und einige hiervon fanden sich textlich jedenfalls so ähnlich in seinen Werken, daß dies sicher auch zur Verurteilung seiner Person ausgereicht hätte.

Abaelard hatte die Frage Bernhards gehört und schwieg. Jetzt war Wirklichkeit geworden, wovor er sich seit dem Konzil von Soissons vor fast 20 Jahren fürchtete. Er stand wieder vor einem Ketzergericht, wieder hatten ungerechte Richter einen ungerechten Spruch gefällt, und sie waren dabei, gegen ihn als rückfälligen Ketzer persönlich vorzugehen. In seinen Predigten hatte er diese Situation, sie vorwegnehmend, immer wieder behandelt. Die Tochter des Hilkijas, Susanne, von drei alten, geilen Richtern verfolgt, war ungerecht zum Tode verurteilt worden, und nur der Prophet Daniel hatte sie gerettet (Dan. 13,1–64). Und Jesus hatte vor dem großen Sanhedrium gestanden, vor einem ungerechten Gericht, und war zum Tode verurteilt worden. »Jesus aber schwieg« (Matth. 26,63).

Auch Abaelard schwieg. Sah er in sich hinein? Horchte er auf die Stimme Gottes, die Stimme seines Gewissens? Sah er dem vor ihm stehenden Bernhard von Clairvaux in die Augen, horchte er auf die aufkeimende Unruhe in der Kirche, die in die gespannte Stille hinein lauter wirkte, als sie sein mochte? Dachte er an seine Schüler, sein Werk? Abaelard schwieg. In diese Stille hinein wiederholte Bernhard seine Frage, vielleicht mit erhobener, lauterer Stimme. Jetzt jedenfalls sah Abaelard Bernhard an, den Abt von Clairvaux, sah Heinrich an, den Erzbischof von Sens und Vorsitzenden der Synode, sah Gottfried und Hatto an: Bischof Gottfried von Chartres, der ihn in Soissons so unerschrocken verteidigt, und Bischof Hatto von Troyes, der den Parakleten geweiht hatte; er sah Joscelin an, den Bischof von Soissons, der schon vor 30 Jahren von ihm gesagt hatte, er sei eher ein Spötter als ein ernsthafter Redner, eher ein Spaßmacher als ein Lehrer, jetzt sah er sie alle an, und er sagte nein, er wolle nicht Rede und Antwort stehen, er appelliere an den Papst.

Abaelard verzichtete damit nicht nur auf die Einlassung zur Frage Bernhards, die eine Einlassung auf das neue Verfahren gewesen wäre. Abaelard verzichtete auch auf die Darlegung seiner Berufung. Er warf dem Gericht nicht seine Voreingenommenheit vor, nicht das regelwidrige Auftreten Bernhards im Offizialverfahren, nicht das Ränkespiel des heimlichen Austauschs der Verfahren. Abaelard schwieg und zeigte hierdurch dem Gericht, daß er es nicht als die Instanz ansehe, die über ihn zu urteilen habe. Er hatte sein Magisteramt von Gott, er hatte seine Theologie geschrieben mit Hilfe Gottes, diese Bischöfe vor ihm konnten ihm nicht nehmen, was Gott ihm gegeben hatte, sie konnten nicht beurteilen, was Gott ihn hatte denken lassen. Und dieser Abt vor ihm, Bernhard, war nicht sein Richter, sondern sein Feind.

Jetzt waren die Konzilsväter bestürzt und ratlos, die übrige Menge verstand überhaupt nichts mehr. Unruhe muß in der Kirche aufgekommen sein. Abaelard hatte sich doch diesen Auftritt vor dieser Versammlung gewünscht, und nun verstummte er. Gerüchte mußten unter diesen Umständen entstehen, wohlmeinende und bösartige. Die Gegenseite griff sie eifrig auf. Gottfried von Auxerre berichtet in seiner Vita Bernhards, daß »in jener Stunde wenigstens teilweise sein Gedächtnis versagt habe, daß sich sein Verstand verdunkelt habe, ja ihm die Sinne geschwunden seien«, als habe, wie noch ein Bernhard-Verehrer unseres

Jahrhunderts meinte, der bloße Anblick seines Anklägers ihn entwaffnet und vernichtet. Otto von Freising meinte, Abaelard habe sich vor einem Aufstand gefürchtet, und ein neuer Autor hat das Verhalten Abaelards auf die vermutlich sich bereits zeigende Krankheit zurückgeführt.

Der Erzbischof fing sich, sicherte Abaelard freies Gehör (*libera audientia*), sicheres Geleit (*tutus locus*) und ein unvoreingenommenes Gericht (*aequi judices*) zu. Die Zusicherung mußte Abaelard zynisch erscheinen. Er schwieg und verließ mit seinen Anhängern die Kirche. Beim Hinausgehen ereignete sich noch eine denkwürdige Szene, die uns Gottfried von Auxerre berichtet hat. Abaelard ging an Gilbert von Poitiers vorbei. Da wurde ihm wieder deutlich, daß das, was er soeben erlebt hatte, gar nicht ihm als Person galt, sondern daß die entstehende Wissenschaft getroffen werden sollte, wie Abaelard sie vertrat. Gilbert war ein Mann seiner Richtung, wenn auch nicht sein Freund. So blickte er ihn an und zitierte die Verse des Horaz:

> *Tunc tua res agitur!*
> Auch um Dich geht es,
> Wenn die Mauer des Nachbarn brennt!

Im Jahre 1147 betrieb Bernhard das Verfahren gegen Gilbert.

Bernhards Diplomatie: Die Voreinnahme des Papstes

Abaelard hatte an den Papst appelliert. Damit war dem Gericht in Sens der Spruch über die Person entzogen und zugleich der Spruch über die Irrtumsliste zur erneuten Entscheidung in Rom gestellt.

Verfahren in Rom gingen ihren gemächlichen Gang. Erschien eine Partei selbst oder ihr Anwalt, ihr Prokurator, so wurde verhandelt, andernfalls wurden Schriftsätze gewechselt. Personen oder Briefe mußten die Alpen überqueren, den Weg an der Küste entlang nehmen oder das Schiff. Abaelard begann sich auf die Berufung vorzubereiten.

Anders Bernhard. So wie er in Sens den Verfahrensablauf an sich gerissen hatte, so bestimmte er jetzt mit Hilfe seines Sekretärs Nikolaus von Montier-en-Der den weiteren Ablauf der Ereignisse. Der Abt überließ nichts mehr dem Zufall.

Zuerst mußten die Konzilsakten gefertigt und nach Rom gesandt werden. Drei amtliche Schriftstücke gingen dorthin, alle drei von Bernhard verfaßt oder mitverfaßt. Der Erzbischof von Sens und seine Suffragane erstatteten ausführlichen Bericht. Der Erzbischof von Reims und seine Suffragane schickten ein Schreiben allgemeinen Inhalts, und den Schreiben wurde die letzte Fassung der Irrtumsliste beigefügt, so wie sie in der Nachtsitzung verurteilt worden war.

Der Brief der Bischöfe der Kirchenprovinz Sens berichtet den Hergang des Verfahrens, die kirchenrechtlichen Schritte der *denuntiatio Evangelica* durch Bernhard von Clairvaux, Abaelards Versprechen der Korrektur und den Bruch dieses Versprechens, Abaelards Brief an seine Freunde, die Ladung zum Konzil, die anfängliche Weigerung Bernhards, an dem Konzil teilzunehmen, die Teilnehmer des Konzils einschließlich des Königs und seiner Großen und schließlich die Anwesenheit des Abtes Bernhard von Clairvaux und des Magisters Petrus Abaelard und seiner Anhänger. Berichtet wird, daß Abt Bernhard die Irrtümer Abaelards vorlas, und angedeutet, daß sie bereits am Abend zuvor (*pridie*), also vor der Appellation Abaelards an den Papst, verurteilt worden waren. Weiter wird berichtet, daß Abaelard die Einlassung trotz der Zusicherung freier Rede, sicheren Geleits und fairer Richter verweigert und an den Römischen Stuhl appelliert habe. Daraufhin habe man von einem weiteren Vorgehen gegen ihn als Person abgesehen. Soweit der Sachverhalt. Dann wird die Berufung an den Papst für zulässig erklärt, obwohl dies im Gericht bestritten worden war. Der Erzbischof von Sens wollte kein Risiko eingehen. Die erst kürzlich aufgehobene Suspension von seinem Amt hatte mit einer unterdrückten Berufung zu tun gehabt. Dann folgen die Gründe für die Verurteilung Abaelards. Die verurteilten Sätze (*sententiae*) seien entsprechend der Autorität des hl. Augustinus und anderer Kirchenväter, wie der Abt von Clairvaux dargelegt habe, irrig (*falsae*), äußerst gefährlich (*perniciosissimae*), ganz offensichtlich häretisch (*haereticae evidentissimae*) und deswegen verurteilenswürdig (*damnabiles*). Abaelard habe sie auch öffentlich und immer wieder in Vorlesungen vorgetragen. Schließlich enthält das Schreiben den Antrag für die letzte Instanz des Prozesses, der Papst möge das mit der Berufung angefochtene Urteil des Konzils von Sens über die Irrtümer bestätigen und mit unanfechtbarer Rechtskraft versehen, der Person Abaelards ewiges Schweigen mit dem Verbot des öffentlichen Vortrags und des Schreibens auferlegen und seine Bücher, die ohne Zweifel verkehrte Ansichten enthalten, verurteilen.

Der Brief enthält alles, was ein heutiger Prozeßbericht bei gleicher Rechtslage ebenfalls enthalten würde. »Revisionssicher«, wie wir heute sagen würden, ist er allerdings dennoch nicht. Die Auswechslung der Verfahrensart ist nicht berichtet. Daß die Sätze bereits am Abend vor der öffentlichen Sitzung verurteilt worden waren, wird nur mitgeteilt, um darzulegen, daß dieses Urteil bereits vor der Appellation durch Abaelard, also formal noch vom zuständigen Gericht, erlassen war. Nach damaligem Prozeßrecht konnte nämlich die Berufung schon vor dem Urteil erfolgen, dann durfte dieses aber nicht mehr ergehen. Was als vorbereitendes Treffen begonnen hatte, war plötzlich zur urteilsfällenden Sitzung des Gerichts in einer neuen Verfahrensart geworden. Der Bericht verschweigt dies. Der zweite Fehler lag in der fehlenden Beweiserhebung. Der Bericht nennt Bernhard als theologischen Sachverständigen für die dogmatische Abtrünnigkeit der verurteilten Sätze. Als solcher war er nicht bestellt, hatte er nicht fungiert und war er nicht befähigt. Am schlimmsten war aber, daß einfach behauptet wurde, die verurteilten Sätze seien von Abaelard in der vorliegenden Form immer wieder öffentlich vorgetragen worden. Abaelard hat das, und zu großem Teil mit Recht, immer wieder bestritten.

Der Brief der Bischöfe der Kirchenprovinz Reims ist kürzer, allgemeiner und teilweise unsachlich. Er enthält aber einige interessante Zusätze. Er berichtet, daß das Gericht, das die Sätze Abaelards verurteilt hat, von diesem selbst gewählt worden war, daß er die Berufung wohl nur deswegen eingelegt habe, um Zeit zu haben, seine Übeltaten fortzusetzen, zumal da er sich der Unterstützung Roms rühme, und schließlich daß er ein Rückfalltäter sei, da sein Hauptwerk in Gegenwart eines Päpstlichen Legaten bereits einmal verurteilt worden sei. In dem Bericht der Kirchenprovinz Sens, zu der ja auch Bischof Gottfried von Chartres gehörte, war dieser wichtige, wenn auch prozessual problematische Sachverhalt nicht erwähnt worden, offensichtlich weil damals Bischof Gottfried Abaelards Anwalt war.

Diese amtlichen Briefe ließ Bernhard durch seinen Sekretär Nikolaus in höchster Eile nach Rom expedieren. Gleichzeitig schrieb er dem Papst einen eigenen ausführlichen Bericht und mindestens fünf weitere längere und kürzere Schreiben an Mitglieder der Kurie. Die genaue Anzahl der Briefe ist schwer festzustellen, da von einigen erhaltenen nicht feststeht, ob sie vor oder nach dem Konzil geschrieben sind oder ob es sich nur um Entwürfe handelt. Den Papst fordert er auf, der Häresie zu widerstehen. Geschickt erinnert er ihn an das Schisma und damit an seine, Bernhards, Verdienste um die Anerkennung des Papstes und an das Zusammengehen Abaelards mit Arnold von Brescia, dem alten Feind von Rom. Besonders aber warnt er den Papst vor dem Subdiakon Hyazinth. Dieser habe ihm in Sens Böses angedroht, aber nicht erreicht, was er wollte. Dasselbe schreibt Bernhard dem Kardinalkanzler Haimerich. Allen Briefen ist die Warnung gemeinsam:»Abaelard kommt nach Rom!«, wie er an Kardinal Gregor Tarquinus schreibt:

So ist Petrus Abaelard, der über die Sitten, die Sakramente, die Dreieinigkeit schreibt, lehrt, diskutiert und unterscheidet, wie er will. Nun betritt er die Kurie, nachdem er die Kirche erschüttert und verstört hat, nicht um ihr Elend zu heilen, sondern um seine Sünde und Ausreden zu entschuldigen.

Dem Kanzler der römischen Kurie, Kardinal Haimerich, schreibt er:

Unser Theologe bekämpft das Gesetz mit den Worten des Gesetzes, wirft das Heilige den Hunden vor und die Perlen den Säuen. Er zerstört den Glauben der Einfältigen und besudelt die Reinheit der Kirche.... Der ausgezeichnete Lehrer führt mit Arius Stufen in die Dreieinigkeit ein, ersetzt mit Pelagius die Gnade durch den freien Willen, teilt mit Nestorius Christus.... Und bei alledem rühmt er sich, daß er den Kardinälen und Geistlichen der Kurie den Quell der Weisheit eröffnet, daß er seine Bücher und Lehren in die Hände und den Schoß der Römer gelegt habe und so seine Irrtümer in den Schutz derer gelangt sind, von denen er gerichtet und verurteilt werden muß.

Die Identifikation seiner Person mit Christus wird besonders deutlich aus dem Brief an den Kardinal G. :

Lieber, ich trete in die Kurie ein, aber es geht mir um den Streitfall (*causa*), nicht um die Person. Wie Du mich gewöhnlich unterstützt, so unterstütze jetzt meinen Streitfall, vielmehr den Streitfall Christi. Christus nämlich ist streitbefangen und die Wahrheit gefährdet.... Petrus Abaelard... betritt die Kurie, jetzt, nachdem er sie schon aufgewühlt und verwirrt hat.

Bernhard hat offensichtlich Angst, Abaelard könne in Rom durch die Fähigkeit seiner Rede und seinen Einfluß auf frühere Schüler und ihm wohlwollende Kirchenmänner einen Sieg erringen. Der Inhalt der Briefe, die Dringlichkeit seines Vorgehens und sicher auch die Instruktionen für seinen Sekretär Nikolaus waren darauf ausgerichtet, eine Verurteilung bereits zu erreichen, ehe Abaelard in Rom ankam. Dabei nahm er in Kauf, daß der Papst einen Rechtsbruch begehen würde. Wollte der Papst nicht nur das Urteil von Sens bestätigen, also die Verurteilung der Irrtumsliste als häretisch, sondern auch die Person Abaelards durch Exkommunikation und Haft, dann mußte die Mißachtung des Grundsatzes *audiatur et altera pars*,»auch die andere Seite muß gehört werden«, zu einem Fehlurteil führen, denn die Irrtumsliste gab nicht die Lehre Abaelards wieder.

Dreimal schon wurde Abaelards äußere Existenz zerstört, seine Identität in Frage gestellt. Das Ende der wissenschaftlichen Karriere als Leiter der Domschule in Paris, durch Unzucht und Stolz selbst verschuldet, hatte er als Ruf Gottes aufgefaßt, zu seiner eigentlichen Bestimmung zurückzukehren, Lehrer der Jugend zu sein. Maisoncelles war der Ort, an dem er das wissenschaftlich zu entwickeln begann, was unverwechselbar seine Leistung war. Das Ketzerkonzil von Soissons brachte das zweite Ende. Jetzt konnte Abaelard nur Neid (*invidia*) darin sehen, einen Plan Gottes konnte er nicht erkennen. Mit Jesus am Kreuz erfährt er die Gottverlassenheit. Abaelard aber wird an seiner Berufung nicht irre. Er erfährt Gottes Trost und nennt sein Oratorium, das zur Hochschule wird, Paraklet. Zum dritten Mal geht er daran, eine neue Lebensform zu finden, Lehrer außerhalb jeder Tradition zu sein, Neues zu denken. Was immer die Gründe gewesen sein mögen, persönliche Verfolgungen, wissenschaftliche Verdächtigungen, politische Gefährdung, Abaelard hält die Form nicht durch, rettet sich, wie er meint, nach Saint-Gildas und erfährt die Nacht der Einsamkeit. In dieser Nacht erkennt er, daß er seiner Bestimmung untreu, der Tröstung des Parakleten unwürdig geworden war. Der Resignation als Abt folgt die letzte Tätigkeit als Lehrer in Paris. Abaelard ist wieder er selbst. Und jetzt tritt Bernhard von Clairvaux gegen ihn auf und erwirkt den Spruch des Ketzerkonzils. Er ist wieder an einem Ende. Daß es nicht nur um ihn geht, sondern um die Wissenschaft, wie er sie entworfen hat, zeigt seine Bemerkung gegenüber Gilbert von Poitiers.

Ob Abaelard zuerst verzweifelt war, niedergeschlagen im buchstäblichen Sinne des Wortes, oder ob er sogleich seine Verteidigung zu organisieren begann, wissen wir nicht. Gespräche mit Hyazinth wird er geführt haben, Berengar von Poitiers, einen seiner letzten Schüler, hatte er ins Vertrauen gezogen.

Abaelard hatte früher schon gezeigt, daß er sich schreibend von innerer Bedrängnis befreien kann. Und so schreibt er jetzt wieder zwei Texte. Wo er sie geschrieben hat, wissen wir nicht. Vielleicht noch in Sens, vielleicht ist er vor seinem Aufbruch noch einmal nach Paris zurückgekehrt. Vielleicht aber auch hat er sie unterwegs geschrieben. Jedenfalls schrieb er.

Eine große Verteidigungsschrift hatte er ja schon vor dem Konzil von Sens verfaßt, die Strategie entwickelnd, die zur Niederlage Bernhards führen sollte. Nur Bruchstücke diese Apologie sind erhalten. Jetzt schreibt er einen neuen Text, einen kurzen Text, einfach einen Text, durch den er sich Klarheit verschafft über sich selbst. »Apologie oder das Bekenntnis des Glaubens« nennt er den Text, und er beginnt mit den Worten:

Allen Söhnen der heiligen Kirche, Petrus Abaelard, einer von ihnen, aber unter ihnen der Geringste.

Abaelard ist Sohn der Kirche, und kein Urteil wird ihm dies nehmen. »Wer viel schreibt, schafft sich viele Richter«, zitiert er den hl. Hieronymus, um dann fortzufahren:

Ich jedenfalls, obwohl ich nur wenig geschrieben habe, konnte dem öffentlichen Tadel kaum oder gar nicht entgehen. Obgleich ich jedenfalls auch in dem, dessen ich schwer beschuldigt werde, mir keiner Schuld bewußt bin, Gott ist mein Zeuge, so werde ich dennoch nichts hartnäckig verteidigen, sollte etwas zu beanstanden sein. Ich habe vielleicht etwas aus Irrtum geschrieben, und das sollte man nicht tun. Aber ich rufe Gott zum Zeugen und Richter meines Bewußtseins an, daß ich auch von dem, dessen man mich beschuldigt, nichts aus Bosheit oder Stolz gelehrt habe.

Mit diesem Bekenntnis bestreitet Abaelard, Häretiker zu sein. Einem Irrtum zu unterliegen ist unvermeidlich. Welcher Kirchenvater wäre ihm nicht unterlegen? Abaelard wußte das besser als alle zeitgenössischen Theologen. Häretiker ist der hartnäckige Verteidiger des Irrtums. Ungerecht verfolgt, ungerecht von einem voreingenommenen Gericht verurteilt, wie er den Ablauf in Sens erfahren mußte, erlebte er in sich das Geschick Jesu. Als der Hohepriester Kajaphas Jesus nach der Gefangennahme nach seiner Lehre fragte, antwortete Jesus:

Ego palam locutus sum in mundo: ego semper docui in synagoga et in templo, ...
et in occulto locutus sum nihil.
Ich habe offen vor aller Welt gesprochen. Ich habe immer in der Synagoge und im Tempel gelehrt, ... und im geheimen habe ich nicht gesprochen (Joh. 18,20).

Abaelard fährt in seiner Apologie fort, und er gebraucht fast wörtlich die Worte Jesu:

Multa in scholis multis locutus sum.... Palam locutus sum ...
Vieles habe ich in den Schulen zu vielen gesprochen.... Ich habe offen gesprochen zur Stärkung des Glaubens und der Sitten, so wie es mir heilsam oder vernünftig erschien.

Die Synagoge und der Tempel, in dem Jesus lehrte, wird Abaelard zu den Schulen, in denen er den Glauben stärkte. Und dann gibt er das Ethos der Wissenschaft wieder, Irrtümer zu korrigieren, für wahr Gehaltenes aber zu behaupten:

Niemals wird eine unangemessene Verteidigung mich zum Häretiker machen. Ich bin jederzeit bereit, schlecht Gesagtes zurückzunehmen, es zu ändern, es auszulöschen. Sichere Aussagen aber werde ich bis zu meinem Ende weiter behaupten. So, wie es meine Sache ist, schlecht Gesagtes zu ändern, so ist es richtig, falsche Anschuldigungen zurückzuweisen.

Abaelard geht dann eine Fassung der gegen ihn vorgelegten Irrtumsliste durch und kommentiert jeden Artikel in wenigen Sätzen. Mehrere Sentenzen akzeptiert er als häretisch, bestreitet aber, sie vertreten zu haben, einige interpretiert er so, daß sie ihre Bedenklichkeit verlieren, einige hält er für falsche Schlußfolgerungen aus seinen Sätzen. Und das wichtigste Mittel der Verteidigung ist ihm wieder die Sprachanalyse.

Während so Abaelard als Wissenschaftler über seine theologische Position nachdenkt, von Bernhard als Vorläufer des Antichristen, Zerstörer der Wahrheit, Gefährder der Kirche bezeichnet, während er so sich seines Christseins vergewissert, denkt er an Heloisa und daran, daß die Nachrichten und die Gerüchte über das, was in Sens passiert war, zu ihrem Kloster gelangen und sie in Angst versetzen mußten. Heloisa hatte den wissenschaftlichen Lebensweg Abaelards verfolgt, seine Lehren übernommen, an ihrer Entwicklung mitgewirkt. Sie ist seine Schülerin geblieben durch alle Phasen ihrer Beziehung hindurch, eine Schülerin, die, wie Petrus Venerabilis ihr schreiben wird, selbst zur Lehrerin (*magistra*) geworden ist. Und so drängt es Abaelard, ihr mit seinen Worten zu sagen, was er über sich denkt, ihr die Überzeugung seines Glaubens zu vermitteln. Heloisa hatte ihn in ihrem ersten Brief zum alleinigen Richter ihrer guten Absichten angerufen, jetzt ruft er Heloisa zur irdischen Richterin seines Glaubens an. Was ihm auf dem Konzil von Soissons vor fast 20 Jahren verwehrt worden war, seinen Glauben in seinen Worten zu bekennen, das holt er jetzt nach, nicht vor dem Gericht der Bischöfe, nicht vor dem Gericht des Papstes, sondern vor der Frau, die in seinem Leben der einzige Mensch ist, die ihm als Unverwechselbare sie selbst wichtig ist.

Liebe Schwester Heloisa, in der Welt einst mir teuer, jetzt in Christus vor allem lieb mir und wert: Die Logik ist es, die mich der Welt verhaßt gemacht hat. Die Erzverdreher, deren Weisheit im Verderben besteht, verkünden der Welt, ich sei in der Logik eine erste Kraft, aber in Paulus hinke ich stark. Sie rühmen damit meinen Scharfsinn, aber sie wollen die Reinheit meines Christenglaubens nicht anerkennen. Sie lassen sich ja nur von ihren Vorurteilen zum Verurteilen verführen und haben sich nicht die Mühe genommen, zu prüfen und sich eines Besseren belehren zu lassen.

Wenn ich mich gegen Paulus verstocken muß, um ein Philosoph zu heißen, dann verzichte ich auf den Philosophen; um ein Aristoteles zu sein, will ich mich nicht von Christus scheiden. Es ist kein anderer Name unter dem Himmel, unter dem ich selig werden kann. Ich bete den Christus an, der zur Rechten des Vaters sitzet und regieret. Mit der ganzen Kraft des Glaubens umfasse ich meinen Herrn, der vom Heiligen Geist im jungfräulichen Fleisch empfangen, in Gotteskraft Wunder wirkte. Laß die ängstliche Sorge und alle Zweifel aus Deinem Herzen weichen und laß Dich nicht beirren, da ich also glaube und mein Gewissen gegründet ist auf jenem Felsen, auf dem Christus seine Kirche baute. Was auf diesem Felsen geschrieben steht, will ich Dir in wenigen Worten deuten:

Ich glaube an den Vater, den Sohn und den Heiligen Geist, an den von Anbeginn an einen und wahren Gott, der in seinen Personen die Dreieinigkeit also erweist, daß er in seiner Wesenheit stets die Einheit bewahrt. Ich glaube, daß der Sohn in allem dem Vater gleicht, in Ewigkeit und Macht und Wollen und Werk. Ich höre nicht auf Arius, der in seinem verkehrten Denken, ja vom teuflischen Geist verführt, Abstufungen in der Dreieinigkeit einführt, der den Vater für größer, den Sohn für kleiner erklärt.... Ich bezeuge, daß auch der Heilige Geist mit dem Vater und dem Sohne wesenseins und wesensgleich ist; darum erklären auch meine Schriften vielfach, es komme ihm der Name »Liebe« zu. Ich verdamme den Sabellius, der behauptet, Vater und Sohn seien ein und dieselbe Person....

Ich glaube, daß der Gottessohn zum Menschensohn geworden und daß er *eine* Person ist, aus und in zwei Naturen. Ich glaube, daß er nach Vollendung seines irdischen Wirkens gelitten hat, gestorben und auferstanden ist, aufgefahren gen Himmel, von dannen er kommen wird zu richten die Lebendigen und die Toten. Es ist meine feste Überzeugung, daß in der Taufe alle Sünden vergeben werden, daß wir der Gnade bedürfen, um das gute Werk anzufangen und zu vollenden, und daß die Gefallenen durch die Buße in den Zustand vor ihrem Fall zurücktreten. Und nun die Auferstehung des Fleisches – soll ich darüber etwas sagen, da ich mich umsonst rühmte, ein Christ zu heißen, wenn ich nicht an meine Auferstehung glaubte? Das ist der Grund, darauf ich mich gründe, auf den ich meine feste Hoffnung baue. Auf diesen festen Glaubensgrund ist meine Heilsgewißheit gegründet, und so fürchte ich nicht der Scylla Gebell, ich lache über der Charybde Schlund, ich schaudere nicht vor den todbringenden Liedern der Sirenen. Mögen des Wassers wirbelnde Wogen antoben und Stürme brausen, ich weiche nicht und stehe unerschüttert, denn ich bin auf einem festen Felsen gegründet.

Sein Schüler Berengar von Poitiers hat diesen Brief Abaelards an Heloisa, diese Standortbestimmung des wissenschaftlichen Theologen, dieses Glaubensbekenntnis des Christen, diese Gewissensgründung des Menschen Petrus Abaelard in seine Apologie gegen Bernhard von Clairvaux aufgenommen. Er dürfte einer der letzten seiner Vertrauten in der Welt gewesen sein, ehe sich die Klostermauern von Cluny für immer um ihn schlossen. Vielleicht hatte Abaelard den Brief noch in Sens geschrieben und ihn durch Berengar als Boten zum Parakleten geschickt. So wäre erklärlich, daß Berengar den Text in seine Apologie aufnehmen konnte, die einzige Quelle für ihn, die auf uns gekommen ist.

Abaelard ist ungebrochen. Das Urteil der Kirche wird er äußerlich gehorsam annehmen, der Spruch einer Versammlung von Menschen, der Spruch selbst des Papstes, so er gegen ihn ausfallen sollte, kann ihm seine Heilsgewißheit nicht nehmen. In seinem Gewissen ist er des Heiles sicher, denn dieses Gewissen ist nicht die beliebige Annahme eines Menschen, der sich irren kann, sondern gegründet auf den Glauben der Kirche, den Felsen. Heloisa darf nicht und braucht nicht an ihm irre zu werden, und da alles, was in dieser Welt geschieht, unwichtig ist gegenüber dem einen, dem Heil, braucht sie keine Angst um ihn zu haben, was auch immer geschehen mag.

Cluny, Sammlung zum Tode

Das Urteil des Papstes: Ewige Haft und ewiges Schweigen

Die reitenden Boten Bernhards und der Bischöfe verloren keine Zeit. Die wichtigsten Briefe an den Papst und die Kardinäle waren schon vor der Verurteilung vorbereitet. Vielleicht liegt darin kein Zeichen der Sicherheit Bernhards über den Ausgang des Verfahrens, sondern eher ein Zeichen der Angst, in Rom könnten die Freunde Abaelards am Ende der Sache Christi immer noch eine Niederlage bereiten. Sicher war ja der Sieg Christi nur am Ende der Zeiten, jeder einzelne Kampf konnte verlorengehen.

Leiter der Abordnung, die zu Pferd nach Rom aufbrach, war Bernhards Sekretär, Nikolaus von Montier-en-Der, wieder ein Zeichen für die Wichtigkeit. Nicht nur Briefe waren zu überbringen, sondern auch mündlich dem Papst Bericht zu erstatten. Dafür war ein Mann vonnöten, der in alle Tatsachen, in alle Motive Bernhards, in alle Winkelzüge der hohen Politik eingeweiht war. Noch konnte sich Bernhard auf Nikolaus verlassen. Wenig später wird er sich eingestehen müssen, daß er einen Verräter und Betrüger in die innerste Zelle der kirchlichen Politik geholt hatte. Vielleicht hatte dies sogar mit dem Verfahren gegen Abaelard zu tun.

Am 3. Juni war der Spruch in Sens gefällt; am 16. Juli verurteilte der Papst in einem öffentlichen Akt vor der Kirche Sankt Peter in Rom den Magister Petrus Abaelard als erwiesenen Irrlehrer zu ewigem Schweigen und ewiger Haft und schloß ihn aus der Gemeinschaft der Gläubigen aus. Dieselbe Strafe sollte alle Anhänger Abaelards treffen und namentlich Arnold von Brescia. Alle auffindbaren Bücher Abaelards sollten verbrannt werden. Zum sinnfälligen Zeichen, und im Mittelalter mußte jede Rechtsänderung ihren Ausdruck in einem sinnfälligen Zeichen finden, zum sinnfälligen Zeichen des angeordneten Erlöschens der Gedanken Abaelards in der christlichen Gemeinschaft der Denkenden warf der Papst selbst einige Bücher ins Feuer. Während sich das Pergament im Feuer kräuselte, schwarz wurde und dann in Flammen aufging, hat der Papst sicher den Heiligen Geist angerufen, wie es das liturgische Zeremoniell verlangte, vielleicht hat er aber auch daran gedacht, daß ihn Bernhard, dem er sein Papsttum verdankte, wieder einmal unter Druck gesetzt hatte und daß er wegen dieser Sache noch eine unangenehme Auseinandersetzung mit einigen Kardinälen haben würde. Was sich abspielte, wissen wir nicht. Nur so viel verraten die Daten, daß der Papst unmittelbar nach dem Eintreffen der Abordnung aus Sens dem Ersuchen Bernhards und der Bischöfe folgte. Die Kurie war eine Bürokratie, die eingehenden Schreiben mußten registriert werden, die Leiter der Abordnungen mußten in einer so wichtigen Sache Audienz vor dem Papst erhalten, dieser mußte entscheiden, und das Urteil mußte ausgefertigt und einige Exemplare der Werke Abaelards mußten beschafft werden, ehe Innozenz II. am 16. Juli die Verurteilung öffentlich verkünden und die Bücher im Scheiterhaufen aufgehen lassen konnte. Da war nicht lange Zeit, die *causa Christi* gegen Abaelard, den Streit Christi gegen den Ketzer im Konsistorium, der Versammlung der Kardinäle unter Vorsitz des Papstes, eingehend zu verhandeln. Ob der Subdiakon der Lateran-Kirche, Hyazint Bobo, der die Abaelard-Fraktion der Kurie in Sens vertreten hatte, ebenso schnell war wie die Abordnung Bernhards und der Bischöfe und ob er dem Papst seinen Bericht vortragen konnte, wissen wir nicht; auch nicht, ob der Papst den Rat des einflußreichen Kardinals Guido von Città di Castello eingeholt hatte, des mächtigsten Mannes in dieser Fraktion, der schon in drei Jahren sein Nachfolger sein wird. Sollte Innozenz II. all das unterlassen haben, dann war zu erwarten, daß ihm noch einige Auseinandersetzungen bevorstanden. Daß die Verurteilung allerdings kein einsamer Entschluß des Papstes war, mindestens die kirchenrechtlich erforderliche minimale Beteiligung der Kurie erfolgt war, erwähnt der Papst selbst in seinem Verurteilungsschreiben:

Nachdem wir den Rat unserer Brüder, der Kardinalbischöfe eingeholt haben, ... verurteilen wir die verkehrten Lehren des Petrus und ihren Urheber.

Daß ebenso wie die Verurteilung in Soissons auch die Verurteilung durch den Papst später sang- und klanglos aufgehoben wurde, nachdem diesmal der Großabt von Cluny, Petrus Venerabilis, als Anwalt Abaelards aufgetreten war, zeigt, daß der Papst froh war, diese Auseinandersetzungen nicht öffentlich durchstehen zu müssen, Auseinandersetzungen, die angesichts der Anhängerschaft Abaelards in Rom und in ganz Frankreich für den Papst hätten unerfreuliche Züge annehmen können.

Daß das Verbrennungsgebot wenigstens teilweise befolgt wurde, schreibt der Chronist Alberich von Trois-Fontaines. Er nennt Abaelard »in der Wissenschaft berühmt«, ehe er berichtet, daß seine theologischen

Schriften verbrannt wurden, aber auch, daß seine Schüler »für eine lange Zeit« seine Werke versteckt hielten. Im Kloster von Saint-Victor, in dessen Schule die Werke Abaelards eingehend studiert worden waren, gab es zur Zeit Walters von Saint-Victor († nach 1180) keine Kopien der Schriften Abaelards mehr. Als er sein Pamphlet gegen Abaelard schrieb, kannte er diesen nur noch aus der Briefsammlung Bernhards von Clairvaux. Diese war in jeder großen Bibliothek greifbar, die Werke Abaelards waren es nicht mehr. Die Zahl der auf uns gekommenen Handschriften zeigt es. Ähnlich erging es den weitgehend anonym gebliebenen Werken seiner Schüler. Selbst die »Sentenzen« des späteren Papstes Alexander III. sind nur in einer einzigen Handschrift überliefert. Der Spruch des Papstes und die für das Mittelalter überragende Autorität Bernhards von Clairvaux haben in wenigen Jahren den wissenschaftlichen Ruf Abaelards vernichtet. Gedanken wirken aber nicht nur auf bekannten Wegen.

Das Verurteilungsschreiben sendet der Papst an:

Seine verehrungswürdigen Brüder, die Erzbischöfe Heinrich von Sens und Samson von Reims, ihre Suffraganbischöfe und an den in Christus geliebten Sohn Bernhard, Abt von Clairvaux.

Die Rolle Bernhards als offizieller Ankläger wird durch diese Adresse noch einmal betont. Das Schreiben setzt im Kurialstil der Zeit volltönend an, beruft sich auf die Stellung des Apostels Petrus als Fels der Kirche, beschwört die Gefahren der Zeit, die immer Gefahren der Endzeit sind, und erwähnt die großen Konzilien der Alten Kirche, in denen die Kirchenmänner ihrer Zeit den Irrlehren widerstanden haben: auf dem Konzil von Nicaea dem Arius, auf dem Konzil von Konstantinopel dem Manichäismus, auf dem Konzil von Ephesus dem Nestorius. Dann kommt eine interessante Passage, das Zitat aus einem Brief, den Innozenz II. fälschlich Kaiser Marcian (450–457) zuschreibt. Erinnern wir uns, daß in dem Bericht über das Konzil an den Papst die Bischöfe geschrieben hatten, wie Abaelard und seine Schüler eine öffentliche Diskussion über die Geheimnisse des Glaubens hervorgerufen hatten, »durch die Lande, in den Städten, über die Dörfer, auf den Burgen, an den Kreuzwegen«. Jetzt schreibt der Papst, der in seinem Brief bis zu dieser Stelle den Anlaß des Briefes, den Namen Abaelards noch nicht erwähnt hat:

Niemand, kein Kleriker, kein Waffentragender oder sonst jemand in irgendeiner Stellung darf hinfort öffentlich Probleme des christlichen Glaubens behandeln. Der Mißachtung des Urteils der verehrenswürdigen Synoden macht sich nämlich schuldig, wer einmal Entschiedenes und richtig Angeordnetes wieder aufrührt und danach trachtet, es wieder zu diskutieren. Wer dieses Gesetz Gottes frevelnd übertritt, wird seiner Strafe nicht entgehen. Wenn er Kleriker ist, der es gewagt hat, Religionsfragen öffentlich zu behandeln, wird er aus der Gemeinschaft der Kleriker ausgeschlossen.

Zweierlei ist an diesem Rückgriff auf einen alten, dubiosen Text der Alten Kirche in der Situation Mitte des 12. Jahrhunderts bedenkenswert. Die Hüter der Tradition, die Vertreter der monastischen Gotteslehre und die ihnen nahestehenden Kirchenfürsten, fühlten sich gegenüber der aufkommenden Wissenschaft so unsicher, daß sie jede Diskussion verbieten wollten. Nur noch Synoden und Konzilien, die manipulierbar sind im Sinne der alten Lehre, wie das Konzil von Sens soeben gezeigt hatte, nur noch solche Gremien der Funktionäre und natürlich der Papst dürfen religiöse und theologische Streitfragen behandeln und entscheiden. Rom hatte sich in dieser Frage nicht durchgesetzt, sowenig wie das Zentralkomitee in Moskau. Wahrheitsfragen sind auf Dauer nicht durch Mehrheitsentscheidungen zu beantworten.

Das zweite Bemerkenswerte leitet über zu Abaelard. Legt man als Gesetz, gegen das zu verstoßen Gottesfrevel ist, dieses alte Verbot zugrunde, genügt zur Verurteilung eines Theologen der Nachweis öffentlicher Lehre. Und so verzichtet die Verurteilungsschrift völlig darauf, Abaelard bestimmte Irrlehren nachzuweisen. Im Anschluß an das »Gesetz, gegen das zu verstoßen Gottesfrevel ist«, fährt der Papst fort:

Es schmerzt uns, daß vor kurzem, da gefährliche Zeiten bevorstehen, Abaelard, wie ich Euren Briefen und der von Eurer Brüderlichkeit übersandten Irrtumsliste entnehme, wieder begonnen hat, den katholischen Glauben durch gefährliche Lehren, die schon aufgeführten Häresien und andere verkehrten Sätze (*perversa dogmata*) zu beschmutzen.

Die aufgeführten Häresien sind die des Arius, der lehrte, daß Christus nicht Gott gleich ist, des Manichäismus, der einen guten und einen bösen Gott lehrte, und des Nestorianismus, der in Jesus Christus die göttliche und die menschliche Natur so trennte, daß Maria nicht Gottesmutter, sondern nur Mutter des Menschen genannt werden kann; alles Lehren, mit denen schon Bernhard von Clairvaux Abaelard in Verbindung gebracht hatte, so wie man in unseren Zeiten Menschen mit dem Kommunismus in Verbindung gebracht hat, mit dem sie aber nichts zu tun haben. Und dann folgt die Urteilsformel:

Wir verurteilen kraft der Autorität des Kirchenrechts (*sanctorum canonum auctoritate*) die verkehrten Lehren (*perversa dogmata*) des genannten Petrus zusammen mit ihrem Autor, und wir ordnen für ihn als Häretiker ewiges Schweigen an. Schließlich verhängen wir über alle Anhänger und Verteidiger seiner Irrtümer die Exkommunikation.

Der letzte Satz war besonders perfide. Da keine konkreten Irrlehren benannt waren, die als Beweismittel der Verurteilung genannte Irrtumsliste nicht mitpubliziert wurde, Abaelard vielmehr die Richtigkeit dieser Irrtumsliste bestritten hatte und Abaelard auch in der Meinung des Papstes in seinen Büchern wohl nicht nur Irrlehren vertreten hatte, wurde es gefährlich, sich auf Abaelard zu berufen. Nie war ein Schüler sicher, daß der zitierte Satz nicht unter die Irrtümer fiel und er, der Zitierende, somit exkommuniziert war. Allerdings hat dieses kirchenrechtliche Verfahren zwar mit dazu geführt, daß Abaelards Namen aus der Diskussion verschwand, nicht aber, daß seine Lehren verschwanden. Abaelard hat keinen Nachruhm geerntet, aber über den Papst gesiegt.

Das Verurteilungsschreiben des Papstes verbreitete sich in Windeseile. Otto von Freising beispielsweise nahm es wörtlich in seine Biographie Friedrich Barbarossas auf. Diesem öffentlichen Verurteilungsschreiben fügte der Papst eine eigenartige Anordnung, ein Reskript, bei, dessen kirchenrechtliche Bedeutung nicht ganz klar ist. Dieses Reskript hat folgenden Wortlaut:

Innozenz, Diener der Diener Gottes, seinen verehrenswürdigen Brüdern, den Erzbischöfen Samson von Reims und Heinrich von Sens und dem in Christus geliebten Sohn Bernhard, Abt von Clairvaux, Heil und apostolischen Segen! Durch vorliegendes Schreiben befehlen wir Eurer Brüderlichkeit, Peter Abaelard und Arnold von Brescia als Urheber verkehrter Lehren und als Feinde des katholischen Glaubens in ein Kloster Eurer Wahl einzuschließen, aber beide getrennt, und die Bücher ihrer Irrlehren, wo immer sie auftauchen, zu verbrennen. Gegeben im Lateran, am 17. Juli.

Dieses Reskript ist einen Tag nach der Verurteilung erlassen und enthält die Vollstreckungsanordnung der Verurteilung. Es ist nur an die drei Verantwortlichen adressiert, an die beiden Erzbischöfe und an Bernhard von Clairvaux. Diese drei, also auch Bernhard, werden sozusagen zu Vollstreckungsrichtern ernannt. Es enthält aber noch einen interessanten Zusatz:

Die vorstehende Ausfertigung darf niemandem eröffnet werden, bis der Brief auf der bevorstehenden Pariser Versammlung (*in Parisiensi colloquio*) durch die Erzbischöfe selbst vorgelegt wird.

Dieser Zusatz ist nur so zu verstehen, daß die Rechtskraft der Vollstreckungsanordnung erst eintritt, wenn das Urteil auf einer Versammlung vorgelegt und dadurch publiziert worden ist. Dies aber ist, soweit wir unterrichtet sind, nicht geschehen. Ob die Initiative des Großabtes von Cluny, der die Aussöhnung Abaelards mit Bernhard von Clairvaux erreichte, ob dessen Ersuchen an den Papst, Abaelard in Ehren in Cluny aufzunehmen, ob ein hinhaltender Widerstand des Bischofs von Paris, der auf dem Konzil von Sens trotz unmittelbarer Betroffenheit bezeichnenderweise nicht anwesend war, dazu führte, was der Grund war, wir wissen es nicht. Es bedeutet jedoch, daß das Einschließungsgebot für Abaelard und Arnold und die Verbrennungsanordnung ihrer Schriften nicht rechtskräftig geworden war. Offensichtlich ist das Urteil in beiden Bestandteilen auch weder gegen Abaelard noch gegen Arnold vollstreckt worden. Hatte sich der Papst durch juristische Winkelzüge aus der Schlinge gezogen, Bernhard durch die Verurteilung nachgegeben, aber die Abaelard-Fraktion der Kardinäle nicht verprellt? Abaelards Haltung angesichts dieser Undurchsichtigkeiten war gradlinig und würdevoll.

Der Beginn der letzten Reise

Abaelard war auf dem Weg nach Rom. Mehr wissen wir nicht. Hatte er die Warnungen Fulkos von Deuil vergessen, vertraute er auf seine Anhänger an der Kurie, hatte er Hyazint Bobo Instruktionen mit auf den Weg gegeben, hatte dieser ihm Ratschläge erteilt? Wie reiste Abaelard? Ritt er zu Pferde mit einigen Anhängern, wie es seiner Stellung als Abt entsprochen hätte, auf dem Esel, wie es Mönche zu tun pflegten, die es sich leisten konnten, nicht zu Fuß zu gehen, wanderte er zu Fuß, wie es die meisten Menschen damals tun mußten? Von Heloisa hatte er sich mündlich offensichtlich nicht mehr verabschiedet, aber die Verfügung dürfte er getroffen haben, seine Bücher und seine Manuskripte von Paris in den Parakleten zu bringen. Abaelard war 60 Jahre alt, und die Krankheit, die ihm nur noch zwei Jahre ließ, zeigte sich schon. Eine beschwerliche Reise stand ihm jedenfalls bevor, und sicher kam er nur langsamer voran als die hohen Kirchenherrn oder ihre Boten mit Eilpost.

Von Sens führte die alte Römerstraße in den Süden über Auxerre und Autun nach Chalon-sur-Saône. Von dort ging es die Via Agrippa flußabwärts über Lyon nach Vienne an der Rhône, zu Pferd, zu Esel, zu Fuß oder zu Schiff auf der Saône und Rhône. In Vienne oder vielleicht schon in Lyon stand die erste Entscheidung bevor, Alpenübergang oder flußabwärts bis Marseille. Führte der Weg dorthin, so stand die zweite Entscheidung bevor: der Landweg nach Rom entlang der Küste des Ligurischen Meeres oder der Seeweg. Der Seeweg war der bequemste Weg nach Rom, wenn denn der Ausdruck »bequem« nicht völlig falsche Vorstellungen erweckt. Jede Reise im Mittelalter war mühsam und gefährlich. Der Küstenweg war verhältnismäßig sicher, dafür aber der längste. Die Überquerung der Alpen über den Kleinen Bernhardiner-Paß in über 2000 Meter Höhe zwischen den Berggiganten des Montblanc und des Testa de Rutor hinab nach Aosta, immer bedroht von Schnee-Einbrüchen und Wegelagerern, war eines der furchterregendsten Abenteuer des Mittelalters. Welchen Weg Abaelard gewählt hatte, wissen wir nicht. Ehe er die erste Weggabelung erreicht hatte, war seine Reise zu Ende, Endstation Cluny, dessen Abt war Petrus Venerabilis.

Abt Petrus Venerabilis, »Mut des Maßes«

Cluny war eine geistige Macht im frühen Hochmittelalter und deswegen – so etwas hat es in der Geschichte wirklich gegeben – eine politische und eine ökonomische Macht. Nur fünf große Äbte in zwei Jahrhunderten hatten dieses Kloster an die Spitze kirchlicher Geltung in Europa geführt. Der erste Orden wurde organisiert, die Kirchenreform eingeleitet, durch die Exemption von der Bischofsgewalt die päpstliche Zentralisation gefördert, die Anfänge des ökonomischen Rechnungswesens in dem immer größer werdenden Orden eingeführt, von der Kurie übernommen und von dort durch die weltlichen Mächte. Jetzt, als Abaelard an die Klosterpforte von Cluny klopfte, war Cluny in Europa nicht mehr konkurrenzlos, hatte es die Höhe erreicht, den Abstieg begonnen. Seit 18 Jahren residierte als Großabt von Cluny Petrus Venerabilis (um 1093–1155 oder 1156), der letzte der großen Äbte. Er gab Abaelard die Heimstatt, schuf ihm Rahmen der Ruhe, ermöglichte ein Sterben in Würde.

Petrus von Montboissier, von Kaiser Friedrich Barbarossa schon zu Lebzeiten *Venerabilis*, »der Ehrwürdige«, genannt, entstammte einem alten Adelsgeschlecht aus der Auvergne. Sein Urgroßvater väterlicherseits, Hugo von Palliers, genannt der Unstete (*le Decousu*), war schon reich, unternehmungslustig und durch Klosterstiftungen auf sein Seelenheil bedacht. Der Großvater Mauritius von Montboissier ist zum ersten Mal als Herr des Stammsitzes in der Nähe von Issoire im heutigen Departement Puy-de-Dôme genannt. Regional-, Kirchen- und Familienpolitik, zu seinen wichtigsten Handlungen gehörte der Ausbau des Klosters Sauxillanges, nur wenige Meilen von Issoire entfernt gelegen, eines der vier unmittelbaren Tochterklöster Clunys. Der Vater Mauritius von Montboissier, Kreuzfahrer im ersten Kreuzzug und Kämpfer vor Antiochien, setzt die Schenkungen an das Kloster Sauxillanges fort. Seine Frau Raingarde hatte schon früh den Wunsch, ins Kloster zu gehen. Ergriffen durch das Wirken Roberts von Arbrissel, gelobte sie, spätestens nach dem Tode ihres Mannes in Fontevrault den Schleier zu nehmen. Dem Ehepaar wurden acht Söhne geboren, sieben überlebten. Hugo, der Älteste und wie sein Urgroßvater der Unstete genannt, erbte Lehen und Heiratsrecht, zeugte zwei Töchter, die ihrer Mutter ins Kloster folgten, und starb bald darauf. Das Familiengut ging auf den zweiten Sohn über, Eustachius. Alle anderen Brüder wurden Geistliche, die Klosterförderungspolitik der Familie begann sich auszuzahlen, das Familienvermögen blieb in einer Hand, selbst eine Mitgift für die Töchter erübrigte sich. Drei Brüder wurden wie Petrus Cluniazenser-Mönche. Armand wurde Abt von Manglieu, einer kleinen Abtei in der Nähe von Montboissier, Jourdain wurde Abt der berühmten Abtei Chaise-Dieu, ebenfalls in der Auvergne gelegen. Der dritte, Pons, wurde von seinem Bruder Petrus zum Abt von Vézelay ernannt. Er war durchaus nicht zum Ordensstand geschaffen und ist mehr durch seine Kämpfe mit den lokalen Großen bekannt als durch klösterliches Leben. Gelangte Petrus von Montboissier als Großabt von Cluny an die Spitze der Ordensorganisation seiner Zeit, so der letzte Geistliche der Familie an die Spitze der kirchlichen Hierarchie in Frankreich. Heraklius wurde nicht Mönch, sondern Kanoniker und Prior im Stift Saint-Julien in Brioude, südlich von Issoire im Allier-Tal gelegen, Archidiakon in Lyon und schließlich im Jahre 1153 Erzbischof von Lyon und damit Primas der Kirche von Gallien.

Petrus wurde in einem der Jahre 1092 bis 1094 geboren und schon früh zur Ausbildung in das Hauskloster Sauxillanges gebracht. Im Jahre 1109, also schon im Alter von 15 bis 17 Jahren, erteilte ihm der greise Abt Hugo in Cluny die Mönchsweihe. Noch im selben Jahr schickte ihn Hugo als Prior und Lehrer unter Abt Renaud von Semur nach Vézelay. Es war die Zeit, in der die Basilika Sainte-Madelaine entstand, bis heute eines der vollendetsten Bauwerke des Abendlandes. Nach der kurzen selbständigen Leitung des kleinen Klosters Domène bei Grenoble wählte ihn die Kongregation von Cluny in der schwierigsten Situation ihrer Geschichte im Jahre 1122 am Oktavtag des Festes Mariae Himmelfahrt, am 22. August, zum Abt des Klosters Peter und Paul in Cluny und damit zum Großabt der noch immer größten Ordensfamilie des Abendlandes. Petrus war damals knapp 30 Jahre alt.

Was war geschehen? Als im Jahre 1109 Abt Hugo von Semur, genannt der Große, starb, hatte er als erster der Äbte Clunys keinen Nachfolger designiert. Er war im Jahre 1049 fünfundzwanzigjährig Abt geworden und hatte die Kongregation 60 Jahre lang geleitet. So fand am 9. Mai 1109 die erste innerlich freie Wahl Clunys statt, und zum ersten Mal wurde ein Mönch Abt, der nicht aus Cluny selbst stammte, Pons von Melgueil, Mönch der Abtei Pons-de-Thomières, entfernter Verwandter Heinrichs V. und Patenkind des Papstes Paschalis II. (1099–1118). Er war bei der Wahl 20 Jahre alt und somit wie sein Vorgänger dazu bestimmt, Cluny über eine Generation oder länger zu regieren. Es kam anders. Cluny hatte seine geschichtliche Funktion erfüllt, neue Orden waren entstanden und die ökonomische Situation Frankreichs änderte sich dramatisch, ohne daß die Kellermeister der Einzelklöster oder die Ordensspitze dies bemerkten. Der Orden geriet in das Spannungsfeld der asketischen Reformer des Zisterzienser-Ordens und der auf beschauliches Leben drängenden Konservativen. Dazu kam die besondere Situation des Mutterklosters. Der Riesenbau von Cluny III war noch nicht fertiggestellt. Noch mehr Mittel als diese größte Baustelle des Abendlandes verschlang aber der ritualisierte Armendienst Clunys. Über die Hintergründe des jetzt in Cluny aufbrechenden Konflikts sind wir nicht unterrichtet. Vermutlich hatte Abt Pons eine kaum durchzuhaltende Linie gesteuert: Reform nach innen und damit mehr Askese und Disziplin, Gebefreudigkeit, Prosperität nach außen und damit Aufrechterhaltung oder gar Steigerung der Mittel für die Armen und den Kirchenbau und damit Wohlfahrt für die Umgebung. Jedenfalls kam es im Jahre 1122 zu einer Revolte der Unzufriedenen im Kloster und einer Demarche bei Papst Kalixt II. (1119–1124) in Rom. Der Vorwurf lautete, der Abt sei unbeständig und verschwende das Klostergut. Abt Pons reiste ebenfalls nach Rom, resignierte dort – wie in den offiziellen Quellen steht – freiwillig und begab sich auf eine Pilgerfahrt ins Heilige Land. Der Papst fordert daraufhin Cluny auf, einen Nachfolger zu wählen. Dies geschieht, man wählt einen alten Mönch Hugo, aber die Vorsicht, nur einen

Übergangsabt zu erhalten, war zu groß, Hugo starb noch im selben Sommer. So kam es zur Wahl des Petrus Montboissier. Damit begannen die Schwierigkeiten aber erst. Die ersten beiden Jahre scheinen einigermaßen ruhig gewesen zu sein. Petrus war ein lernfähiger, besonnener, zuhörender, menschenkluger Abt. Im Frühjahr 1125 tritt er seine erste Romreise an, um Papst Honorius II. (1124–1130) seine Aufwartung zu machen. Es müssen aber bereits Probleme aufgetaucht sein, denn er kehrt nicht nach Cluny zurück, sondern reist von Rom nach Aquitanien. Da besetzt Pons von Melgueil, der in der Zwischenzeit über Rom aus dem Heiligen Land zurückgekehrt war, in der Karwoche des Jahres 1126 mit einem bewaffneten Haufen das Kloster Cluny. Der Konvent spaltet sich. Der Prior Bernhard von Uxelles mit der Mehrheit des Konvents hält zu Petrus, eine Minderheit mit den Großen der Umgebung, enttäuscht über dessen Austeritätspolitik, halten zu Pons. Der Papst schreibt an den Erzbischof in Lyon, an alle Bischöfe Frankreichs und an die Mönche von Cluny und lädt vor sein Gericht. Beide Äbte reisen wieder nach Rom, Pons als Exkommunizierter. Im Oktober beginnt der Prozeß, Pons wird verurteilt, Petrus in seiner Abtswürde bestätigt. Da sucht die Malaria die Gallier heim, Pons stirbt um Weihnachten, Petrus erkrankt, aber überlebt. Er nimmt Genesungsurlaub, den er im Kloster Sauxillanges, in seiner Heimat, verbringt. Ostern des Jahres 1127, nach zweijähriger Abwesenheit von Cluny, kehrt er als Abt zurück.

Fast 30 Jahre nun leitet Petrus Venerabilis Kloster und Kongregation von Cluny, maßvoll, weise und fest. Er hält den Austeritätskurs durch, vollendet aber den Riesenbau von Cluny III, der im Oktober 1130 von Papst Innozenz II. feierlich eingeweiht wird. Dabei darf nicht vergessen werden, daß das Eintreten des Großabtes von Cluny für Innozenz II. im Schisma des Jahres 1130 vielleicht wichtiger war als das des Bernhard von Clairvaux, dem meist das Verdienst zugesprochen wird, die Entscheidung in Frankreich herbeigeführt zu haben. Petrus vereinfacht die Liturgie, die der Zeit zu prunkvoll, den Mönchen zu belastend geworden war. Vorsichtig steuert er die Reformen, beschneidet er den Wildwuchs der Gebräuche, führt sie auf ihren Sinn zurück und beläßt der Kongregation dennoch ihre Identität. Der Eingriff Bernhards von Clairvaux in die inneren Auseinandersetzungen von Cluny durch seine »Apologia ad Guillelmum« um das Jahr 1124, eine seinem Freund Wilhelm von Saint-Thierry gewidmete Verteidigung des Zisterzienser-Ordens durch Angriffe auf die Lebensweise der Cluniazenser, gibt ihm Gelegenheit, seine Vorstellung des Ordens darzustellen.

Petrus Venerabilis hat sich nicht nur um die Beruhigung und den Ausbau seines Ordens bemüht, nicht nur die politischen Kontakte gepflegt, die zu pflegen für den Großabt von Cluny unumgänglich waren. Er hatte auch das religiöse Leben um ihn her beobachtet, und was er sah, beunruhigte ihn tief. Die kirchliche Lehre war nicht mehr selbstverständlich: Im Inneren der Kirche brachen die Irrlehren auf, im Inneren der Christenheit lebten die Juden, und an den Rändern der Christenheit hatten die Heiden, und das waren im Mittelalter immer die Anhänger Mohammeds, die Sarazenen, große Reiche gegründet und sogar Jerusalem erobert. Was Petrus besonders beunruhigte, war die Selbstgefälligkeit und Trägheit der Amtskirche. Die Predigt lag im argen, die wissenschaftliche Aufarbeitung der Irrlehren, des jüdischen und des islamischen Glaubens fehlte, ja überhaupt das Interesse, diese Lehren kennenzulernen. Und so faßte Petrus den Entschluß, selbst zu handeln. Als erste Schrift verfaßte er ab dem Jahre 1138 sein Werk »Contra Petrobrusianos«, »Gegen die Anhänger des Petrus von Bruys«. Die Irrlehre wollte er widerlegen, die zweifelnden Gläubigen stärken.

Autoritäten führe ich an für die, die Christen bleiben wollen, Vernunftgründe für die, die Menschen sind.

Und da beides, Predigt und Belehrung, Aufgabe der Bischöfe ist, schickte er seine Schrift mit einem Begleitbrief an die Bischöfe Südfrankreichs, in deren Gebiet die Irrlehre aufgetaucht war. Erreicht hat Petrus damit nichts. Die Bischöfe antworteten nicht, unternahmen nichts, waren dem mächtigen und berühmten Großabt vielleicht noch gram dafür, daß er sie in ihrer Ruhe gestört hatte.

Nicht viel besser erging es Petrus mit seinem größten Vorhaben, der Auseinandersetzung mit dem Islam oder, in der Sprache des Mittelalters, mit den Sarazenen oder Mohammedanern. Im Jahre 1142 trat er eine Spanien-Reise an, um Klöster seines Ordens am Ebro zu visitieren. Sicherlich aber hatte er schon weitere Pläne. Dort traf er zwei Gelehrte arabischer Sprache, die mit astronomischen Studien beschäftigt waren, Robert von Ketton und Hermann von Dalmatien. Hermann von Dalmatien war ein Schüler Theoderichs von Chartres und gehörte vermutlich der Übersetzerschule von Toledo an, die der dortige Erzbischof Raimundus (1126–1150) gegründet hatte. Robert von Ketton, ein Engländer und Archidiakon von Pamplona, war mit Hermann befreundet. Zu ihnen gewann Petrus Venerabilis noch einen sonst ebenfalls unbekannten Petrus Toletanus hinzu. Mit Geld und guten Worten erreichte es Petrus Venerabilis, daß diese drei Gelehrten ihm wichtige Schriften des Islam übersetzten, darunter erstmals den Koran. Er gab ihnen noch seinen eigenen Sekretär bei, Petrus von Poitiers. Sie schufen ein einzigartiges Werk, das »Corpus Toletanum«. Es enthält die »Fabulae Saracenorum«, die lateinische Übersetzung einer im Original unbekannten Sammlung jüdisch-islamischer Legenden über die Erschaffung der Welt und des Menschen, den »Liber generationis Mahumet«, ein mystisch die jüdische Patriarchen- und Prophetengeschichte mit der Genealogie Mohammeds verbindendes arabisches Werk, die »Doctrina Mahumet«, ein Dialog über die Wahrheit des Islam, und schließlich die »Lex Saracenorum«, die Übersetzung des Korans. Nachdem diese Übersetzungen vorlagen, versuchte Petrus in einem langen Brief Bernhard von Clairvaux zu bewegen, eine Widerlegung des Islam zu schreiben. Bernhard wollte nicht. Er war gerade damit beschäftigt, die christliche Welt zu den Waffen gegen die Mohammedaner zu rufen, den zweiten Kreuzzug zu predigen. Petrus Venerabilis wollte überzeugen, nicht bekriegen, wie er zu Beginn seines Werkes gegen die Sarazenen schreibt:

Ich greife Euch an, wahrlich, aber nicht, wie es die Unsrigen oft tun, mit Waffen, sondern mit Worten, nicht mit Gewalt, sondern mit der Vernunft (*non armis sed verbis, non vi sed ratione*), nicht mit Haß, sondern mit Liebe.

Für dieses Programm war Bernhard von Clairvaux nicht zu gewinnen. So zerteilten Petrus Venerabilis und sein Sekretär das an Bernhard gesandte Material und setzten es als Schriften des Abtes von Cluny an den Anfang des »Corpus Toletanum«, die »Summa totius haeresis Saracenorum«, eine Kurzübersicht über die Lehre des Islam, und die »Epistola de translatione sua«, den »Brief über die Übersetzung« an Bernhard von Clairvaux. So war jedermann deutlich, welche Absicht Petrus gehabt und daß Bernhard gekniffen hatte. Und dann begann Petrus, ein Jahr vor seinem Tod, nach einem Plan seines Sekretärs Petrus von Poitiers mit der großangelegten, unvollendet gebliebenen Widerlegung des Islam »Contra sectam Saracenorum«, »Gegen die Irrlehre der Sarazenen«. Auch mit diesem Werk hatte Petrus keinen Erfolg. Es blieb wirkungslos. Die Zeit war für eine geistige Auseinandersetzung zwischen den Religionen nicht reif. Nur einer hatte ähnliche Gedanken wie Petrus Venerabilis: Petrus Abaelard, und er schrieb sie nieder, während er in der Obhut des Großabtes von Cluny weilte. Vielleicht haben sie noch einige Male darüber sprechen können.

Der Wanderer

Ein Mönch auf der Reise wanderte von Kloster zu Kloster. Abends traf er ein, nahm an der Vesper, der Hauptmahlzeit und der Komplet teil, übernachtete und wanderte morgens nach dem Frühgottesdienst weiter. So kann man sich vorstellen, daß Abaelard kurz vor Chalon-sur-Saône die Heerstraße verließ, vielleicht auch schon etwas früher, um in das Tal der Grosne zu steigen, Ziel Cluny. Die Verurteilung in Sens war am 3. Juni erfolgt, jetzt – Mitte des Monats – stand er vor der Pforte. Wie er sich dort vorstellte, wissen wir nicht, jedenfalls muß der Pförtner erkannt haben, daß es ein Gast war, den er seinem Abt zu melden hatte. Petrus Venerabilis empfing Abaelard, und dessen Leben erhielt seine letzte Wendung. So kann es gewesen sein. Viele Zufälle knoten sich dann zu dieser Wendung. Abaelard mußte aus irgendeinem Grund einen Umweg gewählt haben, um Cluny zu erreichen. Klöster oder Stifte gab es auf der regulären Route genug, Sainte-Marie in Chalon, Saint-Marcel gegenüber, Saint-Philibert in Tournus. Petrus Venerabilis mußte anwesend und zum Empfang bereit gewesen sein. Der Herr des größten Kirchenimperiums seiner Zeit nach dem Papst hatte Termine, auswärts oder in seiner Abtei, wie sie heute Manager haben. Und schließlich mußte der Klosterbruder an der Pforte den Gast erkannt und für so wichtig gehalten haben, daß er die Ankunft seinem Abt meldete. So können sich die Linien der Vorsehung, von uns Zufall genannt, verknotet haben zu dem berichtenswerten geschichtlichen Ereignis: Abaelards Aussöhnung mit Bernhard und dem Papst und seinem Lebensabend in Cluny.

Es kann aber auch ganz anders gewesen sein. Nächst Rom war Cluny der Ort des damaligen Europas, in dem die Nachrichten am raschesten sich konzentrierten. Jeder Wanderer, der an die Klosterpforte klopfte, brachte sie mit, die hohen Herren oder ihre Boten berichteten genauer, und der Orden selbst unterhielt Botenlinien, die das Mutterkloster in Burgund mit seinen Klöstern bis hinab nach Unteritalien, nach Spanien bis an den Ebro und nach England bis an den Humber verbanden, Nachrichten übermittelnd und empfangend. Der Großabt von Cluny war sicher zu dem Konzil von Sens geladen worden, aber zu den »zahlreichen Äbten«, die teilgenommen hatten, gehörte er nicht. Über den Ablauf des Konzils und sein Urteil, über den Anteil, den Bernhard von Clairvaux daran hatte, über die Berufung Abaelards an den Papst und den Beginn dessen Reise nach Rom war er unterrichtet. Persönlich war er mit Bernhard von Clairvaux befreundet, kollegial, als Amtsbruder sozusagen, über seinen Fanatismus, um mit Otto von Freising zu sprechen, machte er sich keine Illusionen, hatte er doch Bernhards Maßlosigkeit im Angriff seinem eigenen Orden gegenüber erfahren. Seit einem Streit um die Besetzung des Bistums Langres im Jahre 1138 bis etwa in die Jahre 1143/44, also nach dem Tode Abaelards, waren die Beziehungen der beiden Äbte unterkühlt, zeitweise ganz abgebrochen. Darüber, daß in Sens nicht alles mit rechten Dingen zugegangen war, darüber hatte er sich bald ein Urteil gebildet. Möglicherweise hatte ihn Nikolaus von Montier-en-Der, der Sekretär und Bote Bernhards, über den Inhalt der Briefe an den Papst persönlich unterrichtet. Jedenfalls war Petrus Venerabilis über die Vorgänge in Sens und die Stimmung in Rom genau unterrichtet. Nur, was tat er? Beschloß er, in den Gang der Dinge einzugreifen, und warum?

Die Beantwortung dieser Frage hängt auch davon ab, ob man den Quellen entnehmen kann, daß sich Petrus Venerabilis schon seit langem um Abaelard bemüht hatte. Die Wissenschaft ist darüber uneins. Kurz nach seiner Wahl hatte Abt Petrus zwei Briefe geschrieben, deren Adressat nicht feststeht. Der erste beginnt:

Seinem geliebten Sohn, dem Magister Petrus, wünscht sein Bruder Petrus, demütig Abt von Cluny, Augen zu sehen und Ohren, in Gehorsam zu hören. In der Kenntnis weltlicher Wissenschaft, geliebtester Sohn, mühst Du Dich ab und unter dem Druck gewichtiger menschlicher Studien bist Du unglücklich geworden. Keinen Lohn für Deine Arbeit sehe ich, keine Erleichterung Deiner Bedrängnis, und so beklage ich, daß Deine Zeit leer und nutzlos verrinnt.

Petrus Venerabilis schildert dann die Schulkämpfe, die Pfade des Irrtums, auf denen sie ausgetragen werden, ihre Mittel der Logik und ruft den Magister Petrus auf, sich in die Schule des Magisters der Welt, Jesus Christus, zu begeben, Ruhe im Kloster zu finden, Mönch in Cluny zu werden. Und er schließt den Brief:

Wenn ich Dich gleichsam als einzigen Sohn empfangen kann, wird meine Freude übergroß sein.... Mit Dir will ich gemeinsam gegen den Feind kämpfen.

Der Eingeladene hat die Einladung nicht angenommen, und so schreibt der Abt einen zweiten, respektierend traurigen Brief.

Waren die Briefe an Abaelard gerichtet, dann treffen sie in dessen Auseinandersetzungen mit dem Kloster Saint-Denis nach der Verurteilung durch das Konzil von Soissons im Jahre 1122, kurz ehe er den Parakleten gegründet hatte. Das Verbot an Abaelard bei seinem Ausscheiden aus Saint-Denis, in ein anderes Kloster einzutreten, hätte sich dann auf

Cluny bezogen. Petrus hätte dann den Lebensweg Abaelards genau verfolgt, so wie er den von Heloisa schon vor ihrer Beziehung zu Abaelard verfolgt hatte, und er hätte sich in Abaelard schon damals einen Mitstreiter in den Auseinandersetzungen mit den Gegnern der Kirche erhofft. Er hätte dann schon wissen müssen, was Abaelards Gegner immer verkannten, daß Abaelard von Anfang an die Vernunft in der Theologie nicht aus Neugier angewandt hatte, sondern um den Glauben verständlich darzulegen und gegen die Heiden, die Juden und die Irrlehrer zu verteidigen. Bis in die Wortwahl hinein deckt sich das spätere apologetische Werk des Abtes von Cluny mit demjenigen des Magisters von Maisoncelles und dem Parakleten. Und von beider Bemühungen um den Islam wird noch die Rede sein.

Die Quellen lassen nur die Möglichkeit, nicht die Entscheidung zu für die zweite Alternative: Abaelard ist nicht zufällig eines Abends in Cluny eingekehrt. Der Abt Petrus Venerabilis hatte Zeichen ausgesandt, Abaelard vielleicht sogar förmlich eingeladen. Dafür spricht, daß jetzt, Ende Juni, alles wie nach einem präzisen, sachlich und zeitlich genau festgelegten Plan abläuft mit dem Ziel, Abaelard zu rehabilitieren, ihn in den Klosterverband von Cluny aufzunehmen; ihm Ruhe zu schenken und die Möglichkeit zu seiner letzten großen Arbeit, der Auseinandersetzung mit dem Judentum und dem Islam, einer Auseinandersetzung, die zum wichtigsten Anliegen des Abtes Petrus geworden war.

Die Aussöhnung

Etwa am 17. oder 18. Juni war Abaelard in Cluny eingetroffen. In wenigen Tagen müssen sich Petrus und Abaelard über den gemeinsamen Plan wenigstens grundsätzlich geeinigt haben. Ein Bote nach Cîteaux ging ab, zwei Tage wird er für die Reise gebraucht haben. Er überbrachte dem Abt von Cîteaux, Rainart von Bar-sur-Seine, die Einladung des Abtes Petrus Venerabilis, zu einer gemeinsamen Besprechung nach Cluny zu kommen. Ziel war die Aussöhnung zwischen Abaelard und Bernhard von Clairvaux als Voraussetzung für eine Rehabilitation des in Sens Verurteilten. Diese Einladung an den obersten Abt des Zisterzienser-Ordens und nach dem Filiationsprinzip zugleich den unmittelbaren Vorsteher über Bernhard war ein diplomatischer Meisterzug des Großabtes des Cluniazenser-Ordens. Die ungestüme Art Bernhards dürfte nicht immer die Zustimmung Rainarts gefunden haben, und über sein Verhalten in Sens liefen schon Gerüchte um. Als wenn er auf die Einladung gewartet hätte – vielleicht war er ja auch schon vorgewarnt – brach er rasch nach Cluny auf, spätestens zwei Tage nach der Ankunft der Boten. In Cluny angekommen, stand Petrus und Rainart sicher die schwerste Aufgabe bevor, Abaelard zu bewegen, sich persönlich mit Bernhard auszusöhnen. Abaelard muß tief verletzt gewesen sein. Der sensible und stolze Mann mußte die Schachzüge Bernhards als Hinterhalt und Verrat empfunden haben, die Ketzervorwürfe als Verleumdung seiner theologischen Arbeit. Wenn nicht schon Hyazint ihn in Sens darauf hingewiesen hatte, daß er bei Papst Innozenz II. kaum auf Gerechtigkeit gegenüber Bernhard hoffen konnte, dann dürfte er fest davon überzeugt gewesen sein, seinen rechtmäßigen Glauben und seine theologische Arbeit vom Papst anerkannt zu erhalten. Daß es Verhandlungen gegeben hat, Abaelard also nicht sofort einverstanden war, berichtet Petrus selbst in seinem Brief an den Papst:

Magister Petrus... kam neulich aus Franzien in Cluny an.... Wir fragten ihn, wohin die Reise gehe. Er gab an, er fühle sich von einigen Leuten peinlich verletzt, sie hießen ihn einen Ketzer.... Inzwischen erschien der Abt von Cîteaux und verhandelte mit mir und Abaelard selbst über die Wege, den Frieden zwischen ihm und dem Abt von Clairvaux herzustellen; seinetwegen hatte Abaelard ja Berufung eingelegt. Ich bemühte mich persönlich, Frieden zu stiften und redete Abaelard zu, mit dem Abt von Cîteaux zu Bernhard zu gehen.... Also geschah es: Er ging, er kehrte wieder. Mit dem Abt von Clairvaux sei er – so berichtete er nach seiner Rückkehr – dank der Vermittlung des Abtes von Cîteaux zu einem friedlichen Ausgleich gekommen; die früheren Anklagepunkte seien niedergeschlagen.

Fünf Tage wird die gemeinsame Reise des Abtes von Cîteaux und des verurteilten Ketzers nach Clairvaux gedauert haben. Für Abaelard war es zum zweiten Mal der Abschied von der äußeren Form seiner Berufung, der öffentlichen Lehrtätigkeit. Und er mußte dem Mann, den er als Feind, als Verräter, als Verleumder erfahren hatte, die Hand reichen. Aber auch für Bernhard von Clairvaux wird die Aussprache nicht angenehm gewesen sein. Der kirchenrechtlich wichtigste Punkt war: Durch die Unterwerfung hatte Abaelard gezeigt, daß er nicht der halsstarrige Ketzer war, für den Bernhard ihn gehalten hatte, und Festhalten an dem Irrtum, nicht der Irrtum war das Kennzeichen eines Ketzers. Der Antrag der Bischöfe an den Papst, Abaelard zu exkommunizieren und zu inhaftieren, war also von unzutreffenden Voraussetzungen ausgegangen. Abaelard allerdings hat klar unterschieden: Als Mensch, als Christ, als

Mönch unterwarf er sich in Bernhard der Kirche, als Wissenschaftler bestand er darauf, nur in den Punkten widerrufen zu müssen, in denen er des Irrtums überführt war. Dies zu tun versprach er, dieses Versprechen hat er eingelöst. So blieb Bernhard von Clairvaux nichts anderes übrig, als sich mit Abaelard auszusöhnen. Offensichtlich blieb die Auflage, nicht mehr öffentlich zu lehren und Cluny nicht mehr zu verlassen.

Nach einigen Tagen machte sich Abaelard wieder auf die Reise nach Cluny, Rainart reiste nach Cîteaux zurück. Petrus Venerabilis dürfte auf die gute Nachricht vertraut haben und zusammen mit seinem Sekretär bereits den berühmten Brief an Papst Innozenz II. vorbereitet haben, den er jetzt nach Abaelards Rückkehr fertigstellte und auf den Weg brachte. Es wird ungefähr der 17. oder 18. Juli gewesen sein.

Zuvor war noch eine Frage zu klären: Wo sollte Abaelard leben? Seit mehreren Jahren lebte Abaelard als Mönch irregulär, war er untergetaucht, hatte er auf dem Genovefa-Berg Vorlesungen gehalten. Bernhard hatte ihm vorgeworfen:

Magister Petrus Abaelardus, Mönch ohne Regel, Vorsteher (*praelatus*) ohne Sorgfalt, hält die Ordnung nicht ein, wird von der Ordnung nicht gehalten. Dieser Mensch ist sich selbst ungleich, innen Herodes, außen Johannes, völlig unzuverlässig, nichts von einem Mönch hat er außer der Tracht und dem Namen.

Auch für den Abt von Cluny muß dieser Zustand befremdlich gewesen sein, den es zu beenden galt. Und so verwirklichte Petrus den zweiten Teil seines Planes, er bat Abaelard, Mönch in Cluny zu werden. Abaelard stimmte zu, und so konnte der Brief an den Papst, aus dem schon zitiert wurde, expediert werden, ein Meisterwerk kirchlicher Diplomatie. Hinzuweisen ist dabei noch darauf, daß der Orden von Cluny und sein Abt unmittelbar dem Papst unterstand, beide also eine ganz besondere Beziehung zu Rom hatten.

Dem Hohenpriester, in Sonderheit unserem Vater, dem Herrn Papst Innozenz, sein demütiger Bruder Petrus, Abt von Cluny.

Meinen Gehorsam und meine Liebe zuvor! Magister Petrus, der Eurer Weisheit, glaube ich, wohl bekannt ist, kam neulich von Franzien aus in Cluny an. Wir fragten ihn, wohin die Reise gehe; er gab an, er fühle sich von einigen Leuten peinlich verfolgt; sie hießen ihn einen Ketzer – diesen Vorwurf wies er aber weit zurück –, er habe nun Berufung eingelegt bei der apostolischen Majestät und wollte zu ihr seine Zuflucht nehmen. Ich lobte seine Absicht und redete ihm sogar noch zu, sich in dieses allen bekannte, allen zugängliche Asyl zu flüchten; ich versicherte ihm, die Gerechtigkeitsliebe des Apostolischen Stuhles, die sich sogar jedem Unbekannten und jedem Fremden gegenüber bewähre, werde sich auch an ihm erweisen; ich stellte ihm in Aussicht, er würde über die Gerechtigkeit hinaus auch Barmherzigkeit finden, wenn die Umstände sie nötig machten; inzwischen erschien der Abt von Cîteaux und verhandelte mit mir und Abaelard selbst über die Wege, den Frieden zwischen ihm und dem Abt von Clairvaux herzustellen; seinetwegen hatte Abaelard die Berufung ja eingelegt. Ich bemühte mich persönlich, Frieden zu stiften, und redete Abaelard zu, mit dem Abt von Cîteaux zu Bernhard von Clairvaux zu gehen. Ich setzte die Mahnung noch hinzu, wenn er allenfalls etwas gesagt oder geschrieben habe, was den Ohren eines Rechtgläubigen anstößig sein könnte, so möge er sich von ihm und anderen frommen Fachleuten weisen lassen, von anstößigen Äußerungen abzurücken und anstößige Stellen in seinen Büchern zu tilgen.

Also geschah es: Er ging, er kehrte wieder. Mit dem Abt von Clairvaux sei es – so berichtete er nach seiner Rückkehr – dank der Vermittlung des Abtes von Cîteaux zu einem friedlichen Ausgleich gekommen; die früheren Anklagepunkte seien niedergeschlagen. Unter meinem Zureden, vor allem aber, wie ich glaube, auf Gottes Anruf, entschloß sich Abaelard im Verlauf der Tage, aus dem Kampfgetümmel der Vorlesungen, von dem Schlachtfeld der Wissenschaft zu weichen, und er wählte Euer Cluny als bleibende Ruhestatt. Bei seinen Jahren, seiner Gebrechlichkeit und seiner Frömmigkeit schien mir dieser Entschluß angemessen. Ich hoffte dabei auch, sein reiches Wissen, das Euch nicht ganz unbekannt ist, für viele unserer Brüder nutzbar zu machen. Deshalb gewährte ich ihm seine Bitte: Sofern Eure Güte es genehmige, dürfe er herzlich gern einer der Unsrigen werden und damit einer der Eurigen.

Nun bitte ich, wie gering auch immer, jedenfalls Euer Dienstmann, es bittet mit mir der Orden von Cluny, Euer demütig ergebener Diener, es bittet Abaelard selbst mit eigenem Mund, durch unseren Mund, durch die Überbringer dieses Briefes, Eure geistlichen Söhne, er bittet durch diesen Brief, den ich auf seinen Wunsch abfaßte: Laßt ihn die übrigen Tage seines Alters und seines Lebens, deren es vielleicht nicht mehr viele sind, in Eurem Cluny vollenden! Gleich dem Sperling und der Turteltaube freut er sich nun des schützenden Dachs, des bergenden Nests, das er finden durfte. Wehrt gnädiglich seinen Verfolgern, ihn daraus zu verjagen oder in seiner Ruhestatt zu verstören! Wie Ihr alle Frommen in Euren Schutz nehmt und sogar diesem Mann Eure Liebe geschenkt habt, so geruht auch ihn zu schirmen mit dem Schild Eures apostolischen Amtes!

Daß der Ablauf des Planes so knapp berechnet gewesen sein muß, wie es hier dargestellt wurde, aus welchen Gründen auch immer, ergibt sich daraus, daß das Schreiben des Abtes von Cluny an den Papst abgegangen sein muß, ehe die Verurteilung Abaelards und die Anordnung seiner ewigen Haft in Cluny bekannt geworden waren. Vielleicht wollte Petrus Venerabilis einer Verurteilung durch den Papst auch noch zuvorkommen. Es ist ausgeschlossen, daß der Großabt der Ordenskongregation von Cluny dem Papst gegenüber heuchlerisch so getan hätte, als wenn er einen zwar Angeklagten, aber noch nicht rechtskräftig Verurteilten aufgenommen hätte, in Wirklichkeit einen endgültig Verurteilten und Exkommunizierten, was für Petrus Venerabilis selbst kirchenrechtliche Irregularität, vielleicht sogar die Exkommunikation bedeutet hätte. Kurz nachdem der Brief nach Rom abgegangen war, muß das Verurteilungsdekret in Frankreich bekannt geworden sein. Welche Lage war jetzt eingetreten? Abaelard hatte sich mit Bernhard ausgesöhnt, die Leiter der beiden größten Orden der Zeit, die Äbte von Cluny und Cîteaux, hatten sich für Abaelard verwendet, Abaelard hatte Berichtigung aller ihm nachgewiesenen Irrtümer versprochen, und er wollte Mönch in Cluny bleiben. Vielleicht hatte sogar Bernhard dem Papst von der Aussöhnung berichtet. Von den Bischöfen, die doch kirchenrechtlich Herr des Verfahrens waren, ist überhaupt nicht mehr die Rede, wieder ein Zeichen dafür, wie sehr der Prozeß ein Prozeß Bernhards von Clairvaux war. Recht und Rechtspraxis waren schon damals zwei verschiedene Dinge. Was sich im einzelnen abspielte, wissen wir nicht, nur das Ergebnis kennen wir: Die Exkommunikation wurde aufgehoben, die Anordnung der Haft nicht vollstreckt, die Inkorporation in den Konvent von Cluny gewährt, das Schweigegebot blieb. Während aber die Verurteilung publiziert wurde, scheint ihre Aufhebung mehr im Stillen erfolgt zu sein. Der frühere Schüler Abaelards, Gottfried von Auxerre, schreibt in seiner Vita Bernhards:

Wie hätte jener Petrus Zuflucht beim Stuhle Petri finden können, der sich so weit vom Glauben Petri entfernt hatte? Und so verurteilte der apostolische Oberhirte den Urheber der Irrtümer zusammen mit den Irrtümern, die Schriften zum Feuer, den Schüler zum Schweigen.

Kein Wort über die Aufhebung des Urteils oder wenigstens seiner Vollstreckung! Der Ruf der Erzbischöfe und Bischöfe, der Ruf Bernhards von Clairvaux und der Ruf des Papstes standen auf dem Spiel. Jedenfalls erbat sich Heloisa, die Äbtissin des Parakleten, von Petrus Venerabilis, dem Abt von Cluny, der den Leichnam Abaelards in ihr Kloster überführt hatte, »ein Schriftstück mit Eurem Siegel, das die kirchliche Lossprechung des Magisters mit klaren Worten ausspricht, auf daß wir es auf seinem Grabe anbringen.« An einem klaren Wort der Rehabilitation hat es die Kirche schon damals fehlen lassen. Petrus Venerabilis aber hat es gesprochen.

Mönch in Cluny

Abaelard ist Mönch in Cluny. Es könnte sich wiederholen, was in Saint-Denis geschah. Er war Mitglied einer der größten Klostergemeinschaften der damaligen Zeit. Äbte aus anderen Klöstern und Fürsten am Ende ihres Lebens hatten sich hierher zurückgezogen. Es war eine vornehme Gesellschaft, in der er sich befand. Tag und Nacht wurde die Liturgie gefeiert, zwar nicht mehr so aufwendig wie zur Zeit des Abtes Hugo, aber immer noch feierlicher, aufwendiger als an jedem anderen Ort. Und diese Liturgie vollzog sich in der nach der Hagia Sophia in Byzanz größten Kirche der Welt. Abaelard war eingetreten in eine Welt, die nicht die seine war. Aber Cluny des Jahres 1140 war nicht Saint-Denis des Jahres 1119. Abaelard war älter geworden, 60 Jahre, und hatte sich nach jeder Katastrophe wieder aufgerichtet. Und dem Abt Petrus Venerabilis gelang das Erstaunliche, Abaelard so leben zu lassen, wie dieser es brauchte. Äußerlich wurde Abaelard gemäß seinem Stand aufgenommen, als Abt. Petrus mußte ihn drängen, die hohe Stellung im Klosterverband einzunehmen. Durchzog der Konvent in Prozessionen die weiten und hohen Hallen der Basilika Peter und Paul, schritt Abaelard neben dem Großabt. Im Kapitel hielt er den Mönchen Predigten, »öffentlich«, *publicus*, wie Petrus schreibt; in kleinem Kreis, »familiär«, führte er mit den Mönchen seelsorgerische Gespräche. Welcher Mönch in Cluny hatte solche Erfahrung mit der Welt und dem Kloster wie Abaelard?

Abaelard fügte sich in die Ordnung Clunys ein. Diese Ordnung aber ermöglichte ihm ein Leben nach seiner Überzeugung, seinen letzten Bedürfnissen. Still und in sich gekehrt lebte er, nahm mit einer abgetragenen Kutte vorlieb, aß und trank, was ihm vorgesetzt wurde, mäßig und ohne Ansprüche. Die Worte, die Petrus Venerabilis verwendet, um Abaelards letzte Jahre Heloisa zu berichten, könnten aus Abaelards »Ethik« stammen:

Er verwarf nicht bloß das Überflüssige, sondern alles außer dem unbedingt Nötigen lehnte er für sich und für die anderen durch Wort und Vorbild ab.... So war er unter uns, ein einfacher und rechtschaffender Mann.

In dem großen, reichen und aufwendigen Cluny lebte Abaelard sein Leben nach der Regel, die er den Nonnen des Parakleten gegeben hatte.

Gleichzeitig blieb Abaelard, was er war, der Magister Petrus. Petrus Venerabilis fährt in seinem Bericht fort:

Soweit die Gebrechlichkeit es ihm gestattete, nahm er seine alten Studien wieder auf, saß er über seine Bücher gebeugt, damit, wie es ähnlich von Gregor dem Großen berichtet wird, kein Augenblick nutzlos verstriche, und so betete er ohne Unterlaß, las er, schrieb er oder diktierte er.

Abaelard geht jetzt daran, sein Lebenswerk abzuschließen. Vermutlich ist in Cluny das Lehrgedicht entstanden, wenn er es Astralabius nicht bereits gewidmet hatte, als dieser um das Jahr 1138 sein Studium begann. Es ist eine Sprichwortsammlung an seinen Sohn nach antikem Vorbild, enthält Verse aus anderen Sammlungen, platte Morallehren, Alltagsvorstellungen über Frauen, Freundschaft und den Umgang mit den Großen. Dann aber tauchen immer wieder Abaelards eigene Gedanken auf, berichtet er Persönlichstes. Seine Überzeugung, daß Leben im Überfluß Mord an den Armen ist, kleidet er in den knappen Spruch:

Wer mehr für sich behält, als was zum Leben nötig ist,
greift dem Armen mit der Faust an die Kehle.

Er scheut sich nicht, diese Lehre an einem seiner Gönner zu verdeutlichen, an Graf Theobald dem Großen, der ihn vermutlich zum Grundherrn des Parakleten gemacht und von dem er weitere Geschenke abgelehnt hatte:

Theobald schenkt den Mönchen viel;
aber da er immer noch raubt, sind die Gaben Raubgut.
Besser wäre es, wenn er nichts raubte und nichts schenkte,
statt daß er den Lohn und seine Gaben zugleich verliert.

Einen seltenen Einblick in seine politischen Überzeugungen gibt er in einem kurzen Vers:

Über dem Herkommen steht das Gesetz, über dem Gesetz die Vernunft.

Auf Herkommen beruhte die Feudalgesellschaft, ihre Folge war das Chaos, das Abaelard in seiner Jugend noch erlebt hatte. Überwunden werden kann dieses Chaos nur durch die Anordnung des Königs, die *lex positiva*, das gesetzte Recht. Soll dieses Gesetz aber Frieden bringen, darf es nicht Willkür sein, sondern muß es zeitbedingte Konkretisierung der Vernunft sein. Gebildet müssen daher der König und seine Räte sein, und so nimmt Abaelard leicht abgewandelt den Spottvers seines englischen Zeitgenossen Wilhelm von Malmesbury als ernste Mahnung in sein Gedicht auf:

Ein ungebildeter König ist ein gekrönter Esel.

Unvermittelt bringt Abaelard dann seine Gewissensethik in Verse und seine Lehre von der Sünde. Und er eröffnet dem Sohn das »Mysterium der Heloisa« (E. Gilson). Über seine Mutter, die noch lebt, berichtet er dem Sohn von dem Glück, das sie beide einst genossen, von ihm jetzt ohne Trauer verabschiedet, von Heloisa in der Erinnerung bewahrt:

> Dies aber ist es, worüber unsere Heloisa
> häufig bei sich wie zu mir Klage zu führen pflegt:
> Wenn keine Rettung mehr winkte, es sei denn, daß das Begangene
> mich gereute, so bliebe keine Hoffnung für mich.
> Süß sind so sehr jene Freuden, die wir genossen,
> daß im Gedenken noch allzu Liebes beglückt.

Kein Wort darüber, daß Heloisa inzwischen ihre Haltung aufgegeben, »die Freuden der Sinne« von einst als Sünde bereut und von Gott gewünscht hätte, dies sei nicht geschehen. Heloisa war sich wohl treu geblieben bis ans Ende.

Ein Thema gab es, das Abaelard beunruhigt hatte, seitdem er sich mit der Theologie beschäftigte, ein Thema, das er jetzt neu mit Petrus Venerabilis besprochen haben dürfte. Die Lehren des Christentums waren heilsnotwendig, aber vor der Offenbarung durch Jesus Christus hatte es Menschen gegeben und auch seither gab es Menschen, die nichts von ihr gehört hatten. Die *gens*, die Abstammung, die Familie, das Volk, die Gegend bestimmten, was Menschen glaubten, bestimmten somit nach herrschender christlicher Lehre über ewiges Leben oder Verdammnis. Der Zustand der Welt quält Abaelard:

> In so viele Sekten des Glaubens ist die Welt geteilt,
> daß der Weg des Lebens Irrweg wird.
> Da es in der Welt so viele Glaubenslehren gibt, einander widersprechend,
> handelt jeder nach dem Herkommen seines Volkes.
> Niemand aber wagt es, in diesen Dingen die Vernunft zu fragen,
> nur darauf bedacht, in Frieden zu leben.

Prüfung der Glaubenslehren am Maßstab der Vernunft, ein Programm um die Mitte des 12. Jahrhunderts, das erst Immanuel Kant zu Beginn des 19. Jahrhunderts zu Ende gedacht hat! Dreierlei setzt es voraus. Zum ersten muß man die verschiedenen Glaubenslehren kennen. In diesem Punkt treffen sich Petrus Venerabilis und Petrus Abaelard. Der Abt von Cluny ist der erste, der als Quelle der jüdischen Lehre den Talmud zitiert, er ist der erste, der islamische Quellen ins Lateinische übersetzen läßt. Zum zweiten muß man bereit sein, die eigene Position aufzugeben, bereit sein zu lernen. Das ist leichter gesagt als durchgehalten, und auch Abaelard war von der Richtigkeit des Christentums und dem Irrtum der Juden und der Muslime überzeugt. Aber miteinander reden muß man. »Redefreiheit«, *libera loquendi facultas*, fordert Petrus Venerabilis in seiner Schrift »Gegen die Irrlehren der Sarazenen« und die Vernunft als Prinzip der Gegenseitigkeit:

Wie es Dir ein leichtes ist, über mich den Bannfluch zu sprechen, wenn ich mit Dir über Dein Gesetz ein Streitgespräch anfangen will, so ist es auch für mich ganz leicht, über Dich den Bannfluch zu sprechen, wenn Du mit mir über mein Gesetz sprichst und mir nicht recht geben willst.

Ist aber die vernünftige Rede das Mittel, die Wahrheit zu finden, dann darf nicht die Gewalt entscheiden. So wird es Petrus Venerabilis den Muslimen zurufen:

Ich greife Euch an, wahrlich, aber nicht, wie es die Unsrigen oft tun, mit Waffen, sondern mit Worten, nicht mit Gewalt, sondern mit der Vernunft, nicht mit Haß, sondern mit Liebe.

Und so schreibt Abaelard jetzt seinem Sohn:

Niemanden sollst Du mit Gewalt zu Deinem Glauben zwingen,
nur die Vernunft ist imstande dazu,
zwingen kannst Du zu glaubenswidrigem Trug,
doch zum Glauben führt nicht die Gewalt, sondern Vernunft.
Ipsa fides non vi, sed ratione venit.

Das geistige Klima in Cluny entsprach nicht dem Zeitgeist. Weder Petrus Venerabilis noch Petrus Abaelard standen für die Mehrheit. Für sie stand der Zelot Bernhard von Clairvaux, der seit dem Jahre 1146 durch die Lande zog, um für den bewaffneten Kreuzzug gegen die Sarazenen zu predigen. Europa ging nicht dem Zeitalter der Vernunft, sondern dem Zeitalter der Gewalt entgegen.

In visu noctis

»Die Schweigehaft von Cluny« (R. Thomas), die im Glauben geteilte Welt, die Bereitschaft, Überzeugungen mit Gewalt statt mit Worten durchzusetzen, Abaelard mußte seine Bedrängnis umsetzen in ein Werk, so wie er es in Maisoncelles getan hatte, im Parakleten, in Saint-Gildas. Eines Nachts muß es gewesen sein, während des schweigenden Umgangs durch die hohen dunklen Hallen der Basilika Peter und Paul oder während der langen meditierenden Nachtgottesdienste, eines Nachts hatte er eine Schau, öffneten sich ihm Raum und Zeit:

Aspiciebam in visu noctis...
Ich sah in der Schau der Nacht...

beginnt sein letztes Werk. Dieser Beginn sagt zweierlei. Das erste Wort verknüpft den Text mit der Person Abaelards zu einer bestimmten Zeit an einem bestimmten Ort. Was folgt, ist kein Traum, keine literarische Fiktion. Abaelard sah. Er sah *in visu noctis*, in der Schau der Nacht. Abaelard, aller Mystik fern, öffnet sich ein neuer Raum, ein Raum, für den es noch kein Wort gibt, nicht der räumlich-zeitliche Raum, in dem es Schulräume und Lehrer und Schüler gibt, nicht ein ausgedachter Raum, den man subjektiv gestalten kann, wie es die großen Epiker gegen Ende des Jahrhunderts tun werden, wenn sie von König Arthus' Tafelrunde, dem ersten runden Tisch der europäischen Geschichte, aufbrechen in die Welt der Zauberer, Feen und Frauen. In der Schau der Nacht öffnet sich Abaelard die Welt, die man später Gelehrtenrepublik nennen wird, die Welt, in der die Großen des Geistes miteinander verkehren, über die wirkliche Zeit und den wirklichen Raum hinweg.

Ich sah in einer Schau der Nacht, und siehe da, drei Männer aus verschiedenen Richtungen kommend standen vor mir. Sie fragte ich sogleich in der Weise der Schau, was ihr Bekenntnis sei und ihr Begehren. Wir sind Menschen, sagten sie, die verschiedenen Glaubensgemeinschaften (*secti diversi fidei*) angehören. Wir bekennen uns aber gleicherweise als Verehrer des einen Gottes, verschieden jedoch in den Glaubenslehren und in den Glaubensleben.... Lange haben wir miteinander über unsere verschiedenen Glaubensgemeinschaften gesprochen und gestritten. Doch nun erbitten wir von Dir die Entscheidung.

Die drei Männer stellen sich dann vor als Anhänger dreier Glaubensgemeinschaften. Zwei haben ein Gesetz, der Jude das Gesetz Mose oder das Alte Testament, der Christ das Gesetz Christi oder das Neue Testament.

397

Sie vertreten Schriftreligionen. Der dritte, der Philosoph genannt wird, ist dem Naturgesetz verpflichtet, der Maxime, »die Wahrheit durch Vernunftsgründe zu suchen«. Er spricht die Heillosigkeit der Welt aus, »die zur Zeit in verschiedene Glaubensgemeinschaften geteilt ist (*mundus divisus*)«, und er will nach Prüfung aller Glaubensgemeinschaften derjenigen zustimmen, »die mit der Vernunft am meisten übereinstimmt«. Dieser Philosoph ist im jetzt anhebenden Dialog nicht einfach der Vertreter der antiken griechisch-römischen Philosophie. Er ist natürlich auch nicht einfach der Vertreter des Islam. Als solchen hätte Abaelard ihn in seinen Dialog nicht einführen können, denn Abaelard standen keine Argumente aus dem Koran zur Verfügung. So muß er als Vertreter der in Nordspanien nach der Eroberung von Toledo (1085) und Saragossa (1118) den Christen bekannt werdenden arabisch beeinflußten Philosophie gelten, eines Überlieferungsstromes, der gerade zu Abaelards Lebzeiten anzuschwellen begann, Europa erst die Antike voll erschloss und zur Leistung der Hochscholastik führen sollte. Will man sich einen konkreten Menschen darunter vorstellen, mag man an den Zeitgenossen Avampace denken, arabisch Ibn-Bagga, der im Jahre 1138 gestorben war und der offensichtlich alles aus der Lehre des Koran abgelehnt hatte, was dem Maßstab der Vernunft widersprach. Diese drei Männer legen Abaelard im kontroversen Dialog die Frage vor nach dem höchsten Gut.

Um Abaelard zur Übernahme der Entscheidung zu gewinnen, führt der Philosoph im Namen aller drei die Gründe an, warum sie sich Abaelard als Richter gewählt haben. Zuerst formuliert er das Kriterium: Sie konnten sich untereinander nicht einigen, ihre Kontroverse führte nicht zum Ziel. »So waren wir gezwungen, uns einen Richter zu wählen.« Soll dieser von allen drei anerkannt sein, muß er gleicherweise das Alte Testament, das Neue Testament und die Gründe (*rationes*) der Philosophie kennen. Und so fiel die Wahl auf Abaelard:

Von Dir wissen wir, daß Du die Fähigkeiten der philosophischen Vernunftsgründe (*vires philosophicarum rationum*) wie die Schutzgründe beider Gesetze (*munimenta utriusque legis*) beherrschst.... Je mehr durch die Schärfe Deiner Geisteskraft (*acumine ingenii*) die Kenntnis aller Wissenschaften Dein Ruhm (*fama*) überragt, um so mehr und um so stärker steht bei uns fest, daß wir Dein Urteil erbitten und annehmen, um so mehr und um so stärker können wir unsere Entscheidung gegen jedermanns Angriffe verteidigen. Wie groß die Schärfe Deiner Geisteskraft ist, wie Dein Gedächtnis die Fülle philosophischer und geistlicher Lehren birgt, davon zeugt nicht nur Dein gewöhnlicher Eifer in den Schulen, durch den Du, wie allgemein feststeht, in beiden Fächern sowohl Deine Lehrer wie die anderen Verfasser wissenschaftlicher Werke überrundet hast. Als sichersten Beweis hierfür bietet sich uns jenes bewundernswerte Werk der Theologie dar, das der Neid (*invidia*) nicht ertragen konnte, das der Neid auch nicht vernichten konnte, das durch die Verfolgung nur berühmter wird.

Diese Sätze sind der Schlüssel zum Verständnis der Situation Abaelards in Cluny. So wie er sich in Saint-Gildas aus der unerträglich gewordenen Spannung durch die »Planctus« befreite und die Befreiung in der Leidensgeschichte dokumentierte, so befreit er sich jetzt von der Verurteilung und dem erzwungenen Schweigen durch sein letztes Werk, den »Dialog zwischen einem Philosophen, einem Juden und einem Christen« und dokumentiert er die Befreiung in den zitierten Sätzen. Abaelard ist nicht gebrochen, hat nicht geschwächt durch die Krankheit gehandelt, hat nicht resigniert. Gott hat ihn zum Magister bestimmt, der Kirche unverfügbar, und wenn sie ihm auch Schulräume aus Stein und Schüler aus Fleisch und Blut nehmen kann, nicht nehmen kann sie ihm die Zugehörigkeit zur *universitas scientiarum*, der Welt des Wissens, die entstehen wird durch Abaelards Leistung. Die alten Ausdrücke verwendet der Philosoph, mit denen Abaelard vor zehn Jahren schon seine jetzt 30 Jahre zurückliegenden Kämpfe der Jugend beschrieben hatte, sein Genie (*ingenium*), das er der Routine der anderen entgegensetzte, sein Ruhm (*fama*), der alle überragt, und der durch beides bewirkte Neid (*invidia*), der ihn Zeit seines Lebens verfolgte. Abaelard nimmt die alte Selbstinterpretation wieder auf, distanziert sich aber durch eine leichte Ironie, wenn er die Ausführung des Philosophen eine »Anpreisung mit dem Öl der Schmeichelei« nennt, und überträgt sie in den neu erschlossenen Raum europäischer Wissenschaft. Daß er die Wissenschaft seiner Zeit vorangebracht hat, eine neue, nicht mehr zu verlierende Grundlage für jeden weiteren Fortschritt geleistet hat, davon ist Abaelard auch nach der Verurteilung überzeugt, und in dieser Überzeugung hat er sich nicht geirrt. Daß er sein Werk »Theologia«, in welcher Fassung auch immer, angefangen von der ersten, auf dem Konzil von Soissons verbrannten, bis zur letzten, bereinigten, die er jetzt gerade in Cluny in Erfüllung seiner Zusage an Bernhard von Clairvaux fertiggestellt hatte, daß er dieses Werk durch den Philosophen im Dialog loben läßt, hat zwei Gründe. Zum einen stellt Abaelard vor der Wissenschaft der Zukunft klar, daß er zu seinem wissenschaftlichen Lebenswerk steht. Der Undurchsichtigkeit des Anklageverfahrens, den Verurteilungen durch Konzil und Papst und der teilweisen Aufhebung dieser Urteile tritt er entgegen durch die klare

Aussage, daß er zu allem steht, was er in diesem Werk in seiner letzten Fassung geschrieben hat, und das ist ungekürzt alles, was für Abaelard wichtig war und für uns neu. Innerhalb des Dialogs werden durch die Berufung auf dieses Werk die Kriterien angegeben, die für die Gesprächspartner die Voraussetzungen sind, ihm das Urteil zu übertragen, die Determination der Frage nach dem höchsten Gut, denn er allein im damaligen Europa hatte eine Lehre vertreten, die Gesprächsgrundlage über alle Glaubensgemeinschaften hinweg hätte sein können. Es gibt nur einen Gott, der alle Menschen über alle Zeiten, Räume und Völker zum Heil berufen hat, der allen Menschen die Möglichkeit dieses Heils anbietet und der als Voraussetzung des Heils nur eines verlangt, daß sie ihn als Gott und Herrn lieben über alles und ihren Nächsten wie sich selbst. Alles andere war für Abaelard verhandlungsfähig, und genau auf diese Verhandlungsgrundlage ließen sich die drei Dialogführenden ein.

Abaelard nimmt die alte Selbstinterpretation – Genie, Ruhm, Neid – wieder auf und überträgt sie in den neuen Raum. Neid ist die Gegenbewegung zum Genie, der den verfolgt, dem Gott Genie geschenkt hat, Anruf Gottes, das Genie nicht im Stolz zu verspielen. Genie, das ist die Fähigkeit, Neues zu entdecken und zu formulieren, Gegensatz zur Routine als der Wiederholung von Gefundenem. Ruhm, das ist das Bild, das die Lebenden von einem Zeitgenossen haben, in dem sie ihn groß und bedeutend sehen. Ruhm erwirbt ein Lehrer durch seinen Vortrag vor seinen Schülern. Abaelard hat selbst bezeugt, und alle Berichte über ihn bestätigen es, daß seine Wirkung auf dem mündlichen Vortrag beruhte. Jetzt hat er »in der Nacht von Cluny« (R. Thomas) keine Schüler mehr, ist er nach dem Sprachgebrauch der Zeit kein Lehrer mehr. *In visu noctis*, in der Schau der Nacht, tritt der Magister Petrus Abaelard heraus aus den engen Schulstuben seiner Zeit und tritt ein in die Gelehrtenrepublik über Zeiten und Räume. Das Vorrecht des Magisters ist es, eine aufgeworfene Streitfrage, eine *quaestio*, *lege artis*, nach den Regeln der Wissenschaft, zu entscheiden, zu determinieren. Die Schüler kann die Kirche ihm nehmen, aber da sie ihm sie nimmt, treten die Vertreter der Glaubensgemeinschaften vor ihn hin, nicht etwa Kirchenfürsten oder Rabbiner, sondern Menschen, die gelernt haben mit Texten und Autoritäten umzugehen, Vertreter der Wissenschaft, und sie verlangen die Entscheidung der obersten Streitfrage von ihm als Magister, die Streitfrage »nach der moralischen Philosophie, die die Vollendung aller Wissenschaften ist«, die Frage »nach dem höchsten Gut und dem schlimmsten Übel und nach dem, was einen Menschen glücklich oder elend macht«. Da es über diese und solche Fragen Streit geben kann, ist es Aufgabe der Wissenschaft, sie zu beantworten. Abaelard ist überzeugt, daß nur die Vernunft im Streit Frieden erhalten oder bringen kann.

Die Frage nach dem höchsten Gut, es ist das Ausgangsthema Abaelards, denn schon das erste, in Soissons verbrannte Werk begann mit den Worten: »Des höchsten Gutes Vollendung, die Gott ist . . .« Der Bogen ist gerundet.

Zurückhaltend nimmt Abaelard das Ersuchen an:

Ich habe das Geschenk der Ehre, das Ihr mir anbietet, nicht erbeten, und durch das Ihr alle anderen Weisen übergehend einen Toren zum Richter gemacht habt. Aber auch ich bin gleich Euch von den erfolglosen Streitgesprächen dieser Welt geprägt, und so ziehe ich es vor zuzuhören . . . Keine Lehre ist nämlich so falsch, wie einer der Unsrigen bemerkte (Augustinus), daß ihr nicht ein Anteil Wahrheit innewohnt, und ich halte kein Streitgespräch für so inhaltsleer (*frivolus*) (eine Spitze gegen Bernhard von Clairvaux), daß es nicht irgendeine Belehrung birgt. . . . Hörend wird der Weise weiser, einsehend wird er die Entscheidungsgewalt (*gubernaculum*) besitzen (Sprichw. 1,5).

Nur noch einmal macht er als Richter in dem Dialog eine Bemerkung, nachdem der erste Teildialog zwischen dem Juden und dem Philosophen beendet ist und der Philosoph den Richter auffordert, ein Zwischenurteil abzugeben:

Deine Dialogpartner stimmen beide zu, den Spruch meines Urteils jetzt schon entgegenzunehmen. Für mich ist es aber wichtiger, mehr zu lernen, als jetzt zu urteilen. Erst will ich die Gründe aller hören, damit ich um so treffender (*discretior*) im Urteil bin, je aufnehmender ich im Hören war.

»Erst will ich die Gründe aller hören.« Ist das eine Spitze gegen die Bischöfe der Nachtversammlung in Sens, gegen Papst Innozenz II. in Rom, die alle geurteilt hatten, ohne zu lernen, ohne zu hören? Der Gang des Dialoges kann hier nicht nachgezeichnet werden. Nur das biographisch Wichtige sei hervorgehoben. Zu Beginn seiner Auseinandersetzung mit dem Juden macht der Philosoph noch einmal darauf aufmerksam, daß die Überlieferung, die Tradition einer Gesellschaft zur eigenen Sicherheit und zur Verurteilung fremden Denkens führt. Die Erziehung führt zur Einstellung der Menschen und die Mischehe zur Bedrohung. Sie wird in der Gesellschaft daher abgelehnt. Für den Juden ist dies die Wahrung der Identität, für den Philosophen ein Verfehlen der menschlichen Möglichkeiten. Ablehnend zitiert er die Bibel: »Der Sohn kann nichts tun, was er nicht den Vater tun sieht« (Joh. 5,19). Dem stellt er die Vernunft gegenüber. Wahrheit darf keine Frage der Gewohnheit sein. Der erwachsene Mensch darf nicht Eltern oder Lehrern folgen, sondern nur dem eigenen Urteil: das pädagogische Konzept des autonomen Individuums um die Mitte des 12. Jahrhunderts!

Erstaunlich ist Abaelards Wortführung des Juden. Seine Argumentation gegenüber dem Angriff des Philosophen auf die religiöse und einende Mitte dieses Volkes, »den Glauben an die unaufhebbare Erwählung, der sich in der Bewährung des Leidens als Läuterung verstand« (R. Thomas), weist ihn als den orthodoxen Juden des europäischen Mittelalters der Kreuzzüge aus. Abaelard läßt ihn sagen:

Mit Dir (dem Philosophen) teile ich den Glauben an den einen wahren Gott. Vielleicht liebe ich ihn gleich Dir, und ich zeige dies darüber hinaus durch Werke, über die Du nicht verfügst.... Entweder klage etwas in diesem Gesetz an oder unterlasse die Frage nach dem Sinn unserer Gesetzesbefolgung. Als sehr grausam stellt jeder Gott hin, der meint, unser hartnäckiges Bemühen, das so viel Leid ertrage, bleibe ohne Lohn; denn von keinem Volk weiß man oder nimmt man an, daß es so viel für Gott gelitten hat, wie wir ununterbrochen für ihn ertragen. Es kann ja keinen Sündenmakel geben, den der Feuerofen dieser Not nicht tilgt. Dies muß wohl zugegeben werden. Sind wir nicht unter alle Völker zerstreut und die einzigen, die, ohne König oder weltliche Regenten, durch so große Steuerforderungen bedrückt werden, daß wir fast Tag für Tag ein unerträglich hohes Lösegeld zahlen, um unser elendes Leben freizukaufen? Ja wir werden von allen für derart verachtens- und hassenswert gehalten, daß jeder, der uns etwas zuleide tut, dies für überaus gerecht hält und glaubt, Gott damit ein ganz großartiges Opfer darzubringen. Eine derart leidvolle Gefangenschaft könne uns, so meinen sie, nur widerfahren sein, weil Gott uns aus tiefstem Herzen hasse. Als gerechte Vergeltung bewerten sie es, wenn Heiden und Christen ihren Grimm an uns auslassen. Die Christen aber, weil wir, wie sie sagen, ihren Herrn getötet haben, scheinen einigermaßen Grund zu haben, uns zu verfolgen. Sieh nur, unter welchen Menschen wir heimatlos in der Fremde leben und auf welche Schutzherren wir uns verlassen müssen. Unserem schlimmsten Feind müssen wir Leib und Leben anheimstellen, und wir sind genötigt, uns der Redlichkeit von Ungläubigen anzuvertrauen.... Nirgendwohin, außer zum Himmel, können wir gefahrlos gehen, und selbst da, wo wir wohnen, sind wir nicht sicher. Wenn wir zu irgendeinem gar nicht weiten Ort gehen, zahlen wir für einen wenig vertrauenserweckenden Wegschutz einen hohen Preis. Ausgerechnet die weltlichen Herren, die über uns gesetzt sind und deren Schutz wir mit drückenden Abgaben bezahlen, können desto weniger auf unseren Tod warten, je zügelloser sie sich über unseren Besitz hermachen. Für uns, die wir durch diese Dinge derart eingeschnürt und zu Boden gedrückt sind, als ob sich gegen uns allein die ganze Welt verschworen hätte, ist bereits das ein Wunder, wenn man uns noch leben läßt. Weder Äcker noch Weinberge, noch irgendwelchen Landbesitz dürfen wir haben, weil niemand uns solchen Besitz vor offenen oder versteckten Angriffen schützen kann. Daher bleibt uns als Erwerbsquelle, um unser elendes Leben zu fristen, fast nur, daß wir gegen Zinse an Nichtjuden Geld verleihen. Dies macht uns freilich jenen ganz besonders verhaßt, die glauben, diesbezüglich sehr hart bedrückt zu sein.... Aus meinen Worten erhellt gewiß, wie problematisch wir Gottes wegen im Exil unter Euch leben.... Aus diesen und zahllosen anderen Beobachtungen erhellt in der Tat, daß jeder von uns, wenn er dem Gesetz gehorcht, Gott gegenüber jenen Satz des Psalmisten ausspricht: »Um der Worte Deiner Lippen willen bin ich nicht abgewichen von den schwer zu gehenden Wegen« (Ps. 16,4).

Es gibt keine frühmittelalterliche Darstellung des Judentums, die so ohne Aggressivität ist, so von dem Ziel bestimmt, aus der Mitte heraus den jüdischen Glauben zu verstehen, wie diese Darstellung Abaelards. Er zitiert zwar nicht, wie wenige Jahre später Petrus Venerabilis, den Talmud, einige Passagen der Dialogführung lassen aber darauf schließen, daß Abaelard über jüdische Gewährsmänner Kenntnis zeitgenössischer jüdischer Lehrer hatte. Wir wissen nicht, ob die beiden Äbte über ihre literarischen Pläne zum Judentum gesprochen haben. Wenn sie es taten, so ist es Abaelard »nicht gelungen, den anderen auf den verhaltenen, friedlichen Ton einzustimmen, den er selbst angenommen hat« (J.-P. Torrel, D. Bouthillier).

Die innere Dynamik des Dialogs entfaltet sich voll im zweiten Teil, dem Gespräch zwischen dem Philosophen und dem Christen. Formal ist es dadurch gekennzeichnet, daß der Philosoph und der Christ von Diskussionskontrahenten zu Gesprächspartnern werden, ihre Argumente immer feiner (*discretior*) aufeinander eingehen. Als der Christ ungeduldig wird wegen der steten Einwände des Philosophen, antwortet dieser:

Sei nicht bedrückt, ich bitte Dich, wenn ich so viele Thesen und Meinungen in unser Gespräch einführe, denn nur so kann ich aus allen die Wahrheit der Gründe herausfinden. Wer einen Ort sucht, den er bisher nicht kennt, ist gezwungen, viele Wege zu erforschen, damit er den richtigen auswählen kann.

Umschreibt man »Möglichkeiten suchen« mit »zweifeln«, dann ist diese Textstelle die abgeklärte Fassung der provokativen These Abaelards aus der Einleitung zu »Sic et Non«, 20 Jahre zuvor:

Zweifelnd gelangen wir zur Prüfung, prüfend erfassen wir die Wahrheit.

Hatte der Philosoph zu Beginn des Dialogs die Herkunft der Glaubensüberzeugungen angegeben: Geburt in ein Volk, Erziehung in diesem Volk; ihre gewöhnliche Fassung: ungeprüfte Meinung (*opinio*); und das Mittel, aus den widersprechenden Meinungen die Wahrheit auszuwählen: die Vernunft (*ratio*), so führt der Dialog jetzt zur alten Problematik Abaelards und seiner Zeit zurück: Vernunft gegen Glaube, Gründe gegen Autorität. Ohne Vernunft kann ein Dialog zwischen Anhängern verschiedener Glaubenslehren nicht geführt werden, ist Wahrheitsfindung durch Worte anstatt durch Gewalt nicht möglich. Antidialektik ist nicht nur unwissenschaftlich, sondern auch unmenschlich. Europa stand diese Erfahrung damals erst bevor. Das Ziel des Christen ist es, den Philosophen zu der Einsicht zu führen, daß demgegenüber die Kategorien menschlichen Denkens und Sprechens nicht die Kategorien sind, die Gott und sein Heil für die Menschen – wir würden heute sagen – konstituieren. Zum letzten Mal nach dem Angriff Bernhards und der monastischen Theologie versucht Abaelard jetzt dialogisch zu verdeutlichen, worin die Methode der Dialektik besteht, Hyperdialektik abweisend, Logik fordernd: Jede menschliche Rede muß ihren Regeln unterliegen, soll sie Argumente transportieren können. Wieder, wie in seinem ersten theologischen Werk, ist Augustinus sein Zeuge. Wird der Bereich menschlicher, natürlicher Erfahrung überschritten, darf man aber nicht annehmen, daß sie Gott und sein Heil verfügbar machen könnte. Mit Immanuel Kant könnte Abaelard sagen, ihre Kategorien sind Erkenntnis- und Sprachkategorien, nicht Wesenskategorien des Dinges an sich, nicht konstituierende Kategorien Gottes. Der Christ legt dies im Dialog so dar, daß ihm der Philosoph zustimmt.

So über die Methode einig, führt der Christ zum höchsten Gut, nachweisend, daß Menschen aus Natur es nicht erreichen können, Vernunft allein nicht hinüberträgt, da es »jede Wissenschaft übersteigt (*disciplinam transcendit*)«, da es Gott selbst ist. So entwirft Abaelard durch den Christen im Dialog das Bild christlicher Verheißung, der Dialektiker, dem Logik Spaß gemacht hatte, der sie aber methodisch in Glaubensdingen immer nur verwendet haben wollte »zur Stütze und Verteidigung des Glaubens (*rationibus fides astruenda et defendenda*)«, der Dialektiker als Christ an der Schwelle des Todes:

Ganz anders ergeht es allen, die sich der Schau Gottes (*visio Dei*) erfreuen. Von ihr sagt der Psalmist: »Ich werde gesättigt sein, wenn Dein Glanz (*gloria*) erschienen ist« (Ps. 17,15). Das bedeutet: Nachdem Du mir durch Dich selbst die Hoheit (*majestas*) Deiner Göttlichkeit enthüllt hast, fehlt nichts, und ich möchte nichts mehr verlangen; und dann werden sie in dem Maße unverletzbarer hervorgehen, als sie ihn mehr lieben, den sie wahrhaftig an sich schauen, so daß nämlich die höchste Liebe im Genuß des höchsten Gutes, das unsere wahre Glückseligkeit ist, das höchste Gut des Menschen zu nennen ist. Doch so groß ist dieser Glanz der göttlichen Hoheit, daß keiner ihn ansehen kann, der nicht augenblicklich, in seiner Erscheinung selbst, glückselig werde.... Wenn also seine Getreuen oder Gläubigen (*fideles*), die ihn über alles geliebt haben, die so große Glückseligkeit erblicken, wie sie es im Glauben keineswegs ermessen konnten, wird die höchste Wonne, ihre Glückseligkeit, eine immerwährende sein.

Der Dialog ist unvollendet geblieben. Die Entscheidung des *judex* über die richtige Ansicht des höchsten Gutes und den Weg, auf dem Menschen es erlangen, die *determinatio*, fehlt. Nach einer langen Ausführung des Christen bricht der Text ab. Hat die weisende Hinführung des Philosophen durch die in den Argumenten des Christen wirkende Hand Gottes zum rechten Weg geführt? Der Philosoph hat es im Text nicht erkennen lassen, so wie uns die Texte nicht erkennen lassen, ob die weisende Hinführung Heloisas durch die in den Argumenten und Handlungen Abaelards wirkende Hand Gottes Heloisa den rechten Weg hat finden lassen. Im Dialog drückt der Philosoph die Voraussetzung dafür selbst aus und beschreibt so indirekt den in dieser Welt nur als Hoffnung möglichen Besitz des rechten Glaubens und des rechten Weges:

Gott wahrlich, Gott, den wir besorgt um unser Heil suchen, so weit wir es vermögen, er ergänzt in Gnade (*gratia*), was unseren Werken (*opera*) fehlt. Er hilft den Wollenden, damit sie können, und belebt sie (*inspirat*), damit sie wollen.

Ist der Weg zu diesem Ziel durchschritten, dann wäre dieses Ziel selbst die *determinatio* gewesen, wäre Abaelard nicht der über den Parteien stehende Richter, der für sie, innerlich fremd und autoritativ, ein Urteil verkündet, sanktioniert mit der Androhung ewiger Höllenstrafe, gleich den Urteilen, die die Amtskirche verkündet, wäre Abaelard vielmehr der im Hören wirkende Katalysator, der den Weg, nicht das Ziel vermittelt. Denn eines war im Schlußwort wieder aufzunehmen, die Selbstinterpretation Abaelards in der »Nacht Clunys«. Ging der Beginn des Dialogs, im ersten Wort in der ersten Person Einzahl »Ich sah« auf Abaelard in Raum und Zeit bezogen, nicht von der luziferischen Anmaßung aus, an Fähigkeiten, Einsicht und Einstellung über allen Menschen zu stehen, über Magistern, Bischöfen und Papst, Rabbinern und Philosophen, Gott gleich die Wahrheit zu wissen? Hatte nicht genau dies ihm Bernhard von Clairvaux vorgeworfen: Hybris, die Ursünde des Menschen?

Dieser Mensch gleicht nicht sich selbst, er überschreitet sein Maß, in der Klugheit der Worte entleert er die Kraft des Kreuzes Christi. Alles kennt er, was im Himmel und auf Erden ist, alles außer sich selbst.... Was verschlossen und versiegelt ist, er öffnet es nicht, er bricht es entzwei.

Was Bernhard im Vorwurf als Tatsache beschreibt, wußte Abaelard in der Gewissenserforschung als Gefahr. So weist er sogleich die Anpreisung des Philosophen zurück. Konnte jedoch die Selbstbezeichnung als Tor noch durch die mittelalterliche Rhetorik erzwungen sein, so zeigt die Aufnahme und Auffassung des Richteramtes als Hören, Hinhören, Lernen und Überzeugen den Weg, der Hybris zu entgehen. Und im Dialog läßt Abaelard Luzifer auftreten, den Engel, der zum Satan wurde, von Gott geschaffen, »das Wesen aller Dinge am tiefsten zu erfassen«. Er entging der Hybris nicht:

Und so hoch er sich im Stolz erhob, so tief stürzte er in die Schuld.

Das letzte Vermächtnis Abaelards, dem Tode abgerungen und unvollendet, hat die Gelehrtenwelt der Magister des Mittelalters nicht mehr erreicht. Zwei Generationen nach seiner Abfassung, um das Jahr 1200, wurde es abgeschrieben, ohne seinen Namen zu nennen, und mit der »Exhortatio« eines Unbekannten versehen, der einen neugierigen Schüler die rechte Weise der Lektüre dieses Werkes lehrt, in Holz und Pergamentüberzug gebunden und mit Buckel und Lederschließen versehen. So ist das Werk in der Österreichischen Nationalbibliothek auf uns gekommen. Zwei weitere mittelalterliche Handschriften gibt es, eine in der Bibliothek des Britischen Museums aus dem 13. Jahrhundert und eine in Oxford, dem Baliol College, aus dem 14. Jahrhundert. Drei spätere Handschriften aus Oxford und Cambridge sind erst in der Neuzeit abgeschrieben worden. Im Jahre 1881 wurde der Text erstmals ediert. Keine bisher gefundene Textstelle anderer Schriften zeigt, daß das Werk, das die begonnene Erstarrung des Christentums in Europa zur Kirchenlehre am konsequentesten aufgebrochen und gleichzeitig die Grundlehre des Christentums gegen jede Auflösung verteidigt hat, von irgendeinem Menschen aufgenommen wurde und in ihm Widerhall gefunden hätte. Die »Nacht von Cluny« währte länger als die geistige Wirksamkeit des Christentums.

Der Paraklet, Ort der Heimkehr

Der Tod im Cluniazenser-Priorat Saint-Marcel an der Saône

Die Krankheit schritt voran. Abt Petrus Venerabilis war um Abaelard besorgt, und so schickte er ihn in das zu Cluny gehörende Priorat Saint-Marcel, gegenüber Chalon auf der anderen Seite der Saône, über dessen Gegend er in seinem Brief an Heloisa schreibt:

Diese lachende Landschaft, die fast alle Landstriche unseres Burgund übertrifft, hatte ich für ihn als passenden Aufenthaltsort ausgesucht, er lebte zwar in der Nähe der Stadt, aber durch die Saône von der eigentlichen Stadt getrennt. Soweit es sein Zustand gestattete, nahm er seine vertrauten Studien wieder auf und saß immer über seine Bücher gebeugt.

Saint-Marcel war ein ehrwürdiges Kloster. Der Merowinger-König Guntram (561–592) hatte es gegründet, und es war das erste Kloster des Abendlandes, in dem die *laus perennis* gefeiert wurde, das nicht endende Lob der Mönche vor Gott, das liturgisch geordnet wurde, indem der ganze Konvent in drei Chöre aufgeteilt wurde und einer den Gottesdienst fortsetzte, wenn der vorangehende seinen beendet hatte. König Guntram war in dieser Kirche beigesetzt. Schlicht, merowingisch einfach entsprach diese Kirche, von der heute nur noch der Portalvorbau erhalten ist, mehr der Vorstellung Abaelards als die riesige Basilika Peter und Paul in Cluny.

Nicht mehr lange konnte Abaelard sich der Vorsorge des Abtes, der Sonne in Burgund und der Ruhe nach den Kämpfen seines Lebens erfreuen. Am 21. April 1142 starb Abaelard im Alter von 63 Jahren, und die Mönche von Saint-Marcel begruben ihn.

Heloisa dürfte die zweite unwiderrufliche Nachricht ihres Lebens bald erhalten haben. Der Eingang des Briefes, den Petrus Venerabilis ihr bald darauf schickte, zeigt, daß sie schon oder noch zu Lebzeiten Abaelards in brieflichem Austausch mit Petrus Venerabilis stand. Vielleicht aber auch hatte das Kloster sofort nach dem Tode Abaelards einen seiner Mönche zu Heloisa geschickt, und diese hatte dem Mönch, Theobald, einen Brief für Abt Petrus mitgegeben. Dieser weilte von März bis Oktober 1142 in Spanien. Als er mehrere Monate nach Abaelards Tod zurückkehrte, drängte es ihn, Heloisa zu trösten, es drängte ihn Abaelard zu bezeugen, und es drängte ihn, sich zu dem Verhältnis der beiden zu bekennen und seine Vollendung in Christus zu erbeten. So entstand einer der ergreifendsten Kondolenzbriefe der Weltliteratur.

Der verehrungswürdigen, in Christo geliebten Schwester, der Äbtissin Heloisa ihr demütiger Bruder Petrus, Abt von Cluny. Das Heil zuvor, das Gott denen versprochen, die ihn lieben! Aus Deiner Liebe stammt der Brief, den Du mir jüngst durch meinen Sohn Theobald übersandtest; da er von Dir kam, empfing ich ihn mit herzlicher Freude. Ich wollte sofort erwidern und mitteilen, was mir auf der Seele lag, aber ich bin durch die Erledigung der dringendsten Geschäfte meistens, ich könnte auch sagen immer, völlig ausgefüllt und bin so nicht zum Schreiben gekommen. Ich benütze nun den ersten Tag für mein Vorhaben, an dem ich inmitten dieses Getriebes einmal aufatmen durfte.

Die nächsten Blätter des Briefes sind allein Heloisa gewidmet. Er versichert sie seiner Liebe, die eine Antwort ist auf ihre Liebe, die sie in ihrem letzten Brief und durch Geschenke zeigt, seine Liebe, die aber schon bis in seine Jugend zurückgeht:

Es ist ja nicht erst von heute, daß ich anfange, Dich zu lieben; schon vor geraumer Zeit, ich vergesse das nicht, hat meine verehrende Liebe ihren Anfang genommen.

Es folgt der Text, der schon oben zitiert wurde als Zeugnis für Heloisas Gelehrsamkeit in ihrer Jugend. Über viele Seiten hin schildert Petrus die Anstrengungen Heloisas um weltliche Wissenschaft, persönliche Frömmigkeit und Leitung ihres Klosters. Wie eine seelsorgerliche Mahnung, den Kampf Abaelards um die Seele Heloisa fortführend, wie wissend um das »Mysterium der Heloisa«, klingen seine Worte:

Jeder Frau, die in diesem Kampf siegt, drückt der König des Himmels den verdienten Siegespreis auf das Haupt, die von Edelstein strahlende Krone. Wer schwach im Fleisch den Kampf doch siegreich bestanden, dem leuchtet im Licht das Diadem der ewig währenden Vergeltung. Geliebteste Schwester im Herrn, ich sage das wahrhaftig nicht, um Dir zu schmeicheln. Nein, ich rufe Dich auf, verliere das hehre Ideal nicht aus den Augen, dem Du schon Deine Zeit gedient, und gehe frischen Mutes daran, mit klugem Bedacht es zu vertreten. . . . Deiner wartet, des darfst Du gewiß sein, die Siegespalme vor allem.

Petrus erinnert Heloisa daran, daß sie nicht nur für sich kämpft, sondern auch für ihre Schwestern und – wie es die cluniazensische Konzeption des Klosters sah – nicht allein, sondern zusammen mit ihren Schwestern.

Sie ist Schülerin angesichts der ewigen Wahrheit, aber Lehrerin (*magistra*) ihren Schwestern. Er vergleicht sie mit der Amazonenkönigin Penthesilea und mit der Prophetin Debora und nennt sie einen weiblichen Philosophen (*philosophica mulier*) und gesteht dann seinen Wunsch: »Könntest Du doch zu unserem Cluny gehören!«

Es wäre eine Freude, noch lange mit Dir über solche Fragen mich zu unterhalten; Deine vielgerühmte Gelehrsamkeit ist mir ja ein Genuß, und noch mehr zieht es mich zu Dir um Deiner Frömmigkeit willen, die mir viele rühmen. Könntest Du doch zu unserem Cluny gehören! Könntest Du doch hinter den Mauern von Marcigny mit den anderen Mägden freudig Christi der himmlischen Freiheit entgegen harren!

Erinnern wir uns, Marcigny war das Kloster, in dem die Mutter des Petrus, Raingarde, ihren Lebensabend verbracht hatte. Er schildert dieses Kloster und das mögliche Wirken Heloisas in ihm, und diese Schilderung könnte aus Abaelards Regel für die Frauen entnommen sein, und er nennt dieses Kloster »Tempel, in dem der Heilige Geist (der Paraklet) Wohnung genommen hat«. Aber all das, was Heloisa in Marcigny hätte finden können, hatte sie im Paraklet schon gefunden:

All diese Herrlichkeit und vielleicht noch höhere kannst Du auch in dem Kreis haben, an dem Gott Dich Deine Arbeit tun läßt; in dem Eifer um das Heilige kann Dir niemand etwas geben, was du nicht schon hast; aber, und das will ich Dir noch sagen, wenn Du Deine Gnadengaben in unseren Dienst gestellt hättest, so wäre unserer klösterlichen Gemeinschaft daraus der größte Segen erwachsen.

Und damit rundet Petrus den Bogen des Briefes: Was Cluny mit Heloisa versagt geblieben ist, ward ihm mit Abaelard geschenkt. Der Wunsch des jungen Petrus ist dem alten erfüllt worden:

Aber die göttliche Vorsehung, die alles lenkt und regiert, hat uns nicht gegönnt, Dich unter Clunys Leitung zu sehen. Aber was sie uns bei Dir versagte, das hat sie uns in dem Mann geschenkt, der Dein war, in dem Mann, der immerdar mit Ehren zu nennen ist, in dem Knecht Christi und dem Diener der wahren Weisheit, in dem Magister Petrus. In seinen letzten Lebensjahren hat ihn die göttliche Vorsehung nach Cluny geführt, sie hat unserem Kloster in ihm und durch ihn ein Geschenk gemacht, herrlicher als Gold und Edelstein.

Abaelard ist für Petrus zweierlei, er ist der Mann, der Heloisas war, und er ist der Mann, der immerdar mit Ehren zu nennen ist. Es folgt dann in dem Brief die Schilderung der letzten Monate Abaelards, die oben schon wiedergegeben wurde. Und Petrus endet das Lob Abaelards:

Also hat Magister Petrus seinen Lauf vollendet: Der durch sein überragendes Wissen und durch seine hinreißende Lehre der ganzen Welt bekannt und allüberall berühmt war, der ging ein zu dem Lehrer, der gesagt hat: »Lernet von mir, denn ich bin sanftmütig.«

Und jetzt wendet sich Petrus wieder Heloisa zu. Abaelard gehört zuvor und zuförderst nicht Cluny, sondern Heloisa, Heloisa als Frau und Heloisa im Parakleten, und er wird Heloisa gehören im Himmelreich:

Verehrungswürdigste, liebste Schwester im Herrn, dem Du, einst im Fleische verbunden, um so inniger anhingest, je stärker Euch das Band göttlicher Liebe verband, mit dem und unter dem Du Gott lange gedient hast, ihm – so sage ich –, der Dir als der Seinen Dich umarmend den Ort bereit hält, Du wirst an diesem Ort wieder mit ihm vereint werden bei der Ankunft des Herrn, wenn die Stimme des Erzengels vom Himmel ertönt und die Posaune des Herrn.

Einst, als Heloisa Abaelard ihre Verzweiflung entgegenschrie, hatte er ihr mit einem langen, trockenen Brief geantwortet, der mit einem innigen Gebet endete, das Heloisa dem Herrn für ihn als Opfer darbringen sollte:

Du hast uns vereint, o Herr, und hast uns getrennt, wann und wie es Dir gefallen hat. Vollende nun, o Herr, in Deiner großen Barmherzigkeit, was Du barmherzig begonnen: Der Du uns in der Welt einmal getrennt hast, vereine uns mit Dir auf ewig in Deinem himmlischen Reich!

Heloisa wird das Gebet oft gebetet haben, nach Abaelards Tod wird es die Kraft ihrer Hoffnung geworden sein.

Die Heimführung des Leichnams in die Obhut der Äbtissin Heloisa und ihrer Nonnen im Parakleten durch Abt Petrus Venerabilis

Petrus Venerabilis hatte durch die Schlußsätze seines Briefes an Heloisa, die menschliche Liebe in Körperlichkeit irdisch wirksam und dennoch als mystisches Bild sie überhöhend zum Zeichen anbrechender Seligeit der alles überhöhenden und erfüllenden Liebe in Gott werden lassen, er hatte durch diese Sätze Heloisa die Möglichkeit gegeben, ihr »Mysterium« aufzulösen, den Zwiespalt der Liebe zu Gott und zu Abaelard, hatte ihr den Zwang genommen, sich zwischen beiden Lieben entscheiden, mit der Liebe zu Abaelard die Verachtung Gottes wählen zu müssen. Kein heutiger Psychotherapeut hätte wie dieser Seelenfüher des 12. Jahrhunderts

Worte finden können, die einen Menschen seine Identität mit sich selbst finden lassen zugleich in Übereinstimmung mit dem Lebensentwurf, den die Umwelt vorschreibt. Aber Petrus Venerabilis tat noch mehr. Einst, in den Tagen seiner stärksten Verzweiflung hatte sich Abaelard den Tod gewünscht und testamentarisch angeordnet, er wolle, wo immer er auch sterbe, im Parakleten, in der Obhut Heloisas begraben werden. Petrus Venerabilis erfüllte auch diesen letzten Wunsch. Im Herbst des Jahres 1142, also bald nach seiner Rückkehr aus Spanien, barg er »heimlich (*furtim*)« den Leichnam Abaelards und überführte ihn in den Parakleten. Was »heimlich« bedeutet, wissen wir nicht. Oft wurde die Meinung vertreten, es sei heimlich vor den Mönchen in Saint-Marcel geschehen, die das Grab des berühmten Abaelard nicht hätten verlieren wollen. Das ist kaum vorstellbar, denn Petrus war der Großabt der Kongregation und Saint-Marcel keine Abtei, sondern ein unmittelbar der Leitungsgewalt des Abtes von Cluny unterstelltes Priorat. So muß man in der Handlungsweise eher eine Stilfrage sehen, und Stil war für Petrus Venerabilis, war für Cluny wichtig. Erregte der Vorgang an sich doch schon Aufsehen genug: Der Großabt von Cluny überführt den Leichnam des von der Kirche zweimal verurteilten Ketzers, der nur mit Vorbehalten, persönlich sozusagen als reuiger Sünder von der Strafe der Exkommunikation befreit war, in die Obhut Heloisas, die er verführt und geschwängert und wofür ihn Gott mit der Kastration gestraft hatte. Es gehörte schon Mut dazu, sich in dieser Weise zu Abaelard, »der immerdar mit Ehren zu nennen ist«, und zu dem Paar zu bekennen. Daß diese Überführung *furtim*, still, ohne zusätzlichen liturgischen Aufwand erfolgte, entsprach dem Stil des Petrus Venerabilis und dem Stil des Paares.

Am 16. November 1142 setzte der Großabt von Cluny den Leichnam in der Kapelle Petit-Moustier bei, die in den Chor der Hauptkirche des Parakleten hineinragte. Abaelard war heimgekehrt zu Heloisa. Im Tode hatte er die Ruhe gefunden, die ihm zu Lebzeiten nicht gewährt war. Auf Bitten Heloisas wurde an seinem Grab folgendes Schriftstück angebracht, unterschrieben und gesiegelt:

Ich, Petrus, Abt von Cluny, habe Petrus Abaelard als Mönch in Cluny aufgenommen. Nach seinem Tode habe ich ihn still überführen lassen und Heloisa, der Äbtissin des Klosters des Paraklet, und ihren Nonnen das Recht gegeben, ihn zu bestatten. Ich spreche ihn los von allen seinen Sünden aufgrund des mir übertragenen Amtes im Namen des allmächtigen Gottes und aller Heiligen.

In einem Epitaph hat Petrus Venerabilis vor aller Welt sich noch einmal zu Abaelard bekannt:

> Sokrates der Gallier, größter Platon des Abendlandes,
> unser Aristoteles, allen Logiker, die bisher lebten,
> gleich oder überlegen: Der Welt bekannter
> Fürst der Wissenschaften, von Veranlagung (*ingenium*) lebendig, genau
> und scharfsinnig,
> von überragender Kraft des Verstandes und der Kunst des Vortrages
> war Abaelard, doch über alles hat er gesiegt,
> als er Mönch ward in Cluny und so lebte
> und aufstieg zur wahren Philosophie Christi.
> In Ewigkeit wird er vollenden das Ziel des Lebens, da der 21. April die
> Hoffnung gibt,
> ihn den wahren Liebhabern der Weisheit (*philosophis*) hinzuzuzählen.

Im Tode hütete Heloisa Abaelard.

Es gibt ein Gedicht, die »Totenklage Heloisas und der Nonnen am Grabe Abaelards«. Erstmals ist es im Jahre 1819 als Text des 12. Jahrhunderts gedruckt worden, von den einen Heloisa selbst zugeschrieben, von anderen für eine Fälschung des 19. Jahrhunderts gehalten. Eine Handschrift, eine Bestätigung für die Entstehung im Mittelalter ist bisher nicht gefunden worden. Walter Berschim hat diese Totenklage an das Ende der Neuauflage der deutschen Übersetzung der Leidensgeschichte und des Briefwechsels von Eberhard Brost gesetzt und dazu geschrieben: »Von diesem Echo auf ihr Leben und ihre Liebe mag das gleiche wie vom Briefwechsel zwischen Abaelard und Heloisa gelten: daß seine Fälschung schier erstaunlicher wäre als die geschichtliche Wahrheit.«

DIE NONNEN:
Requiescat a labore...
Ruh er nun von seinen Mühen,
Schmerzensreicher Liebe Glühen.
Himmlische Vereinigung
   Lang erbat er,
   Schon betrat er
Des Erlösers Heiligtum.
Des Gerechten dunkle Zelle
Grüßt ein Stern mit gütiger Helle:
Selbst ein Sternbild, steigt er auf,
   Leuchtend immer,
   Wenn im Schimmer
Er den höchsten Herrn erschaut.

HELOISA:
Heil Dir, Sieger unterm Kranze
Und geschmückt im Strahlenglanze!
Sieh der Witwe Bitternis,
    Die sich weinend,
    Hier vereinend,
Grüßend beugt zur Finsternis.
Mir in Ewigkeit verbunden,
Lieb ich Dich, der überwunden,
Würdiger in der Seligen Schar,
    Da Versöhnung
    Und Verschönung
Tod dem wilden Geiste gab.
Mit Dir mich die Lose trafen,
Mit Dir laß mich müde schlafen,
Und in Zion ziehen ein,
    Kreuz laß enden
    Lichtwärts wenden
Unbeschwert die Seele sich.
Seid gewogen, heilige Seelen,
Laß den Trost nicht, Tröster, fehlen!
Hörst Du schon der Freude Ton?
    Wie mit Singen,
    Holdem Dringen
Uns der Engel Harfe lohnt.

DIE NONNEN:
Ruhen sie nun von ihren Mühen,
Schmerzensreicher Liebe Glühen.
Himmlische Vereinigung
    Lang erbaten sie
    Schon betraten sie
Des Erlösers Heiligtum.

Heloisa hat nach dem Tode Abaelards noch 22 Jahre gelebt. In der Leitung des Parakleten hatte sie eine glückliche Hand. Als sie starb, folgten sechs Tochterklöster der Regel des Parakleten, die Abtei Pommeraie am Unterlauf der Yonne und die Priorate Sainte-Madeleine-de-Trainel südwestlich von Nogent-sur-Seine, in Laval südwestlich von Provins, Noëfort nördlich von Meaux, Saint-Flavit, östlich vom Parakleten gelegen, und Saint-Martin-de-Boran nordöstlich von Pontoise. Ein Orden hätte entstehen können, der Frauenorden vom Heiligen Geist, dessen Stifterpaar Abaelard und Heloisa waren. Aber Ketzer gründen keine Orden. So ist bald schon die Regel, die Abaelard dem Parakleten gab, der *ordo Paraclitensis*, wie es in der Stiftungsurkunde für die Abtei Pommeraie heißt, durch eine andere Regel ersetzt worden, und schließlich wurde der Paraklet eine ganz normale Benediktinerinnen-Abtei, die bis zur Französischen Revolution bestand. Auch Abaelards monastische Vision wurde nicht Wirklichkeit.

»Die Geschichte Heloisas endet mit der Abaelards« (Ch. Charrier). Außer ihrem kurzen Brief an Petrus Venerabilis gibt es kein von ihr selbst herrührendes Lebenszeichen mehr. Die Frau, die in zwei Briefen sich selbst ausgedrückt hat wie keine Frau des Mittelalters zuvor und noch lange nach ihr, verstummt. Sie hatte auf Abaelards zweiten Brief an sie geantwortet:

Von Dir möchte ich in keinen Stücken den Vorwurf des Ungehorsams hören. Deshalb habe ich meinem hemmungslosen Schmerz nicht mehr die Zügel schießen lassen, Du hattest es ja verboten.

Damals war sie vielleicht 35 Jahre alt, 30 Jahre wird sie noch leben, ohne daß außer dem genannten ein persönliches Wort überliefert ist. »Von diesem Augenblick – da Abaelard begraben wurde – weiß man fast nichts mehr über Heloisa. Ihre Verbindung zur Welt riß ab, sie schrieb ihren Freunden nicht mehr, sie schloß sich in die Stille und die Einsamkeit ein. Den Namen Abaelards sprach sie nicht mehr aus. Das Geheimnis ihrer Liebe und ihrer Schmerzen lag zwischen ihr und Gott« (P. Tiby). Vermutlich am 16. Mai 1164 ist Heloisa gestorben. Sie wurde neben Abaelard beigesetzt.

An die Stelle der Geschichte tritt die Legende. Die Chronik von Tours berichtet über die Beisetzung, und Menschen durch die Jahrhunderte hinweg haben sich die Szene ausgemalt:

Ihr Ehemann, der lange vor ihr gestorben war, hatte angeordnet, daß die Tote in seinem Grab beigesetzt werden sollte. Und so empfing er die Tote mit ausgestreckten Armen, umarmte sie und hielt sie so fest.

Die Lebenden gönnten den Toten die Ruhe nicht. Im Kloster des Parakleten wurden sie dreimal umgebettet. Die Französische Revolution löste das Kloster auf und zerstörte es bis auf wenige Reste. Die Toten wurden in die Pfarrkirche Saint-Laurent in Nogent-sur-Seine überführt. Diese Kirche aber dünkte der Romantik für das jetzt als tragisch verehrte Liebespaar als Grabstätte nicht würdig genug. So erfolgte nach einer langen Irrfahrt die bisher letzte Beisetzung. Auf dem Friedhof von Saint-Germain-des-Prés in Paris verweigerte die Geistlichkeit die Aufnahme, da »ihre Rechtgläubigkeit sehr zweifelhaft sei«: Die Verfolgung Bernhards von Clairvaux über sieben Jahrhunderte. Die Kirche hat einen langen Atem. Am 6. November 1817 wurden die Toten schließlich auf dem Friedhof Père-Lachaise beigesetzt. Paris, der Ort, an dem Abaelard die Wissenschaft Europas mitbegründete, Paris, der Ort ihrer Liebe, Paris ist der Ort ihrer Ruhe geworden. Abaelard ist neunmal umgebettet worden, Heloisa achtmal. Im Tode wiederholte sich das Leben. Unter einer Grab-platte mit ihren Figuren in Stein verwest der Rest, den die Umbettungen ließen.

Epilog:
Abaelard und Heloisa, zwei Individuen, ein Paar

Abaelard und Heloisa sind keine modernen Menschen. Abaelard ist kein Zweifler, kein Zerstörer, kein Aufklärer. Heloisa ist keine emanzipierte Frau, keine Vorkämpferin für die freie Liebe. Beide sind Menschen des Mittelalters, der Zeit, da es sich anschickt, seine Höhe erst zu erreichen. Sie sind Menschen, denen Gott eine Wirklichkeit ist von einer Kraft und Allgegenwart in Natur, Leben und Geschichte, die uns vorzustellen schwer, wenn nicht unmöglich ist. Dennoch haben sie mit ihrem Leben in die Zukunft gewiesen, und erkennen wir in ihnen ein Stück von uns selbst, Menschliches in historischer Gestalt.

Abaelard und Heloisa haben über sich berichtet. Nur so wissen wir durch Quellen nicht nur über sie, wie über viele andere auch, sondern wissen durch sie, haben wir Zugang zu ihnen, können wir versuchen, ihre Worte selbst zu verstehen. Sie haben über sich berichtet mit einer Offenheit, die Späteren fremd, anstößig, ja unmöglich erschien. Sie zeigen uns, daß Scham zwar immer verhüllen mag, daß aber das, was Scham zu verbergen trachtet, sich mit den Menschen und den Zeiten ändert.

Abaelard und Heloisa zeigen sich uns als Individuen, und sie sind bereit, sich so sehen zu lassen, ihren Zeitgenossen gegenüber und auch uns. Es gilt als Errungenschaft des Christentums, Menschen als Individuen erkannt zu haben, jeden einzelnen als unverwechselbar. Gewiß, mag in der Lehre der Theologen Gott jeden einzelnen mit Namen gerufen haben, in der Gesellschaft ihrer Zeit interpretierten sich die Menschen über ihre Rollen, die weitgehend festlagen, vom einzelnen unveränderbar, eine Selbstinterpretation von den Kirchenleuten noch verfestigt. Abaelard hat sich auf keine Rolle festlegen lassen, nicht aus seinem jeweiligen Status heraus gehandelt. In jeder neuen Situation hat er sich nicht festgelegt durch Herkommen verhalten, sondern aufgrund eines freien Entwurfs, gebunden in der Erfahrung seines Gewissens, natürlich aber auch mit der Möglichkeit, sich zu verfehlen. Und Heloisa hat als Frau in der entscheidenden Krisis ihres Lebens, als uneheliche Mutter um ihre Hand zum ehelichen Bund gebeten, alle Anforderungen, die ihre Familie, die Kirche, die sie umgebende Gesellschaft an sie stellten, zurückgewiesen, nur noch Frau, Heloisa, für den Mann, Abaelard.

Die Individualität zeigt sich für Abaelard als das *ingenium*, als die ihn vor anderen auszeichnende Fähigkeit, Neues zu erkennen und auszudrücken. Abaelards *ingenium* ist nicht das Genie der Renaissance oder der Sturm-und-Drang-Zeit. Aber jeder Mensch, dem der Ausdruck »Genie« in unserem Sinne zu Recht zukommt, muß etwas von dem *ingenium* Abaelards haben, der Fähigkeit zu Neuem und der Kraft, in den Katastrophen nicht zu zerbrechen, die Menschen denen zu bereiten trachten, die Neues bringen. Die Individualität zeigt sich für Heloisa in der Unbedingtheit ihrer Liebe gegen die Anforderungen ihrer Umwelt. Sie hat geliebt, und nie war sie bereit, ihr Ja zu verneinen. Abaelard und Heloisa besaßen beide das *ingenium*, jeder und jede für sich. Aber das Leben, das das Neue brachte, war nicht das Leben eines jeden der beiden, sondern es war ihrer beider Leben, das Leben des Paares. Abaelard und Heloisa waren ein Paar, wie es vor ihnen keines und nach ihnen und sichtbar nur wenige gegeben hat. Sie waren ein Paar als Träger eines gemeinsamen Geschicks, in dem vom ersten Augenblick, da sie wußten, daß sie einander lieben würden, es immer weniger in ihrem Leben gab, das auch so gewesen wäre, wenn es den anderen nicht gegeben hätte. Irgendwann war jeder, war jede das, was er war, was sie war, nur so, weil es die andere, den anderen gab, unverwechselbare Individualität in der Bindung des Paares. Und auch diese Bindung darf von uns nicht vorschnell nur als das angesehen werden, was Mann und Frau, die sich lieben, nun einmal bindet. Sicher, sie haben sich so geliebt, kurz und heiß würden wir sagen. Aber dann kam die Katastrophe, kam nach dem Leben der Tod dieser Liebe, kamen zehn Jahre, in denen sie einander fern waren, für die wir nicht wissen, was Heloisa Abaelard bedeutete, wir nur ahnen können, wie Heloisa Abaelard erfuhr. Dann kamen sie sich wieder nahe; der Mann und die Frau, nahe in der Liebe und zugleich in Distanz gehalten durch Abaelards Versehrung. Sie kamen sich nahe in der rücksichtslosen Offenheit Heloisas, die uns noch heute ergreift, in der Antwort Abaelards, die uns unverständlich bleibt, wenn wir nicht einzusehen vermögen, was für beide ewige Verdammnis bedeutete. Sie kamen sich nahe in dem Entwurf der Utopie eines Lebens, das für alle Menschen lebbar sein sollte, nicht nur für die Privilegierten, das menschlich sein sollte, nicht lebensverachtend, das Männern und Frauen ihre Würde als Männer und Frauen lassen und geben sollte, das christlich sein sollte im Sinne der Botschaft Jesu, das dem Geist Raum geben sollte, dem Geist als Wissenschaft und dem Geist als Göttlichem. Sie kamen sich nahe im Bau des Parakleten. Das Unverwechselbare dieses Paares, neu für das Mittelalter und für uns fern und fremd, kann wohl nur verstanden werden, wenn der Bogen seines Lebens als Einheit gesehen wird, wie ihn Petrus Venerabilis in seinem Kondolenzbrief an Heloisa beschrieb mit Worten, die in unseren Ohren gleicherweise unfein wie überstiegen, hingegen im Mittelalter aber möglich waren: der Bogen des gemeinsamen Lebens, der aufsteigt aus der fleischlichen Vereinigung der Körper in Lust, hinaufführt zur

Liebe des Geliebten und der Geliebten, des Ehemanns und der Ehefrau, des Mönchs und der Nonne, des Abtes und der Äbtissin, bis er einmündet in die Hoffnung der dereinstigen wonnevollen Vereinigung, in der die Liebe zueinander unvorstellbar schön und unvorstellbar fest und unvorstellbar ewig sein wird in der gemeinsamen Schau Gottes, »denn Gott ist die Liebe« (1. Joh. 4,8).

Anhang

Zeittafel

Literatur zur Chronologie der Lebensdaten und der Werke Abaelards

Zahlreiche Fragen der Datierung einzelner Ereignisse im Leben Abaelards und Heloisas und der Entstehungszeit der Werke Abaelards sind noch ungeklärt oder kontrovers diskutiert. In vielen Fällen besteht nur ein wissenschaftliches Interesse an der Klärung, und das Ergebnis ist ohne Einfluß auf die Darstellung der Biographie oder ihrer Bewertung. In einigen Fällen ist die Chronologie aber wichtig, so z. B., ob die Abfassung seines Werkes »Dialog zwischen einem Philosophen, einem Juden und einem Christen« in die Zeit der Lehrtätigkeit im Parakleten oder in die letzten Lebensjahre in Cluny fällt. Ein Sonderproblem stellt der Ablauf der Auseinandersetzung zwischen Bernhard von Clairvaux und Abaelard dar. Die Literatur hierzu findet sich an den entsprechenden Stellen der Anmerkungen. Hier wird die Literatur zur allgemeinen Chronologie in der Abfolge der Erscheinungsjahre aufgeführt.

Nicolau d'Oliver, L., Sur la date de la Dialectica d'Abélard, in: Revue du Moyen Age latin, 1 (1945) 375–390

Van den Eynde, D., Les rédactions de la »Theologia Christiana« de Pierre Abélard, in: Antonianum, 36 (1961) 263–299

ders., La »Theologia scholarium« de Pierre Abélard, in: Recherches de théologie ancienne et médiévale, 28 (1961) 225–241

ders., Le recueil des sermons de Pierre Abélard, in: Antonianum, 37 (1962) 17–54

ders., Chronologie des écrits d'Abélard à Héloïse, in: ebd., 37 (1962) 337–349

ders., Les écrits perdus d'Abélard, in: ebd., 37 (1962) 467–480

ders., Détails biographiques sur Pierre Abélard, in: ebd., 38 (1963) 217–223

Buytaert, E.M., Thomas of Morigny and the »Theologia ›Scholarium‹« of Abelard, in: ebd., 40 (1965) 71–95

ders., Abelard's Expositio in Hexaëmeron, in: ebd., 43 (1968) 163–194

ders. Abelard's Collationes, in: ebd., 44 (1969) 18–39

Rijk, L. M. de, Introduction, in: Petrus Abaelardus, Dialectica, hg. v. L. M. de Rijk, 2. Aufl., Assen, S. VII-CII, bes. S. XXI-XXIII

Mews, C.J., On Dating the Works of Peter Abelard, in: Archives d'histoire doctrinale et littéraire du Moyen Age, 59 (1984) 73–134

ders., Petri Abaelardi Theologia ›Scholarium‹, Introduction, in: Petri Abaelardi Opera Theologica, 3. Bd., CCCM 13, Turnhout 1987, 203–308

1060–1108	König Philipp I. von Frankreich
1079	Petrus Abaelard wird als ältester Sohn des Burgmannen Berengar und seiner Frau Lucia in Le Pallet geboren
1088–1099	Papst Urban II.
1090	Bernhard von Clairvaux geboren
1092(1094?)	Petrus Venerabilis geboren
um 1095–1100	Studium der Dialektik bei Roscelin von Compiègne vermutlich in Locmine (Bretagne), möglicherweise auch in Loches. Als Wanderphilosoph (*peripateticus palatinus*) hörte er wahrscheinlich noch Ulger von Anjou, vielleicht auch Gottfried von Babion und Marbod
1096–1099	Erster Kreuzzug, Eroberung Jerusalems am 15. Juli 1099
1099–1118	Papst Paschalis II.
1100–1135	König Heinrich I. von England
um 1100	Heloisa geboren
um 1100	Schüler von Wilhelm von Champeaux, Archidiakon und Leiter der Domschule an Notre-Dame in Paris
um 1102	Stephan von Garlande Archidiakon an Notre-Dame in Paris. Stephan wird Abaelards wichtigster Schutzherr
1102–1105	Abaelard lehrt in Melun und Corbeille. Es entstehen als erste logische Schriften Kommentare zu Aristoteles und Boetius
1104	Die Familie Garlande fällt vorübergehend in Ungnade
1104–1116	Galon, Bischof von Paris
1105–1108	Abaelard zieht sich in die Bretagne zurück
1106	Stephan von Garlande wird Kanzler des Königs, sein Bruder Anseau Seneschall
1106–1125	Heinrich V., deutscher König und Kaiser
1108–1137	Ludwig VI., der Dicke, König von Frankreich
1108	Wilhelm von Champeaux verliert das Archidiakonat und zieht sich nach Saint-Victor vor Paris zurück. 1110 dort Gründung eines Chorherrenstiftes. Sein Nachfolger als Archidiakon und Leiter der Domschule wird Gilbert
1109	Abaelard kehrt aus der Bretagne nach Paris zurück und lehrt dann in Melun und auf dem Genovefa-Berg bei Paris. Heftige Auseinandersetzungen mit Wilhelm von Champeaux
1109–1116	Abaelard verfaßt weitere logische Schriften
1111	Stephan von Garlande wird Dekan des Klosters Sainte-Geneviève
1112	Abaelard weilt aus familiären Gründen einige Zeit in der Bretagne. Bernhard von Clairvaux wird Mönch in Cîteaux. In Paris wird Theobald der Notar Kanzler des Domkapitels

	Wilhelm von Champeaux wird Bischof in Châlons-sur-Marne. Er stirbt 1121
1113	Abaelard studiert kurze Zeit Theologie bei Anselm von Laon
1114	Abaelard wird Leiter der Domschule Notre-Dame in Paris. Als erstes theologisches Werk verfaßt er einen verloren gegangenen Kommentar zum Propheten Ezechiel
1115	Bernhard gründet das Kloster Clairvaux, dessen erster Abt er wird. Abts- und Priesterweihe durch den Bischof von Châlons-sur-Marne, Wilhelm von Champeaux
1116–1123	Gilbert, Bischof von Paris
1116–1149	Gottfried von Lèves, Bischof von Chartres
1116/17?	Abaelards Liebesbeziehung zu Heloisa, Geburt des Sohnes Petrus Astralabius in der Bretagne, heimliche Eheschließung
1117/18?	Der Onkel Heloisas, der Domherr Fulbert, läßt Abaelard entmannen. Heloisa wird Nonne in Sainte-Marie in Argenteuil, Abaelard Mönch im Kloster Saint-Denis
1117?	Hugo von Saint-Victor beginnt seine Lehrtätigkeit in der Abtei
um 1117–1119	Abaelard verfaßt weitere logische Schriften, die erste Fassung seines logischen Hauptwerkes »Dialectica« entsteht
1119–1124	Papst Honorius II.
um 1119	Vorlesungen in einem zu Saint-Denis gehörenden Priorat, möglicherweise in Maisoncelles bei Provins. Es entsteht das erste theologische Hauptwerk »Theologia ›Summi boni‹« in zwei Redaktionen. An seine Mitbrüder in Saint-Denis schreibt er eine »Exhortatio«, »Ermahnung«
1120–1134	Burkhard, Bischof von Meaux
1121	Stephan von Garlande, Archidiakon von Paris und Kanzler des Königs, erhält zusätzlich das Amt des Seneschalls März oder April: Verurteilung Abaelards auf dem Konzil von Soissons, kurze Inhaftierung in Saint-Médard in Soissons, Rückkehr nach Saint-Denis. Es entstehen weitere logische Werke. Beginn der Arbeit an seinem methodischen Hauptwerk »Sic et Non«. Flucht aus Saint-Denis wegen Anklage vor dem Königsgericht. Zuflucht in Saint-Ayoul in Provins, der Residenz des Grafen der Champagne, Theobald IV. (1102–1152)
1122	13. Februar: Abt Adam von Saint-Denis stirbt 10. März: Suger von Saint-Denis wird zum Abt gewählt (†1151). Durch Übereinkommen zwischen Abt Suger und dem Kanzler Stephan von Garlande wird Abaelard aus dem Klosterverband entlassen. Er zieht sich in die Einöde am Ardusson, unweit von Nogent-sur-Seine in der Diözese

Troyes, zurück und gründet dort ein Oratorium, das er Paraklet nennt. Hier nimmt er seine Vorlesungen wieder auf

1122–1127 Im Parakleten entstehen weitere logische Schriften, die zweite und dritte Fassung von »Sic et Non«, weitere Bücher des Werkes »Dialectica«, die erste Fassung des zweiten theologischen Hauptwerkes »Theologia Christiana« und eine verlorene »Grammatica«. Eine »Rhetorica« wurde geplant oder ist ebenfalls verloren

1122–1142 Heinrich Sanglier, Vetter Stephans von Garlande, Erzbischof von Sens

1122–1155 Petrus Venerabilis, Abt von Cluny

1124–1144 Stephan von Senlis, Bischof von Paris

1124? Auf Anregung Wilhelms von Saint-Thierry greift Bernhard von Clairvaux mit seiner Schrift »Apologia ad Guillelmum« den Orden von Cluny scharf an

1125–1137 Lothar von Supplinburg, deutscher König und Kaiser

1127 Zwischen dem 3. August 1127 und dem 10. Mai 1128 wird Stephan von Garlande gestürzt. Er behält nur seine geistlichen Ämter. Kanzler des Königs wird Simon, ein Neffe Sugers von Saint-Denis. In der Champagne brechen Kämpfe aus

1127–1132? Abaelard Abt von Saint-Gildas in der Bretagne. Es entstehen die ersten »Predigten«. »Sic et Non« wird überarbeitet

1129 Suger von Saint-Denis vertreibt die Nonnen von Sainte-Marie in Argenteuil. Abaelard lädt die Priorin Heloisa mit ihren Nonnen in den Parakleten ein und übereignet ihnen das Oratorium zur Gründung eines Nonnenklosters

1130 Doppelwahl in Rom (Schisma): Anaklet II. (bis 1138) und Innozenz II. (bis 1143)
August / September: Konzil von Étampes, die gallische Kirche erkennt unter Mitwirkung des Petrus Venerabilis und Bernhards von Clairvaux Papst Innozenz II. an

1130/31 Abaelard hält sich mehrfach im Parakleten auf

1131 20. Januar: Papst Innozenz II. weiht im Kloster Morigny einen Altar. Zahlreiche kirchliche Würdenträger aus Rom und Gallien finden sich ein. Abaelard erbittet vom Papst die Bestätigung für den Parakleten und einen Legaten zur Unterstützung gegen seine Mönche in Saint-Gildas, deren er nicht Herr wird
18. November: Papst Innozenz II. bestätigt den Parakleten als Nonnenkloster und Heloisa als Priorin

1132–1137? Abaelard dichtet die »Planctus« und den »Hymnarius Paraclitensis«, schreibt seine Leidensgeschichte »Historia calamitatum« und auf Bitten Heloisas Kommentare zum »Vaterunser« und den Glaubensbekenntnissen. Briefwechsel mit Heloisa. »Predigten«

Er verfaßt die »Apologia ›Universis Ecclesiae‹« und die
»Confessio fidei ad Heloissam«
Juni bis Juli: Abt Petrus Venerabilis nimmt Abaelard in
Cluny auf und bewirkt die Aussöhnung mit Bernhard von
Clairvaux. Abaelard überarbeitet erneut seine »Theologia
›Scholarium‹« (6. Fassung)
16. Juli: Papst Innozenz II. bestätigt das Urteil von Sens
und verurteilt Abaelard und Arnold von Brescia zu ewiger
Haft und ewigem Schweigen. Er ordnet die Verbrennung
ihrer Werke an

1140–1141   Petrus Venerabilis erwirkt vom Papst die Erlaubnis, Abaelard in Ehren in Cluny aufnehmen zu dürfen. Abaelard
schreibt seine letzten Werke, für Heloisa einen Kommentar
zur Schöpfungsgeschichte »Expositio in Hexaëmeron«, die
Fortsetzung seiner »Ethik«, ein Lehrgedicht für seinen
Sohn Astralabius und den »Dialogus inter Philosophum,
Iudaeum et Christianum«. Aus Gesundheitsgründen sie-
delt Abaelard in das Priorat Saint-Marcel in der Nähe von
Chalon-sur-Saône um

1142   Frühjahr und Sommer: Petrus Venerabilis reist nach Spanien
21. April: Abaelard stirbt in Saint-Marcel
Herbst: Abt Petrus Venerabilis überführt den Leichnam in
den Parakleten

1153   Bernhard von Clairvaux stirbt
1164   Heloisa stirbt

Literatur

Vorbemerkungen

Abkürzungen

AusgQ	Ausgewählte Quellen zur deutschen Geschichte des Mittelalters (Freiherr-vom-Stein-Gedächtnisausgabe)
CCL	Corpus Christianorum, Series latina
CCCM	Corpus Christianorum, Continuatio mediaevalis
MGH LL	Monumenta Germaniae Historica, Leges
MGH SS	Monumenta Germaniae Historica, Scriptores
MPG	Migne, Patrologia, Series graeco-latina
MPL	Migne, Patrologia, Series latina
Recueil	Recueil des Historiens des Gaules et de la France, hg. v. M. Bouquet u. a.

Zitierweise

Die theologischen und logischen Schriften Abaelards mit Ausnahme von »Sic et Non« werden nach den kritischen Neuausgaben zitiert. Die »Historia calamitatum«, die autobiographische Leidensgeschichte, wird nach der Ausgabe von Monfrin als HC zitiert, die Seitenzahlen der deutschen Übersetzung von Brost werden in Klammern hinzugefügt, und zwar auch dann, wenn eine eigene Übersetzung geboten wird. Da die kritische Ausgabe des Briefwechsels von Muckle in einer kanadischen Fachzeitschrift nur den wenigsten Lesern zugänglich sein dürfte, wird nach der Ausgabe von Migne (MPL 178) zitiert, wobei ebenfalls die Seitenzahlen der deutschen Übersetzung in Klammern hinzugefügt werden. Alle anderen Schriften werden nach der Ausgabe von Migne zitiert. Da diese Ausgabe auch die in Bibliotheken noch immer am leichtesten zugängliche Ausgabe frühmittelalterlicher Literatur sein dürfte, werden zeitgenössische Autoren grundsätzlich nach dieser Ausgabe zitiert, und zwar auch dann, wenn ich für meine eigene Arbeit die neuen kritischen Ausgaben verwendet habe.

Ausgaben der Werke Abaelards

Einen Gesamtüberblick über die Schriften Abaelards und ihrer Überlieferung gibt N.M. *Häring*, Abaelard yesterday and today, in: Pierre Abélard – Pierre le Vénérable, Colloque de Cluny, Paris 1975, 364–403.
Arbeiten, die sich mit der komplizierten Chronologie der Werke Abaelards befassen, sind oben vor der Zeittafel aufgeführt.

Gesamtausgaben

Petri Abaelardi Opera, hg. von V. *Cousin*, 2 Bde., Paris 1849, 1859, Nachdruck Hildesheim 1970
Petri Abaelardi Opera omnia, Patrologia latina, hg. von J.P. *Migne*, 178. Bd., Paris 1855, Nachdruck Turnhout 1979

Briefe

Die »Historia calamitatum« und der Briefwechsel mit Heloisa, hg. von J. T. *Muckle* und T. P. *McLaughlin*, in: Mediaeval Studies, 12 (1950) 163–213; 15 (1953) 47–94; 17 (1955) 240–281; 18 (1956) 241–292
Abélard, Historia calamitatum, hg. von J. *Monfrin*, 3. Aufl. Paris 1967, Nachdruck 1978
Peter Abelard, Lettres IX-XIV, hg. von E. R. *Smits*, Groningen 1983
Abaelard, Die Leidensgeschichte und der Briefwechsel mit Heloisa, übers. von E. *Brost*, 4. Aufl. Heidelberg 1979, Lizenzausgabe der Wissenschaftlichen Buchgesellschaft, Darmstadt 1984

Logische Schriften

Peter Abaelards logische Schriften, hg. von B. *Geyer*, Münster i.W., 1. Bd., Die Logica ›Ingredientibus‹, 1919, 1927, 2. Bd., Die Logica ›Nostrorum petitioni sociorum‹, 1933
L. *Mino-Paluelle* (Hg.), Twelfth Century Logic. Texts and Studies, 2. Bd., Abaelardana inedita, Rom 1958
Petrus Abaelardus, Dialectica, hg. v. L. M. *de Rijk*, 2. Aufl. Assen 1970

Theologische Schriften

Petri Abaelardi Opera Theologica, Turnhout:
1. Bd., Commentaria in epistolam Pauli ad Romanos, Apologia contra Bernardum, hg. von E.M. *Buytaert*, 1969 (CCCM 11)
2. Bd., Theologia Christiana, Theologia ›Scholarium‹, Rec. brev., hg. von E. M. *Buytaert*, 1969 (CCCM 12)
3. Bd., Theologia ›Summi boni‹, Theologia ›Scholarium‹, hg. von E. M. *Buytaert* und C. J. *Mews*, 1987 (CCCM 13)
Peter Abailard, Sic et Non, hg. von Bl. B. *Boyer*, R. *McKeon*, Chicago 1976, 1977 (zitiert wird nach MPL 178, 1339–1610)
Peter Abaelard's Ethics, lat. Ausgabe mit engl. Übersetzung, hg. von D. E. *Luscombe*, Oxford 1971
Nosce te ipsum. Die Ethik des Peter Abälard, übers. von F. *Hommel*, Wiesbaden 1947
Dialogus inter Philosophum, Judaeum et Christianum, hg. von R. *Thomas*, Stuttgart 1970

Dichtungen

Petri Abaelardi Hymnarius Paraclitensis sive Hymnorum libelli tres, hg. von G. M. *Dreves*, Paris 1891, Nachdruck Bologna 1970
Peter Abelard's Hymnarius Paraclitensis, 1. Bd., Introduction to Peter Abelard's Hymns, 2. Bd., The Hymnarius Paraclitensis, Text and Notes, hg. von J. *Szövérffy*, Albany N. Y. 1975
Carmen (Monitum) ad Astralabium, hg. von B. *Hauréau*. Le poème adressé par Abélard à son fils Astralabe, in: Notices et extraits des manuscripts de la Bibliothèque Nationale, 34,2 (1893) 135–187

Kongreßakten

Zitiert wird der Name in der jeweiligen Fassung mit dem Erscheinungsjahr
Peter Abelard. Proceedings of the International Conference Louvain, May 10–12, 1971, hg. von E. M. *Buytaert*, Leuven, The Hague 1974
Pierre Abélard – Pierre le Vénérable. Les courrants philosophiques, littéraires et artistiques en occident au milieu du XIIe siècle, Colloques internationaux du Centre national de la recherche scientifique, No. 546, Abbaye de Cluny 2 au 9 juillet 1972, Paris 1975
Petrus Abaelardus (1079–1142). Person, Werk und Wirkung, hg. von R. *Thomas*, Trier 1980
Abélard en son temps. Actes du colloque international organisé à l'occasion du 9e centenaire de la naissance de Pierre Abélard, Paris 1981

Abélard, Le »Dialogue«, la philosophie de la logique, Actes de Colloque de Neu-
chatel 16–17 novembre 1979, Genève, Lausanne, Neuchâtel 1981

Literatur zu Abaelard und Heloisa

Aufgeführt werden nur Monographien zum Thema und mehrfach zitierte Arbeiten.

Alverny, M.Th.d', Abélard et l'astrologie, in: Pierre Abélard – Pierre le Vénéra-
ble, 1975, 611–630
Archambault, P., The Silencing of Cornelia: Heloise, Abelard and Their Classics,
in: Papers on Language and Literature, 8 (1970) 3–17
Bautier, R.H., Paris au temps d'Abélard, in: Abélard et son temps, 1981, 21–77
Benton, J.F., Fraud, Fiction and Borrowing in the Correspondence of Abelard and
Heloisa, in: Pierre Abélard – Pierre le Vénérable, 1975, 469–511
ders., A reconsideration of the authenticity of the correspondence of Abelard and
Heloisa, in: Petrus Abaelardus, 1980, 41–52
ders., The Correspondence of Abelard and Heloise, in: Fälschungen im Mittelalter, Teil V, 1988, 94–120
Bertola, E., Le critiche di Abelardo ad Anselmo di Laon ed a Guglielmo di Cham-
peaux, in: Rivista di filosofia neoscolastica, 52 (1960) 495–522
Borst, A., Abaelard und Bernhard, in: Historische Zeitschrift, 186 (1958)
497–526
ders., Barbaren, Ketzer und Artisten, München 1988, hierin: Die historische Zeit
bei Abaelard (S. 155–173), Abaelard und Bernhard (S. 351–376, Abdruck des
Aufsatzes aus dem Jahr 1958 ohne Anmerkungen)
Bourgain, P., Héloïse, in: Abélard en son temps, 1981, 211–237
Brost, E., Abaelard und Heloisa, Ihre zeitliche und überzeitliche Bedeutung, in:
ders. (Hg.), Abaelard, Die Leidensgeschichte und der Briefwechsel mit Heloisa,
1979, 421–444
Charrier, Ch., Héloïse dans l'histoire et dans la légende, Paris 1933, Nachdruck
Genf 1977
Chatillon, J., Abélard et les écoles, in: Abélard en son temps, 1981, 133–160
Chenu, M.D., Abélard, le premier homme moderne, in: Esprit et vie, (1951)
133–160
Cottiaux, J., La conception de la théologie chez Abélard, in: Revue d'histoire
ecclésiastique, 28 (1932) 247–295, 533–551, 788–828
Cuissard, M.Ch., Documents inédits sur Abélard, tirés des manuscrits de
Fleury, conservés à la Bibliothèque publique d'Orléans, Orléans 1880
Déchanet, J.M., L'amitié d'Abélard et de Guillaume de Saint-Thierry, in: Revue
d'histoire ecclésiastique, 35 (1939) 761–773
Deutsch, S.M., Peter Abälard, ein kritischer Theologe, Leipzig 1883
Dronke, P., Heloise and Marianne: Some reconsiderations, in: Romanische For-
schungen, 72 (1960) 223–256

ders., Abelard and Heloisa in Medieval Testimonities, Glasgow 1976
ders., Heloise, in: *ders.*, Woman Writers of the Middle Ages, Cambridge 1984, 107–143
Dutilleux, A., Héloïse à Argenteuil, in: Revue de l'histoire de Versailles et de Seine-et-Oise, (1902) 241–273
Engels, L., Abelard écrivain, in: Peter Abelard, 1974, 12–37
Fraioli, D., The importance of satire in Jerome's Adversus Jovinianum as an argument against authenticity of the Historia Calamitatum, in: Fälschungen im Mittelalter, Teil V, 1988, 167–200
Fromm, H., Gottfried von Straßburg und Abaelard, in: Festschrift für Ingeborg Schöbler, Tübingen 1973, 196–216
Fumagalli, M., Heloise und Abaelard, München 1986
Gilson, É., Héloïse et Abélard, 1. Aufl. Paris 1938, 3. Aufl. Paris 1964 mit dem 1939 publizierten Aufsatz: Dix variations sur un thème d'Héloïse; deutsch nach der 1. Aufl.: Heloise und Abaelard, Freiburg i.Br. 1955. Zitiert wird nach der deutschen Übersetzung
Grane, L., Peter Abaelard. Philosophie und Christentum im Mittelalter, Göttingen 1964
Häring, N.M., Abelard yesterday und today, in: Pierre Abélard – Pierre le Vénérable, 1975, 341–403
Jeaunau, E., Pierre Abélard à Saint-Denis, in: Abelard en son temps, 1981, 161–173
Jolivet, J., Aspects de la pensée médiévale: Abélard, Doctrines du langage, Paris 1987
Klibansky, R., Peter Abailard and Bernhard of Clairvaux. A letter by Abailard, in: Medieval and Renaissance Studies, 5 (1961) 1–27
Kolmer, L., Abaelard und Bernhard von Clairvaux in Sens, in: Zeitschrift der Savigny-Stiftung für Rechtsgeschichte. Kanonistische Abteilung, 67 (1981) 122–145
Könsgen, E., Epistulae duorum amantium. Briefe Abaelards und Heloises?, Leiden 1974
Lamartine, Héloïse – Abélard (Vies de quelques hommes illustres), in: Œuvres complètes de Lamartine, 35. Bd., Paris 1863, 3–43
Leclerq, J., »Ad ipsam sophiam Christum«. Das monastische Zeugnis Abaelards, in: Festgabe für Erich Kleineidam, Leipzig 1969, 179–198
Leinsle, U.G., Vivamus von Prémontré. Ein Gegner Abaelards in der Lehre von der Freiheit, Averbrode 1978
Letort-Trégaro, J. P., Pierre Abélard, Paris 1981
Luscombe, D.E., The School of Peter Abelard. The influence of Abelards thought in the early scholastic period, Cambridge 1970
McLaughlin, M.M., Abelard as Autobiographer: The Motives and Meanings of his »Story of Calamities«, in: Speculum, 42 (1967) 463–488
dies., Peter Abelard and the dignity of woman: Twelfth century »feminism« in theory and practice, in: Pierre Abélard – Pierre le Vénérable, 1975, 287–334
McLaughlin, T. P., The Prohibition of Marriage Against Canons in the Early Twelfth Century, in: Mediaeval Studies, 3 (1941) 94–100

McLeod, E., Héloïse. A Biography, London 1938

Mews, C., On Dating the Works of Peter Abelard, in: Archives d'histoire doctrinale et littéraire du Moyen Age, 60 (1986) 73–134

Miethke, J.v., Theologenprozesse in der ersten Phase ihrer institutionellen Ausbildung: die Verfahren gegen Peter Abaelard und Gilbert von Poitiers, in: Viator, 6 (1975) 87–116

Moos, P.v., Mittelalterforschung und Ideologiekritik. Der Gelehrtenstreit um Heloisa, München 1974

ders., Le silence d'Héloïse et les idéologies modernes, in: Pierre Abélard – Pierre le Vénérable, 1975, 425–468

ders., Cornelia und Heloise, in: Viator, 6 (1975) 87–116

ders., Lucan und Abaelard, in: Hommage à André Boutemy, Brüssel 1976, 413–443

ders., Die Bekehrung Heloisas, in: Mittellateinisches Jahrbuch, 11 (1976), 95–125

Murray, A.V., Abelard and St. Bernard, New York 1967

Ottaviano, C., Pietro Abelardo, La vita, le opere, il pensiero, Rom 1929

Oursel, R., La dispute et la grâce. Essai sur la rédemption d'Abélard, Paris 1959

Peppermüller, R., Abaelards Auslegung des Römerbriefes, München 1972

Pernoud, R., Héloïse et Abélard, Paris 1970

Rémusat, Ch.de, Abélard, 2 Bde., Paris 1845, Nachdruck Frankfurt/M 1975

Robertson, D.W., Abelard and Heloise, New York 1972

Schmeidler, B., Der Briefwechsel zwischen Abälard und Heloisa eine Fälschung?, in: Archiv für Kulturgeschichte, 11 (1913) 1–30

ders., Der Briefwechsel zwischen Abaelard und Heloisa als literarische Fiktion Abaelards, in: Zeitschrift für Kirchengeschichte, 543 (1935) 323–338

ders., Abaelard und Heloise. Eine geschichtlich-psychologische Studie, in: Die Welt als Geschichte, 6 (1940) 93–123

Sidorova, N. A., Abélard et son epoque, in: Cahiers d'Histoire mondiale, 4 (1958) 541–552

Sike, J. G., Peter Abaillard, Cambridge 1932, Nachdruck New York 1965

Silvestre, H., Pourquoi Roscelin n'est-il pas mentionné dans l'»Historia Calamitatum«?, in: Recherches de théologie ancienne et médiévale, 48 (1981) 218–224

ders., L'idylle d'Abélard et Héloïse: l'art du roman, in: Académie Royale de Belgique, Bulletin de la classe des lettres et des sciences morales et politiques, 5e série, 71 (1985) 157–200

ders., Die Liebesgeschichte zwischen Abaelard und Heloise: der Anteil des Romans, in: Fälschungen im Mittelalter, Teil V, 1988, 121–165

Thomas, R., Der philosophisch-theologische Erkenntnisweg Peter Abaelards im Dialogus inter Philosophum, Judaeum et Christianum, Bonn 1966

ders., Die Persönlichkeit Peter Abaelards im »Dialogus inter Philosophum, Judaeum et Christianum« und in den epistulae des Petrus Venerabilis – Widerspruch oder Übereinstimmung?, in: Pierre Abélard – Pierre le Vénérable, 1975, 255–269

Truc, G., Abélard avec et sans Héloïse, Paris 1956
Van den Berge, R.J., La qualification morale de l'acte humain: Ébauche d'une réinterpretationdelapenséeabélardienne,in: Studiamoralia,13(1975)143–173
Van den Eynde, D., En marge des écrits d'Abélard: Les »Excerpta ex regulis Paraclitensis monasterii«, in: Analecta Praemonstratensia, 38 (1962) 70–84
ders., Details biographiques sur Pierre Abélard, in: Antonianum, 38 (1963) 217–223
Waleffe, M.de, Héloïse, amante et dupe d'Abélard, Paris 1910
Weingart, R.E., The Logic of Divine Love. A critical analysis of the Soteriology of Peter Abailard, Oxford 1970

Literatur zur Zeitgeschichte

Beckmann, J.P. u.a. (Hg.), Sprache und Erkenntnis im Mittelalter, Akten des 6. internationalen Kongresses für mittelalterliche Philosophie 1977 in Bonn, Berlin 1981
Brundage, J.A., Law, Sex and Christian Society in Medieval History, Chicago 1987
Clervall, A., Les écoles de Chartres au Moyen Age, Paris 1895, Nachdruck Frankfurt/M 1965
Curtius, E.R., Europäische Literatur und lateinisches Mittelalter, 3. Aufl. Bern 1961
Dinzelbacher, P., *Bauer*, D.R. (Hg.), Religiöse Frauenbewegung und mystische Frömmigkeit im Mittelalter, Köln 1988
Dronke, P., Women Writers of the Middle Age, Cambridge 1984 (hierin S. 107–144 Heloisa)
Duby, G., Die Zeit der Kathedralen. Kunst und Gesellschaft 980–1420, Frankfurt/M 1980
ders., Der heilige Bernhard und die Kunst der Zisterzienser, Stuttgart 1981
ders., Ritter, Frau und Priester, Frankfurt/M 1985
Fälschungen im Mittelalter. Internationaler Kongreß der Monumenta Germaniae Historica, München 16–19. September 1986, Teil V: Fingierte Briefe, Frömmigkeit und Fälschung, Realienfälschung, Hannover 1988
Favier, J., Frankreich im Zeitalter der Lehensherrschaft 1000–1515, Stuttgart 1989 (hierin S. 489–513 eine Literaturübersicht)
Fernolo, St.C., The Origins of the University. The Schools of Paris and their Critics 1100–1215, Stanford Cal. 1985
Friedmann, A., Paris, ses rues, ses paroisses du Moyen Age à la Révolution, Paris 1959
Gall, E., Die gotische Baukunst in Frankreich und Deutschland, 1. Teil, Leipzig 1925
Gilson, É., Die Mystik des Heiligen Bernhard von Clairvaux, Wittlich 1936
Grabmann, M., Die Geschichte der scholastischen Methode, 2 Bde., Freiburg

i.Br. 1909, 1911, Nachdruck Darmstadt 1956 (hierin 2. Bd., S. 168–229 Peter Abälard)

Gross, J., Die Ur- und Erbsündelehre der Schule von Laon, in: Zeitschrift für Kirchengeschichte, 76 (1965) 12–40

Heer, Fr., Der Aufgang Europas. Eine Studie zu den Zusammenhängen zwischen politischer Religiosität, Frömmigkeitsstil und dem Werden Europas im 12. Jahrhundert, Wien 1949 (hierin S. 182–235 Bernhard von Clairvaux, S. 236–289 Peter Abaelard, S. 290–383 Johannes von Salisbury)

Janssen, W., Die päpstlichen Legaten in Frankreich vom Schisma Anaklets II. bis zum Tode Coelestins III. (1130–1198), Köln 1961

Ketsch, P., Frauen im Mittelalter, 2 Bde., Düsseldorf 1983, 1984

Kleineidam, E., Wissen, Wissenschaft, Theologie bei Bernhard von Clairvaux, in: J.P. Lortz (Hg.), Bernhard von Clairvaux, 1955, 128–167

LeGoff, J., Die Intellektuellen im Mittelalter, Stuttgart 1986

Lesne, E., Les écoles de la fin du 8e siècle à la fin du 12e, 5. Bd., Histoire de la propriété ecclésiastique en France, Lille 1940

Little, L.K., Religious Poverty and the Profit Economy in Medieval Europe, London 1978

Lortz, J. (Hg.), Bernhard von Clairvaux, Mönch und Mystiker. Internationaler Bernhardkongreß Mainz 1953, Wiesbaden 1955

Misch, G., Geschichte der Autobiographie, 3. Bd., 2. Aufl. Frankfurt/M, 1. Hälfte 1976 (hierin S. 103–162 Wibert von Nogent, S. 316–387 Suger von Saint-Denis, S. 523–719 Abaelard und Heloisa), 2. Hälfte 1979 (hierin S. 1157–1295 Johannes von Salisbury)

Nigg, W., Das Buch der Ketzer, 5. Aufl. Zürich 1970 (hierin S. 149–165 Eros und Logos. Peter Abälard)

Ohler, N., Reisen im Mittelalter, München 1986

Ott, L., Untersuchungen zur theologischen Briefliteratur der Frühscholastik, Münster i.W. 1937

Poole, R.L., The Masters of the Schools at Paris and Chartres in John of Salisbury's Time, in: The English Historical Review, 139 (1920) 321–342

Prinz, Fr., Frühes Mönchtum in Frankreich, 2. Aufl. München 1988

Quinn, P.A., Better then the sons of kings. Boys and monks in the early Middle Ages, New York 1989

Riché, P., L'enfant dans la societé monastique au 12e siècle, in: Pierre Abélard – Pièrre le Vénérable, 1975, 689–701

Spoerri, Th., Wilhelm von Poitiers und die Anfänge der abendländischen Poesie, in: R.Baehr (Hg.), Der provenzialische Minnesang, Darmstadt 1967, 175–187

Steinen, W.von den, Vom Heilgen Geist des Mittelalters. Anselm von Canterbury, Bernhard von Clairvaux, Breslau 1926, Nachdruck Darmstadt 1968 (hierin S. 258–290 Peter Abaelard)

Thomson, R.M., The Satirical Works of Berengar of Poitiers: An edition with introduction, in: Mediaeval Studies, 42 (1980) 89–138

Torrel, J.P., *Bouthillier*, D., Pierre le Vénérable, Abbé de Cluny, le courage de la mesure, Chambray-lès-Tours 1988

Vacandard, E., Leben des Heiligen Bernard von Clairvaux, 2 Bde., Mainz 1887, 1898

Walter, J.v., Die ersten Wanderprediger Frankreichs. Studien zur Geschichte des Mönchtums, Leipzig, 1. Bd., Robert von Arbrissel, 1903, 2. Bd., Bernhard von Thiron, Vitalis von Savigny, Girard von Salles, 1906; Nachdruck Aalen 1972

Wasserschleben, F.W.H., Die Bußordnungen der abendländischen Kirche, Halle 1851, Nachdruck Graz 1958

Werner, E., Pauperes Christi. Studien zu sozial-religiösen Bewegungen im Zeitalter des Reform-Papsttums, Leipzig 1956

Wolter, Fr., Hymnen und Sequenzen, Berlin 1914

Anmerkungen

Zu 21–23 Der Ritterssohn aus der Bretagne

Zum Seigneur Daniel s. R. *Pernoud* (Hg.), Le Pallet, Patrie d'Abélard, Nantes 1980, 15.

Abaelards Geburtsdatum ist nicht sicher überliefert. André *Duchesne* hat im ersten Druck der Werke Abaelards aus dem Jahre 1616 in seinen Anmerkungen zur Leidensgeschichte geschrieben:»Er starb am 21. April des Jahres 1142 im Alter von 63 Jahren«, und fügte hinzu, daß sich das Alter aus einem französischen Kalender aus dem Kloster des Parakleten ergebe. Diese Notiz ist abgedruckt MPL 178, 176 C. In einer Handschrift aus der Bibliothèque Nationale aus dem 12. Jahrhundert mit der Liste der Bischöfe von Paris findet sich die Eintragung über den Bischof Stephan von Senlis:»Er starb im Jahre 1142 und im Alter von 63 Jahren, demselben Jahr und demselben Alter wie Abaelard.« Dazu Ch. *Charrier*, Héloïse, 293. Zu den bibliographischen Problemen der Erstausgabe vgl. die Einleitung von J. *Monfrin* zu seiner Ausgabe der »Historia calamitatum«, 31 ff.

Zum Namen »Abaelard« unten zu S. 68.

Seinen Geburtsort und die Namen der Eltern gibt Abaelard in seiner Leidensgeschichte selbst an: HC 63(9), 67(14). Die Herkunft des Vaters aus dem Poitou und der Mutter aus der Bretagne ist allein überliefert durch ein Epitaph, das der Cluniazenser-Mönch Richard aus Poitiers in seiner Chronik überliefert hat. Text MPL 178, 106.

Sein Bruder Dagobert wurde Geistlicher. Ihm widmete er das zweite Buch seiner »Dialectica«. Ausgabe L. M. *de Rijk*, 146. Daraus läßt sich schließen, daß Rudolph das Erbe antrat.

Beispiele dafür, daß in der Bretagne Ende des 11. Jahrhunderts kleine örtliche Schulen bestanden, bringt É. *Lesne*, Les écoles de la fin de 8e siècle à la fin du 12e, 105.

23: Das Zitat HC 63(9).

Zu 23–27 Bretagne und Normandie, Brücken zwischen Frankreich und England

Zur Bretagne in der Jugendzeit Abaelards vgl. M. X. *Tonnerre*, Le comté Nantois à la fin du 11e siècle, in: Abélard, 1981, 11–20, hieraus das Zitat 19.

Zu 28–31 Chaos, Frömmigkeit und Kreuzzug – Das Frankreich Philipps des Ersten

29: Der Bericht Wiberts (Guiberts) von Nogent-sous- Couchy über Thomas de Marle findet sich in seiner Autobiographie »De vita sua«, lateinisch-französisch *Guibert de Nogent*, Autobiographie, hg. v. E. R. *Labande*, Paris 1981, 3. Buch, 11. Kap., 363, die Kennzeichnung durch Suger in seiner »Vita Ludovici«, 7. Kap., MPL 186, 1262.

30: Nach einer anderen Version leitet sich der Beiname Hugo Capet ab von der *cappa*, dem geistlichen Gewand, das er als Laienabt des Klosters Saint-Martin in Tours trug.

Zu 32–37 Das Krongut, die Ile-de-France und Paris

33f.: Zu den Hofbeamten des 12. Jahrhunderts vgl. E. *Bournacel, Le gouvernement capétien au 12e siècle, 1108–1180*, Paris 1975, 94 ff., zu den großen Familien, besonders zu den Garlandes, ebd. 32 ff.
34ff.: Zum Paris des ersten Aufenthalts Abaelards vgl. R. H. *Bautier*, Paris au temps d'Abélard, 24–40; A. *Friedmann*, Paris, ses rues, ses paroisses du Moyen Age à la Révolution, 49–90. Das Zitat S. 36 findet sich bei M. *Fumagalli*, Heloise und Abaelard, 50.

Zu 38–40 Das Kloster

38: Klöster sind auch Behindertenheime. Für das Jahr 1161 berichtet der Abt des Klosters in Bari in Süditalien, daß die Mehrzahl seiner Mönche behindert sind: hinkend, einarmig, einäugig, triefäugig oder blind. »Aber alle sind adelig.« Zitiert nach P. *Riché*, L'enfant dans la société monastique, 692 f.
Zur Institution der Oblation, durch die Kinder dem Kloster übergeben wurden, vgl. P. A. *Quinn*, Better than the sons of kings, passim.

Zu 40–43 Cluny

Petrus Venerabilis, De miraculis, MPL 189, 872. Die berühmte Schrift *Bernhards von Clairvaux, Apologia ad Guillelmum*, hieraus das Zitat MPL 182, 914.

Zu 43–45 Cîteaux

44: Der Ausspruch Bernhards »Die Welt ist voller Mönche« findet sich im 1. Kap. seiner Denkschrift über die Ritterorden »De laude novae militiae ad milites Templi«, MPL 182, 921.
45: Das Zitat findet sich im 3. Buch, 2. Kap. der »Vita prima« Bernhards, MPL 185, 306.

Zu 46–50 Die päpstliche Zentralisation

46: Das Zitat über Rom als Haupt der Welt entstammt einem Brief des Papstes Johannes XIII. an Kaiser Otto I. aus dem Jahre 967. Hierzu und zu der Entwicklung dieser Ansicht P. E. *Schramm*, Kaiser, Rom und renovatio, 3. Aufl., Darmstadt 1975, 28–38.
47f.: Zur Entwicklung der Sexualmoral A. *Rousselle*, Porneia. De la maîtrise du corps à la privation sensorielle. 2e-4e siècles de l'ère chrétienne, Paris 1983. Das Seneca-Zitat wurde dem Mittelalter überliefert durch die lust- und ehefeindliche Schrift des hl. *Hieronymus*, Adversus Jovianum, 1, 49 (MPL 23, 281). Hieronymus ist auch der altlateinische Kirchenvater, der die Texte der Heiligen Schrift über Ehe und Frauen, die im Kontext der jüdischen Überlieferung, der christlichen Endzeit-

erwartung und der Ablehnung der Gnosis einen vernünftigen Sinn ergeben, lust-, leib- und ehefeindlich interpretierte und diese Interpretation dem Mittelalter überlieferte. Dazu J. N. D. *Kelly*, Jerom. His Life, Writings, and Controversis, 1976, 183. Paulus-Stellen werden im folgenden im Sinne kirchlicher Überlieferung, nicht im Sinne authentischer Interpretation zitiert.

48: Die Zitate sind entommen dem Brief Gregors VII. an die französischen Bischöfe vom 10. September 1074, AusgQ 12a, 96 ff.

49 f.: Die zitierte Stelle aus dem Brief Fulkos von Deuil an Abaelard fehlt in der Ausgabe MPL 178, 375. Sie ist ediert von D. *Van den Eynde,* Détails biographiques sur Pierre Abélard, 219. Das Gedicht aus: Carmina burana. Die Lieder der Benediktbeurer Handschrift. Zweisprachige Ausgabe, 3. Aufl., München 1985, 6 ff. »Codrus« ist eine Figur aus Juvenal, die im Mittelalter als »Typ des armen Schluckers« auftritt. Die Ablative sind diejenigen, die wegnehmen, also die Prälaten, die Passive sind die Leidtragenden als Dative, die geben müssen, so daß die Ablative ihre Zeugungswerkzeuge (Genitive – von gignere, »zeugen«) in Bewegung setzen können. Dazu den Kommentar a. a. O., 863, mit Angabe der lateinischen Worte, über die die sprachlichen Spielereien laufen.

Zu 50–55 Die Armutsbewegung – Protest von unten

Zur Lage der Armen M. *Mollat,* Die Armen im Mittelalter, München 1984, 56–81. Das wörtliche Zitat dort 57. Zur religiösen und theologischen Armutsbewegung L. K. *Little,* Religious Poverty and the Profit Economy in Medieval Europe, London 1978, 70–112; M. *Mollat,* a. a. O., 96–106. Zu den Wanderpredigern J. v. *Walter,* Die ersten Wanderprediger Frankreichs, passim.

51 f.: Zur Ketzerbewegung in der ersten Hälfte des 12. Jahrhunderts s. M. D. *Lambert,* Ketzereien im Mittelalter, München 1977, 69–142. Das Phänomen der Ketzer, Menschen die eine alternative Ordnung wollten und dafür von der Mehrheit erst unterdrückt und dann ausgerottet wurden, zeigt, daß die europäische Gesellschaft eine unterdrückende Gesellschaft wurde, eine Gesellschaft, in der Toleranz erst mühsam nach Jahrhunderten kollektiven Verfolgungswahns erkämpft werden mußte, ein Kampf, in dem es bis heute mehr Niederlagen als Siege gab. Zu der Situation im 12. Jahrhundert vgl. R. I. *Moore,* The Formation of a Persecuting Society. Power and Deviance in Western Europe. 950–1250, Oxford 1987, 11–27.

53 ff.: Zu Robert von Arbrissel vgl. J. v. *Walter,* Die ersten Wanderprediger, 1. Bd.; J. *Dalarun,* Robert d'Arbrissel, fondateur de Fontevraud, Paris 1986. Zu der Situation im Wald von Craon und zu den gesellschaftlichen Problemen der Eremitenkolonisation der Wälder s. E. *Werner,* Pauperes Christi, 31–41. Zum Verhältnis Roberts und der anderen Wanderprediger zu den Frauen vgl. L. *Gougand,* Mulierum consortia: Études sur le syneisaktisme chez les ascètes celtiques, in: Journal of the school of Irish learning, 9 (1923) 147–156, bes. 150 ff.; E. *Werner,* Pauperes Christi, 53–78; J. *Smith,* Robert of Arbrissel: Procurator mulierum, in: D. *Baker* (Hg.), Medieval Women, Oxford 1978, 175–185. Zur Wanderbewegung als »Vorboten der Frauenbewegung« P. *Dinzelbacher,* Rollenverweigerung, religiöser Aufbruch und mystisches Erleben mittelalterlicher Frauen, in: *ders.* und D. R. *Bauer* (Hg.), Religiöse Frauenbewegung, 24. Die Authentizität der Beauftragung als Wanderprediger durch den Papst bestreitet mit nicht unerheblichen Gründen E. *Werner,* Pauperes Christi, 44. Daß Robert regelmäßig

Frauen aufnahm, die die Tyrannei der zeitgenössischen Ehe nicht mehr ertrugen, berichtet Roscelin in seinem Brief an Abaelard, und er führt ein moralisches Argument hiergegen an, wie es chauvinistischer nicht erfunden werden kann:

Ich habe es erlebt, daß der Herr Robert Frauen aufgenommen hat, die vor ihren Männern geflüchtet sind und von diesen zurückverlangt wurden. Dem Bischof Rainald von Angers, der ihm befahl, sie zurückzugeben, verweigerte er den Gehorsam standhaft selbst bis zum Tod. Dieses Verhalten ist völlig unverständlich (*irrationabilis*). Wenn nämlich eine Frau die Erfüllung ihrer Schuld gegenüber ihrem Mann verweigert und diesen so zum Ehebruch zwingt, so ist die Schuld dieser Frau größer als die des Ehebrechers. Die Frau wird so schuldig des Ehebruchs, den der Mann aus Notwendigkeit begehen wird (MPL 178, 361).

Zur Situation der Ehe als Grund eines Lebens als Religiose vgl. P. *Dinzelbacher*, Rollenverweigerung der Frauen im Mittelalter, 16–23.

Zu 55–57 Die Liebeslyrik – Protest von oben

Die Darstellung folgt Th. *Spoerri*, Wilhelm von Poitiers und die Anfänge der abendländischen Poesie. Ihm ist 187 f. auch die Übersetzung des Liedes »Ferai un vers de dreyt rien« entnommen. Eine ganz andere Deutung des Gedichts als Rätsel gibt W. von den *Steinen*, Ein Dichterbuch des Mittelalters, hg. v. P. v. *Moos*, Bern 1974, 150:

> Dies Lied soll rein um Nichts sich drehen,
> Soll nicht um mich noch irgendwen,
> Um Jugend nicht noch Liebe gehn,
>   um gar kein Ding:
> Es ist zu Pferd im Schlaf geschehn,
>   daß ich es fing.
> Weiß nicht, wie kam ich in die Zeit?
> Bin nicht in Freude noch in Leid,
> Nicht fremd noch in Vertraulichkeit;
>   hab nichts im Sinn.
> So warf bei Nacht auf Bergen weit
>   die Fee mir's hin.
> ...
> Gedichtet ist's, weiß nicht wozu.
> Ich send es jemand, und im Nu
> Schickt er es weiter nach Anjou.
>   Da sende wer
> Den Gegenschlüssel seiner Truh'
>   zur Lösung her.

Eine rein philologische Übersetzung findet sich in D. *Rieger*, Mittelalterliche Lyrik Frankreichs I, Lieder der Trobadors, Stuttgart 1980, 60–19. Die Probleme des Gedichts sind kurz dargestellt 233 f. Dazu eine ausgewählte Bibliographie.

Das mittelhochdeutsche Gedicht ist gedruckt bei Fr. *Vogt*, Des Minnesangs Frühling, Leipzig 1911, 3. Dort der zugehörige Brief lateinisch 262 f. Übersetzt ist der Brief bei P. *Ketsch*, Frauen im Mittelalter, 2. Bd., Düsseldorf 1984, 321–323. Es handelt sich um den Liebesbrief einer unbekannten Nonne aus den Papieren Wernhers von Tegernsee um 1170.

Die Schulen Frankreichs im frühen Mittelalter sind vollständig beschrieben von É. *Lesne*, Les écoles de la fin du 8e siècle à la fin du 12e. Zu den erwähnten Schulen vgl. für Le Bec 116, Reims 276, Angers 121, Chartres 152. Zum Gallener-Klosterplan und seinen Schulvorstellungen s. P. A. *Quinn*, Better than the sons of kings, 53–67. Zur körperlichen Züchtigung É. *Lesne*, a. a. O., 540. Der Bericht des Abtes ist entnommen der Vita Anselms von Canterbury, MPL 158, 67. Das Zitat Philipps von Harvengt findet sich MPL 203, 700. Zum Streitgespräch zwischen Anselm und dem Abt und den pädagogischen Vorstellungen Anselms s. P. A. *Quinn*, a. a. O., 114–118. Zum geographischen Umkreis der neuen Entwicklung vgl. É. *Lesne*, a. a. O., 449.

Zu 60–62 Domschulen

Die Vorschrift der Aachener Kanonikerregel wurde von Papst Eugen II. (824–827) bestätigt und von Ivo von Chartres in seine Kirchenrechtssammlung (Dekret, 4. Teil, c. 214, MPL 161, 311) und von Gratian in das Dekret (D 47 c. 12) aufgenommen.

Zu Chartres vgl. A. *Clerval*, Les écoles de Chartres au Moyen-Age; E. *Jeauneau*, Mathématiques et Trinité chez Thierry de Chartres, in: Die Metaphysik des Mittelalters, hg. v. P. *Wilpert*, Berlin 1963, 289–295.

Zu 62–64 Paris

Manegold von Lautenbach war vermutlich einer der wenigen Lehrer seiner Zeit, die ihr Lehramt zuerst als Laie ausübten. Kanoniker wurde er erst nach dem Tode seiner Frau. Es gab kein Verbot für Laien, Lehrer zu werden. Tatsächlich war ihnen dieser Beruf aber weitgehend verschlossen, vgl. dazu É. *Lesne*, Les écoles de la fin du 8e siècle à la fin du 12e, 464 f. Manegold ist von Zeitgenossen als »Lehrer der modernen Lehrer« bezeichnet worden, wobei als moderne Lehrer Wilhelm von Champeaux, Anselm von Laon und Ivo von Chartres gelten. Vgl. dazu W. *Hartmann*, Manegold von Lautenbach und die Anfänge der Frühscholastik, in: Deutsches Archiv für Erforschung des Mittelalters, 26(1970) 54. *Otto von Freising*, Chronik, Vorwort zum 5. Buch (AusgQ 16, 375), hat Berengar von Tours, Anselm von Laon und Manegold von Lautenbach als die berühmten Lehrer seiner Zeit bezeichnet, die dem Abendland die Wissenschaft gebracht hätten. Zum Verhältnis Manegolds zu Abaelard vgl. W. *Hartmann*, a. a. O., 77 ff., *Manegold von Lautenbach*, Liber contra Wolfelmum, hg. v. W. *Hartmann*, Weimar 1972, 22–24, 33 f.; zu Manegold als Renegat W. *Hartmann*, a. a. O., 109–147.

Die Werke Wilhelms von Champeaux sind nur zum Teil gedruckt in MPL 163, 1037–72; O. *Lottin*, Psychologie et morale aux 12 et 13 siècles, Teil 5, L'école d'Anselm de Laon et de Guillaume de Champeaux, Gembloux 1959. Zu Wilhelm von Champeaux M. *Grabmann*, Die Geschichte der scholastischen Methode, 2. Bd., 151–168; H. *Weißweiler*, Die älteren scholastischen Gesamtdarstellungen der Theologie, in: Scholastik, 16(1941)231–254, 351–368; O. *Lottin*, a. a. O., passim. Die Zitate sind entnommen M. *Grabmann*, a. a. O., 153.

Zu 67–74 *Studium und Lehre der Logik*

HC 64–67(10–14). Von Roscelin selbst ist nur sein Brief an Abaelard, MPL 178, 357–372, erhalten, auch abgedr. in: *Reiners, Der Nominalismus in der Frühscholastik*, Münster 1910, 62–80. Weitere Texte zu Roscelin in F. *Picavet, Roscelin, Philosophe et Théologien d'après la légende et d'après l'histoire*, 2. Aufl., Paris 1911. Abaelard erwähnt in der Leidensgeschichte nicht, daß er sein Lehrer war. In der »Dialectica«, 554, nennt er ihn »magister nostre«. Auch *Otto von Freising, Die Taten Friedrichs, AusgQ* 17, 225, bezeugt Roscelin als Lehrer. Zum Problemkreis H. *Silvestre*, Pourquoi Roscelin n'est-il pas mentionné dans l'»Historia Calamitatum«?, passim.

68: HC 64(9): *peripateticorum emulator* nennt er sich an dieser Stelle; *peripateticus palatinus* nennt ihn *Johannes von Salisbury*, Metalogicus, 1. Buch, 5.c.(MPL 199, 832). Zu seinen Logik-Lehrern vgl. L. M. *de Rijk* in seiner Einleitung zur Ausgabe der »Dialectica«, XIX f.
Zu dem Verhältnis Abaelards zu Theoderich vgl. A. *Clerval, Les écoles de Chartres*, 192; J. O. *Ward, The Date of The Commentary*, 240. Die Anekdote über die Namensgebung lautet:

Dem Niedergeschlagenen und Entrüsteten sagte einst Magister Theoderich im Scherz: »Woran gewöhnt sich der satte Hund noch, wenn nicht den Speck zu lecken – denn »baiare« heißt »lecken«? So begann man ihn »Baiolardus« zu nennen. Den Namen – hat er sich quasi verstümmelt beigelegt, als er sich heimlich zurückzog. Er begann sich mit den ähnlichen Buchstaben »Habelardus« zu nennen, wie einer, der den Gipfel der Wissenschaft einnimmt.

Die Nachweise bei Ch. de *Rémusat*, Abélard, 1. Bd., 12 f. Nach R. *Louis* – Pierre Abélard – Pierre le Vénérable, 1975, 686 f. – bedeutet der Name »der Unersättliche«, wie ein Hund unersättlich ist nach Fleisch.
69 f.: Zu Neid und Eifersucht als ständigem Grundzug des akademischen Lebens im 12. Jahrhundert vgl. É. *Lesne, Les écoles de la fin du 8e siècle à la fin du 12e*, 547.
Zur Freiheit in der ersten Hälfte des 12. Jahrhunderts, eine Schule gründen zu dürfen, vgl. a. a. O., 421. Die Schule Abaelards in Melun dürfte beim Stift Notre-Dame errichtet worden sein. Auch nach Abaelards Fortgang blieb sie bestehen. Genannt werden im 12. Jahrhundert die Magister Robert und Alberich von Melun. Vgl. die Nachweise a. a. O., 104. Zu den politischen Hintergründen des Aufenthalts Abaelards in Melun und Corbeille und seinem Rückzug in die Bretagne s. oben S. 84 f.
70 ff.: Daß Wilhelm und die Kanoniker des Stifts die Schule auch für externe Schüler öffneten, war nichts Besonderes, Abaelards Entrüstung also fehl am Platze. Vgl. dazu É. *Lesne, Les écoles de la fin du 8e siècle à la fin du 12e*, 204. Zu den Auseinandersetzungen mit Wilhelm von Champeaux vgl. E. *Bertola, Le critiche di Abelardo ad Anselmo di Laon ed a Guglielmo di Champeaux*, 435–498, 511–421; J. *Chatillon*, Abélard et les écoles, 134–146.
Ein Echo der Auseinandersetzungen findet sich in Abaelards Traktat »De generibus et speciebus«, in dem sich ständig, auf manchen Seiten mehrmals die Wendung findet *Magister noster W dicit.... Nos autem...* , »Mein Lehrer Wilhelm lehrte, daß ..., ich aber (bin der Ansicht, daß ...)«. Vgl. dazu M. Ch. *Cuissard*, Documents inédits sur Abélard, 20; M. *Viellard-Troiekonroff*, L'église Sainte-Geneviève de Paris du temps d'Abélard, in: Pierre Abélard – Pierre le Vénérable, 1975, 745–761; dies., L'église Sainte-Geneviève de Paris au début du 12e siècle, in: Abé-

445

lard en son temps, 1981, 83–94; J. P. *Willesme*, Saint-Victor au temps d'Abélard, in: ebd., 95–105.
V. *Cousin*, Petrus Abaelardus Opera, 1. Bd., 43. Hier taucht zum ersten Mal für Abaelard die abfällige Bezeichnung »Goliath« auf. Später wird Bernhard von Clairvaux Abaelard wieder so beschimpfen. Führte diese Benennung, von den Anhängern Abaelards ins Positive gewandt, zu dem Namen Goliarden für die fahrenden lateinisch dichtenden Sängern? Vgl. dazu oben S. 227.
Die Vita erwähnt Wilhelm von Champeaux nicht, sondern bezeichnet Gosvin als Schüler Joscelins. Es scheint so gewesen zu sein, daß Joscelin der Nachfolger Gilberts war, des von Abaelard ungenannten Leiters der Domschule. Vgl. dazu *Johannes von Salisbury*, Metalogicus, 2. Buch, 17. Kap. (MPL 199, 876). Joscelin verließ Paris im Jahre 1115 oder etwas früher, so daß Abaelard wiederum seine Nachfolge antrat. Im Jahre 1126 wurde Joscelin Bischof von Soissons. Vgl. dazu É. *Lesne*, Les écoles de la fin du 8e siècle à la fin du 12e, 206.

Zu 74–77 Dialektik, die Herausforderung der Tradition

Zu den *moderni* und *antiqui* vgl. W. *Hartmann* »Modernus« und »antiquus«: Zur Verbreitung und Bedeutung dieser Bezeichnung in der wissenschaftlichen Literatur vom 9. zum 12. Jahrhundert, in: Antiqui und moderni, Miscellanea mediaevalia, 9. Bd., Berlin 1974, 21–39.
Zum Universalienproblem bei Abaelard vgl. F. *Wade*, Abelard and Individuality, in: Die Metaphysik des Mittelalters, hg. v. P. *Wilpert*, Berlin 1963, 165–171; P. *Vignaux*, Note sur le nominalisme d'Abélard, in: Pierre Abélard – Pierre le Vénérable, 1975, 523–529; L. M. de *Rijk*, The Semantical Impact of Abailard's Solution of the Problem of Universals, in: Petrus Abaelardus, 1980, 139–151; W. L. *Gombocz*, Abaelards Bedeutungslehre als Schlüssel zum Universalienproblem, in: ebd., 153–164; J. *Jolivet*, Non-réalisme et platonisme chez Abélard, in: Abélard en son temps, 1981, 175–185; abgedr. in: *ders.*, Aspects de la pensée médiévale: Abélard, 257–277; J. *Legowicz*, Das Problem des Ursprungs der »Allgemeinheit« von Namen in der Universalientheorie bei Abaelard, in: J. P. *Beckmann* u. a. (Hg.), Sprache und Erkenntnis im Mittelalter, 352–356. Zum Verhältnis des Universalienproblems zur Mengenlehre s. die einzelnen Beiträge in W. *Stegmüller*, Das Universalien-Problem, Darmstadt 1978.
76: Die Kennzeichnung der Lehre Roscelins durch Anselm als einen der »Dialektiker, die annehmen, daß die allgemeinen Substanzen (*universales substantiae*) nichts anderes seien als nur ein Hauch der Stimme (*flatus vocis*)« findet sich in MPL 158, 265.

Zu 77–80 Studium und Lehre der Theologie

HC 68–70(14–17). Zur Schule von Laon vgl. É. *Lesne*, Les écoles de la fin du 8e siècle à la fin du 12e, 299; D. E. *Luscombe*, The School of Peter Abelard, 172–182. Zum Aufenthalt Abaelards in Laon vgl. É. *Bertola*, Le critiche di Abalardo ad Anselmo di Laon ed a Guglielmo di Champaux, 298–511; J. *Chatillon*, Abélard et les écoles, 146–160. Zur Entstehung der Literaturgattung der Sentenzen und den einzelnen Sentenzen der Schule vgl. R. *Silvain*, La tradition des sentences d'Anselme de Laon, in: Archives d'histoire doctrinale et littéraire du Moyen Age, 16(1947–1948) 1–52; O. *Lottin*, Psychologie et Morale aux 12e et 13e siècles, 5. Bd., Gembloux 1959.

Zum dauernden Einfluß Anselms auf Abaelard s. F. Pl. *Bliemetzrieder*, Autour de l'œuvre théologique d'Anselme de Laon, in: Recherches de théologie ancienne et médiévale, 1(1929)435–485, bes. 481; E. *Bertola*, a. a. O., 504. Zur wichtigsten theologischen Lehre der Schule von Laon, von der sich Abaelard löste, vgl. J. *Gross*, Die Ur- und Erbsündelehre der Schule von Laon, in: Zeitschrift für Kirchengeschichte, 72(1965)12–40. Vgl. auch oben S. 291 ff. *79 f.*: Zum Verhältnis Wilhelms von Saint-Thierry zu Abaelard J. M. *Déchanet*, L'amitié d'Abélard et de Guillaume de Saint-Thierry. Entgegen dem dort mit der älteren Literatur angenommenen Studium Wilhelms in Laon vertritt H. U. v. *Balthasar* mit M. *Bur* die Auffassung, Wilhelm habe nur in Reims studiert: Vorwort zu *Wilhelm von Saint-Thierry*, Der Spiegel des Glaubens, Einsiedeln 1981, 15, mit Literaturangaben. Fest steht, daß Wilhelm in seinem gemeinsamen Brief an Bischof Gottfried von Chartres und Bernhard von Clairvaux von Abaelard schreibt, »auch ich habe ihn geliebt«, mit dem »auch« darauf anspielend, daß Gottfried Abaelard einmal sehr nahe stand. Dazu oben S. 129 ff. Der Brief ist abgedruckt bei MPL 182, 531 ff. Unbestritten ist auch, daß Wilhelm ein guter Kenner der Werke und der Methode Abaelards ist. So verrät sein Traktat »De sacramento altaris« (MPL 180, 345–366) eine sichere Beherrschung der »Sic-et Non«-Methode, deren Anwendungsbereich er jedoch einschränkt. Dazu J. M. *Déchanet*, a. a. O., 269 ff.

Zu 81–82 Leiter der Domschule in Paris

HC 70 f. (17 f.). Zur rechtlich unklaren Stellung des damaligen Leiters der Domschule É. *Lesne*, Les écoles de la fin du 8e siècle à la fin du 12e, 469 ff. Zu den politischen Hintergründen der Berufung Abaelards nach Paris s. oben S. 86 f.

Das Heloisa-Zitat HC 78(29). Die genaue Stellung Abaelards ist uns nicht bekannt. Der Ausdruck »Kanoniker« ist mehrdeutig. Er bezeichnet die Domherren und Pfründeninhaber als Kanoniker im engen Sinne. Der Domscholastikus oder Leiter der Domschule war in der Regel ein Pfründeninhaber. Kanoniker hießen aber auch weitere in der bischöflichen Verwaltung tätige Geistliche (Kleriker). Kanoniker brauchen nicht die höheren Weihen erhalten zu haben, also Subdiakon, Diakon oder Priester zu sein. Die Nachweise über das Kanonikat von Sens, Tours und Chartres bei J. T. *Muckle*, in seiner kritischen Ausgabe des Briefwechsels, in: Medieval Studies, 12(1950)188. Ob er auch Kanoniker im engen Sinne von Paris war, steht nicht fest. Roscelin nennt Abaelard in seinem Brief an ihn »Kanoniker der Kirche von Paris« (MPL 178, 369). Aber keine Urkunde, keine andere Quelle der Zeit nennt Abaelard *scholasticus* oder *magister scholae*. Das kirchliche Paris hat Abaelard totgeschwiegen, so wie es später die Chronistik des Klosters Saint-Denis tat.

Der Brief Fulkos findet sich in MPL 178, 371–376. Die dort aus Rücksicht auf die Kirche ausgelassenen Stellen finden sich in vollständiger Fassung bei V. *Cousin* (Hg.), Petrus Abaelardus Opera, 1. Bd., 704–714. Ein Fragment aus dem Brief ist ediert von D. *Van den Eynde*, Détails biographiques sur Pierre Abélard, 219.

Das Zitat aus der vermutlich um das Jahr 1132 geschriebenen Passage der Chronik von Morigny findet sich in MPL 180, 159.

447

Zur politischen Situation am königlichen Hof und in Paris und zu der Verknüpfung der Lebensstadien Abaelards mit dem Einfluß der Familie Garlande am Hof grundlegend R. H. *Bautier,* Paris au temps d'Abélard, bes. 53–71. Das wörtliche Zitat ebd. 53. Zu dem Streit um die Besetzung der Bischofsstühle Beauvais und Paris in den Jahren 1101–1104 vgl. die Briefe Ivos von Chartres Nr. 87, 89, 92, 104, 105, 138, 139 (MPL 162). Die Kennzeichnung Stephans von Garlande findet sich im Brief Nr. 89. Aus der Adresse des Briefs Nr. 138 geht hervor, daß Stephan von Garlande schon während dieses Streits Archidiakon war und nicht erst seit März 1108, wie J. *Duvour,* in: Lexikon des Mittelalters, 4. Bd., 1118, meint. Dieses Datum ist wichtig für die Beurteilung der Übersiedlung Abaelards von Melun nach Corbeille.

85 f.: Das Zitat von W. *Kienast* findet sich in »Historia Mundi«, hg. v. Fr. *Valjavec,* 6. Bd., Bern 1958, 110.

Die Reise des Papstes und das Treffen in Saint-Denis ist von Abt Suger in seiner »Vita König Ludwigs des Dicken«, 9. Kap. (MPL 186, 1267 ff.) beschrieben. Der antideutsche Affekt Sugers ist unüberhörbar. Dazu oben S. 141 f. Die personellen Wechsel in Paris, die die Partei des Königs gegen die Partei der Reformer stärkten, waren der Politik Bischof Galons zuwider. So gibt es Gründe zu der Annahme, daß der Aufbau des Kanoniker-Stifts Saint-Victor durch Wilhelm von Champeaux einen neuen Schwerpunkt der Reform im Sinne des jetzt isolierten Bischofs schaffen sollte. Dazu J. *Verger,* Abélard et les milieux sociaux de son temps, 123. Nach dem Episkopat des zur Partei des Königs gehörenden Bischofs Gilbert (1117–1124) unterstützte Saint-Victor die Reformpolitik Bischof Stephans von Senlis (1124–1142). Dazu oben S. 273.

87 f.: Das Zitat aus dem Brief Bernhards Nr. 78 findet sich in MPL 182, 197. Zu dem Brief, der eine große politische Rolle spielt, s. oben S. 119 f., 176.

Abaelard nennt in seiner Leidensgeschichte nur nicht mehr lebende Gegner wie Wilhelm von Champeaux, Anselm von Laon und Adam von Saint-Denis. Die Lebenden bleiben unbenannt wie Bernhard von Clairvaux, Suger von Saint-Denis, Gosvin und Joscelin von Vierzy.

Zu 88–90 Heloisa, ein Mädchen in der akademischen Männerwelt

HC 71 f. (19–21).

Fulko von Deuil erwähnt in seinem Brief an Abaelard das umlaufende Gerücht, dieser habe »sämtliche Frauen (*singulas feminas*) und besonders die Dirnen (*meretrices*) geliebt und an sie sein ganzes Vermögen bis auf sein letztes Gewand verloren (MPL 178, 372). É. *Gilson,* Heloise und Abaelard, 13–15, hat Punkt für Punkt darzulegen versucht, daß dieses Gerücht Verleumdung sein muß. Dagegen H. *Silvestre,* Die Liebesgeschichte zwischen Abaelard und Heloise, 139 f.

Zum Stand der Forschungen über Heloisas Familie s. R. H. *Bautier,* Paris au temps d'Abélard, 75–77. Vermutungen, sie entstamme der Familie Montmorency, ließen sich nicht bestätigen. Der Nekrolog des Parakleten nennt die Mutter Hersende. Fulbert war Subdiakon und Kanoniker. Zur Quellenlage s. H. *Silvestre,* L'idylle d'Abélard et Héloïse, 160. Das Schweigen Abaelards in seiner Leidensgeschichte ist auffällig und hat zu Spekulationen Anlaß gegeben, auch zu der, Fulbert sei nicht ihr Onkel mütterlicherseits (*avunculus*), sondern ihr Vater. Außer Abaelards Hinweis, auch er – Fulbert – »habe an sich der Liebe Kraft erfahren« (HC 75[24]), bestätigt nichts dieses Gerücht. Zum Themenkreis s. Ch. *Charrier*, Héloïse, 50 ff.; E. *McLeod*, Héloïse, 7–12.

Ein Zeitgenosse Abaelards und Heloisas, der Mönch Raul Tortaire (1063–1122), hat ein Rätselgedicht geschrieben und darin Flora – Heloisa – *formosa*, »schön« genannt. Der Text findet sich bei Ch. *Cuissard*, Documents inédites sur Abélard, 28. Daß Heloisa Latein, Hebräisch und Griechisch beherrscht, schreibt Abaelard an die Nonnen des Parakleten (MPL 178, 333). Daß sie Latein und Hebräisch kann, berichtet der zeitgenössische Chronist des Klosters Saint-Martial in Limoges, Wilhelm Godel. Der Hinweis ist gedruckt in Recueil des Historiens, 13. Bd., 675. Ebenso der Chronist von Tours, in der Notiz gedruckt bei MPL 178, 91 f., und P. *Dronke*, Abelard and Heloise in Medieval Testimonities, 50 f. Der Brief des Petrus Venerabilis in MPL 189, 347–353, deutsch in E. *Brost* (Hg.), Abaelard. Die Leidensgeschichte und der Briefwechsel mit Heloisa, 406–415. Abaelard bezeichnet sich selbst als jugendlich, ebenso nennt ihn Heloisa. *Juvenis* heißt der Mann in den besten Jahren, also etwa in der Zeitspanne von 28 bis 45, mitunter bis 50 Jahre. Vgl. dazu A. *Hofmeister*, Puer, Juvenis, Senex. Zum Verständnis der mittelalterlichen Altersbezeichnungen, in: Festschrift Paul Kehr, München 1926, 287–316. Speziell zur Jugendlichkeit vgl. G. *Duby*, Au 12e siècle: Les »jeunes« dans la société aristocratique, in: Annales, 19(1964)835–850.

Zu 90–94 Abaelard und Heloisa, Verführer und Verführte, Liebender und Liebende

HC 72–75(21–24). Die Literatur zu Heloisa ist unten zu S. 187–189 aufgeführt.

Der einzige zeitgenössische Bericht über die Zeit der Liebe außer Abaelards Schilderung findet sich in dem Brief Roscelins an Abaelard, MPL 178, 369. Roscelins Bericht ist älter als Abaelards. Zu den Problemen, die die Texte bieten, vgl. H. *Silvestre*, Pourquoi Roscelin n'est-il pas mentioné dans l'»Historia calamitatum«?, 218–223.

Abaelard spricht von Briefen, die er mit Heloisa wechseln konnte, und berichtet von einem Brief, den er erhalten hat, HC 71(19), 74(23). E. *Könsgen*, Epistulae duorum amantium. Briefe Abaelards und Heloisas?, Leiden 1974, hat eine Briefsammlung von 113 Liebesbriefen aus der ersten Hälfte des 12. Jahrhunderts herausgegeben und wahrscheinlich zu machen versucht, daß dies die Liebesbriefe des Paares seien. Die Forschung ist dieser Hypothese nicht gefolgt.

91: Das Zitat aus B. *Schmeidler*, Abaelard und Heloise, 104. Der Heloisa-Ausspruch über die Liebes-Lieder ist im 1. Brief an Abaelard enthalten, MPL 178, 18(86).

92: »Unzucht (*fornicatio*) heißt die Liebe (*amor*), die ungeordnet und außerhalb der rechtlich gültigen Ehe gelebt wird und die die Freiheit sucht, die Lust zu befriedigen«, *Ivo von Chartres*, Dekret, 8. Teil, c.275 (MPL 161, 645). Sie war schwere Sünde, denn »aus dem Genuß der Unzucht entstehen zahlreiche gemeine Handlungen, die das Reich Gottes verschließen und den Menschen von Gott trennen« (ebd. c.278). Öffentliche Unzucht zog die Strafe der Infamie nach sich, der öffentlichen Ehrlosigkeit, die unfähig machte zum Empfang kirchlicher und weltlicher Ämter und die Rechtsstellung vor Gericht schmälerte. Vgl. dazu oben S. 84 den Vorwurf Ivos von Chartres gegenüber Stephan von Garlande.

93: Auf die Rhetorik dieser Stelle weist hin L. *Engels*, Abélard écrivain, 34.

Frauenraub (Entführung) war ein schweres Verbrechen. Für die weltliche Autorität war Frauenraub ein Delikt gegen den Mann, der die Munt über die Frau innehatte, also den Vater, männliche Verwandte oder den Ehemann. Auf den Willen der Frau kam es nicht an. Nach weltlichem Recht hatte sich also Abaelard gegenüber Fulbert schuldig gemacht. Das kanonische Recht hatte damals noch keine klare Lehre entwickelt. Einige Autoren schlossen bei Einwilligung der Frau Entführung aus, andere verboten die Ehe mit dem Entführer auch bei Zustimmung der Frau. Vgl. dazu die Nachweise bei J. A. *Brundage*, Law, Sex, and Christian Society in Medieval Europe, 209f. Zu den sozialgeschichtlichen Hintergründen des Frauenraubes vgl. G. *Duby*, Ritter, Frau und Priester, 46–49. Nicht leicht ist die Frage zu entscheiden, welche kirchenrechtlichen Folgen die Eheschließung hatte. Da Abaelard zwar Kleriker war, aber die höheren Weihen (Subdiakonats-, Diakonats- oder Priesterweihe) nicht empfangen hatte, bestand kein Ehehindernis. Die Ehe ihrerseits schloß diese Weihen aus. Einfache Kleriker konnten mit Erlaubnis des Bischofs heiraten und konnten, ja mußten Kleriker bleiben. Wenn Abaelard Kanoniker und Inhaber einer Pfründe war, bestand die Gefahr, daß er diese Rechtsstellung verlor. Ein verheirateter Domscholastiker war jedenfalls unerhört, rechtlich aber nicht ganz ausgeschlossen. Vgl. dazu É. *Gilson*, Heloise und Abaelard, 18–26; T. P. *McLaughlin*, The Prohibition of Marriage against Canons in the Early Twelfth Century, passim; J. A. *Brundage*, a. a. O., 214–223.

Zu 94–97 Das Individuum und die Lust oder der Philosoph und die Ehe

HC 75–79(24–30).

95f.: Zu Heloisa als Zauberin paßt Abaelard als Geisterbeschwörer (*nigromanticus*), wie er im 13. Jahrhundert von Girard aus der Auvergne genannt wird: »Er war ein Geisterbeschwörer und Gefährte des Teufels.« Nachweis bei D. E. *Luscombe*, The School of Peter Abelard, 12.

Die Echtheit des Liedes ist umstritten. Erstmals wurde es veröffentlicht und übersetzt von Th. de *La Villemarque* unter dem Pseudonym *Baraz-Breiz*, Chants populaires de la Bretagne, Paris 1839. Vgl. dazu Ch. *Charrier*, Héloïse, 102ff., dort eine französische Übersetzung; E. *McLeod*, Héloïse, 54ff., dort eine englische Übersetzung.

96: É. *Gilson*, Heloise und Abaelard, 50–64, hat in einer großartigen Analyse der Argumente Heloisas und Abaelards die gemeinsame Ethik des Paares dargestellt und die Quellen dieser Ethik, die Bedeutung der Antike herausgearbeitet.

Zu den Problemen der Passage, in der Abaelard die Gründe Heloisas gegen die Ehe wiedergibt, vgl. J. T. *Muckle*, Abaelard's Letter of Consolation to a Friend, Introduction, in: Mediaeval Studies, 12(1950)173f. Ungefähr die Hälfte der von Heloisa im Text vorgebrachten Argumente finden sich in Werken Abaelards, besonders in seiner »Theologia Christiana«, 2, 87ff. (CCCM 12, 170ff.). Dieses Werk ist in seiner ersten Fassung etwa sechs Jahre nach der erzählten Auseinandersetzung geschrieben und etwa zehn Jahre vor der Niederschrift der Erzählung, falls diese echt ist. Heloisa schlägt rechtlich das Konkubinat vor, das zwischen der legitimen Ehe und dem der einfachen, zeitlich begrenzten Geschlechtsgemeinschaft steht. Die Zeit Abaelards und Heloisas sieht den ständigen und auf Dauer erfolgreichen Kampf der Kirche gegen das Konkubinat. Vgl. dazu G. *Duby*, Ritter, Frau und Priester, 49–54. Zu dem Antiehe-Dossier s. Ph. *Delhaye*, Le dossier antimatrimonial de l'»Adversus Jovinianum« et son influence sur quelques écrites latins du 12e siècle, in: Mediaeval Studies, 13(1951)65–86. Heloisa verwendet das Dossier, um das Konkubinat – die geordnete, dauernde freie Liebe – zu verteidigen, Abaelard, um die Keuschheit der Kleriker und Philosophen zu begründen. Dazu H. *Silvestre*, L'idylle d'Abélard et Héloïse, 164f. Als eine Satire

versucht D. *Fraioli,* The importance of satire in Jerome's Adversus Jovinianum as
an argument against authenticity of the Historia Calamitatum, bes. 189–200, die
Passage hinzustellen. Vgl. dazu auch den Exkurs über die Echtheit des Briefwechsels
unten zu S. 254. Jedenfalls hat niemand vor Fraioli das Satirische des Textes erkannt, was nicht für die schriftstellerische Begabung des Autors – Jean de Meun? –
spräche.
97: Das »Hohe Lied der Liebe« in der Übersetzung von Martin Buber.
98 f.: Zur Lehre des Apostels Paulus über die Sexualität vgl. J. A. *Brundage,* Law,
Sex, and Christian Society in Medieval Europe, 60 f. Zur Lehre des hl. Augustinus und
des hl. Hieronymus, ebd., 80–87, 89–93; G. *Duby,* Ritter, Frau und Priester, 32–35.
Hinzuweisen ist darauf, daß im Mittelalter die Paulus-Texte leib-, lust- und
frauenfeindlich ausgelegt wurden in einer Weise, die der Ansicht des Apostels keineswegs entsprach. Die Lustfeindlichkeit war so selbstverständlich geworden, daß sie
Interpretationsrahmen der Heiligen Schrift wurde.
    Die Augustinus-Zitate entstammen »Contra Faustum«, 15, 7 (MPL 42, 310) und
»De sermo Domini in monte«, 1, 15 und 1, 41 (MPL 34, 1250). Ob das »Responsum
Gregorii« an Bischof Augustinus in England echt ist, ist umstritten. Im Mittelalter
jedenfalls wurde der zitierte Satz dem Papst Gregor I. (MPL 77, 1196) zugeschrieben.
    Selbst bei Abaelard findet sich die Ansicht über den Ehebruch in der Ehe wieder. In
seinem Lehrgedicht an seinen Sohn schreibt er (MPL 178, 1763):

> In Vernunft soll der Mann seine Frau lieben,
> und nicht wegen des Beïschlafs, da dies Ehebruch ist.

Daß die Stellen, in denen Abaelard von seinem Liebesglück als Unzucht spricht, nicht
einfach »derb-asketische *correptio* gegen die Geschlechtslust« sind, hat P. v. *Moos,*
Cornelia und Heloisa, 1040 f., in einer feinsinnigen Analyse nachgewiesen. Die Heloisa-Zitate finden sich in ihrem 2. Brief an Abaelard, MPL 178, 174(104 f.), 196(108),
196(109).
100 f.: C. S. *Barach,* Bernardi Silvestris de mundi universitate libri duo sive Mega-
cosmus et Microcosmus, Innsbruck 1876, Nachdr. Frankfurt/M. 1964, 70 f. Das Zitat
K. *Langosch,* Profile des lateinischen Mittelalters, Darmstadt 1965, 241 f. Zu den Beziehungen Bernhards zu den Schulen von Paris und Chartres vgl. R. L. *Poole,* The
Masters of the Schools at Paris and Chartres in John of Salisbury's Time, 328 f., 341 f.
Zur Beziehung Bernhards zur geistigen Welt der Zisterzienser G. *Duby,* Der heilige
Bernhard und die Kunst der Zisterzienser, 106–109.
    Der in dem Gedicht zum Ausdruck kommende Gedanke, daß die Sexualorgane wert-
voll seien, weil der Mensch durch sie in der Zeugung gegen den Tod kämpfe, stammt
von dem griechischen Kirchenvater *Gregor von Nyssa,* Oratio Catechetica magna, 28,
(MPG 45, 74).

Zu 101–103 *Abaelard und Heloisa, Mann und Frau*

HC 79(30). Zum Namen »Astralabius« als Bezeichnung eines astronomischen Geräts
und dessen Beziehung zur platonisch-chartrensischen Geisteswelt M. Th. *d'Alverny,*
Abélard et l'astrologie, 610 ff. Es war das Gerät, das es gestattete, die Position der
Sterne am Himmel zu bestimmen, der Sterne, die nach einem Wort Raimunds von
Marseille in seinem »Buch vom Lauf der Planeten« von Gott nicht allein dazu be-

stimmt sind, die Erde zu erleuchten, sondern damit sie seien »Zeichen, Zeiten, Tage und Jahre«. Zitiert nach *ders.*, a.a.O., 615.
Das Zitat findet sich bei B. W. *Tuchmann, Der ferne Spiegel*, deutsch Düsseldorf 1987, 56. Zur Rolle der Kinder vgl. P. *Riché*, *L'enfant dans la société monastique au 12e siècle*, m.w.N.
Der Vers aus dem »Carmen ad Astralabium« MPL 178, 1763, die Würdigung Ch. de *Rémusat*, Abélard, 1. Bd., 269.
Die Quellenangaben zu den Hinweisen auf Astralabius finden sich bei E. *McLeod*, Héloïse, 283 f. Astralabius ist wahrscheinlich vor seiner Mutter gestorben, denn die Eintragung im Nekrologium des Parakleten zum 30. Oktober lautet: »Astralabius, Sohn unseres Magisters Petrus«.
Eheunfähig waren und sind kirchenrechtlich die Empfänger höherer Weihen, also Subdiakone, Diakone, Priester und Bischöfe. Verboten war und ist die Eheschließung für regulierte Kanoniker unabhängig von ihrem Weihegrad, d.h. für Weltgeistliche, die sich nach der Lateran-Synode des Jahres 1059 durch feierliche Gelübde zur Besitzlosigkeit und zum gemeinsamen Leben verpflichtet hatten. Abaelard war damals weder Empfänger höherer Weihen noch Regularkanoniker. Vgl. dazu É. *Gilson*, Heloise und Abaelard, 18 ff.; T. P. *McLaughlin*, The Prohibition of Marriage Against Canons in the Early Twelfth Century, passim.
Zur zeitgenössischen Praxis der Eheschließung s. M. *Schröter*, »Wo zwei zusammenkommen in rechter Ehe«. Sozio-psychogenetische Studien über Eheschließungsvorgänge vom 12. bis 15. Jahrhundert, Frankfurt/M. 1985, 293–319, bes. zur kirchlichen Mitwirkung bei irregulären Eheschließungen 316 ff.
Der Hinweis Heloisas auf ihre Treffen nach der Eheschließung findet sich in ihrem 2. Brief an Abaelard MPL 178, 195(105).

Zu 104–106 Die Kastration

HC 79(30f.)
Die gelegentlich geäußerte Ansicht, Fulbert habe Abaelard kastrieren lassen, um ihn von den höheren Weihen und damit einer weiteren kirchlichen Laufbahn auszuschließen, ist nicht schlüssig. Das Weiheverbot galt nur für diejenigen, die sich selbst verschnitten hatten, wie dies Origines getan hatte. Vgl. dazu das Dekret *Gratians*, D 55, cc.8, 9. Tatsächlich ist Abaelard später zum Priester und zum Abt geweiht worden. In seinem Brief an Bernhard von Clairvaux bezeichnet er sich als Conpresbyter (MPL 178, 335) und in seiner »Leidensgeschichte« berichtet er, wie ihn die Mönche bei der Messe vergiften wollten (HC 106[67 f.]).
Berichte über zeitgenössische Kastrationen sind nachgewiesen bei H. *Silvestre*, L'idylle d'Abélard et Héloïse, 161.
Die Strafe gegen die Täter wird berichtet durch den Brief des Priors Fulko von Deuil an Abaelard, MPL 178, 375. Dort ist auch berichtet, daß Fulbert leugnete, aber ebenfalls verurteilt wurde. Als Kleriker entging er jeder körperlichen Strafe. Er erhielt seine Würde nach einiger Zeit, spätestens im Jahre 1119 wieder, da er in diesem Jahr wieder urkundlich als Domherr erwähnt wird. Dazu C. *Mews*, On Dating the Works of Peter Abelard, 97; H. *Silvestre*, L'idylle d'Abélard et Héloïse, 160 f. mit den Nachweisen. Wegen dieser Aufhebung des Urteils ist Abaelard gegen den Bischof Gilbert und das Domkapitel vorgegangen. Er hat eine Berufung nach Rom erwogen. Ein Teil einer Art

Berufungsschrift hat uns Fulko in seinem Brief mitgeteilt, MPL 178, 375 f. Dort hat er, sozusagen als Beschreibung des Tatbestandes, eine Schilderung seines körperlichen Zustandes gegeben:

In einer so schimpflichen Weise geschädigt, kann ich meinen Schmerz nicht unterdrücken. Die Haare fallen mir aus den Wangen, die glänzende Haut des Gesichts legt sich in Falten, eine unziemliche Blässe entstellt mich, und die, die mich von früher her kennen, merken, wenn sie mich ansehen, sofort, daß ich an diesem Körperteil verstümmelt bin.

Dazu G. *Misch*, Geschichte der Autobiographie, 3. Bd., 1. Hälfte, 604. In der anschließenden Argumentation Fulkos ist in der Migne-Ausgabe die Stelle über die Habgier Roms ausgelassen. Dazu oben zu S. 49.

Zu 107–110 Die Einsamkeit der Liebenden

HC 80f.(31 f.). Die Heloisa-Zitate stammen aus ihren beiden ersten Briefen an Abaelard MPL 178, 184(80); 186(83); 184(80); 197(110); 193(102); 186(84). Heloisa hat ihrem Onkel verziehen. Im Nekrologium des Parakleten ist er,»der Onkel unserer Herrin Heloisa« unter dem 26. Dezember dem Gebet der Nonnen empfohlen.

Zu 110–112 Abaelard und Heloisa, Mönch und Nonne

HC 80f.(32 f.).
Während nach dem gemeinen Kirchenrecht Impotenz durch Kastration kein Auflösungsgrund für eine gültig geschlossene Ehe war, galt in Frankreich eine andere Regel. Im Jahre 1170/71 bestätigte Papst Alexander III. anläßlich eines Falles, in dem dem Ehemann die Geschlechtsteile abgeschnitten worden waren, in einem Brief an den Bischof von Amiens, Theobald von Heilly, der später in das kirchliche Gesetzbuch aufgenommen wurde (Corpus Juris Canonici, c.2 X 4, 15) der Kirche von Frankreich das Privileg, solche Ehen trennen zu dürfen. Vgl. dazu R. *Schnell*, Andreas Capellanus. Zur Rezeption des römischen und kanonischen Rechts in »De Amore«, München 1982, 96 f. Danach hätte die Ehe zwischen Abaelard und Heloisa getrennt werden können, und Heloisa hätte eine neue Ehe schließen können.
Die Worte der Cornelia stammen aus *Lucan*, Pharsalia, 8, 94 ff.

Zu 115–117 Resignation

HC 81 f.(33 f.).

Zu 118–120 Das Königskloster Saint-Denis

Roscelin wirft Abaelard in seinem Schmähbrief vor, er habe von dessen Mitbrüdern gehört, er habe das Kloster nächtens verlassen, um das Geld, das er mit seinen Vorlesungen verdient habe, »seiner Nutte« – Heloisa – zu bringen. MPL 178, 370.
G. *Duby*, Die Zeit der Kathedralen, 170. Der Brief Bernhards von Clairvaux MPL 182, 193. M. *Fumagalli*, Heloise und Abaelard, 117.

HC 81 f.(34 f.). E. *Jeanneau,* Pierre Abélard à Saint-Denis, in: Abélard et son temps, 1981, 161–173. Zu Maisoncelles Ch. de *Rémusat,* Abélard, 73.

Zu 121–125 Lehrer der Theologie

HC 82–84(35 f.). Das Werk, das Abaelard in Maisoncelles geschrieben hat, ist seine »Theologia ›Summi boni‹«. Das Augustinus-Zitat aus »De ordine« (MPL 32,[1013]) findet sich dort im 2. Buch, 5. Kap. (CCCM 13, 115). Das zitierte wissenschaftliche Programm ist formuliert ebd., 2, 25(122 f.), die Darstellung der Ungeeignetheit menschlicher Sprache zur Erkenntnis Gottes ebd. 2, 70(138 f.). Die Auflösung der Einwände beginnt mit dem 3. Buch (157 ff.). In der letzten Darstellung der Theologie Abaelards, der »Theologia ›Scholarium‹« (ab 1133) findet sich in dem Abschnitt »Gegen jene, die verbieten, den Glauben der heiligen Dreieinigkeit zu erörtern oder gedanklich zu entwickeln« ein großer Exkurs über die »Kraft der Worte«, Bedeutung auch dort darzustellen, wo es um die Geheimnisse des Glaubens geht, und darüber, daß ein Prediger und ein Lehrer um so verständlicher sein müsse und sein könne, als es um die »Grundlage aller Güter«, das ewige Heil gehe. Abaelard schließt diesen Exkurs mit den demütigen Worten: »Wenn wir die Geheimnisse des Glaubens recht erörtern, so wirkt eher Er dies in uns, als wir es tun, und was uns unmöglich ist, ist Ihm leicht.« »Theologia ›Scholarium‹«, 2, 54–58(CCCM 13, 435–437). Zur Rolle der *ratio* für die Erkenntnis der Glaubenswahrheiten vgl. J. C. *Sike,* Peter Abailard, 30–60; J. *Cottiaux,* La conception de la théologie chez Abélard, bes. 537 ff. Zu Gemeinsamkeiten und Verschiedenheiten im Verständnis von Sprache der Theologie zwischen der Schule von Chartres und Abaelard vgl. N. M. *Häring,* Die theologische Sprachlogik der Schule von Chartres im zwölften Jahrhundert, in: J. P. *Beckmann* u. a. (Hg.), Sprache und Erkenntnis im Mittelalter, 930–936.

123 f.: Zur Wortgeschichte »Theologie« vgl. F. *Kattenbusch,* Die Entstehung einer christlichen Theologie. Zur Geschichte der Ausdrücke Θεολογία, Θεολογεῖν, Θεολόγος, in: Zeitschrift für Theologie und Kirche, 11(1930) 161–205; H. *Santiago-Otero,* El término »teología« en Pedro Abelardo, in: J. P. *Beckmann* u. a. (Hg.), Sprache und Erkenntnis im Mittelalter, 881–889.

Die Geeignetheit der menschlichen Sprache, Wahrheiten über Gott auszudrücken, wird in der »Theologia ›Summi boni‹« im 2. Buch, 70. bis 80. Kapitel (CCCM 13, 138–141) erörtert. Dort die zitierten Stellen. Die Auflösung der Einwände beginnt mit dem 3. Buch (157).

125: Das Bernhard-Zitat ist dessen Brief Nr. 365 (MPL 182, 570) entnommen. Roscelin wirft mit dem Zitat von Hieronymus Abaelard sogar vor, er habe aufgehört, Mönch zu sein (MPL 178, 370). Die schärfsten Angriffe hatte Petrus Damiani (1007–1072), Eremit, Kardinal und Kirchenreformer, gegen die Mönche gerichtet, die die geistlichen Übungen vernachlässigen und irdischem Wissen anhängen, die die »Regel Benedikts gering achten und die Regeln des Donatus (der Grammatikautorität des Mittelalters) anhängen.« Im Kapitel »Über die Mönche, die es unterfangen, die Grammatik zu lernen« seines Traktats »Über die Vollkommenheit der Mönche« beschreibt er in immer neuen sexuellen Wendungen über Ehebruch, Kuppelei, Dirnen, Prostitution und Lotterbetten die Schändlichkeit derer, die »die keusche Ehefrau und das Bett des

Glaubens« verlassen, um der Ehebrecherin der freien Künste anzuhängen (MPL 145, 306 f.).

Vor der 2. Hälfte des 12. Jahrhunderts gab es keine Regeln über die Befähigung zum Magister-Amt. Bischöfe und Äbte hatten das Recht, Geistliche zum Magister zu berufen, und jeder Geistliche hatte das Recht zu lehren, auch wenn dies vor Abaelards Schulgründungen kaum vorkam. Der Titel »Magister« war nicht geschützt. Auch Pfarrer auf dem Lande, die Schülern die lateinische Grammatik beibrachten, nannten sich Magister. Erst Papst Alexander III. (1159–1181) führte Regeln für die Erteilung der *licentia docendi*, der Lehrbefugnis, ein. Vgl. zum Themenkreis É. *Lesne*, Les écoles de la fin du 8e siècle à la fin du 12e, 418 f., 420 ff.

Zu 125–133 Das Ketzerkonzil von Soissons oder die Hilflosigkeit des Intellektuellen vor der Macht der Institutionen

HC 83–89(36–43). Zur juristischen Seite des Prozesses J. *Miethke*, Theologenprozesse in der ersten Phase ihrer institutionellen Ausbildung: Die Verfahren gegen Peter Abaelard und Gilbert von Poitiers, bes. 91 ff.; G. B. *Flahiff*, Ecclesiastical Censorship of Books in the Twelfth Century, in: Mediaeval Studies, 8(1942)1–22.

126 f.: Der Brief Roscelins an Abaelard MPL 178, 358–371, der Brief Abaelards an Bischof Gilbert von Paris ebd., 355–358. Dort das Zitat über Roscelin 358.

Zu Gosvin s. oben S. 73, zu Alberich und Lotulf S. 79. Zu Walter von Mortagne M. *Grabmann*, Die Geschichte der scholastischen Methode, 2. Bd., 197. Dem unbekannten Verfasser der Vita des Abtes Hugo von Marchiennes, eines Studienkollegen Walters, verdanken wir den Bericht, daß Alberich im Vortrag (*in lectione*) ausführlich, gefällig und gewandt war, aber nicht gleicherweise bei der Lösung der Probleme (*in quaestionum solutione*). Walter habe ihn deswegen oft in Verlegenheit gebracht. Es kam zum Streit zwischen dem Lehrer Alberich und dem Schüler Walter, und Walter gründete in Reims eine eigene Schule mit großem Zulauf. Der Magister und Archidiakon Alberich erreichte, daß Walter mit seinen Schülern weichen mußte. Er lehrte daraufhin in Laon. Zwischen Alberich und Walter wiederholte sich also, was sich zwischen Wilhelm von Champeaux und Abaelard ereignet hatte. Vgl. dazu mit Quellenangaben L. *Ott*, Untersuchungen zur theologischen Briefliteratur, 130 f.

Das Lied »Lob der Reimser Hohen Schule« des Primas Hugo ist mit Übersetzung gedruckt in K. *Langosch*, Hymnen und Vagantenlieder, Darmstadt 1954, 148–153. Dazu W. *Meyer*, Die Oxforder Gedichte des Primas (des Magisters Hugo von Orléans), in: Nachrichten der kgl. Gesellschaft der Wissenschaft zu Göttingen, phil. hist. Kl. 1897, 75–111; St. C. *Ferruolo*, The Origins of the University, 105 ff.

129: Zu Hugo von Palästrina s. Th. *Schieffer*, Die päpstlichen Legaten in Frankreich vom Vertrag von Meersen (870) bis zum Schisma von 1130, Berlin 1935, Nachdr. Vaduz 1965, 198–221.

Die Teilnahme Norberts von Xanten wird in dessen Vita 11. Kap. (AusgQ 12, 483) berichtet. Die Bezeichnung als »neue Apostel« und »Lügenapostel« HC 97(55); MPL 178, 181(75). Zur Anwesenheit Wilhelms von Saint-Thierry um diese Zeit in Soissons s. C. J. *Mews*, in: CCCM 13, 56, Anm. 44.

Daß Gottfried von Chartres Schüler von Abaelard gewesen ist und er deswegen seine Verteidigung übernommen habe, vertritt J. M. *Déchanet*, L'amitié d'Abélard et de Guillaume de Saint-Thierry, 762. Wahrscheinlicher ist, daß Gottfried als Rechtsbei-

stand im Auftrag des königlichen Klans anwesend war. Der Bericht *Ottos von Freising,
Die Taten Friedrichs*, 1, 50 (AusgQ 17, 227). Zur theologischen Problematik des Prozesses J. *Jolivet, Aspects de la pensée médiévale: Abélard*, 8–16.
130: Zur Neuartigkeit der Methode Abaelards J. *Jolivet, Arts du langage et théologie
chez Abélard*, Paris 1969, 229 ff., 347 ff.
131 f.: Zur Selbstidentifikation Abaelards mit Jesus vgl. D. K. *Frank, Abelard as
Imitator of Christi*, in: Viator, 1(1970)107–113. In ernster und satirischer Weise hat
Berengar von Poitiers in seiner »Apologia gegen Bernhard von Clairvaux« das Leben
Abaelards und das Leben Jesu parallelisiert. Dazu R. M. *Thomson, The Satirical Works
of Berengar of Poitiers*, 100.
  Die Stelle mit dem Augustinus-Zitat »Theologia ›Summi boni‹«, 2, 62(CCCM 13,
134). Abaelard hatte dort wörtlich ausgeführt: »Daß irgendetwas sich selbst zeugt,
widerspricht nicht nur dem natürlichen Sprachgebrauch (*omnium ratio*), sondern wird
auch in den Schriften der heiligen Väter zurückgewiesen.« Später wirft Abaelard Alberich von Reims vor, gelehrt zu haben, Gott habe sich selbst gezeugt: »Theologia ›Scholarium‹«, 2, 64(CCCM 13, 440).
  133: Abaelard berichtet weiter, Theoderich habe nicht geschwiegen, sondern als »ein
neuer Daniel« (Dan. 13, 1–64) das Gericht angeprangert:

Seid Ihr von Israel solche Narren, daß Ihr einen Sohn Israels verdammt, ehe Ihr die Sache
erforscht habt und gewiß werdet? Kehret wieder um vor's Gericht und richtet über den
Richter selbst! Ihr habt zur Unterweisung im Glauben und zur Bekämpfung des Irrtums
einen solchen Richter bestellt, daß er sich mit eigenem Munde das Urteil gesprochen, da wo
er selber richten sollte. Um Gottes Barmherzigkeit willen befreit heute den offenkundig
Unschuldigen von seinen Anklägern, so wie einst die Juden es mit Susanna taten!

Diese um das Jahr 1135 geschriebene Interpretation der Ereignisse des Jahres 1121 wird
im Jahre 1140 auf dem Konzil in Sens wieder eine Rolle spielen. Dazu oben S. 363 f., 370.

Zu 134–136 Klosterhaft, Klosterflucht

134 f.: Nachweis zu Otto von Freising oben zu S. 129. Vielleicht verwechselt Otto aber
auch die zeitlichen Abläufe und meint das Ausscheiden aus dem Klosterverband von
Saint-Denis im Jahre 1122.
  Die Stellen aus der Vita Gosvins, in: Recueil, 14, 445–449. Der Text ist abgedruckt
in: V. *Cousin, Petrus Abaelardus Opera*, 1. Bd., 58. Vgl. dazu Ch. de *Rémusat*, Abélard, 1. Bd., 98 ff. In der Vita wird ein Gespräch zwischen Gosvin und Abaelard berichtet, das der Prior »knapp und bissig« beendete. »Das Nashorn war darauf erschrocken
(*pave factus*), unterwarf sich der Disziplin und hatte Angst vor Schlägen (*timidior
flagellorum*).« Es ist natürlich möglich, daß die Aussagen Abaelards über Gosvin ironisch sind. Zur Zeit der Abfassung der »Leidensgeschichte« ist er sehr vorsichtig gegenüber der Reformpartei. Vgl. dazu oben S. 176. Abt Gottfried Hirschhals, der
Freund Bernhards von Clairvaux, wurde gerade damals (1131) Bischof von Châlons-
sur-Marne. Zieht man die dramatische Angst in Betracht, die Abaelard seit dem Konzil
von Soissons zeigt, ist es nicht unwahrscheinlich, daß der Aufenthalt in Saint-Médard
anders ablief, als er es schildert. Heute trägt eine Straße in Soissons, die auf das ehema-
lige Kloster zuläuft, Abaelards Namen.
  C. J. *Mews* vertritt die plausible These, daß Bischof Gottfried für Abaelard gebürgt

hat und daraufhin das Urteil aufgehoben wurde. Der Klan des Königs hätte dann die Rehabilitation erreicht, nicht der Abt von Saint-Denis. Zu beachten ist, daß die Aufhebung des Urteils nicht publiziert wurde. Bernhard von Clairvaux und Otto von Freising haben später angenommen, daß die Verurteilung von Soissons rechtskräftig blieb. Zum Ganzen C. J. *Mews*, in: CCCM, 13, 57. Es war also schon im Jahre 1121 kirchliche Praxis, was sich im Jahre 1140 nach dem Konzil von Sens wiederholte: Öffentliche Verurteilung und nicht-öffentliche Aufhebung oder Teilaufhebung des Urteils.

Zu 137–139 Dionysius und die Entstehung Frankreichs

Eusebius von Caesarea, Kirchengeschichte, Darmstadt 1967, 3, 4,(153); 4, 23,(222); *Gregor von Tours*, Zehn Bücher Geschichte, 1, 30(AusgQ 1, 35).

Zu 140–143 Die Tat des Abtes Suger und der Beginn der kapetingischen Reichsideologie

140: Die Pilger- und Handelsströme zogen nach Saint-Denis besonders zum Fest des hl. Dionysius am 9. Oktober und im Juni zum Lendit, einer Handelsmesse, in deren Mittelpunkt der Wollhandel stand, die aber auch für den Getreide- und Pergamenthandel in Frankreich wichtig war. Von den bei diesen Gelegenheiten vorgetragenen Liedern ist das wichtigste »La Chanson de Roland«, im folgenden zitiert nach der Ausgabe von H. R. *Jaurs*, E. *Köhler*, und der Übersetzung von H. W. *Klein*, München 1963. Eine Parodie auf offizielle Bestrebungen des Klosters Saint-Denis ist wohl das Lied: »Le Pélerinage de Charlemagne«, wegen seiner derben Späße aber besonders beliebt. Dazu R. N. *Walpole*, The pélerinage de Charlemagne, in: Romance Philology, 8(1950)173–186. Ein Dokument offizieller Klosterpolitik ist der lateinisch geschriebene, aber oft ins Altfranzösische übersetzte »Pseudo-Turpin«, »Die Chronik von Karl dem Großen und Roland«, hier benutzt nach der Ausgabe von H. W. *Klein*, München 1986. Das 30. Kap. aus den »Taten des seligen Karl in Spanien«, betitelt »Das Konzil von Saint-Denis« (ebd. 118 ff.) verkündet die Überordnung des Klosters über alle fränkischen Könige und Bischöfe. Der Namensübergang von »Gallien« auf *Francia* – »Frankreich« wird so erklärt, daß jeder Spender für das Kloster *francus sancti Dionisii* – »Freier Mann des hl. Dionysius« genannt wurde,

weil er auf Geheiß des Königs frei von aller sonstigen Dienstbarkeit war. So entstand der Brauch, daß das Land, das bis dahin Gallien hieß, jetzt Frankreich genannt wird, das heißt, es ist frei von jeder Dienstbarkeit gegen andere Völker. Und darum heißt es »Freies Land«, denn vor allen anderen Völkern gebührt ihm Ruhm und Herrschaft.

Die Übereinstimmung mit der zu berichtenden politischen Liturgie des Abtes Suger ist unübersehbar. Über die Verbindung des »Pseudo-Turpin« und der Wallfahrt nach Santiago de Compostela vgl. Kl. *Hebers*, Der Jakobsweg, Tübingen 1986, bes. 24 ff.

141: Der Vorgang ist von Abt Suger selbst berichtet worden in seiner »Vita König Ludwigs des Dicken«, 21. Kap. zum Jahre 1124, MPL 186, 1318 ff. Vgl. auch die kurze Notiz in seinem Rechenschaftsbericht – »Liber de rebus in administratione sua gestis«, 4. Kap. (ebd. 1215). Dazu H. *Meyer*, Die Oriflamme und das französische Nationalgefühl, Nachr. v. d. Gesellsch. d. Wissensch. zu Göttingen, Phil.-Hist.Kl. 1930, 95–135.

HC 89–92(45–48). Die Quellen zum Streit: Bedae Venerabilis expositio Actuum Apostolorum, MPL 92, 981; CCL 121, 73 f.; Rescriptum Hilduini, 8 f. Kap., MPL 106, 17–18. Der Brief Abaelards an Abt Adam MPL 178, 341–344. Die Probleme dieses Briefes sind dargestellt bei E. R. Smits, Peter Abaelard. Letters IX-XIV, 137–153. Zum folgenden vgl. L. Grodecki, Abélard et Suger, in: Pierre Abélard – Pierre le Vénérable, 1975, 279–284. Dort auch der Hinweis auf die Verwandtschaft zwischen Abt Adam und Abt Suger. Grodecki gibt als Grund für den Eintritt Abaelards in Saint-Denis an, er habe sich der bischöflichen Gerichtsbarkeit entziehen wollen (282). Das ist unwahrscheinlich, weil Bischof Gilbert zum Klan des Königs gehörte und Abaelards Gönner war. Dazu oben S. 86 ff. Das Spiel habe sich wiederholt. Nach dem Konzil von Soissons habe er sich der Gerichtsbarkeit seines Abtes und des Königs entziehen müssen und sei in das Gebiet des Grafen Theobald geflüchtet. Abaelard hat Suger im Kloster vermutlich nicht kennengelernt. Während Abaelards Anwesenheit im Kloster war Suger auswärts. Nur einige Monate in den Jahren zwischen 1119 und 1121 können sie gemeinsam in Saint-Denis gewesen sein. Zum Aufenthalt in Provins J. Miethke, Abaelards Stellung zur Kirchenreform, 163 f.

Zu 147–152 Abaelard und die Idee der gotischen Kathedrale

Zur Entstehung der Gotik noch immer unentbehrlich H. Sedlmayer, Die Entstehung der Kathedrale, Zürich 1950, Nachdr. Graz 1988. Darin zum Anteil Sugers bes. 237–241, 350–356. Zur Bedeutung des Chors von Saint-Denis bes. 235–243, und zum Verhältnis der Kathedrale zum französischen Königtum bes. 349–366. Wichtig O. v. Simson, Die gotische Kathedrale, Darmstadt 1968. Hierin zur Bedeutung Sugers 93–132, zum Anteil Abaelards 58–61. Abt Suger von Saint-Denis hat in zwei Werken Bau und Konzeption der neuen Klosterkirche beschrieben, in seinem Tätigkeitsbericht »Liber de rebus in administratione sua gestis« und in einem für mittelalterliche Verhältnisse einzigartigen Werk über den Neubau der Kirche, dem »Libellus de consecratione ecclesiae a se aedificatae«. Beide gedruckt in MPL 186, 1211–1240, 1239–1254, und in: Œuvres complètes de Suger, hg. v. A. Lecoy de la Marce, Paris 1867, 151–209, 211–237. Der Bericht über die Kirchweihe ist herausgegeben, ins Englische übersetzt und kommentiert von E. Panofsky, Abbot Suger on the Abby Church of St.-Denis and its Art Treasures, Princeton 1946. Ausgewählte Teile sind deutsch übersetzt von E. Gall, Die gotische Baukunst in Frankreich und Deutschland, 1. Teil, 93–107. Zur Umsetzung der neuplatonischen-dionysischen Ideen in die Idee der gotischen Kathedrale durch Suger auch E. Panofsky, Zur Philosophie des Abtes Suger von Saint-Denis, in: W. Beierwaltes (Hg.), Platonismus in der Philosophie des Mittelalters, Darmstadt 1969, 109–120. Die bisherige Interpretation des gotischen Chores von Saint-Denis bestreiten J. v. d. Meulen, A. Speer, Die fränkische Königsabtei Saint-Denis. Ortsanlage und Kultgeschichte, Darmstadt 1988, bes. 256 ff.

148 f.: Raoul Glaber, Les cinq livres de ses histoires, hg. v. M. Prou, Paris 1886, 3, 4, 62. Bernhard von Clairvaux, Apologia ad Guillelmum (um 1124), MPL 182, 915 f.

151 f.: Johannes Eriugena, Expositiones in hierarchiam caelestem, MPL 122, 129. Zum Verhältnis Abaelards zur Schule von Chartres vgl. A. Clerval, Les écoles de Chartres au Moyen-Age, 192–194. Abaelard erwähnt Theoderich außer in der »Lei-

densgeschichte« in seiner »Theologia Christiana«, 4, 80(CCCM 12, 302). Seine Bemerkung über die Mathematikkenntnisse in der »Dialectica«, 1. Traktat, 2. Buch, 59. *Platon, Timaios*, 29d-38b. Zum platonischen Einfluß auf Abaelard vgl. T. *Gregory, Abélard et Platon*, in: Peter Abelard, 1974, 38-64; M. Th. *d'Alverny*, Abélard et l'astrologie. Die Identität der platonischen Weltseele mit dem Heiligen Geist lehren noch Bernhard Silvestris (schreibt um 1145-1150), Theoderich von Chartres († um 1150) und Wilhelm von Conches (1080-1145). Dazu L. *Ott*, Die platonische Weltseele in der Theologie der Frühscholastik, in: K. *Flasch* (Hg.), Parusia. Festgabe für Johannes Hirschberger, Frankfurt/M. 1965, 307-33. Die wichtigsten Stellen bei Abaelard finden sich in »Theologia ›Summi boni‹« 1, 36-45(CCCM 13, 99-103); »Theologia Christiana«, 1, 97-123, 4, 140-153(CCCM 12, 112-124, 336-342), »Theologia ›Scholarium‹«, 1, 141-168(CCCM 13, 377-388). Zurückgenommen hat Abaelard diese Lehre in »Dialectica«, 3. Traktat, 1. Buch, 558-560. Zur Harmonie als Struktur der Welt »Theologia Christiana«, 1, 80-96(CCCM 12, 104-112). Die Definitionsstelle der Arithmetik findet sich in ebd. 1, 80(ebd.104).

Geschlossener noch unter Benutzung wörtlicher Zitate aus Abaelard ist die Darstellung in den »Sentenzen« des ansonsten unbekannten Abaelard-Schülers Hermann, fälschlich unter der Autorenschaft Abaelards gedruckt bei Migne. Die Stellen über die Weltseele, die Harmonie als Struktur der Welt und den Tempel in Jerusalem finden sich in MPL 178, 1012-1022. Zur Autorenschaft vgl. H. *Ostlender*, Die Sentenzenbücher der Schule Abaelards, in: Theologische Quartalsschrift, 117(1936), 208-52, bes. 420 ff.; D. E. *Luscombe*, The School of Peter Abelard, 14 f.

Die Verse Sugers in: »In administratione« (MPL 186, 1229) nach einer Übersetzung von E. Panofsky.

Zu 153-155 Der verhinderte Eremit

HC 92 f.(48 f.).

Abaelard berichtet, daß er die Gegend von früher her kannte und daß ihm »einige« dort Land geschenkt hatten. Es ist wahrscheinlich, daß Graf Theobald der Große zu den Schenkern gehörte. Die Art des Eigentums wird nicht berichtet, ob das Land also Allodialeigentum, unbeschränkter Vollbesitz, war oder Lehnsgut. Die Art, wie Abaelard den Parakleten später an Heloisa übertrug, spricht für Vollbesitz. Daß Graf Theobald Abaelard beschenkte, wird von *Petrus Cantor*, Verbum abbreviatum, 46. Kap. (MPL 205, 146) berichtet, und auch, daß er weitere Geschenkangebote abgelehnt habe, weil sie der Graf nicht aus Eigenem erbringen wollte. Dazu oben S. 394. Die Elegie des Hilarius MPL 178, 1855. Hilarius war vermutlich Engländer und studierte nach dem Weggang Abaelards aus dem Parakleten in Nantes. Dazu unten zu S. 160.

Die kaiserliche Anordnung findet sich in »Corpus Juris Civilis, Novellae Constitutiones«, 67. Novelle, c.1. Der Text ist von Ivo von Chartres in sein Dekret aufgenommen worden (Decr.3, 192, MPL 161, 243). Vgl. Konzil von Orléans aus dem Jahre 511, c.15(CCCM, 148A, 9); Konzil von Mainz unter Bischof Arnulph (?) (*Ivo von Chartres*, Dekret, 3, 59, MPL 161, 210, Dekret Gratians, De cons. D1, c.12).

Vita B. Bernardi Tironensis auctore Gaufredo Grosso, c.49, Acta Sanctorum, hg. v. J. *Bollandus*, u. a., 2. Bd., Antwerpen 1675, 234. Zu den Eremiten-Bewegungen vgl. L. K. *Little*, Religious Poverty, 70-83; E. *Werner*, Pauperes Christi, 25-52.

Heloisa bestätigt in ihrem 1. Brief die Einsamkeit und Wildheit der Gegend (MPL 178, 183[78]). Die Schilderung der Einsamkeit durch Heloisa ist typologisch. Fast dieselben Bilder wie Heloisa verwendet Wilhelm von Saint-Thierry bei der Schilderung des Tales, in dem Bernhard von Clairvaux sein Kloster gegründet hat (MPL 185, 241). Heloisa wird mit ihrer Schilderung recht haben. R. *Oursel*, La dispute et la grâce, 30, weist jedoch darauf hin, daß die heutige Straße D442, entlang des Ardusson, an der der Paraklet unmittelbar liegt, schon damals die direkte Verbindung zwischen Nogent-sur-Seine und Troyes und damit auch zwischen Paris, Provins und Troyes war – die heutige Nationalstraße N19 entlang der Seine macht einen Bogen nach Norden – und daß bei Saint-Aubin, eine halbe Meile vom Parakleten entfernt, diese Straße von der Straße Reims-Orléans gekreuzt wurde, die bei Pont-sur-Seine – nicht viel weiter vom Parakleten entfernt – auf die Straße nach Troyes entlang der Seine stieß. Verkehrsmäßig war der Paraklet gut erschlossen. Besonders zur Messezeit dürften diese Straßen mit Menschen aus allen Ländern bevölkert gewesen sein.

Zu 155–158 Vernunft gegen Herkommen

HC 94–97(52–55).
Die Beschreibung von Mabillon ist abgedruckt in V. *Cousin*, Petrus Abaelardus Opera, 1. Bd., 63. Das Zitat Ch. de *Rémusat*, Abélard, 1. Bd., 110. Die künstlerische Darstellung der Dreieinigkeit durch Menschen ist äußerst selten, die Darstellung durch drei Menschen in der Gestaltung Abaelards einmalig. Ein Apsismosaik aus der Kirche St. Michele in Affrisco zu Ravenna zeigt Christus mit den Inschriften »Wer mich sieht, sieht den Vater« und »Ich und der Vater sind eins«. Eine Elfenbeintafel vom Codex Aureus, einem Evangeliar des 9. Jh.s aus dem Kloster Lorsch – heute im Vatikanischen Museum in Rom – zeigt zwar drei Personen in der Haltung, die Mabillon beschrieben hat und die gelegentlich als Darstellung der Dreieinigkeit gedeutet worden ist, stellt aber wohl den Siegerkönig Christus mit zwei Engeln dar. Dazu A. *Feigel*, Lorscher Elfenbeine, in: Laurissa jubilans. Festschrift zur 1200-Jahrfeier von Lorsch 1964, o. Ort, o. Jahr, 99. Diese Hinweise verdanke ich meinem Kollegen Dr. Wolfgang Christian Schneider.
Eines der frühesten Portale mit der *majestas Domini* ist das von Saint-Pierre in Moissac am Unterlauf des Tarn. Es ist vermutlich zwischen den Jahren 1110 und 1115 entstanden. Dazu G. *Duby*, Die Kunst des Mittelalters, 1. Bd., Das Europa der Mönche und Ritter 980–1140, Stuttgart 1984, 202–205.
Abaelard zitiert in seiner Regel (MPL 178, 284[303]) einen Satz Gregors VII. : »Jede Gewohnheit, sie sei noch so alt und verbreitet, muß vor der Wahrheit in jedem Fall zurücktreten.« Die Quelle ist falsch, jedoch findet sich der von Abaelard zitierte Satz mit derselben Quellenangabe in der etwa zwischen 1092 und 1095 entstandenen Kirchenrechtssammlung Ivos von Chartres, Dekret, 4, 213(MPL 161, 311), von wo sie in das Drekret Gratians gelangte (D 8,c.5). Der Papst Gregor VII. zugeschriebene Satz drückt sehr gut die Regel seines Handelns aus.

»Theologia Christiana«, 1, 7;1, 32 (CCCM 12, 74, 85); »Theologia ›Summi boni‹«, 1, 1 (CCCM 13, 86); der Ausdruck *omnisapiens* ebd. 1, 29(ebd.96). Die Kritik an der reinen Vernünftigkeit und die Formulierung über die Vollendung des Guten ebd. 1, 3 (ebd.87). Das Zitat aus der »Ethik«, 38. »Kirche, in der Dienen Herrschen ist«, ist ein liturgisches Zitat aus Orationen des Römischen Missale.

Zu 160–162 Das Individuum als Lehrer

HC 94(51 f.). J. *LeGoff*, Die Intellektuellen im Mittelalter, 47–49.

Die Elegie des Hilarius ist das früheste Beispiel für ein lateinisches (Kleriker-)Gedicht mit volkssprachlichem Refrain in Frankreich. Von Hilarius wissen wir nicht viel. Er hat Gedichte geschrieben und Briefe Nonnen und schönen Knaben gewidmet. Dazu E. R. *Curtius*, Europäische Literatur und lateinisches Mittelalter, 125 f.

Zur Stadt als Lebensrahmen für Abaelard und seinen Ansichten zur Einsamkeit als Voraussetzung des Studiums J. *Verger*, Abélard et les milieux sociaux de son temps, 115 ff., 122 ff. Zu den Schülern Abaelards – *clerici sive scholares* – als Pfründeninhabern – *qui de beneficiis vivebant ecclesiasticis* – siehe den Bericht Heloisas in ihrem 1. Brief (MPL 178, 183[78]).

Die Legende ist gedruckt bei J. *Greven*, (Hg.), Die Exempla aus den Sermones feriales des Jakob von Vitry, Heidelberg 1914, 36. Den Hinweis hierauf entnehme ich R. *Klibansky*, Peter Abaillard and Bernhard of Clairvaux, 10.

Zu 163–168 Logik und Methodenlehre, der Beginn der Scholastik

G. *Nuchelmans*, The Theories of the Proposition. Ancient and medieval conceptiones of the bearers of truth and falsity, Amsterdam 1973, 139–163; L. M. *de Rijk*, La signification de la proposition (dictum propositionis) chez Abélard, in: Pierre Abélard – Pierre le Vénérabilis, 1975, 547–555; *ders.*, Die Auswirkungen der neuplatonischen Semantik auf das mittelalterliche Denken über das Sein, in: J. P. *Beckmann* u. a. (Hg.), Sprache und Erkenntnis im Mittelalter, 19–35; Kl. *Jacoby*, Diskussionen über Prädikationstheorie in den logischen Schriften Petrus Abailardus', in: Petrus Abaelardus, 1980, 165–179; J. *Jolivet*, Comparaison des théories du langage chez Abélard et chez les nominalistes du XIVe siècle, in: *ders.*, Aspects de la pensée médiévale, 109–124.

Die erstaunliche Präzision und Reichheit der Abaelardschen Logik, deren einzelne Theoreme erst durch die mathematische Logik wieder formuliert wurden, ist dargestellt bei U. *Schüßler*, Das Verhältnis der »Dialectica« Peter Abaelards zur modernen Logik, in: Mittellateinisches Jahrbuch, 9(1974)39–47.

164: Die zitierten Stellen aus der »Dialectica« 151, 319. Als Beispiel für einen Wahrscheinlichkeitsschluß aus den Umständen führt er ebd. 277 an, daß ein Mädchen, das öfters nachts in heimlichem Gespräch mit einem jungen Mann angetroffen wird, liebt, denn solche Gespräche finden nur unter Liebenden statt. *Johannes von Salisbury* bringt in seinem »Metalogicus« 3. Buch, 2. Kap. (MPL 199, 893) ein krasses Beispiel dafür, daß die Vorlesungen der geistlichen Herren mit schlüpfrigen Bildern gewürzt wurden. Bernhard von Chartres, so berichtet er, habe als Beispiele für die Konnotation gebracht *albedo* – »die weiße Farbe« bedeute eine unversehrte Jungfrau, *albete* – »sie möge es weiß machen«, daß sie das Schlafzimmer betritt oder im Bett liegt, und *album* –»das Weiße, das öffentliche Verzeichnis«, daß sie keine Jungfrau mehr ist.

Der Zeitpunkt, bis zu dem Abaelard an seiner »Dialectica«gearbeitet hat, ist kontrovers. Aus dem Umstand, daß die neueren logischen Lehren nicht eingearbeitet sind, hat man geschlossen, Abaelard habe die Arbeit an diesem Werk im Parakleten abgeschlossen (C. Mews), andererseits hat Abaelard in allen theologischen Werken die Lehre vom Heiligen Geist als *anima mundi* vertreten. Dazu oben S. 151 und die Literaturangaben hierzu. Diese Lehre wird in der »Dialectica« zurückgenommen. Da Wilhelm von Saint-Thierry und Bernhard von Clairvaux diese Lehre heftig bestritten und Abaelards Ansicht ein Anklagepunkt vor dem Konzil von Sens war – dazu L. *Ott*, Die platonische Weltseele in der Theologie der Frühscholastik, bes. 327–331 – spricht dies für die Ansicht derjenigen, die eine Überarbeitung der »Dialectica« noch für die Zeit in Cluny annehmen (L. Nicolau d'Olwer, L. M. de Rijk). Andererseits verliert das Argument dadurch an Gewicht, daß die Ansicht in der in Cluny entstandenen letzten Fassung der »Theologia ›Summi boni‹« trotz der Verurteilung aufrechterhalten wurde. Zur Chronologie s. oben die Literatur S. 422.

Zu »Sic et Non« J. *Jolivet*, Aspects de la pensée médiévale: Abélard, 79–92. Zur theologischen Bedeutung der Regeln vgl. M. D. *Chenu*, La théologie au douzième siècle, Paris 1957, 360–365.

Bernold von Konstanz war im Investiturstreit Publizist auf Seiten der Reformer und studierte und lehrte in Konstanz und lehrte seit etwa dem Jahr 1091 in der Abtei Allerheiligen in Schaffhausen. Das zitierte Hauptwerk ist gedruckt in MPL 148, 1181–1218. Dort die methodischen Regeln am Schluß 1214 ff. Ivo von Chartres ist der bedeutendste Kanonist um die Jahrhundertwende. Seine methodischen Überlegungen stehen im Vorwort zu seiner Kirchenrechtssammlung MPL 161, 47 ff. Von dort sind sie in Gratians Dekret übergegangen. Alger von Lüttich war Leiter der Domschule in Lüttich und seit dem Jahre 1121 Mönch in Cluny. Seine methodischen Überlegungen finden sich in dem auf Konkordanz angelegten »Tractatus de misericordia et iustitia«, MPL 180, 857–968.

165 ff.: E. *Bertola*, I precedenti storici del metodo del »Sic et Non« de Abelardo, in: Rivista di filosofia neo-scolastica, 53(1961)255–280; B. *Smalley*, Prima Clavis Sapientiae: Augustine and Abelard, in: D. J. *Gordon* (Hg.), Fritz Saxel (1890–1948), London 1957, 93–100. Die Zitate »Sic et Non«, MPL 178, 1344, 1349, 1347. Die Zitate von *Johannes Eriugena* De Divisione naturae, 4. Buch, 16. Kap. (MPL 122, 548 f.); 1. Buch, 66. Kap. (ebd. 511).

W. *Nigg*, Das Buch der Ketzer, 156, hat darauf hingewiesen, daß Abaelard »Lehrfreiheit« und »Freiheit der Forschung« gefordert habe. Die Belegstellen zum historischen Verständnis der Theologie finden sich in »Theologia Christiana«, 1, 117 (CCCM 12, 121), »Theologia ›Scholarium‹«, 2, 61 (CCCM 13, 438). Das Zitat von L. *Grane*, Peter Abaelard, 103.

Zu 168–170 *Die christliche Theologie und die natürliche Offenbarung an die Heiden*

Augustinus, Confessiones – Bekenntnisse, 7. Buch, 9, 13 ff. lat.-deutsch, hg. v. J. *Bernhart*, München 1955(329 ff.). Die Zitate zur Offenbarung aus »Theologia ›Summi boni‹«, 1, 63 (CCCM 13, 110). Die Stellen über die Sibylle finden sich in »Theologia ›Summi boni‹«, 1, 189 ff. (CCCM 13, 398 ff.); »Theologia Christiana«, 1, 126 ff. (CCCM 12, 125 ff.); »Theologia ›Scholarium‹«, 1, 189 ff. (CCCM 13, 398 ff.); 7. Brief MPL 178, 246 f. [221–224]). Zum historischen Kontext der Lehre Abaelards vgl. B. *McGinn*, Teste David cum Sibylla: The Significance of the Sibylline Tradition in the Middle Ages, in: J. *Kirschner*, F. F. *Wemple*, Women of the Medieval World, Oxford 1985, 7–36.

Die Ansicht Abaelards über die Sibylle findet sich auch bei seinen Schülern *Otto von Freising*, Chronik, 2. Buch, 4. Kap. (AusgQ 16, 112 ff.) und *Johannes von Salisbury*, Policraticus, 2. Buch, 4. Kap. (MPL 199, 429 f.).

Zu 170–173 *Abaelards Arbeitsweise*

Zum Prozeß wissenschaftlicher Entwicklung in den einzelnen Werken und Fassungen vgl. N. M. *Häring*, Abelard yesterday and today, passim (hieraus das Zitat 347); C. *Mews*, The development of the Theologia of Peter Abelard, in: Petrus Abaelardus, 1980, 183–198; ders., Einleitung in CCCM 13, 203–308. Abaelards Bekenntnis MPL 178, 379 f.

Zu 173–177 *Der psychische Zusammenbruch*

HC 97 f. (55 f.). Zum konzeptionellen Gegensatz Clairvaux – Paraklet vgl. J. *Verger*, J. *Jolivet*, Bernard – Abélard ou le cloître et l'école, Fajard-Mamer 1982.

174 ff.: Wer die Freunde sind, die Abaelard verlor, sagt er nicht. Keinen Freund nennt er mit Namen. Es können persönliche Freunde gewesen sein, ihm nahestehende Wissenschaftler, aber auch politische Freunde. Es ist auffällig, daß nur noch die Nähe des Unterrichtsortes auf dem Genovefa-Berg zur Wohnung der Garlandes bei seinem letzten Paris-Aufenthalt auf seine Beziehung zum Klan des Königs hinweist. Dazu oben S. 271 ff. Die alten Frontstellungen weichen auf, der persönliche Einfluß Bernhards von Clairvaux auf Kirchenleute, die Abaelard nahestanden, wird immer größer.

Daß die *novi apostoli* Bernhard von Clairvaux und Norbert von Xanten seien, ist erstmals bestritten worden von dem ersten Herausgeber der kritischen Ausgabe des Briefwechsels, J. T. *Muckle*, Mediaeval Studies, 12(1950), 212 f. Ihm hat sich angeschlossen A. *Borst*, Abälard und Bernhard, 502 f. Die meisten Forscher sind bei der ursprünglichen Ansicht geblieben. Das Urteil Bernhards über die Eremitage findet sich in seinem 254. Brief (MPL 182, 459). Vgl. auch den 115. Brief (ebd. 261 f.).

In einer Predigt, die Abaelard seinen aufsässigen Mönchen in Saint-Gildas irgendwann in den Jahren zwischen 1126 und 1131 gehalten hat, beschuldigte er Norbert von Xanten und dessen Gefährten Hugo von Fosse, die eine Zeitlang als Wanderprediger umherzogen, der Wundererschleichung:

Ich lasse alle ihre angeblichen Wunder beiseite, das geweihte Wasser, das sie den Kranken zu trinken geben, um sie gesund zu machen; das Befühlen der Glieder, um die Schmerzen zu verjagen, und die Gebete, die sie über das für Kranke bestimmte Brot aussprechen. Ich will zu dem bedeutenderen, zu jenem großen Wunder der Auferstehung übergehen, das Norbert und sein Apostelgefährte Hugo mit unnützem Aufwand durchzuführen versuchten. Wir sahen es voll Erstaunen, Verachtung und Entrüstung. Nachdem sich beide im Gebet vor dem Volk niedergeworfen hatten, erhoben sie sich, ohne daß sie mit ihrem Wunder weiter vorangekommen wären als zuvor. Dann aber wagten sie es, sich in ihrer Unverschämtheit an die Umstehenden zu wenden und, ohne über ihre Betrügereien zu erröten, frech zu erklären, der Unglaube der Zuschauer habe den Erfolg ihrer Frömmigkeit und ihres festen Glaubens verhindert. Welche unbekümmerte Schläue, welche alberne Entschuldigung des Unentschuldbaren! Aber es ist wahr, daß sie damit manchmal Einfältige täuschen konnten (Predigt zum Feste des hl. Johannes des Täufers. MPL 178, 605).

Auch die Frage, welchen ungenannten Autor Bernhard in seinem Traktat meint, wurde unterschiedlich beantwortet. S. M. *Deutsch*, Peter Abälard, 466–472, nimmt einen Schüler Abaelards an, E. *Vacandard*, Leben des Heiligen Bernard von Clairvaux, 2. Bd., 80, Abaelard selbst. J. G. *Sikes*, Peter Abailard, 215, versucht zu erklären, warum Bernhard den Namen Abaelards nicht genannt habe, hätte dies doch ein schlechtes Licht auf ihn werfen können. Gleichgültig, ob Bernhard Abaelard oder einen Schüler von ihm meinte, Gegnerschaft signalisierte dem durch Soissons traumatisierten und jedenfalls seit der Kastration zu Depressionen neigenden Abaelard beides. Die ethischen Ansichten Abaelards, die in dem Traktat bekämpft werden, sind erst später im »Römerbrief-Kommentar« (zwischen 1133 und 1137) und in der »Ethik« (zwischen 1137 und 1139) formuliert worden. Wichtige Stellen finden sich auch in den Briefen Heloisas. Dazu oben S. 267 ff. Wie oben S. 169 f. dargelegt wurde, war die treibende Kraft für die Lehre der Offenbarung an die Heiden Abaelards Überzeugung, daß es keine Schuld in der Unkenntnis gibt. Während er im Parakleten an der »Theologia Christiana« arbeitete, wird er auch diese Überzeugung seine Schüler gelehrt haben. Hiervon hörte Hugo von Saint-Victor, und Bernhard konnte so eine Lehre Abaelards angreifen, die in die literarische Welt noch gar nicht eingeführt war. Ähnlich ist es mit anderen Lehren Abaelards, die bei Bernhard zum Teil wörtlich wie in späteren Werken berichtet werden.

176: Die Hinweise auf die vier Gegner finden sich in der »Theologia Christiana« 3, 167; 4, 77–80 (CCCM 12, 257, 301 f.) »Theologia ›Scholarium‹«, 2, 62–67 (CCCM 13, 438–441). Zur Problematik vgl. J. *Cottiaux*, La conception de la théologie chez Abélard, 247 ff.

176 f.: Zur politischen Lage Frankreichs vgl. R. H. *Bauthier*, Paris au temps d'Abélard, 68 f.; C. *Mews*, On Dating the Works of Peter Abelard, 124 f. Die Briefe Bernhards an Hugo von Saint-Victor (Nr. 77 – erwähnt oben S. 174 f.) und an Suger von Saint-Denis (Nr. 78 – erwähnt oben S. 87, 119 f.) finden sich in MPL 182, 1031, 108. Der politischen Wende am Hof ging ein Interessenausgleich zwischen Bernhard und Suger voraus. Die Zustimmung Bernhards zum Machtzuwachs Sugers durch die indirekte Besetzung des Kanzleramtes erhielt Suger erst, nachdem dieser die Zustimmung zur Entscheidung des Erzbischofs von Reims, Rainald von Martigny (1128–1138), erteilt hatte, die Mönche des Klosters Notre-Dame in Igny durch Zisterzienser-Mönche aus Clairvaux zu ersetzen. Im Jahre 1128 hat der König die Errichtung des Zisterzienser-Klosters bestätigt. »Bewundernswürdige Politik, aber völlig unberührt vom monastischen Ideal Bernhards reüssiert Suger zum Reformer an seiner Seite«, R. H. *Bauthier*, a. a. O., 69, Anm. 2. Eine Schilderung der Kämpfe in der Champagne findet sich in der »Vita prima« Bernhards von Clairvaux im 2. Buch, 8. Kap. (MPL 185, 300 f.).

J. G. *Sikes*, Peter Abailard, 22, spricht von der »Wahnvorstellung eines überreizten Mannes«; für H. *Silvestre*, L'idylle d'Abélard et Héloïse, 181, ist die ganze Passage ein Hinweis auf die Fälschung des Berichts. Das überzeugt nicht. Die Situation war geeignet, die oben im Text dargestellte psychische Streßsituation zu begründen.

Zu 178–180 Abt aus Verzweiflung

HC 98–100(56–59).
Gildas der Weise stammte wahrscheinlich aus Schottland und hat in Wales und Irland gewirkt. In die Bretagne ist er vermutlich nie gekommen.

Es gibt Gründe für die Annahme, daß der Bestellung Abaelards zum Abt von Saint-Gildas ein kirchenpolitisches Reformkonzept zugrunde lag, an dessen Durchsetzung beteiligt waren der Herzog der Bretagne, der königliche Hof und Abt Suger von Saint-Denis. Vgl. dazu R. H. *Bauthier*, Paris au temps d'Abélard, 65 f.; J. *Verger*, Abélard et les milieux sociaux de son temps, 127.

Am 20. Januar 1131 hielt sich Abaelard im Kloster Morigny auf und traf dort mit Papst Innozenz II. zusammen, den er um die Bestätigung des Parakleten und um Hilfe gegen seine Mönche bat. Der Papst ernannte einen Legaten mit speziellem Auftrag – *legatus proprius ad hoc destinatus* –, der zwischen dem Abt und dem Konvent vermittelte – ohne dauernden Erfolg. Der Name des Legaten ist nicht überliefert. Vgl. dazu W. *Janssen*, Die päpstlichen Legaten in Frankreich, 16.

Abaelard ist zurückhaltend in der Erwähnung von Freunden und Gönnern. Graf von Nantes war der Herzog der Bretagne, Kuno III. Abaelard dürfte häufiger Gast am herzoglichen Hof gewesen sein. Dazu J. *Verger*, a. a. O., 113.

Das Zitat aus der Predigt am Fest des hl. Johannes des Täufers MPL 178, 607.

Zu 180–183 Der Durchbruch

HC 99 f.(58 f.).
Die »Planctus« sind gedruckt MPL 178, 1817–1824; V. *Cousin*, Petrus Abaelardus Opera, 1. Bd., 334–339. Die Zitate aus »Das Klagelied Davids über Saul und Jonathan« MPL 178, 1822; »Des Petrus Abaelard Klagelied über Dina, die Tochter Jakobs«, ebd. 1817; »Klagelied der Jungfrauen Israels über die Tochter Jephtas des Galaditen«, ebd. 1819. Der Verweis bezieht sich auf die oben S. 111 berichtete Szene der Einkleidung Heloisas. In diesem Klagelied findet sich auch ein Hinweis auf Abaelards Frauentheologie: das Opfer Isaaks, des Knaben, lehnte Gott ab (1.Mos.22, 1–19), das Opfer des Mädchens, dessen Name nicht einmal überliefert ist, nahm er an (MPL 178, 1819). Im »Klagelied Israels über Samson« finden sich dagegen die typisch misogynen Ausfälle gegen Frauen (Ebd., 1821). *Horaz*, Oden 1, 3, 8, hatte den Freund *dimidium animae suae*, »Hälfte meiner Seele« genannt, und *Augustinus*, Confessiones – Bekenntnisse (wie oben zu S. 168–170), 4. Buch, 6, 11 (154), hatte dieses Zitat aufgegriffen, um den Schmerz, den Überdruß am Leben – *taedium vivendi* – und die Ruhe in der Bitterkeit der Seele – *requies in amaritudine animae* – bildlich zu begründen, die die Liebe zu einem Endlichen, Vergänglichen bewirkt, das uns verlorengeht. Vgl. dazu oben S. 259. Augustinus schreibt: »Es war mir das Leben deshalb so gänzlich verleidet, weil ich nicht hälftig leben wollte (*nolebam dimidius vivere*).«

Zu 183–186 Die Selbstvergewisserung: Abaelards »Leidensgeschichte«

G. *Misch*, Geschichte der Autobiographie, 3. Bd., 2. Teil, hierin 440–462 Adelhard von Barth, 398–439 Guigo von Chastel, 103–162 Wibert von Nogent, 523–719 Abälard und Heloise; M. M. *McLaughlin*, Abelard as Autobiographer: The Motives and Meaning of his »Story of Calamities«; E. B. *Vitz*, Typ et individu dans l'»autobiographie« médiévale, in: Poétique, 6(1975)426–445; Chr. D. *Ferguson*, Autobiography as therapy: Guibert of Nogent, Peter Abelard and the making of medieval autobiography, in: The Journal of Medieval and Renaissance Studies, 13(1983)187–217. *Wibert* (Guibertus), De vita sua sive Monodiarum, MPL 156, 837–962; lat.-französisch: *Gilbert de Nogent*, Autobiographie, Paris 1981; englisch: J. F. *Benton* (Hg.), Self and Society in Medieval France. The Memoirs of Abbot Guibert of Nogent, Toronto 1984. Zu Wibert außer den angeführten Arbeiten von G. Misch und Ch. D. Ferguson J. F. *Benton*, The Personality of Guibert of Nogent, in: Psychoanalytic Review, 57(1970/71)562–586; J. *Kantor*, A psycho-historical source: the »Memoirs« of Abbot Guibert of Nogent, in: Journal of Medieval History, 2(1976)281–303.

S. 185 f.: Zur Einzigartigkeit durch Größe anstatt Andersartigkeit E. B. *Vitz*, a. a. O., 427 f. Das Zitat Chr. Fr. *Ferguson*, a. a. O., 203. Zur Verfolgungsangst E. B. *Vitz*, a. a. O., 437. Das Zitat 445.

Zu 187–189 Heloisa, Nonne und Priorin in Argenteuil

Literatur zu Heloisa: Ch. *Charrier*, Héloïse dans l'histoire et dans la légende, 1933; E. *McLeod*, Héloïse. A Biography, 1938; P. *Dronke*, Heloise's »Problemata« and »Letters«: Some Questions of Form and Content, in: Petrus Abaelardus, 1980, 53–73; P. *Bourgain*, Héloïse, 1981; P. *Dronke*, Heloise, in: ders., Woman Writers of the Middle Ages, 1984, 107–143.

J. *Benton*, Fraud, Fiction and Borrowing, 486, hält den Aufenthalt Heloisas als Nonne in Argenteuil für eine Erfindung des Verfassers der »Historia calamitatum«. Nur, daß es keinen anderen Beleg für diesen Aufenthalt gibt als die »Historia«, reicht nicht aus, da kein Grund für die Erfindung ersichtlich ist. Die Angaben in dem Brief Roscelins an Abaelard (MPL 179, 369 ff.) ergeben keine hinreichende Begründung der These, Abaelard habe unmittelbar nach der Kastration den Parakleten als Doppelkloster mit Heloisa gegründet. S. dazu auch *ders.*, A reconsideration of the authenticity of the correspondence of Abelard and Heloise, 46 f. Für die Authentizität des Berichts der »Historia calamitatum« P. *Bourgain*, Héloïse, 217. Die These Bentons ist aufgenommen worden von H. *Silvestre*, Die Liebesgeschichte zwischen Abaelard und Heloisa, 135 ff. Zum ganzen Problem unten zu S. 254. Zum Aufenthalt Heloisas in Argenteuil s. A. *Dutilleux*, Héloïse à Argenteuil; Ch. *Charrier*, Héloïse, 141–154; E. *McLeod*, Héloïse, 83–104.

Die Zitate stammen aus Heloisas 1. und 2. Brief, MPL 178, 186(84); 186(85); 197(110 f.). Daß Textstücke aus den erhaltenen Briefen in die Zeit unmittelbar nach Eintritt in das Kloster stammen, vertreten Ch. *Charrier*, Héloïse, 144; G. *Misch*, Geschichte der Autobiographie, 3. Bd., 1. Hälfte, 630 ff., der sogar genau die Passagen zu bestimmen versucht, die aus früheren Briefen in den uns vorliegenden 1. Brief Heloisas übernommen sind. Die Forschung ist ihm hierin nicht gefolgt.

Zum Totenrotel L. *Delisle*, Des monuments paléographiques concernant l'usage de prier pour les morts, in: Bibliothèque de l'École des Chartres, 111(1846/47) 361–411, bes. 374; Ch. *Charrier, Héloïse*, 146–154, dort eine französische Übersetzung des möglicherweise von Heloisa stammenden Textes; E. *McLeod, Héloïse*, 86–92, dort 88 eine englische Übersetzung. Daß Heloisa gedichtet hat, berichtet der Kanoniker aus Toul, Hugo Metellus, in einem seiner beiden Briefe an Heloisa:

Der Ruhm (*fama*) klingt, er eilt durch den Raum und klingt in unseren Ohren. Er hat uns gesagt, daß Ihr das weibliche Geschlecht überstiegen habt. Wodurch? Indem Ihr schreibt (*dictando*), Verse dichtet (*versificando*), neue Wortverbindungen erfindet (*nova junctura, nota verba novando*).

Der Text findet sich lateinisch und französisch bei Ch. *Charrier*, a. a. O., 282 f.

Zu 189–191 Die Vertreibung der Nonnen von Argenteuil durch Abt Suger von Saint-Denis

HC 100f.(59f.). Die Selbstaussage Sugers in seinem als Rechenschaftsbericht geschriebenen »Liber de rebus in administratione sua gestis«, 3. Kap. (MPL 186, 214). Zur Vertreibung A. *Dutilleux*, Héloïse à Argenteuil, passim. Die aufgeführten Urkunden sind lateinisch und französisch abgedruckt bei Ch. *Charrier*, a. a. O., 156–161, mit Angabe ihrer Fundstellen.

Zu 191–196 Der gescheiterte Abt eines Männerklosters als Gründer eines Frauenklosters

HC 100–106(60–67). Zu den Urkunden für den Parakleten und die Stiftungen s. Ch. *Charrier*, a. a. O., 256–274.
   181: Zur Reisezeit M. M. *McLaughlin*, Abelard as Autobiographer, 465; N. *Ohler*, Reisen im Mittelalter, 138–144.
   183: Zum Beispiel lautet die Eintragung zum 30. Oktober im Nekrologium des Parakleten, dem Todestag des Astralabius: »Petrus Astralabius, Sohn unseres Magisters Petrus«. Die Stellen aus dem 1. Brief Heloisas MPL 178, 183(77f.). Die Bezeichnungen Abaelards stammen aus dem Ende ihres 3. Briefes, ebd. 226(176).
   196: 1. Brief Heloisas MPL 178, 184(79), die Antwort Abaelards ebd. 190(94).

Zu 196–199 Die gemeinsame Frauentheologie des Paares

Quellen sind vor allem von Heloisa der 6. Brief des Briefwechsels (MPL 178, 213–226[149–176]) und von Abaelard der 7. Brief (ebd. 225–256). Hierzu M. M. *McLaughlin*, Peter Abelard and the dignity of Women, passim. Die Darstellung der besonderen Rolle der Frau im Schöpfungs- und Erlösungsplan durchzieht das gesamte Werk Abaelards in allen Literaturgattungen, den Dichtungen, den Predigten und den theologischen Werken. Daneben gibt es aber auch frauenfeindliche Stellen und solche, in denen die Überordnung des Mannes klar ausgesprochen wird gemäß der zeitgenössischen Lehre, der Mann ist als Bild (*imago*) Gottes geschaffen, die Frau als Gleichnis (*similitudo*). So »Expositio in Hexaëmeron« (MPL 178, 1821 f.). Siehe auch »Planctus ›Israel super Samson‹« (ebd., 760f.); »Carmen ad Astralabium« (ed. *Hauréau*, 162 ff.); »Theologia ›Scholarium‹«, 1, 39 (CCCM 13, 333 f.).

Die beiden ersten Zitate: G. *Duby*, Der Sonntag von Bouvines, Berlin 1988, 17; *ders.*, Die Zeit der Kathedralen, Frankfurt/M. 1980, 73. Das Sprichwort »Wo ein Schaf...« ist von einem irischen Mönch überliefert und zitiert bei St. *Hilpisch*, Die Doppelklöster, 30.

Das weitere Zitat findet sich in dem Brief des Bischofs Marbod von Rennes an Robert von Arbrissel, abgedruckt bei J. v. *Walter*, Die ersten Wanderprediger Frankreichs, 1. Bd., 182 f. Die Eigenschaft von Frauen, Mensch zu sein, ist von Theologen des Mittelalters nicht bestritten worden. Gregor von Tours berichtet in seinen »Zehn Bücher(n) der Geschichte«, daß im Jahre 585 auf einer Synode in Macon ein Bischof die Meinung vertreten habe, daß eine Frau nicht Mensch oder Mann genannt werden könne – *mulierem hominem non posse vocitare* (8. Buch, 20. Kap., AusgQ 3, 189). Dieses Problem war aber vermutlich in erster Linie ein – die Frauen natürlich diskriminierendes – sprachliches Problem. *Homo* benennt den Menschen und den Mann. Auf der Synode wurden gegen die Ansicht des Bischofs theologische Gründe angeführt, und Gregor schließt den Bericht: »Noch durch viele andere Beweisgründe wurde die Sache beseitigt und abgetan.« Der Neuzeit war es vorbehalten, Negern, Indianern und auch den Frauen das Menschsein abzusprechen. Zu letzterem vgl. E. *Gössmann* (Hg.), Ob die Weiber Menschen seyn, oder nicht?, München 1988.

Wurde so den Frauen die Menschlichkeit nicht abgesprochen, so doch die Gottesebenbildlichkeit. Unter Verwendung eines Augustinus-Zitats hatte Ivo von Chartres folgenden Text unter der Überschrift »Der Mann ist das Haupt der Frau« in seine Kirchenrechtssammlung »Panormia« aufgenommen:

Der Mann ist dieses Bild, damit ein Mensch-Mann (*homo*) geschaffen würde, dem alle anderen Menschen entstammen, damit er die Herrschaft Gottes (*imperium Dei*) habe, gleichsam als sein Statthalter (*vicarius*), denn nach dem einen Gesetz Gottes ist der Mann (*vir*) das Bild. Infolgedessen ist die Frau (*mulier*) nicht als Bild Gottes (*imago Dei*) geschaffen, wie geschrieben steht: »Und Gott schuf den Menschen-Mann (*homo*), als Gottes Bild schuf er ihn« (Gen. 1). Und so spricht der Apostel: »Der Mann darf sein Haupt nicht verhüllen, denn er ist Bild und Glanz Gottes. Die Frau aber verhülle sich, denn sie ist nicht Glanz oder Bild Gottes« (1. Kor. 11). (Panormia, 7. Buch, 4. Kap.) (MPL 162, 1291)

Dieser Text ist als c.13 C.33, qu.5 in das Dekret Gratians und damit in das kodifizierte
· Kirchenrecht eingegangen.

197 ff.: 6. Brief (MPL 178, 216[157]); 7. Brief (ebd. 224[182]; 228[184]; 235[198]; 236[200]); Predigt von Mariä Verkündigung (ebd. 363) – hierzu J. *Leclerq*, »Ad ipsam sophiam Christum«, 189: Ein Text, »der in der mittelalterlichen Literatur einzig dasteht«. Zu Resten eines Altardienstes der Nonnen nach der Regel des Caesarius und der Nonnen nach den *consuetudines* der Karthäuser um das Jahr 1145, ebd., Anm.40. Predigt über das Almosen für die Nonnen des Parakleten (MPL 178, 568). Die Predigt über das Almosen ist übersetzt von E. *Brost* in seiner Ausgabe des Briefwechsels. Dort das Zitat 397.

Zu 200–206 *Die neue Regel*

Die Regel Abaelards ist im 8. Brief enthalten (MPL 178, 255–314[242–364]). Die kritische Ausgabe stammt von T. P. *McLaughlin, Abelard's Rule for Religious Woman,* in: Mediaeval Studies, 18(1956)241–292. Die Regel wirft Probleme auf. Dazu P. *Guilloux,* Abélard et le Convent du Paraclet, in: Revue d'histoire ecclésiastique, 21(1925) 465–471; D. *Van den Eynde,* En marge des écrites d'Abélard, (1962); J. *Leclerq,* »Ad ipsam sophiam Christum«, (1969), 190–193; D. E. *Luscombe,* Pierre Abélard et le monachisme, in: Pierre Abélard – Pierre le Vénérable, 1975, 271–278; R. *Mohr,* Der Gedankenaustausch zwischen Heloise und Abaelard für eine Modifizierung der Regula Benedicti für Frauen, in: Regulae Benedicti Studia, 5(1976)307–333.
Weder der 8. Brief im ganzen noch ein ausgrenzbarer Text ist eine Regel im Sinne der literarischen Gattung. Neben dem 8. Brief ist ein Text erhalten, der sich als Regel des Parakleten bezeichnet (MPL 178, 313–326), in der Literatur nach ihrem aus den Handschriften korrigierten Anfang »Institutiones nostre« genannt. J. F. *Benton,* Fraud, Fiction and Borrowing, 474 ff. hat versucht nachzuweisen, daß »Institutiones nostre« älter sind und in die Zeit Heloisas zurückgehen, während der Briefwechsel und damit die sogenannte Regel Abaelards später und somit wenigstens teilweise *fraud* oder *fiction* sei. Letztere These hat er zurückgenommen in *ders.,* A reconsideration of the authenticity of the correspondence of Abelard and Heloise, passim. Hinsichtlich des Verhältnisses der beiden Regeln zueinander haben ihm zugestimmt P. *Bourgain,* Héloïse, 218–220; H. *Silvestre,* L'idylle d'Abélard et Héloïse, 168 f. Ich kann dem aus folgenden Gründen nicht zustimmen. Abaelards Regel, sicher eine »Utopie« (P. Bourgain), befindet sich in Übereinstimmung mit seinen sonstigen Schriften, während die »Institutiones nostre« deutliche praktische Konzessionen zeigen. Sie mögen daher schon früh die tatsächlich befolgte Regel gewesen sein. So scheiden die »Institutiones« Nonnen und Konversinnen, die als Laien die Handarbeiten verrichten. Entgegen der die Ständeordnung für das Kloster aufhebenden Utopie Heloisas und Abaelards wird es den Konversinnen verboten, Nonnen zu werden. Besonders auffällig ist die Abweichung der zeitlichen Fixierung der Gebetsstunden vom natürlichen Tageslauf. Dies widerspricht dem Anliegen Heloisas, Gebetssituation und natürliche Einbettung – Stimmung, Zeit – in Übereinstimmung miteinander zu bringen. Dazu oben S. 228.

201: Predigt zum Fest Mariä Reinigung, MPL 178, 421; 3. Predigt zum Palmsonntag, ebd., 447.

202: Suger von Saint-Denis, Libellus de consecratione ecclesiae a se aedficatae, MPL 186, 1241. Die Stelle ist übersetzt von E. *Gall,* Die gotische Baukunst in Frankreich und Deutschland, 1. Teil, 93. Das Zitat über Bernhard von Clairvaux aus dem 3. Buch, 5. Kap. der »Vita prima« (MPL 185, 310).

204: Das anonyme »Speculum virginum« erklärt um das Jahr 1100, daß die Tatsache adeliger Herkunft in Klöstern keine Rolle spielen dürfe. Dazu M. *Bernards,* Speculum virginum. Geistigkeit und Seelenleben der Frau im Mittelalter, 2. Aufl., Köln 1982, 146–152. Dem gegenüber steht die berühmte Briefstelle Hildegards von Bingen an die Meisterin Tengswich aus Andernach (MPL 197, 337 f.; deutsch: *Hildegard von Bingen,* Briefwechsel, übers. v. *Führkötter,* Salzburg 1965, 203):

Die Untersuchung (über die Standesunterschiede) steht bei Gott. Er hat acht, daß der geringere Stand sich nicht über den höheren erhebe, wie Satan und der erste Mensch getan, da sie höher fliegen wollten, als sie gestellt waren. Welcher Mensch sammelt seine ganze Herde in einen einzigen Stall, Ochsen, Esel, Schafe, Böcke, ohne daß sie auseinanderlaufen? Darum soll man auch hier den Unterschied wahren, damit nicht die, die aus verschiedenen Volksschichten kommen, wenn sie zu einer Herde zusammengeschlossen würden, in stolzer Überheblichkeit, beschämt über die Standesunterschiede, auseinandergesprengt werden. Vor allem aber damit, wenn sie sich in gegenseitigem Haß zerfleischen – indem der höhere Stand über den geringeren herfällt und der niedere sich über den höheren stellt –, die Standesehre nicht verletzt werde.

Heloisa: 6. Brief, MPL 78, 216(156f.).
Der Chronist ist Bernold von Konstanz. Die Stelle aus seiner Chronik zum Jahre 1091 ist übersetzt bei P. *Ketsch*, Frauen im Mittelalter, 2. Bd., 290f.

205: Die Angaben über die Regeln des Caesarius und des Donatus sind entnommen M. *Heimbucher*, Die Orden und Kongregationen der katholischen Kirche, 1. Bd., Paderborn 1933, Nachdr. Aalen 1965, 134f., 151f.

Zu 206–209 Das Doppelkloster

Zur Entwicklung des Klosterwesens in Frankreich vgl. Fr. *Prinz*, Frühes Mönchtum im Frankenreich, bes. 152–316; zum Doppelkloster St. *Hilpisch*, Die Doppelklöster, bes. 25–76; E. *Werner*, Pauperes Christi, 53–57. Die Betonung des Doppelklosterwesens des iro-schottischen Mönchtums im Zuge der Klosterreform wird eingeschränkt durch Fr. *Prinz*, a.a.O., 658–663. Zu Abaelard St. *Hilpisch*, a.a.O., 75f.

206f.: Zur Basileios-Regel H. U. v. *Balthasar*, Die großen Ordensregeln, 4. Aufl., Einsiedeln 1974, 128f.; St. *Hilpisch*, Die Doppelklöster, 32. Das Zitat aus der Vita Roberts von Arbrissel MPL 162, 1052. Die Regel Roberts für Fontevrault ist gedruckt in J. v. *Walter*, Die ersten Wanderprediger Frankreichs, 1. Bd., 189–195.

208f.: Abaelards Lehre vom Doppelkloster findet sich im 8. Brief, MPL 178, 274–277(282–288). Zum Paraklet als Doppelkloster E. *Werner*, a.a.O., 66; *ders.*, Vita religiosa als vita humana einer außergewöhnlichen Frau – Heloise mit und ohne Abaelard, 54; J. F. *Benton*, Fraud, Fiction and Borrowing, 475–481; *ders.*, A reconsidaration of the authenticity of the correspondence of Abelard and Heloise, 46f.; H. *Silvestre*, L'idylle d'Abélard et Héloïse, 162. J. F. Benton versucht in der erstgenannten Arbeit nachzuweisen, daß der Paraklet nicht nur als Doppelkloster konzipiert, sondern eine Zeitlang auch eingerichtet war. Tatsächlich gibt es wenigstens eine Urkunde aus dem Jahr 1155, die von den Mönchen der Abtei des Parakleten spricht. Nachweis bei P. *Bourgain*, Héloïse, 222.

Zu 210–211 Die Ämter

8. Brief, MPL 178, 277–281(288–295).

Zu 211–216 Der Tageslauf

8. Brief, MPL 178, 281f., 285f.(297–299), 304–306.
Die Anrufung des Heiligen Geistes schreibt die Regel vor, die abgedruckt ist bei MPL 178, 315. Dazu D. *Van den Eynde*, En marge des écrits d'Abélard, 70–84; C. *Waddell*, Peter Abelard as creator of liturgical texts, in: Petrus Abaelardus, 1980, 267–286.
In strengen Klöstern lautet der Tagesplan im Winter:

```
 2.00–  3.30 Vigilien
 3.30–  5.00 Lesen
 5.00–  5.45 Laudes
 5.45–  8.15 Sprechzeit, Prim
 8.15–14.30 Arbeit, unterbrochen durch Terz, Sext und Non
15.15–16.15 Lesen
16.15–16.45 Vesper, anschließend Abendessen, Komplet
17.15       Bettruhe
Im Sommer:
 1.00–  2.00 Vigilien
 2.15–  3.00 Laudes
 3.00–  4.30 Lesen
 4.30–  9.14 Prim, Arbeit
 9.30–11.30 Lesen
11.45–12.30 Mittagessen
12.30–14.00 Mittagsruhe
14.30–18.30 Arbeit
18.30–19.00 Vesper
19.00–19.30 Abendessen
19.30–20.00 Komplet
20.00       Bettruhe
```

Dazu D. *Knowles*, Christian Monasticism, New York 1969, 213.

Zu 216–220 Das einfache Leben

8. Brief, MPL 178, 281, 286–288(296f., 306–311); zum Weingenuß 288 bis 296(311–329); Speiseregeln 286–288, 296–300 (306–311, 329–336); Kleiderregeln 300–302(336–340); Gebäude 302(340f.).

In der Kritik anderer Klöster ist sich Abaelard mit Bernhard von Clairvaux einig, der um das Jahr 1124 gegen Cluny fast wörtlich dieselben Vorwürfe erhoben hatte: »Apologia ad Guillelmum«, 9. Kap. (MPL 182, 910).

Zeitgenössische Klosterregeln gestatten den Fleischgenuß nicht. A. *Silvestre*, L'idylle d'Abélard et d'Héloïse, 182f., sieht darin ein Indiz zur Fälschung der Regel. In seiner »Theologia Christiana«, 2, 61 (CCCM 12, 156) zitiert Abaelard Hieronymus, der »das Fleischessen, das Weintrinken und die Sättigung des Magens den Keim der bösen Begierde (*seminarium libidinis*)« nennt. Der Hinweis von Silvestre auf diese Textstelle reicht nicht, um Abaelard Widersprüchlichkeit vorzuwerfen, wenn die Regel echt ist. Das Hieronymus-Zitat steht in dem Traktat über das Mönchtum (ebd. c. 56–73, 154–163), dessen Ziel es ist, die antiken Philosophen – die Pythagoräer, Platon, die Stoa und andere – als Zeugen für das Mönchtum aufzuzeigen. Die Pythagoräer verboten den Fleischgenuß, Hieronymus verbot ihn. Abaelard stellt jedoch über das alte Askese das Gebot »Lebe naturgemäß und mäßig!« Die Zitate aus dem 8. Brief, MPL 178, 302(341); 286(306); 292(320); 299(335); das Seneca-Zitat 297(330) aus dem 5. Brief an Lucilius; das Ziel des Klosterlebens ist formuliert 291(318). Das Zitat über den unvernünftigen Mißbrauch 296(327); 296(328). Der sozialkritische Schluß 302(341).

471

221: HC 80(32);101(61). Die Predigt über das Almosen für die Nonnen des Parakleten (MPL 178, 465–469) deutsch bei E. Brost, Briefwechsel, 388–399.

222 ff.: Zu der Predigtsammlung D. *Van den Eynde,* Le recueil des sermons de Pierre Abélard, in: Antonianum, 37(1962)17–54. Der Begleitbrief an Heloisa zu den Predigten (MPL 178, 379 f.) deutsch bei E. *Brost,* a. a. O., 387. Die Szene in Speyer ist berichtet in der »Vita prima« Bernhards im 6. Buch, 15. Kap. (MPL 185, 382) Dort im 3. Kap. des 3. Buches berichtet Gottfried von Auxerre,

> daß auch die germanischen Völker ihm bei der Predigt mit wunderbarer Ergriffenheit zuhörten und sie die Predigt, die sie als Menschen fremder Zunge nicht verstehen konnten, mehr zu erbauen schien, als die gute und verständliche Übersetzung, die ihnen hinterher geboten wurde (ebd., 307).

223 f.: Die Zitate entstammen dem Brief an Heloisa (MPL 178, 379); 3. Predigt vom Palmsonntag (ebd., 445 f.); Erklärung des Gebets des Herrn, Predigt von den Bittagen (ebd., 489 f.). Die 2. Predigt Bernhards von Clairvaux über das »Hohe Lied der Liebe« MPL 183, 289–294, die Übersetzung stammt von W. von den *Steinen,* Vom Heiligen Geist des Mittelalters, 178 f. Die Predigt Abaelards zum Feste Mariä Verkündigung MPL 178, 383.

224 f.: Das zitierte Vorwort zur »Dialectica« dort 469 f. Dazu W. *Engels,* Abélard écrivain, 12–37. Das wörtliche Zitat 35. Dort 36 auch eine Analyse der folgenden Passagen aus der Weihnachtspredigt.

Die Verbindung Dialektik-Begnadung darf nicht ironisch genommen werden. In seinem letzten Werk, dem »Dialogus«, in dessen zweiter Hälfte der Philosoph der Fragende, Suchende ist und der Christ der Antwortende, formuliert der Christ die Überzeugung, daß beides, Fragen aus dem Bereich der Dialektik und Antworten aus dem Bereich der Offenbarung, göttlicher Inspiration bedarf.

> Sowohl ich wie Du sollen darum bitten, damit das, was Du fragst, und das, was ich antworte, uns Gott selbst eingibt.

> Daß Abaelard die Anmaßung sieht, die darin für den allein der Vernunft vertrauenden Dialektiker liegen muß, zeigt die Antwort des Philosophen im Dialog: Er sagt ironisch »Amen«. »Dialogus«, 86, Z.1205 ff. Dazu R. *Thomas,* Der philosophisch-theologische Erkenntnisweg Peter Abaelards, 69.

226: Die Predigt am Schluß im 5. Brief MPL 178, 207–210 (137–140).

Zu 227–239 Abaelard, Dichter und Sänger

Allgemein zu Abaelard als Dichter und Sänger F. *Laurenzi,* Le poesie ritmichi di Pietro Abelardo, Rom 1911; W. von den *Steinen,* Les sujets d'inspiration chez les poéts latins du 12e siècle, in: Cahiers de civilisation médiévale, 9(1966), 165–175, 363–382, bes.363–373; L. *Weinrich,* Peter Abelard as Musicien, in: The Musical Quarterly, 55(1969)295–312, 464–486, mit einer Melodiefassung des »Planctus ›David super Saul et Jonathan‹«; M. *Huglo,* Abélard, Poète et Musicien, in: Cahiers de civilisation médiévale, 22(1979)349–361; C. *Waddell,* Peter Abelard as a creator of liturgical texts, in: Petrus Abaelardus, 1980, 267–285.

Die Zuschreibung von Liedern an Abaelard durch W. *Meyer, Zwei mittelalterliche Lieder in Florenz,* in: Studi letterari e linguistici de dicati a Pio Rajna, Mailand 1911, 149–166, hat keine Zustimmung gefunden.

Zur Geschichte der Vaganten, die bis ins frühe Mittelalter zurückgehen, vgl. M. *Bechthum, Beweggründe und Bedeutung des Vagantentums in der lateinischen Kirche des Mittelalters,* Jena 1941. Zur Herkunft des Namens »Goliarden« ebd. 74–84; zum Verhältnis Goliarden – Universität ebd. 84–96. Zu Abaelard als Namensgeber vgl. O. *Debiache-Rojdesvensky, Le Poésie des Goliardes,* Paris 1931, Nachdr. Montreal, o.J., 37. Die Bezeichnung Abaelards als Goliath durch Bernhard von Clairvaux findet sich in dessen Bericht an Papst Innozenz II. über die Verurteilung Abaelards durch das Konzil von Sens (Brief Nr. 189, MPL 182, 355). Vgl. auch oben zu S. 70ff. Völlig abgelehnt wird eine Beziehung Abaelards zu den Goliarden von J. *Verger, Abélard et les milieux sociaux de son temps,* 120.

Das Hymnarium ist außer in den Gesamtausgaben gedruckt von G. M. *Dreves* und J. *Scövérffy.* Zu den Hymnen G. M. *Dreves, Der Philosoph von Palais als Hymnopoet,* in: Stimmen aus Maria-Laach, 41(1891), 426–448; H. *Spanke,* St.Martial-Studien. Ein Beitrag zur frühromanischen Metrik, in: Zeitschrift für französische Sprache und Literatur, 54(1931)283–317, 385–478, bes. 406–410; J. *Scövérffy,* A Conscious Artist in Medieval Hymnody, Introduction to Peter Abelards Hymns, in: Festschrift für Josef M. F. Marique, hg. v. P. T. *Brannan,* Worcester, Mass. 1975, 119–259; Ch. FS. F. *Burnet,* Notes on the Tradition of the Text of the »Hymnarius Paraclitensis« of Peter Abelard, in: Scriptorium, 38(1984)295–302.

Die Stellen aus Abaelards Begleitbriefen MPL 178, 1771, 1787, deutsch bei E. *Brost,* in seiner Ausgabe des Briefwechsels, 375, 380f.

228: Heloisa und Abaelard standen damals nicht allein in dem Bestreben, liturgischen Texten Wahrhaftigkeit zu erhalten oder wiederzugeben. So ordnete Petrus Venerabilis als Abt von Cluny an, daß der Hymnus zur Prim »Jam lucis orto sidere« – »Schon ist erwacht der Sonne Strahl« nicht vor Tagesanbruch gesungen werden soll und daß das Kreuz, das bei der Spendung der Letzten Ölung verwendet wird, aus Holz sein soll, weil dazu der Hymnus gesungen wird »Ecce lignum crucis« – »Seht das Holz des Kreuzes«. G. *Chavrin* (Hg.), Statutes, chapitres généraux et visits de l'ordre de Cluny, 1. Bd., Paris 1965, 20ff., Statuten 61f. Zu dieser Wahrhaftigkeitsforderung vgl. J. *Scövérffy,* »False« Use of »Unifitting« Hymns: Some ideas shared by Peter the Venerable, Peter Abelard and Heloise, in: Revue Bénédictine, 89(1979)187–199.

230: Der Hymnus »O quanta qualia« ist aufgeführt vom »Studio der frühen Musik«, erschienen bei Elektrola 1C063–30123C. Die Übersetzung des Hymnus »Advenit veritas« ist von Fr. *Wolter,* Hymnen und Sequenzen, 121f., abgedr. auch in der Ausgabe des Briefwechsels von E. *Brost,* 385f.

232: Zum Übergang von den Hymnen zu den *planctus* Th. *Spoerri,* Wilhelm von Poitiers und die Anfänge der abendländischen Poesie, bes. 176–185. Zu der Entstehung der Sequenz W. von den *Steinen,* Notker der Dichter und seine geistige Welt, Editionsband, Bern 1948, 8–11.

233: Die Ostersequenz »Victimae paschali laudes« gehört zum »Alleluja Christus resurgens« des 5. Sonntags nach Ostern, das im Mittelalter am Dienstag in der Osterwoche gesungen wurde. Die Sequenz wurde später am Ostersonntag und schließlich während der ganzen Osterwoche gesungen. Die musikalischen Anfänge dieses Alleluja und der Ostersequenz sind identisch. Dazu »Graduale sacrosanctae Romanae Ecclesiae de Tempore et de Sanctis«, Solesmes 1974, 198, 226. Die Übersetzung der Sequenz ist von P. *Klopsch*, Lateinische Lyrik des Mittelalters, lat.-deutsch, Stuttgart 1985, 251 f. Die wörtlichen Zitate von Th. *Spoerri*, a. a. O., 178. Die Übersetzung der Totensequenz »Dies irae« ist von Fr. *Wolter*, a. a. O., 157–160.

234 ff.: Grundlegend zu den »Planctus« Abaelards die einzelnen Aufsätze von W. Meyer, gesammelt in *ders.*, Gesammelte Abhandlungen zur mittelalterlichen Rythmik, 1. Bd., Berlin 1905. Dort auch die maßgeblichen Textfassungen. Zur Einbettung in die Überlieferung und Beziehungen der in Saint-Gildas entstandenen »Planctus« zu bretonischen Einflüssen H. *Spanke*, Sequenz und Lai, in: Studi medievali, 11(1938)12–68. Vgl. ferner A. *Machabé*, Les Planctus d'Abélard. Remarques sur le rythme musical du 12e siècle, in: Romania, 85(1961)71–9. M. *Alexion*, P. *Dronke*, The lament of Jephtha's daughter: themes, traditions, originality, in: Studi Medievalli, 12(1971)819–863; W. von den *Steinen*, Die Planctus Abaelards – Jephtas Tochter, in: Mittellateinisches Jahrbuch, 4(1967)59–78; P. *Dronke*, Poetic Individuality in the Middle Age, Oxford 1970, 1114–1149, dort 202–209 eine Transkription des *planctus* »Dolorum solatium«.

Der *planctus* »Ad festas choreas celibes«, das Klagelied der Jungfrauen Israels um die Tochter Jephtas, ist aufgeführt vom »Studio der frühen Musik«, erschienen bei Elektrola, 1C063–30123C. Dort auch die angeführte Übersetzung.

Zu 239–240 Abaelard und Heloisa, Abt und Äbtissin

Die Zitate MPL 178, 379, deutsch bei E. *Brost* in seiner Ausgabe des Briefwechsels, 387. Die Totenklage ist oben S. 412 f. angeführt.

Zu 241–245 »Das Mysterium der Heloisa«

Die Formulierung der Überschrift und das Behandelte finden sich in É. *Gilson*, Heloise und Abaelard, 82–95.

241–243: 2. Brief, MPL 178, 185(82). *Aristoteles*, Nikomachische Ethik, 1094a. 2. Brief, MPL 178, 186(85). *Augustinus*, Confessiones – Bekenntnisse (wie oben zu S. 168–170), 1. Buch, 1, 1(12). 2. Brief, MPL 178, 185(81). *Bernhard von Clairvaux*, De diligendo Deus, 1. Kap. (MPL 182, 974): »Der Grund, Gott zu lieben, ist Gott, das Maß (*modus*), ihn zu lieben, die Maßlosigkeit (*sine modo*)«, The Poetical Works of Alexander Pope, hg. v. A. W. *Ward*, London 1961, 107. Die Übersetzung von S. und K. *Thieme-Paetow* aus É. *Gilson*, a. a. O., 4.

243–245: 2. Brief, MPL 178, 184(80); 4. Brief, ebd., 197(111). G. *Truc*, Abélard avec et sans Héloïse, 94, hat die Sünde Heloisas, Abaelard als Geschöpf Gott als Schöpfer vorgezogen zu haben, als unvergebbare Sünde bezeichnet und damit auf die Sünde wider den Heiligen Geist (Matth.12, 31 f.) angespielt. Mag diese Sünde gegen den Heiligen Geist sein, was sie wolle, daß Heloisas Einstellung ein Aufbegehren gegen Gott, eine schwere Sünde war, mußte für Abaelard selbstverständlich sein. 2. Brief, MPL 178, 186(85); 186(84); 184(80). 4. Brief, 197(111). 5. Brief, 204(127); *amaritudo animi* MPL 178, 204 f.(128); *Augustinus*, a. a. O., 4. Buch, 6, 11, (154).

Gibt der Umstand einen Hinweis auf den Ausgang des Ringens, daß Heloisa in ihrem 2. Brief (dem 4. des Korpus) ihre Liebe zu Abaelard bekennt in allen Dimensionen von der Sexualität bis zur geistigen Liebe, ihr 3. Brief (der 6. des Korpus), der die Grundlinien der Frauentheologie und der Regel für den Parakleten entwirft, aber durchzogen ist von Befürchtungen vor körperlichen Sünden? Dazu P. *Archambault*, The Silencing of Cornelia: Heloise, Abelard, and Their Classics, 17.

Zu 245–255 Das Problem des Briefwechsels

245–250: 1. Brief, HC 107(69 – völlig unbrauchbare Übersetzung); 108(71). 2. Brief, MPL 178, 181(74). Meist wird die literarische Fiktion des Freundes angenommen. Einen tatsächlichen Empfänger des Trostbriefes hält P. *Dronke*, Women Writers of the Middle Ages, 118f., für möglich. Abaelard hätte dann Heloisa eine Kopie geschickt. Jedenfalls ist die Leidensgeschichte kein privater Brief, wie die genaue Berücksichtigung zeitgenössischer politischer Situationen zeigt.

Das Testament 3. Brief, MPL 178, 192(97); 4. Brief, 191(100); 193f.(103); 198(113). Zur thematischen und stilistischen Disziplin Abaelards in seinen beiden Antwortbriefen P. *Archambault*, The Silencing of Cornelia, 11ff., bes. 14. 5. Brief, MPL 178, 199(16); 189(117); 207(135). Die Predigt ist oben S. 226 wiedergegeben worden. Der Schluß des Briefes a.a.O. 212(145). Zu der Passage des 5. Briefes P. v. *Moos*, Cornelia und Heloisa, 1038–1042.

250f.: Zum Eingang des 6. Briefes und dem Problem des Schweigens oder der Bekehrung Heloisas *ders.*, passim. 6. Brief MPL 178, 213(148). Dazu die kritische Ausgabe von J. T. *Muckle*, Mediaeval Studies, 17(1955)241.

Heloisa in der Anrede des 2. Briefes: »An ihren Herrn – Nein, sondern ihren Vater« – *Domino suo immo patri*, oben S. 246. Der 1. Satz ihres 3. Briefes, des 6. Briefes im Briefwechsel, lautet: »Von Dir möchte ich in keinem Stück den Vorwurf des Ungehorsams hören. Deshalb habe ich meinem bedingungslosen Schmerz nicht mehr die Zügel schießen lassen«, MPL 178, 213(149). »Heilmittel zur Linderung des Schmerzes« MPL, 178, 213(149). Die Bitte schließt sich an.

252: Die Bezeichnungen Abaelards am Ende des 6. Briefes MPL 178, 226(176). Zur Tradition und Gewohnheit (*consuetudo*) Heloisa im 6. Brief. Die Regel muß den Zeiten angepaßt werden, MPL 178, 218(161); Abaelard im 8. Brief: »Wir verbieten deshalb rundweg, eine alte Gewohnheit über die Vernunft zu stellen«, ebd. 284(302). Er sammelt zahlreiche Zitate aus der Tradition, so das oben 157 schon angeführte, Papst Gregor VII. zugeschriebene Zitat und die schöne Aussage aus *Augustinus*, De baptismo, 3, 7(MPL 43, 143) »Im Evangelium sagt der Herr: ›Ich bin die Wahrheit‹ (Joh.14, 6), aber nicht: ›Ich bin die Gewohnheit‹«. Heloisa im 6. Brief: »Neues Gesetz« – *nova lex* (MPL 178, 217[157 – schlechte Übersetzung]). Theologisch für die ökumenische Beurteilung des Klosterlebens interessant ist, daß Heloisa den evangelischen Rat der Keuschheit als eine Ergänzung der Gebote des Evangeliums auffaßt, sie nicht in diesem enthalten sein läßt. Die weiteren Zitate MPL 178, 223(171); 226(176). Abaelard am Ende des 8. Briefes, 314(364). Der Brief »Über das Studium der Wissenschaften« MPL 178, 335–336.

252f.: J. A. *Feßler*, Abälard und Heloise, 2 Bde., Berlin 1806, 1807. Zitiert wird nach P. v. *Moos*, Mittelalterforschung und Ideologiekritik, 38–43.

254: Guillaume de *Lorris*, Jean de *Meun*, Der Rosenroman, französisch-deutsch, v. K. A. *Ott*, 3 Bde., München 1976, 1978, 1979, 2. Bd. Vers 8759–8832. Die zitierten Verse 8808–8826.

Exkurs: Die Echtheitsfrage

Literatur zur Echtheitsfrage seit 1975

Einen Überblick über die Geschichte bis zum Jahre 1973 gibt P. v. *Moos*, Mittelalterforschung und Ideologiekritik (1974). J. F. *Benton*, Fraud, Fiction and Borrowing in the Correspondence of Abelard and Heloisa, in: Pierre Abélard – Pierre le Vénérable, 1975, 469–517; M. M. *McLaughlin*, Peter Abelard and the dignity of women, (1975); J. F. *Benton*, F. P. *Ercoli*, The Style of the »Historia calamitatum«: A Preliminary Test of the Authenticity of the Correspondence Attributed to Abelard and Heloise, in: Viator, 6(1975) 59–86; U. *Kindermann*, Abaelards Liebesbriefe, in: Euphorion, 70(1976)287–295; H. *Silvestre*, Reflexions sur la thése de J. F. Benton relative au dossier »Abélard-Héloïse«, in: Recherches du théologie ancienne et médiévale, 44(1977)211–216; C. S. *Jaeger*, The Prologue of the »Historia calamitatum« and the »Authenticity Question«, in: Euphorion, 74(1980)1–15; D. E. *Luscombe*, The »Letters« of Heloise and Abelard since ›Cluny 1972‹, in: Petrus Abaelardus, 1980, 19–39; J. F. *Benton*, A reconsideration of the authenticity of the correspondence of Abelard and Heloise, in: ebd., 41–52; P. *Dronke*, Heloise's »Problemata« and »Letters«: Some Questions of Form and Content, in: ebd., 53–73; H. *Silvestre*, Pourquoi Roscelin n'est-il pas mentioné dans l'»Historia calamitatum«?, in: Recherches de théologie ancienne et médiévale, 48(1981) 218–224; ders., L'idylle d'Abélard et Héloïse, (1985); A. *Borst*, Barbaren, Ketzer und Artisten, (1988), 172 ff.; J. F. *Benton*, The Correspondence of Abelard and Heloise, (1988); H. *Silvestre*, Die Liebesgeschichte zwischen Abaelard und Heloise: der Anteil des Romans, (1988); D. *Fraioli*, The importance of satire in Jerome's Adversus Jovinianum as an argument against the authenticity of the Historia Calamitatum, (1988).

Die bis heute unabgeschlossene wissenschaftliche Kontroverse um die Echtheit des Briefwechsels läßt sich in drei Phasen einteilen, innerhalb deren Thesen und Gegenthesen immer grundsätzlicher werden.

Die *erste Phase* begann im Jahre 1913 mit dem ersten Aufsatz von B. *Schmeidler*. Er hielt die Authentizität der »Leidensgeschichte« aufrecht und vertrat die These, Abaelard habe den sich anschließenden Briefwechsel redigiert und dabei auch die Briefe Heloisas verfaßt. Er bestimmte als literarische Gattung des Korpus die Kombination aus Stiftervita, Bekehrungsgeschichte und Klosterregel. Seiner These schloß sich im Jahre 1933 Ch. *Charrier* in ihrer Biographie Heloisas an. Diese erste Phase wurde abgeschlossen durch die Arbeit von É. *Gilson* aus dem Jahre 1938. Er versuchte gegen Schmeidler und Charrier nachzuweisen, daß das ganze Korpus, so wie es uns vorliegt, von den beiden Partnern geschrieben sei. In der Folgezeit bis zum Jahr 1972 wurden die kontroversen Thesen und ihre Argumente nur variiert. Die Mehrheit der Autoren vertrat dank der überragenden Autorität Gilsons die Echtheit.

Die *zweite Phase* begann im Jahre 1972 mit dem in Cluny abgehaltenen Kongreß über Petrus Venerabilis und Petrus Abaelard. Auf diesem Kongreß trug J. F. *Benton* als Hypothese die Ansicht vor, das Korpus sei im Verlauf innerer Auseinandersetzungen im Parakleten zusammengestellt worden. Dieser sei ein echtes Doppelkloster unter der Leitung der jeweiligen Äbtissin gewesen. Dagegen habe sich der Abt Ende des 12. Jahrhunderts aufgelehnt. Anläßlich einer Wahl der Äbtissin, vielleicht um das Jahr 1288, sei das Korpus verfaßt worden, um die Stellung des Abtes zu stärken und auf die Wahl der Äbtissin Einfluß zu nehmen. Das uns heute vorliegende Korpus enthalte echte Stücke, insbesondere die Briefe 6 bis 8, im 12. Jahrhundert gefälschte Stücke, insbesondere den größten Teil der Leidensgeschichte, und einige im 13. Jahrhundert überarbeitete Stücke. Biographisch am wichtigsten ist dabei Bentons These, daß Heloisa nicht aus Argenteuil vertrieben wurde, sie vielmehr bereits seit der Gründung des Parakleten, also in der Zeit, in der Abaelard dort lehrte, dessen Äbtissin gewesen sei. Dieser Vortrag, in den Kongreßakten gedruckt, löste eine umfassende, kaum mehr zu überschauende Diskussion aus. Die These Bentons wurde nie umfassend widerlegt, dennoch ging die Mehrheit der Mediävisten von der Echtheit aus. Diese zweite Phase endete im Jahre 1979 auf dem Symposion, das anläßlich des 900. Geburtstages Abaelards in Trier abgehalten wurde. Benton widerrief seine Hypothese aus Cluny weitgehend, und P. v. *Moos* gab eine genaue Beschreibung der Interpretationslage, wobei er die alte Kontroverse – Heloisa und Abaelard oder Abaelard allein – durch die Wahrscheinlichkeit der Kooperation beider im geistigen Aufbau des Parakleten ersetzte.

Die *dritte Phase* ist durch die Arbeiten H. *Silvestres* bestimmt. Sie kündigte sich durch einen kurzen Aufsatz im Jahre 1981 an, der den Titel trug »Warum ist Roscelin in der ›Historia calamitatum‹ nicht erwähnt?«, und begann im Jahre 1985 mit einem großen Beitrag in der Veröffentlichung der »Königlichen Belgischen Akademie der Wissenschaften«. Leicht verändert hat Silvestre diesen Beitrag in deutscher Sprache auf dem Internationalen Kongreß der Monumenta Germaniae Historica über Fälschungen im Mittelalter im Jahre 1986 in München wiederholt. Gedruckt ist dieser Beitrag im Jahre 1988. Erwähnt sei noch, daß Benton auf diesem Kongreß eine Rechner-gestützte Textanalyse vorgelegt hat mit dem Ergebnis, daß Abaelard der Autor sowohl der »Historia calamitatum« wie aller übrigen Briefe des Korpus sei einschließlich der Heloisa zugeschriebenen. Die These von Silvestre lautet, der Vollender des »Roman de la Rose«, Jean de Meun (†1305), hat das Korpus verfaßt. Zweck der Abfassung sei die Heloisa in den Mund gelegte Verteidigung des Rechts der Geistlichen, sich der Verpflichtung zur sexuellen Enthaltsamkeit zu entziehen, sich eine Konkubine halten zu dürfen. Diese dritte Phase ist noch nicht abgeschlossen.

Nur eine kurze persönliche *Stellungnahme*. Die Silvestresche Hypothese über Verfasser und Zweck der Fälschung überzeugt mich überhaupt nicht. Von den Einwänden gegen die Echtheit halte ich jedoch zwei für gewichtig. Sehr merkwürdig ist der Umstand, auf den Silvestre im Jahre 1981 erstmals hingewiesen hat, daß in der »Historia calamitatum« eine Passage des Liebesabenteuers Abaelards mit Worten beschrieben ist (HC, Ausgabe Monfrin, 71 f., Z 280–339), die wörtlich aus der Schmähschrift Roscelins gegen Abaelard stammen (MPL 178, 369B,C). Weiter vertritt Silvestre die bereits von Benton vertretene These, daß Abaelard und Heloisa schon bald nach der Kastration gemeinsam den Parakleten als Doppelkloster gegründet hätten. Hierfür spricht, daß Abaelard um diese Zeit seine Briefe mit einem Siegel siegelte, das einen aus einem Männer- und einem Frauenkopf bestehenden Doppelkopf zeigt. Dies berichtet uns ebenfalls Roscelin in seinem Brief an Abaelard, indem er hinzufügt, Abaelard habe dieses Siegel selbst entworfen (MPL 178, 372A). Vgl. dazu auch oben zu S. 208 f.

2. Brief, MPL 178, 183(178); HC 108 f.(71); 5. Brief, MPL 178, 207(135).

Zu 258–262 Die reine Liebe

258 f.: 2. Strophe des Pfingst-Hymnus »Veni creator spiritus«, deutsch von Fr. *Wolters*, Hymnen und Sequenzen, Berlin 1914, 80. *Augustinus*, Confessiones – Bekenntnisse (wie oben zu S. 168–170), 4. Buch, 10 ff.(163 ff.). Die Verse von Fr. *Nietzsche* aus dem Gedicht »Zarathrustras Rundgesang« aus dem letzten Abschnitt »Also sprach Zarathrustra«, *ders.*, Werke in sechs Bänden, hg. v. H. *Schlechta*, 3. Bd., München 1980, 558. *Augustinus*, a. a. O., 1. Buch, 1(13). Zum *ordo amoris* ebd., 4. Buch, 12(169 ff.). Die weiteren Zitate ebd., 4. Buch, 7(157); 9(161); *ders.*, Sermo 336, 2 (MPL 38, 1472); *ders.*, De civitate Dei, hg. v. B. *Dombart*, A. *Kalb*, 2 Bde., Leipzig 1929, Nachdr. Darmstadt 1981, 14. Buch, 23(2. Bd., 48).
260 f.: Die Stellen zu Bernhards Lehre von der Liebe sind nachgewiesen von É. *Gilson*, Die Mystik des Heiligen Bernhard von Clairvaux, 224 ff. *Bernhard von Clairvaux*, Predigten zum Hohen Lied der Liebe, 20. Predigt, MPL 183, 870, übersetzt von W. von den *Steinen*, Vom Heiligen Geist des Mittelalters, 186. Die weiteren Zitate sind aus *Bernhard von Clairvaux*, Liber de diligendo Deo, 7. Kap. (MPL 182, 984 ff.). Die intentionale Trennung von Liebe (*amor*) – die Bitternis (*amaritudo*) sein kann – und Seligkeit oder Glück (*beatitudo*), die Abaelard und Heloisa mit Bernhard von Clairvaux verbindet, ist von dem Mystiker und Freund Bernhards, *Wilhelm von Saint-Thierry*, Liber de contemplando Deo, MPL 184, 375, scharf getadelt worden: »Was aber wäre sinnloser, als Gott in Liebe, nicht aber auch in Glück geeint zu sein?«
261 ff.: Zu Abaelard H. *Kuhn*, Stichwort »Liebe«, in: J. *Ritter*, K. *Gründer*, Historisches Wörterbuch der Philosophie, 5. Bd., Basel 1980, 290–318, bes. 296–301. Der Traktat Abaelards über die Liebe findet sich in seinem »Römerbrief-Kommentar«, zu Röm. 7, 13, und in einem Exkurs zu Röm. 8, 10(CCCM 11, 199–204, 290–293). Dazu É. *Gilson*, Heloise und Abelard, 58 ff.; P. v. *Moos*, Cornelia und Heloise, 1034 f. Das Augustinus-Zitat entstammt textlich leicht variiert dem »Traktat über den 1. Brief des Apostels Johannes«, 8, 8 (MPL 35, 2033): *Dilige et quod vis fac!* Die ethische Grundeinstellung Abaelards findet sich auch in dem Pastoral-Brief Roberts von Arbrissel an die Herzogin der Bretagne, Ermengard. Dazu J. *de Petigny*, Lettre inédite de Robert d'Arbrissel à la comtesse Ermengarde, in: Bibliothèque de l'école des Chartres, 5. Bd., 3. Ser., Paris 1854, 209 ff. Dort (S. 227) wird der Augustinus-Satz angeführt. Vgl. die Darstellung bei J. v. *Walter*, Die ersten Wanderprediger Frankreichs, 1. Bd., 124. Das Hieronymus-Zitat 46. Brief (MPL 22, 483). Heloisa, 2. Brief, (MPL 178, 184 [80 f.]). *Bernhard von Clairvaux*, Liber de diligendo Deo, 6. Kap. (MPL 182, 983). Heloisa, 2. Brief (MPL 178, 185[81]). Zu Heloisas Auffassung der Liebe als Grundlage der höfischen Liebesauffassung H. *Fromm*, Gottfried von Strassburg und Abaelard, in: D. *Schmittke*, H. *Schüppert* (Hg.), Festschrift für Ingeborg Schröbler, Tübingen 1973, 196–216, bes. 213–216. Zum Fortleben der Passion Heloisas J. Ch. *Payers*, La pensée d'Abélard et les textes romans du 12e siècle, in: Pierre Abélard – Pierre le Vénérable, 1975, 513–521. Zu scharf die These von P. *Zumthor*, Héloïse et Abélard, in: Revue des Sciences humaines, 91(1958) 313–332, die Liebe des Paares sei die vollkommene Form und die religiöse Überhöhung der höfischen Liebe.

478

Zum Themenkreis M. de *Gandillac,* Intention et loi dans l'éthique d'Abélard, in: Pierre Abélard – Pierre le Vénérable, 1975, 585–610.

263–264: Lex Salica, 68.c., § 1: Wer einen freien Mann erschlägt, einen Franken oder einen Fremden, der nach fränkischem Recht lebt, wird zur Zahlung von 200 Goldmünzen verurteilt (MGH,LL, 1.Sect., 4.1 Bd., 115); Bußbuch des Bischofs Cumian des Langen (590–662), 3.c., § 11: Wenn ein Mann mit einer Frau von hinten verkehrt – »auf die Weise der Hunde«, wie es in anderen Texten heißt –, tut er 40 Tage Buße. In: F. W. H. *Wasserschleben,* Die Bußordnungen der abendländischen Kirche, 472. Zum Ausgang Abaelards von zeitgenössischen archaischen Vorstellungen R. *Van den Berge,* La qualification morale, 149 f. »Römerbrief-Kommentar« zu Röm.2, 6 (CCCM 11, 78). Die Definition der *opera* »Ethik«, 54. Zur Beleidigung Gottes ebd. 4. Das Beispiel der Begierde ebd. 14. Daß der Sitz der moralischen Qualifikation des Menschen nicht im inneren Wissen (*scientia*) oder im äußeren Werk (*opus*), sondern im Wollen (*voluntas*) liegt, hatte schon *Anselm von Canterbury,* De Veritate, lat.-deutsche Ausgabe v. Fr. S. *Schmitt,* Stuttgart 1966, 79, gelehrt und als Beispiel gebracht die Speisung eines Armen aus Geltungssucht (ebd. 81), eine Handlung, die als äußeres Werk richtig (*rectus*) ist, als Handlung nicht aber lobenswert. Über die Schule von Laon – Anselm von Laon, Wilhelm von Champeaux – kannte Abaelard diese Auffassung. Dazu R. *Van den Berge,* a. a. O., 150 f. Das Beispiel des Heuchlers, der Gutes in böser Absicht tut, behandelt Abaelard im »Römerbrief-Kommentar« zu Röm.12, 8 (CCCM 11, 276). Das weitere Abaelard-Zitat »Ethik«, 18. Zu dem Satz des Papstes Gregor – oben S. 99 – ebd., 18, 20, 28, 26.

Weder das lateinische Wort *intentio* noch seine deutsche Übersetzung »Absicht«, »Zielen des Blickes auf etwas« (Fr. *Kluge,* Etymologisches Wörterbuch der deutschen Sprache, 21. Aufl., Berlin 1975, 4) dürfen subjektiv mißverstanden werden. Intention heißt die Hinrichtung auf etwas, auf ein Ziel, auf ein Vorgegebenes. »Wie jeder Wille etwas will, so will er wegen etwas«, *Anselm von Canterbury,* a. a. O., 81. Über Franz von Brentano (1838–1917) ist diese Auffassung von »Intention« und »intentional« in die Phänomenologie Edmund Husserls (1859–1938) übergegangen. Es ist zur Interpretation der Bewußtseinsauffassung Abaelards nützlich, an die von der Phänomenologie beschriebenen Strukturen zu denken und sich nicht von der heutigen umgangssprachlichen Auffassung von Intention, Absicht leiten zu lassen. Dazu R. J. *Van den Berge,* a. a. O., 150 f. Ausführlich geht Abaelard auf das Problem der Lust ein in der Antwort auf die 42. Frage Heloisas in den »Problemata Heloissae«: »Ob jemand in dem sündigen kann, das ihm von Gott gestattet oder befohlen ist?« Aus dem Werk des *Augustinus* »De homo conjugali«, »Über das Gut der Ehe«, zitiert er den Satz: »Was die Speise zum Wohl des Einzelmenschen ist, ist der Beischlaf zum Wohl des Menschengeschlechts, und beides geschieht nicht ohne sinnliche Lust« (MPL 40, 385; Abaelard MPL 178, 727). Abaelard unterscheidet an dieser Stelle ganz deutlich zwischen der sinnlichen Lust (*delectatio carnalis*) und der sündhaften Lust (*libido*). Die Gegenvorstellung von Ehe, Zeugung und Nachkommenschaft, gegen die sich Abaelard wendet, findet sich auch bei *Hieronymus,* Adversus Jovinianum, 1, 13–20 (MPL 23, 229–254); *Gregor von Nyssa,* De Virginitate (MPL 46, 317 ff.).

265 ff.: »Römerbrief-Kommentar«, Röm.2, 6(CCCM 11, 78); »Ethik«, 52. Dazu auch »Dialogus inter Philosophum, Judaeum et Christianum«, 163 ff. Zur *traditio* im

lehnsrechtlichen Sinne Fr. L. *Ganshof*, Was ist das Lehnswesen?, Darmstadt 1961, 85.
»Ethik«, 28, »Dialogus«, 164 f. »Ethik«, 6.

267: »Ethik«, 54, 56; »Apologia ›Ne iuxta Boetianum‹« (CCCM 11, 360). Schon *Anselm von Canterbury*, Cur Deus homo?, 2. Buch, 15. Kap., lat.-deutsche Ausgabe v. Fr. S. *Schmitt*, Darmstadt 1956, 123, hatte unter Berufung auf den Apostel Paulus (1. Kor. 2, 8) die Ansicht vertreten, daß die Juden keine Gottesmörder seien, da sie nicht wußten, daß Jesus Gott war, »und kein Mensch wissentlich auch nur wollen kann, Gott zu töten«. Ihre Unwissenheit führe dazu, daß sie nur eine leichte, leicht verzeihbare Sünde begangen hätten. Anselm setzte sich so wenig durch wie Abaelard. Die Judenfeindlichkeit wuchs während des ganzen Mittelalters.
Es gibt eine lange christliche Tradition des »Erkenne Dich selbst!« Dazu die Nachweise bei É. *Gilson*, Die Mystik des Heiligen Bernhard von Clairvaux, 259 ff. Abaelard steht offensichtlich nicht in dieser Tradition.

268 f.: Heloisa: 2. Brief (MPL 178, 185[81];186[83]; 187[86];184[80];186[83]).

Zu 270–271 Der Abt als Flüchtling

Heloisa: 2. Brief, MPL 178, 184(79); Abaelard: 5. Brief, ebd. 204(126). HC 105–107(66–69).

Abaelard hat die Abtswürde nie aufgegeben, offensichtlich nicht, um die Rechte des Abtes Suger von Saint-Denis nicht wieder aufleben zu lassen. Erst nach seinem Tod ist in Saint-Gildas ein neuer Abt gewählt worden. Dazu J. *Miethke*, Abaelards Stellung zur Kirchenreform, 186.
Zu Hugo von Orléans oben zu S. 126 f.
Der Wechsel der Rollen, diese Auflösung der Status hat die Zeitgenossen tief verstört. Roscelin schon hatte Abaelard geschrieben: »Da Du also weder Kleriker noch Laie, noch Mönch bist, so vermag ich nicht zu erkennen, wie ich Dich nennen soll« (MPL 178, 370 f.). Und Bernhard von Clairvaux nennt ihn »Mönch ohne Regel, Vorsteher (*praelatus*) ohne Sorgfalt, er hält die Ordnung nicht ein, wird von der Ordnung nicht gehalten« (MPL 182, 359).

Zu 271–274 Paris, die Hauptstadt des Reiches

R. H. *Bautier*, Paris au temps d'Abélard, 40–52, dort, 52, auch das Zitat oben S. 274.
Am 20. August 1133 kehrte Bischof Stephan mit zahlreichen Äbten, Prioren, Mönchen und Weltgeistlichen von einem Besuch des Klosters Chelles östlich von Paris heim. Wegen der Oktav von Mariä Himmelfahrt war der Zug in Befolgung des Gottesfriedensgebotes unbewaffnet. Auf Grund und Boden Stephans von Garlande unweit der Befestigung Gournay-sur-Marne stürzten einige Männer aus dem Hinterhalt, unter ihnen die Neffen Theobalds des Notars, und erstachen den Prior Thomas, der von dem Bischof in die Arme genommen wurde. Der Bischof wagte die Weiterreise nach Paris nicht, sondern zog sich nach Clairvaux zurück, von wo aus er den Papst und die Bischöfe zum Vorgehen bewog. Das Konzil zur Verurteilung der Täter fand Anfang des Jahres 1134 im Kloster Jouarre-en-Brie statt. Dazu E. *Vacandard*, Leben des Heiligen Bernard von Clairvaux, 1. Bd., 426–432; W. *Janssen*, Die päpstlichen Legaten in Frankreich, 20 f.

Johannes von Salisbury, Metalogicus, 2. Buch, 10. Kap. (MPL 199, 867). Zur Schullandschaft auf dem linken Seine-Ufer R. L. *Pool*, The Masters of the Schools at Paris and Chartres in John of Salisbury's Time, in: The English Historical Review, 139(1920)321–342. Zur Politik Bischof Stephans von Senlis s. R. H. *Bautier*, Paris au temps d'Abélard, 65–75. Zum Streit des Cornificius G. *Misch*, Geschichte der Autobiographie, 3. Bd., 2. Hälfte, 1198–1203, 1229–1243; J. O. *Ward*, The Date of the Commentary, 219–239; J. *Verger*, Abélard et les milieux sociaux de son temps, 120 f. Johannes von Salisbury, die wichtigste Quelle über den Streit, berichtet im 1. Buch, 5. Kap. seines »Metalogicus« von Gilbert von Poitiers, damals Kanzler in Chartres, daß er streng die sieben Jahre Studium der *artes liberales* verlangte, deswegen aber Schüler fortzogen, um Medizin oder Jurisprudenz zu studieren.

Er pflegte den Scholaren, die er zu den vorgenannten Studien forteilen sah, ich weiß nicht, ob lachend über die Verrücktheit der Zeit oder darüber weinend, das Bäckerhandwerk zu empfehlen. Denn bei seinen Landsleuten, so fügte er hinzu, wäre es üblich, daß alle, die zu anderen Werken oder Kunstfertigkeiten außerstande wären, von dieser Zunft aufgenommen würden; denn dieses Handwerk läßt sich am leichtesten ausüben und ist den anderen Künsten dienstbar, besonders wenn man das Brot mehr als die Kunst sucht (MPL 199, 982).

Das Problem der Studienzeiten und der Berufsorientierung des Studiums ist so alt wie die Hochschulen selbst.

Den Aufenthalt Abaelards in der Pfarrei Saint-Ylaire berichtet *Johannes von Salisbury*, Historia Pontificalis, hg. v. R. L. *Poole*, Oxford 1927, 64. Zu dieser Pfarrei vgl. A. *Friedmann*, Paris, ses paroisses, 167–171.

Der Ausspruch von Bischof Gottfried HC 85(39). Der Brief des Petrus Venerabilis MPL 189, 352, deutsch in der Ausgabe des Briefwechsels von E. *Brost*, 414.

Zu 278–280 Der Genovefa-Berg, Mutterboden der europäischen Universität

A. L. *Gabriel*, Les écoles de la cathédrale de Notre-Dame et le commencement de l'Université de Paris, in: Revue de l'histoire de l'Eglise de France, 50(1964) 74–98. Zur Entstehung der Schulen im 12. Jh. vgl. auch St. C. *Ferruolo*, The Origins of the University, 11 ff. Zur Bedeutung der Schule von Saint-Victor, 29 ff.

Das Zitat *Alexander Neckam*, De naturis rerum libri duo, hg. v. Th. *Wight*, London 1863, 460.

Um das Jahr 1175 sagte Guy von Bazoches vom Petit Pont, daß diese Brücke »denen gewidmet sei, die rasch hinübergingen, die einen Spaziergang machten und die dort über logische Probleme diskutierten«. Nachweis bei R. H. *Bautier*, Paris au temps de l'Abélard, 51.

Zu 280–285 Die Schüler: Vagabunden, Revolutionäre, Magister, Bischöfe und Päpste

Zum ganzen Abschnit D. E. *Luscombe*, The School of Peter Abelard, bes. 14–59.
281: *Bernhard*, Brief an Kardinal Guido von Città di Castello, MPL 182, 358.
282: Der Bericht *Gerhos von Reichersberg*, 21. Brief, MPL 183, 576 f.
283: *Otto von Freising*, Die Taten Friedrichs, 1. Buch, 50. Kap. (AusgQ 17, 225).

Brief Bernhards von Clairvaux, MPL 182, 355; *Johannes von Salisbury*, Historia Pontificalis (wie oben zu S. 274–278), 31. Kap. (64).
284: R. M. *Thomson*, The Satirical Works of Berengar of Poitiers. Zur Schule Abaelards: A. M. *Landgraf*, Beiträge zur Erkenntnis der Schule Abaelards, in: Zeitschrift für Katholische Theologie, 54(1930) 360–450; H. *Ostlender*, Die Sentenzenbücher der Schule Abaelards, in: Theologische Quartalsschrift, 117(1936) 208–252. Dazu das Standardwerk D. E. *Luscombe*, The School of Peter Abelard. The influence of Abelard's thought in the early scholastic period, Cambridge 1970.
285: Zu Robert von Melun D. E. *Luscombe*, a. a. O., 281–298; R. M. *Martin*, Pro Petro Abaelardo, un plaidoyer de Robert de Melun contre S. Bernard, in: Revue des sciences philosophiques et théologiques, 12(1932) 308–333; U. *Horst*, Beiträge zum Einfluß Abaelards auf Robert von Melun, in: Recherches de théologie ancienne et médiévale, 26(1959) 314–326. Auszüge aus der Schmähschrift Walters von Saint-Victor sind gedruckt MPL 199, 1129–1172. Die Bemerkung Johannes' von Cornwalles über Petrus Lombardus aus seinem »Eulogium« MPL 199, 1052. *Thomas von Aquin*, Quaestiones disputatae de potentia, qu. 1,art 5, in: *ders.*, Quaestiones disputatae, hg. v. P. *Bazzi* u. a., 2. Bd., 8. Aufl., Turin 1949, 19.

Zu 286–291 Kraft und Grenzen der Vernunft

Zum Themenkreis: L. *Ott*, Untersuchungen zur theologischen Briefliteratur der Frühscholastik, 241–254; T. *Gregory*, Considérations sur ratio et natura chez Abélard, in: Pierre Abélard – Pierre le Vénérable, 1975, 568–584; E. *Gössmann*, Dialektische und rhetorische Implikationen der Auseinandersetzung zwischen Abaelard und Bernhard von Clairvaux um die Gotteserkenntnis, in: J. P. *Beckmann* u. a. (Hg.), Sprache und Erkennen im Mittelalter, 890–902.
286–288: »Theologia ›Scholarium‹«, 1, 1(CCCM 13, 318). W. von den *Steinen*, Vom Heiligen Geist des Mittelalters, 263f. »Theologia ›Scholarium‹«, Vorwort, 1(CCCM 13, 313). H. *Silvestre*, L'idylle d'Abélard et Héloïse, 187, versucht aus dem Gegensatz dieser Stelle zu HC 82 f.(34 f.) die Unechtheit der letzteren zu erweisen. Die weiteren Zitate »Sic et Non«, Vorwort, (MPL 178, 1339); »Theologia ›Scholarium‹«, 2, 18(CCCM 13, 414), Vorwort, 2 (ebd., 313); »Theologia ›Summi boni‹«, 2, 25(CCCM 13, 122); Predigt von Mariä Verkündigung (MPl 178, 386). Daß Abaelard erstmals zwischen Glaubenslehre und Theologie, Wissenschaft und Gegenstand der Wissenschaft unterschied, ist dargelegt von J. *Cottiaux*, La conception de la théologie chez Abélard, 270.
Die letzte Fassung der Ansicht Abaelards über die Fähigkeit des Menschen, Gott zu erkennen und Erkanntes auszusagen, findet sich im 2. Buch, Kap. 76–93, seiner »Theologia ›Scholarium‹« (CCCM 13, 445–453). Hier finden sich die Thesen, daß der unendliche Abstand des Schöpfers vom Geschöpf die dem endlichen Bereich entnommenen Gleichnisbilder für Gott undeutlich werden läßt (ebd., 445), daß die Zeitlichkeit unserer Sprache die Zeitlosigkeit Gottes nicht ausdrücken kann (449) und daß durch die Verwendung der verschiedenen Erfahrungsbereichen entnommenen Worte die Einzigkeit Gottes nicht getroffen werden kann (452). Wie der Versuch Abaelards und Gilberts von Poitiers, die theologische Sprache logisch zu regulieren, am Widerstand der konservativen Theologen scheiterte, besonders an Bernhard von Clairvaux, ist dargestellt bei N. M. *Häring*, Die theologische Sprachlogik der Schule von Chartres im

zwölften Jahrhundert, in: *Beckmann*, J. P. u. a. (Hg.), Sprache und Erkenntnis im Mittelalter, 930–936.
288–291: Zum Verhältnis Abaelards zu Anselm von Canterbury R. *Thomas*, Anselms Fides quaerens intellectum im Proslogion und Abaelards rationibus fides astruenda et defendenda im Dialogus inter Philosophum, Judaeum et Christianum. Eine Vergleichserörterung, in: Analecta Anselmiana, 5(1976)297–310.
Einleitung zum 2. Buch der »Theologia ›Summi boni‹«, Lob der Dialektik, (CCCM 13, 123). Zum »Lehrgedicht an Astralabius« s. oben S. 394 f. Die Zusammenfassung von »Irrlehrern, Juden und Heiden« in der »Theologia ›Summi boni‹« (ebd. 314 f.). Die Zitate M. D. *Chenu*, Abélard, le premier homme moderne, 399, 404. Den Umgang Bernhards von Clairvaux mit der Heiligen Schrift beschreibt sein Biograph Gottfried von Auxerre im 3. Buch, 3. Kap. der »Vita prima« (MPL 185, 307). Der Text von Walter von Mortagne in: H. *Ostlender* (Hg.), Sententiae Florianenses, Bonn 1929, 34; L. *Ott*, Untersuchungen zur theologischen Briefliteratur, 235.

Zu 291–296 Die neue Rechtfertigungslehre oder die Erlösung durch Liebe

291: Besonders in der Schule von Chartres wurde gelehrt, daß der Same des Mannes mit der Feuchtigkeit der Frau zusammentreffen muß, um ein Kind zu zeugen. So Wilhelm von Conches (um 1080–1154) in seiner »Philosophia mundi«, 4. Buch, 12. Kap. (MPL 172, 89, dort Honorius [Pseudo-]Augustodunensis zugeschrieben).
292f.: *Augustinus*, De Trinitate, 13, 14, 18 (MPL 42, 1076). Zum Verhältnis Abaelards zu Anselm von Canterbury D. E. *Luscombe*, St. Anselm and Abelard, in: Anselm Studies. An Occasional Journal, 1. Bd., New York 1983, 207–229. *Anselm von Canterbury*, Cur Deus homo?, (wie oben zu S. 267), 1, 7(23); 1, 8(25); 1, 10(37); 1, 11(41); 1, 12(43, 45); 1, 13(47); 2, 6ff.(97ff.); 2, 1(91); 2, 12(117). Abaelard, Dialogus, 101.
294–296: *Abaelard*, Römerbrief-Kommentar, zu Röm.3, 26 (CCCM 11, 113); 3, 26(117, dazu R. *Peppermüller*, Abaelards Auslegung des Römerbriefes, 93); 5, 6(155); Predigt am Fest Mariä Reinigung (MPL 178, 417ff., 421, 422, 422f.).

Zu 296–310: Die neue Ethik oder Gewissen gegen Werke

Zum Themenkreis D. E. *Luscombe*, The »Ethics« of Abelard: Some further considerations, in: Peter Abelard, 1974, 65–84.
298: Das Gedicht von Bertran de Born provençalisch und in Wort-für-Wort-Übersetzung, in: D. *Rieger* (Hg.); Mittelalterliche Lyrik Frankreichs I, Lieder der Trobadors, Stuttgart 1980, 172–175.
299: *Andreae Capellani* regis Francorum de amore libri tres, hg. v. E. *Trojel*, 2. Aufl., München 1972, 153. Der Kampf um Sexualität, Ehe und Familienordnung ist dargestellt bei G. *Duby*, Ritter, Frau und Priester. Die Ehe im feudalen Frankreich, bes. 29–63, 101–123. Die Bußordnung Burchards von Worms (965–1025) bestimmt z. B. in den cc.49f. :

Du tust Buße, wenn du mit Deiner Frau schläfst während sie die Tage hat, nachdem sie schwanger geworden ist, wenn du es am Sonntag tust, in den zwanzig Tagen vor Weihnachten, an einem Fest des Herrn, in der Fastenzeit, an einem Apostelfest, an einem öffentlichen Feiertag. Buße ist zu tun mit drei Tagessätzen für die Zeit der Regel, fünf Tagessätzen für die

Zeit der Schwangerschaft, zehn Tagessätzen jedoch, wenn sich das Kind im Mutterleib bereits bewegt hat oder die Geburt danach in weniger als zwanzig Tagen erfolgte, und zwanzig Tagessätze an den verbotenen Tagen. Vierzig Tagessätze jedoch für den Beischlaf während der Fastenzeit zuzüglich der Zahlung von 26 Schillingen als Fastenalmosen.

Text bei Fr. W. H. *Wasserschleben, Die Bußordnungen*, 642. »Wer Wucher treibt, fährt zur Hölle, wer keinen Wucher treibt, fällt in Armut«. (Rambaldis da Imola). Dazu H. J. *Gilomen*, Wucher und Wirtschaft im Mittelalter, in: Historische Zeitschrift 250 (1990) 265–301.

300: Das Zitat B. *Tuchmann*, Der ferne Spiegel (wie oben zu S. 101–103), 15. Zum Anteil Clunys an der Entwicklung der in der Totenliturgie ausgestalteten Fürbitte vgl. W. *Jorden*, Das clunyazensische Totengedächtniswesen vornehmlich unter den drei ersten Äbten Berno, Odo und Aynard (910–954), Münster i. W. 1930, bes. 47–69. Zur Entstehung der Vorstellung vom Fegefeuer J. *LeGoff*, Die Geburt des Fegefeuers, Darmstadt o. J., bes. 153–155, 159–186, 163–165.

301: »Ethik«, 84.

302: *Augustinus* De peccatorum meritis et remissione, 2, 4 (MPL 44, 152 f.); Contra Julianum, 2, 3 (MPL 44, 675 ff.). »Ethik«, 68. Zur zeitgenössischen Rezeption der Lehre des Augustinus J. *Gross*, Die Ur- und Erbsündelehre der Schule von Laon, passim. Zur Abwendung Abaelards von Augustinus R. E. *Weingart*, The Logic of Divine Love, 44.

302–304: »Ethik«, 22, 24. Zur *lex naturalis* »Dialogus«, 71. Zu den an sich »indifferenten« Tatbeständen oder *opera* »Ethik«, 44, »Dialogus«, 161. Zur Rechtswidrigkeit »Ethik«, 24. Der Ausdruck *ius positivum* findet sich erstmals im »Dialogus«, 124, nachdem schon *Wilhelm von Conches* in seiner Timaios-Glosse – »Glossae super Platonem«, 3. Abschn., hg. v. E. *Jeanneau*, Paris 1965, 59 – der *justitia naturalis* die *justitia positiva ab hominibus inventa* gegenübergestellt hatte. Vgl. dazu D. E. *Luscombe*, The School of Peter Abelard, 222. Zur Schuld »Ethik«, 18, 20; »Römerbrief-Kommentar« zu Röm. 5, 19 (CCCM 11, 164 ff.). Zur Schuldfähigkeit gehört die Einsichtsfähigkeit – *rationis exercitum* – und die Willensfreiheit – *liberum arbitrium* –. Kinder und Geistesgestörte sind daher nicht schuldfähig (ebd. 166).

Zur Situation des *tournement du pouvoir*, wie Juristen heute sagen, der äußerlich korrekten, von der Intention her verwerflichen Rechtsausübung »Ethik«, 28. Zur Ethik der Humanität, ebd. 92. Das Zitat ebd. 12. Die Situation vor dem bischöflichen Gericht ebd. 38. Auf den Umstand, daß Abaelard in der Dogmatik, besonders in der Trinitätslehre, ganz theologisch denkt – und die hier angewandte Methodik wird die Methodik der Scholastik werden – während er in der Ethik anthropozentrisch denkt, vom Menschen ausgehend – und somit weder von den Zeitgenossen noch der Scholastik rezipiert wurde – hat hingewiesen Gh. *Vladutescu*, Un modéle rationaliste de l'homme au 12e. siècle, 360.

Abaelard hat von der Schule von Laon – Anselm von Laon, Wilhelm von Champeaux – mehr übernommen, als er zugibt. Schon in dieser Schule war die moralische Indifferenz der äußeren Handlung gelehrt worden und die Intention als dasjenige, das sie gut oder böse macht. In den »Sentenziae Anselmi«, gedr. bei F. *Bliemetzrieder*, Anselmus von Laon systematische Sentenzen, Münster 1919, 47–153, heißt es 71:

Alle nehmen an, daß die Handlung als solche indifferent ist, das heißt, weder gut noch böse, daß aber die geprägte Handlung (*actus formatus*) gut oder böse ist.... Zum Beispiel ist bei einer Frau liegen an sich indifferent, geprägt, das heißt verbunden mit der Intention des Handelnden, ist es entweder gut oder böse. Die Intention ist nämlich Prägung der Handlungen (*forma actuum*). Ist die Intention gut, ist die Handlung gut, ist jene schlecht, ist diese ebenfalls schlecht. Keine Handlung ist gut oder böse, es sei denn im Hinblick auf eine Intention.

Der lateinische Text findet sich auch bei R. J. *Van den Berge*, La qualification morale, 151. *305f.*: Das Zitat »Ethik«, 48. *Widukinds* Sachsengeschichte, 1. Buch, 39. Kap. (AusgQ 8, 79, 77). Die Stelle aus dem »Carmen« bei M. B. *Hauréau*, 155.

Zu 307–310 Die neue Theologie oder die systematisierende Kraft der Liebe

Zum Themenkreis Th. *Hesse*, Natur und Gnade bei Abaelard. Eine Untersuchung über seinen Charitasbegriff, theol. Diss. Basel 1936; *ders.*, Gottes Liebesoffenbarung als Begründung der menschlichen Liebesgerechtigkeit bei Abaelard (Teildruck der Diss.), Essen 1939; R. E. *Weingart*, The Logic of Divine Love, 1970.

307f.: »Theologia ›Scholarium‹«, 1, 1 (CCCM 13, 318), ebd. Vgl. auch ebd., 2, 49(432). Die Definition der Hoffnung, ebd., 1, 1(318); die Definition der Liebe ebd., 1, 3 (319); die Definition des Sakraments ebd., 1, 9(321). Dazu »Römerbrief-Kommentar«, zu Röm.3, 27 (CCCM 11, 118ff.). Zur Liebe als Rechtfertigungsgrund ebd., 121.

308: Schon den Zeitgenossen des Augustinus erschien die Lehre vom ewigen Tod ungetaufter Kinder unmenschlich. Bischof Julian von Eclanum (†nach 454) schrieb:

Du, Augustinus, bist weit entfernt von religiösen Gefühlen, von zivilisiertem Denken, weit sogar vom gesunden Menschenverstand, wenn du denkst, daß Dein Gott fähig ist, Verbrechen gegen die Gerechtigkeit zu begehen, die sogar für die Barbaren schwer vorstellbar sind.

Die Stelle ist erhalten in: *Augustinus*, Opus imperfectum contra Julianum, 1, 48 (MPL 45, 1069ff.). Zitiert wurde nach U. *Ranke-Heinemann*, Eunuchen für das Himmelreich, Hamburg 1988, 32. Bischof Julian wurde als Pelagianer verurteilt und vertrieben. Augustinus hat sich durchgesetzt. Die Zeitgenossen Abaelards übertrieben in der Krassheit der Formulierung Augustinus noch. So heißt es in einer Sentenz aus der Schule von Laon zur Begründung, daß Gott die Kinder gerecht verwerfen könne:

Kot sind sie nämlich und korruptes Fleisch (*lutum enim sunt et corrupta caro*), und nichts ist ihnen aus Gerechtigkeit geschuldet.

Zitiert nach J. *Gross*, Die Ur- und Erbsündenlehre der Schule von Laon, 39.

309: Zur Doppeldeutigkeit »Seele oder Kirche als Braut Christi« vgl. Y. *Congar*, Die Ekklesiologie des hl. Bernhard, in: J. *Lortz* (Hg.), Bernhard von Clairvaux, 76–119, bes. 78f.

Zu 310–314 Der Schüler Johannes von Salisbury oder das Urteil des Gewissens über die Herrscher der Welt

312: *Johannes von Salisbury*, Policraticus, 7, 25(MPL 199, 705). *Petrus Lombardus*, Sentenzen, 2 d.27 (MPL 192, 714). Der Brief Nr. 59 an Randulf von Lisieux mit dem berühmten Zitat MPL 199, 59.

313: Der Brief Nr. 197 an Girard la Pucelle MPL 189, 199f. Der Brief Nr. 197 über die Gewissensfreiheit ebd., 216.

Im 12. Jh. waren Lehen besonders in England käuflich geworden. Der Satz über den

Verkauf der Freiheit durch den Empfang von Lehen findet sich im »Policraticus«, 5, 10(MPL 199, 503 f.), an dessen Beginn die Zerstörung der Ordnung durch die Käuflichkeit der Dinge behauptet wird: »Glaube nicht, daß bei denen die Gerechtigkeit, die Wahrheit oder Frömmigkeit zu Hause ist, bei denen Du siehst, daß alles käuflich ist.« Der Satz über das Lehen findet sich auch im 252. Brief (MPL 199, 296). Er hat seine Vorlage in dem Vers aus Abaelards Lehrgedicht an Astralabius, wo im Umgang mit den Lehnsfürsten gesagt wird: »Verkauf' nicht die Freiheit, fliehe Geschenke der Mächtigen«, V. Cousin, Petrus Abaelardus Opera, 1. Bd., 346. Mit beneficium, »Wohltat, Gunst« stellt schon Rather von Verona (um 890–974) den Satz auf: »Ein Benefizium empfangen heißt seine Freiheit verkaufen« (MPL 136, 172). Dazu J. Fried, Über den Universalismus der Freiheit im Mittelalter, in: Historische Zeitschrift, 240 (1985) 340–342.

Der Satz über das gewissenswidrige Urteil findet sich in einer großen, an den Archidiakon Balduin von Exeter gerichteten Auseinandersetzung mit der Kirchenpolitik König Heinrichs II. von England, Brief Nr. 193 (MPL 199, 209). Damit Urteile gewissensmäßig sein können, müssen sie frei sein. Brief Nr. 59 (ebd., 39).

314: Brief Nr. 221 (ebd., 247).

Zu 314–324 Die Kritik an den herrschenden Ordnungen

Zum Themenkreis: R. Thomas, Personale und wertethische Aspekte Peter Abaelards, 1079–1142, im Konflikt mit der Machtstruktur des XII. Jahrhunderts, in: Proceedings of the XVth World Congress of Philosophy. 17th to 22nd September 1973, Varua, Bulgaria, Sofia 1975, 829–834.

316 f.: Abaelard im 7. Brief (MPL 178, 228 f. [185]); 229(186). Vgl. hierzu auch die 9. Predigt (MPL 178, 455).

Honorius (Pseudo-)Augustodunensis, Gema animae, 125.Kap. (MPL 172, 585). Abaelard, Ethik, 42 f.

317 f.: »Dialogus«, 124 f. Zum Ausdruck jus positivum oben zu S. 302–304. Zur Bedeutung der Verfahrensregeln für die Durchsetzung von Recht »Römerbrief-Kommentar« zu Röm.5, 19 (CCCM 11, 172). Das Zitat über die Gesetzesflut »Dialogus«, 125.

319: Ivo von Chartres, Panormia, 6. Buch, 6. Kap. (MPL 161, 1245); Decretum, 8. Teil, 85. Kap. (ebd., 601). Diese Frauen rechtlich diskriminierenden Bestimmungen wurden von Gratian in sein Dekret als c.17 C.33 qu.5 aufgenommen. Heloisa im 2. Brief (MPL 178, 185[81]).

320–322: Die Auslegung des »Vaterunser« ist gedruckt bei MPL 178, 611–618, dort die vierte Bitte 614 f. Im Jahre 1125 verfaßte Bernhard von Clairvaux gegen den Orden von Cluny seine »Apologia ad Guillelmum« (MPL 182, 895–918). Darin finden sich ähnliche Wendungen wie bei Abaelard: »Wer sucht, wer verteilt das Brot, das vom Himmel kommt?« (910), »Warum sagt Ihr ›Friede‹, wenn kein Friede ist?« (911). Der Satz »Sie sagen ›Friede, Friede‹, aber es ist kein Friede« ist ein Bibelzitat (Jer.6, 14). Der berühmte Ausspruch Bernhards »Die Welt ist voller Mönche findet sich in der Verteidigung der Ordensritter »De laude novae militiae ad milites Templi«, 1.c. (MPL 182, 921). Zu Abaelards Text A. R. Schlette, Aspiratio. Präformatorische Akzente in Abaelards Erklärung der vierten Vaterunser-Bitte, in: Petrus Abaelardus, 1980, 211–216.

322–324: Das Zitat Fr. Heer, Aufgang Europas, 268. Zu der Stelle aus dem Lehrgedicht an Astralabius s. oben S. 394 und unten zu S. 394.

Gratian, Decretum, c.7 D.4. *Ivo von Chartres*, 60. Brief (MPL 162, 73). *Abaelard*, Theologia Christiana, 2,48 (CCCM 12, 141); 2, 45–50(150–152). Abaelards Auslegung des »Vaterunser«, MPL 178, 610; »Theologia Christiana«, 2, 45(150).

Zu 324–327 Das Bleibende

Zur Einwirkung Abaelards auf die Hochscholastik R. *Thomas*, Die Prefiguration Thomastischen Denkens bei Petrus Abaelardus, in: Tommaso d'Aquino nella storia del pensiero. Le fonti del pensiero de S. Tommaso, Atti del Congresso Internationale Roma – Napoli 17–24 aprile 1974, Neapel 1975, 393–398.

Zu 328–373 Der Angriff Bernhards von Clairvaux

Die wichtigste Literatur zum Verhältnis Abaelards zu Bernhard von Clairvaux: S. M. *Deutsch*, Die Synode von Sens und die Verurtheilung Abälards, Berlin 1881; E. *Vacandard*, Leben des Heiligen Bernhard von Clairvaux, 2. Bd., 1898, 116–191; P. *Lassérre*, Un conflict religieux au 12e siècle: Abélard contre Saint-Bernard, Paris 1930; A. M. *Landgraf*, Der Hl. Bernhard in seinem Verhältnis zur Theologie des zwölften Jahrhunderts, in: J. *Lortz* (Hg.), Bernhard von Clairvaux, 1955, 44–62; A. *Borst*, Abaelard und Bernhard (1958); R. *Sommerfeldt*, Abelard and Bernhard of Clairvaux, in: Papers of the Michigan Academy of Sciences, Artes and Letters, 46(1961)493–501; L. *Grill*, Die 19 capitula Bernhards von Clairvaux gegen Abaelard, in: Historisches Jahrbuch, 80(1961)230–239; J. C. *Sikes*, Peter Abailard, 219–247; V. *Murray*, Abelard and St. Bernard; J. *Miethke*, Theologenprozesse in der ersten Phase ihrer institutionellen Ausbildung: Die Verfahren gegen Peter Abaelard und Gilbert von Poitiers (1975), bes. 96–116; Th. *Remca*, Abelardus versus Bernard: An Event in Monastic History, in: Cîtaux, 27(1976)189–202; E. F. *Little*, Relations between St. Bernard and Abelard before 1139, in: Saint-Bernard of Clairvaux. Studies commemorating the Eight Centenary of his Canonization, hg. v. M. B. *Pannington*, Kalamazov 1972, 155–168; E. *Gössmann*, Zur Auseinandersetzung zwischen Abaelard und Bernhard von Clairvaux um die Gotteserkenntnis im Glauben, in: Petrus Abaelardus, 1980, 233–242; ders., Dialektische und rhetorische Implikationen der Auseinandersetzung zwischen Abaelard und Bernhard von Clairvaux um die Gotteserkenntnis, in: J. P. *Beckmann* u. a. (Hg.), Sprache und Erkenntnis im Mittelalter, 891–902.

Zu 328–329 Die Beunruhigung der herrschenden Kreise

Das Zitat aus dem Brief Wilhelms von Saint-Thierry MPL 182, 531. Der Brief Hugos Metellus an Papst Innozenz II., in Ch. L. *Hugo*, Sacrae antiquitates monumenta, 2. Bd., Saint-Die 1731, 330 ff. Der Brief der Bischöfe der Kirchenprovinz Sens an Papst Innozenz II. MPL 182, 540. Zu Odo von Ourskamp M. *Grabmann*, Geschichte der scholastischen Methode, 2. Bd., 25–27. Das Zitat aus dem Brief Wilhelms wie oben.

Zu 330–336 Bernhard von Clairvaux, die »Schimäre des Jahrhunderts«

Die Selbstbezeichnung als »Schimäre des Jahrhunderts« findet sich im 250. Brief (MPL 182, 451).

330–333: Die Zitate aus der »Vita prima«, 1. Buch, 4. und 5. Kap. (MPL 185, 238, 241). Das Zitat J. *Gimpel,* La révolution industrielle du Moyen Age, Paris 1975, 10 f. Brief Nr. 20 an den Kanzler Haimerich (MPL 185, 123). Eine Sammlung der Maßlosigkeiten und Hinterhältigkeiten Bernhards bringt A. *Gimier,* Outrances et Roueries de Saint Bernard, in: Pierre Abélard – Pierre le Vénérable, 1975, 655–670. Das Zitat von R. *Grégoire,* in: Lexikon des Mittelalters, 1. Bd., München 1980, 1993.

334–336: Der Brief des Petrus Venerabilis an König Ludwig VII., MPL 189, 366 ff. Bernhards Brief an Erzbischof Heinrich Nr. 365 (MPL 182, 570 f.). Die Worte des Rabbis Josef ben Meier zitiert nach E. *Vacandard,* Leben des Heiligen Bernard von Clairvaux, 2. Bd., 307. Die weiteren Stellen bei Bernhard über die Juden nachgewiesen von H. *Schreckenberg,* Die christlichen Adversus-Judaeos-Texte, 168, 178. Der Brief Wilhelms von Saint-Thierry, MPL 182, 531. Der Brief Bernhards an Papst Innozenz II., ebd., 535; der Brief an die Bewohner von Toulouse, ebd., 437.

Zu 336–340 Wilhelm von Saint-Thierry, Abaelards Jugendfreund und Ankläger

Zum Verhältnis Wilhelms zu Abaelard Th. *Tomasic,* William of Saint-Thierry against Peter Abelard: A Dispute on the Meaning of Being a Person, in: Analecta Cisterciensa, 28(1972)3–76.

337: Die Schrift *Wilhelms von Saint-Thierry,* De contemplando Dei, MPL 184, 465–379, deutsch: *Wilhelm von St. Thierry,* Der Spiegel des Glaubens, hg. v. H. U. v. *Balthasar,* Einsiedeln 1981, 97–124. Dort eine klare Stellungnahme zur entstehenden wissenschaftlichen Theologie:

Die Weisheit Deiner Gnade hat ihre abgekürzten Wege, und man steigt da nicht wie auf Leitern mit Hilfe von Beweisen und Streitgesprächen der Vernunft und Überlegung hinauf, nämlich zum Sturzbach Deiner Wonne, zur vollen Freude Deiner Liebe (MPL 184, 370[104]).

Ders., Tractatus de natura et dignitate amoris (MPL 184–379, 408, deutsch a. a. O., 125–183). Dort eine klare Formulierung der Aufgabe jeden Erkenntnisstrebens der Mönche:

Doch ist in jenem Paradies nur den Vorstehern erlaubt, eifrig vom Baum der Kenntnis des Guten und des Bösen zu essen, das heißt, die Gabe der Unterscheidung zu pflegen. Den Untergebenen aber obliegt es zu gehorchen, nicht zu unterscheiden: Berührt einer von ihnen den Baum, soll er des Todes sterben (ebd., 396[159]).

Ders., Speculum fidei (MPL 180, 365–398, deutsch a. a. O., 21–96). Dort die Angabe der Haltung, die Gläubige gegenüber der Vernunft einnehmen sollen:

Die Kinder Gottes geben kein Urteil über den Glauben ab, sie diskutieren über nichts, sondern bieten immerfort alles Urteilen ihrer Vernunft dem Heiligen Geist dar (ebd., 379[54]).

Ders., Meditativae Orationes (ebd., 205–248).

337f.: Der Brief an Bischof Gottfried von Chartres und Bernhard von Clairvaux, MPL 182, 531 f., Disputatio adversus Petrum Abaelardum, MPL 180, 249–282. Dazu J. *Jolivet*, Aspects de la pensée médiévale: Abélard, 22–33. Der Antwortbrief Bernhards MPL 182, 533. Zum Umfang der Befugnisse Bischof Gottfrieds von Chartres als Päpstlicher Legat W. *Janssen*, Die päpstlichen Legaten Frankreichs, 18–30. Zur prozessualen Neuheit der Irrtumslisten im Häresie-Verfahren J. *Miethke*, Theologenprozesse, 115. Zu den verschiedenen Irrtumslisten, die über Abaelard in Umlauf waren, E. M. *Buytaert*, in: CCCM 12, 455–469.

339: Den Bericht in der Chronik von Morigny hat vermutlich im Jahre 1132 der Mönch Teulfus verfaßt: Chronicon Mauriniacense, MPL 180, 159. Bei der Gelegenheit wurde eine Urkunde ausgefertigt, die Abaelard nach Bernhard von Clairvaux als Zeuge unterzeichnet hat. Dazu H. *Silvestre*, L'idylle d'Abélard et Héloïse, 159.

Zu 340–343 Bernhards erster Schritt: Die brüderliche Zurechtweisung

Zum Ganzen L. *Kolmer*, Abaelard und Bernhard von Clairvaux in Sens, 126–130. Der Brief der Bischöfe der Kirchenprovinz Sens an Papst Innozenz II. MPL 182, 541. Der Bericht Gottfrieds von Auxerre in der »Vita prima«, 3. Buch, 13.Kap. (MPL 185, 311). Zur Ermahnung der Schüler MPL 182, 541.

Zur Anwesenheit des Thomas von Morigny bei einem der Gespräche E. M. *Buytart*, Thomas von Morigny and the »Theologia ›Scholarium‹« of Abelard, in: Antonianum, 40(1965) 73–95. Die »Disputatio catholicorum patrum adversus dogmata Petri Abelardi« in: MPL 180, 283–327. Der Brief Walters von Mortagne in: H. *Ostlender* (Hg.), Florilegium Patristicum, Bonn 1929, 34–40. Dazu L. *Ott*, Untersuchungen zur theologischen Briefliteratur der Frühscholastik, 234–266; J. *Jolivet*, Aspects de la pensée médiévale: Abélard, 16–22. Das Zitat von A. *Borst*, Abälard und Bernhard, 508.

Gottfried von Auxerre, a. a. O.; A. *Borst*, a. a. O., 513.

Zu 344–345 Bernhards zweiter Schritt: Der öffentliche Angriff auf Abaelards Magisterehre

Die Predigt in Sens erwähnt Abaelard in seinem Brief an seine Freunde. Dazu oben S. 356 f. Zur Predigt Bernhards in Paris siehe St. *Ferruolo*, The Origins of the University, 47 f. Die Predigt selbst ist gedruckt als »De conversione ad clericos sermo seu liber«, MPL 182, 833–856. Gottfried von Auxerre in: »Vita prima«, 4. Buch, 2. Kap. (MPL 185, 327).

Zu 346–349 Bernhards dritter Schritt: Die öffentliche Anklage

In Rom gab es vermutlich noch eine Kardinalspartei der Anhänger des erst im Jahre 1138 gestorbenen Gegenpapstes Anaklet II. P. *Zerbi*, San Bernardo di Chiaravalle e il Concilio di Sens, in: Studi su S. Bernardo di Chiaravalle nell'ottavo centenario della canonizzazione, Rome 1975, 49–73, hat nachzuweisen versucht, daß die Abaelard-Partei in Rom unter Hyacint Bobo, dem späteren Papst Coelestin III., sich weitgehend mit der Anaklet-Partei deckte. Zu den Problemen dieser Ansicht J. *Verger*, Abélard et les milieux sociaux de son temps, 112.

Der Brief an Innozenz II., MPL 182, 1053–1072, an die Kurie 351–353. Die Zitate 1055, 1056. *Abaelard*, Dialectica, Einleitung zum 5. Traktat, 535. Bernhard MPL 182, 1061 f. Die Stellen mit *stultilogia* ebd., 1061. Der Brief an Kardinal G. 537 f., der Brief an den Abt 539 f. Zur Einführung der *stultilogia* in den Brief Bernhards an den Papst J. *Leclerq*, Les Forms successives de la lettre-traité de Saint Bernard contre Abélard, 95–97; *ders.*, Notes Abélardiennes, in: Bulletin de philosophie médiévale, 13(1971)68–71, bes. 70. Zum Ausdruck *stultus* – »töricht«, seiner Verwendung bei Thomas von Morigny gegen Abaelard und den weiteren geistigen Umkreis der Auseinandersetzungen *ders.*, Le thème de la jonglerie dans les relations entre Saint Bernard, Abélard et Pierre de Vénérable, in: Pierre Abélard – Pierre le Vénérable, 1975, 607–687, bes. 681.

Zu *existimatio* als Terminus technicus J. *Jolivet*, Aspects de la pensée médiévale: Abélard, 25–27; zu dem Brief-Traktat Bernhards an den Papst ebd., 33–38; zu den Briefen Bernhards ebd., 38–44.

Zu 349–352 Bernhards treibende Kraft: Die Angst vor dem Neuen

Die drei Predigten Bernhards MPL 183, 967–977. Die Zitate ebd., 967, 968. Zum Themenkreis E. *Kleineidam*, Wissen, Wissenschaft, Theologie bei Bernhard von Clairvaux, 133–136; E. *Gössmann*, Dialektische und rhetorische Implikationen (wie oben zu S. 328–373), 895. Das Zitat von A. *Bredero*, in: Pierre Abélard – Pierre le Vénérable, 1975, 668.

Zu 353–356 Die Reaktion Abaelards: Vertrauen auf das Argument

Der Brief an Erzbischof Heinrich »De moribus et officio episcoporum tractatus seu epistula«, MPL 182, 809–856.
Zu den Verfahrensarten L. *Kolmer*, Abaelard und Bernhard von Clairvaux in Sens, bes. 130 f.; das Zitat ebd. 133. Die ursprüngliche Weigerung berichtet Bernhard in seinem Brief an den Papst, MPL 182, 355. Der Bericht in der »Vita prima«, MPL 185, 311, in der »Vita secunda«, 514.
Die »Apologia contra Bernardum« ist gedruckt CCCM 11, 359–366, das Zitat 361.

Zu 356–359 Das Aufgebot der Streithelfer

Dazu R. *Klibansky*, Peter Abailard and Bernhard of Clairvaux. Dort 6 f. der Brief an seine Freunde. Der Brief Bernhards von Clairvaux MPL 182, 549 f. Der Bericht der Bischöfe der Kirchenprovinz Sens an den Papst ebd., 541. Das Zitat von R. Klibansky a. a. O., 25. Die Bemerkung Fulkos von Deuil MPL 178, 372.

Zu 360–365 Das Ketzerkonzil von Sens: Die Macht der Manipulation

Quellen: *Gottfried von Auxerre*, Vita prima des hl. Bernhard von Clairvaux, 3. Buch, 5. Kap. (MPL 185, 311); *Alanus*, Vita secunda, 26. Kap. (ebd., 514 f.); Bericht der Bischöfe der Kirchenprovinz Sens an Papst Innozenz II. (MPL 182, 540–542); Bericht der Bischöfe der Kirchenprovinz Reims (ebd., 357 f.); Bericht Bernhards von Clairvaux (ebd., 354–357); *Berengar von Poitiers*, Apologeticus (MPL 178, 1857–1870), kritische Ausgabe in: R. M. *Thomson,* The Satirical Works of Berengar of Poitiers: an edition with introduction, in: Mediaeval Studies, 42(1980) 88–138; *Otto von Freising, Die Taten Friedrichs,* 1. Buch, 51. Kap. (AusgQ 17, 27).

360: Abaelards Schüler Berengar von Poitiers hat unmittelbar nach dem Konzil von Sens aus der Erregung des Augenblicks heraus mit spitzer Feder eine Anklage gegen Bernhard von Clairvaux verfaßt. Darin wirft er ihm zu Beginn vor, er verstünde nichts von den *artes liberales* – worin er weitgehend recht hat – und er habe in seiner Jugend schlüpfrige Lieder verfaßt – worin er vermutlich unrecht hat. Dann gibt er eine Schilderung des Ablaufes der Zusammenkunft vor dem Konzil:

Nach dem Abendessen wurde das Buch des Petrus herbeigebracht, und jemand erhielt den Auftrag, mit lauter Stimme die Werke des Petrus auszurufen. Jener vom Haß beseelt und erquickt vom Rebensaft, nicht allerdings von dem, der von sich sagt »Ich bin der wahre Weinstock« (Joh. 15, 1), sondern von dem, der den Patriarchen nachts auf den Boden warf (1. Mos. 9, 21), jener wurde lauter als ihm befohlen war... Kurz darauf sahst Du die Bischöfe ausgelassen spotten, mit den Füßen Beifall stampfen, lachen, dummes Zeug schwatzen. Es war für jeden völlig klar, daß jene nicht den Willen Christi erfüllten, sondern den des Bacchus. Mit den Bechern wurde gegrüßt, ein Trinkgelage wurde gefeiert, dem Wein zugesprochen, der bischöfliche Schlund gefüllt... Schließlich, als etwas Philosophisches und Gotterfülltes hörbar wurde, was den bischöflichen Ohren ungewohnt war, schnitt es allen Hörenden in ihre Herzen, und sie knirschten mit ihren Zähnen gegen Petrus. Mit Maulwurfsaugen betrachten sie den Philosophen. Wieso, fragten sie, lassen wir das Monstrum leben? Und sie schüttelten die Köpfe wie die Juden. Wehe, sehet den, der den Tempel Gottes zerstört! (Matth. 27). So urteilen Blinde über Worte des Lichts, so verurteilen Betrunkene den Nüchternen, so verhandeln Becher der Schwatzhaftigkeit über das Gefäß der Dreifaltigkeit, so ziehen die Mitra-Gekrönten über den einzelnen her. So fressen die Hunde das Heilige, die Säue die Perlen. So wird das Salz der Erde schal, so wird das Rohr des Gesetzes verstopft... Die bischöfliche Nüchternheit trank unvermischt das Blut der Reben, dessen Unversehrtheit nicht entjungfert war, denn nach Martial
   ist es ein großes Verbrechen, den heiligen
   Falerner zu verderben,
   weil Bacchus den Beischlaf der Nymphe nicht leidet.
Es füllten die Vornehmsten aus der Welt der Philosophie sich die Gurgel mit Wein gleich einem Faß. Die Hitze bedrängte die Hirne, bis sich zum Traum im Schlaf die Augen schlossen. Wie der Lektor las, so schnarchten die Hörer. Einer stützte die Ellenbogen auf, um den Augen Schlaf zu gönnen, ein anderer bettete sich auf weiche Kissen, um die Augenlieder in den Schlaf zu betten, einer schließlich schlief, den Kopf auf den Knien. Als dann der Lektor genug Spitzfindigkeiten gegen Petrus ersonnen hatte, schrie er gegen die tauben Ohren der Bischöfe an: »Verurteilt Ihr *(damnatis)*?« Einige, durch die letzte Silbe plötzlich aufgeschreckt, sprachen mit schläfriger Stimme und wackelndem Kopf: »Wir verurteilen *(damnamus).«* Andere aber, erst durch den Tumult der Verurteilung aufgeweckt, verschluckten die erste Silbe und murmelten: »Wir schwimmen *(namus).«* Wahrhaft Schwimmende, aber das Schwimmen ist ihr Sturm, das Schwimmen ist ihr Untergang. So geben die schlafenden Soldaten Zeugnis, denn während wir schliefen, kamen die Apostel und stahlen den Leichnam (Matth. 28). Der über dem Gesetz Gottes wachte Tag und Nacht, wird nun von den Priestern des Bacchus verurteilt. So heilen Sterbende den Arzt.
   Ein solches Ende entspricht nicht einem solchen Kopf. Selbst solche, die Beifall klatschten, bekannten mit gedrückten Mienen ihre Scham... Der schon erwähnte Bischof fügte dem allen hinzu: »Petrus hat die Kirche immer verwirrt, ständig Neuerungen erfunden. (*O tempora, o mores!)* Welche Zeiten, welche Sitten! So urteilt ein Blinder über die Sonne. So schnitzt ein Handloser in Elfenbein... Angesichts so vieler und solcher Bedrängnisse flüchtete sich Abaelard in den Schutz Roms. Wo die Barmherzigkeit fehlt, wird die Gerechtigkeit

491

nicht gewahrt. Die Ranküne wird bewiesen durch jenen direkten Brief an Papst Innozenz, in dem gezetert wird: »Jener darf keine Zuflucht beim Stuhle Petri finden, der den Glauben Petri bekämpft hat.« Verschone, verschone berühmter Kämpfer! Ein Mönch darf nicht so kämpfen! Es hat der nicht den Glauben Petri bekämpft, der ihn gestärkt hat. Er muß Zuflucht beim Stuhle Petri finden. Ich frage Dich, ist es möglich, daß Petrus mit Dir Christ ist oder, wenn Du willst, katholisch ist? Und selbst wenn Du dieses nicht willst, er ist katholisch. Gott gehört allen, nicht jemandem allein (communis enim Deus est, non privatus).

Berengar konnte seine Angriffe nicht durchhalten. In einem Brief an den Bischof von Mende Wilhelm entschuldigt er sich für seine Kampfesschrift (MPL 178, 1871–1874).

361: Das Vorgehen Bernhards von Clairvaux gegen Gilbert von Poitiers ist beschrieben von *Johannes von Salisbury*, Historiae Pontificalis, 8. Kap. (wie oben zu S. 274ff.), 16–24.

363: Zum Schweigen Abaelards C. St. *Jaeger*, Peter Abelard's Silence at the Council of Sens, in: Res Publica Litterarum, 3(1980)31–54. Die Zusicherung des Erzbischofs wird berichtet im Brief der Bischöfe an den Papst (MPL 182, 542).

Der Bernhard-Verehrer unseres Jahrhunderts W. von den *Steinen*, Vom Heiligen Geist des Mittelalters, 290. Zur Krankheit J. *Jeannin*, La dernière maladie d'Abélard: Une alliée imprévue de Saint Bernard, in: Melanges Saint Bernard, Dijon 1954, 109–1115. Die Szene beim Abgang wird berichtet von Gottfried von Auxerre (MPL 185, 311). Das Horaz-Zitat entstammt den »Episteln«, 1. Buch, 18, 84.

Zu 365–368 Bernhards Diplomatie: Die Voreinnahme des Papstes

365–367: Die Konzilsakten: Brief der Bischöfe der Kirchenprovinz Sens MPL 182, 540–542, der Kirchenprovinz Reims ebd., 357f., der persönliche Bericht Bernhards an den Papst ebd., 354–357. Der Text der verurteilten Irrtumsliste ist nicht erhalten.

368: Die Briefe Bernhards an Kardinal Haimerich, MPL 182, 542–544, an Kardinal Gregor Tarquinus ebd., 538, an Kardinal G. ebd.

Zu 369–373 Heloisa, Abaelards einzig anerkannter irdischer Richter

Die »Apologie« ist gedruckt MPL 178, 1006–1008;180, 329–332. Im Jahre 1140, als sich der Konflikt mit Bernhard zuspitzte, hat Abaelard die allgemeine Ansicht der Kirche über den Häretiker ausdrücklich in sein Vorwort zur »Theologia ›Scholarium‹« aufgenommen: »Nicht Unkenntnis macht jemanden zum Häretiker, sondern die Hartnäckigkeit der stolzen Rechthaberei« (CCCM 13, 315).

Der Brief Abaelards an Heloisa – soweit er uns durch Berengar von Poitiers überliefert ist – ist gedruckt in: MPL 178, 375–378, deutsch in der Ausgabe des Briefwechsels von E. *Brost*, 401–403.

Zu 374–406 Cluny, Sammlung zum Tode

Zum ganzen Abschnitt R. *Oursel*, La dispute et la grâce. Essai sur la rédemption d'Abélard, Paris 1959.

374: Zum Zerwürfnis zwischen Bernhard und seinem Sekretär Bernhards Brief an Papst Eugen III. aus dem Jahre 1151, MPL 182, 500f., und oben S. 387.

375: Die Bücherverbrennung vor der Basilika St. Petrus im Vatikan berichtet Gottfried von Auxerre in einem Brief an Kardinalbischof Albinus, MPL 185, 595f. Zu der Vermutung, die Abaelard-Fraktion im Kardinalskollegium sei die Opposition der Anhänger des Gegenpapstes Anaklet II. gewesen, oben zu S. 346–349. *Alberich von Trois-Fontaines,* Chronik, MGH SS 23, 836f. Dort auch der Hinweis auf Abaelard als Lehrer des Papstes Coelestin II.

376–379: Zu den Handschriften N. M. *Häring,* Abelard yesterday and today, 348f. Das Verurteilungsschreiben und die Vollstreckungsanordnung MPL 182, 359–361, 350. Der Text bei *Otto von Freising,* Die Taten Friedrichs, 1. Buch, 51. Kap. (AusgQ 17, 230–235).

Zu 379–380 Der Beginn der letzten Reise

Zu den Verkehrsmitteln s. N. *Ohler,* Reisen im Mittelalter, 35–44, zur Reisegeschwindigkeit dort 138–144. Zur Straßenführung G. *Michand* u. a., Les routes de France depuis les origines jusqu'à nos jours, Paris 1959, 25–58, dazu die Karte 24.

Zu 380–385 Abt Petrus Venerabilis, »Mut des Maßes«

Die Kennzeichnung ist dem Titel der Biographie entnommen, J. P. *Torrel,* D. *Bouthillier,* Pierre le Vénérable, Abbé de Cluny, le courage de la mesure, Chambray-lès-Tours 1988. Dazu auch J. *Leclerq,* Pierre le Vénérable, Wandrille 1946. Zum ganzen Kapitel A. H. *Bredero,* Pierre le Vénérable: Les commencements de son abbatiat à Cluny (1122–1132), in: Pierre Abélard – Pierre le Vénérable, 1975, 99–1118; *ders.,* Cluny et Cîteaux au douzième siècle. L'histoire d'une controverse monastique, Amsterdam 1985; Cl. *Lougnot,* Cluny. Pouvoirs de l'an mille, Dijon 1987.

383: Der Angriff Bernhards von Clairvaux durch die »Apologia ad Guillelmum«, MPL 182, 895–918; die Entgegnung des Petrus Venerabilis, MPL 189, 112–159.

384: Die großen Kontroversschriften des *Petrus Venerabilis* »Tractatus adversus Judaeorum inveteras duritatem«, MPL 189, 507–658, kritische Ausgabe CCCM 58; »Epistula sive tractatus adversus Petrobrusianos haereticos«, MPL 189, 719–850, kritische Ausgabe CCCM 10; »Adversus nefandam sectam Saracenorum«, MPL 189, 663–27, lat.-deutsch, in: *Petrus Venerabilis,* Schriften zum Islam, Altenbergen 1985, 30–225. Die Einstellung des Petrus Venerabilis zu Juden und Muslimen wechselt je nach den Adressaten seiner Schriften. In dem schon zitierten Brief an König Ludwig aus dem Jahre 1146, der seine Kreuzzugsbegeisterung ausdrückte, spricht er von den »verfluchten Sarazenen« als den »Feinden des wahren Glaubens«. Zur Haltung des Abtes von Cluny zum Kreuzzug J. P. *Torelle,* D. *Bouthillier,* a. a. O., 86–90. Zum möglichen Einfluß Abaelards auf Petrus Venerabilis J. *Kritzek,* De l'influence de Pierre Abélard sur Pierre le Vénérable dans ses œuvres sur l'Islam, in: Pierre Abélard – Pierre le Vénérable, 1975, 205–214.

385: Dazu M. Th. *d'Alverny,* Deux traductions latins du Coran au Moyen Age, in: Archives d'Histoire Doctrinale et Litteraire du Moyen Age, 22, 23(1947)69–131, bes.

69–113, und die Einleitung in der lateinisch-deutschen Ausgabe der Schriften zum Islam, XI–XXVIII. Der Brief an Bernhard von Clairvaux, MPL 189, 649–652, lat.-deutsch in derselben Ausgabe 22–29. Das Zitat aus dieser Ausgabe 63.

Zu 386–388 Der Wanderer

387: Der Fall der Bischofswahl in Langres ist kennzeichnend für Bernhard und Petrus Venerabilis. Nach Beginn der Vakanz des Bischofssitzes der Diözese Langres, innerhalb deren das Kloster Clairvaux lag, im Jahr 1136, hatten sich Abgesandte des Domkapitels von Langres und der Metropolit von Langres, der Erzbischof Petrus von Lyon mit Zustimmung Bernhards von Clairvaux und dem Papst in Rom auf zwei Kandidaten geeinigt, von denen das Kapitel einen zu wählen habe. Das Kapitel wählte jedoch Wilhelm von Sabran, Mönch aus Cluny, offensichtlich den bevorzugten Kandidaten des Herzogs Hugo II. von Burgund. Bernhard von Clairvaux schrieb einen entrüsteten Brief an den Papst (MPL 182, 327f.) und erzielte eine erneute Prüfung. Dennoch erreichte Petrus Venerabilis, daß König Ludwig VI. den Gewählten mit den Temporalia investierte, und Erzbischof Petrus setzte den Termin zur Weihe in Lyon fest. Daraufhin appellierten Bernhard und Prälaten und Kanoniker aus Lyon und Langres an den Papst (ebd., 322–325). Dennoch wurde die Weihe vollzogen. Bernhard schrieb weitere Briefe (ebd., 325f., 326f.). Der Brief an die Kurie (ebd., 327f.) zeigt wieder die Identifikation Bernhards mit der Sache der Kirche und Gottes, und er scheut sich nicht, den Erzbischof von Lyon und den Abt von Cluny »Götter der Erde« zu nennen:

Die Götter der Erde haben sich stark und heftig erhoben, der Erzbischof von Lyon und der Abt von Cluny. Im Vertrauen auf ihre Macht und im Ruhm ihres Reichtums haben sie sich gegen mich erhoben, ja nicht nur gegen mich, sondern gegen die Schar der Diener Gottes, gegen Euch (die Kurienkardinäle), gegen sie selbst, gegen Gott, gegen jede Gerechtigkeit und jeden Anstand.

Abt Petrus Venerabilis schreibt an Bernhard einen ruhigen und vornehmen Brief (MPL 189, 159–161). Er berichtet von seinen Untersuchungen in der Sache, weist die Verdächtigungen gegen den Mönch zurück, zeiht Bernhard der Leichtgläubigkeit und fährt fort:

Warum sollen Mönche den Mönchen, Religiose den Religiosen, Zisterzienser den Cluniazensern mißtrauen?

Es nützte nichts, der Papst hob die Wahl auf und erklärte die Weihe für irregulär. Jetzt wählte das Domkapitel den Abt von Clairvaux, Bernhard selbst. War es Überkompensation oder Einsicht? Bernhard lehnte die Wahl wie auch andere ab. Im dritten Wahlgang wählte das Kapitel den Prior von Clairvaux und Vetter Bernhards, Gottfried von La Roche. Zum ganzen Vorgang E. *Vacandard,* Leben des Heiligen Bernard von Clairvaux, 2. Bd., 28–38; A. *Dimier,* Outrances et roueries de Saint Bernard, in: Pierre Abélard – Pierre le Vénérable, 1975, 656–658.

Den Hinweis auf die Beziehungen zwischen Petrus Venerabilis und Nikolaus von Montier-en-Der gibt A. H. *Bredero,* in: ebd., 233.

Die Briefe an Magister Petrus MPL 189, 77–79. Hierzu R. *Oursel,* a. a. O., 26–28; R. *Thomas,* Die Persönlichkeit Peter Abaelards im »Dialogus inter Philosophum, Judaeum et Christianum« und in den epistulae des Petrus Venerabilis, 264–266.

Zu 388–392 Die Aussöhnung

P. *Zerbi*, Remarques sur l'epistola 98 de Pierre le Vénérable, in: Pierre Abélard – Pierre le Vénérable, 1975, 215–235.
Der Brief an Papst Innozenz II., MPL 189, 305 f., deutsch in der Ausgabe des Briefwechsels von E. *Brost*, 404 f.
Der Brief Bernhards MPL 182, 359.
Die Bitte Heloisas, MPL 189, 428, deutsch a. a. O., 416 f. Dazu oben S. 411.
Das Zitat stammt aus dem 3. Buch, 5. Kap. der »Vita prima«, MPL 185, 31.

Zu 393–396 Mönch in Cluny

Die Zitate entstammen dem Kondolenzbrief des Petrus Venerabilis an Heloisa. Dazu oben S. 408 f.
Das Lehrgedicht Abaelards an seinen Sohn ist nur unzulänglich gedruckt, in jeder Ausgabe unterschiedlich in Umfang und Anordnung. Vier Fassungen gibt es, bei *Migne* unter dem Titel »Monita ad Astralabium«, MPL 178, 1759–1766; bei V. *Cousin*, Petrus Abaelardus Opera, 1. Bd., unter den Titeln: »Versus Petri Abaelardi ad Astralabium filium«, 340–343, und »Carmen«, 344–348; zwei Fassungen bringt die als kritische Ausgabe leider verunglückte von M. B. *Hauréau*, Le poéme adressé par Abélard à son fils Astralabe. Dazu H. *Brinkmann*, Astrolabius, in: Münchener Museum für Philologie des Mittelalters und der Renaissance, 5(1932) 168–201. Ein Fragment ist gedruckt bei P. *Dronke*, Abelard and Heloise in Medieval Testimonities, 43–45. Zitiert werden im folgenden alle Ausgaben, da sie unterschiedliche Texte geben.
Die Stelle über die Armen und den Grafen Theobald bei M. B. *Hauréau*, 155, die über Heloisa 167, und bei P. *Dronke*, 43.
Über Herkommen, Gesetz und Vernunft V. *Cousin*, 346, über den gekrönten Esel 341. Das Zitat von Wilhelm von Malmesbury hat aufgenommen *Johannes von Salisbury*, Policraticus, 4, 6 (MPL 199, 523).
Zur religiösen Spaltung der Welt die Ausgabe M. B. *Hauréau*, 167. Die Redefreiheit fordert *Petrus Venerabilis*, Contra sectam Saracenorum, 33. Kap., deutsche Ausgabe 73; Zur Symmetrie ebd., 39. Kap.(83); »Worte, nicht Gewalt«, 24. Kap.(63). Ausgabe M. B. *Hauréau*, 179. Schon in seiner »Theologia ›Scholarium‹« hatte Abaelard von den Häretikern geschrieben, daß ihnen »eher mit Vernunftsgründen als mit Gewalt (*potestas*)« begegnet werden soll. CCCM 13, 427 f.

Zu 397–406 In visu noctis

Der »Dialogus« ist das in letzter Zeit am häufigsten behandelte Werk Abaelards. Hier die wichtigste Literatur: H. *Liebeschütz*, The Significance of Judaism in Peter Abaelard's Dialogus, in: Journal of Jewish Studies, 12(1961) 1–18; R. *Thomas*, Der philosophisch-theologische Erkenntnisweg Peter Abaelards im Dialogus inter Philosophum, Judaeum et Christianum, (1966); E. M. *Buytaert*, Abelard's Collationes, in: Antonianum, 44(1969)18–39; J. *Gauss*, Das Religionsgespräch von Abaelard, in: Theologische Zeitschrift, 27(1971)30–36; M. *Kurdzialek*, Beurteilung der Philosophie im »Dialogus inter Philosophum, Judaeum et Christianum«, in: Peter Abaelard, 1974,

85–98; R. *Thomas*, Die meditative Dialektik im »Dialogus inter Philosophum, Judaeum et Christianum«, in: Petrus Abaelardus, 1980, 247–266; R. *Thomas*, Die Dialektik im »Dialogus inter Philosophum, Judaeum et Christianum« von Peter Abaelard (1079–1142), in: Studia Mediewistyezne, 16(1975)163–201; *ders.*, Die Persönlichkeit Peter Abaelards im Dialogus inter Philosophum, Judaeum et Christianum und in den epistulae des Petrus Venerabilis, 225–270; A. *Grabois*, Un chapitre de tolérance intellectuelle dans la société occidentale au 12e siècle: le ›dialogus‹ de Pierre Abélard et le »Kuzari« d'Jehudali Halévi, in: ebd., 641–654; Gh. *Vladutescu*, Un modéle rationaliste de l'homme au 12e siècle, in: Revue roumaine des sciences sociales. Série de philosophie et logique, 24(1980)355–364; M. de *Gandillac*, Notes préparatoires à un debat sur le dialogus, in: Petrus Abaelardus, 1980, 243–246; L. *Steiger*, Hermeneutische Erwägungen zu Abaelards Dialogus, in: ebd., 247–266; W. *Eberhard*, Ansätze zur Bewältigung ideologischer Pluralität im 12. Jahrhundert: Pierre Abélard und Anselm von Havelberg, in: Historisches Jahrbuch, 105(185)353–387; H. *Schreckenberg*, Die christlichen Adversus-Judaeos-Texte, (1988), 133–144.

397: »Die Schweigehaft von Cluny«, R. *Thomas*, Der philosophisch-theologische Erkenntnisweg, 227. »Dialogus«, 41 f.

398: Zu Avampace S. *Munk*, Mélanges de philosophie juive et arabe, 2. Aufl., Paris 1955, 383–410; J. *Jolivet*, Abélard et le Philosophe, in: *ders.*, Aspects de la pensée médiévale, 53–61. Dazu R. *Thomas*, a. a. O., 178 ff. »Dialogus«, 42 f.

399: Die ironische Bemerkung ebd., 43. »Die Nacht von Cluny« R. *Thomas*, a. a. O., 7, 155. Die Fragestellung des Dialogs nach dem höchsten Gut »Dialogus«, 41.

401 f.: Das Zitat ebd., 43. Die Zwischenbemerkung 84 f. Zur gesellschaftlichen Entstehung der Einstellungen 45.

402 f.: Zur Stellung der Juden 45, 47. Das Zitat von R. *Thomas*, a. a. O., 188, dort 183–189 die Nachzeichnung der Wortführung Abaelards. Im »Dialogus«, 71, weist der *Judaeus* auf die Dreiheit Herz (*cor*), Seele (*anima*) und Kraft (*fortitudo*) hin, hebräisch *lev, näphäsch* und *meot*. Diese Ganzheit in der Dreiheit der Hingabe an Gott ist von den mittelalterlichen Talmudisten entwickelt worden. Ein anonymer Schüler berichtet, Abaelard habe in Paris Kontakt mit Juden gehabt: A. *Landgraf* (Hg.), Commentarius Cantabrigiensis in Epistolas Pauli e Schola P. Abaelardi, 1. Bd., Indiana 1937, 65. Dazu H. *Schreckenberg*, a. a. O., 134. Zu dem Kommentar D. E. *Luscombe*, The School of Peter Abelard, 145–153. Die Literatur über zeitgenössische Diskussionen zwischen Christen und Juden ist zusammengestellt bei W. *Eberhard*,Ansätze zur Bewältigung ideologischer Pluralitäten im 12. Jahrhundert, 366 f.

403: Das Zitat J. P. *Torrell*, D. *Bouthillier*, Pierre le Vénérable, 109. Abaelard entgeht der kontrovers-theologischen Problematik dadurch, daß er den Juden zum Zwecke der rationalen Prüfung des mosaischen Gesetzes dem Philosophen gegenüberstellt, nicht zum Zwecke der dogmatischen Prüfung – Messias, Jungfrauengeburt, Dreieinigkeit – dem Christen. Dazu W. *Eberhard*, a. a. O., 365.

490–492: Die Entschuldigung des *Philosophus* »Dialogus«, 113, »Sic et Non«, MPL 178, 1349.

404: Das Augustinus-Zitat über die Dialektik als Wissenschaft der Wissenschaften »Dialogus«, 96. Dazu oben S. 122. Das Thema im »Dialogus«, 90 f., 97. Zur Dialektik und Sprachlogik im »Dialogus«, 137, 161 f. Die *rationibus fides astruenda et defendenda* ebd., 98. Das Zitat 133 in der Fassung von R. *Thomas*, a. a. O., 120 f.

405 f.: Die Aussage des *Philosophus* im »Dialogus« 95 f. Die Anklage Bernhards von

Clairvaux, MPL 182, 359. Die Stelle mit Lucifer im »Dialogus«, 136. Zur Textüberlieferung R. *Thomas*, a. a. O., 21 ff.

Zu 407–410 Der Tod im Cluniazenser-Priorat Saint-Marcel an der Saône

Der Kondolenzbrief MPL 189, 347–353, deutsch in der Ausgabe des Briefwechsels von E. *Brost*, 406–415. Die einzelnen Stellen werden nicht besonders nachgewiesen. J. *Vanuxem*, La mort et la sépulture d'Abélard à Saint-Marcel-lez-Chalon, in: Pierre Abélard – Pierre le Vénérable, 1975, 335–340.
Abaelards Gebet am Ende des 5. Briefes, MPL 178, 212(144 f.).

Zu 410–415 Die Heimfühung des Leichnams in die Obhut der Äbtissin Heloisa und ihrer Nonnen im Parakleten durch Abt Petrus Venerabilis

Das Testament Abaelards im 3. Brief, MPL 178, 192(97). »Heimlich (*furtim*)« schreibt Petrus Venerabilis selbst in seiner Absolution, MPL 189, 428, deutsch in der Ausgabe des Briefwechsels von E. *Brost*, 420. Der Epitaph, MPL 178, 103. Die Totenklage Heloisas und ihrer Nonnen lateinisch und deutsch in der Ausgabe des Briefwechsels von E. *Brost*, 507–511. Dort 509 die bibliographischen Angaben und das Zitat von W. *Bershim*, 511.
Zur Geschichte Heloisas nach dem Tode Abaelards Ch. *Charrier*, Héloïse, 256–301, dort das Zitat 299; E. *McLeod*, Héloïse, 210–227. Zum Problem der Regeln oben zu S. 200–206. Die letzte überlieferte persönliche Bemerkung Heloisas im 6. Brief, MPL 178, 213(149).
Die Stelle aus der Chronik von Tours ist gedruckt bei MPL 178, 91 f. und bei P. *Dronke*, Abelard and Heloise, in: Medieval Testimonities, 50 f.
Die Geschichte der Umbettungen bei Ch. *Charrier*, a. a. O., 304–336. Zur Ablehnung der Beisetzung auf dem Friedhof von Saint-Germain-des-Près L. *de Laborie*, Alexandre Lenoi et le Musée des monuments français, in: Revue des Questiones historiques, 93(1913) 26 ff.
Das Zitat P. *Tiby*, Deux convens au Moyen Age ou l'abbaye de Saint-Gildas et le Paraclet au temps d'Abélard et d'Héloïse, Paris 1851, 195. Zitiert nach Ch. *Charrier*, a. a. O.

Personenverzeichnis

Arno Borst

Barbaren, Ketzer und Artisten
Welten des Mittelalters
683 Seiten mit 4 farbigen Abbildungen auf Tafeln. Leseband. Leinen

»Barbaren, Ketzer und Artisten« handelt in dreimal drei Teilen von den
mittelalterlichen *Deutungen* der Herrschaft, der Geschichte und der Sprache,
von den religiösen, sozialen und geistigen *Bewegungen* der Zeit und von den
Erfahrungen der mittelalterlichen Menschen mit der Kunst, Natur und
Sterblichkeit. Grundlegend bleibt für Borst die Frage nach dem Weltbild des
Mittelalters: es war keineswegs statisch, wie oft angenommen wird, sondern
war Veränderungen unterworfen, an denen es schließlich im Spätmittelalter
zerbrach. Inmitten des immer stärker empfundenen Spannungsfeldes
zwischen Gott und Welt »nistete sich eine vielgestaltige, veränderliche,
irdische Lebenswelt ein, die Keimzelle der Moderne« (Borst). Wie
verschiedenartig die »Welt des Mittelalters« war, zeigt sich an den Borstschen
Themen: Sie reichen von »Ketzerei und Massenwahn« über »Frauen und
Kunst im Mittelalter«, »Wissenschaft und Spiel«, »Ritterliche Lebensformen
im Mittelalter« bis zu einem »Totengespräch«, das der Autor mit Hermann
dem Lahmen, einem Mönch vom Bodensee des elften Jahrhunderts, führt.
Borst versteht es, die »leisen Stimmen« der Menschen aus dem Mittelalter für
uns hörbar zu machen, fesselnd und anschaulich, und zeigt dabei, daß das
Mittelalter uns sehr viel zu sagen hat für die Gegenwart und Zukunft.

»Viele Aspekte mittelalterlichen Lebens und mittelalterlicher Gelehrsamkeit
werden abgehandelt, und sicher hätten die Mönche des Umberto Eco sich
glücklich geschätzt, wenn sie diesen Essayband als eine kleine Summe ihrer
Gelehrsamkeit in die Bibliothek hätten stellen können.«

Manager Magazin

»Borsts Geschichtsbetrachtung lehrt unserem apokalyptischen Zeitalter
Gelassenheit, um die Gegenwart zu erkennen, und Tapferkeit, um sie zu
meistern. Dazu gehört auch die Aufgabe der modernen
Unsterblichkeitsphantasie: Wir sollten uns nicht so wichtig nehmen und
einsehen, daß wir von den Toten kommen und zu den Toten gehen.«

Münchner Merkur

P<small>IPER</small>

Pipers Handbuch der politischen Ideen

Herausgegeben von Iring Fetscher und Herfried Münkler

Bereits erschienen:

Band 1
Frühe Hochkulturen und europäische Antike
648 Seiten. Leinen

Band 3
Neuzeit: Von den Konfessionskriegen
bis zur Aufklärung
670 Seiten. Leinen

Band 4
Neuzeit: Von der Französischen Revolution
bis zum europäischen Nationalsozialismus
624 Seiten. Leinen

Band 5
Neuzeit: Vom Zeitalter des Imperialismus bis zu den
neuen sozialen Bewegungen
661 Seiten. Leinen

In Vorbereitung:

Band 2
Mittelalter: Von den Anfängen des Islams
bis zur Reformation

»Pipers Handbuch der Politischen Ideen« bietet in 5 Bänden einen umfassenden
Überblick über die Geschichte politischen Denkens von den frühen Hochkulturen bis
zu den neuen sozialen Bewegungen unserer Zeit. In der Darstellung des Wechselspiels
von Denken und Gesellschaft entsteht zugleich ein lebendiges Bild der Zeiten. Ein
unentbehrliches Werk für Forschung und Lehre, aber auch für alle politisch,
historisch und philosophisch Interessierten.

Piper 62/2a

PIPER

John Bowle

Geschichte Europas
Von der Vorgeschichte bis ins 20. Jahrhundert
Aus dem Englischen von Hainer Kober. 720 Seiten. Serie Piper 424

Dieses Werk des Oxforder Historikers ist eine umfassende, ungemein
spannend erzählte Darstellung der Geschichte Europas in einem Band,
für die es auf dem deutschen Markt kein zweites Beispiel gibt. Gestützt
auf eine Fülle von Quellenmaterial und reiche Literaturkenntnis
gelang Bowle eine meisterhafte Beschreibung der miteinander
verwobenen Strömungen der verschiedenen Kulturen Europas. Wir
erleben die stete Wechselwirkung von Politik und Kultur. So entfaltet
sich vor unseren Augen das ganze Spektrum der europäischen
Geschichte von prähistorischer Zeit bis hin zur neuzeitlichen
Entwicklung von Nationalstaat und Demokratie nach der industriellen
Revolution. Bowle endet seine Darstellung mit dem Jahr 1939.

»Bowles Fähigkeit, anschaulich und engagiert Tatsachen und
Zusammenhänge zu verdeutlichen, der trockene Witz seiner
historischen Porträtkunst, die Entschiedenheit des Urteils, aber auch
die keineswegs nur den Deutschen geltende Skepsis machen sein Werk
in einer Zeit ›maschinenseliger Neobarbarei‹ vor allem als Einführung
junger Menschen in die Geschichte so wichtig.
Denn seine ›Geschichte Europas‹ ist nicht nur beschauliche Lust an
Altem und Anekdotischem, ein Karneval der Kuriositäten, ein Führer
zu großen Kunstwerken, eine Entdeckungsreise zu fernen und fremden
Kontinenten der Zeit, sondern ebenso und vor allem ein Memento der
Macht: Erinnerung an Versäumtes, Abrechnung mit blinden Gewalten
und verblendeten Gewalthabern, Mahnung für die Zukunft, die einem
Kontinent gilt, der einst der Welt die Gesetze gab und jetzt nur noch die
Klinken- und Schuhputzer der Supermächte zu stellen scheint.«
Der Spiegel

PIPER

Lust an der Geschichte

Leben im Alten Rom
Ein Lesebuch. Herausgegeben von Rolf Rilinger.
410 Seiten. Serie Piper 1005

Wie lebten die »alten Römer«? Von der Wiege bis zur Bahre wird in diesem neuen Band der Reihe »Lust an der Geschichte« das Leben im antiken Rom durch Quellentexte beschrieben. Freundschaft, Spiele, Beruf, Erziehung, Liebe und Ehe – dies sind nur einige der Themen dieses informativen und anregenden Lesebuchs, in dem bekannte Autoren wie Livius oder Seneca ebenso zu Wort kommen wie unbekannte Zeitgenossen.

Leben im antiken Griechenland
Ein Lesebuch. Herausgegeben von Rolf Rilinger.
516 Seiten. Serie Piper 850

Von Geschichtsschreibern wie Herodot über Redner wie Demosthenes bis zu Philosophen und Dramatikern wie Euripides und Aristophanes werden Texte klassischer griechischer Autoren versammelt, die uns Heutigen zeigen, wie die griechische Antike gewesen ist – in Arbeit und Freizeit, in Kult und Krieg, in der großen Politik. So stellt dieses Lesebuch eine nicht nur für Humanisten spannende Einführung in die Welt des klassischen Griechenland dar.

Die Französische Revolution 1789 – 99
Ein Lesebuch. Herausgegeben von Ulrich Friedrich Müller.
363 Seiten. Serie Piper 933

Rechtzeitig zum 200. Jahrestag des Beginns der Französischen Revolution erscheint dieses Lesebuch mit Texten aus der Zeit: Beteiligte (wie Marat, Marie Antoinette, Robespierre, Danton, Bonaparte) und Beobachter (wie Burke, Pestalozzi, Görres), prominente wie unbekannte Zeitzeugen berichten, was sich in den zehn Jahren bis zur Machtübernahme Bonapartes alles ereignet hat, in Paris wie auf dem Land, im Adel wie im Bürgertum. Alle Beiträge sind mit einer kurzen erklärenden Einführung versehen. Die meisten Texte wurden eigens für diesen Band übersetzt. Der Leser erhält einen ebenso spannenden wie direkten Zugang zu diesen Ereignissen, mit denen eine neue Epoche der Weltgeschichte begann.

PIPER

Brigitte Hamann

Die Habsburger

Ein biographisches Lexikon.
Herausgegeben von Brigitte Hamann
435 Seiten mit zahlreichen farbigen und schwarzweißen Abbildungen.
Leinen

Von Rudolf von Habsburg über Kaiserin Leopoldine von Brasilien,
Marie Antoinette von Frankreich bis Kaiser Franz Joseph – das
vollständige Lexikon des berühmten europäischen Adelsgeschlechts
in 400 Lebensbildern ist gleichzeitig ein historisches Lesebuch
zu 600 Jahren europäischer- und Weltgeschichte.

Weitere Titel der Autorin:

Elisabeth

Kaiserin wider Willen. 660 Seiten mit 57 Fotos. Serie Piper 990

Rudolf

Kronprinz und Rebell. 536 Seiten mit 16 Tafeln. Serie Piper 800

Kronprinz Rudolf
Majestät, ich warne Sie . . .

Geheime und private Schriften. Herausgegeben von Brigitte Hamann.
448 Seiten. Serie Piper 824

Bertha von Suttner

Ein Leben für den Frieden. 552 Seiten mit 29 Faksimiles im Text
und 23 Fotos auf Tafeln. Leinen

Piper 11/1 c

PIPER